BARRON'S
FOREIGN LANGUAGE GUIDES

501
ITALIAN
VERBS

FOURTH EDITION

<table>
<tr><td align="center">by</td><td align="center">and</td></tr>
<tr><td align="center">**John Colaneri, Ph.D.**</td><td align="center">**Vincent Luciani, Ph.D.**</td></tr>
<tr><td align="center">Former Professor of Italian</td><td align="center">Former Professor Emeritus</td></tr>
<tr><td align="center">Iona College, New Rochelle, New York</td><td align="center">of Romance Languages</td></tr>
<tr><td align="center"></td><td align="center">The City College, City University of New York</td></tr>
</table>

revised by
Marcel Danesi, Ph.D.
Professor of Linguistic Anthropology
University of Toronto

BARRON'S

All inquiries should be addressed to:
Barron's Educational Series, Inc.
250 Wireless Boulevard
Hauppauge, New York 11788
www.barronseduc.com

ISBN: 978-1-4380-0508-9 (Book)
ISBN: 978-1-4380-7521-1 (Book/CD-ROM Package)

Library of Congress Control No. 2015934111

PRINTED IN CANADA

9 8 7 6 5 4

Contents

Foreword

This handy reference guide for students, business people, travelers, and anyone else interested in the Italian language presents the fully conjugated forms of over 500 commonly used Italian verbs.

The verbs are arranged alphabetically, one to a page, so that you will find the complete conjugation for a verb on one page. The subject pronouns have been omitted, as they usually are in Italian, unless they are needed for some communicative or grammatical reason. Only the reflexive pronouns are given, since these are always required. Feminine forms of the verbs conjugated with *essere* have been omitted; however, they are shown in the section titled Compound Tenses. The forms next to the second person singular of the imperative indicate the negative, the only form that is different from the affirmative.

Here are some of the new features pertinent to this edition.

- Irregular verbs are identified with an asterisk (*). A verb is marked as irregular if it is not conjugated in the regular fashion or if its participle or gerund is irregular.

- The top verbs are identified with the phrase *An Essential Verb*. A separate list of these verbs is also included. These are verbs that appear most frequently in common everyday conversation. These essential verbs have a second page that features reasons why each is an essential verb, samples of basic verb usage, as well as words and expressions related to the given verb, and any other unique features about the verb.

- Verbs requiring spelling changes are identified on the page the verb appears (see the *Verbs Requiring Spelling Changes* section for information on these spelling patterns).

- In addition to the *Samples of verb usage* (which show the verb used in sentences) of the previous edition, you will find a new *Extended uses/Related words and expressions* at the bottom of the page. There you will find figurative and extended uses of the verbs or else nouns, adjectives, expressions, etc. that are related to the verb in some way.

- In some cases, you will also find notes on conjugation pattern, usage, and/or comparisons with English under the heading *Note*.

- The number of other verbs conjugated like the model verbs has been increased to 1,500.

- A new section of idiomatic verb uses is included.

You will also find a section called *Concise General Grammar Review* which, as its title suggests, provides you with a bird's eye view of the basics of Italian grammar. And, finally, you will find a series of verb drills at the end of the book that give you an opportunity to practice your verbs. More of these drills are included on the accompanying CD-ROM.

Accents

Italian has seven vowels: **a**, **i**, **u**, open **e** and **o**, closed **e** and **o**. As a rule, Italian words bear no accent except on the final vowel. In this text only the final accents are shown, since they have a direct bearing on the meaning, for example, **provo**, I try; **provò**, he tried.

Essentials of Italian pronunciation

There are two basic kinds of sound in any language: *vowels* and *consonants*. The letters that represent the Italian vowels are a, e, i, o, u. Generally, Italian vowels are pronounced in a pure fashion: that is to say, there is no "gliding" of the vowels as in English *sale*, *send*, *sift*, *soft*, *sure*. Below is a chart summarizing the Italian vowels.

Alphabet Letters	Pronunciation	Examples
a	Similar to the a sound in *father*, or to the exclamation *ah*!	**casa** / *house* **amica** / *friend*
e	Similar to the e sound in *bet*, or to the exclamation *eh*!	**bene** / *well* **esame** / *exam*
i	Similar to the i sound in *machine*, or to the exclamation *eek*!	**vini** / *wines* **indirizzi** / *addresses*
o	Similar to the o sound in *boat*, or to the exclamation *oh*!	**otto** / *eight* **oro** / *gold*
u	Similar to the oo sound in *boot*, or to the exclamation *oo*!	**uva** / *grape* **gusto** / *taste*

Speakers in different regions of Italy might tend to pronounce e and o slightly differently. In some regions, they are pronounced with the mouth relatively more open; in others, they are pronounced with the mouth relatively more closed. In many areas of Italy today, however, both pronunciations are used.

The letter i can also stand for semivowel sounds similar to those represented by the y in *yes* and *say*. The letter u can also stand for semivowel sounds similar to those represented by the w in *way* and *how*.

i = y (as in yes), u = w (as in way)	i = y (as in say), u = w (as in how)
ieri / *yesterday*	**mai** / *ever, never*
piatto / *plate*	**poi** / *then*
uomo / *man*	**causa** / *cause*
buono / *good*	**laurea** / *degree (university)*

This pronunciation feature occurs when the i or the u is next to another vowel and both vowels are pronounced rapidly together. The syllable is called a *diphthong*. If there is a slight pause between the two vowels, then i and u are pronounced in the normal way, as in the words **zio** / *uncle* and **suo** / *his, her*.

The remaining sounds in a language are called *consonants*. With minor adjustments in pronunciation with respect to corresponding English consonants, the consonants represented by the letters b, d, f, l, m, n, p, q, r, t, v always represent the same sounds in Italian. Differences between English and Italian are indicated in the chart below.

Alphabet Letters	Pronunciation	Examples
b	Identical to the **b** sound in *boy*.	**bello** / *beautiful* **bravo** / *good*
d	Like the **d** sound in *day*, but with the tongue touching the upper teeth. This is true even when followed by **r**; in English, the tongue is raised a bit more, as in *drop*.	**dopo** / *after* **ladro** / *thief*
f	Identical to the **f** sound in *fun*.	**forte** / *strong* **frutta** / *fruit*
l	Identical to the **l** sound in *love*. In English, the back of the tongue is raised when the **l** is at the end of a syllable or of a word, as in *bill*. This feature is not found in Italian pronunciation.	**latte** / *milk* **alto** / *tall*

Alphabet Letters	Pronunciation	Examples
m	Identical to the **m** sound in *more*.	**matita** / *pencil* **mondo** / *world*
n	Identical to the **n** sound in *nose*.	**naso** / *nose* **nono** / *ninth*
p	Identical to the **p** sound in *price*.	**porta** / *door* **prezzo** / *price*
q	Identical to the **q** sound in *quick*. It is always followed by **u**.	**quanto** / *how much* **quinto** / *fifth*
r	Similar to the rolled **r** sound in some Scottish dialects. It is pronounced by flapping the tongue against the upper gums.	**rosso** / *red* **raro** / *rare*
t	Pronounced like the **t** sound in *fat*, but with the tongue against the upper teeth. This is true even when followed by **r**; in English, the tongue is raised a bit more, as in *train*.	**tardi** / *late* **treno** / *train*
v	Identical to the **v** sound in *vine*.	**vino** / *wine* **vero** / *true*

The remaining consonant sounds in Italian are not that much different from English ones. However, various letters or combinations of letters are used to represent them, and this can be a source of confusion.

Letters	Pronunciation	Examples
c	Similar to the English **k** sound in *kit* and *cat*. Used in front of **a**, **o**, **u**, and any consonant.	**cane** / *dog* **come** / *how* **cuore** / *heart* **classe** / *class* **cravatta** / *tie*
ch	Represents the same **k** sound. Used in front of **e** and **i**.	**che** / *what* **chi** / *who* **chiesa** / *church*
c	Similar to the English **ch** sound in *church*. Used in front of **e** and **i**.	**cena** / *dinner* **cinema** / *movies*
ci	Represents the same **ch** sound in front of **a**, **o**, **u**.	**ciao** / *hi, bye* **cioccolata** / *chocolate*
g	Similar to the English **g** sound in *good*. Used in front of **a**, **o**, **u**, and any consonant.	**gatto** / *cat* **gola** / *throat* **guanto** / *glove* **gloria** / *glory* **grande** / *big, large*
gh	Represents the same **g** sound. Used in front of **e** and **i**.	**spaghetti** / *spaghetti* **ghiaccio** / *ice*
g	Similar to the English **j** sound in *just*. Used in front of **e** and **i**.	**gente** / *people* **giro** / *turn, tour*
gi	Represents the same **j** sound. Used in front of **a**, **o**, **u**.	**giacca** / *jacket* **giorno** / *day* **giugno** / *June*
sc	Represents the sound sequence **sk** in front of **a**, **o**, **u**, or any consonant.	**scala** / *staircase* **scopa** / *broom* **scuola** / *school* **scrivere** / *to write*
sch	Represents the same **sk** sequence in front of **e** and **i**.	**scherzo** / *prank* **schifo** / *disgust*
sc	Represents the **sh** sound in front of **e** and **i**.	**scena** / *scene* **sciocco** / *unsalted*
sci	Represents the same **sh** sound in front of **a**, **o**, **u**.	**sciopero** / *labor strike* **sciupare** / *to waste*

The sound represented by **gli** is similar to the **lli** sound in *million*; and the sound represented by **gn** is similar to the **ny** sound of *canyon*:

figlio / *son*
luglio / *July*
sogno / *dream*
giugno / *June*

The letter s is similar to either the "voiceless" s sound in *sip* or the "voiced" z sound in *zip*. The voiced sound is used before **b, d, g, l, m, n, r, v** and between vowels; otherwise, the voiceless one is used.

Voiceless s-sound	Voiced z-sound	Voiced z-sound (between vowels)
sapone / *soap*	**sbaglio** / *mistake*	**casa** / *house*
sete / *thirst*	**svegliarsi** / *to wake up*	**peso** / *weight*
specchio / *mirror*	**slittare** / *to slide*	**rosa** / *rose*
studente / *student*	**smettere** / *to stop*	**cosa** / *thing*

The letter **z** is, instead, similar to the **ts** sound in *cats* or the **ds** sound in *lads*:

zio / *uncle*
zero / *zero*
zuppa / *thick soup*
zaino / *knapsack, backpack*

The letter **h** does not represent any sound. It is analogous to the silent h of *hour*:

ho (pronounced "oh") / *I have*

Any single consonant can have a corresponding double articulation. The pronunciation of double consonants lasts twice as long as that of the corresponding single consonant and is slightly reinforced:

Single Consonants	Double Consonants
fato / *fate*	**fatto** / *fact*
caro / *dear*	**carro** / *cart*
pala / *shovel*	**palla** / *ball*
sono / *I am*	**sonno** / *sleep*

Single Consonants	Double Consonants
casa / *house*	**cassa** / *case, crate*
zio / *uncle*	**pizza** / *pizza*
via / *road*	**ovvio** / *obvious*
oca / *goose*	**occhio** / *eye*
forte / *strong*	**baffi** / *mustache*

The sounds represented by **gli** and **gn** are already double in articulation and, thus, no doubling of the letters is required: **figlio, giugno**.

Knowing where to put the stress, or main accent, on an Italian word is not always easy, but you can always look up a word you are unsure of in a dictionary that indicates stress. Here are some general guidelines. In most words, the stress falls on the next-to-last syllable. You can identify most syllables easily because they contain a vowel:

amico / *friend* = *amíco*
italiano / *Italian* = *italiáno*
orecchio / *ear* = *orécchio*
mattina / *morning* = *mattína*

Assume, in general, that the accent falls on the second-to-last syllable. Statistically speaking, this is the best strategy, since most Italian words are accented in this way. But, to be absolutely sure, always check a good dictionary.

Some words show an accent mark on the final vowel. This is, of course, where the stress occurs:

città / *city*
gioventù / *youth*
perché (or perchè) / *why, because*
benché (or benchè) / *although*
virtù / *virtue*
sé / *oneself*

The Italian alphabet does not have the letters **j**, **k**, **w**, **x**, **y**, unless they occur in words that Italian has borrowed from other languages, primarily English. Generally speaking, Italian spelling is highly phonetic: that is, each one of its letters stands generally for one sound. There are, however, some exceptions to this rule as you have already seen in this chapter.

Italian also uses the same punctuation marks as English (period, comma, semicolon, interrogative mark, exclamation point, etc.). And, as in English, capital letters are used at the beginning of sentences and to write proper nouns (**Maria, Italia**, etc.). However, there are a few different conventions worth noting.

• The pronoun io (*I*) is not capitalized (unless it is the first word of a sentence):

Vengo anche io. / *I'm coming too.*

• Titles are not usually capitalized.

il professor (or **Professor**) **Verdi** / *Professor Verdi*
la dottoressa (or **Dottoressa**) **Martini** / *Dr. Martini*

• Adjectives and nouns referring to languages and nationality are not capitalized.

Lui è italiano. / *He is Italian.*
La lingua spagnola è interessante. / *The Spanish language is interesting.*

• Names of the seasons, months of the year, and days of the week also are not capitalized.

mercoledì / *Wednesday*
maggio / *May*

• The pronoun **Lei**/*you (polite, singular)* is generally capitalized, in order to distinguish it from **lei** / *she.*

Verbs conjugated with avere or essere

1. An Italian verb is conjugated with **avere** to form the compound tenses when it is transitive (that is, when it has a direct object).
2. Reflexive verbs, such as **alzarsi**, are conjugated with **essere**.
3. Impersonal verbs are conjugated with **essere**, but **fare** is conjugated with **avere**. Verbs denoting atmospheric conditions may be conjugated with **avere** or **essere**; for example, **è nevicato, ha nevicato**.
4. Some verbs—for instance, **correre, saltare**, and **volare**—are conjugated with **avere** when referring to the action (e.g., **Ho corso velocemente.** *I ran swiftly.*) and with **essere** when referring to the goal of the action (e.g., **Sono corso a casa.** *I ran home.*).
5. Some verbs, such as **cominciare, durare**, and **finire**, take **avere** when an object is expressed or implied (e.g., **Ho finito il lavoro.** *I finished the work.*) and **essere** when used passively with no object (e.g., **La lezione è finita.** *The lesson is finished.*).
6. Some verbs, like **mancare**, have a different meaning depending on which auxiliary is used, **avere** or **essere**. **Ha mancato** means *he failed* or *he lacked*; **È mancato** means *he missed* or *he was not present.*
7. Some verbs, like **appartenere, dolere**, and **vivere**, can be used with either **avere** or **essere** when they have no object (e.g., **Lui ha vissuto per 30 anni**, or **È vissuto per 30 anni.** *He lived for 30 years.*).
8. Some verbs of motion, or limit of motion, as well as others are conjugated with **essere**. Here is a list of the most common of such verbs:

andare	to go
apparire	to appear
arrivare	to arrive
cadere	to fall
capitare	to happen (both personal and impersonal)
comparire	to appear
costare	to cost
crescere	to grow
dipendere	to depend
dispiacere	to displease, to regret
divenire (diventare)	to become
emergere	to emerge
entrare	to enter
esistere	to exist
essere	to be
fuggire	to flee
giungere	to arrive
montare	to mount
morire	to die
nascere	to be born
parere	to appear, to seem
partire	to leave
perire	to perish

piacere	to please, to like
restare (rimanere)	to remain, to stay
rincrescere	to be sorry, to regret
ritornare (tornare)	to return, to go back, to come back
riuscire	to succeed, to go out again
salire	to go, come up
scappare	to escape
scendere	to go or come down
scomparire	to disappear
scoppiare	to burst, to "croak"
sorgere	to rise
sparire	to disappear
stare	to stay
succedere	to succeed, to come after
uscire	to go or come out
venire (and most of its compounds)	to come

Italian verb conjugations: An overview

Explanations of the basic tenses (seven simple and seven compound), and other tenses, plus how to form them and when to use them, with many examples in Italian and English. The verbs used are common ones.

The Seven Simple Tenses

Tense No. 1: Il presente dell'indicativo

This tense is used most of the time as follows.

(a) To indicate an action or a state of being that is taking place at the present time:

1. **Parlo** a Maria in questo momento/*I am speaking to Mary at this moment.*
2. **Guardo** la TV in questo momento/*I am watching TV at this moment.*

(b) To indicate an action or a state of being that is permanent or continuous:

1. **Parlo** italiano/*I speak Italian.*
2. **Mangio** solo verdura /*I eat only vegetables.*

(c) To emphasize something at the present time:

1. Sì, **capisco**!/*Yes, I do understand!*
2. No, non **parlo** bene!/*No, I do not speak well!*

(d) To indicate an habitual action:

1. **Vado** al cinema ogni settimana/*I go to the movies every week.*
2. Il lunedì **ho** lezione d'italiano/*On Mondays I have an Italian class (lesson).*

(e) To convey a general truth:

Due più due **fa** quattro/*Two plus two makes four.*

(f) To express an action that may occur in the near future:

Lui **arriva** domani/*He's arriving tomorrow.*

Note the subject pronouns. Generally, these are optional in Italian:

Singular

1st person:	**io**/*I*
2nd person:	**tu**/*you* (familiar)
3rd person:	**lui**/*he*
	lei/*she*
	Lei/*you* (polite)

Plural

1st person:	**noi**/*we*
2nd person:	**voi**/*you* (familiar and in general)
3rd person:	**loro**/*they*
	Loro/*you* (polite)

The present indicative of regular verbs (Tense No. 1) is formed as follows.

First conjugation:

Drop the **-are** ending of an infinitive, like **parlare**/*to speak, to talk*, and add the following endings to the resulting stem (**parl-**): **-o, -i, -a, -iamo, -ate, -ano**:

Singular	Plural
1. (io) **parlo**	1. (noi) **parliamo**
2. (tu) **parli**	2. (voi) **parlate**
3. (lui, lei, Lei) **parla**	3. (loro, Loro) **parlano**

Second conjugation:

Drop the **-ere** ending of an infinitive, like **vedere**/*to see*, and add the following endings to the resulting stem (**ved-**): **-o, -i, -e, -iamo, -ete, -ono**:

Singular	Plural
1. (io) **vedo**	1. (noi) **vediamo**
2. (tu) **vedi**	2. (voi) **vedete**
3. (lui, lei, Lei) **vede**	3. (loro, Loro) **vedono**

Third conjugation:

Type 1: Drop the **-ire** ending of an infinitive, like **dormire**/*to sleep*, and add the following endings to the resulting stem (**dorm-**): **-o, -i, -e, -iamo, -ite, -ono**:

Singular	Plural
1. (io) **dormo**	1. (noi) **dormiamo**
2. (tu) **dormi**	2. (voi) **dormite**
3. (lui, lei, Lei) **dorme**	3. (loro, Loro) **dormono**

Type 2: Drop the **-ire** ending of an infinitive, like **capire**/*to understand*, and add the following endings to the resulting stem (**cap-**): **-isco, -isci, -isce, -iamo, -ite, -iscono**:

Singular	Plural
1. (io) **capisco**	1. (noi) **capiamo**
2. (tu) **capisci**	2. (voi) **capite**
3. (lui, lei, Lei) **capisce**	3. (loro, Loro) **capiscono**

There's only one sure way to know if a third conjugation verb belongs to Type 1 or Type 2—look it up in a dictionary!

Note: The accent on the third-person plural forms does not fall on the ending **-ano** or **-ono**, but on the syllable before. The accent mark is not used in writing, so you will always have to keep this in mind:

Written Form	Actual Pronunication
parlano	**párlano**
vedono	**védono**
dormono	**dórmono**
capiscono	**capíscono**

Tense No. 2: L'imperfetto dell'indicativo

"Imperfect" means incomplete. The imperfect indicative is, thus, a tense used to express or describe an action or state of being that was incomplete, continuous, or habitual in the past. It is used mainly as follows.

(a) To express an action in the past that went on simultaneously to another action:

Mentre mia madre **leggeva**, mio padre **guardava** la TV/*While my mother was reading, my father watched TV.*

(b) To express an action that was ongoing as another action occurred in the past:

Mia sorella **ascoltava** un CD, quando hai chiamato/*My sister was listening to a CD, when you called.*

(c) To indicate a past action, desire, condition, etc. that took place habitually:

1. Quando **eravamo** in Italia, **andavamo** spesso al mare/*When we were in Italy, we often used to go to the sea.*
2. Da bambino **volevo** sempre mangiare gli spaghetti/*As a child I always wanted to eat spaghetti.*

(d) To describe a former, earlier or bygone mental, emotional or physical condition, situation or feature. The most commonly used verbs in this way are: **avere**/*to have*, **credere**/*to believe*, **essere**/*to be*, **pensare**/*to think*, **potere**/*to be able to*, **preferire**/*to prefer*, **sapere**/*to know*, **sentire**/*to feel*, **volere**/*to want*:

1. Da giovane lei **aveva** i capelli biondi/*As a young woman she had blonde hair.*
2. Da bambino **sapevo** già parlare due lingue/*As a child I already knew how to speak two languages.*

(e) To refer to routine time of day in the past:

A che ora **avevi** lezione d'italiano?/*At what time did you used to have your Italian class?*

(f) To quote someone indirectly in the past:

Alessandro ha detto che **veniva** anche lui alla festa/*Alexander said that he too was coming to the party.*

The imperfect indicative of regular verbs (Tense No. 2) is formed as follows.

First conjugation:

Drop the -are ending of an infinitive, like **parlare**/*to speak, to talk*, and add the following endings to the resulting stem (**parl-**): **-avo, -avi, -ava, -avamo, -avate, -avano**:

Singular	Plural
1. (io) **parlavo**	1. (noi) **parlavamo**
2. (tu) **parlavi**	2. (voi) **parlavate**
3. (lui, lei, Lei) **parlava**	3. (loro, Loro) **parlavano**

Second conjugation:

Drop the **-ere** ending of an infinitive, like **vedere**/*to see*, and add the following endings to the resulting stem (**ved-**): **-evo, -evi, -eva, -evamo, -evate, -evano**:

Singular	Plural
1. (io) **vedevo**	1. (noi) **vedevamo**
2. (tu) **vedevi**	2. (voi) **vedevate**
3. (lui, lei, Lei) **vedeva**	3. (loro, Loro) **vedevano**

Third conjugation:

Drop the **-ire** ending of an infinitive, like **finire**/*to finish*, and add the following endings to the resulting stem (**fin-**): **-ivo, -ivi, -iva, -ivamo, -ivate, -ivano**:

Singular	Plural
1. (io) **finivo**	1. (noi) **finivamo**
2. (tu) **finivi**	2. (voi) **finivate**
3. (lui, lei, Lei) **finiva**	3. (loro, Loro) **finivano**

Note: As in the case of the present indicative, the accent on the third-person plural forms does not fall on the **-ano**, but on the syllable before.

Written Form	Actual Pronunication
parlavano	**parlávano**
vedevano	**vedévano**
finivano	**finívano**

Tense No. 3: Il passato remoto

The past absolute, as its name implies, is used to express an action that was completed in the (relatively) distant or remote past. It is thus used commonly as an "historical" past tense:

1. I miei genitori **emigrarono** trent'anni fa/*My parents emigrated thirty years ago.*
2. Galileo **inventò** il telescopio/*Galileo invented the telescope.*

The past absolute cannot be used with temporal adverbs such as **già**/*already*, **poco fa**/*a little while ago*, etc. which limit the action to the immediate past (occurring within less than twenty-four hours). Only the present perfect can be used in such cases (Tense No. 8).

The past absolute of regular verbs (Tense No. 3) is formed as follows.

First conjugation:

Drop the **-are** ending of an infinitive, like **parlare**/*to speak, to talk*, and add the following endings to the resulting stem (**parl-**): **-ai, -asti, -ò, -ammo, -aste, -arono**:

Singular	Plural
1. (io) **parlai**	1. (noi) **parlammo**
2. (tu) **parlasti**	2. (voi) **parlaste**
3. (lui, lei, Lei) **parlò**	3. (loro, Loro) **parlarono**

Second conjugation:

Drop the **-ere** ending of an infinitive, like **vendere**/*to sell*, and add the following endings to the resulting stem (**vend-**): -ei (or -etti), -esti, -é (or -ette), -emmo, -este, -erono (or -ettero):

Singular	Plural
1. (io) **vendei** (**vendetti**)	1. (noi) **vendemmo**
2. (tu) **vendesti**	2. (voi) **vendeste**
3. (lui, lei, Lei) **vendé** (**vendette**)	3. (loro, Loro) **venderono**/(**vendettero**)

Third conjugation:

Drop the **-ire** ending of an infinitive, like **finire**/*to finish*, and add the following endings to the resulting stem (**fin-**): -ii, -isti, -ì, -immo, -iste, -irono:

Singular	Plural
1. (io) **finii**	1. (noi) **finimmo**
2. (tu) **finisti**	2. (voi) **finiste**
3. (lui, lei, Lei) **finì**	3. (loro, Loro) **finirono**

Note: As in other cases, the accent on the third-person plural forms does not fall on the -ono, but on the syllable before.

Written Form	Actual Pronunication
parlarono	**parlárono**
venderono	**vendérono**
finirono	**finírono**

Tense No. 4: Il futuro semplice

The simple future tense is used most of the time as follows.

(a) To express an action or state of being that will take place at some time in the future:

    1. Domani **andremo** al cinema/*Tomorrow we will be going to the movies.*
    2. Lo **farò** quando avrò tempo/*I will do it when I have time.*

(b) To express probability:

    1. Quanto **costerà** quell'automobile?/*How much does that car (probably) cost?*
    2. **Saranno** le cinque/*It's (probably) five o'clock.*

(c) To express conjecture (wondering, guessing):

    Chi **sarà** che chiama a quest'ora?/*(I wonder) who is calling at this hour?*

The future of regular verbs (Tense No. 4) is formed as follows.

First conjugation:

Change the **-are** ending of an infinitive, like **parlare**/*to speak, to talk*, to **-er**, and then add the following endings to the resulting stem (**parler-**): -ò, -ai, -à, -emo, -ete, -anno:

Singular	Plural
1. (io) **parlerò**	1. (noi) **parleremo**
2. (tu) **parlerai**	2. (voi) **parlerete**
3. (lui, lei, Lei) **parlerà**	3. (loro, Loro) **parleranno**

Second and third conjugations:

Drop the final -e of both the -ere and -ire endings of infinitives, like **vendere**/*to sell* and **finire**/*to finish*, and then add the following endings to the resulting stem (**vender-**, **finir-**): -ò, -ai, -à, -emo, -ete, -anno:

Singular	Plural
1. (io) **venderò**	1. (noi) **venderemo**
2. (tu) **venderai**	2. (voi) **venderete**
3. (lui, lei, Lei) **venderà**	3. (loro, Loro) **venderanno**

Singular	Plural
1. (io) **finirò**	1. (noi) **finiremo**
2. (tu) **finirai**	2. (voi) **finirete**
3. (lui, lei, Lei) **finirà**	3. (loro, Loro) **finiranno**

Tense No. 5: Il condizionale

The conditional is used most of the time as follows.

(a) To express a conditional, potential, or hypothetical action:

    1. **Andrei** al cinema volentieri, ma non ho tempo/*I would gladly go to the movies, but I don't have time.*

    2. Lo **farei**, se avessi tempo/*I would do it if I had time.*

(b) To convey courtesy or politeness:

    1. Mi **potrebbe** aiutare?/*Could you help me?*

    2. **Vorrei** un caffè, grazie/*I would like a coffee, thanks.*

(c) To express an indirect quotation:

    Maria ha detto che **verrebbe** domani/*Mary said that she would be coming tomorrow.*

(d) To express probability:

    Quanto **costerebbe** quel televisore?/*How much does that TV set probably cost?*

(e) To quote someone else's opinion:

    Secondo lui, quella ragazza **sarebbe** spagnola/*According to him, that girl is (probably) Spanish.*

The conditional of regular verbs (Tense No. 5) is formed in a similar manner to the future (Tense No. 4) as follows.

First conjugation:

Change the -are ending of an infinitive, like **parlare**/*to speak, to talk*, to -er, and then add the following endings to the resulting stem (**parler-**): -ei, -esti, -ebbe, -emmo, -este, -ebbero:

Singular	Plural
1. (io) **parlerei**	1. (noi) **parleremmo**
2. (tu) **parleresti**	2. (voi) **parlereste**
3. (lui, lei, Lei) **parlerebbe**	3. (loro, Loro) **parlerebbero**

Second and third conjugations:

Drop the final **-e** of both the **-ere** and **-ire** endings of infinitives, like **vendere**/*to sell* and **finire**/*to finish*, and then add the following endings to the resulting stem (**vender-, finir-**): **-ei, -esti, -ebbe, -emmo, -este, -ebbero**:

Singular	Plural
1. (io) **venderei**	1. (noi) **venderemmo**
2. (tu) **venderesti**	2. (voi) **vendereste**
3. (lui, lei, Lei) **venderebbe**	3. (loro, Loro) **venderebbero**

Singular	Plural
1. (io) **finirei**	1. (noi) **finiremmo**
2. (tu) **finiresti**	2. (voi) **finireste**
3. (lui, lei, Lei) **finirebbe**	3. (loro, Loro) **finirebbero**

Note: As in other cases, the accent on the third-person plural forms does not fall on the **-ero**, but on the syllable before.

Written Form	Actual Pronunication
parlerebbero	**parlerébbero**
venderebbero	**venderébbero**
finirebbero	**finirébbero**

Tense No. 6: Il presente del congiuntivo

Verbs in the subjunctive mood are used to convey a point of view, fear, doubt, hope, possibility—that is, anything that is not a fact or a certainty. Specifically, the present subjunctive is used after verbs that express the following.

(a) Wish, insistence, preference, suggestion, or request:

1. Voglio che lo **faccia** Maria/*I want Mary to do it.*
2. Preferisco che **venga** anche lui/*I prefer that he come too.*

(b) Doubt, fear, joy, hope, or some other emotion:

1. Dubito che voi **sappiate** l'italiano/*I doubt that you know Italian.*
2. Speriamo che tutto **vada** bene/*Let's hope that everything goes well.*

(c) Opinion, point of view, perspective, or some other state of mind:

1. Penso che **sia** vero/*I think that it is true.*
2. Credo che **venga** anche lei/*I think that she is coming too.*

It is also used:

(d) After certain impersonal expressions that indicate necessity, uncertainty, importance, possibility, or likelihood:

1. È necessario che lo **faccia** anche tu/*It is necessary that you do it too.*
2. È importante che **vengano** anche loro/*It is important that they come too.*

(e) After certain conjunctions that indicate a hypothetical state, a condition, purpose, etc.:

1. Benché **piova**, esco lo stesso/*Although it is raining, I'm going out just the same.*
2. Affinché tu **possa** riuscire, devi studiare di più/*In order for you to succeed, you must study more.*

(f) After certain conjunctions of time:

Prima che **arrivino**, prepara la cena!/*Before they arrive, prepare dinner!*

(g) After certain adverbs:

Dovunque tu **vada**, io ti seguirò/*Wherever you go, I will follow you.*

(h) In wish expressions:

Che **sia** vero?/*Could it be true?*

The present subjunctive of regular verbs (Tense No. 6) is formed as follows.

First conjugation:

Go to the present indicative section (Tense No. 1) of first conjugation verbs. Remove the present indicative endings from the stem (**parl-**) and replace them with **-i, -i, -i, -iamo, -iate, -ino** (= **parli, parli, parli, parliamo, parliate, parlino**).

Second conjugation:

Go to the present indicative section (Tense No. 1) of second conjugation verbs. Remove the present indicative endings from the stem (**ved-**) and replace them with **-a, -a, -a, -iamo, -iate, -ano** (= **veda, veda, veda, vediamo, vediate, vedano**).

Third conjugation:

Type 1: Go to the present indicative section (Tense No. 1) of this type of third conjugation verb. Remove the present indicative endings from the stem (**dorm-**) and replace them with **-a, -a, -a, -iamo, -iate, -ano** (= **dorma, dorma, dorma, dormiamo, dormiate, dormano**).

Type 2: Go to the present indicative section (Tense No. 1) of this type of third conjugation verb. Remove the present indicative endings from the stem (**cap-**) and replace them with **-isca, -isca, -isca, -iamo, -iate, -iscano** (= **capisca, capisca, capisca, capiamo, capiate, capiscano**).

Note: As in other cases, the accent on the third-person plural forms does not fall on the **-ino** or **-ano**, but on the syllable before.

Written Form	Actual Prononunciation
parlino	**párlino**
vedano	**védano**
dormano	**dórmano**
capiscano	**capíscano**

Tense No. 7: L'imperfetto del congiuntivo

The imperfect subjunctive is used in subordinate clauses for the same reasons as the present subjunctive (Tense No. 6 section). The main difference between the use of the present subjunctive tense and this tense is the time of the action. If the verb in the main clause is in the present or future, then the present subjunctive in the dependent clause is normally called for. If the main verb is in a past or conditional tense, then the imperfect subjunctive will likely be required:

1. Penso che **sia** vero/*I think it is true.*
   Pensavo che **fosse** vero/*I thought it was true.*

2. È importante che **venga** anche lui/*It is important that he come too.*
   Sarebbe importante che **venisse** anche lui/*It would be important that he come too.*

The imperfect subjunctive is also used after **se**/*if* in counterfactual statements when the main clause verb is in the conditional:

1. Se tu **andassi** a Roma, vedresti il Colosseo/*If you were to go to Rome, you would see the Coliseum.*
2. Se **potessimo**, andremmo in Italia subito/*If we could, we would go to Italy right away.*

It is also used in sentences beginning with **magari**/*if only* to express a wish or desire:

Magari non **piovesse** così tanto!/*If only it wouldn't rain so much!*

The imperfect subjunctive of regular verbs (Tense No. 7) is formed as follows.

First conjugation:

Go to the imperfect indicative section (Tense No. 2) of first conjugation verbs. Remove the imperfect indicative endings from the stem (**parl-**) and replace them with -assi, -assi, -asse, -assimo, -aste, -assero (= **parlassi, parlassi, parlasse, parlassimo, parlaste, parlassero**).

Second conjugation:

Go to the imperfect indicative (Tense No. 2) of second conjugation verbs. Remove the imperfect indicative endings from the stem (**ved-**) and replace them with -essi, -essi, -esse, -essimo, -este, -essero (= **vedessi, vedessi, vedesse, vedessimo, vedeste, vedessero**).

Third conjugation:

Go to the imperfect indicative (Tense No. 2) of third conjugation verbs. Remove the imperfect indicative endings from the stem (**fin-**) and replace them with -issi, -issi, -isse, -issimo, -iste, -issero (= **finissi, finissi, finisse, finissimo, finiste, finissero**).

Note: As in other cases, the accent on the third-person plural forms does not fall on the -**ero**, but on the syllable before.

Written Form	Actual Pronunication
parlassero	**parlássero**
vedessero	**vedéssero**
finissero	**finíssero**

Tense No. 8: Il passato prossimo

The present perfect tense is used to refer to simple actions that occurred in the recent past. It is the most common of all past tenses in Italian:

1. Maria **ha venduto** la sua macchina/*Mary sold her car.*
2. Ieri **ho parlato** al signor Verdi/*Yesterday I spoke to Mr. Verdi.*
3. Loro **hanno dormito** troppo ieri/*They slept too much yesterday.*
4. **Ho** già **mangiato**/*I have already eaten.*

The present perfect of regular verbs (Tense No. 8) is formed as follows.

Since it is a compound tense, the present perfect is formed with the appropriate form of the auxiliary verb plus the past participle of the verb, in that order.

To form the past participle of regular verbs, drop the infinitive ending (**-are**, **-ere**, **-ire**), and add the following endings to the resulting stems: **-ato** (to first conjugation stems such as **parl-**), **-uto** (to second conjugation stems such as **vend-**), and **-ito** (to third conjugation stems such as **cap-**):

parlare/*to speak*	**vendere**/*to sell*	**capire**/*to understand*
parlato/*spoken*	**venduto**/*sold*	**capito**/*understood*

There are two auxiliary verbs: **avere**/*to have* and **essere**/*to be*. In the present perfect, these are in the present indicative. To find their present indicative forms go to the appropriate pages in the **501 Verbs** list.

The past participle of verbs conjugated with **essere** agrees in number and gender with the subject:

1. Alessandro è **arrivato** ieri/*Alexander arrived yesterday.*
2. Anche Sara è **arrivata** ieri/*Sarah also arrived yesterday.*

When do you use **avere** or **essere**? The best strategy is to assume that most verbs are conjugated with **avere** (which is true!), and then memorize the few verbs that are conjugated with **essere**. The most common verbs conjugated with **essere** are:

andare/*to go*	**diventare**/*to become*	**sembrare**/*to seem*
arrivare/*to arrive*	**morire**/*to die*	**tornare**/*to return*
cadere/*to fall*	**nascere**/*to be born*	**uscire**/*to go out*
entrare/*to enter*	**partire**/*to leave*	**venire**/*to come*
essere/*to be*	**stare**/*to stay*	

Tense No. 9: Il trapassato prossimo

The pluperfect indicative tense is used to express an action that occurred before another past action:

1. Dopo che **era arrivata**, mi ha telefonato/*After she had arrived, she phoned me.*
2. Lui mi ha detto che le **aveva** già **parlato**/*He told me that he had already spoken to her.*

This tense corresponds to the English pluperfect. But be careful! Sometimes the pluperfect is only implied in English colloquial usage:

Sono andati in Italia dopo che **avevano finito** gli esami/*They went to Italy after they finished their exams.*

The pluperfect of regular verbs (Tense No. 9) is formed as follows.

The pluperfect is a compound tense. It is conjugated with an auxiliary verb, either **avere/** *to have* or **essere/***to be*, and the past participle of the verb, in that order. See Tense No. 8 for the relevant details regarding past participles and the use of one or the other auxiliary verb.

In the pluperfect, the auxiliary verbs are in the imperfect indicative. The imperfect indicative of **avere** is regular, but that of **essere** is irregular. To find the relevant forms of **essere** go to the appropriate pages in the **501 Verbs** list.

Tense No. 10: Il trapassato remoto

This pluperfect tense is used to express an action that occurred before a past absolute action (Tense No. 3):

Dopo che **fu arrivata**, mi telefonò/*After she had arrived, she phoned me.*

This tense is used rarely, being limited mainly to literary and historical usage.

The *trapassato remoto* of regular verbs (Tense No. 10) is formed as follows.

As a compound tense, it is conjugated with an auxiliary verb, either **avere/***to have* or **essere/***to be*, and the past participle of the verb, in that order. See Tense No. 8 for the relevant details regarding past participles and the use of one or the other auxiliary verb.

In this case, the auxiliary verbs are in the past absolute. To find their forms go to the appropriate pages in the **501 Verbs** list.

Tense No. 11: Il futuro anteriore

The future perfect is used to refer to an action that occurred before another simple future action (Tense No. 4):

Andremo al cinema, appena **avrai finito** di lavorare/*We will go to the movies, as soon as you (will) have finished work.*

Like the simple future (Tense No. 4), it can also be used to convey probability:

1. Quanto **sarà costata** quella macchina/*How much did that car probably cost?*
2. Lui **avrà telefonato** alle sei/ *He must have phoned at six.*

The future perfect of regular verbs (Tense No. 11) is formed as follows.

Since it is a compound tense, the future perfect is conjugated with an auxiliary verb, either **avere/***to have* or **essere/***to be*, and the past participle of the verb, in that order. See

Tense No. 8 for the relevant details regarding past participles and the use of one or the other auxiliary verb.

In this case, the auxiliary verbs are in the simple future. To find their forms go to the appropriate pages in the **501 Verbs** list.

Tense No. 12: Il condizionale passato

The conditional perfect is used to refer to an action that occurred before another simple conditional action (Tense No. 5):

1. Mi ha detto che **sarebbe venuto**/*He told me that he would (would have) come.*
2. Sapeva che io **avrei capito**/*He knew that I would have understood.*

The conditional perfect of regular verbs (Tense No. 12) is formed as follows.

The conditional perfect, like the other compound tenses, is conjugated with an auxiliary verb, either **avere**/*to have* or **essere**/*to be*, and the past participle of the verb, in that order. See Tense No. 8 for the relevant details regarding past participles and the use of one or the other auxiliary verb.

In this case, the auxiliary verbs are in the present conditional. To find their forms go to the appropriate pages in the **501 Verbs** list.

Tense No. 13: Il congiuntivo passato

The past subjunctive corresponds to the present perfect in temporal usage (Tense No. 8). The difference is that it comes after a verb, conjunction, adverb, or expression that requires the subjunctive mood (Tense No. 6):

1. Non credo che lui **abbia capito**/*I don't believe he understood.*
2. Non è possibile che loro **siano** già **partiti**/*It's not possible that they have already left.*
3. Benché **sia venuta** anche lei, lui non è felice/*Although she too has come, he is not happy.*

The past subjunctive of regular verbs (Tense No. 13) is formed as follows.

As a compound tense, the past subjunctive is conjugated with an auxiliary verb, either **avere**/*to have* or **essere**/*to be*, and the past participle of the verb, in that order. See Tense No. 8 for the relevant details regarding past participles and the use of one or the other auxiliary verb.

In this case, the auxiliary verbs are in the present subjunctive. To find their forms go to the appropriate pages in the **501 Verbs** list.

Tense No. 14: Il trapassato congiuntivo

The pluperfect subjunctive corresponds to the pluperfect indicative (Tense No. 9) in temporal usage. The difference is that it comes after a verb, conjunction, adverb, or expression that requires the subjunctive mood in the subordinate clause:

1. Eravamo contenti che voi **foste** venuti/*We were happy that you had come.*
2. Benché **avesse piovuto** tutto il mese, andavamo sempre fuori/*Although it had rained the entire month, we went out just the same.*

As is the case with the imperfect subjunctive (Tense No. 7), the pluperfect subjunctive is also used after **se** (*if*) in counterfactual statements:

1. Se **avessi avuto** i soldi, l'avrei comprata/*If I had had the money, I would have bought it.*
2. Se tu **avessi studiato** ieri, oggi non ti preoccuperesti/*If you had studied yesterday, today you wouldn't (need to) worry.*

The pluperfect subjunctive of regular verbs (Tense No. 14) is formed as follows.

As a compound tense, the pluperfect subjunctive is conjugated with an auxiliary verb, either **avere**/*to have* or **essere**/*to be*, and the past participle of the verb, in that order. See Tense No. 8 for the relevant details regarding past participles and the use of one or the other auxiliary verb.

In this case, the auxiliary verbs are in the imperfect subjunctive. To find their forms go to the appropriate pages in the **501 Verbs** list.

L'imperativo

The imperative is used to utter commands and give advice:

1. Alessandro, **aspetta** qui!/*Alexander, wait here!*
2. Signora Binni, **scriva** il Suo nome qui!/*Mrs. Binni, write your name here!*
3. Studenti, **aprite** i vostri libri a pagina quattro!/*Students, open your books at page four!*

The imperative of regular verbs is formed as follows.

First conjugation:

Drop the **-are** ending of an infinitive, like **parlare**/*to speak, to talk*, and add the following endings: –, **-a, -i, -iamo, -ate, -ino** to the resulting stem (**parl-**). Note that there is no 1st person singular form:

Singular	Plural
1. –	**1.** (noi) **parliamo**
2. (tu) **parla**	**2.** (voi) **parlate**
3. (Lei) **parli**	**3.** (Loro) **parlino**

Second conjugation:

Drop the **-ere** ending of an infinitive, like **scrivere**/*to write*, and add the following endings to the resulting stem (**scriv-**): –, **-i, -a, -iamo, -ete, -ano**:

Singular	Plural
1. –	**1.** (noi) **scriviamo**
2. (tu) **scrivi**	**2.** (voi) **scrivete**
3. (Lei) **scriva**	**3.** (Loro) **scrivano**

Third conjugation:

Type 1: Drop the **-ire** ending of an infinitive, like **dormire**/*to sleep*, and add the following endings to the resulting stem (**dorm-**): **–, -i, -a, -iamo, -ite, -ano**:

Singular	Plural
1. –	**1.** (noi) **dormiamo**
2. (tu) **dormi**	**2.** (voi) **dormite**
3. (Lei) **dorma**	**3.** (Loro) **dormano**

Type 2: Drop the **-ire** ending of an infinitive, like **finire**/*to finish*, and add the following endings to the resulting stem (**fin-**): **–, -isci, -isca, -iamo, -ite, -iscano**:

Singular	Plural
1. –	**1.** (noi) **finiamo**
2. (tu) **finisci**	**2.** (voi) **finite**
3. (Lei) **finisca**	**3.** (Loro) **finiscano**

Note: As in other cases, the accent on the third-person plural forms does not fall on the **-ino** or **-ano**, but on the syllable before.

Written Form	Actual Prouunication
parlino	**párlino**
scrivano	**scrívano**
dormano	**dórmano**
finiscano	**finíscano**

To form the negative imperative, add **non** before the verb. But you must make one adjustment: change the second person singular form to the infinitive form of the verb.

Affirmative	Negative
Parla!/*Speak!*	**Non parlare!**/*Don't speak!*
Scrivi!/*Write!*	**Non scrivere!**/*Don't write!*
Finisci!/*Finish!*	**Non finire!**/*Don't finish!*

The Progressive Forms

The present progressive is an alternative to the present indicative (Tense No. 1), allowing you to zero in on an ongoing action.

1. In questo momento, mia sorella **sta mangiando**/*At this moment, my sister is eating.*
2. Marco **sta scrivendo** una e-mail/*Mark is writing an e-mail.*
3. Loro **stanno finendo** di lavorare/*They are finishing work.*

The present progressive is formed with the present tense of the verb **stare**/*to stay, to be* and the gerund of the verb, in that order. To find the forms of the present indicative of **stare** go to the appropriate page in the **501 Verbs** list.

To form the gerund of regular verbs, drop the infinitive ending (**-are, -ere, -ire**), and add the following endings to the resulting stem: **-ando** (to first conjugation verbs) and **-endo** (to second and third conjugation verbs):

parlare/*to speak*
parlando/*speaking*

scrivere/*to write*
scrivendo/*writing*

finire/*to finish*
finendo/*finishing*

The imperfect progressive is an alternative to the imperfect indicative (Tense No. 2), allowing you to zero in on an action in the past that was ongoing relative to another action:

Ieri mentre mia sorella **stava mangiando**, io **stavo guardando** la TV/*Yesterday, while my sister was eating, I was watching TV.*

The imperfect indicative progressive is formed with the imperfect tense of the verb **stare** and the gerund of the verb, in that order. To find the forms of the imperfect indicative of **stare** go to the appropriate page in the **501 Verbs** list.

The present subjunctive progressive is an alternative to the present subjunctive (Tense No. 6), allowing you to zero in on an ongoing action that is to be expressed in the subjunctive mood:

Penso che in questo momento, mia sorella **stia mangiando**/*I think that at this moment, my sister is eating.*

The present subjunctive progressive is formed with the present subjunctive of the verb **stare**/*to stay, to be* and the gerund of the verb, in that order. To find the forms of the present subjunctive of **stare** go to the appropriate page in the **501 Verbs** list.

The imperfect subjunctive progressive is an alternative to the imperfect subjunctive (Tense No. 7), allowing you to zero in on an imperfect action to be expressed in the subjunctive mood:

Penso che ieri mia sorella **stesse mangiando**, mentre io **stavo guardando** la TV/*Yesterday, I think that my sister was eating, while I was watching TV.*

The imperfect subjunctive progressive is formed with the imperfect subjunctive of the verb **stare**/*to stay, to be* and the gerund of the verb, in that order. To find the forms of the imperfect subjunctive of **stare** go to the appropriate page in the **501 Verbs** list.

Gerund

The gerund is used to express an action simultaneous to another one. For the formation of the gerund go to the *Progressive Forms* section:

Camminando, ho visto Marco/*While walking, I saw Mark.*

There is also a past gerund, consisting of an auxiliary verb, **avere**/*to have* or **essere**/*to be*, conjugated in the gerund, and a past participle, in that order. For the formation of the past participle and the use of auxiliary verbs in compound tenses go to the Tense No. 8 section:

1. **Avendo mangiato** tutto, siamo usciti/*Having eaten everything, we went out.*
2. **Essendo andati** in Italia, visitarono tanti bei posti/*Having gone to Italy, they visited many nice places.*

Modal Verbs

The verbs **potere**/*to be able to*, **dovere**/*to have to*, and **volere**/*to want to* are modal verbs. They allow you to express permission, desire, necessity, and other similar kinds of states:

1. **Posso** venire anch'io?/*Can I come too?*
2. Ma non **dovevi** andare in Italia?/*Didn't you have to go to Italy?*
3. **Vorrei** comprare un nuovo computer/*I would like to buy a new computer.*

In the present and conditional perfect they convey the following concepts:

1. Lo **potrei** fare/*I could do it.*
2. Lo **avrei potuto** fare/*I could have done it.*

3. Lo **vorrei** fare/*I would like to do it.*
4. Lo **avrei voluto** fare/*I would like to have done it.*

5. Lo **dovrei** fare/*I should do it.*
6. Lo **avrei dovuto** fare/*I should have done it.*

Voice

Verbs can be in the active or passive voice. The active voice is used to indicate that the subject performs the action, whereas the passive voice is used to indicate that the subject is the receiver of the action:

Active: Alessandro **mangia** la mela/*Alexander is eating the apple.*
Passive: La mela è **mangiata** da Alessandro/*The apple is eaten by Alexander.*

Passive sentences can be formed from corresponding active ones as follows:

Change the order of the subject and the object; then change the verb into its past participle form, introducing **essere**/*to be* as an auxiliary; and finally put **da** (*by*) in front of the subject.

Active	Passive
La ragazza **legge** quel libro/ *The girl read that book.*	Quel libro è **letto** dalla ragazza/*That book is read by the girl.*
Lui **comprerà** quella macchina/ *He will buy that car.*	Quella macchina **sarà comprata** da lui/ *That car will be bought by him.*

Reflexive Verbs

A verb is reflexive when it has an identical subject and direct object, as in "She dressed herself." The object is expressed as a reflexive pronoun.

Reflexive verbs are thus conjugated in exactly the same manner as nonreflexive verbs, but with reflexive pronouns:

1. **Mi alzo** presto ogni giorno/*I get up early every day.*
2. Sembra che tu **ti diverta** sempre in Italia/*It seems that you always enjoy yourself in Italy.*

Here are the Italian reflexive pronouns:

Singular

1st person:	**mi**/*myself*
2nd person:	**ti**/*yourself* (familiar)
3rd person	**si**/*himself, herself, yourself* (polite)

Plural

1st person:	**ci**/*ourselves*
2nd person:	**vi**/*yourselves* (familiar and in general)
3rd person	**si**/*themselves, yourselves* (polite)

In compound tenses, all reflexive verbs are conjugated with the auxiliary verb **essere**/*to be* in the appropriate tense and mood:

1. Lui **si è divertito** in Italia/*He enjoyed himself in Italy.*
2. Penso che Maria **si sia divertita** in Francia/*I think that Mary enjoyed herself in France.*

Here are some common reflexive verbs. Note that they are identified by the ending **-si**/*oneself* tacked onto the infinitive:

alzarsi/*to get up, wake up, stand up*
annoiarsi/*to become bored*
arrabbiarsi/*to become angry*
dimenticarsi/*to forget*
divertirsi/*to enjoy oneself, have fun*
lamentarsi/*to complain*
lavarsi/*to wash oneself*
mettersi/*to put on, wear, set about, begin to*
prepararsi/*to prepare oneself*
sentirsi/*to feel*
sposarsi/*to marry, get married*
svegliarsi/*to wake up*
vergognarsi/*to be ashamed*

Sample English verb conjugation—"to eat"

The full conjugation of the verb "to eat" will help you understand how the verb forms are expressed in English, according to the same conjugation system of Italian. You can also compare the conjugation of the English verb with the corresponding conjugation of Italian **mangiare**.

The Seven Simple Tenses

1 Present Indicative
I eat, I do eat, I am eating
we eat, we do eat, we are eating
you eat, you do eat, you are eating
you eat, you do eat, you are eating
he (she, it) eats, he (she, it) does eat, he (she, it) is eating
they eat, they are eating, they do eat

2 Imperfect Indicative
I was eating, I used to eat
we were eating, we used to eat
you were eating, you used to eat
you were eating, you used to eat
he (she, it) was eating, he (she, it) used to eat
they were eating, they used to eat

3 Preterit
I ate, I did eat
we ate, we did eat
you ate, you did eat
you ate, you did eat
he (she, it) ate, he (she, it) did eat
they ate, they did eat

4 Future
I will eat
we will eat
you will eat
you will eat
he (she, it) will eat
they will eat

5 Conditional
I would eat
we would eat
you would eat
you would eat
he (she, it) would eat
they would eat

6 Present Subjunctive
I may eat
we may eat
you may eat
you may eat
he (she, it) may eat
they may eat

7 Imperfect/Past Subjunctive
I might eat
we might eat
you might eat
you might eat
he (she, it) might eat
they might eat

The Seven Compound Tenses

8 Present Perfect
I have eaten
we have eaten
you have eaten
you have eaten
he (she, it) has eaten
they have eaten

9 Pluperfect Indicative
I had eaten
we had eaten
you had eaten
you had eaten
he (she, it) had eaten
they had eaten

10 Past Anterior
I had eaten
we had eaten
you had eaten
you had eaten
he (she, it) had eaten
they had eaten

11 Future Anterior
I will have eaten
we will have eaten
you will have eaten
you will have eaten
he (she, it) will have eaten
they will have eaten

12 Conditional Perfect
I would have eaten
we would have eaten
you would have eaten
you would have eaten
he (she, it) would have eaten
they would have eaten

13 Past Subjunctive
I may have eaten
we may have eaten
you may have eaten
you may have eaten
he (she, it) may have eaten
they may have eaten

14 Pluperfect Subjunctive
I might have eaten
we might have eaten
you might have eaten
you might have eaten
he (she, it) might have eaten
they might have eaten

Imperative

—
eat

let him (her, it) eat
let's eat

eat
let them eat

Essential verb list

The following verbs are the ones that are used frequently in common conversation. For their conjugations and uses, go to the entries in the alphabetic listing.

abitare

aiutare

andare

aprire

arrivare

aspettare

avere

bere

cadere

camminare

capire

cercare

chiamare

chiedere

chiudere

cominciare

comprare

conoscere

dare

dire

diventare

divertirsi

dormire

dovere

entrare

essere

fare

finire

guardare

guidare

lasciare

lavorare

mangiare

mettere

pagare

parlare

partire

pensare

piacere

portare

potere

preferire

prendere

rimanere

ripetere

rispondere

sapere

stare

tornare

trovare

uscire

vedere

venire

vivere

volere

Subject Pronouns

Singular

1st person: io/*I*

2nd person: tu/*you* (familiar)

3rd person: lui/*he*

lei/*she*

Lei/*you* (polite)

Plural

1st person: noi/*we*

2nd person: voi/*you* (familiar and in general)

3rd person: loro/*they*

Loro/*you* (polite)

Verbs requiring spelling changes

Verbs ending in -care, -gare, -ciare, -giare, and -iare require spelling adjustments as described below.

Spelling Pattern A

The hard c and g sounds of verbs ending in -care and -gare are retained in all conjugations. This is indicated by inserting h before any ending beginning with e or i. The verbs spelled in this way are identified at the top of the page.

Two model verbs, **cercare** (to look for, to search) and **pagare** (to pay), are conjugated completely below in the seven simple tenses. Spelling adjustments are not required in the conjugation of the compound tenses: **cercato/pagato** (past participles), **cercando/pagando** (gerunds).

cercare		pagare	
Singular	Plural	Singular	Plural
1 Present Indicative			
cerco	cerchiamo	pago	paghiamo
cerchi	cercate	paghi	pagate
cerca	cercano	paga	pagano
2 Imperfect			
cercavo	cercavamo	pagavo	pagavamo
cercavi	cercavate	pagavi	pagavate
cercava	cercavano	pagava	pagavano
3 Past Absolute			
cercai	cercammo	pagai	pagammo
cercasti	cercaste	pagasti	pagaste
cercò	cercarono	pagò	pagarono
4 Future			
cercherò	cercheremo	pagherò	pagheremo
cercherai	cercherete	pagherai	pagherete
cercherà	cercheranno	pagherà	pagheranno
5 Present Conditional			
cercherei	cercheremmo	pagherei	pagheremmo
cercheresti	cerchereste	pagheresti	pagherete
cercherebbe	cercherebbero	pagherebbe	pagherebbero
6 Present Subjunctive			
cerchi	cerchiamo	paghi	paghiamo
cerchi	cerchiate	paghi	paghiate
cerchi	cerchino	paghi	paghino
7 Imperfect Subjunctive			
cercassi	cercassimo	pagassi	pagassimo
cercassi	cercaste	pagassi	pagaste
cercasse	cercassero	pagasse	pagassero

Spelling Pattern B

The soft **c** and **g** sounds of verbs ending in **-ciare** and **-giare** are retained in all conjugations. Before an ending beginning with **e** or **i**, the **i** of the infinitive is not required and is thus dropped. The verbs spelled in this way are identified at the top of the page.

Two model verbs, **cominciare** (to begin, to start) and **mangiare** (to eat), are conjugated completely below in the seven simple tenses. Spelling adjustments are not required in the conjugation of the compound tenses: **cominciato/mangiato** (past participles), **cominciando/mangiando** (gerunds).

cominciare		mangiare	
Singular	Plural	Singular	Plural
1 Present Indicative			
comincio	cominciamo	mangio	mangiamo
cominci	cominciate	mangi	mangiate
comincia	cominciano	mangia	mangiano
2 Imperfect			
cominciavo	cominciavamo	mangiavo	mangiavamo
cominciavi	cominciavate	mangiavi	mangiavate
cominciava	cominciavano	mangiava	mangiavano
3 Past Absolute			
cominciai	cominciammo	mangiai	mangiammo
cominciasti	cominciaste	mangiasti	mangiaste
cominciò	cominciarono	mangiò	mangiarono
4 Future			
comincerò	cominceremo	mangerò	mangeremo
comincerai	comincerete	mangerai	mangerete
comincerà	cominceranno	mangerà	mangeranno
5 Present Conditional			
comincerei	cominceremmo	mangerei	mangeremmo
cominceresti	comincereste	mangeresti	mangerete
comincerebbe	comincerebbero	mangerebbe	mangerebbero
6 Present Subjunctive			
cominci	cominciamo	mangi	mangiamo
cominci	cominciate	mangi	mangiate
cominci	comincino	mangi	mangino
7 Imperfect Subjunctive			
cominciassi	cominciassimo	mangiassi	mangiassimo
cominciassi	cominciaste	mangiassi	mangiaste
cominciasse	cominciassero	mangiasse	mangiassero

Spelling Pattern C

Before an ending beginning with **i**, the **i** of verbs ending in **-iare** (in which the **i** is not accented) is dropped. It is retained before an ending beginning with **e**. The verbs spelled in this way are identified at the top of the page.

The model verb **studiare** (to study) is conjugated completely below in the seven simple tenses. Spelling adjustments are not required in the conjugation of the compound tenses: **studiato** (past participle), **studiando** (gerund).

---

studiare

Singular	Plural

1 Present Indicative

studio	studiamo
studi	studiate
studia	studiano

2 Imperfect

studiavo	studiavamo
studiavi	studiavate
studiava	studiavano

3 Past Absolute

studiai	studiammo
studiasti	studiaste
studiò	studiarono

4 Future

studierò	studieremo
studierai	studierete
studierà	studieranno

5 Present Conditional

studierei	studieremmo
studieresti	studiereste
studierebbe	studierebbero

6 Present Subjunctive

studi	studiamo
studi	studiate
studi	studino

7 Imperfect Subjunctive

studiassi	studiassimo
studiassi	studiaste
studiasse	studiassero

Idiomatic uses

An idiomatic expression is a phrase that is fixed in form and whose meaning cannot always be determined by the sense of the separate words in it. The following expressions are made up of avere + noun

Expressions with avere

avercela con qualcuno	to be angry with someone
avere bisogno (di)	to need
avere caldo	to be hot
avere fame	to be hungry
avere freddo	to be cold
avere fretta	to be in a hurry
avere l'occasione di	to have the opportunity to
avere paura	to be afraid
avere ragione	to be right
avere sete	to be thirsty
avere sonno	to be sleepy
averc torto	to be wrong
avere vergogna	to be ashamed
avere voglia (di)	to feel like

Ieri avevo fame e allora ho mangiato molto. / Yesterday I was hungry, so I ate a lot.
Scusa, ma ho fretta. / Excuse me, but I'm in a hurry.
Penso che lei abbia torto. / I believe she is wrong.
Stasera non abbiamo voglia di uscire. / Tonight, we don't feel like going out.
Loro hanno bisogno di tanta pazienza. / They need a lot of patience.
Perché ce l'hai con me? / Why are you angry with me?

Expressions with fare, dare, *and* stare

fare a meno	to do without
fare attenzione	to pay attention to
fare finta di	to pretend
fare il biglietto	to buy a (transportation) ticket
fare senza	to do without
fare una domanda a	to ask a question
fare una passeggiata	to go for a walk
farsi la barba	to shave
farsi vivo	to show up

Faccia pure!	Go ahead! (Please do!)
Faccio io!	I'll do it!
Non fa niente!	It doesn't matter!
Non fa per me.	It doesn't suit me.

dare fastidio a	to bother (someone)
dare la mano	to shake hands
dare retta a	to heed (pay attention to)
darsi da fare	to get busy

Questo mi dà fastidio. / This bothers me.

Dare la mano a qualcuno è un segno di cortesia. / Shaking someone's hand is a sign of courtesy.

Da' retta a lui! / Heed what he says!

stare a qualcuno	to be up to someone
stare per	to be about to
stare zitto	to be quiet

Come sta? *(pol.)*	How are you?
Come stai? *(fam.)*	How are you?
Sto bene.	I am well.

Features in this book

For each of the 501 verbs, you will also find the following information and features.

At the Top of the Page

- You are given the infinitive, gerund, and past participle of each verb, followed by the English meaning(s) of the verb.

- An irregular verb is identified with an asterisk (*). A verb is marked as irregular if it is not conjugated in the regular fashion or if its participle or gerund is irregular.

- An essential verb is identified with the phrase *An Essential Verb*. This is a verb that appears frequently in common everyday conversation. Each of these Essential Verbs has a second page that gives the reason why it is considered an essential verb, samples of basic verb usage; as well as words and expressions related to the given verb, and any other unique features about the verb.

- A verb to which regular spelling changes apply is identified and the spelling pattern is explained (see the *Verbs Requiring Spelling Changes* section for more information on these spelling patterns).

Conjugations

- On the left side of the page, you will find the conjugations of the verb in the seven simple tenses.

- On the right side of the page, you will find the conjugations of the verb in the seven compound tenses.

At the Bottom of the Page

- Under the *Samples of basic verb usage* heading, you will find the basic meaning(s) of the verb used in a few illustrative sentences.

- Under the *Extended uses/Related words and expressions* section, you will find figurative and other extended uses of the verb and (often) words and expressions that are related to the verb.

- In some cases, you will also find a comment on usage, a comparison with English usage, other verbs conjugated like the verb in question, etc., under the heading *Note*.

Alphabetical Listing of
501 Italian Verbs
Fully Conjugated in
All the Tenses

The Seven Simple Tenses		The Seven Compound Tenses	
Singular	Plural	Singular	Plural

A

1 Present Indicative		**8** Present Perfect	
abbandono	abbandoniamo	ho abbandonato	abbiamo abbandonato
abbandoni	abbandonate	hai abbandonato	avete abbandonato
abbandona	abbandonano	ha abbandonato	hanno abbandonato

2 Imperfect		**9** Past Perfect	
abbandonavo	abbandonavamo	avevo abbandonato	avevamo abbandonato
abbandonavi	abbandonavate	avevi abbandonato	avevate abbandonato
abbandonava	abbandonavano	aveva abbandonato	avevano abbandonato

3 Past Absolute		**10** Past Anterior	
abbandonai	abbandonammo	ebbi abbandonato	avemmo abbandonato
abbandonasti	abbandonaste	avesti abbandonato	aveste abbandonato
abbandonò	abbandonarono	ebbe abbandonato	ebbero abbandonato

4 Future		**11** Future Perfect	
abbandonerò	abbandoneremo	avrò abbandonato	avremo abbandonato
abbandonerai	abbandonerete	avrai abbandonato	avrete abbandonato
abbandonerà	abbandoneranno	avrà abbandonato	avranno abbandonato

5 Present Conditional		**12** Past Conditional	
abbandonerei	abbandoneremmo	avrei abbandonato	avremmo abbandonato
abbandoneresti	abbandonereste	avresti abbandonato	avreste abbandonato
abbandonerebbe	abbandonerebbero	avrebbe abbandonato	avrebbero abbandonato

6 Present Subjunctive		**13** Past Subjunctive	
abbandoni	abbandoniamo	abbia abbandonato	abbiamo abbandonato
abbandoni	abbandoniate	abbia abbandonato	abbiate abbandonato
abbandoni	abbandonino	abbia abbandonato	abbiano abbandonato

7 Imperfect Subjunctive		**14** Past Perfect Subjunctive	
abbandonassi	abbandonassimo	avessi abbandonato	avessimo abbandonato
abbandonassi	abbandonaste	avessi abbandonato	aveste abbandonato
abbandonasse	abbandonassero	avesse abbandonato	avessero abbandonato

Imperative

—		abbandoniamo
abbandona (non abbandonare) ·		abbandonate
abbandoni		abbandonino

Samples of basic verb usage

Lui abbandonò la casa molti anni fa.
　He abandoned his home many years ago.
Non si deve mai abbandonare il posto di lavoro. One must never walk out on one's job.
L'entusiasmo mi abbandona. Enthusiasm is deserting me.
Non devi abbandonare la speranza.
　You must not give up (abandon) hope.

Extended uses/Related words and expressions

abbandono abandonment, neglect
in abbandono neglected
abbandonare qualcuno o qualcosa to leave someone or someone in danger or risk
abbandonarsi sul letto to collapse on the bed
abbandonarsi ad un desiderio to give into a desire

1

to lower, to pull down, to let down

The Seven Simple Tenses		The Seven Compound Tenses	
Singular	Plural	Singular	Plural

1 Present Indicative

		8 Present Perfect	
abbasso	abbassiamo	ho abbassato	abbiamo abbassato
abbassi	abbassate	hai abbassato	avete abbassato
abbassa	abbassano	ha abbassato	hanno abbassato

2 Imperfect

		9 Past Perfect	
abbassavo	abbassavamo	avevo abbassato	avevamo abbassato
abbassavi	abbassavate	avevi abbassato	avevate abbassato
abbassava	abbassavano	aveva abbassato	avevano abbassato

3 Past Absolute

		10 Past Anterior	
abbassai	abbassammo	ebbi abbassato	avemmo abbassato
abbassasti	abbassaste	avesti abbassato	aveste abbassato
abbassò	abbassarono	ebbe abbassato	ebbero abbassato

4 Future

		11 Future Perfect	
abbasserò	abbasseremo	avrò abbassato	avremo abbassato
abbasserai	abbasserete	avrai abbassato	avrete abbassato
abbasserà	abbasseranno	avrà abbassato	avranno abbassato

5 Present Conditional

		12 Past Conditional	
abbasserei	abbasseremmo	avrei abbassato	avremmo abbassato
abbasseresti	abbassereste	avresti abbassato	avreste abbassato
abbasserebbe	abbasserebbero	avrebbe abbassato	avrebbero abbassato

6 Present Subjunctive

		13 Past Subjunctive	
abbassi	abbassiamo	abbia abbassato	abbiamo abbassato
abbassi	abbassiate	abbia abbassato	abbiate abbassato
abbassi	abbassino	abbia abbassato	abbiano abbassato

7 Imperfect Subjunctive

		14 Past Perfect Subjunctive	
abbassassi	abbassassimo	avessi abbassato	avessimo abbassato
abbassassi	abbassaste	avessi abbassato	aveste abbassato
abbassasse	abbassassero	avesse abbassato	avessero abbassato

Imperative

—		abbassiamo
abbassa (non abbassare)		abbassate
abbassi		abbassino

Samples of basic verb usage

Lui abbassò gli occhi quando ci vide.
He lowered his eyes when he saw us.

Giovanni, abbassa la radio! John, lower the radio!

Domani abbasseranno i prezzi. Tomorrow they will be lowering their prices.

Ho abbassato il finestrino perché fa caldo. I lowered the (car) window because it's hot.

Extended uses/Related words and expressions

Abbasso la guerra! Down with war!

abbassare un numero (in division) to bring down a number

abbassare le armi to surrender (to put down one's weapons)

i of the infinitive is dropped before
an ending beginning with **e** or **i**

to embrace, to hug

The Seven Simple Tenses | The Seven Compound Tenses

A

Singular	Plural	Singular	Plural
1 Present Indicative		**8** Present Perfect	
abbraccio	abbracciamo	ho abbracciato	abbiamo abbracciato
abbracci	abbracciate	hai abbracciato	avete abbracciato
abbraccia	abbracciano	ha abbracciato	hanno abbracciato
2 Imperfect		**9** Past Perfect	
abbracciavo	abbracciavamo	avevo abbracciato	avevamo abbracciato
abbracciavi	abbracciavate	avevi abbracciato	avevate abbracciato
abbracciava	abbracciavano	aveva abbracciato	avevano abbracciato
3 Past Absolute		**10** Past Anterior	
abbracciaì	abbracciammo	ebbi abbracciato	avemmo abbracciato
abbracciasti	abbracciaste	avesti abbracciato	aveste abbracciato
abbracciò	abbracciarono	ebbe abbracciato	ebbero abbracciato
4 Future		**11** Future Perfect	
abbraccerò	abbracceremo	avrò abbracciato	avremo abbracciato
abbraccerai	abbraccerete	avrai abbracciato	avrete abbracciato
abbraccerà	abbracceranno	avrà abbracciato	avranno abbracciato
5 Present Conditional		**12** Past Conditional	
abbraccerei	abbracceremmo	avrei abbracciato	avremmo abbracciato
abbracceresti	abbraccereste	avresti abbracciato	avreste abbracciato
abbraccerebbe	abbraccerebbero	avrebbe abbracciato	avrebbero abbracciato
6 Present Subjunctive		**13** Past Subjunctive	
abbracci	abbracciamo	abbia abbracciato	abbiamo abbracciato
abbracci	abbracciate	abbia abbracciato	abbiate abbracciato
abbracci	abbraccino	abbia abbracciato	abbiano abbracciato
7 Imperfect Subjunctive		**14** Past Perfect Subjunctive	
abbracciassi	abbracciassimo	avessi abbracciato	avessimo abbracciato
abbracciassi	abbracciaste	avessi abbracciato	aveste abbracciato
abbracciasse	abbracciassero	avesse abbracciato	avessero abbracciato

Imperative

—	abbracciamo
abbraccia (non abbracciare)	abbracciate
abbracci	abbraccino

Samples of basic verb usage

**Quando si vedono, i due amici si abbracciano
sempre.** When they run into each other, the
two friends always hug.

Le mura abbracciano la città. The walls
surround (embrace) the city.

Tu abbracci sempre cause strane.
You always embrace strange causes.

Questo soggetto abbraccia varie discipline.
This subject embraces several disciplines.

Extended uses/Related words and expressions

abbraccio embrace, hug
un lungo abbraccio a long embrace
Ti abbraccio e ti saluto! Hugs and kisses!
abbracciare il panorama dalla finestra to
take in the view from the window

abbronzare

Gerund **abbronzando**   Past Part. **abbronzato**

to tan

The Seven Simple Tenses		The Seven Compound Tenses	
Singular	Plural	Singular	Plural
1 Present Indicative		**8** Present Perfect	
abbronzo	abbronziamo	ho abbronzato	abbiamo abbronzato
abbronzi	abbronzate	hai abbronzato	avete abbronzato
abbronza	abbronzano	ha abbronzato	hanno abbronzato
2 Imperfect		**9** Past Perfect	
abbronzavo	abbronzavamo	avevo abbronzato	avevamo abbronzato
abbronzavi	abbronzavate	avevi abbronzato	avevate abbronzato
abbronzava	abbronzavano	aveva abbronzato	avevano abbronzato
3 Past Absolute		**10** Past Anterior	
abbronzai	abbronzammo	ebbi abbronzato	avemmo abbronzato
abbronzasti	abbronzaste	avesti abbronzato	aveste abbronzato
abbronzò	abbronzarono	ebbe abbronzato	ebbero abbronzato
4 Future		**11** Future Perfect	
abbronzerò	abbronzeremo	avrò abbronzato	avremo abbronzato
abbronzerai	abbronzerete	avrai abbronzato	avrete abbronzato
abbronzerà	abbronzeranno	avrà abbronzato	avranno abbronzato
5 Present Conditional		**12** Past Conditional	
abbronzerei	abbronzeremmo	avrei abbronzato	avremmo abbronzato
abbronzeresti	abbronzereste	avresti abbronzato	avreste abbronzato
abbronzerebbe	abbronzerebbero	avrebbe abbronzato	avrebbero abbronzato
6 Present Subjunctive		**13** Past Subjunctive	
abbronzi	abbronziamo	abbia abbronzato	abbiamo abbronzato
abbronzi	abbronziate	abbia abbronzato	abbiate abbronzato
abbronzi	abbronzino	abbia abbronzato	abbiano abbronzato
7 Imperfect Subjunctive		**14** Past Perfect Subjunctive	
abbronzassi	abbronzassimo	avessi abbronzato	avessimo abbronzato
abbronzassi	abbronzaste	avessi abbronzato	aveste abbronzato
abbronzasse	abbronzassero	avesse abbronzato	avessero abbronzato

	Imperative
—	abbronziamo
abbronza (non abbronzare)	abbronzate
abbronzi	abbronzino

Samples of basic verb usage

Perché hai abbronzato le figure del
    disegno? Why did you darken the figures in
    the design?
Il sole abbronza la pelle. The sun tans the skin.
Io mi abbronzo facilmente. I get easily tanned.

Extended uses/Related words and expressions

di bronzo steadfast, unswerving
Lui è fatto di bronzo. He is steadfast and
    unswerving (*literally* He is made of bronze).

4

to live, to dwell

The Seven Simple Tenses		The Seven Compound Tenses	
Singular	Plural	Singular	Plural

1 Present Indicative

		8 Present Perfect	
abito	abitiamo	ho abitato	abbiamo abitato
abiti	abitate	hai abitato	avete abitato
abita	abitano	ha abitato	hanno abitato

2 Imperfect

		9 Past Perfect	
abitavo	abitavamo	avevo abitato	avevamo abitato
abitavi	abitavate	avevi abitato	avevate abitato
abitava	abitavano	aveva abitato	avevano abitato

3 Past Absolute

		10 Past Anterior	
abitai	abitammo	ebbi abitato	avemmo abitato
abitasti	abitaste	avesti abitato	aveste abitato
abitò	abitarono	ebbe abitato	ebbero abitato

4 Future

		11 Future Perfect	
abiterò	abiteremo	avrò abitato	avremo abitato
abiterai	abiterete	avrai abitato	avrete abitato
abiterà	abiteranno	avrà abitato	avranno abitato

5 Present Conditional

		12 Past Conditional	
abiterei	abiteremmo	avrei abitato	avremmo abitato
abiteresti	abitereste	avresti abitato	avreste abitato
abiterebbe	abiterebbero	avrebbe abitato	avrebbero abitato

6 Present Subjunctive

		13 Past Subjunctive	
abiti	abitiamo	abbia abitato	abbiamo abitato
abiti	abitiate	abbia abitato	abbiate abitato
abiti	abitino	abbia abitato	abbiano abitato

7 Imperfect Subjunctive

		14 Past Perfect Subjunctive	
abitassi	abitassimo	avessi abitato	avessimo abitato
abitassi	abitaste	avessi abitato	aveste abitato
abitasse	abitassero	avesse abitato	avessero abitato

Imperative

—	abitiamo
abita (non abitare)	abitate
abiti	abitino

AN ESSENTIAL VERB

This is an essential verb because it is used frequently in conversation and because it occurs in many expressions and idioms.

Samples of basic verb usage

Loro abitano in campagna. They live in the countryside.

L'anno scorso noi abitavamo in un piccolo appartamento. Last year we lived in a small apartment.

I miei amici abitano tuttora con i genitori. My friends still live with their parents.

Mia sorella abita a Chicago. My sister lives in Chicago.

L'onestà abita il suo animo. Honesty resides (dwells) in his soul.

Questi animali abitano le zone calde. These animals inhabit the hot regions.

I Baschi abitano la zona dei Pirenei. The Basques inhabit the region of the Pyrenees.

Loro abitarono in una casa lussuosa molti anni fa. They inhabited a luxury home many years ago.

Words and expressions related to this verb

abitazione abode, dwelling, habitation, residence, quarters, address, house, home

luogo d'abitazione place of residence

casa di abitazione home, living place

diritto d'abitazione the right to own property

vivere to live

risiedere to reside

alloggiare to take lodgings

Expressions with this verb

abitare in un luogo to live in a place

abitare con qualcuno to live with someone

abitare in campagna to live in the country

abitare in un apartamento to live in an appartment

abitare in una casa to live in a house

abitare con i genitori to live with one's parents

abitare presso amici to live with friends

In idiomatic uses it means "to inhabit"

Il mio cuore abita in Italia. My heart lives in (inhabits) Italy.

I miei sogni abitano la mia memoria. My dreams inhabit my memory.

The verb **riabitare** is conjugated like **abitare** and means "to live again."

Voglio riabitare la stessa casa della mia gioventù. I want to relive in the house of my youth.

NOTE: In the sense of "living somewhere" the verb **vivere** is preferred: **Vivo a Roma** (I live in Rome); **Loro vivono in Italia** (They live in Italy); etc.

Vivere is the only verb used in expressions such as the following ones.

vivere nel passato to live in the past
vivere nel futuro to live in the future

vivere un sogno to live out a dream
vivere nella fantasia to live in the imagination

The Seven Simple Tenses		The Seven Compound Tenses	
Singular	Plural	Singular	Plural

1 Present Indicative

mi abituo	ci abituiamo	
ti abitui	vi abituate	
si abitua	si abituano	

8 Present Perfect

mi sono abituato(a)	ci siamo abituati(e)
ti sei abituato	vi siete abituati
si è abituato	si sono abituati

2 Imperfect

mi abituavo	ci abituavamo
ti abituavi	vi abituavate
si abituava	si abituavano

9 Past Perfect

mi ero abituato	ci eravamo abituati
ti eri abituato	vi eravate abituati
si era abituato	si erano abituati

3 Past Absolute

mi abituai	ci abituammo
ti abituasti	vi abituaste
si abituò	si abituarono

10 Past Anterior

mi fui abituato	ci fummo abituati
ti fosti abituato	vi foste abituati
si fu abituato	si furono abituati

4 Future

mi abituerò	ci abitueremo
ti abituerai	vi abituerete
si abituerà	si abitueranno

11 Future Perfect

mi sarò abituato	ci saremo abituati
ti sarai abituato	vi sarete abituati
si sarà abituato	si saranno abituati

5 Present Conditional

mi abituerei	ci abitueremmo
ti abitueresti	vi abituereste
si abituerebbe	si abituerebbero

12 Past Conditional

mi sarei abituato	ci saremmo abituati
ti saresti abituato	vi sareste abituati
si sarebbe abituato	si sarebbero abituati

6 Present Subjunctive

mi abitui	ci abituiamo
ti abitui	vi abituiate
si abitui	si abituino

13 Past Subjunctive

mi sia abituato	ci siamo abituati
ti sai abituato	vi siate abituati
si sia abituato	si siano abituati

7 Imperfect Subjunctive

mi abituassi	ci abituassimo
ti abituassi	vi abituaste
si abituasse	si abituassero

14 Past Perfect Subjunctive

mi fossi abituato	ci fossimo abituati
ti fossi abituato	vi foste abituati
si fosse abituato	si fossero abituati

Imperative

—	abituiamoci
abituati (non ti abituare/non abituarti)	abituatevi
si abitui	si abituino

Samples of basic verb usage
Loro si sono abituati a una nuova vita. They have become accustomed (used) to a new life.
Non riesco ad abituarmi alla nuova tecnologia. I can't get used to the new technology.
Maria, devi abituarti a vivere da sola. Mary, you have to get used to living alone.

Extended uses/Related words and expressions
abitudine habit, custom, routine, pattern
buona abitudine good habit
cattiva abitudine bad habit
forza dell'abitudine force of habit
abitudini di un paese customs of a country

NOTE: For all reflexive verbs the past participle in compound tenses agrees with the gender and number of the subject. The agreement pattern is indicated only for the first occurrence of the past participle in the conjugation of a reflexive verb above: e.g. **mi sono abituato (-a)** and **ci siamo abituati (e)**. In all other cases and in other conjugations only the masculine forms are given for convenience.

abusare

Gerund **abusando**   Past Part. **abusato**

to abuse, to take advantage of

The Seven Simple Tenses		The Seven Compound Tenses	
Singular	Plural	Singular	Plural
1 Present Indicative		**8** Present Perfect	
abuso	abusiamo	ho abusato	abbiamo abusato
abusi	abusate	hai abusato	avete abusato
abusa	abusano	ha abusato	hanno abusato
2 Imperfect		**9** Past Perfect	
abusavo	abusavamo	avevo abusato	avevamo abusato
abusavi	abusavate	avevi abusato	avevate abusato
abusava	abusavano	aveva abusato	avevano abusato
3 Past Absolute		**10** Past Anterior	
abusai	abusammo	ebbi abusato	avemmo abusato
abusasti	abusaste	avesti abusato	aveste abusato
abusò	abusarono	ebbe abusato	ebbero abusato
4 Future		**11** Future Perfect	
abuserò	abuseremo	avrò abusato	avremo abusato
abuserai	abuserete	avrai abusato	avrete abusato
abuserà	abuseranno	avrà abusato	avranno abusato
5 Present Conditional		**12** Past Conditional	
abuserei	abuseremmo	avrei abusato	avremmo abusato
abuseresti	abusereste	avresti abusato	avreste abusato
abuserebbe	abuserebbero	avrebbe abusato	avrebbero abusato
6 Present Subjunctive		**13** Past Subjunctive	
abusi	abusiamo	abbia abusato	abbiamo abusato
abusi	abusiate	abbia abusato	abbiate abusato
abusi	abusino	abbia abusato	abbiano abusato
7 Imperfect Subjunctive		**14** Past Perfect Subjunctive	
abusassi	abusassimo	avessi abusato	avessimo abusato
abusassi	abusaste	avessi abusato	aveste abusato
abusasse	abusassero	avesse abusato	avessero abusato

Imperative	
—	abusiamo
abusa (non abusare)	abusate
abusi	abusino

Non devi abusare della tua autorità. You mustn't take advantage of your authority.

Purtroppo tu hai abusato della tua salute. Unfortunately, you have neglected (abused) your health.

Certamente non si deve mai abusare della bontà di un amico. Certainly one should never take advantage of a friend's goodness.

Extended uses/Related words and expressions
abuso abuse, neglect
abuso di alcol alcohol abuse
abuso di potere abuse of power

NOTE: Notice that the verb is followed by **di** in line with English usage: **Non devi abusare** *della* **sua generosità** (You mustn't take advantage *of* his generosity).

■ Irregular verb   to happen, to occur

The Seven Simple Tenses		The Seven Compound Tenses	
Singular	Plural	Singular	Plural

A

1 Present Indicative		8 Present Perfect	
accade	**accadono**	**è accaduto**	**sono accaduti**

2 Imperfect		9 Past Perfect	
accadeva	**accadevano**	**era accaduto**	**erano accaduti**

3 Past Absolute		10 Past Anterior	
accadde	**accaddero**	**fu accaduto**	**furono accaduti**

4 Future		11 Future Perfect	
accadrà	**accadranno**	**sarà accaduto**	**saranno accaduti**

5 Present Conditional		12 Past Conditional	
accadrebbe	**accadrebbero**	**sarebbe accaduto**	**sarebbero accaduti**

6 Present Subjunctive		13 Past Subjunctive	
accada	**accadano**	**sia accaduto**	**siano accaduti**

7 Imperfect Subjunctive		14 Past Perfect Subjunctive	
accadesse	**accadessero**	**fosse accaduto**	**fossero accaduti**

Imperative
—

Samples of basic verb usage	**Extended uses/Related words and expressions**
Ieri mi è accaduta una cosa buffa. Yesterday a funny thing happened to me.	**accaduto** event, occurrence
In questo ufficio accadono fatti inspiegabili. In this office unexplainable things happen.	**conoscere l'accaduto** to know what happened **raccontare l'accaduto** to report (narrate) what happened
Mi accadde di incontrarla in centro. I happened to run into her downtown.	
Accade spesso che la mia macchina si fermi. It happens often that my car stops.	

NOTE: This is an impersonal verb—a verb used only in the third person (singular and plural). Therefore, for convenience, the other forms are omitted in the conjugation of such verbs. Impersonal verbs are conjugated with the auxiliary **essere** in compound tenses.

accendere*

to light, to kindle

Gerund accendendo **Past Part. acceso**

Irregular verb ■

The Seven Simple Tenses		The Seven Compound Tenses	
Singular	Plural	Singular	Plural
1 Present Indicative		**8** Present Perfect	
accendo	accendiamo	ho acceso	abbiamo acceso
accendi	accendete	hai acceso	avete acceso
accende	accendono	ha acceso	hanno acceso
2 Imperfect		**9** Past Perfect	
accendevo	accendevamo	avevo acceso	avevamo acceso
accendevi	accendevate	avevi acceso	avevate acceso
accendeva	accendevano	aveva acceso	avevano acceso
3 Past Absolute		**10** Past Anterior	
accesi	accendemmo	ebbi acceso	avemmo acceso
accendesti	accendeste	avesti acceso	aveste acceso
accese	accesero	ebbe acceso	ebbero acceso
4 Future		**11** Future Perfect	
accenderò	accenderemo	avrò acceso	avremo acceso
accenderai	accenderete	avrai acceso	avrete acceso
accenderà	accenderanno	avrà acceso	avranno acceso
5 Present Conditional		**12** Past Conditional	
accenderei	accenderemmo	avrei acceso	avremmo acceso
accenderesti	accendereste	avresti acceso	avreste acceso
accenderebbe	accenderebbero	avrebbe acceso	avrebbero acceso
6 Present Subjunctive		**13** Past Subjunctive	
accenda	accendiamo	abbia acceso	abbiamo acceso
accenda	accendiate	abbia acceso	abbiate acceso
accenda	accendano	abbia acceso	abbiano acceso
7 Imperfect Subjunctive		**14** Past Perfect Subjunctive	
accendessi	accendessimo	avessi acceso	avessimo acceso
accendessi	accendeste	avessi acceso	aveste acceso
accendesse	accendessero	avesse acceso	avessero acceso

Imperative

—	accendiamo
accendi (non accendere)	accendete
accenda	accendano

Samples of basic verb usage

Chi ha acceso quelle candele? Who lit those candles?

Accendiamo la radio, va bene? Let's turn on the radio, OK?

Puoi accendere la luce? Can you switch on the lights?

Le sue parole hanno acceso la passione in me. Her words lit me up with passion.

Extended uses/Related words and expressions

accendere un mutuo to get (take out) a mortgage

accendere un conto corrente to open a bank account

accendersi d'amore to be burning with love

NOTE: Other verbs conjugated like **accendere** are **attendere** (to wait), **dipendere** (to depend), **offendere** (to offend), **prendere** (to take), **pretendere** (to demand), **rendere** (to render), **scendere** (to go down), **sorprendere** (to surprise), **spendere** (to spend), **stendere** (to lay out), and **tendere** (to tend).

■ Irregular verb   to welcome, to receive

The Seven Simple Tenses		The Seven Compound Tenses	
Singular	Plural	Singular	Plural

A

1 Present Indicative		**8** Present Perfect	
accolgo	accogliamo	ho accolto	abbiamo accolto
accogli	accogliete	hai accolto	avete accolto
accoglie	accolgono	ha accolto	hanno accolto
2 Imperfect		**9** Past Perfect	
accoglievo	accoglievamo	avevo accolto	avevamo accolto
accoglievi	accoglievate	avevi accolto	avevate accolto
accoglieva	accoglievano	aveva accolto	avevano accolto
3 Past Absolute		**10** Past Anterior	
accolsi	accogliemmo	ebbi accolto	avemmo accolto
accogliesti	accoglieste	avesti accolto	aveste accolto
accolse	accolsero	ebbe accolto	ebbero accolto
4 Future		**11** Future Perfect	
accoglierò	accoglieremo	avrò accolto	avremo accolto
accoglierai	accoglierete	avrai accolto	avrete accolto
accoglierà	accoglieranno	avrà accolto	avranno accolto
5 Present Conditional		**12** Past Conditional	
accoglierei	accoglieremmo	avrei accolto	avremmo accolto
accoglieresti	accogliereste	avresti accolto	avreste accolto
accoglierebbe	accoglierebbero	avrebbe accolto	avrebbero accolto
6 Present Subjunctive		**13** Past Subjunctive	
accolga	accogliamo	abbia accolto	abbiamo accolto
accolga	accogliate	abbia accolto	abbiate accolto
accolga	accolgano	abbia accolto	abbiano accolto
7 Imperfect Subjunctive		**14** Past Perfect Subjunctive	
accogliessi	accogliessimo	avessi accolto	avessimo accolto
accogliessi	accoglieste	avessi accolto	aveste accolto
accogliesse	accogliessero	avesse accolto	avessero accolto

Imperative	
—	accogliamo
accogli (non accogliere)	accogliete
accolga	accolgano

Samples of basic verb usage
Bisogna sempre accogliere un amico in casa. We must always welcome a friend to our home.
Lei ci ha accolti come amici. She welcomed us as friends.
Quella nazione accoglie sempre i profughi. That nation always takes in (welcomes) refugees.

Quel teatro può accogliere centinaia di spettatori. That theater can hold hundreds of spectators.

Extended uses/Related words and expressions
accoglienza welcome, reception, hospitality
ricevere una calorosa accoglienza to receive a warm welcome (reception)
accogliente welcoming, friendly
una persona affabile a friendly (welcoming) person

11

accompagnare   Gerund **accompagnando**   Past Part. **accompagnat**

to accompany

The Seven Simple Tenses		The Seven Compound Tenses	
Singular	Plural	Singular	Plural
1 Present Indicative		**8 Present Perfect**	
accompagno	accompagniamo	ho accompagnato	abbiamo accompagnato
accompagni	accompagnate	hai accompagnato	avete accompagnato
accompagna	accompagnano	ha accompagnato	hanno accompagnato
2 Imperfect		**9 Past Perfect**	
accompagnavo	accompagnavamo	avevo accompagnato	avevamo accompagnato
accompagnavi	accompagnavate	avevi accompagnato	avevate accompagnato
accompagnava	accompagnavano	aveva accompagnato	avevano accompagnato
3 Past Absolute		**10 Past Anterior**	
accompagnai	accompagnammo	ebbi accompagnato	avemmo accompagnato
accompagnasti	accompagnaste	avesti accompagnato	aveste accompagnato
accompagnò	accompagnarono	ebbe accompagnato	ebbero accompagnato
4 Future		**11 Future Perfect**	
accompagnerò	accompagneremo	avrò accompagnato	avremo accompagnato
accompagnerai	accompagnerete	avrai accompagnato	avrete accompagnato
accompagnerà	accompagneranno	avrà accompagnato	avranno accompagnato
5 Present Conditional		**12 Past Conditional**	
accompagnerei	accompagneremmo	avrei accompagnato	avremmo accompagnato
accompagneresti	accompagnereste	avresti accompagnato	avreste accompagnato
accompagnerebbe	accompagnerebbero	avrebbe accompagnato	avrebbero accompagnato
6 Present Subjunctive		**13 Past Subjunctive**	
accompagni	accompagniamo	abbia accompagnato	abbiamo accompagnato
accompagni	accompagniate	abbia accompagnato	abbiate accompagnato
accompagni	accompagnino	abbia accompagnato	abbiano accompagnato
7 Imperfect Subjunctive		**14 Past Perfect Subjunctive**	
accompagnassi	accompagnassimo	avessi accompagnato	avessimo accompagnato
accompagnassi	accompagnaste	avessi accompagnato	aveste accompagnato
accompagnasse	accompagnassero	avesse accompagnato	avessero accompagnato

Imperative	
—	accompagniamo
accompagna (non accompagnare)	accompagnate
accompagni	accompagnino

Samples of basic verb usage

Mi accompagni in centro? Will you accompany me downtown?

Ti accompagno con il pensiero. I will follow you with my thoughts.

Quel pianista sa accompagnare molto bene i cantanti. That pianist knows how to accompany singers very well.

Extended uses/Related words and expressions

meglio soli che male accompagnati one should avoid bad company (*literally* better alone than badly accompanied)

accompagnare il lavoro al divertimento to balance work with play (*literally* to accompany work with enjoyment)

Dio li fa e poi li accompagna a marriage made in Heaven (*literally* God makes them, and then pairs them up)

■ Irregular verb   to notice, to become aware (of)

The Seven Simple Tenses		The Seven Compound Tenses	
Singular	Plural	Singular	Plural

1 Present Indicative

		8 Present Perfect	
mi accorgo	ci accorgiamo	mi sono accorto	ci siamo accorti
ti accorgi	vi accorgete	ti sei accorto	vi siete accorti
si accorge	si accorgono	si è accorto	si sono accorti

2 Imperfect

		9 Past Perfect	
mi accorgevo	ci accorgevamo	mi ero accorto	ci eravamo accorti
ti accorgevi	vi accorgevate	ti eri accorto	vi eravate accorti
si accorgeva	si accorgevano	si era accorto	si erano accorti

3 Past Absolute

		10 Past Anterior	
mi accorsi	ci accorgemmo	mi fui accorto	ci fummo accorti
ti accorgesti	vi accorgeste	ti fosti accorto	vi foste accorti
si accorse	si accorsero	si fu accorto	si furono accorti

4 Future

		11 Future Perfect	
mi accorgerò	ci accorgeremo	mi sarò accorto	ci saremo accorti
ti accorgerai	vi accorgerete	ti sarai accorto	vi sarete accorti
si accorgerà	si accorgeranno	si sarà accorto	si saranno accorti

5 Present Conditional

		12 Past Conditional	
mi accorgerei	ci accorgeremmo	mi sarei accorto	ci saremmo accorti
ti accorgeresti	vi accorgereste	ti saresti accorto	vi sareste accorti
si accorgerebbe	si accorgerebbero	si sarebbe accorto	si sarebbero accorti

6 Present Subjunctive

		13 Past Subjunctive	
mi accorga	ci accorgiamo	mi sia accorto	ci siamo accorti
ti accorga	vi accorgiate	ti sia accorto	vi siate accorti
si accorga	si accorgano	si sia accorto	si siano accorti

7 Imperfect Subjunctive

		14 Past Perfect Subjunctive	
mi accorgessi	ci accorgemmo	mi fossi accorto	ci fossimo accorti
ti accorgessi	vi accorgeste	ti fossi accorto	vi foste accorti
si accorgesse	si accorgessero	si fosse accorto	si fossero accorti

Imperative

—	accorgiamoci
accorgiti (non ti accorgere/non accorgerti)	accorgetevi
si accorga	si accorgano

Samples of basic verb usage

Marco non si è accorto dell'errore. Mark was not aware of his mistake.

Mi accorsi che ogni sforzo era inutile. I realized that every effort was useless.

Caro amico, prima o poi te ne accorgerai! Dear friend, sooner or later you will understand!

Extended uses/Related words and expressions

senza accorgersene without realizing

Non s'è accorta che ero già lì. She didn't realize I was already there.

addormentarsi   Gerund addormentandosi   Past Part. addormentatosi
to fall asleep, to go to sleep

The Seven Simple Tenses		The Seven Compound Tenses	
Singular	Plural	Singular	Plural

1 Present Indicative

		8 Present Perfect	
mi addormento	ci addormentiamo	mi sono addormentato	ci siamo addormentati
ti addormenti	vi addormentate	ti sei addormentato	vi siete addormentati
si addormenta	si addormentano	si è addormentato	si sono addormentati

2 Imperfect

		9 Past Perfect	
mi addormentavo	ci addormentavamo	mi ero addormentato	ci eravamo addormentati
ti addormentavi	vi addormentavate	ti eri addormentato	vi eravate addormentati
si addormentava	si addormentavano	si era addormentato	si erano addormentati

3 Past Absolute

		10 Past Anterior	
mi addormentai	ci addormentammo	mi fui addormentato	ci fummo addormentati
ti addormentasti	vi addormentaste	ti fosti addormentato	vi foste addormentati
si addormentò	si addormentarono	si fu addormentato	si furono addormentati

4 Future

		11 Future Perfect	
mi addormenterò	ci addormenteremo	mi sarò addormentato	ci saremo addormentati
ti addormenterai	vi addormenterete	ti sarai addormentato	vi sarete addormentati
si addormenterà	si addormenteranno	si sarà addormentato	si saranno addormentati

5 Present Conditional

		12 Past Conditional	
mi addormenterei	ci addormenteremmo	mi sarei addormentato	ci saremmo addormentati
ti addormenteresti	vi addormentereste	ti saresti addormentato	vi sareste addormentati
si addormenter-ebbe	si addormentereb-bero	si sarebbe addormentato	si sarebbero addormentati

6 Present Subjunctive

		13 Past Subjunctive	
mi addormenti	ci addormentiamo	mi sia addormentato	ci siamo addormentati
ti addormenti	vi addormentiate	ti sia addormentato	vi siate addormentati
si addormenti	si addormentino	si sia addormentato	si siano addormentati

7 Imperfect Subjunctive

		14 Past Perfect Subjunctive	
mi addormentassi	ci addormentassimo	mi fossi addormentato	ci fossimo addormentati
ti addormentassi	vi addormentaste	ti fossi addormentato	vi foste addormentati
si addormentasse	si addormentassero	si fosse addormentato	si fossero addormentati

Imperative

—	addormentiamoci
addormentati (non ti addormentare/non addormentarti)	addormentatevi
si addormenti	si addormentino

Samples of basic verb usage
Questo film mi addormenta. This movie is putting me to sleep.
Lui si è addormentato di colpo. He fell asleep on the spot.
Non bisogna mai addormentarsi sul lavoro. One should never fall asleep at work.

Extended uses/Related words and expressions
Mi si è addormentata la mano. My hand went numb (My hand fell asleep.)
la Bella Addormentata Sleeping Beauty

aderire

to adhere, to belong to something

The Seven Simple Tenses		The Seven Compound Tenses	
Singular	Plural	Singular	Plural

1 Present Indicative		8 Present Perfect	
aderisco	aderiamo	ho aderito	abbiamo aderito
aderisci	aderite	hai aderito	avete aderito
aderisce	aderiscono	ha aderito	hanno aderito

2 Imperfect		9 Past Perfect	
aderivo	aderivamo	avevo aderito	avevamo aderito
aderivi	aderivate	avevi aderito	avevate aderito
aderiva	aderivano	aveva aderito	avevano aderito

3 Past Absolute		10 Past Anterior	
aderii	aderimmo	ebbi aderito	avemmo aderito
aderisti	aderiste	avesti aderito	aveste aderito
aderì	aderirono	ebbe aderito	ebbero aderito

4 Future		11 Future Perfect	
aderirò	aderiremo	avrò aderito	avremo aderito
aderirai	aderirete	avrai aderito	avrete aderito
aderirà	aderiranno	avrà aderito	avranno aderito

5 Present Conditional		12 Past Conditional	
aderirei	aderiremmo	avrei aderito	avremmo aderito
aderiresti	aderireste	avresti aderito	avreste aderito
aderirebbe	aderirebbero	avrebbe aderito	avrebbero aderito

6 Present Subjunctive		13 Past Subjunctive	
aderisca	aderiamo	abbia aderito	abbiamo aderito
aderisca	aderiate	abbia aderito	abbiate aderito
aderisca	aderiscano	abbia aderito	abbiano aderito

7 Imperfect Subjunctive		14 Past Perfect Subjunctive	
aderissi	aderissimo	avessi aderito	avessimo aderito
aderissi	aderiste	avessi aderito	aveste aderito
aderisse	aderissero	avesse aderito	avessero aderito

Imperative

—	aderiamo
aderisci (non aderire)	aderite
aderisca	aderiscano

Samples of basic verb usage

Le sue camicie aderiscono sempre alla
　pelle. His shirts always adhere to his skin.
La carta non aderisce alla copertina. The
　paper doesn't stay on (adhere to) the cover.
Io aderisco a un partito liberale. I belong to a
　liberal political party.

Extended uses/Related words and expressions

aderente clinging, fitting tightly
gonna aderente tight skirt
aderire al tema to stay on topic
adesione membership, subscription
adesione a un'associazione membership in an
　association.

to adore

The Seven Simple Tenses		The Seven Compound Tenses	
Singular	Plural	Singular	Plural

1 Present Indicative		8 Present Perfect	
adoro	adoriamo	ho adorato	abbiamo adorato
adori	adorate	hai adorato	avete adorato
adora	adorano	ha adorato	hanno adorato

2 Imperfect		9 Past Perfect	
adoravo	adoravamo	avevo adorato	avevamo adorato
adoravi	adoravate	avevi adorato	avevate adorato
adorava	adoravano	aveva adorato	avevano adorato

3 Past Absolute		10 Past Anterior	
adorai	adorammo	ebbi adorato	avemmo adorato
adorasti	adoraste	avesti adorato	aveste adorato
adorò	adorarono	ebbe adorato	ebbero adorato

4 Future		11 Future Perfect	
adorerò	adoreremo	avrò adorato	avremo adorato
adorerai	adorerete	avrai adorato	avrete adorato
adorerà	adoreranno	avrà adorato	avranno adorato

5 Present Conditional		12 Past Conditional	
adorerei	adoreremmo	avrei adorato	avremmo adorato
adoreresti	adorereste	avresti adorato	avreste adorato
adorerebbe	adorerebbero	avrebbe adorato	avrebbero adorato

6 Present Subjunctive		13 Past Subjunctive	
adori	adoriamo	abbia adorato	abbiamo adorato
adori	adoriate	abbia adorato	abbiate adorato
adori	adorino	abbia adorato	abbiano adorato

7 Imperfect Subjunctive		14 Past Perfect Subjunctive	
adorassi	adorassimo	avessi adorato	avessimo adorato
adorassi	adoraste	avessi adorato	aveste adorato
adorasse	adorassero	avesse adorato	avessero adorato

Imperative

—	adoriamo
adora (non adorare)	adorate
adori	adorino

Samples of basic verb usage
Io adoro gli sport. I adore sports.
Quei genitori adorano i loro figli. Those
  parents adore their children.
Alessandro adora la musica
  classica. Alexander adores classical music.

Extended uses/Related words and expressions
adorazione adoration, worship, adulation,
  devotion
l'adorazione della Madonna devotion to the
  Madonna
Elvis Presley è tutt'oggi oggetto di
  adorazione. Elvis Presley is still an entity of
  worship.

to affirm, to declare, to state

The Seven Simple Tenses		The Seven Compound Tenses	
Singular	Plural	Singular	Plural

A

1 Present Indicative		8 Present Perfect	
affermo	affermiamo	ho affermato	abbiamo affermato
affermi	affermate	hai affermato	avete affermato
afferma	affermano	ha affermato	hanno affermato

2 Imperfect		9 Past Perfect	
affermavo	affermavamo	avevo affermato	avevamo affermato
affermavi	affermavate	avevi affermato	avevate affermato
affermava	affermavano	aveva affermato	avevano affermato

3 Past Absolute		10 Past Anterior	
affermai	affermammo	ebbi affermato	avemmo affermato
affermasti	affermaste	avesti affermato	aveste affermato
affermò	affermarono	ebbe affermato	ebbero affermato

4 Future		11 Future Perfect	
affermerò	affermeremo	avrò affermato	avremo affermato
affermerai	affermerete	avrai affermato	avrete affermato
affermerà	affermeranno	avrà affermato	avranno affermato

5 Present Conditional		12 Past Conditional	
affermerei	affermeremmo	avrei affermato	avremmo affermato
affermeresti	affermereste	avresti affermato	avreste affermato
affermerebbe	affermerebbero	avrebbe affermato	avrebbero affermato

6 Present Subjunctive		13 Past Subjunctive	
affermi	affermiamo	abbia affermato	abbiamo affermato
affermi	affermiate	abbia affermato	abbiate affermato
affermi	affermino	abbia affermato	abbiano affermato

7 Imperfect Subjunctive		14 Past Perfect Subjunctive	
affermassi	affermassimo	avessi affermato	avessimo affermato
affermassi	affermaste	avessi affermato	aveste affermato
affermasse	affermassero	avesse affermato	avessero affermato

	Imperative	
—		affermiamo
afferma (non affermare)		affermate
affermi		affermino

Samples of basic verb usage

Il professore ha affermato che era d'origine italiana. The professor declared that he was of Italian origin.

L'imputato ha affermato di essere innocente. The accused person declared that he was innocent.

Lei si affrettò ad affermare che era d'accordo. She quickly affirmed that she was innocent.

Extended uses/Related words and expressions

affermato established, well-known, affirmed

un cantante affermato a well-known (famous) singer

un medico affermato a well-known (affirmed) doctor

to seize, to grasp, to hold on to

The Seven Simple Tenses		The Seven Compound Tenses	
Singular	Plural	Singular	Plural
1 Present Indicative		**8 Present Perfect**	
afferro	afferriamo	ho afferrato	abbiamo afferrato
afferri	afferrate	hai afferrato	avete afferrato
afferra	afferrano	ha afferrato	hanno afferrato
2 Imperfect		**9 Past Perfect**	
afferravo	afferravamo	avevo afferrato	avevamo afferrato
afferravi	afferravate	avevi afferrato	avevate afferrato
afferrava	afferravano	aveva afferrato	avevano afferrato
3 Past Absolute		**10 Past Anterior**	
afferrai	afferrammo	ebbi afferrato	avemmo afferrato
afferrasti	afferraste	avesti afferrato	aveste afferrato
afferrò	afferrarono	ebbe afferrato	ebbero afferrato
4 Future		**11 Future Perfect**	
afferrerò	afferreremo	avrò afferrato	avremo afferrato
afferrerai	afferrerete	avrai afferrato	avrete afferrato
afferrerà	afferreranno	avrà afferrato	avranno afferrato
5 Present Conditional		**12 Past Conditional**	
afferrerei	afferreremmo	avrei afferrato	avremmo afferrato
afferreresti	afferrereste	avresti afferrato	avreste afferrato
afferrerebbe	afferrerebbero	avrebbe afferrato	avrebbero afferrato
6 Present Subjunctive		**13 Past Subjunctive**	
afferri	afferriamo	abbia afferrato	abbiamo afferrato
afferri	afferriate	abbia afferrato	abbiate afferrato
afferri	afferrino	abbia afferrato	abbiano afferrato
7 Imperfect Subjunctive		**14 Past Perfect Subjunctive**	
afferrassi	afferrassimo	avessi afferrato	avessimo afferrato
afferrassi	afferraste	avessi afferrato	aveste afferrato
afferrasse	afferrassero	avesse afferrato	avessero afferrato

Imperative

—	afferriamo
afferra (non afferrare)	afferrate
afferri	afferrino

Samples of basic verb usage

Per salire sicuramente devi afferrare la ringhiera. To go up safely you have to hold on to the railing.

Il mio bambino mi afferra sempre per la manica. My child always holds on to my sleeve.

Non ho afferrato quello che hai detto. I didn't grasp what you said.

Extended uses/Related words and expressions

afferrarsi a un'illusione to hold on to a pipe dream

■ Irregular verb to afflict, to distress

The Seven Simple Tenses		The Seven Compound Tenses	
Singular	Plural	Singular	Plural

1 Present Indicative		8 Present Perfect	
affliggo	affliggiamo	ho afflitto	abbiamo afflitto
affliggi	affliggete	hai afflitto	avete afflitto
affligge	affliggono	ha afflitto	hanno afflitto

2 Imperfect		9 Past Perfect	
affliggevo	affliggevamo	avevo afflitto	avevamo afflitto
affliggevi	affliggevate	avevi afflitto	avevate afflitto
affliggeva	affliggevano	aveva afflitto	avevano afflitto

3 Past Absolute		10 Past Anterior	
afflissi	affliggemmo	ebbi afflitto	avemmo afflitto
affliggesti	affliggeste	avesti afflitto	aveste afflitto
afflisse	afflissero	ebbe afflitto	ebbero afflitto

4 Future		11 Future Perfect	
affliggerò	affliggeremo	avrò afflitto	avremo afflitto
affliggerai	affliggerete	avrai afflitto	avrete afflitto
affliggerà	affliggeranno	avrà affilitto	avranno afflitto

5 Present Conditional		12 Past Conditional	
affliggerei	affliggeremmo	avrei afflitto	avremmo afflitto
affliggeresti	affliggereste	avresti afflitto	avreste afflitto
affliggerebbe	affliggerebbero	avrebbe afflitto	avrebbero afflitto

6 Present Subjunctive		13 Past Subjunctive	
affligga	affliggiamo	abbia afflitto	abbiamo afflitto
affligga	affliggiate	abbia afflitto	abbiate afflitto
affligga	affliggano	abbia afflitto	abbiano afflitto

7 Imperfect Subjunctive		14 Past Perfect Subjunctive	
affliggessi	affliggessimo	avessi afflitto	avessimo afflitto
affliggessi	affliggeste	avessi afflitto	aveste afflitto
affliggesse	affliggessero	avesse afflitto	avessero afflitto

Imperative

	affliggiamo
affliggi (non affliggere)	affliggete
affligga	affliggano

Samples of basic verb usage	**Extended uses/Related words and expressions**
Il dolore lo affligge. He is afflicted by pain.	**afflitto** in distress, sad, gloomy
Ci affligge sapere della tua situazione. We are distressed to know about your situation.	**viso afflitto** gloomy face
Mi affliggo continuamente per il mal di testa. I am continually afflicted by headaches.	**voce afflitta** sad voice

NOTE: Another verb conjugated like **affligere** is **infliggere** (to inflict).

affrettarsi
Gerund **affrettandosi**   Past Part. **affrettatosi**

to hasten, to hurry

The Seven Simple Tenses		The Seven Compound Tenses	
Singular	Plural	Singular	Plural
1 Present Indicative		**8 Present Perfect**	
mi affretto	ci affrettiamo	mi sono affrettato	ci siamo affrettati
ti affretti	vi affrettate	ti sei affrettato	vi siete affrettati
si affretta	si affrettano	si è affrettato	si sono affrettati
2 Imperfect		**9 Past Perfect**	
mi affrettavo	ci affrettavamo	mi ero affrettato	ci eravamo affrettati
ti affrettavi	vi affrettavate	ti eri affrettato	vi eravate affrettati
si affrettava	si affrettavano	si era affrettato	si erano affrettati
3 Past Absolute		**10 Past Anterior**	
mi affrettai	ci affrettammo	mi fui affrettato	ci fummo affrettati
ti affrettasti	vi affrettaste	ti fosti affrettato	vi foste affrettati
si affrettò	si affrettarono	si fu affrettato	si furono affrettati
4 Future		**11 Future Perfect**	
mi affretterò	ci affretteremo	mi sarò affrettato	ci saremo affrettati
ti affretterai	vi affretterete	ti sarai affrettato	vi sarete affrettati
si affretterà	si affretteranno	si sarà affrettato	si saranno affrettati
5 Present Conditional		**12 Past Conditional**	
mi affretterei	ci affretteremmo	mi sarei affrettato	ci saremmo affrettati
ti affretteresti	vi affrettereste	ti saresti affrettato	vi sareste affrettati
si affretterebbe	si affretterebbero	si sarebbe affrettato	si sarebbero affrettati
6 Present Subjunctive		**13 Past Subjunctive**	
mi affretti	ci affrettiamo	mi sia affrettato	ci siamo affrettati
ti affretti	vi affrettiate	ti sia affrettato	vi siate affrettati
si affretti	si affrettino	si sia affrettato	si siano affrettati
7 Imperfect Subjunctive		**14 Past Perfect Subjunctive**	
mi affrettassi	ci affrettassimo	mi fossi affrettato	ci fossimo affrettati
ti affrettassi	vi affrettaste	ti fossi affrettato	vi foste affrettati
si affrettasse	si affrettassero	si fosse affrettato	si fossero affrettati

Imperative	
—	affrettiamoci
affrettati (non ti affrettare/non affrettarti)	**affrettatevi**
si affretti	**si affrettino**

Samples of basic verb usage	Extended uses/Related words and expressions
Affrettati, siamo in ritardo! Hurry up, we're late!	**fretta** hurry
Vi dovete affrettare a terminare il lavoro. You have to hurry up and finish the job.	**Lui mangia in fretta.** He always eats in a hurry (quickly).
Ti devi affrettare a uscire. You have to hurry up and go out.	**avere fretta** to be in a hurry
	Lei ha sempre fretta. She is always in a hurry.
	in fretta e furia in a rush

■ Irregular verb   to add

The Seven Simple Tenses		The Seven Comound Tenses	
Singular	Plural	Singular	Plural

A

1 Present Indicative		8 Present Perfect	
aggiungo	**aggiungiamo**	**ho aggiunto**	**abbiamo aggiunto**
aggiungi	**aggiungete**	**hai aggiunto**	**avete aggiunto**
aggiunge	**aggiungono**	**ha aggiunto**	**hanno aggiunto**
2 Imperfect		9 Past Perfect	
aggiungevo	**aggiungevamo**	**avevo aggiunto**	**avevamo aggiunto**
aggiungevi	**aggiungevate**	**avevi aggiunto**	**avevate aggiunto**
aggiungeva	**aggiungevano**	**aveva aggiunto**	**avevano aggiunto**
3 Past Absolute		10 Past Anterior	
aggiunsi	**aggiungemmo**	**ebbi aggiunto**	**avemmo aggiunto**
aggiungesti	**aggiungeste**	**avesti aggiunto**	**aveste aggiunto**
aggiunse	**aggiunsero**	**ebbe aggiunto**	**ebbero aggiunto**
4 Future		11 Future Perfect	
aggiungerò	**aggiungeremo**	**avrò aggiunto**	**avremo aggiunto**
aggiungerai	**aggiungerete**	**avrai aggiunto**	**avrete aggiunto**
aggiungerà	**aggiungeranno**	**avrà aggiunto**	**avranno aggiunto**
5 Present Conditional		12 Past Conditional	
aggiungerei	**aggiungeremmo**	**avrei aggiunto**	**avremmo aggiunto**
aggiungeresti	**aggiungereste**	**avresti aggiunto**	**avreste aggiunto**
aggiungerebbe	**aggiungerebbero**	**avrebbe aggiunto**	**avrebbero aggiunto**
6 Present Subjunctive		13 Past Subjunctive	
aggiunga	**aggiungiamo**	**abbia aggiunto**	**abbiamo aggiunto**
aggiunga	**aggiungiate**	**abbia aggiunto**	**abbiate aggiunto**
aggiunga	**aggiungano**	**abbia aggiunto**	**abbiano aggiunto**
7 Imperfect Subjunctive		14 Past Perfect Subjunctive	
aggiungessi	**aggiungessimo**	**avessi aggiunto**	**avessimo aggiunto**
aggiungessi	**aggiungeste**	**avessi aggiunto**	**aveste aggiunto**
aggiungesse	**aggiungessero**	**avesse aggiunto**	**avessero aggiunto**

Imperative

—	**aggiungiamo**
aggiungi (non aggiungere)	**aggiungete**
aggiunga	**aggiungano**

Samples of basic verb usage
Hanno aggiunto il mio nome alla lista. They
    added my name to the list.
Vorrei aggiungere una nota al discorso. I
    would like to add a note to the talk.

Extended uses/Related words and expressions
fare un'aggiunta to add on, to make an
    addendum
in aggiunta in addition

NOTE: Other verbs conjugated like **aggiungere** are **giungere** (to reach), **congiungere** (to join), and **raggiungere**
(to catch up to).

aiutare
to help, to aid

Gerund **aiutando**   Past Part. **aiutato**

The Seven Simple Tenses		The Seven Compound Tenses	
Singular	Plural	Singular	Plural
1 Present Indicative		**8 Present Perfect**	
aiuto	aiutiamo	ho aiutato	abbiamo aiutato
aiuti	aiutate	hai aiutato	avete aiutato
aiuta	aiutano	ha aiutato	hanno aiutato
2 Imperfect		**9 Past Perfect**	
aiutavo	aiutavamo	avevo aiutato	avevamo aiutato
aiutavi	aiutavate	avevi aiutato	avevate aiutato
aiutava	aiutavano	aveva aiutato	avevano aiutato
3 Past Absolute		**10 Past Anterior**	
aiutai	aiutammo	ebbi aiutato	avemmo aiutato
aiutasti	aiutaste	avesti aiutato	aveste aiutato
aiutò	aiutarono	ebbe aiutato	ebbero aiutato
4 Future		**11 Future Perfect**	
aiuterò	aiuteremo	avrò aiutato	avremo aiutato
aiuterai	aiuterete	avrai aiutato	avrete aiutato
aiuterà	aiuteranno	avrà aiutato	avranno aiutato
5 Present Conditional		**12 Past Conditional**	
aiuterei	aiuteremmo	avrei aiutato	avremmo aiutato
aiuteresti	aiutereste	avresti aiutato	avreste aiutato
aiuterebbe	aiuterebbero	avrebbe aiutato	avrebbero aiutato
6 Present Subjunctive		**13 Past Subjunctive**	
aiuti	aiutiamo	abbia aiutato	abbiamo aiutato
aiuti	aiutiate	abbia aiutato	abbiate aiutato
aiuti	aiutino	abbia aiutato	abbiano aiutato
7 Imperfect Subjunctive		**14 Past Perfect Subjunctive**	
aiutassi	aiutassimo	avessi aiutato	avessimo aiutato
aiutassi	aiutaste	avessi aiutato	aveste aiutato
aiutasse	aiutassero	avesse aiutato	avessero aiutato

Imperative	
—	aiutiamo
aiuta (non aiutare)	aiutate
aiuti	aiutino

This is a key verb because it refers to something very common (needing help) and is thus used frequently in conversation. It also occurs in common phrases.

Samples of basic verb usage

Loro aiutano sempre i poveri. They always help the poor.

Lascia che ti aiuti! Let me help you!

La madre ha sempre aiutato il figlio nella scelta della scuola. The mother has always helped her son choose a school.

Questo medicinale aiuta la digestione. This medicine aids digestion.

Non ti preoccupare. Ti aiuteremo noi. Don't worry. We'll help you.

Words and expressions related to this verb

aiuto **help**

venire in aiuto di qualcuno to come to someone's aid

Aiuto! **Help!**

Reflexive uses

aiutarsi to help oneself

aiutarsi con i piedi to help oneself by running away (*literally* to help oneself with one's feet)

aiutarsi con la ragione to help oneself by reasoning

I parenti si aiutano. Relatives help each other.

Le persone si aiutano nel bisogno. People help each other in time of need.

Uses in various types of expressions

La fortuna aiuta gli audaci, la sorte agevola chi osa. **Fortune helps the bold, luck supports those who dare.**

Chi s'aiuta, Dio l'aiuta. **God helps those who help themselves.**

alludere*

to allude, to refer, to hint

Gerund alludendo

Past Part. alluso

Irregular verb ■

The Seven Simple Tenses		The Seven Compound Tenses	
Singular	Plural	Singular	Plural
1 Present Indicative		**8 Present Perfect**	
alludo	alludiamo	ho alluso	abbiamo alluso
alludi	alludete	hai alluso	avete alluso
allude	alludono	ha alluso	hanno alluso
2 Imperfect		**9 Past Perfect**	
alludevo	alludevamo	avevo alluso	avevamo alluso
alludevi	alludevate	avevi alluso	avevate alluso
alludeva	alludevano	aveva alluso	avevano alluso
3 Past Absolute		**10 Past Anterior**	
allusi	alludemmo	ebbi alluso	avemmo alluso
alludesti	alludeste	avesti alluso	aveste alluso
alluse	allusero	ebbe alluso	ebbero alluso
4 Future		**11 Future Perfect**	
alluderò	alluderemo	avrò alluso	avremo alluso
alluderai	alluderete	avrai alluso	avrete alluso
alluderà	alluderanno	avrà alluso	avranno alluso
5 Present Conditional		**12 Past Conditional**	
alluderei	alluderemmo	avrei alluso	avremmo alluso
alluderesti	alludereste	avresti alluso	avreste alluso
alluderebbe	alluderebbero	avrebbe alluso	avrebbero alluso
6 Present Subjunctive		**13 Past Subjunctive**	
alluda	alludiamo	abbia alluso	abbiamo alluso
alluda	alludiate	abbia alluso	abbiate alluso
alluda	alludano	abbia alluso	abbiano alluso
7 Imperfect Subjunctive		**14 Past Perfect Subjunctive**	
alludessi	alludessimo	avessi alluso	avessimo alluso
alludessi	alludeste	avessi alluso	aveste alluso
alludesse	alludessero	avesse alluso	avessero alluso

Imperative		
—		alludiamo
alludi (non alludere)		alludete
alluda		alludano

Samples of basic verb usage

A cosa vuoi alludere? What are you referring to?

Quella favola allude a condizioni umane. That fable alludes to human conditions.

La nostra insegnante allude spesso alla letteratura classica. Our teacher often refers to classical literature.

Extended uses/Related words and expressions

allusione allusion, reference

Questo è un libro ricco di allusioni filosofiche. This is a book that is rich with philosophical allusions.

NOTE: Other verbs conjugated like **alludere** are **concludere** (to conclude), **deludere** (to disappoint), **eludere** (to elude, avoid), **illudere** (to deceive), **includere** (to include), and **precludere** (to preclude, prevent).

The Seven Simple Tenses		The Seven Compound Tenses	
Singular	Plural	Singular	Plural

A

1 Present Indicative		8 Present Perfect	
alzo	alziamo	ho alzato	abbiamo alzato
alzi	alzate	hai alzato	avete alzato
alza	alzano	ha alzato	hanno alzato

2 Imperfect		9 Past Perfect	
alzavo	alzavamo	avevo alzato	avevamo alzato
alzavi	alzavate	avevi alzato	avevate alzato
alzava	alzavano	aveva alzato	avevano alzato

3 Past Absolute		10 Past Anterior	
alzai	alzammo	ebbi alzato	avemmo alzato
alzasti	alzaste	avesti alzato	aveste alzato
alzò	alzarono	ebbe alzato	ebbero alzato

4 Future		11 Future Perfect	
alzerò	alzeremo	avrò alzato	avremo alzato
alzerai	alzerete	avrai alzato	avrete alzato
alzerà	alzeranno	avrà alzato	avranno alzato

5 Present Conditional		12 Past Conditional	
alzerei	alzeremmo	avrei alzato	avremmo alzato
alzeresti	alzereste	avresti alzato	avreste alzato
alzerebbe	alzerebbero	avrebbe alzato	avrebbero alzato

6 Present Subjunctive		13 Past Subjunctive	
alzi	alziamo	abbia alzato	abbiamo alzato
alzi	alziate	abbia alzato	abbiate alzato
alzi	alzino	abbia alzato	abbiano alzato

7 Imperfect Subjunctive		14 Past Perfect Subjunctive	
alzassi	alzassimo	avessi alzato	avessimo alzato
alzassi	alzaste	avessi alzato	aveste alzato
alzasse	alzassero	avesse alzato	avessero alzato

Imperative	
—	alziamo
alza (non alzare)	alzate
alzi	alzino

Samples of basic verb usage	**Extended uses/Related words and expressions**
Alza il bicchiere! Raise your glass!	**alzare i tacchi** to leave, to take off
Ho alzato il finestrino perché fa freddo.	**alzare le vele** to set sail
I put up the (car) window because it's cold.	**alzare la cresta** to become cocky
Lui alza sempre la mano in classe.	**non alzare un dito** to do nothing, to not raise
He always raises his hand in class.	a finger

alzarsi

Gerund **alzandosi**   Past Part. **alzatosi**

to get up, to rise, to stand up

The Seven Simple Tenses		The Seven Compound Tenses	
Singular	Plural	Singular	Plural
1 Present Indicative		**8 Present Perfect**	
mi alzo	ci alziamo	mi sono alzato	ci siamo alzati
ti alzi	vi alzate	ti sei alzato	vi siete alzati
si alza	si alzano	si è alzato	si sono alzati
2 Imperfect		**9 Past Perfect**	
mi alzavo	ci alzavamo	mi ero alzato	ci eravamo alzati
ti alzavi	vi alzavate	ti eri alzato	vi eravate alzati
si alzava	si alzavano	si era alzato	si erano alzati
3 Past Absolute		**10 Past Anterior**	
mi alzai	ci alzammo	mi fui alzato	ci fummo alzati
ti alzasti	vi alzaste	ti fosti alzato	vi foste alzati
si alzò	si alzarono	si fu alzato	si furono alzati
4 Future		**11 Future Perfect**	
mi alzerò	ci alzeremo	mi sarò alzato	ci saremo alzati
ti alzerai	vi alzerete	ti sarai alzato	vi sarete alzati
si alzerà	si alzeranno	si sarà alzato	si saranno alzati
5 Present Conditional		**12 Past Conditional**	
mi alzerei	ci alzeremmo	mi sarei alzato	ci saremmo alzati
ti alzeresti	vi alzereste	ti saresti alzato	vi sareste alzati
si alzerebbe	si alzerebbero	si sarebbe alzato	si sarebbero alzati
6 Present Subjunctive		**13 Past Subjunctive**	
mi alzi	ci alziamo	mi sia alzato	ci siamo alzati
ti alzi	vi alziate	ti sia alzato	vi siate alzati
si alzi	si alzino	si sia alzato	si siano alzati
7 Imperfect Subjunctive		**14 Past Perfect Subjunctive**	
mi alzassi	ci alzassimo	mi fossi alzato	ci fossimo alzati
ti alzassi	vi alzaste	ti fossi alzato	vi foste alzati
si alzasse	si alzassero	si fosse alzato	si fossero alzati

Imperative	
—	alziamoci
alzati (non ti alzare/non alzarti)	alzatevi
si alzi	si alzino

Samples of basic verb usage

Bruno, alzati! Sono già le nove. Bruno, get up! It's already nine o'clock.

Quando entra il giudice, dovete alzarvi. When the judge enters, you have to get up.

Non ho voglia di alzarmi presto. I don't feel like getting up early.

Extended uses/Related words and expressions

I prezzi si alzano spesso. Prices are always going up.

La luna si è già alzata. The moon has already risen.

Si alza un forte vento. A strong wind is stirring.

■ Irregular verb   to admit

The Seven Simple Tenses		The Seven Compound Tenses	
Singular	Plural	Singular	Plural

A

1 Present Indicative		8 Present Perfect	
ammetto	ammettiamo	ho ammesso	abbiamo ammesso
ammetti	ammettete	hai ammesso	avete ammesso
ammette	ammettono	ha ammesso	hanno ammesso

2 Imperfect		9 Past Perfect	
ammettevo	ammettevamo	avevo ammesso	avevamo ammesso
ammettevi	ammettevate	avevi ammesso	avevate ammesso
ammetteva	ammettevano	aveva ammesso	avevano ammesso

3 Past Absolute		10 Past Anterior	
ammisi	ammettemmo	ebbi ammesso	avemmo ammesso
ammettesti	ammetteste	avesti ammesso	aveste ammesso
ammise	ammisero	ebbe ammesso	ebbero ammesso

4 Future		11 Future Perfect	
ammetterò	ammetteremo	avrò ammesso	avremo ammesso
ammetterai	ammetterete	avrai ammesso	avrete ammesso
ammetterà	ammetteranno	avrà ammesso	avranno ammesso

5 Present Conditional		12 Past Conditional	
ammetterei	ammetteremmo	avrei ammesso	avremmo ammesso
ammetteresti	ammettereste	avresti ammesso	avreste ammesso
ammetterebbe	ammetterebbero	avrebbe ammesso	avrebbero ammesso

6 Present Subjunctive		13 Past Subjunctive	
ammetta	ammettiamo	abbia ammesso	abbiamo ammesso
ammetta	ammettiate	abbia ammesso	abbiate ammesso
ammetta	ammettano	abbia ammesso	abbiano ammesso

7 Imperfect Subjunctive		14 Past Perfect Subjunctive	
ammettessi	ammettessimo	avessi amesso	avessimo ammesso
ammettessi	ammetteste	avessi ammesso	aveste ammesso
ammettesse	ammettessero	avesse ammesso	avessero ammesso

	Imperative	
—		ammettiamo
ammetti (non ammettere)		ammettete
ammetta		ammettano

Samples of basic verb usage

L'imputato ha ammesso tutto. The accused admitted everything.

Non ammetto di essere preso in giro. I will not allow being ridiculed.

Ammetto che il problema sia difficile.
I acknowledge that the problem is difficult.

Extended uses/Related words and expressions

ammesso, ma non concesso granted for the sake of argument (*literally* admitted but not conceded)

ammissione admission

NOTE: This verb is composed with the verb **mettere** (to put) and is thus conjugated exactly like it.

to admire

The Seven Simple Tenses		The Seven Compound Tenses	
Singular	Plural	Singular	Plural
1 Present Indicative		**8 Present Perfect**	
ammiro	ammiriamo	ho ammirato	abbiamo ammirato
ammiri	ammirate	hai ammirato	avete ammirato
ammira	ammirano	ha ammirato	hanno ammirato
2 Imperfect		**9 Past Perfect**	
ammiravo	ammiravamo	avevo ammirato	avevamo ammirato
ammiravi	ammiravate	avevi ammirato	avevate ammirato
ammirava	ammiravano	aveva ammirato	avevano ammirato
3 Past Absolute		**10 Past Anterior**	
ammirai	ammirammo	ebbi ammirato	avemmo ammirato
ammirasti	ammiraste	avesti ammirato	aveste ammirato
ammirò	ammirarono	ebbe ammirato	ebbero ammirato
4 Future		**11 Future Perfect**	
ammirerò	ammireremo	avrò ammirato	avremo ammirato
ammirerai	ammirerete	avrai ammirato	avrete ammirato
ammirerà	ammireranno	avrà ammirato	avranno ammirato
5 Present Conditional		**12 Past Conditional**	
ammirerei	ammireremmo	avrei ammirato	avremmo ammirato
ammireresti	ammirereste	avresti ammirato	avreste ammirato
ammirerebbe	ammirerebbero	avrebbe ammirato	avrebbero ammirato
6 Present Subjunctive		**13 Past Subjunctive**	
ammira	ammiriamo	abbia ammirato	abbiamo ammirato
ammira	ammiriate	abbia ammirato	abbiate ammirato
ammira	ammirino	abbia ammirato	abbiano ammirato
7 Imperfect Subjunctive		**14 Past Perfect Subjunctive**	
ammirassi	ammirassimo	avessi ammirato	avessimo ammirato
ammirassi	ammiraste	avessi ammirato	aveste ammirato
ammirasse	ammirassero	avesse ammirato	avessero ammirato

Imperative

—	ammiriamo
ammira (non ammirare)	ammirate
ammiri	ammirino

Samples of basic verb usage
Tutti ammirano un'opera d'arte. Everyone admires a work of art.
Ho sempre ammirato le persone sportive. I have always admired people who are active in sports.
Io ammiro il coraggio. I admire courage.

Extended uses/Related words and expressions
ammirazione admiration
provare ammirazione to have admiration for
essere oggetto di ammirazione to be a target of admiration

The Seven Simple Tenses		The Seven Compound Tenses	
Singular	Plural	Singular	Plural
1 Present Indicative		**8 Present Perfect**	
vado	andiamo	sono andato	siamo andati
vai	andate	sei andato	siete andati
va	vanno	è andato	sono andati
2 Imperfect		**9 Past Perfect**	
andavo	andavamo	ero andato	eravamo andati
andavi	andavate	eri andato	eravate andati
andava	andavano	era andato	erano andati
3 Past Absolute		**10 Past Anterior**	
andai	andammo	fui andato	fummo andati
andasti	andaste	fosti andato	foste andati
andò	andarono	fu andato	furono andati
4 Future		**11 Future Perfect**	
andrò	andremo	sarò andato	saremo andati
andrai	andrete	sarai andato	sarete andati
andrà	andranno	sarà andato	saranno andati
5 Present Conditional		**12 Past Conditional**	
andrei	andremmo	sarei andato	saremmo andati
andresti	andreste	saresti andato	sareste andati
andrebbe	andrebbero	sarebbe andato	sarebbero andati
6 Present Subjunctive		**13 Past Subjunctive**	
vada	andiamo	sia andato	siamo andati
vada	andiate	sia andato	siate andati
vada	vadano	sia andato	siano andati
7 Imperfect Subjunctive		**14 Past Perfect Subjunctive**	
andassi	andassimo	fossi andato	fossimo andati
andassi	andaste	fossi andato	foste andati
andasse	andassero	fosse andato	fossero andati

Imperative	
—	andiamo
va' (non andare)	andate
vada	vadano

This is a key verb because it is used frequently in conversation and in writing. It also occurs in many expressions and idioms.

Samples of basic verb usage

Loro vanno sempre in centro il sabato. They always go downtown on Saturdays.

Siamo andati al cinema ieri. We went to the movies yesterday.

Dove vai, Sara? Where are you going, Sarah?

Loro vanno a letto presto. They go to bed early.

L'esame è andato bene. The exam went well.

Related verbs

procedere to proceed, to go forward

muoversi to get oneself moving

NOTE: The verb is followed by a before a city name, but by in before most other geographical names or nouns.

Vado a Roma. I'm going to Rome.
Siamo andati a Firenze. We went to Florence.
Andremo in Italia quest'anno. We're going to Italy this year.
Vogliamo andare in America tra breve. We want to go to America soon.

Words and expressions related to this verb

Il mio orologio va avanti. My watch is fast.

Il tuo orologio, invece, va indietro. Your watch, instead, is slow.

Il motore non va. The motor doesn't work.

Quest'anno vanno i colori vivaci. This year bright colors are in style.

Quel vestito non mi va. That dress doesn't fit (doesn't suit me).

Ti va un aperitivo? Do you feel like having an aperitif?

andare pazzo per i dolci to be crazy about sweets

andare pazzo per una persona to be crazy about a person

andare a finire in un luogo to end up somewhere

andare a vuoto to come out empty, to achieve nothing

andare con i piedi di piombo to proceed cautiously, to have clay feet

andare in onda to go on the air

far andare la macchina to start one's car

La sua carriera va a gonfie vele. His career is in sailing.

Lei va pazza per i dolci. She goes crazy over sweets.

Va detto che questo è normale. It should be pointed out that this is normal.

The Seven Simple Tenses		The Seven Compound Tenses		
Singular	Plural	Singular	Plural	**A**

1 Present Indicative

		8 Present Perfect	
me ne vado(vo)	ce ne andiamo	me ne sono andato	ce ne siamo andati
te ne vai	ve ne andate	te ne sei andato	ve ne siete andati
se ne va	se ne vanno	se ne è andato	se ne sono andati

2 Imperfect

		9 Past Perfect	
me ne andavo	ce ne andavamo	me n'ero andato	ce n'eravamo andati
te ne andavi	ve ne andavate	te n'eri andato	ve n'eravate andati
se ne andava	se ne andavano	se n'era andato	se n'erano andati

3 Past Absolute

		10 Past Anterior	
me ne andai	ce ne andammo	me ne fui andato	ce ne fummo andati
te ne andasti	ve ne andaste	te ne fosti andato	ve ne foste andati
se ne andò	se ne andarono	se ne fu andato	se ne furono andati

4 Future

		11 Future Perfect	
me ne andrò	ce ne andremo	me ne sarò andato	ce ne saremo andati
te ne andrai	ve ne andrete	te ne sarai andato	ve ne sarete andati
se ne andrà	se ne andranno	se ne sarà andato	se ne saranno andati

5 Present Conditional

		12 Past Conditional	
me ne andrei	ce ne andremmo	me ne sarei andato	ce ne saremmo andati
te ne andresti	ve ne andreste	te ne saresti andato	ve ne sareste andati
se ne andrebbe	se ne andrebbero	se ne sarebbe andato	se ne sarebbero andati

6 Present Subjunctive

		13 Past Subjunctive	
me ne vada	ce ne andiamo	me ne sia andato	ce ne siamo andati
te ne vada	ve ne andiate	te ne sia andato	ve ne siate andati
se ne vada	se ne vadano	se ne sia andato	se ne siano andati

7 Imperfect Subjunctive

		14 Past Perfect Subjunctive	
me ne andassi	ce ne andassimo	me ne fossi andato	ce ne fossimo andati
te ne andassi	ve ne andaste	te ne fossi andato	ve ne foste andati
se ne andasse	se ne andassero	se ne fosse andato	se ne fossero andati

	Imperative	
—		andiamocene
vattene (non te ne andare/non andartene)		andatevene
se ne vada		se ne vadano

Samples of basic verb usage
Andiomocene! Let's go (from here)!
Quando te ne vai? When are you leaving?
Non ti preoccupare, me ne vado! Don't worry,
  I am leaving!

Extended uses/Related words and expressions
un continuo andare e venire a continual
  coming and going

NOTE: Notice that the reflexive pronouns **mi, ti, si, ci,** and **vi** change to **me, te, se, ce,** and **ve** respectively, before **ne** which, in this case, means "from here/there."

31

annoiare

to annoy, to bore

Gerund **annoiando** Past Part. **annoiato**

Regular **-are** verb endings with spelling change: **oi** becomes **o** before **i**

The Seven Simple Tenses | The Seven Compound Tenses

Singular	Plural	Singular	Plural
1 Present Indicative		**8 Present Perfect**	
annoio	annoiamo	ho annoiato	abbiamo annoiato
annoi	annoiate	hai annoiato	avete annoiato
annoia	annoiano	ha annoiato	hanno annoiato
2 Imperfect		**9 Past Perfect**	
annoiavo	annoiavamo	avevo annoiato	avevamo annoiato
annoiavi	annoiavate	avevi annoiato	avevate annoiato
annoiava	annoiavano	aveva annoiato	avevano annoiato
3 Past Absolute		**10 Past Anterior**	
annoiai	annoiammo	ebbi annoiato	avemmo annoiato
annoiasti	annoiaste	avesti annoiato	aveste annoiato
annoiò	annoiarono	ebbe annoiato	ebbero annoiato
4 Future		**11 Future Perfect**	
annoierò	annoieremo	avrò annoiato	avremo annoiato
annoierai	annoierete	avrai annoiato	avrete annoiato
annoierà	annoieranno	avrà annoiato	avranno annoiato
5 Present Conditional		**12 Past Conditional**	
annoierei	annoieremmo	avrei annoiato	avremmo annoiato
annoieresti	annoiereste	avresti annoiato	avreste annoiato
annoierebbe	annoierebbero	avrebbe annoiato	avrebbero annoiato
6 Present Subjunctive		**13 Past Subjunctive**	
annoi	annoiamo	abbia annoiato	abbiamo annoiato
annoi	annoiate	abbia annoiato	abbiate annoiato
annoi	annoino	abbia annoiato	abbiano annoiato
7 Imperfect Subjunctive		**14 Past Perfect Subjunctive**	
annoiassi	annoiassimo	avessi annoiato	avessimo annoiato
annoiassi	annoiaste	avessi annoiato	aveste annoiato
annoiasse	annoiassero	avesse annoiato	avessero annoiato

Imperative

—	annoiamo
annoia (non annoiare)	annoiate
annoi	annoino

Samples of basic verb usage
Le tue chiacchiere ci annoiano. Your chatter bores us.
Quel programma ha annoiato tutti. That program bored everyone.
Questo film mi annoia. This movie is bothering me.

Extended uses/Related words and expressions
noia boredom
essere assalito dalla noia to be overcome by boredom
Che noia! What a bore!

Regular **-are** verb endings with spelling
change: **oi** becomes **o** before **i**

to be bored

The Seven Simple Tenses | The Seven Compound Tenses

| Singular | Plural | Singular | Plural | **A** |

1 Present Indicative
mi annoio	ci annoiamo
ti annoi	vi annoiate
si annoia	si annoiano

8 Present Perfect
mi sono annoiato	ci siamo annoiati
ti sei annoiato	vi siete annoiati
si è annoiato	si sono annoiati

2 Imperfect
mi annoiavo	ci annoiavamo
ti annoiavi	vi annoiavate
si annoiava	si annoiavano

9 Past Perfect
mi ero annoiato	ci eravamo annoiati
ti eri annoiato	vi eravate annoiati
si era annoiato	si erano annoiati

3 Past Absolute
mi annoiai	ci annoiammo
ti annoiasti	vi annoiaste
si annoiò	si annoiarono

10 Past Anterior
mi fui annoiato	ci fummo annoiati
ti fosti annoiato	vi foste annoiati
si fu annoiato	si furono annoiati

4 Future
mi annoierò	ci annoieremo
ti annoierai	vi annoierete
si annoierà	si annoieranno

11 Future Perfect
mi sarò annoiato	ci saremo annoiati
ti sarai annoiato	vi sarete annoiati
si sarà annoiato	si saranno annoiati

5 Present Conditional
mi annoierei	ci annoieremmo
ti annoieresti	vi annoiereste
si annoierebbe	si annoierebbero

12 Past Conditional
mi sarei annoiato	ci saremmo annoiati
ti saresti annoiato	vi sareste annoiati
si sarebbe annoiato	si sarebbero annoiati

6 Present Subjunctive
mi annoi	ci annoiamo
ti annoi	vi annoiate
si annoi	si annoino

13 Past Subjunctive
mi sia annoiato	ci siamo annoiati
ti sia annoiato	vi siate annoiati
si sia annoiato	si siano annoiati

7 Imperfect Subjunctive
mi annoiassi	ci annoiassimo
ti annoiassi	vi annoiaste
si annoiasse	si annoiassero

14 Past Perfect Subjunctive
mi fossi annoiato	ci fossimo annoiati
ti fossi annoiato	vi foste annoiati
si fosse annoiato	si fossero annoiati

Imperative

—	annoiamoci
annoiati (non ti annoiare/non annoiarti)	annoiatevi
si annoi	si annoino

Samples of basic verb usage
Io mi annoio raramente. I rarely become bored.
Lui si annoia ascoltando una conferenza. He becomes bored listening to a lecture.
Non ti devi mai annoiare! You should never be bored!

Extended uses/Related words and expressions
mostrare una faccia annoiata to have a bored face
in modo annoiato in a lackadaisical manner

anticipare
Gerund **anticipando**   Past Part. **anticipato**

to anticipate, to advance

The Seven Simple Tenses		The Seven Compound Tenses	
Singular	Plural	Singular	Plural

1 Present Indicative		8 Present Perfect	
anticipo	anticipiamo	ho anticipato	abbiamo anticipato
anticipi	anticipate	hai anticipato	avete anticipato
anticipa	anticipano	ha anticipato	hanno anticipato

2 Imperfect		9 Past Perfect	
anticipavo	anticipavamo	avevo anticipato	avevamo anticipato
anticipavi	anticipavate	avevi anticipato	avevate anticipato
anticipava	anticipavano	aveva anticipato	avevano anticipato

3 Past Absolute		10 Past Anterior	
anticipai	anticipammo	ebbi anticipato	avemmo anticipato
anticipasti	anticipaste	avesti anticipato	aveste anticipato
anticipò	anticiparono	ebbe anticipato	ebbero anticipato

4 Future		11 Future Perfect	
anticiperò	anticiperemo	avrò anticipato	avremo anticipato
anticiperai	anticiperete	avrai anticipato	avrete anticipato
anticiperà	anticiperanno	avrà anticipato	avranno anticipato

5 Present Conditional		12 Past Conditional	
anticiperei	anticiperemmo	avrei anticipato	avremmo anticipato
anticiperesti	anticipereste	avresti anticipato	avreste anticipato
anticiperebbe	anticiperebbero	avrebbe anticipato	avrebbero anticipato

6 Present Subjunctive		13 Past Subjunctive	
anticipi	anticipiamo	abbia anticipato	abbiamo anticipato
anticipi	anticipiate	abbia anticipato	abbiate anticipato
anticipi	anticipino	abbia anticipato	abbiano anticipato

7 Imperfect Subjunctive		14 Past Perfect Subjunctive	
anticipassi	anticipassimo	avessi anticipato	avessimo anticipato
anticipassi	anticipaste	avessi anticipato	aveste anticipato
anticipasse	anticipassero	avesse anticipato	avessero anticipato

	Imperative	
—		anticipiamo
anticipa (non anticipare)		anticipate
anticipi		anticipino

Samples of basic verb usage	Extended uses/Related words and expressions
Loro hanno dovuto anticipare la loro partenza. They had to leave earlier than they anticipated.	**anticipare una somma di denaro** to advance a sum of money
La festa è stata anticipata. The party was moved forward.	**anticipare l'affitto** to give a down payment for rent
Avevo già anticipato le sue conclusioni. I had already anticipated his conclusions.	

apparecchiare*

Regular **-are** verb endings with spelling change: **cchi** becomes **cch** before **i**

to prepare, to set

The Seven Simple Tenses		The Seven Compound Tenses	
Singular	Plural	Singular	Plural
1 Present Indicative		**8 Present Perfect**	
apparecchio	apparecchiamo	ho apparecchiato	abbiamo apparecchiato
apparecchi	apparecchiate	hai apparecchiato	avete apparecchiato
apparecchia	apparecchiano	ha apparecchiato	hanno apparecchiato
2 Imperfect		**9 Past Perfect**	
apparecchiavo	apparecchiavamo	avevo apparecchiato	avevamo apparecchiato
apparecchiavi	apparecchiavate	avevi apparecchiato	avevate apparecchiato
apparecchiava	apparecchiavano	aveva apparecchiato	avevano apparecchiato
3 Past Absolute		**10 Past Anterior**	
apparecchiai	apparecchiammo	ebbi apparecchiato	avemmo apparecchiato
apparecchiasti	apparecchiaste	avesti apparecchiato	aveste apparecchiato
apparecchiò	apparecchiarono	ebbe apparecchiato	ebbero apparecchiato
4 Future		**11 Future Perfect**	
apparecchierò	apparecchieremo	avrò apparecchiato	avremo apparecchiato
apparecchierai	apparecchierete	avrai apparecchiato	avrete apparecchiato
apparecchierà	apparecchieranno	avrà apparecchiato	avranno apparecchiato
5 Present Conditional		**12 Past Conditional**	
apparecchierei	apparecchieremmo	avrei apparecchiato	avremmo apparecchiato
apparecchieresti	apparecchiereste	avresti apparecchiato	avreste apparecchiato
apparecchierebbe	apparecchierebbero	avrebbe apparecchiato	avrebbero apparecchiato
6 Present Subjunctive		**13 Past Subjunctive**	
apparecchi	apparecchiamo	abbia apparecchiato	abbiamo apparecchiato
apparecchi	apparecchiate	abbia apparecchiato	abbiate apparecchiato
apparecchi	apparecchino	abbia apparecchiato	abbiano apparecchiato
7 Imperfect Subjunctive		**14 Past Perfect Subjunctive**	
apparecchiassi	apparecchiassimo	avessi apparecchiato	avessimo apparecchiato
apparecchiassi	apparecchiaste	avessi apparecchiato	aveste apparecchiato
apparecchiasse	apparecchiassero	avesse apparecchiato	avessero apparecchiato

	Imperative	
—		apparecchiamo
apparecchia (non apparecchiare)		apparecchiate
apparecchi		apparecchino

Samples of basic verb usage

Chi ha apparecchiato la tavola? Who set the table?

È ora di apparecchiare per il pranzo. It's time to set the table for lunch.

Extended uses/Related words and expressions

apparecchiatura set of devices, equipment

apparecchiatura per la riproduzione della musica music reproduction equipment to appear, to look, to seem   Irregular verb ■

The Seven Simple Tenses		The Seven Compound Tenses	
Singular	Plural	Singular	Plural
1 Present Indicative		**8 Present Perfect**	
appaio	appariamo	sono apparso	siamo apparsi
appari	apparite	sei apparso	siete apparsi
appare	appaiono	è apparso	sono apparsi
2 Imperfect		**9 Past Perfect**	
apparivo	apparivamo	ero apparso	eravamo apparsi
apparivi	apparivate	eri apparso	eravate apparsi
appariva	apparivano	era apparso	erano apparsi
3 Past Absolute		**10 Past Anterior**	
apparvi	apparimmo	fui apparso	fummo apparsi
apparisti	appariste	fosti apparso	foste apparsi
apparve	apparvero	fu apparso	furono apparsi
(Or regular: apparii, etc.)			
4 Future		**11 Future Perfect**	
apparirò	appariremo	sarò apparso	saremo apparsi
apparirai	apparirete	sarai apparso	sarete apparsi
apparirà	appariranno	sarà apparso	saranno apparsi
5 Present Conditional		**12 Past Conditional**	
apparirei	appariremmo	sarei apparso	saremmo apparsi
appariresti	apparireste	saresti apparso	sareste apparsi
apparirebbe	apparirebbero	sarebbe apparso	sarebbero apparsi
6 Present Subjunctive		**13 Past Subjunctive**	
appaia	appariamo	sia apparso	siamo apparsi
appaia	appariate	sia apparso	siate apparsi
appaia	appaiano	sia apparso	siano apparsi
7 Imperfect Subjunctive		**14 Past Perfect Subjunctive**	
apparissi	apparissimo	fossi apparso	fossimo apparsi
apparissi	appariste	fossi apparso	foste apparsi
apparisse	apparissero	fosse apparso	fossero apparsi

Imperative

	appariamo
—	
appari (apparisci) (non apparire)	apparite
appaia (apparisca)	appaiano (appariscano)

Samples of basic verb usage

La luna è già apparsa. The moon has already come out (appeared).

Quando non ce lo aspettiamo, loro appaiono. When we do not expect it, they appear.

La sua intelligenza appare palese a tutti. His intelligence is clear to everyone.

Extended uses/Related words and expressions

apparenza appearance

salvare le apparenze to save face

in apparenza at first appearance

L'apparenza inganna! Appearances can be deceiving!

The Seven Simple Tenses		The Seven Compound Tenses	
Singular	Plural	Singular	Plural

A

1 Present Indicative		8 Present Perfect	
appartengo	**apparteniamo**	**sono appartenuto**	**siamo appartenuti**
appartieni	**appartenete**	**sei appartenuto**	**siete appartenuti**
appartiene	**appartengono**	**è appartenuto**	**sono appartenuti**

2 Imperfect		9 Past Perfect	
appartenevo	**appartenevamo**	**ero appartenuto**	**eravamo appartenuti**
appartenevi	**appartenevate**	**eri appartenuto**	**eravate appartenuti**
apparteneva	**appartenevano**	**era appartenuto**	**erano appartenuti**

3 Past Absolute		10 Past Anterior	
appartenni	**appartenemmo**	**fui appartenuto**	**fummo appartenuti**
appartenesti	**apparteneste**	**fosti appartenuto**	**foste appartenuti**
appartenne	**appartennero**	**fu appartenuto**	**furono appartenuti**

4 Future		11 Future Perfect	
apparterrò	**apparteremo**	**sarò appartenuto**	**saremo appartenuti**
apparterrai	**apparterete**	**sarai appartenuto**	**sarete appartenuti**
apparterrà	**apparterranno**	**sarà appartenuto**	**saranno appartenuti**

5 Present Conditional		12 Past Conditional	
apparterrei	**apparterremmo**	**sarei appartenuto**	**saremmo appartenuti**
apparterresti	**apparterreste**	**saresti appartenuto**	**sareste appartenuti**
apparterrebbe	**apparterrebbero**	**sarebbe appartenuto**	**sarebbero appartenuti**

6 Present Subjunctive		13 Past Subjunctive	
appartenga	**apparteniamo**	**sia appartenuto**	**siamo appartenuti**
appartenga	**apparteniate**	**sia appartenuto**	**siate appartenuti**
appartenga	**appartengano**	**sia appartenuto**	**siano appartenuti**

7 Imperfect Subjunctive		14 Past Perfect Subjunctive	
appartenessi	**appartenessimo**	**fossi appartenuto**	**fossimo appartenuti**
appartenessi	**apparteneste**	**fossi appartenuto**	**foste appartenuti**
appartenesse	**appartenessero**	**fosse appartenuto**	**fossero appartenuti**

Imperative

—	**apparteniamo**
appartieni (non appartenere)	**appartenete**
appartenga	**appartengano**

Samples of basic verb usage
Quel libro appartiene al signore. That book belongs to the gentleman.
Noi apparteniamo a un sindacato. We belong to a labor union.
Questa zona appartiene all'Italia. This region belongs to Italy.

Extended uses/Related words and expressions
Avrai quello che ti appartiene. You will get what you deserve.
Lui ha fatto quello che gli apparteneva. He did what he had to do.

NOTE: This verb is composed with the verb **tenere** (to hold, to keep) and is thus conjugated exactly like it.

apprendere*

to learn

Gerund apprendendo   **Past Part. appreso**

Irregular verb ■

The Seven Simple Tenses		The Seven Compound Tenses	
Singular	Plural	Singular	Plural

1 Present Indicative		8 Present Perfect	
apprendo	apprendiamo	ho appreso	abbiamo appreso
apprendi	apprendete	hai appreso	avete appreso
apprende	apprendono	ha appreso	hanno appreso

2 Imperfect		9 Past Perfect	
apprendevo	apprendevamo	avevo appreso	avevamo appreso
apprendevi	apprendevate	avevi appreso	avevate appreso
apprendeva	apprendevano	aveva appreso	avevano appreso

3 Past Absolute		10 Past Anterior	
appresi	apprendemmo	ebbi appreso	avemmo appreso
apprendesti	apprendeste	avesti appreso	aveste appreso
apprese	appresero	ebbe appreso	ebbero appreso

4 Future		11 Future Perfect	
apprenderò	apprenderemo	avrò appreso	avremo appreso
apprenderai	apprenderete	avrai appreso	avrete appreso
apprenderà	apprenderanno	avrà appreso	avranno appreso

5 Present Conditional		12 Past Conditional	
apprenderei	apprenderemmo	avrei appreso	avremmo appreso
apprenderesti	apprendereste	avresti appreso	avreste appreso
apprenderebbe	apprenderebbero	avrebbe appreso	avrebbero appreso

6 Present Subjunctive		13 Past Subjunctive	
apprenda	apprendiamo	abbia appreso	abbiamo appreso
apprenda	apprendiate	abbia appreso	abbiate appreso
apprenda	apprendano	abbia appreso	abbiano appreso

7 Imperfect Subjunctive		14 Past Perfect Subjunctive	
apprendessi	apprendessimo	avessi appreso	avessimo appreso
apprendessi	apprendeste	avessi appreso	aveste appreso
apprendesse	apprendessero	avesse appreso	avessero appreso

Imperative	
—	apprendiamo
apprendi (non apprendere)	apprendete
apprenda	apprendano

Samples of basic verb usage

Ho finalmente appreso la lezione. I finally understood the lecture.

Devo apprendere a nuotare. I have to learn how to swim.

Ho appreso che sei stato promosso. I heard that you got promoted.

Extended uses/Related words and expressions

apprendimento learning

avere una notevole capacità d'apprendimento to have a great capacity for learning

NOTE: This verb is composed with the verb **prendere** (to take) and is thus conjugated exactly like it.

The Seven Simple Tenses		The Seven Compound Tenses	
Singular	Plural	Singular	Plural

1 Present Indicative

		8 Present Perfect	
apro	apriamo	ho aperto	abbiamo aperto
apri	aprite	hai aperto	avete aperto
apre	aprono	ha aperto	hanno aperto

2 Imperfect

		9 Past Perfect	
aprivo	aprivamo	avevo aperto	avevamo aperto
aprivi	aprivate	avevi aperto	avevate aperto
apriva	aprivano	aveva aperto	avevano aperto

3 Past Absolute

		10 Past Anterior	
apersi	aprimmo	ebbi aperto	avemmo aperto
apristi	apriste	avesti aperto	aveste aperto
aperse	apersero	ebbe aperto	ebbero aperto

(Or regular: aprii, etc.)

4 Future

		11 Future Perfect	
aprirò	apriremo	avrò aperto	avremo aperto
aprirai	aprirete	avrai aperto	avrete aperto
aprirà	apriranno	avrà aperto	avranno aperto

5 Present Conditional

		12 Past Conditional	
aprirei	apriremmo	avrei aperto	avremmo aperto
apriresti	aprireste	avresti aperto	avreste aperto
aprirebbe	aprirebbero	avrebbe aperto	avrebbero aperto

6 Present Subjunctive

		13 Past Subjunctive	
apra	apriamo	abbia aperto	abbiamo aperto
apra	apriate	abbia aperto	abbiate aperto
apra	aprano	abbia aperto	abbiano aperto

7 Imperfect Subjunctive

		14 Past Perfect Subjunctive	
aprissi	aprissimo	avessi aperto	avessimo aperto
aprissi	apriste	avessi aperto	aveste aperto
aprisse	aprissero	avesse aperto	avessero aperto

Imperative

—	apriamo
apri (non aprire)	aprite
apra	aprano

AN ESSENTIAL VERB

AN ESSENTIAL VERB

Aprire

This is a key verb because it is used frequently in conversation and because it occurs in many expressions and idioms.

Samples of basic verb usage

Marco, apri la porta! Mark, open the door!

Devo aprire la bottiglia. I have to open the bottle.

Non ha ancora aperto la bocca. He hasn't yet said anything (opened his mouth).

I negozi aprono alle nove. Stores open at nine o'clock.

Reflexive verb uses

Le nuvole si stanno aprendo. There is a break in the clouds (*literally* The clouds are opening up).

Le rose si stanno aprendo. The roses are blossoming.

aprirsi la camicia to unbutton one's shirt

aprirsi agli altri to talk openly with others

NOTE: Verbs conjugated like **aprire** are: **coprire** (to cover) and **scoprire** (to discover).

■ Irregular verb   to burn

A

The Seven Simple Tenses		The Seven Compound Tenses	
Singular	Plural	Singular	Plural
1 Present Indicate		**8 Present Perfect**	
ardo	ardiamo	ho arso	abbiamo arso
ardi	ardete	hai arso	avete arso
arde	ardono	ha arso	hanno arso
2 Imperfect		**9 Past Perfect**	
ardevo	ardevamo	avevo arso	avevamo arso
ardevi	ardevate	avevi arso	avevate arso
ardeva	ardevano	aveva arso	avevano arso
3 Past Absolute		**10 Past Anterior**	
arsi	ardemmo	ebbi arso	avemmo arso
ardesti	ardeste	avesti arso	aveste arso
arse	arsero	ebbe arso	ebbero arso
4 Future		**11 Future Perfect**	
arderò	arderemo	avrò arso	avremo arso
arderai	arderete	avrai arso	avrete arso
arderà	arderanno	avrà arso	avranno arso
5 Present Conditional		**12 Past Conditional**	
arderei	arderemmo	avrei arso	avremmo arso
arderesti	ardereste	avresti arso	avreste arso
arderebbe	arderebbero	avrebbe arso	avrebbero arso
6 Present Subjunctive		**13 Past Subjunctive**	
arda	ardiamo	abbia arso	abbiamo arso
arda	ardiate	abbia arso	abbiate arso
arda	ardano	abbia arso	abbiano arso
7 Imperfect subjunctive		**14 Past Perfect Subjunctive**	
ardessi	ardessimo	avessi arso	avessimo arso
ardessi	ardeste	avessi arso	aveste arso
ardesse	ardessero	avesse arso	avessero arso

	Imperative	
—		ardiamo
ardi (non ardere)		ardete
arda		ardano

Samples of basic verb usage
Il fuoco arde. The fire is burning.
Oggi il sole arde troppo. Today the sun is really burning.
La fronte mi arde. My forehead is burning.

Extended uses/Related words and expressions
La campagna arde al sole. The countryside becomes scorched in the sun.
Nel suo cuore arde l'amore. Love burns in his heart.

NOTE: When intransitive, **ardere** is conjugated with **essere**. Two other verbs conjugated like **ardere** are: **mordere** (to bite) and **perdere** (to lose).

arrabbiarsi

to get angry

Gerund **arrabbiandosi**   Past Part. **arrabbiatosi**

Regular **-are** verb endings with spelling change: **bbi** becomes **bb** before **i**

The Seven Simple Tenses		The Seven Compound Tenses	
Singular	Plural	Singular	Plural
1 Present Indicative		**8 Present Perfect**	
mi arrabbio	ci arrabbiamo	mi sono arrabbiato	ci siamo arrabbiati
ti arrabbi	vi arrabbiate	ti sei arrabbiato	vi siete arrabbiati
si arrabbia	si arrabbiano	si è arrabbiato	si sono arrabbiati
2 Imperfect		**9 Past Perfect**	
mi arrabbiavo	ci arrabbiavamo	mi ero arrabbiato	ci eravamo arrabbiati
ti arrabbiavi	vi arrabbiavate	ti eri arrabbiato	vi eravate arrabbiati
si arrabbiava	si arrabbiavano	si era arrabbiato	si erano arrabbiati
3 Past Absolute		**10 Past Anterior**	
mi arrabbiai	ci arrabbiammo	mi fui arrabbiato	ci fummo arrabbiati
ti arrabbiasti	vi arrabbiaste	ti fosti arrabbiato	vi foste arrabbiati
si arrabbiò	si arrabbiarono	si fu arrabbiato	si furono arrabbiati
4 Future		**11 Future Perfect**	
mi arrabbierò	ci arrabbieremo	mi sarò arrabbiato	ci saremo arrabbiati
ti arrabbierai	vi arrabbierete	ti sarai arrabbiato	vi sarete arrabbiati
si arrabbierà	si arrabbieranno	si sarà arrabbiato	si saranno arrabbiati
5 Present Conditional		**12 Past Conditional**	
mi arrabbierei	ci arrabbieremmo	mi sarei arrabbiato	ci saremmo arrabbiati
ti arrabbieresti	vi arrabbiereste	ti saresti arrabbiato	vi sareste arrabbiati
si arrabbierebbe	si arrabbierebbero	si sarebbe arrabbiato	si sarebbero arrabbiati
6 Present Subjunctive		**13 Past Subjunctive**	
mi arrabbi	ci arrabbiamo	mi sia arrabbiato	ci siamo arrabbiati
ti arrabbi	vi arrabbiate	ti sia arrabbiato	vi siate arrabbiati
si arrabbi	si arrabbino	si sia arrabbiato	si siano arrabbiati
7 Imperfect Subjunctive		**14 Past Perfect Subjunctive**	
mi arrabbiassi	ci arrabbiassimo	mi fossi arrabbiato	ci fossimo arrabbiati
ti arrabbiassi	vi arrabbiaste	ti fossi arrabbiato	vi foste arrabbiati
si arrabbiasse	si arrabbiassero	si fosse arrabbiato	si fossero arrabbiati

Imperative	
—	arrabbiamoci
arrabbiati (non ti arrabbiare/non arrabbiarti)	arrabbiatevi
si arrabbi	si arrabbino

Samples of basic verb usage

Maria, non ti arrabbiare! Mary, don't get angry!

Loro si arrabbiano facilmente. They are easily angered.

Lei si arrabbia di rado. She rarely gets angry.

Extended uses/Related words and expressions

rabbia anger, rabies

vaccino contro la rabbia antirabies vaccine

fremere dalla rabbia to shake with anger

to arrest, to stop

The Seven Simple Tenses		The Seven Compound Tenses	
Singular	Plural	Singular	Plural

A

1 Present Indicative		8 Present Perfect	
arresto	**arrestiamo**	**ho arrestato**	**abbiamo arrestato**
arresti	**arrestate**	**hai arrestato**	**avete arrestato**
arresta	**arrestano**	**ha arrestato**	**hanno arrestato**

2 Imperfect		9 Past Perfect	
arrestavo	**arrestavamo**	**avevo arrestato**	**avevamo arrestato**
arrestavi	**arrestavate**	**avevi arrestato**	**avevate arrestato**
arrestava	**arrestavano**	**aveva arrestato**	**avevano arrestato**

3 Past Absolute		10 Past Anterior	
arrestai	**arrestammo**	**ebbi arrestato**	**avemmo arrestato**
arrestasti	**arrestaste**	**avesti arrestato**	**aveste arrestato**
arrestò	**arrestarono**	**ebbe arrestato**	**ebbero arrestato**

4 Future		11 Future Perfect	
arresterò	**arresteremo**	**avrò arrestato**	**avremo arrestato**
arresterai	**arresterete**	**avrai arrestato**	**avrete arrestato**
arresterà	**arresteranno**	**avrà arrestato**	**avranno arrestato**

5 Present Conditional		12 Past Conditional	
arresterei	**arresteremmo**	**avrei arrestato**	**avremmo arrestato**
arresteresti	**arrestereste**	**avresti arrestato**	**avreste arrestato**
arresterebbe	**arresterebbero**	**avrebbe arrestato**	**avrebbero arrestato**

6 Present Subjunctive		13 Past Subjunctive	
arresti	**arrestiamo**	**abbia arrestato**	**abbiamo arrestato**
arresti	**arrestiate**	**abbia arrestato**	**abbiate arrestato**
arresti	**arrestino**	**abbia arrestato**	**abbiano arrestato**

7 Imperfect Subjunctive		14 Past Perfect Subjunctive	
arrestassi	**arrestassimo**	**avessi arrestato**	**avessimo arrestato**
arrestassi	**arrestaste**	**avessi arrestato**	**aveste arrestato**
arrestasse	**arrestassero**	**avesse arrestato**	**avessero arrestato**

Imperative

—	**arrestiamo**
arresta (non arrestare)	**arrestate**
arresti	**arrestino**

Samples of basic verb usage	**Extended uses/Related words and expressions**
Hanno arrestato il ladro ieri. They arrested the thief yesterday.	**arresto** arrest, stoppage
Perché hanno arrestato il gioco? Why did they interrupt the game?	**un arresto improvviso** an unexpected stoppage (delay)
Il mio orologio si è arrestato. My watch is stopped.	**leva d'arresto** the "off" lever

arrivare
Gerund **arrivando**
Past Part. **arrivato**

to arrive

The Seven Simple Tenses		The Seven Compound Tenses	
Singular	Plural	Singular	Plural

1 Present Indicative

		8 Present Perfect	
arrivo	arriviamo	sono arrivato	siamo arrivati
arrivi	arrivate	sei arrivato	siete arrivati
arriva	arrivano	è arrivato	sono arrivati

2 Imperfect

		9 Past Perfect	
arrivavo	arrivavamo	ero arrivato	eravamo arrivati
arrivavi	arrivavate	eri arrivato	eravate arrivati
arrivava	arrivavano	era arrivato	erano arrivati

3 Past Absolute

		10 Past Anterior	
arrivai	arrivammo	fui arrivato	fummo arrivati
arrivasti	arrivaste	fosti arrivato	foste arrivati
arrivò	arrivarono	fu arrivato	furono arrivati

4 Future

		11 Future Perfect	
arriverò	arriveremo	sarò arrivato	saremo arrivati
arriverai	arriverete	sarai arrivato	sarete arrivati
arriverà	arriveranno	sarà arrivato	saranno arrivati

5 Present Conditional

		12 Past Conditional	
arriverei	arriveremmo	sarei arrivato	saremmo arrivati
arriveresti	arrivereste	saresti arrivato	sareste arrivati
arriverebbe	arriverebbero	sarebbe arrivato	sarebbero arrivati

6 Present Subjunctive

		13 Past Subjunctive	
arrivi	arriviamo	sia arrivato	siamo arrivati
arrivi	arriviate	sia arrivato	siate arrivati
arrivi	arrivino	sia arrivato	siano arrivati

7 Imperfect Subjunctive

		14 Past Perfect Subjunctive	
arrivassi	arrivassimo	fossi arrivato	fossimo arrivati
arrivassi	arrivaste	fossi arrivato	foste arrivati
arrivasse	arrivassero	fosse arrivato	fossero arrivati

Imperative	
—	arriviamo
arriva (non arrivare)	arrivate
arrivi	arrivino

AN ESSENTIAL VERB

Arrivare

This is a key verb because it is used frequently in conversation and because it occurs in many expressions and idioms.

Samples of basic verb usage

Quando sono arrivati? When did they arrive?

Se hai pazienza, arriverà il momento buono. If you wait, opportunity will knock (arrive).

A che ora arrivano? At what time are they arriving?

Sta arrivando il temporale. The storm is approaching (arriving).

Io sono arrivato adesso da Roma. I have just arrived from Rome.

Words and expressions related to this verb

arrivare a una decisione to reach a decision

arrivare al dunque to get to the point

arrivare in fondo a qualcosa to get to the bottom of something

Lui è una persona arrivata. He is a person who has arrived (is successful).

Gli arrivò una grande fortuna. He met with great fortune.

Chi tardi arriva, male alloggia. By wasting time you obtain nothing (*literally* Whoever arrives late, will have bad lodging).

Se si tratta di matematica, non ci arrivo facilmente. When it comes to mathematics, I usually do not get it.

Mio nonno è arrivato a novant'anni. My grandfather reached ninety years of age.

NOTE: The verb **raggiungere** is often used as a synonym when **arrivare** is used in its sense of "reaching someone or something."

Ci hanno raggiunto poco fa. They reached (joined) us a little while ago.
Lui ha raggiunto il suo limite. He has arrived at (reached) his limit.

asciugare

Gerund asciugando | **Past Part. asciugato**

to dry

Regular **-are** verb endings with spelling change: **g** becomes **gh** before **e** or **i**

The Seven Simple Tenses		The Seven Compound Tenses	
Singular	Plural	Singular	Plural
1 Present Indicative		**8 Present Perfect**	
asciugo	asciughiamo	ho asciugato	abbiamo asciugato
asciughi	asciugate	hai asciugato	avete asciugato
asciuga	asciugano	ha asciugato	hanno asciugato
2 Imperfect		**9 Past Perfect**	
asciugavo	asciugavamo	avevo asciugato	avevamo asciugato
asciugavi	asciugavate	avevi asciugato	avevate asciugato
asciugava	asciugavano	aveva asciugato	avevano asciugato
3 Past Absolute		**10 Past Anterior**	
asciugai	asciugammo	ebbi asciugato	avemmo asciugato
asciugasti	asciugaste	avesti asciugato	aveste asciugato
asciugò	asciugarono	ebbe asciugato	ebbero asciugato
4 Future		**11 Future Perfect**	
asciugherò	asciugheremo	avrò asciugato	avremo asciugato
asciugherai	asciugherete	avrai asciugato	avrete asciugato
asciugherà	asciugheranno	avrà asciugato	avranno asciugato
5 Present Conditional		**12 Past Conditional**	
asciugherei	asciugheremmo	avrei asciugato	avremmo asciugato
asciugheresti	asciughereste	avresti asciugato	avreste asciugato
asciugherebbe	asciugherebbero	avrebbe asciugato	avrebbero asciugato
6 Present Subjunctive		**13 Past Subjunctive**	
asciughi	asciughiamo	abbia asciugato	abbiamo asciugato
asciughi	asciugate	abbia asciugato	abbiate asciugato
asciughi	asciughino	abbia asciugato	abbiano asciugato
7 Imperfect Subjunctive		**14 Past Perfect Subjunctive**	
asciugassi	asciugassimo	avessi asciugato	avessimo asciugato
asciugassi	asciugaste	avessi asciugato	aveste asciugato
asciugasse	asciugassero	avesse asciugato	avessero asciugato

Imperative

—	asciughiamo
asciuga (non asciugare)	asciugate
asciughi	asciughino

Samples of basic verb usage

Chi ha asciugato i piatti? Who dried the dishes?

Il vento asciugò i biancheria. The wind dried the clothes.

La strada si è subito asciugata dopo il temporale. The road dried up right after the storm.

Extended uses/Related words and expressions

asciugare le lacrime a qualcuno to comfort someone (*literally* to dry someone's tears)

asciugare le tasche di qualcuno to pick someone's pockets

NOTE: The adjective "dry" is **asciutto** and, thus, is not derived from the past participle of the verb.

46

to wait for

The Seven Simple Tenses		The Seven Compound Tenses		A
Singular	Plural	Singular	Plural	

1 Present Indicative

aspetto	aspettiamo	
aspetti	aspettate	
aspetta	aspettano	

8 Present Perfect

ho aspettato	abbiamo aspettato
hai aspettato	avete aspettato
ha aspettato	hanno aspettato

2 Imperfect

aspettavo	aspettavamo
aspettavi	aspettavate
aspettava	aspettavano

9 Past Perfect

avevo aspettato	avevamo aspettato
avevi aspettato	avevate aspettato
aveva aspettato	avevano aspettato

3 Past Absolute

aspettai	aspettammo
aspettasti	aspettaste
aspettò	aspettarono

10 Past Anterior

ebbi aspettato	avemmo aspettato
avesti aspettato	aveste aspettato
ebbe aspettato	ebbero aspettato

4 Future

aspetterò	aspetteremo
aspetterai	aspetterete
aspetterà	aspetteranno

11 Future Perfect

avrò aspettato	avremo aspettato
avrai aspettato	avrete aspettato
avrà aspettato	avranno aspettato

5 Present Conditional

aspetterei	aspetteremmo
aspetteresti	aspettereste
aspetterebbe	aspetterebbero

12 Past Conditional

avrei aspettato	avremmo aspettato
avresti aspettato	avreste aspettato
avrebbe aspettato	avrebbero aspettato

6 Present Subjunctive

aspetti	aspettiamo
aspetti	aspettiate
aspetti	aspettino

13 Past Subjunctive

abbia aspettato	abbiamo aspettato
abbia aspettato	abbiate aspettato
abbia aspettato	abbiano aspettato

7 Imperfect Subjunctive

aspettassi	aspettassimo
aspettassi	aspettaste
aspettasse	aspettassero

14 Past Perfect Subjunctive

avessi aspettato	avessimo aspettato
avessi aspettato	aveste aspettato
avesse aspettato	avessero aspettato

Imperative

—	aspettiamo
aspetta (non aspettare)	aspettate
aspetti	aspettino

AN ESSENTIAL VERB

Aspettare

This is a key verb because it is used frequently in conversation and because it occurs in many expressions and idioms.

Samples of basic verb usage

Chi aspetti? Who are you waiting for?

Io aspetto l'autobus ogni giorno. I wait for the bus every day.

Sto aspettando una telefonata. I am waiting for a phone call.

Ache noi aspettiamo l'occasione favorevole. We are also waiting for the right moment (occasion).

Aspetti il proprio turno, signore! Wait for your turn, sir!

Related words

le aspettative expectations

la sala d'aspetto waiting room

Words and expressions related to this verb

aspettare un bambino to be expecting (*literally* to be waiting for a child)

farsi aspettare to be late (*literally* to have people wait for you)

aspettare la manna dal cielo to wait for manna to fall from the sky (to have unrealistic expectations)

Chi ha tempo non aspetti tempo. Do not put things off (*literally* Whoever has time should not wait for time).

Ti aspetta una buona cosa. A good thing awaits you.

Cosa aspetti? What do you expect?

Chi ha tempo non aspetti tempo. Do things while you can.

Chi la fa l'aspetti. What goes around, comes around (*literally* If you do something to others, expect that the same will happen to you).

C'era da aspettarselo! It was inevitable! (*literally* One could have expected it!)

NOTE: Notice that **aspettare** means "to wait for." The preposition *for* is not to be translated: **Aspetto Maria** (I am waiting *for* Mary).

Regular **-are** verb endings with spelling to taste
change: **ggi** becomes **gg** before **e** or **i**

The Seven Simple Tenses | The Seven Compound Tenses

A

Singular	Plural	Singular	Plural
1 Present Indicative		**8 Present Perfect**	
assaggio	assaggiamo	ho assaggiato	abbiamo assaggiato
assaggi	assaggiate	hai assaggiato	avete assaggiato
assaggia	assaggiano	ha assaggiato	hanno assaggiato
2 Imperfect		**9 Past Perfect**	
assaggiavo	assaggiavamo	avevo assaggiato	avevamo assaggiato
assaggiavi	assaggiavate	avevi assaggiato	avevate assaggiato
assaggiava	assaggiavano	aveva assaggiato	avevano assaggiato
3 Past Absolute		**10 Past Anterior**	
assaggiai	assaggiammo	ebbi assaggiato	avemmo assaggiato
assaggiasti	assaggiaste	avesti assaggiato	aveste assaggiato
assaggiò	assaggiarono	ebbe assaggiato	ebbero assaggiato
4 Future		**11 Future Perfect**	
assaggerò	assaggeremo	avrò assaggiato	avremo assaggiato
assaggerai	assaggerete	avrai assaggiato	avrete assaggiato
assaggerà	assaggeranno	avrà assaggiato	avranno assaggiato
5 Present Conditional		**12 Past Conditional**	
assaggerei	assaggeremmo	avrei assaggiato	avremmo assaggiato
assaggeresti	assaggereste	avresti assaggiato	avreste assaggiato
assaggerebbe	assaggerebbero	avrebbe assaggiato	avrebbero assaggiato
6 Present Subjunctive		**13 Past Subjunctive**	
assaggi	assaggiamo	abbia assaggiato	abbiamo assaggiato
assaggi	assaggiate	abbia assaggiato	abbiate assaggiato
assaggi	assaggino	abbia assaggiato	abbiano assaggiato
7 Imperfect Subjunctive		**14 Past Perfect Subjunctive**	
assaggiassi	assaggiassimo	avessi assaggiato	avessimo assaggiato
assaggiassi	assaggiaste	avessi assaggiato	aveste assaggiato
assaggiasse	assaggiassero	avesse assaggiato	avessero assaggiato

Imperative

—	assaggiamo
assaggia (non assaggiare)	assaggiate
assaggi	assaggino

Samples of basic verb usage
Hai assaggiato gli spaghetti? Did you taste the spaghetti?
Loro non hanno ancora assaggiato la minestra. They haven't yet tasted the soup.
Anche se non ho fame, assaggerò il pesce. Even though I am not hungry, I'll try the fish.

Extended uses/Related words and expressions
far assaggiare i pugni a qualcuno to hit someone (*literally* to have someone taste one's fists)
assaggiare la propria forza to try one's strength out

assalire*

Gerund assalendo   **Past Part. assalito**

to assail, to assault

Irregular verb ■

The Seven Simple Tenses		The Seven Compound Tenses	
Singular	Plural	Singular	Plural

1 Present Indicative

		8 Present Perfect	
assalgo	assaliamo	ho assalito	abbiamo assalito
assali	assalite	hai assalito	avete assalito
assale	assalgono	ha assalito	hanno assalito

2 Imperfect

		9 Past Perfect	
assalivo	assalivamo	avevo assalito	avevamo assalito
assalivi	assalivate	avevi assalito	avevate assalito
assaliva	assalivano	aveva assalito	avevano assalito

3 Past Absolute

		10 Past Anterior	
assalii	assalimmo	ebbi assalito	avemmo assalito
assalisti	assaliste	avesti assalito	aveste assalito
assalì	assalirono	ebbe assalito	ebbero assalito

4 Future

		11 Future Perfect	
assalirò	assaliremo	avrò assalito	avremo assalito
assalirai	assalirete	avrai assalito	avrete assalito
assalirà	assaliranno	avrà assalito	avranno assalito

5 Present Conditional

		12 Past Conditional	
assalirei	assaliremmo	avrei assalito	avremmo assalito
assaliresti	assalireste	avresti assalito	avreste assalito
assalirebbe	assalirebbero	avrebbe assalito	avrebbero assalito

6 Present Subjunctive

		13 Past Subjunctive	
assalga	assaliamo	abbia assalito	abbiamo assalito
assalga	assaliate	abbia assalito	abbiate assalito
assalga	assalgano	abbia assalito	abbiano assalito

7 Imperfect Subjunctive

		14 Past Perfect Subjunctive	
assalissi	assalissimo	avessi assalito	avessimo assalito
assalissi	assaliste	avessi assalito	aveste assalito
assalisse	assalissero	avesse assalito	avessero assalito

Imperative

—	assaliamo
assali (assalisci) (non assalire)	assalite
assalga (assalisca)	assalgano (assaliscano)

Samples of basic verb usage	**Extended uses/Related words and expressions**
Il pubblico assalì l'interlocutore. The audience attacked the speaker.	essere assaliti dalle richieste to be overwhelmed by requests
Il dubbio mi assale. I am beset by doubt.	assaltare (synonym) to assault
La nostalgia assale spesso mia zia. My aunt is often overcome by melancholy.	Hanno assaltato la banca ieri. They assaulted (robbed) the bank yesterday.

NOTE: This verb is conjugated exactly like **salire** (to climb).

The Seven Simple Tenses | The Seven Compound Tenses

Singular	Plural	Singular	Plural
1 Present Indicative		**8 Present Perfect**	
assisto	assistiamo	ho assistito	abbiamo assistito
assisti	assistete	hai assistito	avete assistito
assiste	assistono	ha assistito	hanno assistito
2 Imperfect		**9 Past Perfect**	
assistevo	assistevamo	avevo assistito	avevamo assistito
assistevi	assistevate	avevi assistito	avevate assistito
assisteva	assistevano	aveva assistito	avevano assistito
3 Past Absolute		**10 Past Anterior**	
assistei (assistetti)	assistemmo	ebbi assistito	avemmo assistito
assistesti	assisteste	avesti assistito	aveste assistito
assisté (assistette)	assisterono (assistettero)	ebbe assistito	ebbero assistito
4 Future		**11 Future Perfect**	
assisterò	assisteremo	avrò assistito	avremo assistito
assisterai	assisterete	avrai assistito	avrete assistito
assisterà	assisteranno	avrà assistito	avranno assistito
5 Present Conditional		**12 Past Conditional**	
assisterei	assisteremmo	avrei assistito	avremmo assistito
assisteresti	assistereste	avresti assistito	avreste assistito
assisterebbe	assisterebbero	avrebbe assistito	avrebbero assistito
6 Present Subjunctive		**13 Past Subjunctive**	
assista	assistiamo	abbia assistito	abbiamo assistito
assista	assistiate	abbia assistito	abbiate assistito
assista	assistano	abbia assistito	abbiano assistito
7 Imperfect Subjunctive		**14 Past Perfect Subjunctive**	
assistessi	assistessimo	avessi assistito	avessimo assistito
assistessi	assisteste	avessi assistito	aveste assistito
assistesse	assistessero	avesse assistito	avessero assistito

Imperative

—	assistiamo
assisti (non assistere)	assistete
assista	assistano

Samples of basic verb usage
Lui assiste sempre gli ammalati. He always comes to the aid of the sick.
Quella famiglia è assistita dalla fortuna. That family is backed by good fortune.
Io sono assistito da un ottimo avvocato.
I am backed by an excellent lawyer.

Hai assistito anche tu alla conferenza?
Did you also attend the lecture?

Extended uses/Related words and expressions
assistente assistant, helper
assistente di volo flight attendant

NOTE: When used with the sense of "attend" the verb is followed by a: **Ho assistito alla Messa.**
(I attended Mass).

assumere*

to assume, to hire

Gerund assumendo   **Past Part. assunto**

Irregular verb ■

The Seven Simple Tenses		The Seven Compound Tenses	
Singular	Plural	Singular	Plural
1 Present Indicative		**8 Present Perfect**	
assumo	assumiamo	ho assunto	abbiamo assunto
assumi	assumete	hai assunto	avete assunto
assume	assumono	ha assunto	hanno assunto
2 Imperfect		**9 Past Perfect**	
assumevo	assumevamo	avevo assunto	avevamo assunto
assumevi	assumevate	avevi assunto	avevate assunto
assumeva	assumevano	aveva assunto	avevano assunto
3 Past Absolute		**10 Past Anterior**	
assunsi	assumemmo	ebbi assunto	avemmo assunto
assumesti	assumeste	avesti assunto	aveste assunto
assunse	assunsero	ebbe assunto	ebbero assunto
4 Future		**11 Future Perfect**	
assumerò	assumeremo	avrò assunto	avremo assunto
assumerai	assumerete	avrai assunto	avrete assunto
assumerà	assumeranno	avrà assunto	avranno assunto
5 Present Conditional		**12 Past Conditional**	
assumerei	assumeremmo	avrei assunto	avremmo assunto
assumeresti	assumereste	avresti assunto	avreste assunto
assumerebbe	assumerebbero	avrebbe assunto	avrebbero assunto
6 Present Subjunctive		**13 Past Subjunctive**	
assuma	assumiamo	abbia assunto	abbiamo assunto
assuma	assumiate	abbia assunto	abbiate assunto
assuma	assumano	abbia assunto	abbiano assunto
7 Imperfect Subjunctive		**14 Past Perfect Subjunctive**	
assumessi	assumessimo	avessi assunto	avessimo assunto
assumessi	assumeste	avessi assunto	aveste assunto
assumesse	assumessero	avesse assunto	avessero assunto

Imperative	
—	assumiamo
assumi (non assumere)	assumete
assuma	assumano

Samples of basic verb usage

Loro hanno assunto le loro
responsabilità. They assumed responsibility.
Sono stata assunta da quella banca. I was
hired by that bank.
Lui assumerà il titolo di professore tra
breve. He will take on the title of professor
shortly.

Related verbs and expressions

assumere informazioni to take in information
La Madonna fu assunta in cielo. The
Madonna was taken up to Heaven.

NOTE: This verb is conjugated exactly like **presumere** (to presume) and **riassumere** (to summarize).

■ Irregular verb   to wait for, to attend

The Seven Simple Tenses		The Seven Compound Tenses	
Singular	Plural	Singular	Plural

A

1 Present Indicative		8 Present Perfect	
attendo	attendiamo	ho atteso	abbiamo atteso
attendi	attendete	hai atteso	avete atteso
attende	attendono	ha atteso	hanno atteso

2 Imperfect		9 Past Perfect	
attendevo	attendevamo	avevo atteso	avevamo atteso
attendevi	attendevate	avevi atteso	avevate atteso
attendeva	attendevano	aveva atteso	avevano atteso

3 Past Absolute		10 Past Anterior	
attesi	attendemmo	ebbi atteso	avemmo atteso
attendesti	attendeste	avesti atteso	aveste atteso
attese	attesero	ebbe atteso	ebbero atteso

4 Future		11 Future Perfect	
attenderò	attenderemo	avrò atteso	avremo atteso
attenderai	attenderete	avrai atteso	avrete atteso
attenderà	attenderanno	avrà atteso	avranno atteso

5 Present Conditional		12 Past Conditional	
attenderei	attenderemmo	avrei atteso	avremmo atteso
attenderesti	attendereste	avresti atteso	avreste atteso
attenderebbe	attenderebbero	avrebbe atteso	avrebbero atteso

6 Present Subjunctive		13 Past Subjunctive	
attenda	attendiamo	abbia atteso	abbiamo atteso
attenda	attendiate	abbia atteso	abbiate atteso
attenda	attendano	abbia atteso	abbiano atteso

7 Imperfect Subjunctive		14 Past Perfect Subjunctive	
attendessi	attendessimo	avessi atteso	avessimo atteso
attendessi	attendeste	avessi atteso	aveste atteso
attendesse	attendessero	avesse atteso	avessero atteso

Imperative	
—	attendiamo
attendi (non attendere)	attendete
attenda	attendano

Samples of basic verb usage
Ti attendo alla fermata. I will wait for you at the stop.
Attendiamo con trepidazione l'inizio dello spettacolo. We are anxiously awaiting the start of the show.
Attenda, prego! Wait, please!

Extended uses/Related words and expressions
attese le circostanze given the circumstances
aspettare (synonym) to wait for
Chi sta aspettando Maria? Who is Mary waiting for?

NOTE: Other verbs conjugated like **attendere** are **accendere** (to light), **dipendere** (to depend), **offendere** (to offend), **prendere** (to take), **pretendere** (to demand), **rendere** (to render), **scendere** (to go down), **sorprendere** (to surprise), **spendere** (to spend), **stendere** (to lay out), and **tendere** (to tend).

attribuire
to attribute, to ascribe

The Seven Simple Tenses		The Seven Compound Tenses	
Singular	Plural	Singular	Plural

1 Present Indicative		8 Present Perfect	
attribuisco	attribuiamo	ho attribuito	abbiamo attribuito
attribuisci	attribuite	hai attribuito	avete attribuito
attribuisce	attribuiscono	ha attribuito	hanno attribuito

2 Imperfect		9 Past Perfect	
attribuivo	attribuivamo	avevo attribuito	avevamo attribuito
attribuivi	attribuivate	avevi attribuito	avevate attribuito
attribuiva	attribuivano	aveva attribuito	avevano attribuito

3 Past Absolute		10 Past Anterior	
attribuii	attribuimmo	ebbi attribuito	avemmo attribuito
attribuisti	attribuiste	avesti attribuito	aveste attribuito
attribuì	attribuirono	ebbe attribuito	ebbero attribuito

4 Future		11 Future Perfect	
attribuirò	attribuiremo	avrò attribuito	avremo attribuito
attribuirai	attribuirete	avrai attribuito	avrete attribuito
attribuirà	attribuiranno	avrà attribuito	avranno attribuito

5 Present Conditional		12 Past Conditional	
attribuirei	attribuiremmo	avrei attribuito	avremmo attribuito
attribuiresti	attribuireste	avresti attribuito	avreste attribuito
attribuirebbe	attribuirebbero	avrebbe attribuito	avrebbero attribuito

6 Present Subjunctive		13 Past Subjunctive	
attribuisca	attribuiamo	abbia attribuito	abbiamo attribuito
attribuisca	attribuiate	abbia attribuito	abbiate attribuito
attribuisca	attribuiscano	abbia attribuito	abbiano attribuito

7 Imperfect Subjunctive		14 Past Perfect Subjunctive	
attribuissi	attribuissimo	avessi attribuito	avessimo attribuito
attribuissi	attribuiste	avessi attribuito	aveste attribuito
attribuisse	attribuissero	avesse attribuito	avessero attribuito

Imperative	
—	attribuiamo
attribuisci (non attribuire)	attribuite
attribuisca	attribuiscano

Samples of basic verb usage
Hanno attribuito il Premio Nobel a uno scrittore americano. They conferred the Nobel Prize on an American writer.
Loro attribuiscono sempre la colpa ad altri. They always assign blame to others.
Quel quadro è attribuito a Raffaello. That painting is attributed (credited) to Raphael.

Extended uses/Related words and expressions
attributo attribute, feature, trait, symbol
Lui ha molti attributi. He has many good qualities.
Le colombe sono attributi di Venere. Doves are symbols of Venus.

The Seven Simple Tenses		The Seven Compound Tenses	
Singular	Plural	Singular	Plural

A

1 Present Indicative		8 Present Perfect	
ho	abbiamo	ho avuto	abbiamo avuto
hai	avete	hai avuto	avete avuto
ha	hanno	ha avuto	hanno avuto

2 Imperfect		9 Past Perfect	
avevo	avevamo	avevo avuto	avevamo avuto
avevi	avevate	avevi avuto	avevate avuto
aveva	avevano	aveva avuto	avevano avuto

3 Past Absolute		10 Past Anterior	
ebbi	avemmo	ebbi avuto	avemmo avuto
avesti	aveste	avesti avuto	aveste avuto
ebbe	ebbero	ebbe avuto	ebbero avuto

4 Future		11 Future Perfect	
avrò	avremo	avrò avuto	avremo avuto
avrai	avrete	avrai avuto	avrete avuto
avrà	avranno	avrà avuto	avranno avuto

5 Present Conditional		12 Past Conditional	
avrei	avremmo	avrei avuto	avremmo avuto
avresti	avreste	avresti avuto	avreste avuto
avrebbe	avrebbero	avrebbe avuto	avrebbero avuto

6 Present Subjunctive		13 Past Subjunctive	
abbia	abbiamo	abbia avuto	abbiamo avuto
abbia	abbiate	abbia avuto	abbiate avuto
abbia	abbiano	abbia avuto	abbiano avuto

7 Imperfect Subjunctive		14 Past Perfect Subjunctive	
avessi	avessimo	avessi avuto	avessimo avuto
avessi	aveste	avessi avuto	aveste avuto
avesse	avessero	avesse avuto	avessero avuto

Imperative	
—	abbiamo
abbi (non avere)	abbiate
abbia	abbiano

AN ESSENTIAL VERB

AN ESSENTIAL VERB

This is a key verb because it is one of the most frequently used verbs in conversation and because it occurs in many expressions and idioms.

Samples of basic verb usage

Non ho tempo per questo. I do not have time for this.

Quanti bambini hanno? How many kids do they have?

Hanno una grande macchina. They have a big car.

Avranno tanti soldi. They must have a lot of money.

Words and expressions related to this verb

avere fame, sete, sonno, fretta, caldo, freddo, ragione, torto to be hungry, thirsty, sleepy, in a hurry, hot, cold, right, wrong

Io ho molta fame adesso. I am very hungry now.

Lei ha sempre freddo. She is always cold.

Quanti anni hai? How old are you (*literally* How many years do you have)?

Ho trentaquattro anni. I am thirty-four years old.

avere la luna storta to be in a bad mood (*literally* to have a crooked moon)

avercela con qualcuno to be angry at someone

avere l'amaro in bocca to regret something (*literally* to have a sour taste in one's mouth)

avere luogo to take place

avere un diavolo per capello to be very angry (*literally* to have a devil on each strand of hair)

avere voce in capitolo to have a role to play in something, to be able to participate

aversene a male to be offended

NOTE: This is also used as an auxiliary verb in compound tenses: **ho mangiato** (I have eaten), **avevano finito** (they had finished), etc.

■ Irregular verb   to perceive, to notice, to become aware

The Seven Simple Tenses | The Seven Compound Tenses

Singular	Plural	Singular	Plural	**A**

1 Present Indicative
mi avvedo | ci avvediamo
ti avvedi | vi avvedete
si avvede | si avvedono

8 Present Perfect
mi sono avveduto | ci siamo avveduti
ti sei avveduto | vi siete avveduti
si è avveduto | si sono avveduti

2 Imperfect
mi avvedevo | ci avvedevamo
ti avvedevi | vi avvedevate
si avvedeva | si avvedevano

9 Past Perfect
mi ero avveduto | ci eravamo avveduti
ti eri avveduto | vi eravate avveduti
si era avveduto | si erano avveduti

3 Past Absolute
mi avvidi | ci avvedemmo
ti avvedesti | vi avvedeste
si avvide | si avvidero

10 Past Anterior
mi fui avveduto | ci fummo avveduti
ti fosti avveduto | vi foste avveduti
si fu avveduto | si furono avveduti

4 Future
mi avvedrò | ci avvedremo
ti avvedrai | vi avvedrete
si avvedrà | si avvedranno

11 Future Perfect
mi sarò avveduto | ci saremo avveduti
ti sarai avveduto | vi sarete avveduti
si sarà avveduto | si saranno avveduti

5 Present Conditional
mi avvedrei | ci avvedremmo
ti avvedresti | vi avvedreste
si avvedrebbe | si avvedrebbero

12 Past Conditional
mi sarei avveduto | ci saremmo avveduti
ti saresti avveduto | vi sareste avveduti
si sarebbe avveduto | si sarebbero avveduti

6 Present Subjunctive
mi avveda | ci avvediamo
ti avveda | vi avvediate
si avveda | si avvedano

13 Past Subjunctive
mi sia avveduto | ci siamo avveduti
ti sia avveduto | vi siate avveduti
si sia avveduto | si siano avveduti

7 Imperfect Subjunctive
mi avvedessi | ci avvedessimo
ti avvedessi | vi avvedeste
si avvedesse | si avvedessero

14 Past Perfect Subjunctive
mi fossi avveduto | ci fossimo avveduti
ti fossi avveduto | vi foste avveduti
si fosse avveduto | si fossero avveduti

Imperative

—   **avvediamoci**
avvediti (non ti avvedere/non avvederti)   **avvedetevi**
si avveda   **si avvedano**

Samples of basic verb usage
Non mi sono avveduto dell'errore. I didn't
  notice the error.
Loro si sono avveduti di aver sbagliato. They
  realized that they had erred.
Ho sbagliato senza avvedermene. I erred
  without realizing it.

Extended uses/Related words and expressions
avveduto sharp, on the ball
persona avveduta a sharp person

NOTE: This verb is made up with **vedere** (to see) and is thus conjugated exactly like it.

avvenire*

Gerund avvenendo   **Past Part. avvenuto**

to happen, to occur

Irregular verb ■

The Seven Simple Tenses		The Seven Compound Tenses	
Singular	Plural	Singular	Plural
1 Present Indicative		**8 Present Perfect**	
avviene	avvengono	è avvenuto	sono avvenuti
2 Imperfect		**9 Past Perfect**	
avveniva	avvenivano	era avvenuto	erano avvenuti
3 Past Absolute		**10 Past Anterior**	
avvenne	avvennero	fu avvenuto	furono avvenuti
4 Future		**11 Future Perfect**	
avverrà	avverranno	sarà avvenuto	saranno avvenuti
5 Present Conditional		**12 Past Conditional**	
avverrebbe	avverrebbero	sarebbe avvenuto	sarebbero avvenuti
6 Present Subjunctive		**13 Past Subjunctive**	
avvenga	avvengano	sia avvenuto	siano avvenuti
7 Imperfect Subjunctive		**14 Past Perfect Subjunctive**	
avvenisse	avvenissero	fosse avvenuto	fossero avvenuti

Imperative
—

Samples of basic verb usage	Extended uses/Related words and expressions
Ti dirò ciò che avvenne. I'll tell you what happened.	Synonyms for **avvenire** are **accadere** and **succedere**.
Quelle cose avvennero quando ero bambino. Those things happened when I was a child.	As a substantive it means "the future." **Non si sa cosa può portare l'avvenire.** We can't know what the future brings.
Spesso avviene che loro sono in ritardo. It happens often that they're late.	

NOTE: Like all impersonal verbs, **avvenire** is used (usually) in the third person (singular and plural). For convenience, the other forms are omitted here.

This verb is composed with **venire** (to come) and, thus, is conjugated exactly like it.

to advise, to inform, to let know

The Seven Simple Tenses		The Seven Compound Tenses	
Singular	Plural	Singular	Plural

1 Present Indicative		8 Present Perfect	
avviso	avvisiamo	ho avvisato	abbiamo avvisato
avvisi	avvisate	hai avvisato	avete avvisato
avvisa	avvisano	ha avvisato	hanno avvisato

2 Imperfect		9 Past Perfect	
avvisavo	avvisavamo	avevo avvisato	avevamo avvisato
avvisavi	avvisavate	avevi avvisato	avevate avvisato
avvisava	avvisavano	aveva avvisato	avevano avvisato

3 Past Absolute		10 Past Anterior	
avvisai	avvisammo	ebbi avvisato	avemmo avvisato
avvisasti	avvisaste	avesti avvisato	aveste avvisato
avvisò	avvisarono	ebbe avvisato	ebbero avvisato

4 Future		11 Future Perfect	
avviserò	avviseremo	avrò avvisato	avremo avvisato
avviserai	avviserete	avrai avvisato	avrete avvisato
avviserà	avviseranno	avrà avvisato	avranno avvisato

5 Present Conditional		12 Past Conditional	
avviserei	avviseremmo	avrei avvisato	avremmo avvisato
avviseresti	avvisereste	avresti avvisato	avreste avvisato
avviserebbe	avviserebbero	avrebbe avvisato	avrebbero avvisato

6 Present Subjunctive		13 Past Subjunctive	
avvisi	avvisiamo	abbia avvisato	abbiamo avvisato
avvisi	avvisiate	abbia avvisato	abbiate avvisato
avvisi	avvisino	abbia avvisato	abbiano avvisato

7 Imperfect Subjunctive		14 Past Perfect Subjunctive	
avvisassi	avvisassimo	avessi avvisato	avessimo avvisato
avvisassi	avvisaste	avessi avvisato	aveste avvisato
avvisasse	avvisassero	avesse avvisato	avessero avvisato

Imperative	
—	avvisiamo
avvisa (non avvisare)	avvisate
avvisi	avvisino

Samples of basic verb usage
**Perché non avvisi i parenti della tua
partenza?** Why don't you let your relatives
know that you are leaving?
Vi avviso che la lezione è sospesa. I wish to
inform you that the class is cancelled.
Ti avevo avvisato di non mentire. I had
warned you not to lie.

Extended uses/Related words and expressions
avviso notice, announcement
avviso di pagamento payment notice
avviso di sfratto eviction notice

baciare

Gerund baciando **Past Part. baciato**

to kiss

Regular **-are** verb endings with spelling change: **ci** becomes **c** before **e** or **i**

The Seven Simple Tenses		The Seven Compound Tenses	
Singular	Plural	Singular	Plural
1 Present Indicative		**8 Present Perfect**	
bacio	baciamo	ho baciato	abbiamo baciato
baci	baciate	hai baciato	avete baciato
bacia	baciano	ha baciato	hanno baciato
2 Imperfect		**9 Past Perfect**	
baciavo	baciavamo	avevo baciato	avevamo baciato
baciavi	baciavate	avevi baciato	avevate baciato
baciava	baciavano	aveva baciato	avevano baciato
3 Past Absolute		**10 Past Anterior**	
baciai	baciammo	ebbi baciato	avemmo baciato
baciasti	baciaste	avesti baciato	aveste baciato
baciò	baciarono	ebbe baciato	ebbero baciato
4 Future		**11 Future Perfect**	
bacerò	baceremo	avrò baciato	avremo baciato
bacerai	bacerete	avrai baciato	avrete baciato
bacerà	baceranno	avrà baciato	avranno baciato
5 Present Conditional		**12 Past Conditional**	
bacerei	baceremmo	avrei baciato	avremmo baciato
baceresti	bacereste	avresti baciato	avreste baciato
bacerebbe	bacerebbero	avrebbe baciato	avrebbero baciato
6 Present Subjunctive		**13 Past Subjunctive**	
baci	baciamo	abbia baciato	abbiamo baciato
baci	baciate	abbia baciato	abbiate baciato
baci	bacino	abbia baciato	abbiano baciato
7 Imperfect Subjunctive		**14 Past Perfect Subjunctive**	
baciassi	baciassimo	avessi baciato	avessimo baciato
baciassi	baciaste	avessi baciato	aveste baciato
baciasse	baciassero	avesse baciato	avessero baciato

	Imperative	
—		baciamo
bacia (non baciare)		baciate
baci		bacino

Samples of basic verb usage

Loro si baciano sempre. They always kiss each other.

La mamma bacia sempre i suoi bambini. The mother always kisses her children.

No, non mi hanno baciato. No, they didn't kiss me.

Extended uses/Related words and expressions

bacio kiss

il bacio della buonanotte a good-night kiss

il bacio della pace the kiss of peace

baci e abbracci hugs and kisses

to dance

B

The Seven Simple Tenses		The Seven Compound Tenses	
Singular	Plural	Singular	Plural
1 Present Indicative		**8 Present Perfect**	
ballo	balliamo	ho ballato	abbiamo ballato
balli	ballate	hai ballato	avete ballato
balla	ballano	ha ballato	hanno ballato
2 Imperfect		**9 Past Perfect**	
ballavo	ballavamo	avevo ballato	avevamo ballato
ballavi	ballavate	avevi ballato	avevate ballato
ballava	ballavano	aveva ballato	avevano ballato
3 Past Absolute		**10 Past Anterior**	
ballai	ballammo	ebbi ballato	avemmo ballato
ballasti	ballaste	avesti ballato	aveste ballato
ballò	ballarono	ebbe ballato	ebbero ballato
4 Future		**11 Future Perfect**	
ballerò	balleremo	avrò ballato	avremo ballato
ballerai	ballerete	avrai ballato	avrete ballato
ballerà	balleranno	avrà ballato	avranno ballato
5 Present Conditional		**12 Past Conditional**	
ballerei	balleremmo	avrei ballato	avremmo ballato
balleresti	ballereste	avresti ballato	avreste ballato
ballerebbe	ballerebbero	avrebbe ballato	avrebbero ballato
6 Present Subjunctive		**13 Past Subjunctive**	
balli	balliamo	abbia ballato	abbiamo ballato
balli	balliate	abbia ballato	abbiate ballato
balli	ballino	abbia ballato	abbiano ballato
7 Imperfect Subjunctive		**14 Past Perfect Subjunctive**	
ballassi	ballassimo	avessi ballato	avessimo ballato
ballassi	ballaste	avessi ballato	aveste ballato
ballasse	ballassero	avesse ballato	avessero ballato

	Imperative	
—		**balliamo**
balla (non ballare)		**ballate**
balli		**ballino**

Samples of basic verb usage

A mia sorella piace molto ballare. My sister really likes to dance.

Lei balla molto bene. She dances very well.

Io ballo goffamente. I dance awkwardly.

Extended uses/Related words and expressions

Quando il gatto manca i topi ballano. When the cat is away, the mice will play.

L'aereo ballava per il cattivo tempo. The plane was shaking from the bad weather.

benedire*

to bless

The Seven Simple Tenses		The Seven Compound Tenses	
Singular	Plural	Singular	Plural

1 Present Indicative		8 Present Perfect	
benedico	benediciamo	ho benedetto	abbiamo benedetto
benedici	benedite	hai benedetto	avete benedetto
benedice	benedicono	ha benedetto	hanno benedetto

2 Imperfect		9 Past Perfect	
benedicevo	benedicevamo	avevo benedetto	avevamo benedetto
benedicevi	benedicevate	avevi benedetto	avevate benedetto
benediceva	benedicevano	aveva benedetto	avevano benedetto

(Or regular: benedivo, etc.)

3 Past Absolute		10 Past Anterior	
benedissi	benedicemmo	ebbi benedetto	avemmo benedetto
benedicesti	benediceste	avesti benedetto	aveste benedetto
benedisse	benedissero	ebbe benedetto	ebbero benedetto

(Or regular: benedii, etc.)

4 Future		11 Future Perfect	
benedirò	benediremo	avrò benedetto	avremo benedetto
benedirai	benedirete	avrai benedetto	avrete benedetto
benedirà	benediranno	avrà benedetto	avranno benedetto

5 Present Conditional		12 Past Conditional	
benedirei	benediremmo	avrei benedetto	avremmo benedetto
benediresti	benedireste	avresti benedetto	avreste benedetto
benedirebbe	benedirebbero	avrebbe benedetto	avrebbero benedetto

6 Present Subjunctive		13 Past Subjunctive	
benedica	benediciamo	abbia benedetto	abbiamo benedetto
benedica	benediciate	abbia benedetto	abbiate benedetto
benedica	benedicano	abbia benedetto	abbiano benedetto

7 Imperfect Subjunctive		14 Past Perfect Subjunctive	
benedicessi	benedicessimo	avessi benedetto	avessimo benedetto
benedicessi	benediceste	avessi benedetto	aveste benedetto
benedicesse	benedicessero	avesse benedetto	avessero benedetto

(Or regular: benedissi, etc.)

Imperative		
—		benediciamo
benedici (non benedire)		benedite
benedica		benedicano

Samples of basic verb usage	Extended uses/Related words and expressions
Il prete ha benedetto la loro casa. The priest blessed their home.	**andare a farsi benedire** to tell someone off, to end up badly
Che Dio li benedica! May God bless them!	

NOTE: This verb is composed with the verb **dire** (to tell, to say) and is, thus, conjugated exactly like it.

B

The Seven Simple Tenses		The Seven Compound Tenses	
Singular	Plural	Singular	Plural

1 Present Indicative

		8 Present Perfect	
bevo	beviamo	ho bevuto	abbiamo bevuto
bevi	bevete	hai bevuto	avete bevuto
beve	bevono	ha bevuto	hanno bevuto

2 Imperfect

		9 Past Perfect	
bevevo	bevevamo	avevo bevuto	avevamo bevuto
bevevi	bevevate	avevi bevuto	avevate bevuto
beveva	bevevano	aveva bevuto	avevano bevuto

3 Past Absolute

		10 Past Anterior	
bevvi (bevetti)	bevemmo	ebbi bevuto	avemmo bevuto
bevesti	beveste	avesti bevuto	aveste bevuto
bevve (bevette)	bevvero (bevettero)	ebbe bevuto	ebbero bevuto

4 Future

		11 Future Perfect	
berrò	berremo	avrò bevuto	avremo bevuto
berrai	berrete	avrai bevuto	avrete bevuto
berrà	berranno	avrà bevuto	avranno bevuto

5 Present Conditional

		12 Past Conditional	
berrei	berremmo	avrei bevuto	avremmo bevuto
berresti	berreste	avresti bevuto	avreste bevuto
berrebbe	berrebbero	avrebbe bevuto	avrebbero bevuto

6 Present Subjunctive

		13 Past Subjunctive	
beva	beviamo	abbia bevuto	abbiamo bevuto
beva	beviate	abbia bevuto	abbiate bevuto
beva	bevano	abbia bevuto	abbiano bevuto

7 Imperfect Subjunctive

		14 Past Perfect Subjunctive	
bevessi	bevessimo	avessi bevuto	avessimo bevuto
bevessi	beveste	avessi bevuto	aveste bevuto
bevesse	bevessero	avesse bevuto	avessero bevuto

Imperative

—	beviamo
bevi (non bere)	bevete
beva	bevano

AN ESSENTIAL VERB

This is a key verb because it is used frequently in conversation while eating and in many social contexts. It also occurs in many expressions and idioms.

Samples of basic verb usage

Lei beve molta acqua ogni giorno. She drinks a lot of water every day.

Marco, che cosa stai bevendo? Mark, what are you drinking?

Lui beve sempre alla bottiglia. He always drinks from the bottle.

Beviamo alla nostra salute! Let's drink to our health!

Words and expressions related to this verb

bere alla salute di qualcuno **to drink to someone's health**

bere alla bottiglia **to drink from the bottle**

La nostra macchina beve molta benzina. **Our car is a gas-guzzler** (*literally* **Our car drinks a lot of gas**).

Il mio amico beve come una spugna. **My friend drinks like a fish** (*literally* **a sponge**).

Non bevo le tue fandonie. **I don't believe you** (*literally* **I do not drink your inanities**).

Suo marito beve forte. **Her husband is a heavy drinker.**

bevanda **drink**

bevanda alcolica **alcoholic drink**

bevanda analcolica **nonalcoholic drink**

bibita **soft drink**

una lattina **a can**

NOTE: For most of the tenses, except the future and present conditional, **bere** can be considered to have the infinitive form **bevere** and, thus, conjugated in regular ways as a second-conjugation verb: **io bevo, io bevevo,** and so on.

to be necessary, to have to, must

The Seven Simple Tenses		The Seven Compound Tenses	
Singular	Plural	Singular	Plural

B

1 Present Indicative		8 Present Perfect	
bisogna	**bisognano**	**è bisognato**	**sono bisognati**
2 Imperfect		9 Past Perfect	
bisognava	**bisognavano**	**era bisognato**	**erano bisognati**
3 Past Absolute		10 Past Anterior	
bisognò	**bisognarono**	**fu bisognato**	**furono bisognati**
4 Future		11 Future Perfect	
bisognerà	**bisogneranno**	**sarà bisognato**	**saranno bisognati**
5 Present Conditional		12 Past Conditional	
bisognerebbe	**bisognerebbero**	**sarebbe bisognato**	**sarebbero bisognati**
6 Present Subjunctive		13 Past Subjunctive	
bisogni	**bisognino**	**sia bisognato**	**siano bisognati**
7 Imperfect Subjunctive		14 Past Perfect Subjunctive	
bisognasse	**bisognassero**	**fosse bisognato**	**fossero bisognati**

Imperative
—

Samples of basic verb usage
Bisogna studiare di più per riuscire. It is necessary to study more in order to succeed.
Bisognava che tu mi chiamassi ieri. It was necessary for you to call me yesterday.
Bisognerà fare quello velocemente. It will be necessary to do that quickly.

Extended uses/Related words and expressions
Non bisogna fumare! You shouldn't smoke (*literally* It is not necessary to smoke)!
Non bisogna fare queste cose! You shouldn't do those things (*literally* It is not necessary to do those things)!

NOTE: This is an impersonal verb—a verb used only in the third person (singular and plural). Therefore, for convenience, the other forms are omitted in the conjugation of such verbs. All impersonal verbs are conjugated with the auxiliary **essere** in compound tenses.

This verb takes the subjunctive in dependent clauses: **Bisogna che venga anche lui.** It is necessary that he also come.

bloccare

Gerund **bloccando**   Past Part. **bloccato**

to block, to close off

Regular **-are** verb endings with spelling change: **cc** becomes **cch** before **e** or **i**

The Seven Simple Tenses		The Seven Compound Tenses	
Singular	Plural	Singular	Plural

1 Present Indicative		8 Present Perfect	
blocco	blocchiamo	ho bloccato	abbiamo bloccato
blocchi	bloccate	hai bloccato	avete bloccato
blocca	bloccano	ha bloccato	hanno bloccato

2 Imperfect		9 Past Perfect	
bloccavo	bloccavamo	avevo bloccato	avevamo bloccato
bloccavi	bloccavate	avevi bloccato	avevate bloccato
bloccava	bloccavano	aveva bloccato	avevano bloccato

3 Past Absolute		10 Past Anterior	
bloccai	bloccammo	ebbi bloccato	avemmo bloccato
bloccasti	bloccaste	avesti bloccato	aveste bloccato
bloccò	bloccarono	ebbe bloccato	ebbero bloccato

4 Future		11 Future Perfect	
bloccherò	bloccheremo	avrò bloccato	avremo bloccato
bloccherai	bloccherete	avrai bloccato	avrete bloccato
bloccherà	bloccheranno	avrà bloccato	avranno bloccato

5 Present Conditional		12 Past Conditional	
bloccherei	bloccheremmo	avrei bloccato	avremmo bloccato
bloccheresti	blocchereste	avresti bloccato	avreste bloccato
bloccherebbe	bloccherebbero	avrebbe bloccato	avrebbero bloccato

6 Present Subjunctive		13 Past Subjunctive	
blocchi	blocchiamo	abbia bloccato	abbiamo bloccato
blocchi	blocchiate	abbia bloccato	abbiate bloccato
blocchi	blocchino	abbia bloccato	abbiano bloccato

7 Imperfect Subjunctive		14 Past Perfect Subjunctive	
bloccassi	bloccassimo	avessi bloccato	avessimo bloccato
bloccassi	bloccaste	avessi bloccato	aveste bloccato
bloccasse	bloccassero	avesse bloccato	avessero bloccato

Imperative		
—		blocchiamo
blocca (non bloccare)		bloccate
blocchi		blocchino

Samples of basic verb usage

Non bloccare l'entrata, per favore! Don't block the entrance, please!

Hanno bloccato quella strada per lavori in corso. They closed off that road on account of road repairs.

Un forte raffreddore m'ha bloccato per una settimana. A bad cold put me out of commission for a week.

Extended uses/Related words and expressions

bloccare il pallone to make a save (in soccer)

bloccare i salari (gli affitti) to put a freeze on salaries (rents)

avere un blocco to have a mental block

Regular **-are** verb endings with spelling   to fail, to reject
change: **cci** becomes **cc** before **e** or **i**

The Seven Simple Tenses		The Seven Compound Tenses	
Singular	Plural	Singular	Plural
1 Present Indicative		**8 Present Perfect**	
boccio	bocciamo	ho bocciato	abbiamo bocciato
bocci	bocciate	hai bocciato	avete bocciato
boccia	bocciano	ha bocciato	hanno bocciato
2 Imperfect		**9 Past Perfect**	
bocciavo	bocciavamo	avevo bocciato	avevamo bocciato
bocciavi	bocciavate	avevi bocciato	avevate bocciato
bocciava	bocciavano	aveva bocciato	avevano bocciato
3 Past Absolute		**10 Past Anterior**	
bocciai	bocciammo	ebbi bocciato	avemmo bocciato
bocciasti	bocciaste	avesti bocciato	aveste bocciato
bocciò	bocciarono	ebbe bocciato	ebbero bocciato
4 Future		**11 Future Perfect**	
boccerò	bocceremo	avrò bocciato	avremo bocciato
boccerai	boccerete	avrai bocciato	avrete bocciato
boccerà	bocceranno	avrà bocciato	avranno bocciato
5 Present Conditional		**12 Past Conditional**	
boccerei	bocceremmo	avrei bocciato	avremmo bocciato
bocceresti	boccereste	avresti bocciato	avreste bocciato
boccerebbe	boccerebbero	avrebbe bocciato	avrebbero bocciato
6 Present Subjunctive		**13 Past Subjunctive**	
bocci	bocciamo	abbia bocciato	abbiamo bocciato
bocci	bocciate	abbia bocciato	abbiate bocciato
bocci	boccino	abbia bocciato	abbiano bocciato
7 Imperfect Subjunctive		**14 Past Perfect Subjunctive**	
bocciassi	bocciassimo	avessi bocciato	avessimo bocciato
bocciassi	bocciaste	avessi bocciato	aveste bocciato
bocciasse	bocciassero	avesse bocciato	avessero bocciato

Imperative	
—	bocciamo
boccia (non bocciare)	bocciate
bocci	boccino

Il parlamento ha bocciato quel disegno di legge. The Parliament rejected that bill.

Il direttore ha bocciato la proposta. The director rejected the plan.

Mi hanno bocciato all'esame. They failed me at the exam.

Extended uses/Related words and expressions
bocciatura rejection, failure
bocciatura a una prova (a una campagna elettorale) failing a test (losing an electoral campaign)

B

to boil

The Seven Simple Tenses		The Seven Compound Tenses	
Singular	Plural	Singular	Plural
1 Present Indicative		**8 Present Perfect**	
bollo	bolliamo	ho bollito	abbiamo bollito
bolli	bollite	hai bollito	avete bollito
bolle	bollono	ha bollito	hanno bollito
2 Imperfect		**9 Past Perfect**	
bollivo	bollivamo	avevo bollito	avevamo bollito
bollivi	bollivate	avevi bollito	avevate bollito
bolliva	bollivano	aveva bollito	avevano bollito
3 Past Absolute		**10 Past Anterior**	
bollii	bollimmo	ebbi bollito	avemmo bollito
bollisti	bolliste	avesti bollito	aveste bollito
bollì	bollirono	ebbe bollito	ebbero bollito
4 Future		**11 Future Perfect**	
bollirò	bolliremo	avrò bollito	avremo bollito
bollirai	bollirete	avrai bollito	avrete bollito
bollirà	bolliranno	avrà bollito	avranno bollito
5 Present Conditional		**12 Past Conditional**	
bollirei	bolliremmo	avrei bollito	avremmo bollito
bolliresti	bollireste	avresti bollito	avreste bollito
bollirebbe	bollirebbero	avrebbe bollito	avrebbero bollito
6 Present Subjunctive		**13 Past Subjunctive**	
bolla	bolliamo	abbia bollito	abbiamo bollito
bolla	bolliate	abbia bollito	abbiate bollito
bolla	bollano	abbia bollito	abbiano bollito
7 Imperfect Subjunctive		**14 Past Perfect Subjunctive**	
bollissi	bollissimo	avessi bollito	avessimo bollito
bollissi	bolliste	avessi bollito	aveste bollito
bollisse	bollissero	avesse bollito	avessero bollito

Imperative	
—	bolliamo
bolli (non bollire)	bollite
bolla	bollano

Samples of basic verb usage
La pentola bolle sul fuoco. The pot is boiling on the fire.
Le uova stanno bollendo da qualche minuto. The eggs have been boiling for a few minutes.

Extended uses/Related words and expressions
C'è qualcosa che bolle in pentola. There's something cooking in the pot.
In quest'edificio si bolle. It's boiling hot in this building.
bollire dalla rabbia to boil with anger

Regular **-are** verb endings with spelling   to burn oneself
change: **ci** becomes **c** before **e** or **i**

The Seven Simple Tenses		The Seven Compound Tenses	
Singular	Plural	Singular	Plural
1 Present Indicative		**8 Present Perfect**	
mi brucio	ci bruciamo	mi sono bruciato	ci siamo bruciati
ti bruci	vi bruciate	ti sei bruciato	vi siete bruciati
si brucia	si bruciano	si è bruciato	si sono bruciati
2 Imperfect		**9 Past Perfect**	
mi bruciavo	ci bruciavamo	mi ero bruciato	ci eravamo bruciati
ti bruciavi	vi bruciavate	ti eri bruciato	vi eravate bruciati
si bruciava	si bruciavano	si era bruciato	si erano bruciati
3 Past Absolute		**10 Past Anterior**	
mi bruciai	ci bruciammo	mi fui bruciato	ci fummo bruciati
ti bruciasti	vi bruciaste	ti fosti bruciato	vi foste bruciati
si bruciò	si bruciarono	si fu bruciato	si furono bruciati
4 Future		**11 Future Perfect**	
mi brucerò	ci bruceremo	mi sarò bruciato	ci saremo bruciati
ti brucerai	vi brucerete	ti sarai bruciato	vi sarete bruciati
si brucerà	si bruceranno	si sarà bruciato	si saranno bruciati
5 Present Conditional		**12 Past Conditional**	
mi brucerei	ci bruceremmo	mi sarei bruciato	ci saremmo bruciati
ti bruceresti	vi brucereste	ti saresti bruciato	vi sareste bruciati
si brucerebbe	si brucerebbero	si sarebbe bruciato	si sarebbero bruciati
6 Present Subjunctive		**13 Past Subjunctive**	
mi bruci	ci bruciamo	mi sia bruciato	ci siamo bruciati
ti bruci	vi bruciate	ti sia bruciato	vi siate bruciati
si bruci	si brucino	si sia bruciato	si siano bruciati
7 Imperfect Subjunctive		**14 Past Perfect Subjunctive**	
mi bruciassi	ci bruciassimo	mi fossi bruciato	ci fossimo bruciati
ti bruciassi	vi bruciaste	ti fossi bruciato	vi foste bruciati
si bruciasse	si bruciassero	si fosse bruciato	si fossero bruciati

	Imperative	
—		bruciamoci
bruciati (non ti bruciare/non bruciarti)		bruciatevi
si bruci		si brucino

Samples of basic verb usage	**Extended uses/Related words and expressions**
Mi sono bruciato la mano. I burned my hand.	**Si è bruciato da giovane.** He got burned when
L'arrosto si è bruciato. The roast is burned.	he was young. (He ruined his reputation when
Io mi sono bruciato stirando. I burned myself	he was young).
ironing.	**É facile bruciarsi in politica.** It's easy to get
	burned in politics.

to make fun of, to laugh at

The Seven Simple Tenses		The Seven Compound Tenses	
Singular	Plural	Singular	Plural
1 Present Indicative		**8 Present Perfect**	
mi burlo	ci burliamo	mi sono burlato	ci siamo burlati
ti burli	vi burlate	ti sei burlato	vi siete burlati
si burla	si burlano	si è burlato	si sono burlati
2 Imperfect		**9 Past Perfect**	
mi burlavo	ci burlavamo	mi ero burlato	ci eravamo burlati
ti burlavi	vi burlavate	ti eri burlato	vi eravate burlati
si burlava	si burlavano	si era burlato	si erano burlati
3 Past Absolute		**10 Past Anterior**	
mi burlai	ci burlammo	mi fui burlato	ci fummo burlati
ti burlasti	vi burlaste	ti fosti burlato	vi foste burlati
si burlò	si burlarono	si fu burlato	si furono burlati
4 Future		**11 Future Perfect**	
mi burlerò	ci burleremo	mi sarò burlato	ci saremo burlati
ti burlerai	vi burlerete	ti sarai burlato	vi sarete burlati
si burlerà	si burleranno	si sarà burlato	si saranno burlati
5 Present Conditional		**12 Past Conditional**	
mi burlerei	ci burleremmo	mi sarei burlato	ci saremmo burlati
ti burleresti	vi burlereste	ti saresti burlato	vi sareste burlati
si burlerebbe	si burlerebbero	si sarebbe burlato	si sarebbero burlati
6 Present Subjunctive		**13 Past Subjunctive**	
mi burli	ci burliamo	mi sia burlato	ci siamo burlati
ti burli	vi burliate	ti sia burlato	vi siate burlati
si burli	si burlino	si sia burlato	si siano burlati
7 Imperfect Subjunctive		**14 Past Perfect Subjunctive**	
mi burlassi	ci burlassimo	mi fossi burlato	ci fossimo burlati
ti burlassi	vi burlaste	ti fossi burlato	vi foste burlati
si burlasse	si burlassero	si fosse burlato	si fossero burlati

Imperative	
—	burliamoci
burlati (non ti burlare/non burlarti)	burlatevi
si burli	si burlino

Samples of basic verb usage	Extended uses/Related words and expressions
Loro si burlano sempre di noi. They always make fun of us.	burla practical joke
Loro si burlarono degli ingenui spettatori. They laughed at the naïve spectators.	fare burle to perform practical jokes

B

The Seven Simple Tenses		The Seven Compound Tenses	
Singular	Plural	Singular	Plural
1 Present Indicative		**8 Present Perfect**	
busso	bussiamo	ho bussato	abbiamo bussato
bussi	bussate	hai bussato	avete bussato
bussa	bussano	ha bussato	hanno bussato
2 Imperfect		**9 Past Perfect**	
bussavo	bussavamo	avevo bussato	avevamo bussato
bussavi	bussavate	avevi bussato	avevate bussato
bussava	bussavano	aveva bussato	avevano bussato
3 Past Absolute		**10 Past Anterior**	
bussai	bussammo	ebbi bussato	avemmo bussato
bussasti	bussaste	avesti bussato	aveste bussato
bussò	bussarono	ebbe bussato	ebbero bussato
4 Future		**11 Future Perfect**	
busserò	busseremo	avrò bussato	avremo bussato
busserai	busserete	avrai bussato	avrete bussato
busserà	busseranno	avrà bussato	avranno bussato
5 Present Conditional		**12 Past Conditional**	
busserei	busseremmo	avrei bussato	avremmo bussato
busseresti	bussereste	avresti bussato	avreste bussato
busserebbe	busserebbero	avrebbe bussato	avrebbero bussato
6 Present Subjunctive		**13 Past Subjunctive**	
bussi	bussiamo	abbia bussato	abbiamo bussato
bussi	bussiate	abbia bussato	abbiate bussato
bussi	bussino	abbia bussato	abbiano bussato
7 Imperfect Subjunctive		**14 Past Perfect Subjunctive**	
bussassi	bussassimo	avessi bussato	avessimo bussato
bussassi	bussaste	avessi bussato	aveste bussato
bussasse	bussassero	avesse bussato	avessero bussato

Imperative	
—	bussiamo
bussa (non bussare)	bussate
bussi	bussino

Samples of basic verb usage
Chi ha bussato alla porta? Who knocked on the door?
Devi bussare più forte. You must knock more loudly.
Prima di entrare si deve bussare. One must knock before entering.

Extended uses/Related words and expressions
bussare a quattrini to demand money
I due amici si sono bussati di santa ragione. The two friends really knocked each other out.

buttarsi

Gerund buttandosi   **Past Part. buttatosi**

to throw oneself into

The Seven Tenses		The Seven Compound Tenses	
Singular	Plural	Singular	Plural
1 Present Indicative		**8 Present Perfect**	
mi butto	ci buttiamo	mi sono buttato	ci siamo buttati
ti butti	vi buttate	ti sei buttato	vi siete buttati
si butta	si buttano	si è buttato	si sono buttati
2 Imperfect		**9 Past Perfect**	
mi buttavo	ci buttavamo	mi ero buttato	ci eravamo buttati
ti buttavi	vi buttavate	ti eri buttato	vi eravate buttati
si buttava	si buttavano	si era buttato	si erano buttati
3 Past Absolute		**10 Past Anterior**	
mi buttai	ci buttammo	mi fui buttato	ci fummo buttati
ti buttasti	vi buttaste	ti fosti buttato	vi foste buttati
si buttò	si buttarono	si fu buttato	si furono buttati
4 Future		**11 Future Perfect**	
mi butterò	ci butteremo	mi sarò buttato	ci saremo buttati
ti butterai	vi butterete	ti sarai buttato	vi sarete buttati
si butterà	si butteranno	si sarà buttato	si saranno buttati
5 Present Conditional		**12 Past Conditional**	
mi butterei	ci butteremmo	mi sarei buttato	ci saremmo buttati
ti butteresti	vi buttereste	ti saresti buttato	vi sareste buttati
si butterebbe	si butterebbero	si sarebbe buttato	si sarebbero buttati
6 Present Subjunctive		**13 Past Subjunctive**	
mi butti	ci buttiamo	mi sia buttato	ci siamo buttati
ti butti	vi buttiate	ti sia buttato	vi siate buttati
si butti	si buttino	si sia buttato	si siano buttati
7 Imperfect Subjunctive		**14 Past Perfect Subjunctive**	
mi buttassi	ci buttassimo	mi fossi buttato	ci fossimo buttati
ti buttassi	vi buttaste	ti fossi buttato	vi foste buttati
si buttasse	si buttassero	si fosse buttato	si fossero buttati

Imperative	
—	buttiamoci
buttati (non ti buttare/non buttarti)	buttatevi
si butti	si buttino

Samples of basic verb usage

Bisogna buttarsi nel lavoro. One must throw oneself into one's work.

Loro si sono buttati nello studio. They threw themselves into their studies.

Ieri mi sono buttato giù sul letto dalla stanchezza. Yesterday, I threw myself on the bed from tiredness.

Extended uses/Related words and expressions

buttarsi contro qualcuno to go against someone

buttarsi nel fuoco per qualcuno to do anything for someone

72

C

The Seven Simple Tenses		The Seven Compound Tenses	
Singular	Plural	Singular	Plural

1 Present Indicative

		8 Present Perfect	
cado	cadiamo	sono caduto	siamo caduti
cadi	cadete	sei caduto	siete caduti
cade	cadono	è caduto	sono caduti

2 Imperfect

		9 Past Perfect	
cadevo	cadevamo	ero caduto	eravamo caduti
cadevi	cadevate	eri caduto	eravate caduti
cadeva	cadevano	era caduto	erano caduti

3 Past Absolute

		10 Past Anterior	
caddi	cademmo	fui caduto	fummo caduti
cadesti	cadeste	fosti caduto	foste caduti
cadde	caddero	fu caduto	furono caduti

4 Future

		11 Future Perfect	
cadrò	cadremo	sarò caduto	saremo caduti
cadrai	cadrete	sarai caduto	sarete caduti
cadrà	cadranno	sarà caduto	saranno caduti

5 Present Conditional

		12 Past Conditional	
cadrei	cadremmo	sarei caduto	saremmo caduti
cadresti	cadreste	saresti caduto	sareste caduti
cadrebbe	cadrebbero	sarebbe caduto	sarebbero caduti

6 Present Subjunctive

		13 Past Subjunctive	
cada	cadiamo	sia caduto	siamo caduti
cada	cadiate	sia caduto	siate caduti
cada	cadano	sia caduto	siano caduti

7 Imperfect Subjunctive

		14 Past Perfect Subjunctive	
cadessi	cadessimo	fossi caduto	fossimo caduti
cadessi	cadeste	fossi caduto	foste caduti
cadesse	cadessero	fosse caduto	fossero caduti

Imperative

—	cadiamo
cadi (non cadere)	cadete
cada	cadano

AN ESSENTIAL VERB

This is a key verb because it is used frequently in conversation and because it occurs in many expressions and idioms.

Samples of basic verb usage

Ieri sono caduta mentre camminavo.
Yesterday I fell while I was walking.

La vecchia casa è finalmente caduta. The old house finally collapsed.

I prezzi caddero di colpo. Prices fell instantly.

È caduto il governo. The government tumbled down.

Words and expressions related to this verb

caduta **fall**

la caduta dell'impero romano **the fall of the Roman empire**

la caduta del governo **the fall of the government**

la caduta dei prezzi **the fall of prices**

cadere in piedi **to fall on one's feet (to get out of something unscathed)**

Mi cadono le braccia **I am disappointed.**

cadere ammalato **to become sick**

cadere in tentazione **to fall into temptation**

lasciar cadere il discorso **to drop the topic**

Quest'anno Natale cade di domenica. **This year Christmas falls on a Sunday.**

Cade la notte. **Night is falling.**

Le cose belle non cadono mai dal cielo. **One has to earn the good things of life (*literally* Nice things never fall from the sky).**

C

The Seven Simple Tenses		The Seven Compound Tenses	
Singular	Plural	Singular	Plural

1 Present Indicative

		8 Present Perfect	
calcolo	calcoliamo	ho calcolato	abbiamo calcolato
calcoli	calcolate	hai calcolato	avete calcolato
calcola	calcolano	ha calcolato	hanno calcolato

2 Imperfect

		9 Past Perfect	
calcolavo	calcolavamo	avevo calcolato	avevamo calcolato
calcolavi	calcolavate	avevi calcolato	avevate calcolato
calcolava	calcolavano	aveva calcolato	avevano calcolato

3 Past Absolute

		10 Past Anterior	
calcolai	calcolammo	ebbi calcolato	avemmo calcolato
calcolasti	calcolaste	avesti calcolato	aveste calcolato
calcolò	calcolarono	ebbe calcolato	ebbero calcolato

4 Future

		11 Future Perfect	
calcolerò	calcoleremo	avrò calcolato	avremo calcolato
calcolerai	calcolerete	avrai calcolato	avrete calcolato
calcolerà	calcoleranno	avrà calcolato	avranno calcolato

5 Present Conditional

		12 Past Conditional	
calcolerei	calcoleremmo	avrei calcolato	avremmo calcolato
calcoleresti	calcolereste	avresti calcolato	avreste calcolato
calcolerebbe	calcolerebbero	avrebbe calcolato	avrebbero calcolato

6 Present Subjunctive

		13 Past Subjunctive	
calcoli	calcoliamo	abbia calcolato	abbiamo calcolato
calcoli	calcoliate	abbia calcolato	abbiate calcolato
calcoli	calcolino	abbia calcolato	abbiano calcolato

7 Imperfect Subjunctive

		14 Past Perfect Subjunctive	
calcolassi	calcolassimo	avessi calcolato	avessimo calcolato
calcolassi	calcolaste	avessi calcolato	aveste calcolato
calcolasse	calcolassero	avesse calcolato	avessero calcolato

Imperative

—	calcoliamo
calcola (non calcolare)	calcolate
calcoli	calcolino

Samples of basic verb usage

Hai calcolato l'altezza della stanza? Did you calculate the height of the room?

Non avevo calcolato i costi di quell'impresa. I hadn't calculated the costs of the project.

Sai come si calcola la distanza? Do you know how to calculate the distance?

Extended uses/Related words and expressions

calcolare le parole to choose your words carefully

calcolare i pro e i contro to weigh the pros and cons

Ti calcolo tra i miei migliori amici. I count you among my best friends.

calmarsi

Gerund **calmandosi**   Past Part. **calmatosi**

to calm oneself down

The Seven Simple Tenses		The Seven Compound Tenses	
Singular	Plural	Singular	Plural
1 Present Indicative		**8 Present Perfect**	
mi calmo	ci calmiamo	mi sono calmato	ci siamo calmati
ti calmi	vi calmate	ti sei calmato	vi siete calmati
si calma	si calmano	si è calmato	si sono calmati
2 Imperfect		**9 Past Perfect**	
mi calmavo	ci calmavamo	mi ero calmato	ci eravamo calmati
ti calmavi	vi calmavate	ti eri calmato	vi eravate calmati
si calmava	si calmavano	si era calmato	si erano calmati
3 Past Absolute		**10 Past Anterior**	
mi calmai	ci calmammo	mi fui calmato	ci fummo calmati
ti calmasti	vi calmaste	ti fosti calmato	vi foste calmati
si calmò	si calmarono	si fu calmato	si furono calmati
4 Future		**11 Future Perfect**	
mi calmerò	ci calmeremo	mi sarò calmato	ci saremo calmati
ti calmerai	vi calmerete	ti sarai calmato	vi sarete calmati
si calmerà	si calmeranno	si sarà calmato	si saranno calmati
5 Present Conditional		**12 Past Conditional**	
mi calmerei	ci calmeremmo	mi sarei calmato	ci saremmo calmati
ti calmeresti	vi calmereste	ti saresti calmato	vi sareste calmati
si calmerebbe	si calmerebbero	si sarebbe calmato	si sarebbero calmati
6 Present Subjunctive		**13 Past Subjunctive**	
mi calmi	ci calmiamo	mi sia calmato	ci siamo calmati
ti calmi	vi calmiate	ti sia calmato	vi siate calmati
si calmi	si calmino	si sia calmato	si siano calmati
7 Imperfect Subjunctive		**14 Past Perfect Subjunctive**	
mi calmassi	ci calmassimo	mi fossi calmato	ci fossimo calmati
ti calmassi	vi calmaste	ti fossi calmato	vi foste calmati
si calmasse	si calmassero	si fosse calmato	si fossero calmati

	Imperative	
—		calmiamoci
calmati (non ti calmare/non calmarti)		calmatevi
si calmi		si calmino

Samples of basic verb usage

Marco, calmati! Mark, calm down (take it easy)!

Mi calmai subito dopo aver bevuto il caffè. I calmed down right after drinking the coffee.

Il mare si è calmato. The sea has calmed down.

Il mal di testa si è calmato. My headache has gotten better.

Extended uses/Related words and expressions

calma calm, peace, tranquility

Non c'è mai un momento di calma. There is never a moment of peace.

perdere la calma to lose one's cool

Calma! Cool it!

Regular **-are** verb endings with spelling   to change, to exchange
change: **bi** becomes **b** before **i**

The Seven Simple Tenses		The Seven Compound Tenses	
Singular	Plural	Singular	Plural

1 Present Indicative		8 Present Perfect	
cambio	**cambiamo**	**ho cambiato**	**abbiamo cambiato**
cambi	**cambiate**	**hai cambiato**	**avete cambiato**
cambia	**cambiano**	**ha cambiato**	**hanno cambiato**

2 Imperfect		9 Past Perfect	
cambiavo	**cambiavamo**	**avevo cambiato**	**avevamo cambiato**
cambiavi	**cambiavate**	**avevi cambiato**	**avevate cambiato**
cambiava	**cambiavano**	**aveva cambiato**	**avevano cambiato**

3 Past Absolute		10 Past Anterior	
cambiai	**cambiammo**	**ebbi cambiato**	**avemmo cambiato**
cambiasti	**cambiaste**	**avesti cambiato**	**aveste cambiato**
cambiò	**cambiarono**	**ebbe cambiato**	**ebbero cambiato**

4 Future		11 Future Perfect	
cambierò	**cambieremo**	**avrò cambiato**	**avremo cambiato**
cambierai	**cambierete**	**avrai cambiato**	**avrete cambiato**
ccmbierà	**cambieranno**	**avrà cambiato**	**avranno cambiato**

5 Present Conditional		12 Past Conditional	
cambierei	**cambieremmo**	**avrei cambiato**	**avremmo cambiato**
cambieresti	**cambiereste**	**avresti cambiato**	**avreste cambiato**
cambierebbe	**cambierebbero**	**avrebbe cambiato**	**avrebbero cambiato**

6 Present Subjunctive		13 Past Subjunctive	
cambi	**cambiamo**	**abbia cambiato**	**abbiamo cambiato**
cambi	**cambiate**	**abbia cambiato**	**abbiate cambiato**
cambi	**cambino**	**abbia cambiato**	**abbiano cambiato**

7 Imperfect Subjunctive		14 Past Perfect Subjunctive	
cambiassi	**cambiassimo**	**avessi cambiato**	**avessimo cambiato**
cambiassi	**cambiaste**	**avessi cambiato**	**aveste cambiato**
cambiasse	**cambiassero**	**avesse cambiato**	**avessero cambiato**

	Imperative	
—		**cambiamo**
cambia (non cambiare)		**cambiate**
cambi		**cambino**

Samples of basic verb usage

Dobbiamo cambiare dollari in euro. We have to change dollars into euros.

L'anno scorso abbiamo cambiato casa. Last year we moved (we changed house).

Lui cambia spesso d'opinione. He changes his mind often.

Extended uses/Related words and expressions

cambiare le carte in tavola to change position, sides (*literally* to change the cards on the table)

cambiarsi l'abito to change one's dress

camminare
to walk

Gerund camminando Past Part. camminato

The seven Simple Tenses		The Seven Compound Tenses	
Singular	Plural	Singular	Plural

1 Present Indicative

		8 Present Perfect	
cammino	camminiamo	ho camminato	abbiamo camminato
cammini	camminate	hai camminato	avete camminato
cammina	camminano	ha camminato	hanno camminato

2 Imperfect

		9 Past Perfect	
camminavo	camminavamo	avevo camminato	avevamo camminato
camminavi	camminavate	avevi camminato	avevate camminato
camminava	camminavano	aveva camminato	avevano camminato

3 Past Absolute

		10 Past Anterior	
camminai	camminammo	ebbi camminato	avemmo camminato
camminasti	camminaste	avesti camminato	aveste camminato
camminò	camminarono	ebbe camminato	ebbero camminato

4 Future

		11 Future Perfect	
camminerò	cammineremo	avrò camminato	avremo camminato
camminerai	camminerete	avrai camminato	avrete camminato
camminerà	cammineranno	avrà camminato	avranno camminato

5 Present Conditional

		12 Past Conditional	
camminerei	cammineremmo	avrei camminato	avremmo camminato
cammineresti	camminereste	avresti camminato	avreste camminato
camminerebbe	camminerebbero	avrebbe camminato	avrebbero camminato

6 Present Subjunctive

		13 Past Subjunctive	
cammini	camminiamo	abbia camminato	abbiamo camminato
cammini	camminiate	abbia camminato	abbiate camminato
cammini	camminino	abbia camminato	abbiano camminato

7 Imperfect Subjunctive

		14 Past Perfect Subjunctive	
camminassi	camminassimo	avessi camminato	avessimo camminato
camminassi	camminaste	avessi camminato	aveste camminato
camminasse	camminassero	avesse camminato	avessero camminato

Imperative	
—	camminiamo
cammina (non camminare)	camminate
cammini	camminino

AN ESSENTIAL VERB

AN ESSENTIAL VERB

Camminare

This is a key verb because it is used frequently in conversation and because it occurs in common expressions.

Samples of basic verb usage

Ieri abbiamo camminato tutta la giornata. We walked all day yesterday.

Quando andremo in Italia, cammineremo dappertutto. When we go to Italy, we will walk everywhere.

Preferisco più camminare che guidare. I prefer walking to driving.

Camminando ieri, ho incontrato Maria. As I was walking yesterday, I ran into Mary.

Extended uses

camminare a due a due to walk in pairs

camminare in fila indiana to walk in a single file (line, row)

camminare diritto to behave in a straightforward manner

camminare sulle uova to proceed with caution (*literally* to walk on eggs)

camminare sul sicuro to proceed with certainty (*literally* to walk on certainty)

La scienza cammina velocemente. Science marches forward quickly.

È una società che ha camminato molto. It is a society that has progressed considerably.

Words and expressions related to this verb

andare a piedi to go on foot

una camminata a walk, a way of walking

una camminata rapida a quick walk

una camminata lunga a long walk

Ieri ho fatto una camminata nei boschi. Yesterday I went for a walk in the woods.

cancellare

Gerund **cancellando**   Past Part. **cancellato**

to cross out, to cancel, to rub out

The Seven Simple Tenses		The Seven Compound Tenses	
Singular	Plural	Singular	Plural
1 Present Indicative		**8 Present Perfect**	
cancello	cancelliamo	ho cancellato	abbiamo cancellato
cancelli	cancellate	hai cancellato	avete cancellato
cancella	cancellano	ha cancellato	hanno cancellato
2 Imperfect		**9 Past Perfect**	
cancellavo	cancellavamo	avevo cancellato	avevamo cancellato
cancellavi	cancellavate	avevi cancellato	avevate cancellato
cancellava	cancellavano	aveva cancellato	avevano cancellato
3 Past Absolute		**10 Past Anterior**	
cancellai	cancellammo	ebbi cancellato	avemmo cancellato
cancellasti	cancellaste	avesti cancellato	aveste cancellato
cancellò	cancellarono	ebbe cancellato	ebbero cancellato
4 Future		**11 Future Perfect**	
cancellerò	cancelleremo	avrò cancellato	avremo cancellato
cancellerai	cancellerete	avrai cancellato	avrete cancellato
cancellerà	cancelleranno	avrà cancellato	avranno cancellato
5 Present Conditional		**12 Past Conditional**	
cancellerei	cancelleremmo	avrei cancellato	avremmo cancellato
cancelleresti	cancellereste	avresti cancellato	avreste cancellato
cancellerebbe	cancellerebbero	avrebbe cancellato	avrebbero cancellato
6 Present Subjunctive		**13 Past Subjunctive**	
cancelli	cancelliamo	abbia cancellato	abbiamo cancellato
cancelli	cancelliate	abbia cancellato	abbiate cancellato
cancelli	cancellino	abbia cancellato	abbiano cancellato
7 Imperfect Subjunctive		**14 Past Perfect Subjunctive**	
cancellassi	cancellassimo	avessi cancellato	avessimo cancellato
cancellasssi	cancellaste	avessi cancellato	aveste cancellato
cancellasse	cancellassero	avesse cancellato	avessero cancellato

Imperative	
—	cancelliamo
cancella (non cancellare)	cancellate
cancelli	cancellino

Samples of basic verb usage
Ho cancellato quella parola per sbaglio. I erased that word by mistake.
Il tempo cancella tutto. Time erases everything.

Extended uses/Related words and expressions
cancellare un numero to cross out a number
cancellare la lavagna to erase (wipe) the board

C

The Seven Simple Tenses		The Seven Compound Tenses	
Singular	Plural	Singular	Plural

1 Present Indicative		8 Present Perfect	
canto	cantiamo	ho cantato	abbiamo cantato
canti	cantate	hai cantato	avete cantato
canta	cantano	ha cantato	hanno cantato

2 Imperfect		9 Past Perfect	
cantavo	cantavamo	avevo cantato	avevamo cantato
cantavi	cantavate	avevi cantato	avevate cantato
cantava	cantavano	aveva cantato	avevano cantato

3 Past Absolute		10 Past Anterior	
cantai	cantammo	ebbi cantato	avemmo cantato
cantasti	cantaste	avesti cantato	aveste cantato
cantò	cantarono	abbe cantato	ebbero cantato

4 Future		11 Future Perfect	
canterò	canteremo	avrò cantato	avremo cantato
canterai	canterete	avrai cantato	avrete cantato
canterà	canterannno	avrà cantato	avranno cantato

5 Present Conditional		12 Past Conditional	
canterei	canteremmo	avrei cantato	avremmo cantato
canteresti	cantereste	avresti cantato	avreste cantato
canterebbe	canterebbero	avrebbe cantato	avrebbero cantato

6 Present Subjunctive		13 Past Subjunctive	
canti	cantiamo	abbia cantato	abbiamo cantato
canti	cantiate	abbia cantato	avete cantato
canti	cantino	abbia cantato	abbiano cantato

7 Imperfect Subjunctive		14 Past Perfect Subjunctive	
cantassi	cantassimo	avessi cantato	avessimo cantato
cantassi	cantaste	avessi cantato	aveste cantato
cantasse	cantassero	avesse cantato	avessero cantato

Imperative	
—	cantiamo
canta (non cantare)	cantate
canti	cantino

Samples of basic verb usage

Mia sorella canta molto bene. My sister sings very well.

L'anno scorso io cantavo in un coro. Last year I sang in a choir.

Senti come canta quel violino! Listen to that violin sing!

Extended uses/Related words and expressions

I documenti cantano. The documents don't lie.

La gallina che canta ha fatto l'uovo. Whoever constantly speaks about something, betrays involvement in it (*literally* The hen who sings has laid an egg).

canzone song

canzone d'amore love song

la solita canzone the same old refrain

to understand

The Seven Simple Tenses		The Seven Compound Tenses	
Singular	Plural	Singular	Plural
1 Present Indicative		**8 Present Perfect**	
capisco	capiamo	ho capito	abbiamo capito
capisci	capite	hai capito	avete capito
capisce	capiscono	ha capito	hanno capito
2 Imperfect		**9 Past Perfect**	
capivo	capivamo	avevo capito	avevamo capito
capivi	capivate	avevi capito	avevate capito
capiva	capivano	aveva capito	avevano capito
3 Past Absolute		**10 Past Anterior**	
capii	capimmo	ebbi capito	avemmo capito
capisti	capiste	avesti capito	aveste capito
capì	capirono	ebbe capito	ebbero capito
4 Future		**11 Future Perfect**	
capirò	capiremo	avrò capito	avremo capito
capirai	capirete	avrai capito	avrete capito
capirà	capiranno	avrà capito	avranno capito
5 Present Conditional		**12 Past Conditional**	
capirei	capiremmo	avrei capito	avremmo capito
capiresti	capireste	avresti capito	avreste capito
capirebbe	capirebbero	avrebbe capito	avrebbero capito
6 Present Subjunctive		**13 Past Subjunctive**	
capisca	capiamo	abbia capito	abbiamo capito
capisca	capiate	abbia capito	abbiate capito
capisca	capiscano	abbia capito	abbiano capito
7 Imperfect Subjunctive		**14 Past Perfect Subjunctive**	
capissi	capissimo	avessi capito	avessimo capito
capissi	capiste	avessi capito	aveste capito
capisse	capissero	avesse capito	avessero capito

Imperative

—	capiamo
capisci (non capire)	capite
capisca	capiscano

AN ESSENTIAL VERB

AN ESSENTIAL VERB

Capire

This is a key verb because it is used frequently in everyday conversation and because it occurs in various useful expressions.

Samples of basic verb usage

Hai capito quello che ti ho detto? Did you understand what I told you?

Non ho capito niente. I didn't understand anything.

Chi capisce il francese? Who understands French?

Non ho capito bene quel problema. I really didn't understand that problem.

Related verbs

comprendere to comprehend (conjugated like prendere)

intendere to understand (conjugated like tendere)

intendersene to understand, to know how to, to know about (to be capable or knowledgeable)

Te ne intendi di informatica? Do you know anything about computer science?

Words and expressions related to this verb

Si capisce! **Of course! Obviously! I guess!**

Capito? **Do you follow me? Am I getting through to you?**

Non ci capisco niente! **It makes no sense!**

Capirai, si è messo in testa di fare il musicista! **As you might have guessed, he got it into his head to become a musician!**

Loro si capiscono senza nemmeno parlare. **They understand each other without even talking.**

Lei si capisce bene con suo figlio. **She gets along well (understands) her son.**

non capire un fico secco **to not understand a darn thing (*literally* to not understand a dry fig).**

capire al volo **to understand instantaneously (on the fly)**

capire fischi per fiaschi **to misunderstand (*literally* to confuse whistles for flasks)**

cascare

Gerund cascando　　**Past Part. cascato**

to fall down

Regular **-are** verb endings with spelling change: **c** becomes **ch** before **e** or **i**

The Seven Simple Tenses		The Seven Compound Tenses	
Singular	Plural	Singular	Plural

1 Present Indicative		8 Present Perfect	
casco	caschiamo	sono cascato	siamo cascati
caschi	cascate	sei cascato	siete cascati
casca	cascano	è cascato	sono cascati

2 Imperfect		9 Past Perfect	
cascavo	cascavamo	ero cascato	eravamo cascati
cascavi	cascavate	eri cascato	eravate cascati
cascava	cascavano	era cascato	erano cascati

3 Past Absolute		10 Past Anterior	
cascai	cascammo	fui cascato	fummo cascati
cascasti	cascaste	fosti cascato	foste cascati
cascò	cascarono	fu cascato	furono cascati

4 Future		11 Future Perfect	
cascherò	cascheremo	sarò cascato	saremo cascati
cascherai	cascherete	sarai cascato	sarete cascati
cascherà	cascheranno	sarà cascato	saranno cascati

5 Present Conditional		12 Past Conditional	
cascherei	cascheremmo	sarei cascato	saremmo cascati
cascheresti	caschereste	saresti cascato	sareste cascati
cascherebbe	cascherebbero	sarebbe cascato	sarebbero cascati

6 Present Subjunctive		13 Past Subjunctive	
caschi	caschiamo	sia cascato	siamo cascati
caschi	caschiate	sia cascato	siate cascati
caschi	caschino	sia cascato	siano cascati

7 Imperfect Subjunctive		14 Past Perfect Subjunctive	
cascassi	cascassimo	fossi cascato	fossimo cascati
cascassi	cascaste	fossi cascato	foste cascati
cascasse	cascassero	fosse cascato	fossero cascati

Imperative	
—	caschiamo
casca (non cascare)	cascate
caschi	caschino

Samples of basic verb usage

Mentre camminavo sono cascato. As I was walking I fell down.

Il bambino è cascato dalla sedia. The child fell down from the chair.

Noi siamo caduti nel tuo tranello. We fell into your trap.

Extended uses/Related words and expressions

cascare dalle nuvole to be amazed (to fall from the clouds)

cascare dal sonno to be overcome with sleep

cascare in piedi to land on one's feet (to make the best of a situation)

NOTE: This verb can be used as a synonym (in most cases) for **cadere**.

C

The Seven Simple Tenses		The Seven Compound Tenses	
Singular	Plural	Singular	Plural

1 Present Indicative

		8 Present Perfect	
causo	causiamo	ho causato	abbiamo causato
causi	causate	hai causato	avete causato
causa	causano	ha causato	hanno causato

2 Imperfect

		9 Past Perfect	
causavo	causavamo	avevo causato	avevamo causato
causavi	causavate	avevi causato	avevate causato
causava	causavano	aveva causato	avevano causato

3 Past Absolute

		10 Past Anterior	
causai	causammo	ebbi causato	avemmo causato
causasti	causaste	avesti causato	aveste causato
causò	causarono	ebbe causato	ebbero causato

4 Future

		11 Future Perfect	
causerò	causeremo	avrò causato	avremo causato
causerai	causerete	avrai causato	avrete causato
causerà	causerannno	avrà causato	avranno causato

5 Present Conditional

		12 Past Conditional	
causerei	causeremmo	avrei causato	avremmo causato
causeresti	causereste	avresti causato	avreste causato
causerebbe	causerebbero	avrebbe causato	avrebbero causato

6 Present Subjunctive

		13 Past Subjunctive	
causi	causiamo	abbia causato	abbiamo causato
causi	causiate	abbia causato	abbiate causato
causi	causino	abbia causato	abbiano causato

7 Imperfect Subjunctive

		14 Past Perfect Subjunctive	
causassi	causassimo	avessi causato	avessimo causato
causassi	causaste	avessi causato	aveste causato
causasse	causassero	avesse causato	avessero causato

Imperative

—	causiamo
causa (non causare)	causate
causi	causino

Samples of basic verb usage

La grandine ha causato molti danni. Hail caused much damage.

Quello che hai detto ha causato un malinteso. What you said gave rise to a misunderstanding.

Chi ha causato quel casino? Who caused that mess?

Extended uses/Related words and expressions

causa (legal) case, cause

fare causa to bring a legal case against someone

a causa di on account of

A causa della pioggia, non siamo usciti ieri. On account of the rain, we didn't go out yesterday.

to give way, to give in, to yield

The Seven Simple Tenses		The Seven Compound Tenses	
Singular	Plural	Singular	Plural

1 Present Indicative		8 Present Perfect	
cedo	cediamo	ho ceduto	abbiamo ceduto
cedi	cedete	hai ceduto	avete ceduto
cede	cedono	ha ceduto	hanno ceduto

2 Imperfect		9 Past Perfect	
cedevo	cedevamo	avevo ceduto	avevamo ceduto
cedevi	cedevate	avevi ceduto	avevate ceduto
cedeva	cedevano	aveva ceduto	avevano ceduto

3 Past Absolute		10 Past Anterior	
cedei (cedetti)	cedemmo	ebbi ceduto	avemmo ceduto
cedesti	cedeste	avesti ceduto	aveste ceduto
cedé (cedette)	cederono (cedettero)	ebbe ceduto	ebbero ceduto

4 Future		11 Future Perfect	
cederò	cederemo	avrò ceduto	avremo ceduto
cederai	cederete	avrai ceduto	avrete ceduto
cederà	cederannno	avrà ceduto	avranno ceduto

5 Present Conditional		12 Past Conditional	
cederei	cederemmo	avrei ceduto	avremmo ceduto
cederesti	cedereste	avresti ceduto	avreste ceduto
cederebbe	cederebbero	avrebbe ceduto	avrebbero ceduto

6 Present Subjunctive		13 Past Subjunctive	
ceda	cediamo	abbia ceduto	abbiamo ceduto
ceda	cediate	abbia ceduto	abbiate ceduto
ceda	cedano	abbia ceduto	abbiano ceduto

7 Imperfect Subjunctive		14 Past Perfect Subjunctive	
cedessi	cedessimo	avessi ceduto	avessimo ceduto
cedessi	cedeste	avessi ceduto	aveste ceduto
cedesse	cedessero	avesse ceduto	avessero ceduto

Imperative		
—		cediamo
cedi (non cedere)		cedete
ceda		cedano

Samples of basic verb usage

Quel pilastro ha finalmente ceduto. That pillar has finally given way.

Non si deve mai cedere al nemico. One must never give in to one's enemies.

Alla fine ho ceduto. In the end I gave in.

Extended uses/Related words and expressions

cedere le armi to lay down one's weapons (to surrender)

cedere terreno to lose ground

C

The Seven Simple Tenses | The Seven Compound Tenses

Singular	Plural	Singular	Plural

1 Present Indicative

celebro	celebriamo	**8 Present Perfect**	
celebri	celebrate	ho celebrato	abbiamo celebrato
celebra	celebrano	hai celebrato	avete celebrato
		ha celebrato	hanno celebrato

2 Imperfect

celebravo	celebravamo	**9 Past Perfect**	
celebravi	celebravate	avevo celebrato	avevamo celebrato
celebrava	celebravano	avevi celebrato	avevate celebrato
		aveva celebrato	avevano celebrato

3 Past Absolute

celebrai	celebrammo	**10 Past Anterior**	
celebrasti	celebraste	ebbi celebrato	avemmo celebrato
celebrò	celebrarono	avesti celebrato	aveste celebrato
		ebbe celebrato	ebbero celebrato

4 Future

celebrerò	celebreremo	**11 Future Perfect**	
celebrerai	celebrerete	avrò celebrato	avremo celebrato
celebrerà	celebreranno	avrai celebrato	avrete celebrato
		avrà celebrato	avranno celebrato

5 Present Conditional

celebrerei	celebreremmo	**12 Past Conditional**	
celebreresti	celebrereste	avrei celebrato	avremmo celebrato
celebrerebbe	celebrerebbero	avresti celebrato	avreste celebrato
		avrebbe celebrato	avrebbero celebrato

6 Present Subjunctive

celebri	celebriamo	**13 Past Subjunctive**	
celebri	celebriate	abbia celebrato	abbiamo celebrato
celebri	celebrino	abbia celebrato	abbiate celebrato
		abbia celebrato	abbiano celebrato

7 Imperfect Subjunctive

celebrassi	celebrassimo	**14 Past Perfect Subjunctive**	
celebrassi	celebraste	avessi celebrato	avessimo celebrato
celebrasse	celebrassero	avessi celebrato	aveste celebrato
		avesse celebrato	avessero celebrato

Imperative

—	celebriamo
celebra (non celebrare)	celebrate
celebri	celebrino

Samples of basic verb usage
Ieri hanno celebrato il loro anniversario.
  Yesterday they celebrated their anniversary.
Quando celebrerete il vostro matrimonio?
  When will you celebrate your wedding?
  (When will you get married?)
Molti celebrano le sue imprese. Many are
  celebrating his achievements.

Extended uses/Related words and expressions
la celebrazione della Messa celebration of the
  Mass
canto di celebrazione song of praise

cercare
Gerund **cercando** Past Part. **cercato**

to look for, to seek, to search

Regular **-are** verb endings with spelling change: **c** becomes **ch** before **e** or **i**

The Seven Simple Tenses		The Seven Compound Tenses	
Singular	Plural	Singular	Plural
1 Present Indicative		**8 Present Perfect**	
cerco	cerchiamo	ho cercato	abbiamo cercato
cerchi	cercate	hai cercato	avete cercato
cerca	cercano	ha cercato	hanno cercato
2 Imperfect		**9 Past Perfect**	
cercavo	cercavamo	avevo cercato	avevamo cercato
cercavi	cercavate	avevi cercato	avevate cercato
cercava	cercavano	aveva cercato	avevano cercato
3 Past Absolute		**10 Past Anterior**	
cercai	cercammo	ebbi cercato	avemmo cercato
cercasti	cercaste	avesti cercato	aveste cercato
cercò	cercarono	ebbe cercato	ebbero cercato
4 Future		**11 Future Perfect**	
cercherò	cercheremo	avrò cercato	avremo cercato
cercherai	cercherete	avrai cercato	avrete cercato
cercherà	cercherannno	avrà cercato	avranno cercato
5 Present Conditional		**12 Past Conditional**	
cercherei	cercheremmo	avrei cercato	avremmo cercato
cercheresti	cerchereste	avresti cercato	avreste cercato
cercherebbe	cercherebbero	avrebbe cercato	avrebbero cercato
6 Present Subjunctive		**13 Past Subjunctive**	
cerchi	cerchiamo	abbia cercato	abbiamo cercato
cerchi	cerchiate	abbia cercato	abbiate cercato
cerchi	cerchino	abbia cercato	abbiano cercato
7 Imperfect Subjunctive		**14 Past Perfect Subjunctive**	
cercassi	cercassimo	avessi cercato	avessimo cercato
cercassi	cercaste	avessi cercato	aveste cercato
cercasse	cercassero	avesse cercato	avessero cercato

Imperative	
—	cerchiamo
cerca (non cercare)	cercate
cerchi	cerchino

AN ESSENTIAL VERB

AN ESSENTIAL VERB

Cercare

C

This is a key verb because it is used frequently in many types of common conversation and because it occurs in a number of expressions and idioms.

Samples of basic verb usage

Mia sorella cerca un altro lavoro. My sister is looking for another job.

Che cosa stai cercando? What are you looking for?

Ho cercato dappertutto, ma non ho trovato niente. I searched everywhere, but I found nothing.

Words and expressions related to this verb

andare in cerca to go looking for something

Lei va sempre in cerca di amici. She is always looking for friends.

cercare rogne to be looking for trouble

cercare il pelo nell'uovo to look for the needle in the haystack, to be picky (*literally* to search for a hair in an egg)

Chi cerca trova. They who seek will find (what they are looking for).

cercare di parlare to attempt to talk

cercare di vincere to try to win

Lui ti cerca. He is looking for you.

NOTE: Notice that cercare means "to look (or search) for." The preposition *for* is not to be translated: Cerco la mia penna (I am searching *for* my pen).

When cercare is followed by an infinitive the preposition di is required before the infinitive: Lui cerca sempre di fare troppo (He always tries to do too much).

chiamare

to call

Gerund chiamando   **Past Part. chiamato**

The Seven Simple Tenses		The Seven Compound Tenses	
Singular	Plural	Singular	Plural

1 Present Indicative		8 Present Perfect	
chiamo	chiamiamo	ho chiamato	abbiamo chiamato
chiami	chiamate	hai chiamato	avete chiamato
chiama	chiamano	ha chiamato	hanno chiamato

2 Imperfect		9 Past Perfect	
chiamavo	chiamavamo	avevo chiamato	avevamo chiamato
chiamavi	chiamavate	avevi chiamato	avevate chiamato
chiamava	chiamavano	aveva chiamato	avevano chiamato

3 Past Absolute		10 Past Anterior	
chiamai	chiamammo	ebbi chiamato	avemmo chiamato
chiamasti	chiamaste	avesti chiamato	aveste chiamato
chiamò	chiamarono	ebbe chiamato	ebbero chiamato

4 Future		11 Future Perfect	
chiamerò	chiameremo	avrò chiamato	avremo chiamato
chiamerai	chiamerete	avrai chiamato	avrete chiamato
chiamerà	chiameranno	avrà chiamato	avranno chiamato

5 Present Conditional		12 Past Conditional	
chiamerei	chiameremmo	avrei chiamato	avremmo chiamato
chiameresti	chiamereste	avresti chiamato	avreste chiamato
chiamerebbe	chiamerebbero	avrebbe chiamato	avrebbero chiamato

6 Present Subjunctive		13 Past Subjunctive	
chiami	chiamiamo	abbia chiamato	abbiamo chiamato
chiami	chiamiate	abbia chiamato	abbiate chiamato
chiami	chiamino	abbia chiamato	abbiano chiamato

7 Imperfect Subjunctive		14 Past Perfect Subjunctive	
chiamassi	chiamassimo	avessi chiamato	avessimo chiamato
chiamassi	chiamaste	avessi chiamato	aveste chiamato
chiamasse	chiamassero	avesse chiamato	avessero chiamato

	Imperative	
—		chiamiamo
chiama (non chiamare)		chiamate
chiami		chiamino

AN ESSENTIAL VERB

This is a key verb because it is used often in conversation and because it occurs in a number of expressions and idioms.

Samples of basic verb usage
Chiamami stasera! Call me tonight!

Quando hai chiamato? When did you call?

Ti chiamerò domani. I'll call you tomorrow.

Chiama un taxi! Call a taxi!

Reflexive verb uses
chiamarsi to be called, named

Come ti chiami? What's your name?

Questo si chiama parlare chiaro! This is called speaking clearly!

chiamarsi fortunato to consider oneself lucky

Words and expressions related to this verb

la chiamata a call, calling

chiamata alle armi a call to arms

chiamare in causa qualcuno to involve someone in something unpleasant

Un favore chiama l'altro. One good turn deserves another.

chiamare le cose con il loro nome to call a spade a spade (*literally* to call things with their name)

Il dovere mi chiama. Duty calls.

Lei è chiamata all'insegnamento. Her calling is the teaching profession.

chiedere*
Gerund **chiedendo**   Past Part. **chiesto**

to ask

Irregular verb ■

The Seven Simple Tenses		The Seven Compound Tenses	
Singular	Plural	Singular	Plural

1 Present Indicative

		8 Present Perfect	
chiedo	chiediamo	ho chiesto	abbiamo chiesto
chiedi	chiedete	hai chiesto	avete chiesto
chiede	chiedono	ha chiesto	hanno chiesto

2 Imperfect

		9 Past Perfect	
chiedevo	chiedevamo	avevo chiesto	avevamo chiesto
chiedevi	chiedevate	avevi chiesto	avevate chiesto
chiedeva	chiedevano	aveva chiesto	avevano chiesto

3 Past Absolute

		10 Past Anterior	
chiesi	chiedemmo	ebbi chiesto	avemmo chiesto
chiedesti	chiedeste	avesti chiesto	aveste chiesto
chiese	chiesero	ebbe chiesto	ebbero chiesto

4 Future

		11 Future Perfect	
chiederò	chiederemo	avrò chiesto	avremo chiesto
chiederai	chiederete	avrai chiesto	avrete chiesto
chiederà	chiederanno	avrà chiesto	avranno chiesto

5 Present Conditional

		12 Past Conditional	
chiederei	chiederemmo	avrei chiesto	avremmo chiesto
chiederesti	chiedereste	avresti chiesto	avreste chiesto
chiederebbe	chiederebbero	avrebbe chiesto	avrebbero chiesto

6 Present Subjunctive

		13 Past Subjunctive	
chieda	chiediamo	abbia chiesto	abbiamo chiesto
chieda	chiediate	abbia chiesto	abbiate chiesto
chieda	chiedano (chieggano)	abbia chiesto	abbiano chiesto

7 Imperfect Subjunctive

		14 Past Perfect Subjunctive	
chiedessi	chiedessimo	avessi chiesto	avessimo chiesto
chiedessi	chiedeste	avessi chiesto	aveste chiesto
chiedesse	chiedessero	avesse chiesto	avessero chiesto

Imperative	
—	chiediamo
chiedi (non chiedere)	chiedete
chieda	chiedano

AN ESSENTIAL VERB

AN ESSENTIAL VERB

Chiedere

This is a key verb because it is used frequently in conversation and because it occurs in quite a number of expressions and idioms.

Samples of basic verb usage

Chi ti ha chiesto quel favore? Who asked you that favor?

Devi prima chiedere il permesso. You must first ask for permission.

Ti chiedo di uscire con me. I am asking you to come out with me.

Words and expressions related to this verb

chiedere la mano to seek a woman's hand in marriage

Chiedono troppo per questa macchina. They're asking too much for this car.

É un lavoro che chiede molta attenzione. It's a job that requires a lot of attention.

richiedere to request

richiedere informazioni to request information

richiesta request

richiesta di un favore requesting a favor

richiesta di informazioni requesting information

fare richiesta di qualcosa to make a request

NOTE: The verb **richiedere** (to request) has, for some intents and purposes, the same meanings and uses as **chiedere**. It is conjugated exactly like it.

The Seven Simple Tenses		The Seven Compound Tenses	
Singular	Plural	Singular	Plural

1 Present Indicative

		8 Present Perfect	
chiudo	chiudiamo	ho chiuso	abbiamo chiuso
chiudi	chiudete	hai chiuso	avete chiuso
chiude	chiudono	ha chiuso	hanno chiuso

2 Imperfect

		9 Past Perfect	
chiudevo	chiudevamo	avevo chiuso	avevamo chiuso
chiudevi	chiudevate	avevi chiuso	avevate chiuso
chiudeva	chiudevano	aveva chiuso	avevano chiuso

3 Past Absolute

		10 Past Anterior	
chiusi	chiudemmo	ebbi chiuso	avemmo chiuso
chiudesti	chiudeste	avesti chiuso	aveste chiuso
chiuse	chiusero	ebbe chiuso	ebbero chiuso

4 Future

		11 Future Perfect	
chiuderò	chiuderemo	avrò chiuso	avremo chiuso
chiuderai	chiuderete	avrai chiuso	avrete chiuso
chiuderà	chiuderanno	avrà chiuso	avranno chiuso

5 Present Conditional

		12 Past Conditional	
chiuderei	chiuderemmo	avrei chiuso	avremmo chiuso
chiuderesti	chiudereste	avresti chiuso	avreste chiuso
chiuderebbe	chiuderebbero	avrebbe chiuso	avrebbero chiuso

6 Present Subjunctive

		13 Past Subjunctive	
chiuda	chiudiamo	abbia chiuso	abbiamo chiuso
chiuda	chiudiate	abbia chiuso	abbiate chiuso
chiuda	chiudano	abbia chiuso	abbiano chiuso

7 Imperfect Subjunctive

		14 Past Perfect Subjunctive	
chiudessi	chiudessimo	avessi chiuso	avessimo chiuso
chiudessi	chiudeste	avessi chiuso	aveste chiuso
chiudesse	chiudessero	avesse chiuso	avessero chiuso

	Imperative	
—		chiudiamo
chiudi (non chiudere)		chiudete
chiuda		chiudano

AN ESSENTIAL VERB

AN ESSENTIAL VERB

Chiudere

This is a key verb because it is used frequently in conversation and because it occurs in many expressions and idioms.

Samples of basic verb usage

L'hai chiusa la porta? Did you close the door?

A che ora chiudono i negozi? At what time do stores close?

Reflexive uses

La ferita si è chiusa. The wound has healed.

Tu ti sei chiuso in te stesso. You have become introverted (*literally* You have closed yourself in yourself).

Words and expressions related to this verb

chiusura **closing, lock**

chiusura di una strada **road closing**

orario di chiusura **closing time**

chiusura automatica **automatic lock**

chiudere un occhio **to allow something by pretending not to notice** (*literally* **to shut an eye**)

chiudere un discorso **to come to the end of a talk (to close off)**

chiudere la porta in faccia **to refuse to help someone** (*literally* **to close the door in someone's face**)

chiudere il computer, il televisore **to shut off the computer, the TV**

chiudere bottega **to end something** (*literally* **to close shop**)

chiudere il cuore all'amore **to close oneself off from love**

NOTE: Other verbs conjugated like **chiudere** are **alludere** (to allude), **ardere** (to burn), **includere** (to include), **mordere** (to bite), and **perdere** (to lose).

cogliere*

to gather, to pick, to catch

Gerund cogliendo

Past Part. colto

Irregular verb ∎

The Seven Simple Tenses		The Seven Compound Tenses	
Singular	Plural	Singular	Plural

1 Present Indicative

		8 Present Perfect	
colgo	cogliamo	ho colto	abbiamo colto
cogli	cogliete	hai colto	avete colto
coglie	colgono	ha colto	hanno colto

2 Imperfect

		9 Past Perfect	
coglievo	coglievamo	avevo colto	avevamo colto
coglievi	coglievate	avevi colto	avevate colto
coglieva	coglievano	aveva colto	avevano colto

3 Past Absolute

		10 Past Anterior	
colsi	cogliemmo	ebbi colto	avemmo colto
cogliesti	coglieste	avesti colto	aveste colto
colse	colsero	ebbe colto	ebbero colto

4 Future

		11 Future Perfect	
coglierò	coglieremo	avrò colto	avremo colto
coglierai	coglierete	avrai colto	avrete colto
coglierà	coglieranno	avrà colto	avranno colto

5 Present Coditional

		12 Past Conditional	
coglierei	coglieremmo	avrei colto	avremmo colto
coglieresti	cogliereste	avresti colto	avreste colto
coglierebbe	coglierebbero	avrebbe colto	avrebbero colto

6 Present Subjunctive

		13 Past Subjunctive	
colga	cogliamo	abbia colto	abbiamo colto
colga	cogliate	abbia colto	abbiate colto
colga	colgano	abbia colto	abbiano colto

7 Imperfect Subjunctive

		14 Past Perfect Subjunctive	
cogliessi	cogliessimo	avessi colto	avessimo colto
cogliessi	coglieste	avessi colto	aveste colto
cogliesse	cogliessero	avesse colto	avessero colto

Imperative

—	cogliamo
cogli (non cogliere)	cogliete
colga	colgano

Samples of basic verb usage

Chi ha colto quelle belle rose? Who picked those beautiful roses?

Lui ha colto molti allori nella sua carriera. He received (gathered) many praises in his career.

Ho colto al volo il piatto prima che cadesse. I caught that plate before it fell.

Extended uses/Related words and expressions

cogliere qualcuno sul fatto to catch someone red-handed

cogliere il bersaglio to hit the target (right on)

cogliere un'occasione to take advantage of an opportunity (to grab the moment)

NOTE: Other verbs conjugated like cogliere are accogliere (to welcome), scegliere (to choose, select), togliere (to remove, take off).

The Seven Simple Tenses		The Seven Compound Tenses	
Singular	Plural	Singular	Plural

1 Present Indicative

		8 Present Perfect	
colpisco	colpiamo	ho colpito	abbiamo colpito
colpisci	colpite	hai colpito	avete colpito
colpisce	colpiscono	ha colpito	hanno colpito

2 Imperfect

		9 Past Perfect	
colpivo	colpivamo	avevo colpito	avevamo colpito
colpivi	colpivate	avevi colpito	avevate colpito
colpiva	colpivano	aveva colpito	avevano colpito

3 Past Absolute

		10 Past Anterior	
colpii	colpimmo	ebbi colpito	avemmo colpito
colpisti	colpiste	avesti colpito	aveste colpito
colpì	colpirono	ebbe colpito	ebbero colpito

4 Future

		11 Future Perfect	
colpirò	colpiremo	avrò colpito	avremo colpito
colpirai	colpirete	avrai colpito	avrete colpito
colpirà	colpiranno	avrà colpito	avranno colpito

5 Present Conditional

		12 Past Conditional	
colpirei	colpiremmo	avrei colpito	avremmo colpito
colpiresti	colpireste	avresti colpito	avreste colpito
colpirebbe	colpirebbero	avrebbe colpito	avrebbero colpito

6 Present Subjunctive

		13 Past Subjunctive	
colpisca	colpiamo	abbia colpito	abbiamo colpito
colpisca	colpiate	abbia colpito	abbiate colpito
colpisca	colpiscano	abbia colpito	abbiano colpito

7 Imperfect Subjunctive

		14 Past Perfect Subjunctive	
colpissi	colpissimo	avessi colpito	avessimo colpito
colpissi	colpiste	avessi colpito	aveste colpito
colpisse	colpissero	avesse colpito	avessero colpito

Imperative

—	colpiamo
colpisci (non colpire)	colpite
colpisca	colpiscano

Samples of basic verb usage

La palla mi colpì in pieno viso. The ball hit me right in the face.

Chi ha colpito il pallone? Who kicked (struck) the (soccer) ball?

Quel giocatore sa colpire il pallone bene. That player knows how to kick (strike) the ball well.

Extended uses/Related words and expressions

colpire nel segno to hit the nail on the head (*literally* to hit the sign)

colpire il bersaglio to be right on target, to hit the target

Gerund **cominciando**   Past Part. **cominciato**

Regular **-are** verb endings with spelling change: **ci** becomes **c** before **e** or **i**

The Seven Simple Tenses		The Seven Compound Tenses	
Singular	Plural	Singular	Plural

1 Present Indicative		8 Present Perfect	
comincio	cominciamo	ho cominciato	abbiamo cominciato
cominci	cominciate	hai cominciato	avete cominciato
comincia	cominciano	ha cominciato	hanno cominciato

2 Imperfect		9 Past Perfect	
cominciavo	cominciavamo	avevo cominciato	avevamo cominciato
cominciavi	cominciavate	avevi cominciato	avevate cominciato
cominciava	cominciavano	aveva cominciato	avevano cominciato

3 Past Absolute		10 Past Anterior	
cominciai	cominciammo	ebbi cominciato	avemmo cominciato
cominciasti	cominciaste	avesti cominciato	aveste cominciato
cominciò	cominciarono	ebbe cominciato	ebbero cominciato

4 Future		11 Future Perfect	
comincerò	cominceremo	avrò cominciato	avremo cominciato
comincerai	comincerete	avrai cominciato	avrete cominciato
comincerà	cominceranno	avrà cominciato	avranno cominciato

5 Present Conditional		12 Past Conditional	
comincerei	cominceremmo	avrei cominciato	avremmo cominciato
cominceresti	comincereste	avresti cominciato	avreste cominciato
comincerebbe	comincerebbero	avrebbe cominciato	avrebbero cominciato

6 Present Subjunctive		13 Past Subjunctive	
cominci	cominciamo	abbia cominciato	abbiamo cominciato
cominci	cominciate	abbia cominciato	abbiate cominciato
cominci	comincino	abbia cominciato	abbiano cominciato

7 Imperfect Subjunctive		14 Past Perfect Subjunctive	
cominciassi	cominciassimo	avessi cominciato	avessimo cominciato
cominciassi	cominciaste	avessi cominciato	aveste cominciato
cominciasse	cominciassero	avesse cominciato	avessero cominciato

Imperative	
—	cominciamo
comincia (non cominciare)	cominciate
cominci	comincino

AN ESSENTIAL VERB

AN ESSENTIAL VERB

Cominciare

This is a key verb because it is used frequently in conversation and because it occurs in many expressions and idioms.

Samples of basic verb usage

A che ora comincia il film? At what time is the movie starting?

Quando hai cominciato a studiare l'italiano? When did you start studying Italian?

Comincia già a fare freddo. It's already starting to be cold.

Words and expressions related to this verb

il comincio the beginning

Al comincio tutto va bene. At the start all is well.

ricominciare to start again, to reprise

Il lavoro è ricominciato. The job has been reprised.

Ricomincia il brutto tempo. The bad weather is starting again.

Adesso comincia il bello! Things are starting to get interesting!

Chi ben comincia è a metà dell'opera. Starting off well is half the battle (*literally* They who start off well are already half done with the job).

Adesso comincia il bello! Now the fun starts!

NOTE: The form **incominciare** is an alternative to **cominciare**. It is conjugated in exactly the same way.

The verb is followed by a before an infinitive: **Ha già cominciato a lavorare.** (He has already started to work).

commettere*

to commit

Gerund **commettendo**   Past Part. **commesso**

Irregular verb ∎

The Seven Simple Tenses		The Seven Compound Tenses	
Singular	Plural	Singular	Plural
1 Present Indicative		**8 Present Perfect**	
commetto	commettiamo	ho commesso	abbiamo commesso
commetti	commettete	hai commesso	avete commesso
commette	commettono	ha commesso	hanno commesso
2 Imperfect		**9 Past Perfect**	
commettevo	commettevamo	avevo commesso	avevamo commesso
commettevi	commettevate	avevi commesso	avevate commesso
commetteva	commettevano	aveva commesso	avevano commesso
3 Past Absolute		**10 Past Anterior**	
commisi	commettemmo	ebbi commesso	avemmo commesso
commettesti	commetteste	avesti commesso	aveste commesso
commise	commisero	ebbe commesso	ebbero commesso
4 Future		**11 Future Perfect**	
commetterò	commetteremo	avrò commesso	avremo commesso
commetterai	commetterete	avrai commesso	avrete commesso
commetterà	commetteranno	avrà commesso	avranno commesso
5 Present Conditional		**12 Past Conditional**	
commetterei	commetteremmo	avrei commesso	avremmo commesso
commetteresti	commettereste	avresti commesso	avreste commesso
commetterebbe	commetterebbero	avrebbe commesso	avrebbero commesso
6 Present Subjunctive		**13 Past Subjunctive**	
commetta	commettiamo	abbia commesso	abbiamo commesso
commetta	commettiate	abbia commesso	abbiate commesso
commetta	commettano	abbia commesso	abbiano commesso
7 Imperfect Subjunctive		**14 Past Perfect Subjunctive**	
commettessi	commettessimo	avessi commesso	avessimo commesso
commettessi	commetteste	avessi commesso	aveste commesso
commettesse	commettessero	avesse commesso	avessero commesso

Imperative	
—	commettiamo
commetti (non commettere)	commettete
commetta	commettano

Samples of basic verb usage	**Extended uses/Related words and expressions**
Chi ha commesso quell'errore? Who committed that error?	commesso (a) store clerk, salesperson
Ho commesso molti peccati nella mia vita. I have committed many sins in my life.	commesso (a) **viaggiatore** traveling salesperson
Abbiamo commesso un'imprudenza. We made a faux pas (unwise thing).	

NOTE: This verb is composed with the verb **mettere** (to put) and is thus conjugated exactly like it.

The Seven Simple Tenses		The Seven Compound Tenses	
Singular	Plural	Singular	Plural
1 Present Indicative		**8 Present Perfect**	
commuovo	commuoviamo	ho commosso	abbiamo commosso
commuovi	commuovete	hai commosso	avete commosso
commuove	commuovono	ha commosso	hanno commosso
2 Imperfect		**9 Past Perfect**	
commuovevo	commuovevamo	avevo commosso	avevamo commosso
commuovevi	commuovevate	avevi commosso	avevate commosso
commuoveva	commuovevano	aveva commosso	avevano commosso
3 Past Absolute		**10 Past Anterior**	
commossi	commuovemmo	ebbi commosso	avemmo commosso
commuovesti	commuoveste	avesti commosso	aveste commosso
commosse	commossero	ebbe commosso	ebbero commosso
4 Future		**11 Future Perfect**	
commuoverò	commuoveremo	avrò commosso	avremo commosso
commuoverai	commuoverete	avrai commosso	avrete commosso
commuoverà	commuoveranno	avrà commosso	avranno commosso
5 Present Conditional		**12 Past Conditional**	
commuoverei	commuoveremmo	avrei commosso	avremmo commosso
commuoveresti	commuovereste	avresti commosso	avreste commosso
commuoverebbe	commuoverebbero	avrebbe commosso	avrebbero commosso
6 Present Subjunctive		**13 Past Subjunctive**	
commuova	commuoviamo	abbia commosso	abbiamo commosso
commuova	commuoviate	abbia commosso	abbiate commosso
commuova	commuovano	abbia commosso	abbiano commosso
7 Imperfect Subjunctive		**14 Past Perfect Subjunctive**	
commuovessi	commuovessimo	avessi commosso	avessimo commosso
commuovessi	commuoveste	avessi commosso	aveste commosso
commuovesse	commuovessero	avesse commosso	avessero commosso

Imperative

—	commuoviamo
commuovi (non commuovere)	commuovete
commuova	commuovano

Samples of basic verb usage

Quella storia ha commosso tutti. That story touched everyone.

Quella è una melodia che commuove. That is a melody that moves people.

Extended uses/Related words and expressions

commuoversi to become moved (to tears), to be touched by something

Certi film mi commuovono. Certain films move me to tears.

NOTE: This verb is composed with the verb **muovere** (to move) and is thus conjugated exactly like it.

comparire*

Gerund comparendo   **Past Part. comparso**

to appear, to cut a fine figure

The Seven Simple Tenses		The Seven Compound Tenses	
Singular	Plural	Singular	Plural

1 Present Indicative

		8 Present Perfect	
compaio (comparisco)	compariamo	sono comparso	siamo comparsi
compari (comparisci)	comparite	sei comparso	siete comparsi
compare (comparisce)	compaiono	è comparso	sono comparsi
	(compariscono)		

2 Imperfect

		9 Past Perfect	
comparivo	comparivamo	ero comparso	eravamo comparsi
comparivi	comparivate	eri comparso	eravate comparsi
compariva	comparivano	era comparso	erano comparsi

3 Past Absolute

		10 Past Anterior	
comparvi	comparimmo	fui comparso	fummo comparsi
comparisti	compariste	fosti comparso	foste comparsi
comparve	comparvero	fu comparso	furono comparsi
(Or regular: comparii, etc.)			

4 Future

		11 Future Perfect	
comparirò	compariremo	sarò comparso	saremo comparsi
comparirai	comparirete	sarai comparso	sarete comparsi
comparirà	compariranno	sarà comparso	saranno comparsi

5 Present Conditional

		12 Past Conditional	
comparirei	compariremmo	sarei comparso	saremmo comparsi
compariresti	comparireste	saresti comparso	sareste comparsi
comparirebbe	comparirebbero	sarebbe comparso	sarebbero comparsi

6 Present Subjunctive

		13 Past Subjunctive	
compaia (comparisca)	compariamo	sia comparso	siamo comparsi
compaia (comparisca)	compariate	sia comparso	siate comparsi
compaia (comparisca)	compaiano	sia comparso	siano comparsi
	(compariscano)		

7 Imperfect Subjunctive

		14 Past Perfect Subjunctive	
comparissi	comparissimo	fossi comparso	fossimo comparsi
comparissi	compariste	fossi comparso	foste comparsi
comparisse	comparissero	fosse comparso	fossero comparsi

Imperative

—	compariamo
compari (comparisci) (non comparire)	comparite
compaia (non comparisca)	compaiano (compariscano)

Samples of basic verb usage

Quando il mio libro comparirà, te ne regalerò una copia. When my book will appear, I'll give you a copy.

Lei compare spesso in pubblico. She often appears in public.

A me non piace comparire in pubblico. I don't like to show up in public.

Extended uses/Related words and expressions
comparire davanti al giudice to appear before a judge

NOTE: Another verb conjugated exactly like **comparire** and with virtually the same meaning is **apparire** (to appear).

■ Irregular verb   to comply, to please, to satisfy

The Seven Simple Tenses		The Seven Compound Tenses	
Singular	Plural	Singular	Plural
1 Present Indicative		**8 Present Perfect**	
compiaccio	compia(c)ciamo	ho compiaciuto	abbiamo compiaciuto
compiaci	compiacete	hai compiaciuto	avete compiaciuto
compiace	compiacciono	ha compiaciuto	hanno compiaciuto
2 Imperfect		**9 Past Perfect**	
compiacevo	compiacevamo	avevo compiaciuto	avevamo compiaciuto
compiacevi	compiacevate	avevi compiaciuto	avevate compiaciuto
compiaceva	compiacevano	aveva compiaciuto	avevano compiaciuto
3 Past Absolute		**10 Past Anterior**	
compiacqui	compiacemmo	ebbi compiaciuto	avemmo compiaciuto
compiacesti	compiaceste	avesti compiaciuto	aveste compiaciuto
compiacque	compiacquero	ebbe compiaciuto	ebbero compiaciuto
4 Future		**11 Future Perfect**	
compiacerò	compiaceremo	avrò compiaciuto	avremo compiaciuto
compiacerai	compiacerete	avrai compiaciuto	avrete compiaciuto
compiacerà	compiaceranno	avrà compiaciuto	avranno compiaciuto
5 Present Conditional		**12 Past Conditional**	
compiacerei	compiaceremmo	avrei compiaciuto	avremmo compiaciuto
compiaceresti	compiacereste	avresti compiaciuto	avreste compiaciuto
compiacerebbe	compiacerebbero	avrebbe compiaciuto	avrebbero compiaciuto
6 Present Subjunctive		**13 Past Subjunctive**	
compiaccia	compia(c)ciamo	abbia compiaciuto	abbiamo compiaciuto
compiaccia	compia(c)ciate	abbia compiaciuto	abbiate compiaciuto
compiaccia	compiacciano	abbia compiaciuto	abbiano compiaciuto
7 Imperfect Subjunctive		**14 Past Perfect Subjunctive**	
compiacessi	compiacessimo	avessi compiaciuto	avessimo compiaciuto
compiacessi	compiaceste	avessi compiaciuto	aveste compiaciuto
compiacesse	compiacessero	avesse compiaciuto	avessero compiaciuto

Imperative

—	compia(c)ciamo
compiaci (non compiacere)	compiacete
compiaccia	compiacciano

Samples of basic verb usage	**Extended uses/Related words and expressions**
Io farei di tutto per compiacere i miei figli. I would do anything to please my children.	**compiacersi** to take pleasure (satisfaction) in something
Non devi mai compiacere solo ai desideri degli amici. You should not try just to please your friends.	**compiacersi del proprio successo** to take satisfaction in one's success

NOTE: This verb is composed with the verb **piacere** (to like, be pleasing) and is thus conjugated exactly like it.

comporre*

Gerund **componendo**　　Past Part. **composto**

to compose

Irregular verb ■

The Seven Simple Tenses		The Seven Compound Tenses	
Singular	Plural	Singular	Plural

1 Present Indicative		8 Present Perfect	
compongo	componiamo	ho composto	abbiamo composto
componi	componete	hai composto	avete composto
compone	compongono	ha composto	hanno composto

2 Imperfect		9 Past Perfect	
componevo	componevamo	avevo composto	avevamo composto
componevi	componevate	avevi composto	avevate composto
componeva	componevano	aveva composto	avevano composto

3 Past Absolute		10 Past Anterior	
composi	componemmo	ebbi composto	avemmo composto
componesti	componeste	avesti composto	aveste composto
compose	composero	ebbe composto	ebbero composto

4 Future		11 Future Perfect	
comporrò	comporremo	avrò composto	avremo composto
comporrai	comporrete	avrai composto	avrete composto
comporrà	comporranno	avrà composto	avranno composto

5 Present Conditional		12 Past Conditional	
comporrei	comporremmo	avrei composto	avremmo composto
comporresti	comporreste	avresti composto	avreste composto
comporrebbe	comporrebbero	avrebbe composto	avrebbero composto

6 Present Subjunctive		13 Past Subjunctive	
componga	componiamo	abbia composto	abbiamo composto
componga	componiate	abbia composto	abbiate composto
componga	compongano	abbia composto	abbiano composto

7 Imperfect Subjunctive		14 Past Perfect Subjunctive	
componessi	componessimo	avessi composto	avessimo composto
componessi	componeste	avessi composto	aveste composto
componesse	componessero	avesse composto	avessero composto

Imperative	
—	componiamo
componi (non comporre)	componete
componga	compongano

Samples of basic verb usage

Chi ha composto quella bella poesia? Who composed that beautiful poem?

Ti devi comporre i capelli. You have to fix your hair.

Devi comporre questo numero telefonico. You have to dial this phone number.

Extended uses/Related words and expressions

comporsi to be made up of

La mia famiglia si compone di sei persona. My family is made up of six persons.

NOTE: This verb is composed with the verb **porre** (to put) and is thus conjugated exactly like it.

C

The Seven Simple Tenses		The Seven Compound Tenses	
Singular	Plural	Singular	Plural

1 Present Indicative

		8 Present Perfect	
mi comporto	ci comportiamo	mi sono comportato	ci siamo comportati
ti comporti	vi comportate	ti sei comportato	vi siete comportati
si comporta	si comportano	si è comportato	si sono comportati

2 Imperfect

		9 Past Perfect	
mi comportavo	ci comportavamo	mi ero comportato	ci eravamo comportati
ti comportavi	vi comportavate	ti eri comportato	vi eravate comportati
si comportava	si comportavano	si era comportato	si erano comportati

3 Past Absolute

		10 Past Anterior	
mi comportai	ci comportammo	mi fui comportato	ci fummo comportati
ti comportasti	vi comportaste	ti fosti comportato	vi foste comportati
si comportò	si comportarono	si fu comportato	si furono comportati

4 Future

		11 Future Perfect	
mi comporterò	ci comporteremo	mi sarò comportato	ci saremo comportati
ti comporterai	vi comporterete	ti sarai comportato	vi sarete comportati
si comporterà	si comporteranno	si sarà comportato	si saranno comportati

5 Present Conditional

		12 Past Conditional	
mi comporterei	ci comporteremmo	mi sarei comportato	ci saremmo comportati
ti comporteresti	vi comportereste	ti saresti comportato	vi sareste comportati
si comporterebbe	si comporterebbero	si sarebbe comportato	si sarebbero comportati

6 Present Subjunctive

		13 Past Subjunctive	
mi comporti	ci comportiamo	mi sia comportato	ci siamo comportati
ti comporti	vi comportiate	ti sia comportato	vi siate comportati
si comporti	si comportino	si sia comportato	si siano comportati

7 Imperfect Subjunctive

		14 Past Perfect Subjunctive	
mi comportassi	ci comportassimo	mi fossi comportato	ci fossimo comportati
ti comportassi	vi comportaste	ti fossi comportato	vi foste comportati
si comportasse	si comportassero	si fosse comportato	si fossero comportati

Imperative

—	comportiamoci
comportati (non ti comportare/non comportarti)	comportatevi
si comporti	si comportino

Samples of basic verb usage

Lui si comporta sempre bene in compagnia. He always behaves himself in the company of friends.

Non si è comportato tanto bene ieri. He didn't conduct himself very well yesterday.

Ti devi comportare meglio! You must conduct yourself better!

Extended uses/Related words and expressions

comportarsi da persona onesta to behave like an honest person

comportarsi con delicatezza to act tactfully

comprare
to buy

Gerund comprando   Past Part. **comprato**

The Seven Simple Tenses		The Seven Compound Tenses	
Singular	Plural	Singular	Plural

1 Present Indicative

		8 Present Perfect	
compro	compriamo	ho comprato	abbiamo comprato
compri	comprate	hai comprato	avete comprato
compra	comprano	ha comprato	hanno comprato

2 Imperfect

		9 Past Perfect	
compravo	compravamo	avevo comprato	avevamo comprato
compravi	compravate	avevi comprato	avevate comprato
comprava	compravano	aveva comprato	avevano comprato

3 Past Absolute

		10 Past Anterior	
comprai	comprammo	ebbi comprato	avemmo comprato
comprasti	compraste	avesti comprato	aveste comprato
comprò	comprarono	ebbe comprato	ebbero comprato

4 Future

		11 Future Perfect	
comprerò	compreremo	avrò comprato	avremo comprato
comprerai	comprerete	avrai comprato	avrete comprato
comprerà	compreranno	avrà comprato	avranno comprato

5 Present Conditional

		12 Past Conditional	
comprerei	compreremmo	avrei comprato	avremmo comprato
compreresti	comprereste	avresti comprato	avreste comprato
comprerebbe	comprerebbero	avrebbe comprato	avrebbero comprato

6 Present Subjunctive

		13 Past Subjunctive	
compri	compriamo	abbia comprato	abbiamo comprato
compri	compriate	abbia comprato	abbiate comprato
compri	comprino	abbia comprato	abbiano comprato

7 Imperfect Subjunctive

		14 Past Perfect Subjunctive	
comprassi	comprassimo	avessi comprato	avessimo comprato
comprassi	compraste	avessi comprato	aveste comprato
comprasse	comprassero	avesse comprato	avessero comprato

Imperative

—	compriamo
compra (non comprare)	comprate
compri	comprino

AN ESSENTIAL VERB

AN ESSENTIAL VERB

Comprare

This is clearly a key verb because it is used frequently in conversation, especially if one goes to buy things. It also occurs in a number of expressions and idioms.

Samples of basic verb usage

Ho comprato quella sciarpa a buon mercato.
I bought that scarf at a good price.

Lo comprerò domani. I'll buy it tomorrow.

Quante cose hai comprato? How many things did you buy?

Reflexive uses

comprarsi qualcosa to buy something for oneself

comprarsi i voti degli elettori to buy votes

Words and expressions related to this verb

acquistare to acquire

fare acquisti to make purchases

una compera a purchase

fare compere to make purchases

fare la spesa to go food shopping

comprare qualcuno to buy someone off

comprare in contanti (a rate) to buy something with cash (on installments)

comprare all'ingrosso to buy wholesale

comprare al minuto to buy retail

Chi disprezza, compra. Those who deride something, do so because they want to buy it.

comprendere*

Gerund comprendendo   **Past Part. compreso**

to understand

Irregular verb ■

The Seven Simple Tenses		The Seven Compound Tenses	
Singular	Plural	Singular	Plural

1 Present Indicative		8 Present Perfect	
comprendo	comprendiamo	ho compreso	abbiamo compreso
comprendi	comprendete	hai compreso	avete compreso
comprende	comprendono	ha compreso	hanno compreso

2 Imperfect		9 Past Perfect	
comprendevo	comprendevamo	avevo compreso	avevamo compreso
comprendevi	comprendevate	avevi compreso	avevate compreso
comprendeva	comprendevano	aveva compreso	avevano compreso

3 Past Absolute		10 Past Anterior	
compresi	comprendemmo	ebbi compreso	avemmo compreso
comprendesti	comprendeste	avesti compreso	aveste compreso
comprese	compresero	ebbe compreso	ebbero compreso

4 Future		11 Future Perfect	
comprenderò	comprenderemo	avrò compreso	avremo compreso
comprenderai	comprenderete	avrai compreso	avrete compreso
comprenderà	comprenderanno	avrà compreso	avranno compreso

5 Present Conditional		12 Past Conditional	
comprenderei	comprenderemmo	avrei compreso	avremmo compreso
comprenderesti	comprendereste	avresti compreso	avreste compreso
comprenderebbe	comprenderebbero	avrebbe compreso	avrebbero compreso

6 Present Subjunctive		13 Past Subjunctive	
comprenda	comprendiamo	abbia compreso	abbiamo compreso
comprenda	comprendiate	abbia compreso	abbiate compreso
comprenda	comprendano	abbia compreso	abbiano compreso

7 Imperfect Subjunctive		14 Past Perfect Subjunctive	
comprendessi	comprendessimo	avessi compreso	avessimo compreso
comprendessi	comprendeste	avessi compreso	aveste compreso
comprendesse	comprendessero	avesse compreso	avessero compreso

	Imperative	
—		comprendiamo
comprendi (non comprendere)		comprendete
comprenda		comprendano

Samples of basic verb usage

Non abbiamo compreso tutto quello che avete detto. We didn't grasp everything you said.

Hai compreso quello che ti dico? Did you understand what I am telling you?

Extended uses/Related words and expressions

Questa cifra comprende le spese di spedizione. This figure includes shipment expenses.

comprendersi to understand each other

Noi ci comprendiamo senza parlare. We understand each other without saying a word.

NOTE: This verb is composed with the verb **prendere** (to take) and is thus conjugated exactly like it.

Regular **-are** verb endings with spelling
change: **c** becomes **ch** before **e** or **i**

to communicate

The Seven Simple Tenses		The Seven Compound Tenses	
Singular	Plural	Singular	Plural

1 Present Indicative

		8 Present Perfect	
comunico	comunichiamo	ho comunicato	abbiamo comunicato
comunichi	comunicate	hai comunicato	avete comunicato
comunica	comunicano	ha comunicato	hanno comunicato

C

2 Imperfect

		9 Past Perfect	
comunicavo	comunicavamo	avevo comunicato	avevamo comunicato
comunicavi	comunicavate	avevi comunicato	avevate comunicato
comunicava	comunicavano	aveva comunicato	avevano comunicato

3 Past Absolute

		10 Past Anterior	
comunicai	comunicammo	ebbi comunicato	avemmo comunicato
comunicasti	comunicaste	avesti comunicato	aveste comunicato
comunicò	comunicarono	ebbe comunicato	ebbero comunicato

4 Future

		11 Future Perfect	
comunicherò	comunicheremo	avrò comunicato	avremo comunicato
comunicherai	comunicherete	avrai comunicato	avrete comunicato
comunicherà	comunicheranno	avrà comunicato	avranno comunicato

5 Present Conditional

		12 Past Conditional	
comunicherei	comunicheremmo	avrei comunicato	avremmo comunicato
comunicheresti	comunichereste	avresti comunicato	avreste comunicato
comunicherebbe	comunicherebbero	avrebbe comunicato	avrebbero comunicato

6 Present Subjunctive

		13 Past Subjunctive	
comunichi	comunichiamo	abbia comunicato	abbiamo comunicato
comunichi	comunichiate	abbia comunicato	abbiate comunicato
comunichi	comunichino	abbia comunicato	abbiano comunicato

7 Imperfect Subjunctive

		14 Past Perfect Subjunctive	
comunicassi	comunicassimo	avessi comunicato	avessimo comunicato
comunicassi	comunicaste	avessi comunicato	aveste comunicato
comunicasse	comunicassero	avesse comunicato	avessero comunicato

Imperative

—	comunichiamo
comunica (non comunicare)	comunicate
comunichi	comunichino

Samples of basic verb usage

Comunicherò tra breve la data delle nozze.
I will soon communicate the wedding date.
Lei mi ha comunicato di essere preoccupata.
She communicated to me that she was
worried.

Extended uses/Related words and expressions

**Mia madre mi ha comunicato la passione
della musica.** My mother passed on to me
the love of music.
Le due stanze non comunicano. The two
rooms are not connected.

concedere*
Gerund **concedendo** Past Part. **concesso (conceduto)**

to concede, to grant, to award

Irregular verb ∎

The Seven Simple Tenses		The Seven Compound Tenses	
Singular	Plural	Singular	Plural
1 Present Indicative		**8 Present Perfect**	
concedo	concediamo	ho concesso	abbiamo concesso
concedi	concedete	hai concesso	avete concesso
concede	concedono	ha concesso	hanno concesso
2 Imperfect		**9 Past Perfect**	
concedevo	concedevamo	avevo concesso	avevamo concesso
concedevi	concedevate	avevi concesso	avevate concesso
concedeva	concedevano	aveva concesso	avevano concesso
3 Past Absolute		**10 Past Anterior**	
concessi (concedei, concedetti)	concedemmo	ebbi concesso	avemmo concesso
concedesti	concedeste	avesti concesso	aveste concesso
concesse (concedé, concedette)	concessero (concederono, concedettero)	ebbe concesso	ebbero concesso
4 Future		**11 Future Perfect**	
concederò	concederemo	avrò concesso	avremo concesso
concederai	concederete	avrai concesso	avrete concesso
concederà	concederanno	avrà concesso	avranno concesso
5 Present Conditional		**12 Past Conditional**	
concederei	concederemmo	avrei concesso	avremmo concesso
concederesti	concedereste	avresti concesso	avreste concesso
concederebbe	concederebbero	avrebbe concesso	avrebbero concesso
6 Present Subjunctive		**13 Past Subjunctive**	
conceda	concediamo	abbia concesso	abbiamo concesso
conceda	concediate	abbia concesso	abbiate concesso
conceda	concedano	abbia concesso	abbiano concesso
7 Imperfect Subjunctive		**14 Past Perfect Subjunctive**	
concedessi	concedessimo	avessi concesso	avessimo concesso
concedessi	concedeste	avessi concesso	aveste concesso
concedesse	concedessero	avesse concesso	avessero concesso

Imperative	
—	concediamo
concedi (non concedere)	concedete
conceda	concedano

Samples of basic verb usage	**Extended uses/Related words and expressions**
Il professore ha concesso agli studenti di uscire presto. The professor allowed the students to leave early.	**concedersi una bella vacanza** to allow oneself a nice vacation
Va bene, te lo concedo. OK, I give in.	
Concedo di essermi sbagliato. I admit (concede) having been wrong.	

■ Irregular verb   to conclude

The Seven Simple Tenses		The Seven Compound Tenses	
Singular	Plural	Singular	Plural

1 Present Indicative   **8 Present Perfect**

concludo	concludiamo	ho concluso	abbiamo concluso
concludi	concludete	hai concluso	avete concluso
conclude	concludono	ha concluso	hanno concluso

2 Imperfect   **9 Past Perfect**

concludevo	concludevamo	avevo concluso	avevamo concluso
concludevi	concludevate	avevi concluso	avevate concluso
concludeva	concludevano	aveva concluso	avevano concluso

3 Past Absolute   **10 Past Anterior**

conclusi	concludemmo	ebbi concluso	avemmo concluso
concludesti	concludeste	avesti concluso	aveste concluso
concluse	conclusero	ebbe concluso	ebbero concluso

4 Future   **11 Future Perfect**

concluderò	concluderemo	avrò concluso	avremo concluso
concluderai	concluderete	avrai concluso	avrete concluso
concluderà	concluderanno	avrà concluso	avranno concluso

5 Present Conditional   **12 Past Conditional**

concluderei	concluderemmo	avrei concluso	avremmo concluso
concluderesti	concludereste	avresti concluso	avreste concluso
concluderebbe	concluderebbero	avrebbe concluso	avrebbero concluso

6 Present Subjunctive   **13 Past Subjunctive**

concluda	concludiamo	abbia concluso	abbiamo concluso
concluda	concludiate	abbia concluso	abbiate concluso
concluda	concludano	abbia concluso	abbiano concluso

7 Imperfect Subjunctive   **14 Past Perfect Subjunctive**

concludessi	concludessimo	avessi concluso	avessimo concluso
concludessi	concludeste	avessi concluso	aveste concluso
concludesse	concludessero	avesse concluso	avessero concluso

Imperative

—		concludiamo
concludi (non concludere)		concludete
concluda		concludano

Samples of basic verb usage

Non abbiamo concluso niente. We concluded nothing (We got nothing done).

Che cosa hai concluso? What did you conclude?

Abbiamo concluso quell'affare. We finalized that matter.

Extended uses/Related words and expressions

concludersi to come to an end, to be over

La festa si è conclusa. The party is over.

La cosa si è conclusa bene. The thing came to a good end.

NOTE: Other verbs conjugated like **concludere** are **alludere** (to allude), **escludere** (to exclude), **includere** (to include), and **precludere** (to preclude).

condurre*

Gerund conducendo   **Past Part. condotto**

to lead, to conduct, to drive

Irregular verb ■

The Seven Simple Tenses		The Seven Compound Tenses	
Singular	Plural	Singular	Plural
1 Present Indicative		**8 Present Perfect**	
conduco	conduciamo	ho condotto	abbiamo condotto
conduci	conducete	hai condotto	avete condotto
conduce	conducono	ha condotto	hanno condotto
2 Imperfect		**9 Past Perfect**	
conducevo	conducevamo	avevo condotto	avevamo condotto
conducevi	conducevate	avevi condotto	avevate condotto
conduceva	conducevano	aveva condotto	avevano condotto
3 Past Absolute		**10 Past Anterior**	
condussi	conducemmo	ebbi condotto	avemmo condotto
conducesti	conduceste	avesti condotto	aveste condotto
condusse	condussero	ebbe condotto	ebbero condotto
4 Future		**11 Future Perfect**	
condurrò	condurremo	avrò condotto	avremo condotto
condurrai	condurrete	avrai condotto	avrete condotto
condurrà	condurranno	avrà condotto	avranno condotto
5 Present Conditional		**12 Past Conditional**	
condurrei	condurremmo	avrei condotto	avremmo condotto
condurresti	condurreste	avresti condotto	avreste condotto
condurrebbe	condurrebbero	avrebbe condotto	avrebbero condotto
6 Present Subjunctive		**13 Past Subjunctive**	
conduca	conduciamo	abbia condotto	abbiamo condotto
conduca	conduciate	abbia condotto	abbiate condotto
conduca	conducano	abbia condotto	abbiano condotto
7 Imperfect Subjunctive		**14 Past Perfect Subjunctive**	
conducessi	conducessimo	avessi condotto	avessimo condotto
conducessi	conduceste	avessi condotto	aveste condotto
conducesse	conducessero	avesse condotto	avessero condotto

Imperative

—	conduciamo
conduci (non condurre)	conducete
conduca	conducano

Samples of basic verb usage

Noi conduciamo i bambini a scuola ogni giorno. We take the children to school every day.

Conduciamo i nostri amici all'aeroporto. Let's take (drive) our friends to the airport.

Lei sa condurre gli autocarri. She knows how to drive transport trucks.

Extended uses/Related words and expressions

condurre in porto to bring something to fruition

condurre la classifica to be in first place

NOTE: Other verbs conjugated like **condurre** are **addurre** (to add on), **dedurre** (to deduce), **indurre** (to induce), **introdurre** (to introduce), **produrre** (to produce), **ridurre** (to reduce), **sedurre** (to seduce), and **tradurre** (to translate).

For most of the tenses, except the future and present conditional, **condurre** can be considered to have the infinitive form **conducere** and, thus, conjugated in the regular way as a second-conjugation verb.

Notice that **condurre** means "to drive, lead," not "to conduct (an orchestra)." The appropriate verb for the latter is **dirigere**.

■ Irregular verb   to confuse

The Seven Simple Tenses		The Seven Compound Tenses	
Singular	Plural	Singular	Plural

1 Present Indicative

		8 Present Perfect	
confondo	confondiamo	ho confuso	abbiamo confuso
confondi	confondete	hai confuso	avete confuso
confonde	confondono	ha confuso	hanno confuso

2 Imperfect

		9 Past Perfect	
confondevo	confondevamo	avevo confuso	avevamo confuso
confondevi	confondevate	avevi confuso	avevate confuso
confondeva	confondevano	aveva confuso	avevano confuso

3 Past Absolute

		10 Past Anterior	
confusi	confondemmo	ebbi confuso	avemmo confuso
confondesti	confondeste	avesti confuso	aveste confuso
confuse	confusero	ebbe confuso	ebbero confuso

4 Future

		11 Future Perfect	
confonderò	confonderemo	avrò confuso	avremo confuso
confonderai	confonderete	avrai confuso	avrete confuso
confonderà	confonderanno	avrà confuso	avranno confuso

5 Present Conditional

		12 Past Conditional	
confonderei	confonderemmo	avrei confuso	avremmo confuso
confonderesti	confondereste	avresti confuso	avreste confuso
confonderebbe	confonderebbero	avrebbe confuso	avrebbero confuso

6 Present Subjunctive

		13 Past Subjunctive	
confonda	confondiamo	abbia confuso	abbiamo confuso
confonda	confondiate	abbia confuso	abbiate confuso
confonda	confondano	abbia confuso	abbiano confuso

7 Imperfect Subjunctive

		14 Past Perfect Subjunctive	
confondessi	confondessimo	avessi confuso	avessimo confuso
confondessi	confondeste	avessi confuso	aveste confuso
confondesse	confondessero	avesse confuso	avessero confuso

Imperative

—	**confondiamo**
confondi (non confondere)	**confondete**
confonda	**confondano**

Samples of basic verb usage
Mi confondo spesso. I am often confused.
Le loro parole ci hanno confusi. Their words confused us.
Lei mi confonde! You are confusing me!

Extended uses/Related words and expressions
I borsaioli si confusero tra i passeggeri. The pickpockets intermingled among the passengers.

NOTE: Another verb conjugated like **confondere** is **diffondere** (to spread).

113

conoscere*

to know, to meet, to be familiar with

Gerund **conoscendo**   Past Part. **conosciuto**

Irregular verb ■

The Seven Simple Tenses		The Seven Compound Tenses	
Singular	Plural	Singular	Plural
1 Present Indicative		**8 Present Perfect**	
conosco	conosciamo	ho conosciuto	abbiamo conosciuto
conosci	conoscete	hai conosciuto	avete conosciuto
conosce	conoscono	ha conosciuto	hanno conosciuto
2 Imperfect		**9 Past Perfect**	
conoscevo	conoscevamo	avevo conosciuto	avevamo conosciuto
conoscevi	conoscevate	avevi conosciuto	avevate conosciuto
conosceva	conoscevano	aveva conosciuto	avevano conosciuto
3 Past Absolute		**10 Past Anterior**	
conobbi	conoscemmo	ebbi conosciuto	avemmo conosciuto
conoscesti	conosceste	avesti conosciuto	aveste conosciuto
conobbe	conobbero	ebbe conosciuto	ebbero conosciuto
4 Future		**11 Future Perfect**	
conoscerò	conosceremo	avrò conosciuto	avremo conosciuto
conoscerai	conoscerete	avrai conosciuto	avrete conosciuto
conoscerà	conosceranno	avrà conosciuto	avranno conosciuto
5 Present Conditional		**12 Past Conditional**	
conoscerei	conosceremmo	avrei conosciuto	avremmo conosciuto
conosceresti	conoscereste	avresti conosciuto	avreste conosciuto
conoscerebbe	conoscerebbero	avrebbe conosciuto	avrebbero conosciuto
6 Present Subjunctive		**13 Past Subjunctive**	
conosca	conosciamo	abbia conosciuto	abbiamo conosciuto
conosca	conosciate	abbia conosciuto	abbiate conosciuto
conosca	conoscano	abbia conosciuto	abbiano conosciuto
7 Imperfect Subjunctive		**14 Past Perfect Subjunctive**	
conoscessi	conoscessimo	avessi conosciuto	avessimo conosciuto
conoscessi	conosceste	avessi conosciuto	aveste conosciuto
conoscesse	conoscessero	avesse conosciuto	avessero conosciuto

Imperative

—	conosciamo
conosci (non conoscere)	conoscete
conosca	conoscano

AN ESSENTIAL VERB

This is a key verb because it is used frequently in conversation and because it occurs in a number of useful expressions and idioms.

C

Samples of basic verb usage
Non li conosco. I do not know them.

Li ho conosciuti l'anno scorso. I met them (for the first time) last year.

Non conosco quell'università. I don't know that university.

Extended uses
conoscere i propri polli to realize with whom one is dealing (*literally* to recognize one's own chickens)

teoria del conoscere theory of knowledge

Lui non ha mai conosciuto la malattia. He has never experienced disease.

Words and expressions related to this verb

la conoscenza knowledge

venire a conoscenza to come to know

Lei ha una buona comoscenza dell'italiano. She has a good knowledge of Italian.

perdere conoscenza to lose consciousness

fare la conoscenza di qualcuno to make someone's acquaintance

una vecchia conoscenza an old acquaintance

NOTE: Another verb conjugated like conoscere is riconoscere (to recognize).

Notice that conoscere means "to know someone" and "to be familiar with something": Conosco Maria (I know Mary); Conosciamo un buon ristorante (We know a good restaurant). Otherwise sapere is the verb to be used in the more general sense of "to know" and "to know how to": Non so niente (I don't know anything); Lei sa suonare molto bene (She knows how to play very well).

consistere

to consist

Gerund consistendo   **Past Part. consistito**

The Seven Simple Tenses		The Seven Compound Tenses	
Singular	Plural	Singular	Plural
1 Present Indicative		**8 Present Perfect**	
consiste	consistono	è consistito	sono consistiti
2 Imperfect		**9 Past Perfect**	
consisteva	consistevano	era consistito	erano consistiti
3 Past Absolute		**10 Past Anterior**	
consisté	consisterono	fu consistito	furono consistiti
4 Future		**11 Future Perfect**	
consisterà	consisteranno	sarà consistito	saranno consistiti
5 Present Conditional		**12 Past Conditional**	
consisterebbe	consisterebbero	sarebbe consistito	sarebbero consistiti
6 Present Subjunctive		**13 Past Subjunctive**	
consista	consistano	sia consistito	siamo consistiti
7 Imperfect Subjunctive		**14 Past Perfect Subjunctive**	
consistesse	consistessero	fosse consistito	fossero consistiti

Imperative
—

Samples of basic verb usage

Il mio lavoro consiste nell'insegnare a stran-ieri. My job consists in teaching foreigners.
L'enciclopedia consiste di dieci volumi. The encyclopedia consists of ten volumes.

Extended uses/Related words and expressions

consistenza thickness, substance
la consistenza della pasta the thickness of the pasta
fantasmi senza consistenza ghosts without any substance (to them)

NOTE: Like all impersonal verbs, **consistere** is used (usually) in the third person (singular and plural). For convenience, the other forms are omitted here.

116

to consume

C

The Seven Simple Tenses		The Seven Compound Tenses	
Singular	Plural	Singular	Plural
1 Present Indicative		**8 Present Perfect**	
consumo	consumiamo	ho consumato	abbiamo consumato
consumi	consumate	hai consumato	avete consumato
consuma	consumano	ha consumato	hanno consumato
2 Imperfect		**9 Past Perfect**	
consumavo	consumavamo	avevo consumato	avevamo consumato
consumavi	consumavate	avevi consumato	avevate consumato
consumava	consumavano	aveva consumato	avevano consumato
3 Past Absolute		**10 Past Anterior**	
consumai	consumammo	ebbi consumato	avemmo consumato
consumasti	consumaste	avesti consumato	aveste consumato
consumò	consumarono	ebbe consumato	ebbero consumato
4 Future		**11 Future Perfect**	
consumerò	consumeremo	avrò consumato	avremo consumato
consumerai	consumerete	avrai consumato	avrete consumato
consumerà	consumeranno	avrà consumato	avranno consumato
5 Present Conditional		**12 Past Conditional**	
consumerei	consumeremmo	avrei consumato	avremmo consumato
consumeresti	consumereste	avresti consumato	avreste consumato
consumerebbe	consumerebbero	avrebbe consumato	avrebbero consumato
6 Present Subjunctive		**13 Past Subjunctive**	
consumi	consumiamo	abbia consumato	abbiamo consumato
consumi	consumiate	abbia consumato	abbiate consumato
consumi	consumino	abbia consumato	abbiano consumato
7 Imperfect Subjunctive		**14 Past Perfect Subjunctive**	
consumassi	consumassimo	avessi consumato	avessimo consumato
consumassi	consumaste	avessi consumato	aveste consumato
consumasse	consumassero	avesse consumato	avessero consumato

Imperative	
—	**consumiamo**
consuma (non consumare)	**consumate**
consumi	**consumino**

Samples of basic verb usage
La mia macchina consuma molta benzina.
  My car guzzles gas.
Camminando ogni giorno ho consumato la
  suola delle scarpe. By walking every day, I
  wore out the soles of my shoes.
I nostri ospiti hanno consumato tutto il vino.
  Our guests consumed all the wine.

Extended uses/Related words and expressions
consumarsi to wear out
La candela si è consumata. The candle was
  extinguished.
Mi sono consumato per aver sempre lavorato
  troppo. I wore myself out by always working
  too much.

contendere*

to contend, to dispute

Gerund **contendendo**

Past Part. **conteso**

Irregular verb ■

The Seven Simple Tenses		The Seven Compound Tenses	
Singular	Plural	Singular	Plural
1 Present Indicative		**8 Present Perfect**	
contendo	contendiamo	ho conteso	abbiamo conteso
contendi	contendete	hai conteso	avete conteso
contende	contendono	ha conteso	hanno conteso
2 Imperfect		**9 Past Perfect**	
contendevo	contendevamo	avevo conteso	avevamo conteso
contendevi	contendevate	avevi conteso	avevate conteso
contendeva	contendevano	aveva conteso	avevano conteso
3 Past Absolute		**10 Past Anterior**	
contesi	contendemmo	ebbi conteso	avemmo conteso
contendesti	contendeste	avesti conteso	aveste conteso
contese	contesero	ebbe conteso	ebbero conteso
4 Future		**11 Future Perfect**	
contenderò	contenderemo	avrò conteso	avremo conteso
contenderai	contenderete	avrai conteso	avrete conteso
contenderà	contenderanno	avrà conteso	avranno conteso
5 Present Conditional		**12 Past Conditional**	
contenderei	contenderemmo	avrei conteso	avremmo conteso
contenderesti	contendereste	avresti conteso	avreste conteso
contenderebbe	contenderebbero	avrebbe conteso	avrebbero conteso
6 Present Subjunctive		**13 Past Subjunctive**	
contenda	contendiamo	abbia conteso	abbiamo conteso
contenda	contendiate	abbia conteso	abbiate conteso
contenda	contendano	abbia conteso	abbiano conteso
7 Imperfect Subjunctive		**14 Past Perfect Subjunctive**	
contendessi	contendessimo	avessi conteso	avessimo conteso
contendessi	contendeste	avessi conteso	aveste conteso
contendesse	contendessero	avesse conteso	avessero conteso

Imperative	
—	contendiamo
contendi (non contendere)	contendete
contenda	contendano

Samples of basic verb usage
Io contendo i risultati. I dispute the results.
Nessuno può contendere con voi. No one can vie with you.
Perché contendete sempre? Why do you always argue?

Extended uses/Related words and expressions
contendersi to vie for
Le due squadre si contendono la vittoria. The two teams are vying to win.

NOTE: Other verbs conjugated like **contendere** are **intendere** (to understand) and **pretendere** (to expect, require).

The Seven Simple Tenses		The Seven Compound Tenses	
Singular	Plural	Singular	Plural

C

1 Present Indicative		8 Present Perfect	
contengo	conteniamo	ho contenuto	abbiamo contenuto
contieni	contenete	hai contenuto	avete contenuto
contiene	contengono	ha contenuto	hanno contenuto

2 Imperfect		9 Past Perfect	
contenevo	contenevamo	avevo contenuto	avevamo contenuto
contenevi	contenevate	avevi contenuto	avevate contenuto
conteneva	contenevano	aveva contenuto	avevano contenuto

3 Past Absolute		10 Past Anterior	
contenni	contenemmo	ebbi contenuto	avemmo contenuto
contenesti	conteneste	avesti contenuto	aveste contenuto
contenne	contennero	ebbe contenuto	ebbero contenuto

4 Future		11 Future Perfect	
conterrò	conterremo	avrò contenuto	avremo contenuto
conterrai	conterrete	avrai contenuto	avrete contenuto
conterrà	conterranno	avrà contenuto	avranno contenuto

5 Present Conditional		12 Past Conditional	
conterrei	conterremmo	avrei contenuto	avremmo contenuto
conterresti	conterreste	avresti contenuto	avreste contenuto
conterrebbe	conterrebbero	avrebbe contenuto	avrebbero contenuto

6 Present Subjunctive		13 Past Subjunctive	
contenga	conteniamo	abbia contenuto	abbiamo contenuto
contenga	conteniate	abbia contenuto	abbiate contenuto
contenga	contengano	abbia contenuto	abbiano contenuto

7 Imperfect Subjunctive		14 Past Perfect Subjunctive	
contenessi	contenessimo	avessi contenuto	avessimo contenuto
contenessi	conteneste	avessi contenuto	aveste contenuto
contenesse	contenessero	avesse contenuto	avessero contenuto

	Imperative	
—		conteniamo
contieni (non contenere)		contenete
contenga		contengano

Samples of basic verb usage	**Extended uses/Related words and expressions**
Questo libro contiene molte idee. This book contains a lot of ideas.	**contenere l'ira** to hold one's anger back
La mia cartella contiene solo carta. My briefcase contains only paper.	**contenere le spese** to keep expenses under control

NOTE: This verb is composed with the verb **tenere** (to hold) and is thus conjugated exactly like it.

contraddire*
Gerund **contraddicendo** Past Part. **contraddetto**

to contradict Irregular verb ■

The Seven Simple Tenses		The Seven Compound Tenses	
Singular	Plural	Singular	Plural
1 Present Indicative		**8 Present Perfect**	
contraddico	contraddiciamo	ho contraddetto	abbiamo contraddetto
contraddici	contraddite	hai contraddetto	avete contraddetto
contraddice	contraddicono	ha contraddetto	hanno contraddetto
2 Imperfect		**9 Past Perfect**	
contraddicevo	contraddicevamo	avevo contraddetto	avevamo contraddetto
contraddicevi	contraddicevate	avevi contraddetto	avevate contraddetto
contraddiceva	contraddicevano	aveva contraddetto	avevano contraddetto
3 Past Absolute		**10 Past Anterior**	
contraddissi	contraddicemmo	ebbi contraddetto	avemmo contraddetto
contraddicesti	contraddiceste	avesti contraddetto	aveste contraddetto
contraddisse	contraddissero	ebbe contraddetto	ebbero contraddetto
4 Future		**11 Future Perfect**	
contraddirò	contraddiremo	avrò contraddetto	avremo contraddetto
contraddirai	contraddirete	avrai contraddetto	avrete contraddetto
contraddirà	contraddiranno	avrà contraddetto	avranno contraddetto
5 Present Conditional		**12 Past Conditional**	
contraddirei	contraddiremmo	avrei contraddetto	avremmo contraddetto
contraddiresti	contraddireste	avresti contraddetto	avreste contraddetto
contraddirebbe	contraddirebbero	avrebbe contraddetto	avrebbero contraddetto
6 Present Subjunctive		**13 Past Subjunctive**	
contraddica	contraddiciamo	abbia contraddetto	abbiamo contraddetto
contraddica	contraddiciate	abbia contraddetto	abbiate contraddetto
contraddica	contraddicano	abbia contraddetto	abbiano contraddetto
7 Imperfect Subjunctive		**14 Past Perfect Subjunctive**	
contraddicessi	contraddicessimo	avessi contraddetto	avessimo contraddetto
contraddicessi	contraddiceste	avessi contraddetto	aveste contraddetto
contraddicesse	contraddicessero	avesse contraddetto	avessero contraddetto

Imperative	
—	contraddiciamo
contraddici (non contraddire)	contraddite
contraddica	contraddicano

Samples of basic verb usage
Loro mi contraddicono sempre. They always contradict me.
I fatti contraddicono quello che dici. The facts contradict what you are saying.

Voi vi siete contraddetti diverse volte. You contradicted yourselves several times.

Extended uses/Related words and expressions
spirito di contraddizione knack for contradiction

NOTE: This verb is composed with the verb **dire** (to tell) and is thus conjugated exactly like it.

The Seven Simple Tenses		The Seven Compound Tenses	
Singular	Plural	Singular	Plural

1 Present Indicative

		8 Present Perfect	
contraggo	**contraiamo**	**ho contratto**	**abbiamo contratto**
contrai	**contraete**	**hai contratto**	**avete contratto**
contrae	**contraggono**	**ha contratto**	**hanno contratto**

2 Imperfect

		9 Past Perfect	
contraevo	**contraevamo**	**avevo contratto**	**avevamo contratto**
contraevi	**contraevate**	**avevi contratto**	**avevate contratto**
contraeva	**contraevano**	**aveva contratto**	**avevano contratto**

3 Past Absolute

		10 Past Anterior	
contrassi	**contraemmo**	**ebbi contratto**	**avemmo contratto**
contraesti	**contraeste**	**avesti contratto**	**aveste contratto**
contrasse	**contrassero**	**ebbe contratto**	**ebbero contratto**

4 Future

		11 Future Perfect	
contrarrò	**contrarremo**	**avrò contratto**	**avremo contratto**
contrarrai	**contrarrete**	**avrai contratto**	**avrete contratto**
contrarrà	**contrarranno**	**avrà contratto**	**avranno contratto**

5 Present Conditional

		12 Past Conditional	
contrarrei	**contrarremmo**	**avrei contratto**	**avremmo contratto**
contrarresti	**contrarreste**	**avresti contratto**	**avreste contratto**
contrarrebbe	**contrarrebbero**	**avrebbe contratto**	**avrebbero contratto**

6 Present Subjunctive

		13 Past Subjunctive	
contragga	**contraiamo**	**abbia contratto**	**abbiamo contratto**
contragga	**contraiate**	**abbia contratto**	**abbiate contratto**
contragga	**contraggano**	**abbia contratto**	**abbiano contratto**

7 Imperfect Subjunctive

		14 Past Perfect Subjunctive	
contraessi	**contraessimo**	**avessi contratto**	**avessimo contratto**
contraessi	**contraeste**	**avessi contratto**	**aveste contratto**
contraesse	**contraessero**	**avesse contratto**	**avessero contratto**

	Imperative	
—		**contraiamo**
contrai (non contrarre)		**contraete**
contragga		**contraggano**

Samples of basic verb usage
Mentre parlavi, ha contratto le labbra.
  As you were talking, he tightened his lips.
Il freddo gli ha contratto i muscoli. The cold
  weather tightened his muscles.

Pare che io abbia contratto l'influenza.
  It seems that I contracted the flu.

Extended uses/Related words and expressions
contrazione shrinkage, decline
contrazione delle vendite decline in sales

NOTE: This verb is composed with the verb **trarre** (to draw, pull) and is thus conjugated exactly like it.

convertire
to convert

The Seven Simple Tenses		The Seven Compound Tenses	
Singular	Plural	Singular	Plural
1 Present Indicative		**8 Present Perfect**	
converto	convertiamo	ho convertito	abbiamo convertito
converti	convertite	hai convertito	avete convertito
converte	convertono	ha convertito	hanno convertito
2 Imperfect		**9 Past Perfect**	
convertivo	convertivamo	avevo convertito	avevamo convertito
convertivi	convertivate	avevi convertito	avevate convertito
convertiva	convertivano	aveva convertito	avevano convertito
3 Past Absolute		**10 Past Anterior**	
convertii	convertimmo	ebbi convertito	avemmo convertito
convertisti	convertiste	avesti convertito	aveste convertito
convertì	convertirono	ebbe convertito	ebbero convertito
4 Future		**11 Future Perfect**	
convertirò	convertiremo	avrò convertito	avremo convertito
convertirai	convertirete	avrai convertito	avrete convertito
convertirà	convertiranno	avrà convertito	avranno convertito
5 Present Conditional		**12 Past Conditional**	
convertirei	convertiremmo	avrei convertito	avremmo convertito
convertiresti	convertireste	avresti convertito	avreste convertito
convertirebbe	convertirebbero	avrebbe convertito	avrebbero convertito
6 Present Subjunctive		**13 Past Subjunctive**	
converta	convertiamo	abbia convertito	abbiamo convertito
converta	convertiate	abbia convertito	abbiate convertito
converta	convertano	abbia convertito	abbiano convertito
7 Imperfect Subjunctive		**14 Past Perfect Subjunctive**	
convertissi	convertissimo	avessi convertito	avessimo convertito
convertissi	convertiste	avessi convertito	aveste convertito
convertisse	convertissero	avesse convertito	avessero convertito

	Imperative	
—		convertiamo
converti (non convertire)		convertite
converta		convertano

Samples of basic verb usage	**Extended uses/Related words and expressions**
Ieri ho convertito cento dollari in euro. Yesterday I converted a hundred dollars into euros.	**convertirsi** to convert to, to change into
L'oratore sa convertire la gente alla sua ideologia. The orator knows how to convert people to his ideology.	**Lei si è convertita al cristianesimo.** She converted to Christianity.
	I bruchi si convertono in farfalle. Caterpillars change into butterflies.

C

The Seven Simple Tenses		The Seven Compound Tenses	
Singular	Plural	Singular	Plural
1 Present Indicative		**8 Present Perfect**	
convinco	convinciamo	ho convinto	abbiamo convinto
convinci	convincete	hai convinto	avete convinto
convince	convincono	ha convinto	hanno convinto
2 Imperfect		**9 Past Perfect**	
convincevo	convincevamo	avevo convinto	avevamo convinto
convincevi	convincevate	avevi convinto	avevate convinto
convinceva	convincevano	aveva convinto	avevano convinto
3 Past Absolute		**10 Past Anterior**	
convinsi	convincemmo	ebbi convinto	avemmo convinto
convincesti	convinceste	avesti convinto	aveste convinto
convinse	convinsero	ebbe convinto	ebbero convinto
4 Future		**11 Future Perfect**	
convincerò	convinceremo	avrò convinto	avremo convinto
convincerai	convincerete	avrai convinto	avrete convinto
convincerà	convinceranno	avrà convinto	avranno convinto
5 Present Conditional		**12 Past Conditional**	
convincerei	convinceremmo	avrei convinto	avremmo convinto
convinceresti	convincereste	avresti convinto	avreste convinto
convincerebbe	convincerebbero	avrebbe convinto	avrebbero convinto
6 Present Subjunctive		**13 Past Subjunctive**	
convinca	convinciamo	abbia convinto	abbiamo convinto
convinca	convinciate	abbia convinto	abbiate convinto
convinca	convincano	abbia convinto	abbiano convinto
7 Imperfect Subjunctive		**14 Past Perfect Subjunctive**	
convincessi	convincessimo	avessi convinto	avessimo convinto
convincessi	convinceste	avessi convinto	aveste convinto
convincesse	convincessero	avesse convinto	avessero convinto

Imperative	
—	convinciamo
convinci (non convincere)	convincete
convinca	convincano

Samples of basic verb usage
La tua spiegazione non mi convince. Your explanation does not convince me.
Ho convinto mio marito a cambiare casa. I convinced my husband to move (change house).

Extended uses/Related words and expressions
convincersi to become convinced
Lui si è finalmente convinto del suo errore. He finally became convinced of his error.
Ci siamo convinti che l'imputato era innocente. We became convinced that the accused was innocent.

NOTE: This verb is composed with the verb **vincere** (to win) and is thus conjugated exactly like it.

coprire*
Gerund coprendo　**Past Part. coperto**

to cover　　　　　　　　　　　　　　　**Irregular verb ■**

The Seven Simple Tenses		The Seven Compound Tenses	
Singular	Plural	Singular	Plural

1 Present Indicative

		8 Present Perfect	
copro	copriamo	ho coperto	abbiamo coperto
copri	coprite	hai coperto	avete coperto
copre	coprono	ha coperto	hanno coperto

2 Imperfect

		9 Past Perfect	
coprivo	coprivamo	avevo coperto	avevamo coperto
coprivi	coprivate	avevi coperto	avevate coperto
copriva	coprivano	aveva coperto	avevano coperto

3 Past Absolute

		10 Past Anterior	
copersi (coprii)	coprimmo	ebbi coperto	avemmo coperto
copristi	copriste	avesti coperto	aveste coperto
coperse (coprì)	copersero (coprirono)	ebbe coperto	ebbero coperto

4 Future

		11 Future Perfect	
coprirò	copriremo	avrò coperto	avremo coperto
coprirai	coprirete	avrai coperto	avrete coperto
coprirà	copriranno	avrà coperto	avranno coperto

5 Present Conditional

		12 Past Conditional	
coprirei	copriremmo	avrei coperto	avremmo coperto
copriresti	coprireste	avresti coperto	avreste coperto
coprirebbe	coprirebbero	avrebbe coperto	avrebbero coperto

6 Present Subjunctive

		13 Past Subjunctive	
copra	copriamo	abbia coperto	abbiamo coperto
copra	copriate	abbia coperto	abbiate coperto
copra	coprano	abbia coperto	abbiano coperto

7 Imperfect Subjunctive

		14 Past Perfect Subjunctive	
coprissi	coprissimo	avessi coperto	avessimo coperto
coprissi	copriste	avessi coperto	aveste coperto
coprisse	coprissero	avesse coperto	avessero coperto

Imperative

—	copriamo
copri (non coprire)	coprite
copra	coprano

Samples of basic verb usage

Abbiamo coperto le pareti di quadri. We covered the walls with paintings.

Bisogna coprire i bambini perché fa freddo. It is necessary to cover up the children because it is cold.

Non riesco mai a coprire le spese. I can never cover my expenses.

Extended uses/Related words and expressions

Io copro sempre i miei nipotini di carezze. I always smother my grandchildren with hugs.

Lui non è riuscito a coprire i suoi errori. He couldn't cover up his errors.

coprirsi to wrap oneself

coprirsi di gloria to wrap oneself in glory

NOTE: Other verbs conjugated like **coprire** are **aprire** (to open) and **scoprire** (to discover).

The Seven Simple Tenses		The Seven Compound Tenses	
Singular	Plural	Singular	Plural

1 Present Indicative

		8 Present Perfect	
correggo	**correggiamo**	**ho corretto**	**abbiamo corretto**
correggi	**correggete**	**hai corretto**	**avete corretto**
corregge	**correggono**	**ha corretto**	**hanno corretto**

2 Imperfect

		9 Past Perfect	
correggevo	**correggevamo**	**avevo corretto**	**avevamo corretto**
correggevi	**correggevate**	**avevi corretto**	**avevate corretto**
correggeva	**correggevano**	**aveva corretto**	**avevano corretto**

3 Past Absolute

		10 Past Anterior	
corressi	**correggemmo**	**ebbi corretto**	**avemmo corretto**
correggesti	**correggeste**	**avesti corretto**	**aveste corretto**
corresse	**correggero**	**ebbe corretto**	**ebbero corretto**

4 Future

		11 Future Perfect	
correggerò	**correggeremo**	**avrò corretto**	**avremo corretto**
correggerai	**correggerete**	**avrai corretto**	**avrete corretto**
correggerà	**correggeranno**	**avrà corretto**	**avranno corretto**

5 Present Conditional

		12 Past Conditional	
correggerei	**correggeremmo**	**avrei corretto**	**avremmo corretto**
correggeresti	**correggereste**	**avresti corretto**	**avreste corretto**
correggerebbe	**correggerebbero**	**avrebbe corretto**	**avrebbero corretto**

6 Present Subjunctive

		13 Past Subjunctive	
corregga	**correggiamo**	**abbia corretto**	**abbiamo corretto**
corregga	**correggete**	**abbia corretto**	**abbiate corretto**
corregga	**correggano**	**abbia corretto**	**abbiano corretto**

7 Imperfect Subjunctive

		14 Past Perfect Subjunctive	
correggessi	**correggessimo**	**avessi corretto**	**avessimo corretto**
correggessi	**correggeste**	**avessi corretto**	**aveste corretto**
correggesse	**correggessero**	**avesse corretto**	**avessero corretto**

Imperative

—	**correggiamo**
correggi (non correggere)	**correggete**
corregga	**correggano**

Samples of basic verb usage
L'insegnante ha ancora corretto il compito?
  Has the teacher corrected the assignment yet?
Correggilo! È errato. Correct it! It is wrong.
Se sbaglio, correggimi! Correct me, if I'm
  wrong!

Extended uses/Related words and expressions
caffè corretto coffee with something in it (usually alcoholic)
comportarsi correttamente to behave properly

NOTE: This verb is composed with the verb **reggere** (to hold) and is thus conjugated exactly like it.

correre*
to run

Irregular verb ■

The Seven Simple Tenses		The Seven Compound Tenses	
Singular	Plural	Singular	Plural
1 Present Indicative		**8 Present Perfect**	
corro	corriamo	ho corso	abbiamo corso
corri	correte	hai corso	avete corso
corre	corrono	ha corso	hanno corso
2 Imperfect		**9 Past Perfect**	
correvo	correvamo	avevo corso	avevamo corso
correvi	correvate	avevi corso	avevate corso
correva	correvano	aveva corso	avevano corso
3 Past Absolute		**10 Past Anterior**	
corsi	corremmo	ebbi corso	avemmo corso
corresti	correste	avesti corso	aveste corso
corse	corsero	ebbe corso	ebbero corso
4 Future		**11 Future Perfect**	
correrò	correremo	avrò corso	avremo corso
correrai	correrete	avrai corso	avrete corso
correrà	correranno	avrà corso	avranno corso
5 Present Conditional		**12 Past Conditional**	
correrei	correremmo	avrei corso	avremmo corso
correresti	correreste	avresti corso	avreste corso
correrebbe	correrebbero	avrebbe corso	avrebbero corso
6 Present Subjunctive		**13 Past Subjunctive**	
corra	corriamo	abbia corso	abbiamo corso
corra	corriate	abbia corso	abbiate corso
corra	corrano	abbia corso	abbiano corso
7 Imperfect Subjunctive		**14 Past Perfect Subjunctive**	
corressi	corressimo	avessi corso	avessimo corso
corressi	correste	avessi corso	aveste corso
corresse	corressero	avesse corso	avessero corso

Imperative

—	corriamo
corri (non correre)	correte
corra	corrano

Samples of basic verb usage

Lui corre sempre a rotta di collo. He always runs at breakneck speed.

Corri troppo veloce! You're going too fast!

Il sangue corre nelle vene. Blood flows (runs) through veins.

Extended uses/Related words and expressions

Loro corsero dietro al ladro. They ran after the thief.

correre dietro a qualcuno to stay after someone

Tra loro non corre buon sangue. There's bad blood between them.

corrono voci it is rumored that

NOTE: Other verbs conjugated like **correre** are **occorrere** (to need), **ricorrere** (to occur), **scorrere** (to flow), **soccorrere** (to help) and **trascorrere** (to spend).

■ Irregular verb   to correspond

The Seven Simple Tenses		The Seven Compound Tenses	
Singular	Plural	Singular	Plural

1 Present Indicative		8 Present Perfect	
corrispondo	**corrispondiamo**	**ho corrisposto**	**abbiamo corrisposto**
corrispondi	**corrispondete**	**hai corrisposto**	**avete corrisposto**
corrisponde	**corrispondono**	**ha corrisposto**	**hanno corrisposto**

C

2 Imperfect		9 Past Perfect	
corrispondevo	**corrispondevamo**	**avevo corrisposto**	**avevamo corrisposto**
corrispondevi	**corrispondevate**	**avevi corrisposto**	**avevate corrisposto**
corrispondeva	**corrispondevano**	**aveva corrisposto**	**avevano corrisposto**

3 Past Absolute		10 Past Anterior	
corrisposi	**corrispondemmo**	**ebbi corrisposto**	**avemmo corrisposto**
corrispondesti	**corrispondeste**	**avesti corrisposto**	**aveste corrisposto**
corrispose	**corrisposero**	**ebbe corrisposto**	**ebbero corrisposto**

4 Future		11 Future Perfect	
corrisponderò	**corrisponderemo**	**avrò corrisposto**	**avremo corrisposto**
corrisponderai	**corrisponderete**	**avrai corrisposto**	**avrete corrisposto**
corrisponderà	**corrisponderanno**	**avrà corrisposto**	**avranno corrisposto**

5 Present Conditional		12 Past Conditional	
corrisponderei	**corrisponderemmo**	**avrei corrisposto**	**avremmo corrisposto**
corrisponderesti	**corrispondereste**	**avresti corrisposto**	**avreste corrisposto**
corrisponderebbe	**corrisponderebbero**	**avrebbe corrisposto**	**avrebbero corrisposto**

6 Present Subjunctive		13 Past Subjunctive	
corrisponda	**corrispondiamo**	**abbia corrisposto**	**abbiamo corrisposto**
corrisponda	**corrispondiate**	**abbia corrisposto**	**abbiate corrisposto**
corrisponda	**corrispondano**	**abbia corrisposto**	**abbiano corrisposto**

7 Imperfect Subjunctive		14 Past Perfect Subjunctive	
corrispondessi	**corrispondessimo**	**avessi corrisposto**	**avessimo corrisposto**
corrispondessi	**corrispondeste**	**avessi corrisposto**	**aveste corrisposto**
corrispondesse	**corrispondessero**	**avesse corrisposto**	**avessero corrisposto**

Imperative	
—	**corrispondiamo**
corrispondi (non corrispondere)	**corrispondete**
corrisponda	**corrispondano**

Samples of basic verb usage	**Extended uses/Related words and expressions**
Le nostre risposte corrispondono perfetta-mente. Our answers correspond perfectly.	**Il moi amore non è corrisposto.** My love is not reciprocated.
Di solito corrispondo con gli zii. Usually I correspond with my aunt and uncle.	

NOTE: This verb is composed with the verb **rispondere** (to answer) and is thus conjugated exactly like it.

corrompere*

to corrupt

Gerund corrompendo   **Past Part. corrotto**

Irregular verb ■

The Seven Simple Tenses		The Seven Compound Tenses	
Singular	Plural	Singular	Plural
1 Present Indicative		**8 Present Perfect**	
corrompo	corrompiamo	ho corrotto	abbiamo corrotto
corrompi	corrompete	hai corrotto	avete corrotto
corrompe	corrompono	ha corrotto	hanno corrotto
2 Imperfect		**9 Past Perfect**	
corrompevo	corrompevamo	avevo corrotto	avevamo corrotto
corrompevi	corrompevate	avevi corrotto	avevate corrotto
corrompeva	corrompevano	aveva corrotto	avevano corrotto
3 Past Absolute		**10 Past Anterior**	
corruppi	corrompemmo	ebbi corrotto	avemmo corrotto
corrompesti	corrompeste	avesti corrotto	aveste corrotto
corruppe	corruppero	ebbe corrotto	ebbero corrotto
4 Future		**11 Future Perfect**	
corromperò	corromperemo	avrò corrotto	avremo corrotto
corromperai	corromperete	avrai corrotto	avrete corrotto
corromperà	corromperanno	avrà corrotto	avranno corrotto
5 Present Conditional		**12 Past Conditional**	
corromperei	corromperemmo	avrei corrotto	avremmo corrotto
corromperesti	corrompereste	avresti corrotto	avreste corrotto
corromperebbe	corromperebbero	avrebbe corrotto	avrebbero corrotto
6 Present Subjunctive		**13 Past Subjunctive**	
corrompa	corrompiamo	abbia corrotto	abbiamo corrotto
corrompa	corrompiate	abbia corrotto	abbiate corrotto
corrompa	corrompano	abbia corrotto	abbiano corrotto
7 Imperfect Subjunctive		**14 Past Perfect Subjunctive**	
corrompessi	corrompessimo	avessi corrotto	avessimo corrotto
corrompessi	corrompeste	avessi corrotto	aveste corrotto
corrompesse	corrompessero	avesse corrotto	avessero corrotto

Imperative	
—	corrompiamo
corrompi (non corrompere)	corrompete
corrompa	corrompano

Samples of basic verb usage
Non bisogna mai corrompere i giovani.
  One must never corrupt the young.
Loro hanno corrotto il giudice. They
  corrupted (bought off) the judge.

Extended uses/Related words and expressions
corrompersi to deteriorate, to decay
I cibi si corrompono col caldo. Foods decay in
  the heat.

NOTE: This verb is composed with the verb **rompere** (to break) and is thus conjugated exactly like it.

■ Irregular verb

to force, to compel

The Seven Simple Tenses | The Seven Compound Tenses

Singular	Plural	Singular	Plural

1 Present Indicative

costringo	costringiamo		
costringi	costringete		
costringe	costringono		

8 Present Perfect

ho costretto	abbiamo costretto
hai costretto	avete costretto
ha costretto	hanno costretto

2 Imperfect

costringevo	costringevamo
costringevi	costringevate
costringeva	costringevano

9 Past Perfect

avevo costretto	avevamo costretto
avevi costretto	avevate costretto
aveva costretto	avevano costretto

3 Past Absolute

costrinsi	costringemmo
costringesti	costringeste
costrinse	costrinsero

10 Past Anterior

ebbi costretto	avemmo costretto
avesti costretto	aveste costretto
ebbe costretto	ebbero costretto

4 Future

costringerò	costringeremo
costringerai	costringerete
costringerà	costringeranno

11 Future Perfect

avrò costretto	avremo costretto
avrai costretto	avrete costretto
avrà costretto	avranno costretto

5 Present Conditional

costringerei	costringeremmo
costringeresti	costringereste
costringerebbe	costringerebbero

12 Past Conditional

avrei costretto	avremmo costretto
avresti costretto	avreste costretto
avrebbe costretto	avrebbero costretto

6 Present Subjunctive

costringa	costringiamo
costringa	costringiate
costringa	costringano

13 Past Subjunctive

abbia costretto	abbiamo costretto
abbia costretto	abbiate costretto
abbia costretto	abbiano costretto

7 Imperfect Subjective

costringessi	costringessimo
costringessi	costringeste
costringesse	costringessero

14 Past Perfect Subjunctive

avessi costretto	avessimo costretto
avessi costretto	aveste costretto
avesse costretto	avessero costretto

Imperative

—	costringiamo
costringi (non costringere)	costringete
costringa	costringano

Samples of basic verb usage
Un forte raffreddore mi costringe a letto.
A bad cold is forcing me to stay in bed.
Non costringermi a dire certe cose! Don't
force me to say such things!

Extended uses/Related words and expressions
Con grande sforzo, ho costretto il riso. With
great effort, I held myself back from laughing.
**Mi costringo a non fare nulla durante le
vacanze.** I have to force myself to do nothing
during vacation.

NOTE: This verb is composed with the verb **stringere** (to tighten) and is thus conjugated exactly like it.

costruire

Gerund **costruendo**　　　Past Part. **costruito**

(sometimes: **costrurre**) to build, to construct

The Seven Simple Tenses		The Seven Compound Tenses	
Singular	Plural	Singular	Plural

1 Present Indicative

		8 Present Perfect	
costruisco	costruiamo	ho costruito	abbiamo costruito
costruisci	costruite	hai costruito	avete costruito
costruisce	costruiscono	ha costruito	hanno costruito

2 Imperfect

		9 Past Perfect	
costruivo	costruivamo	avevo costruito	avevamo costruito
costruivi	costruivate	avevi costruito	avevate costruito
costruiva	costruivano	aveva costruito	avevano costruito

3 Past Absolute

		10 Past Anterior	
costruii	costruimmo	ebbi costruito	avemmo costruito
costruisti	costruiste	avesti costruito	aveste costruito
costruì	costruirono	ebbe costruito	ebbero costruito

4 Future

		11 Future Perfect	
costruirò	costruiremo	avrò costruito	avremo costruito
costruirai	costruirete	avrai costruito	avrete costruito
costruirà	costruiranno	avrà costruito	avranno costruito

5 Present Conditional

		12 Past Conditional	
costruirei	costruiremmo	avrei costruito	avremmo costruito
costruiresti	costruireste	avresti costruito	avreste costruito
costruirebbe	costruirebbero	avrebbe costruito	avrebbero costruito

6 Present Subjunctive

		13 Past Subjunctive	
costruisca	costruiamo	abbia costruito	abbiamo costruito
costruisca	costruiate	abbia costruito	abbiate costruito
costruisca	costruiscano	abbia costruito	abbiano costruito

7 Imperfect Subjective

		14 Past Perfect Subjunctive	
costruissi	costruissimo	avessi costruito	avessimo costruito
costruissi	costruiste	avessi costruito	aveste costruito
costruisse	costruissero	avesse costruito	avessero costruito

Imperative

—	costruiamo
costruisci (non costruire)	costruite
costruisca	costruiscano

Samples of basic verb usage

Hanno costruito una nuova casa. They built a new home.

Chi ha costruito quella teoria? Who put together that theory?

Quella ditta vuole costruire una nuova immagine. That company wants to build a new image for itself.

Extended uses/Related words and expressions

costruire castelli in aria to build sandcastles in the sky

costruire un'azione (in sport) to make a great play

130

The Seven Simple Tenses		The Seven Compound Tenses	
Singular	Plural	Singular	Plural

C

1 Present Indicative		8 Present Perfect	
credo	**crediamo**	**ho creduto**	**abbiamo creduto**
credi	**credete**	**hai creduto**	**avete creduto**
crede	**credono**	**ha creduto**	**hanno creduto**

2 Imperfect		9 Past Perfect	
credevo	**credevamo**	**avevo creduto**	**avevamo creduto**
credevi	**credevate**	**avevi creduto**	**avevate creduto**
credeva	**credevano**	**aveva creduto**	**avevano creduto**

3 Past Absolute		10 Past Anterior	
credei (credetti)	**credemmo**	**ebbi creduto**	**avemmo creduto**
credesti	**credeste**	**avesti creduto**	**aveste creduto**
credé (credette)	**crederono**	**ebbe creduto**	**ebbero creduto**
	(credettero)		

4 Future		11 Future Perfect	
crederò	**crederemo**	**avrò creduto**	**avremo creduto**
crederai	**crederete**	**avrai creduto**	**avrete creduto**
crederà	**crederanno**	**avrà creduto**	**avranno creduto**

5 Present Conditional		12 Past Conditional	
crederei	**crederemmo**	**avrei creduto**	**avremmo creduto**
crederesti	**credereste**	**avresti creduto**	**avreste creduto**
crderebbe	**crederebbero**	**avrebbe creduto**	**avrebbero creduto**

6 Present Subjunctive		13 Past Subjunctive	
creda	**crediamo**	**abbia creduto**	**abbiamo creduto**
creda	**crediate**	**abbia creduto**	**abbiate creduto**
creda	**credano**	**abbia creduto**	**abbiano creduto**

7 Imperfect Subjective		14 Past Perfect Subjunctive	
credessi	**credessimo**	**avessi creduto**	**avessimo creduto**
credessi	**credeste**	**avessi creduto**	**aveste creduto**
credesse	**credessero**	**avesse creduto**	**avessero creduto**

Imperative	
—	**crediamo**
credi (non credere)	**credete**
creda	**credano**

Samples of basic verb usage
Io credo in Dio. I believe in God.
Non credo ai fantasmi. I don't believe in ghosts.
Lui crede a tutti. He believes what everyone says.

Non credevo ai miei occhi, quando è entrata. I couldn't believe my eyes when she walked in.

Extended uses/Related words and expressions
Lo credo bene! No kidding!
É sposata? Credo. Is she married? I guess.

NOTE: This verb takes the subjunctive in dependent clauses: **Credo che venga anche lui** (I believe he may also be coming).

crescere*

Gerund crescendo   **Past Part. cresciuto**

to grow, to increase   Irregular verb ■

The Seven Simple Tenses		The Seven Compound Tenses	
Singular	Plural	Singular	Plural
1 Present Indicative		**8 Present Perfect**	
cresco	cresciamo	sono cresciuto	siamo cresciuti
cresci	crescete	sei cresciuto	siete cresciuti
cresce	crescono	è cresciuto	sono cresciuti
2 Imperfect		**9 Past Perfect**	
crescevo	crescevamo	ero cresciuto	eravamo cresciuti
crescevi	crescevate	eri cresciuto	eravate cresciuti
cresceva	crescevano	era cresciuto	erano cresciuti
3 Past Absolute		**10 Past Anterior**	
crebbi	crescemmo	fui cresciuto	fummo cresciuti
crescesti	cresceste	fosti cresciuto	foste cresciuti
crebbe	crebbero	fu cresciuto	furono cresciuti
4 Future		**11 Future Perfect**	
crescerò	cresceremo	sarò cresciuto	saremo cresciuti
crescerai	crescerete	sarai cresciuto	sarete cresciuti
crescerà	cresceranno	sarà cresciuto	saranno cresciuti
5 Present Conditional		**12 Past Conditional**	
crescerei	cresceremmo	sarei cresciuto	saremmo cresciuti
cresceresti	crescereste	saresti cresciuto	sareste cresciuti
crescerebbe	crescerebbero	sarebbe cresciuto	sarebbero cresciuti
6 Present Subjunctive		**13 Past Subjunctive**	
cresca	cresciamo	sia cresciuto	siamo cresciuti
cresca	cresciate	sia cresciuto	siate cresciuti
cresca	crescano	sia cresciuto	siano cresciuti
7 Imperfect Subjective		**14 Past Perfect Subjunctive**	
crescessi	crescessimo	fossi cresciuto	fossimo cresciuti
crescessi	cresceste	fossi cresciuto	foste cresciuti
crescesse	crescessero	fosse cresciuto	fossero cresciuti

Imperative	
—	cresciamo
cresci (non crescere)	crescete
cresca	crescano

Samples of basic verb usage

Quei due bambini sono cresciuti molto. Those two kids have really grown.

Il cucciolo sta crescendo. The puppy is growing.

Suo figlio è ormai cresciuto. His son is all grown up.

Extended uses/Related words and expressions

crescere di grado to rise (advance) in one's job

crescere i figli to raise children

C

The Seven Simple Tenses		The Seven Compound Tenses	
Singular	Plural	Singular	Plural

1 Present Indicative		8 Present Perfect	
cucio	cuciamo	ho cucito	abbiamo cucito
cuci	cucite	hai cucito	avete cucito
cuce	cuciono	ha cucito	hanno cucito

2 Imperfect		9 Past Perfect	
cucivo	cucivamo	avevo cucito	avevamo cucito
cucivi	cucivate	avevi cucito	avevate cucito
cuciva	cucivano	aveva cucito	avevano cucito

3 Past Absolute		10 Past Anterior	
cucii	cucimmo	ebbi cucito	avemmo cucito
cucisti	cuciste	avesti cucito	aveste cucito
cucì	cucirono	ebbe cucito	ebbero cucito

4 Future		11 Future Perfect	
cucirò	cuciremo	avrò cucito	avremo cucito
cucirai	cucirete	avrai cucito	avrete cucito
cucirà	cuciranno	avrà cucito	avranno cucito

5 Present Conditional		12 Past Conditional	
cucirei	cuciremmo	avrei cucito	avremmo cucito
cuciresti	cucireste	avresti cucito	avreste cucito
cucirebbe	cucirebbero	avrebbe cucito	avrebbero cucito

6 Present Subjunctive		13 Past Subjunctive	
cucia	cuciamo	abbia cucito	abbiamo cucito
cucia	cuciate	abbia cucito	abbiate cucito
cucia	cuciano	abbia cucito	abbiano cucito

7 Imperfect Subjective		14 Past Perfect Subjunctive	
cucissi	cucissimo	avessi cucito	avessimo cucito
cucissi	cuciste	avessi cucito	aveste cucito
cucisse	cucissero	avesse cucito	avessero cucito

Imperative	
—	cuciamo
cuci (non cucire)	cucite
cucia	cuciano

Samples of basic verb usage

Mi cuci la manica della camicia? Can you sew the sleeve of my shirt?

Chi ha cucito quella maglia? Who sewed that sweater?

Extended uses/Related words and expressions

cucire la bocca a qualcuno to zip up someone's lips

Ha scritto un articolo cucendo assieme diverse idee. He wrote an article stringing together different ideas.

cuocere*

to cook

Gerund **cocendo (cuocendo)** Past Part. **cotto**

Irregular verb ■

The Seven Simple Tenses		The Seven Compound Tenses	
Singular	Plural	Singular	Plural
1 Present Indicative		**8 Present Perfect**	
cuocio	cuociamo	ho cotto	abbiamo cotto
cuoci	cuocete	hai cotto	avete cotto
cuoce	cuociono	ha cotto	hanno cotto
2 Imperfect		**9 Past Perfect**	
cuocevo	cuocevamo	avevo cotto	avevamo cotto
cuocevi	cuocevate	avevi cotto	avevate cotto
cuoceva	cuocevano	aveva cotto	avevano cotto
3 Past Absolute		**10 Past Anterior**	
cossi	cuocemmo	ebbi cotto	avemmo cotto
cuocesti	cuoceste	avesti cotto	aveste cotto
cosse	cossero	ebbe cotto	ebbero cotto
4 Future		**11 Future Perfect**	
cuocerò	cuoceremo	avrò cotto	avremo cotto
cuocerai	cuocerete	avrai cotto	avrete cotto
cuocerà	cuoceranno	avrà cotto	avranno cotto
5 Present Conditional		**12 Past Conditional**	
cuocerei	cuoceremmo	avrei cotto	avremmo cotto
cuoceresti	cuocereste	avresti cotto	avreste cotto
cuocerebbe	cuocerebbero	avrebbe cotto	avrebbero cotto
6 Present Subjunctive		**13 Past Subjunctive**	
cuocia (cuoca)	cuociamo	abbia cotto	abbiamo cotto
cuocia (cuoca)	cuociate	abbia cotto	abbiate cotto
cuocia (cuoca)	cuociano	abbia cotto	abbiano cotto
7 Imperfect Subjective		**14 Past Perfect Subjunctive**	
cuocessi	cuocessimo	avessi cotto	avessimo cotto
cuocessi	cuoceste	avessi cotto	aveste cotto
cuocesse	cuocessero	avesse cotto	avessero cotto

Imperative	
—	cociamo (cuociamo)
cuoci (non cuocere)	cocete (cuocete)
cuocia (cuoca)	cuociano (cuocano)

Samples of basic verb usage	**Extended uses/Related words and expressions**
Chi ha cotto le uova? Who cooked the eggs?	**cuocere alla griglia** to grill
Si deve cuocere la carne bene. One has to cook meat well.	**cuocere a lesso** to broil
	cuocere al forno to bake
Il sole mi ha cotto la pelle. The sun burned (cooked) my skin.	**Sono innamorati cotti.** They are madly in love (*literally* They are cooked in love).

134

■ Irregular verb   to give

The Seven Simple Tenses		The Seven Compound Tenses	
Singular	Plural	Singular	Plural
1 Present Indicative		**8 Present Perfect**	
do	diamo	ho dato	abbiamo dato
dai	date	hai dato	avete dato
dà	danno	ha dato	hanno dato
2 Imperfect		**9 Past Perfect**	
davo	davamo	avevo dato	avevamo dato
davi	davate	avevi dato	avevate dato
dava	davano	aveva dato	avevano dato
3 Past Absolute		**10 Past Anterior**	
diedi (detti)	demmo	ebbi dato	avemmo dato
desti	deste	avesti dato	aveste dato
diede (dette)	diedero (dettero)	ebbe dato	ebbero dato
4 Future		**11 Future Perfect**	
darò	daremo	avrò dato	avremo dato
darai	darete	avrai dato	avrete dato
darà	daranno	avrà dato	avranno dato
5 Present Conditional		**12 Past Conditional**	
darei	daremmo	avrei dato	avremmo dato
daresti	dareste	avresti dato	avreste dato
darebbe	darebbero	avrebbe dato	avrebbero dato
6 Present Subjunctive		**13 Past Subjunctive**	
dia	diamo	abbia dato	abbiamo dato
dia	diate	abbia dato	abbiate dato
dia	diano	abbia dato	abbiano dato
7 Imperfect Subjective		**14 Past Perfect Subjunctive**	
dessi	dessimo	avessi dato	avessimo dato
dessi	deste	avessi dato	aveste dato
desse	dessero	avesse dato	avessero dato

Imperative	
—	diamo
da' (dai) (non dare)	date
dia	diano

Dare

This is a key verb because it is used frequently in conversation and because it occurs in many expressions and idioms.

Samples of basic verb usage

A chi hai dato il libro? To whom did you give the book?

Perché non gli hai dato il denaro? Why didn't you give him the money?

Dammi qualcosa da bere! Give me something to drink.

Words and expressions related to this verb

può darsi perhaps

darsi delle arie to show off, to put on airs

darsi da fare to get cracking

un dato di fatto a given fact

dare alla luce to bring to light

dare in prestito to loan

dare retta a qualcuno to heed (pay attention to) someone

dare i numeri to be off one's rocker

NOTE: When **dare** is followed by an infinitive the preposition **da** is required before the infinitive: **Loro mi danno sempre qualcosa** *da* **fare** (They always give me something *to* do).

■ Irregular verb   to decide

D

The Seven Simple Tenses		The Seven Compound Tenses	
Singular	Plural	Singular	Plural

1 Present Indicative

		8 Present Perfect	
decido	decidiamo	ho deciso	abbiamo deciso
decidi	decidete	hai deciso	avete deciso
decide	decidono	ha deciso	hanno deciso

2 Imperfect   **9 Past Perfect**

decidevo	decidevamo	avevo deciso	avevamo deciso
decidevi	decidevate	avevi deciso	avevate deciso
decideva	decidevano	aveva deciso	avevano deciso

3 Past Absolute   **10 Past Anterior**

decisi	decidemmo	ebbi deciso	avemmo deciso
decidesti	decideste	avesti deciso	aveste deciso
decise	decisero	ebbe deciso	ebbero deciso

4 Future   **11 Future Perfect**

deciderò	decideremo	avrò deciso	avremo deciso
deciderai	deciderete	avrai deciso	avrete deciso
deciderà	decideranno	avrà deciso	avranno deciso

5 Present Conditional   **12 Past Conditional**

deciderei	decideremmo	avrei deciso	avremmo deciso
decideresti	decidereste	avresti deciso	avreste deciso
deciderebbe	deciderebbero	avrebbe deciso	avrebbero deciso

6 Present Subjunctive   **13 Past Subjunctive**

decida	decidiamo	abbia deciso	abbiamo deciso
decida	decidiate	abbia deciso	abbiate deciso
decida	decidano	abbia deciso	abbiano deciso

7 Imperfect Subjective   **14 Past Perfect Subjunctive**

decidessi	decidessimo	avessi deciso	avessimo deciso
decidessi	decideste	avessi deciso	aveste deciso
decidesse	decidessero	avesse deciso	avessero deciso

Imperative

—	decidiamo
decidi (non decidere)	decidete
decida	decidano

Samples of basic verb usage

Che cosa hai deciso di fare? What did you decide to do?

Decideremo domani quello che faremo. We will decide tomorrow what we will do.

Ha deciso di venire anche lei alla festa. She has also decided to come to the party.

Extended uses/Related words and expressions

Deciditi a scrivere quel libro! Make up your mind and write that book!

Non c'è tempo da perdere. Decidetevi! There's no time to lose. Make up your mind!

NOTE: Other verbs conjugated like **decidere** are **alludere** (to allude), **attendere** (to wait), **chiudere** (to close), **concludere** (to conclude), **condividere** (to share), **difendere** (to defend), **dipendere** (to depend), **diffondere** (to spread), **dividere** (to divide), **includere** (to include), and **rendere** (to render).

definire
to define

The Seven Simple Tenses		The Seven Compound Tenses	
Singular	Plural	Singular	Plural

1 Present Indicative		8 Present Perfect	
definisco	definiamo	ho definito	abbiamo definito
definisci	definite	hai definito	avete definito
definisce	definiscono	ha definito	hanno definito

2 Imperfect		9 Past Perfect	
definivo	definivamo	avevo definito	avevamo definito
definivi	definivate	avevi definito	avevate definito
definiva	definivano	aveva definito	avevano definito

3 Past Absolute		10 Past Anterior	
definii	definimmo	ebbi definito	avemmo definito
definisti	definiste	avesti definito	aveste definito
definì	definirono	ebbe definito	ebbero definito

4 Future		11 Future Perfect	
definirò	definiremo	avrò definito	avremo definito
definirai	definirete	avrai definito	avrete definito
definirà	definiranno	avrà definito	avranno definito

5 Present Conditional		12 Past Conditional	
definirei	definiremmo	avrei definito	avremmo definito
definiresti	definireste	avresti definito	avreste definito
definirebbe	definirebbero	avrebbe definito	avrebbero definito

6 Present Subjunctive		13 Past Subjunctive	
definisca	definiamo	abbia definito	abbiamo definito
definisca	definiate	abbia definito	abbiate definito
definisca	definiscano	abbia definito	abbiano definito

7 Imperfect Subjective		14 Past Perfect Subjunctive	
definissi	definissimo	avessi definito	avessimo definito
definissi	definiste	avessi definito	aveste definito
definisse	definissero	avesse definito	avessero definito

	Imperative	
—		definiamo
definisci (non definire)		definite
definisca		definiscano

Samples of basic verb usage	**Extended uses/Related words and expressions**
Dovrai definire meglio quella parola.	**L'esito è definito.** The outcome is guaranteed.
You'll have to define that word better.	**Non è definita la cosa.** The matter is not a
Lui si definisce un libero pensatore.	given.
He defines himself as a free thinker.	

to deliberate, to decide, to resolve

D

The Seven Simple Tenses		The Seven Compound Tenses	
Singular	Plural	Singular	Plural

1 Present Indicative

		8 Present Perfect	
delibero	deliberiamo	ho deliberato	abbiamo deliberato
deliberi	deliberate	hai deliberato	avete deliberato
delibera	deliberano	ha deliberato	hanno deliberato

2 Imperfect

		9 Past Perfect	
deliberavo	deliberavamo	avevo deliberato	avevamo deliberato
deliberavi	deliberavate	avevi deliberato	avevate deliberato
deliberava	deliberavano	aveva deliberato	avevano deliberato

3 Past Absolute

		10 Past Anterior	
deliberai	deliberammo	ebbi deliberato	avemmo deliberato
deliberasti	deliberaste	avesti deliberato	aveste deliberato
deliberò	deliberarono	ebbe deliberato	ebbero deliberato

4 Future

		11 Future Perfect	
delibererò	delibereremo	avrò deliberato	avremo deliberato
delibererai	delibererete	avrai deliberato	avrete deliberato
delibererà	delibereranno	avrà deliberato	avranno deliberato

5 Present Conditional

		12 Past Conditional	
delibererei	delibereremmo	avrei deliberato	avremmo deliberato
delibereresti	deliberereste	avresti deliberato	avreste deliberato
delibererebbe	delibererebbero	avrebbe deliberato	avrebbero deliberato

6 Present Subjunctive

		13 Past Subjunctive	
deliberi	deliberiamo	abbia deliberato	abbiamo deliberato
deliberi	deliberiate	abbia deliberato	abbiate deliberato
deliberi	deliberino	abbia deliberato	abbiano deliberato

7 Imperfect Subjective

		14 Past Perfect Subjunctive	
deliberassi	deliberassimo	avessi deliberato	avessimo deliberato
deliberassi	deliberaste	avessi deliberato	aveste deliberato
deliberasse	deliberassero	avesse deliberato	avessero deliberato

Imperative

—	deliberiamo
delibera (non deliberare)	deliberate
deliberi	deliberino

Samples of basic verb usage

Abbiamo deliberato molto prima di procedere. We deliberated quite a bit before proceeding.

Il comune ha deliberato molto la costruzione di quell'edificio. The local government thought over for a long time the construction of that building.

Extended uses/Related words and expressions

Il giudice ha finalmente deliberato sul caso. The judge finally came to a decision on the case.

con animo deliberato intentionally (*literally* with a deliberated spirit)

depositare

Gerund **depositando**   Past Part. **depositato**

to deposit

The Seven Simple Tenses		The Seven Compound Tenses	
Singular	Plural	Singular	Plural

1 Present Indicative

		8 Present Perfect	
deposito	depositiamo	ho depositato	abbiamo depositato
depositi	depositate	hai depositato	avete depositato
deposita	depositano	ha depositato	hanno depositato

2 Imperfect

		9 Past Perfect	
depositavo	depositavamo	avevo depositato	avevamo depositato
depositavi	depositavate	avevi depositato	avevate depositato
depositava	depositavano	aveva depositato	avevano depositato

3 Past Absolute

		10 Past Anterior	
depositai	depositammo	ebbi depositato	avemmo depositato
depositasti	depositaste	avesti depositato	aveste depositato
depositò	depositarono	ebbe depositato	ebbero depositato

4 Future

		11 Future Perfect	
depositerò	depositeremo	avrò depositato	avremo depositato
depositerai	depositerete	avrai depositato	avrete depositato
depositerà	depositeranno	avrà depositato	avranno depositato

5 Present Conditional

		12 Past Conditional	
depositerei	depositeremmo	avrei depositato	avremmo depositato
depositeresti	depositereste	avresti depositato	avreste depositato
depositerebbe	depositerebbero	avrebbe depositato	avrebbero depositato

6 Present Subjunctive

		13 Past Subjunctive	
depositi	depositiamo	abbia depositato	abbiamo depositato
depositi	depositiate	abbia depositato	abbiate depositato
depositi	depositino	abbia depositato	abbiano depositato

7 Imperfect Subjunctive

		14 Past Perfect Subjunctive	
depositassi	depositassimo	avessi depositato	avessimo depositato
depositassi	depositaste	avessi depositato	aveste depositato
depositasse	depositassero	avesse depositato	avessero depositato

Imperative

—	depositiamo
deposita (non depositare)	depositate
depositi	depositino

Samples of basic verb usage

Abbiamo depositato quel pacco dai miei amici. We left (deposited) that package with our friends.

Depositerò quel denaro in banca domani. I am going to deposit that money in the bank tomorrow.

Extended uses/Related words and expressions

Il vino ha finito di depositare. The wine has finally settled to the bottom (sediment).

il deposito in banca bank deposit

■ Irregular verb   to describe

The Seven Simple Tenses		The Seven Compound Tenses	
Singular	Plural	Singular	Plural

1 Present Indicative

descrivo	descriviamo
descrivi	descrivete
descrive	descrivono

8 Present Perfect

ho descritto	abbiamo descritto
hai descritto	avete descritto
ha descritto	hanno descritto

2 Imperfect

descrivevo	descrivevamo
descrivevi	descrivevate
descriveva	descrivevano

9 Past Perfect

avevo descritto	avevamo descritto
avevi descritto	avevate descritto
aveva descritto	avevano descritto

3 Past Absolute

descrissi	descrivemmo
descrivesti	descriveste
descrisse	descrissero

10 Past Anterior

ebbi descritto	avemmo descritto
avesti descritto	aveste descritto
ebbe descritto	ebbero descritto

4 Future

descriverò	descriveremo
descriverai	descriverete
descriverà	descriveranno

11 Future Perfect

avrò descritto	avremo descritto
avrai descritto	avrete descritto
avrà descritto	avranno descritto

5 Present Conditional

descriverei	descriveremmo
descriveresti	descrivereste
descriverebbe	descriverebbero

12 Past Conditional

avrei descritto	avremmo descritto
avresti descritto	avreste descritto
avrebbe descritto	avrebbero descritto

6 Present Subjunctive

descriva	descriviamo
descriva	descriviate
descriva	descrivano

13 Past Subjunctive

abbia descritto	abbiamo descritto
abbia descritto	abbiate descritto
abbia descritto	abbiano descritto

7 Imperfect Subjunctive

descrivessi	descrivessimo
descrivessi	descriveste
descrivesse	descrivessero

14 Past Perfect Subjunctive

avessi descritto	avessimo descritto
avessi descritto	aveste descritto
avesse descritto	avessero descritto

Imperative

—	descriviamo
descrivi (non descrivere)	descrivete
descriva	descrivano

Samples of basic verb usage
Quella scrittrice descrive le cose in modo potente. That writer describes things in a powerful way.
Come si descrive quel dispositivo? How can we describe that gadget?

Extended uses/Related words and expressions
descrivere qualcuno per filo e per segno to describe someone in great detail
Come si descrive una parabola? How do you trace a parabola?

NOTE: This verb is composed with the verb **scrivere** (to write) and is thus conjugated exactly like it.

desiderare

Gerund **desiderando**   Past Part. **desiderato**

to wish, to want, to desire

The Seven Simple Tenses		The Seven Compound Tenses	
Singular	Plural	Singular	Plural
1 Present Indicative		**8 Present Perfect**	
desidero	desideriamo	ho desiderato	abbiamo desiderato
desideri	desiderate	hai desiderato	avete desiderato
desidera	desiderano	ha desiderato	hanno desiderato
2 Imperfect		**9 Past Perfect**	
desideravo	desideravamo	avevo desiderato	avevamo desiderato
desideravi	desideravate	avevi desiderato	avevate desiderato
desiderava	desideravano	aveva desiderato	avevano desiderato
3 Past Absolute		**10 Past Anterior**	
desiderai	desiderammo	ebbi desiderato	avemmo desiderato
desiderasti	desideraste	avesti desiderato	aveste desiderato
desiderò	desiderarono	ebbe desiderato	ebbero desiderato
4 Future		**11 Future Perfect**	
desidererò	desidereremo	avrò desiderato	avremo desiderato
desidererai	desidererete	avrai desiderato	avrete desiderato
desidererà	desidereranno	avrà desiderato	avranno desiderato
5 Present Conditional		**12 Past Conditional**	
desidererei	desidereremmo	avrei desiderato	avremmo desiderato
desidereresti	desiderereste	avresti desiderato	avreste desiderato
desidererebbe	desidererebbero	avrebbe desiderato	avrebbero desiderato
6 Present Subjunctive		**13 Past Subjunctive**	
desideri	desideriamo	abbia desiderato	abbiamo desiderato
desideri	desideriate	abbia desiderato	abbiate desiderato
desideri	desiderino	abbia desiderato	abbiano desiderato
7 Imperfect Subjunctive		**14 Past Perfect Subjunctive**	
desiderassi	desiderassimo	avessi desiderato	avessimo desiderato
desiderassi	desideraste	avessi desiderato	aveste desiderato
desiderasse	desiderassero	avesse desiderato	avessero desiderato

	Imperative	
—		desideriamo
desidera (non desiderare)		desiderate
desideri		desiderino

Samples of basic verb usage

Desidero un momento di riposo. I desire a minute of relaxation.

Forse lui desidera un po' d'acqua. Maybe he wants a bit of water.

Ti desiderano al telefono. You are wanted on the phone.

Extended uses/Related words and expressions

Desidera, signore? May I help you, sir?

Questo lascia a desiderare. This leaves something to be desired.

NOTE: This verb takes the subjunctive in dependent clauses: **Desidero che loro siano sempre felici** (I desire that they be always happy).

It is normally followed by an infinitive without any preposition in between: **Desidero andare** (I want to go).

142

to determine, to resolve

The Seven Simple Tenses		The Seven Compound Tenses	
Singular	Plural	Singular	Plural

D

1 Present Indicative		8 Present Perfect	
determino	determiniamo	ho determinato	abbiamo determinato
determini	determinate	hai determinato	avete determinato
determina	determinano	ha determinato	hanno determinato

2 Imperfect		9 Past Perfect	
determinavo	determinavamo	avevo determinato	avevamo determinato
determinavi	determinavate	avevi determinato	avevate determinato
determinava	determinavano	aveva determinato	avevano determinato

3 Past Absolute		10 Past Anterior	
determinai	determinammo	ebbi determinato	avemmo determinato
determinasti	determinaste	avesti determinato	aveste determinato
determinò	determinarono	ebbe determinato	ebbero determinato

4 Future		11 Future Perfect	
determinerò	determineremo	avrò determinato	avremo determinato
determinerai	determinerete	avrai determinato	avrete determinato
determinerà	determineranno	avrà determinato	avranno determinato

5 Present Conditional		12 Past Conditional	
determinerei	determineremmo	avrei determinato	avremmo determinato
determineresti	determinereste	avresti determinato	avreste determinato
determinerebbe	determinerebbero	avrebbe determinato	avrebbero determinato

6 Present Subjunctive		13 Past Subjunctive	
determini	determiniamo	abbia determinato	abbiamo determinato
determini	determiniate	abbia determinato	abbiate determinato
determini	determinino	abbia determinato	abbiano determinato

7 Imperfect Subjunctive		14 Past Perfect Subjunctive	
determinassi	determinassimo	avessi determinato	avessimo determinato
determinassi	determinaste	avessi determinato	aveste determinato
determinasse	determinassero	avesse determinato	avessero determinato

Imperative	
—	determiniamo
determina (non determinare)	determinate
determini	determinino

Samples of basic verb usage	**Extended uses/Related words and expressions**
Che cosa avete determinato? What did you determine?	**Mi determinai ad abbandonare lo sport.** I made up my mind to give up sports.
Avete ancora determinato il giorno della partenza? Have you determined when (the day when) you will be leaving?	**Sei ancora determinato a partire?** Have you made up your mind to leave yet?

detestare

Gerund **detestando**　　　Past Part. **detestato**

to detest, to loathe, to hate

The Seven Simple Tenses		The Seven Compound Tenses	
Singular	Plural	Singular	Plural
1 Present Indicative		**8 Present Perfect**	
detesto	detestiamo	ho detestato	abbiamo detestato
detesti	detestate	hai detestato	avete detestato
detesta	detestano	ha detestato	hanno detestato
2 Imperfect		**9 Past Perfect**	
detestavo	detestavamo	avevo detestato	avevamo detestato
detestavi	detestavate	avevi detestato	avevate detestato
detestava	detestavano	aveva detestato	avevano detestato
3 Past Absolute		**10 Past Anterior**	
detestai	detestammo	ebbi detestato	avemmo detestato
detestasti	detestaste	avesti detestato	aveste detestato
detestò	detestarono	ebbe detestato	ebbero detestato
4 Future		**11 Future Perfect**	
detesterò	detesteremo	avrò detestato	avremo detestato
detesterai	detesterete	avrai detestato	avrete detestato
detesterà	detesteranno	avrà detestato	avranno detestato
5 Present Conditional		**12 Past Conditional**	
detesterei	detesteremmo	avrei detestato	avremmo detestato
detesteresti	detestereste	avresti detestato	avreste detestato
detesterebbe	detesterebbero	avrebbe detestato	avrebbero detestato
6 Present Subjunctive		**13 Past Subjunctive**	
detesti	detestiamo	abbia detestato	abbiamo detestato
detesti	detestiate	abbia detestato	abbiate detestato
detesti	detestino	abbia detestato	abbiano detestato
7 Imperfect Subjunctive		**14 Past Perfect Subjunctive**	
detestassi	detestassimo	avessi detestato	avessimo detestato
detestassi	detestaste	avessi detestato	aveste detestato
detestasse	detestassero	avesse detestato	avessero detestato

	Imperative	
—		**detestiamo**
detesta (non detestare)		**detestate**
detesti		**detestino**

Samples of basic verb usage	**Extended uses/Related words and expressions**
Detesto i verbi! I detest verbs!	**provare odio** to feel hatred
Perché loro si detestano? Why do they detest each other?	**aborrire** to abhor
	odiare to hate

NOTE: This verb takes the subjunctive in dependent clauses: **Detesto che tu pianga** (I detest the fact that you are crying).

144

The Seven Simple Tenses		The Seven Compound Tenses	
Singular	Plural	Singular	Plural

D

1 Present Indicative		8 Present Perfect	
detto	dettiamo	ho dettato	abbiamo dettato
detti	dettate	hai dettato	avete dettato
detta	dettano	ha dettato	hanno dettato

2 Imperfect		9 Past Perfect	
dettavo	dettavamo	avevo dettato	avevamo dettato
dettavi	dettavate	avevi dettato	avevate dettato
dettava	dettavano	aveva dettato	avevano dettato

3 Past Absolute		10 Past Anterior	
dettai	dettammo	ebbi dettato	avemmo dettato
dettasti	dettaste	avesti dettato	aveste dettato
dettò	dettarono	ebbe dettato	ebbero dettato

4 Future		11 Future Perfect	
detterò	detteremo	avrò dettato	avremo dettato
detterai	detterete	avrai dettato	avrete dettato
detterà	detteranno	avrà dettato	avranno dettato

5 Present Conditional		12 Past Conditional	
detterei	detteremmo	avrei dettato	avremmo dettato
detteresti	dettereste	avresti dettato	avreste dettato
detterebbe	detterebbero	avrebbe dettato	avrebbero dettato

6 Present Subjunctive		13 Past Subjunctive	
detti	dettiamo	abbia dettato	abbiamo dettato
detti	dettiate	abbia dettato	abbiate dettato
detti	dettino	abbia dettato	abbiano dettato

7 Imperfect Subjunctive		14 Past Perfect Subjunctive	
dettassi	dettassimo	avessi dettato	avessimo dettato
dettassi	dettaste	avessi dettato	aveste dettato
dettasse	dettassero	avesse dettato	avessero dettato

Imperative	
—	dettiamo
detta (non dettare)	dettate
detti	dettino

Samples of basic verb usage
Dettami quello che devo scrivere! Dictate to me what I have to write!
Ti dispiace dettarmi la lettera? Would you mind dictating the letter to me?

Extended uses/Related words and expressions
dettare legge to make the laws (around here)
il dettato di una legge the text (wording) of a law

difendere*

Gerund **difendendo**

Past Part. **difeso**

to defend, to guard against

Irregular verb ■

The Seven Simple Tenses		The Seven Compound Tenses	
Singular	Plural	Singular	Plural
1 Present Indicative		**8 Present Perfect**	
difendo	difendiamo	ho difeso	abbiamo difeso
difendi	difendete	hai difeso	avete difeso
difende	difendono	ha difeso	hanno difeso
2 Imperfect		**9 Past Perfect**	
difendevo	difendevamo	avevo difeso	avevamo difeso
difendevi	difendevate	avevi difeso	avevate difeso
difendeva	difendevano	aveva difeso	avevano difeso
3 Past Absolute		**10 Past Anterior**	
difesi	difendemmo	ebbi difeso	avemmo difeso
difendesti	difendeste	avesti difeso	aveste difeso
difese	difesero	ebbe difeso	ebbero difeso
4 Future		**11 Future Perfect**	
difenderò	difenderemo	avrò difeso	avremo difeso
difenderai	difenderete	avrai difeso	avrete difeso
difenderà	difenderanno	avrà difeso	avranno difeso
5 Present Conditional		**12 Past Conditional**	
difenderei	difenderemmo	avrei difeso	avremmo difeso
difenderesti	difendereste	avresti difeso	avreste difeso
difenderebbe	difenderebbero	avrebbe difeso	avrebbero difeso
6 Present Subjunctive		**13 Past Subjunctive**	
difenda	difendiamo	abbia difeso	abbiamo difeso
difenda	difendiate	abbia difeso	abbiate difeso
difenda	difendano	abbia difeso	abbiano difeso
7 Imperfect Subjunctive		**14 Past Perfect Subjunctive**	
difendessi	difendessimo	avessi difeso	avessimo difeso
difendessi	difendeste	avessi difeso	aveste difeso
difendesse	difendessero	avesse difeso	avessero difeso

	Imperative	
—		**difendiamo**
difendi (non difendere)		**difendete**
difenda		**difendano**

Samples of basic verb usage

Lui difende sempre i più deboli. He always defends the weakest.

Ho semplicemente difeso le mie opinioni. I simply defended my opinions.

Lo scienziato ha difeso la sua teoria. The scientist defended his theory.

Extended uses/Related words and expressions

Ti devi difendere la pelle dai raggi del sole. You should protect your skin from the sun's rays.

difendersi dai nemici (dalla gelosia, dal freddo) to guard against one's enemies (jealousy, the cold)

NOTE: Other verbs conjugated like **difendere** are **accendere** (to light), **attendere** (to wait), **diffondere** (to spread), **dipendere** (to depend), **offendere** (to offend), **prendere** (to take), **pretendere** (to demand), **rendere** (to render), **scendere** (to go down), **sorprendere** (to surprise), **spendere** (to spend), and **tendere** (to tend).

■ Irregular verb   to diffuse, to spread

D

The Seven Simple Tenses		The Seven Compound Tenses	
Singular	Plural	Singular	Plural
1 Present Indicative		**8 Present Perfect**	
diffondo	diffondiamo	ho diffuso	abbiamo diffuso
diffondi	diffondete	hai diffuso	avete diffuso
diffonde	diffondono	ha diffuso	hanno diffuso
2 Imperfect		**9 Past Perfect**	
diffondevo	diffondevamo	avevo diffuso	avevamo diffuso
diffondevi	diffondevate	avevi diffuso	avevate diffuso
diffondeva	diffondevano	aveva diffuso	avevano diffuso
3 Past Absolute		**10 Past Anterior**	
diffusi	diffondemmo	ebbi diffuso	avemmo diffuso
diffondesti	diffondeste	avesti diffuso	aveste diffuso
diffuse	diffusero	ebbe diffuso	ebbero diffuso
4 Future		**11 Future Perfect**	
diffonderò	diffonderemo	avrò diffuso	avremo diffuso
diffonderai	diffonderete	avrai diffuso	avrete diffuso
diffonderà	diffonderanno	avrà diffuso	avranno diffuso
5 Present Conditional		**12 Past Conditional**	
diffonderei	diffonderemmo	avrei diffuso	avremmo diffuso
diffonderesti	diffondereste	avresti diffuso	avreste diffuso
diffonderebbe	diffonderebbero	avrebbe diffuso	avrebbero diffuso
6 Present Subjunctive		**13 Past Subjunctive**	
diffonda	diffondiamo	abbia diffuso	abbiamo diffuso
diffonda	diffondiate	abbia diffuso	abbiate diffuso
diffonda	diffondano	abbia diffuso	abbiano diffuso
7 Imperfect Subjunctive		**14 Past Perfect Subjunctive**	
diffondessi	diffondessimo	avessi diffuso	avessimo diffuso
diffondessi	diffondeste	avessi diffuso	aveste diffuso
diffondesse	diffondessero	avesse diffuso	avessero diffuso

	Imperative	
—		**diffondiamo**
diffondi (non diffondere)		**diffondete**
diffonda		**diffondano**

Samples of basic verb usage	**Extended uses/Related words and expressions**
Il governo ha diffuso diversi comunicati ieri.	**comunicare** to communicate
The government circulated various announcements yesterday.	**emanare** to release, send out
	trasmettere to transmit
Quelle idee si sono diffuse anni fa. Those ideas were spread a few years ago.	**spargersi** to spread

NOTE: Another verb conjugated like **diffondere** is **confondere** (to confuse).

digerire

to digest, to tolerate, to master

The Seven Simple Tenses		The Seven Compound Tenses	
Singular	Plural	Singular	Plural
1 Present Indicative		**8 Present Perfect**	
digerisco	digeriamo	ho digerito	abbiamo digerito
digerisci	digerite	hai digerito	avete digerito
digerisce	digeriscono	ha digerito	hanno digerito
2 Imperfect		**9 Past Perfect**	
digerivo	digerivamo	avevo digerito	avevamo digerito
digerivi	digerivate	avevi digerito	avevate digerito
digeriva	digerivano	aveva digerito	avevano digerito
3 Past Absolute		**10 Past Anterior**	
digerii	digerimmo	ebbi digerito	avemmo digerito
digeristi	digeriste	avesti digerito	aveste digerito
digerì	digerirono	ebbe digerito	ebbero digerito
4 Future		**11 Future Perfect**	
digerirò	digeriremo	avrò digerito	avremo digerito
digerirai	digerirete	avrai digerito	avrete digerito
digerirà	digeriranno	avrà digerito	avranno digerito
5 Present Conditional		**12 Past Conditional**	
digerirei	digeriremmo	avrei digerito	avremmo digerito
digeriresti	digerireste	avresti digerito	avreste digerito
digerirebbe	digerirebbero	avrebbe digerito	avrebbero digerito
6 Present Subjunctive		**13 Past Subjunctive**	
digerisca	digeriamo	abbia digerito	abbiamo digerito
digerisca	digeriate	abbia digerito	abbiate digerito
digerisca	digeriscano	abbia digerito	abbiano digerito
7 Imperfect Subjunctive		**14 Past Perfect Subjunctive**	
digerissi	digerissimo	avessi digerito	avessimo digerito
digerissi	digeriste	avessi digerito	aveste digerito
digerisse	digerissero	avesse digerito	avessero digerito

Imperative	
—	digeriamo
digerisci (non digerire)	digerite
digerisca	digeriscano

Samples of basic verb usage

Non ho digerito la carne. I didn't digest the meat.

É difficile digerire tutta quell'informazione. It's difficult to digest all that information.

Extended uses/Related words and expressions

digerire la rabbia to swallow one's anger

Non digerisco il tuo amico. I can't stomach your friend.

la digestione digestion

l'indigestione indigestion

Regular **-are** verb endings with spelling   to forget
change: **c** becomes **ch** before **e** or **i**

The Seven Simple Tenses		The Seven Compound Tenses	
Singular	Plural	Singular	Plural
1 Present Indicative		**8 Present Perfect**	
dimentico	dimentichiamo	ho dimenticato	abbiamo dimenticato
dimentichi	dimenticate	hai dimenticato	avete dimenticato
dimentica	dimenticano	ha dimenticato	hanno dimenticato
2 Imperfect		**9 Past Perfect**	
dimenticavo	dimenticavamo	avevo dimenticato	avevamo dimenticato
dimenticavi	dimenticavate	avevi dimenticato	avevate dimenticato
dimenticava	dimenticavano	aveva dimenticato	avevano dimenticato
3 Past Absolute		**10 Past Anterior**	
dimenticai	dimenticammo	ebbi dimenticato	avemmo dimenticato
dimenticasti	dimenticaste	avesti dimenticato	aveste dimenticato
dimenticò	dimenticarono	ebbe dimenticato	ebbero dimenticato
4 Future		**11 Future Perfect**	
dimenticherò	dimenticheremo	avrò dimenticato	avremo dimenticato
dimenticherai	dimenticherete	avrai dimenticato	avrete dimenticato
dimenticherà	dimenticheranno	avrà dimenticato	avranno dimenticato
5 Present Conditional		**12 Past Conditional**	
dimenticherei	dimenticheremmo	avrei dimenticato	avremmo dimenticato
dimenticheresti	dimentichereste	avresti dimenticato	avreste dimenticato
dimenticherebbe	dimenticherebbero	avrebbe dimenticato	avrebbero dimenticato
6 Present Subjunctive		**13 Past Subjunctive**	
dimentichi	dimentichiamo	abbia dimenticato	abbiamo dimenticato
dimentichi	dimentichiate	abbia dimenticato	abbiate dimenticato
dimentichi	dimentichino	abbia dimenticato	abbiano dimenticato
7 Imperfect Subjunctive		**14 Past Perfect Subjunctive**	
dimenticassi	dimenticassimo	avessi dimenticato	avessimo dimenticato
dimenticassi	dimenticaste	avessi dimenticato	aveste dimenticato
dimenticasse	dimenticassero	avesse dimenticato	avessero dimenticato

Imperative	
—	**dimentichiamo**
dimentica (non dimenticare)	**dimenticate**
dimentichi	**dimentichino**

Samples of basic verb usage	Extended uses/Related words and expressions
Ho dimenticato l'ombrello. I forgot my umbrella.	**distratto** unfocused
	scordare to fail to remember
Non dimenticherò mai questi bei momenti. I'll never forget these wonderful moments.	**sbadato** absentminded
	smemorato forgetful

NOTE: There is also a reflexive version of this verb with similar uses: **Mi sono dimenticato l'ombrello** (I forgot my umbrella).

dimostrare

Gerund **dimostrando**   Past Part. **dimostrato**

to show, to demonstrate

The Seven Simple Tenses		The Seven Compound Tenses	
Singular	Plural	Singular	Plural
1 Present Indicative		**8 Present Perfect**	
dimostro	dimostriamo	ho dimostrato	abbiamo dimostrato
dimostri	dimostrate	hai dimostrato	avete dimostrato
dimostra	dimostrano	ha dimostrato	hanno dimostrato
2 Imperfect		**9 Past Perfect**	
dimostravo	dimostravamo	avevo dimostrato	avevamo dimostrato
dimostravi	dimostravate	avevi dimostrato	avevate dimostrato
dimostrava	dimostravano	aveva dimostrato	avevano dimostrato
3 Past Absolute		**10 Past Anterior**	
dimostrai	dimostrammo	ebbi dimostrato	avemmo dimostrato
dimostrasti	dimostraste	avesti dimostrato	aveste dimostrato
dimostrò	dimostrarono	ebbe dimostrato	ebbero dimostrato
4 Future		**11 Future Perfect**	
dimostrerò	dimostreremo	avrò dimostrato	avremo dimostrato
dimostrerai	dimostrerete	avrai dimostrato	avrete dimostrato
dimostrerà	dimostreranno	avrà dimostrato	avranno dimostrato
5 Present Conditional		**12 Past Conditional**	
dimostrerei	dimostreremmo	avrei dimostrato	avremmo dimostrato
dimostreresti	dimostrereste	avresti dimostrato	avreste dimostrato
dimostrerebbe	dimostrerebbero	avrebbe dimostrato	avrebbero dimostrato
6 Present Subjunctive		**13 Past Subjunctive**	
dimostri	dimostriamo	abbia dimostrato	abbiamo dimostrato
dimostri	dimostriate	abbia dimostrato	abbiate dimostrato
dimostri	dimostrino	abbia dimostrato	abbiano dimostrato
7 Imperfect Subjunctive		**14 Past Perfect Subjunctive**	
dimostrassi	dimostrassimo	avessi dimostrato	avessimo dimostrato
dimostrassi	dimostraste	avessi dimostrato	aveste dimostrato
dimostrasse	dimostrassero	avesse dimostrato	avessero dimostrato

Imperative	
—	dimostriamo
dimostra (non dimostrare)	dimostrate
dimostri	dimostrino

Samples of basic verb usage	Extended uses/Related words and expressions
Ha dimostrato un brutto atteggiamento.	Gli studenti hanno dimostrato pacificamente.
He showed a bad attitude.	The students put on a peaceful demonstration.
Non so dimostrare quel teorema. I don't know	dimostrarsi nervosi (preoccupati, sereni) to
how to demonstrate that theorem.	appear nervous (worried, calm)

■ Irregular verb   to depend

The Seven Simple Tenses		The Seven Compound Tenses	
Singular	Plural	Singular	Plural
1 Present Indicative		**8 Present Perfect**	
dipendo	dipendiamo	sono dipeso	siamo dipesi
dipendi	dipendete	sei dipeso	siete dipesi
dipende	dipendono	è dipeso	sono dipesi
2 Imperfect		**9 Past Perfect**	
dipendevo	dipendevamo	ero dipeso	eravamo dipesi
dipendevi	dipendevate	eri dipeso	eravate dipesi
dipendeva	dipendevano	era dipeso	erano dipesi
3 Past Absolute		**10 Past Anterior**	
dipesi	dipendemmo	fui dipeso	fummo dipesi
dipendesti	dipendeste	fosti dipeso	foste dipesi
dipese	dipesero	fu dipeso	furono dipesi
4 Future		**11 Future Perfect**	
dipenderò	dipenderemo	sarò dipeso	saremo dipesi
dipenderai	dipenderete	sarai dipeso	sarete dipesi
dipenderà	dipenderanno	sarà dipeso	saranno dipesi
5 Present Conditional		**12 Past Conditional**	
dipenderei	dipenderemmo	sarei dipeso	saremmo dipesi
dipenderesti	dipendereste	saresti dipeso	sareste dipesi
dipenderebbe	dipenderebbero	sarebbe dipeso	sarebbero dipesi
6 Present Subjunctive		**13 Past Subjunctive**	
dipenda	dipendiamo	sia dipeso	siamo dipesi
dipenda	dipendiate	sia dipeso	siate dipesi
dipenda	dipendano	sia dipeso	siano dipesi
7 Imperfect Subjunctive		**14 Past Perfect Subjunctive**	
dipendessi	dipendessimo	fossi dipeso	fossimo dipesi
dipendessi	dipendeste	fossi dipeso	foste dipesi
dipendesse	dipendessero	fosse dipeso	fossero dipesi

D

Imperative	
—	dipendiamo
dipendi (non dipendere)	**dipendete**
dipenda	**dipendano**

Samples of basic verb usage

Tutto questo dipende da loro. All this depends on them.

La durata di una macchina dipende da come viene usata. The lifespan of a car depends on how it is used.

Extended uses/Related words and expressions

un dipendente an employee

essere dipendenti di un datore di lavoro to be employees of an employer

NOTE: Other verbs conjugated like **dipendere** are **offendere** (to offend), **prendere** (to take), **pretendere** (to demand), **rendere** (to render), **scendere** (to go down), **sorprendere** (to surprise), **spendere** (to spend), **stendere** (to lay out), and **tendere** (to tend).

Note that with this verb *on* is rendered by **da: Questo dipende *da* te** (This depends *on* you).

dipingere*

to paint, to depict

Gerund dipingendo

Past Part. dipinto

Irregular verb ∎

The Seven Simple Tenses		The Seven Compound Tenses	
Singular	Plural	Singular	Plural
1 Present Indicative		**8 Present Perfect**	
dipingo	dipingiamo	ho dipinto	abbiamo dipinto
dipingi	dipingete	hai dipinto	avete dipinto
dipinge	dipingono	ha dipinto	hanno dipinto
2 Imperfect		**9 Past Perfect**	
dipingevo	dipingevamo	avevo dipinto	avevamo dipinto
dipingevi	dipingevate	avevi dipinto	avevate dipinto
dipingeva	dipingevano	aveva dipinto	avevano dipinto
3 Past Absolute		**10 Past Anterior**	
dipinsi	dipingemmo	ebbi dipinto	avemmo dipinto
dipingesti	dipingeste	avesti dipinto	aveste dipinto
dipinse	dipinsero	ebbe dipinto	ebbero dipinto
4 Future		**11 Future Perfect**	
dipingerò	dipingeremo	avrò dipinto	avremo dipinto
dipingerai	dipingerete	avrai dipinto	avrete dipinto
dipingerà	dipingeranno	avrà dipinto	avranno dipinto
5 Present Conditional		**12 Past Conditional**	
dipingerei	dipingeremmo	avrei dipinto	avremmo dipinto
dipingeresti	dipingereste	avresti dipinto	avreste dipinto
dipingerebbe	dipingerebbero	avrebbe dipinto	avrebbero dipinto
6 Present Subjunctive		**13 Past Subjunctive**	
dipinga	dipingiamo	abbia dipinto	abbiamo dipinto
dipinga	dipingiate	abbia dipinto	abbiate dipinto
dipinga	dipingano	abbia dipinto	abbiano dipinto
7 Imperfect Subjunctive		**14 Past Perfect Subjunctive**	
dipingessi	dipingessimo	avessi dipinto	avessimo dipinto
dipingessi	dipingeste	avessi dipinto	aveste dipinto
dipingesse	dipingessero	avesse dipinto	avessero dipinto

Imperative	
—	dipingiamo
dipingi (non dipingere)	dipingete
dipinga	dipingano

Samples of basic verb usage

Raffaello ha dipinto alcune sale del Vaticano.
Raphael painted a number of rooms in the Vatican.

Van Gogh ha dipinto molti paesaggi.
Van Gogh painted many landscapes.

Quel giornalista dipinge sempre la situazione politica perfettamente. That journalist always depicts the political situation perfectly.

Extended uses/Related words and expressions

un dipinto a painting

La città dipinta è Napoli. The city portrayed is Naples.

NOTE: Other verbs conjugated like **dipingere** are **respingere** (to refute, reject), **stringere** (to tighten) and **tingere** (to dye).

■ Irregular verb   to say, to tell

D

The Seven Simple Tenses		The Seven Compound Tenses	
Singular	Plural	Singular	Plural

1 Present Indicative

		8 Present Perfect	
dico	diciamo	ho detto	abbiamo detto
dici	dite	hai detto	avete detto
dice	dicono	ha detto	hanno detto

2 Imperfect

		9 Past Perfect	
dicevo	dicevamo	avevo detto	avevamo detto
dicevi	dicevate	avevi detto	avevate detto
diceva	dicevano	aveva detto	avevano detto

3 Past Absolute

		10 Past Anterior	
dissi	dicemmo	ebbi detto	avemmo detto
dicesti	diceste	avesti detto	aveste detto
disse	dissero	ebbe detto	ebbero detto

4 Future

		11 Future Perfect	
dirò	diremo	avrò detto	avremo detto
dirai	direte	avrai detto	avrete detto
dirà	diranno	avrà detto	avranno detto

5 Present Conditional

		12 Past Conditional	
direi	diremmo	avrei detto	avremmo detto
diresti	direste	avresti detto	avreste detto
direbbe	direbbero	avrebbe detto	avrebbero detto

6 Present Subjunctive

		13 Past Subjunctive	
dica	diciamo	abbia detto	abbiamo detto
dica	diciate	abbia detto	abbiate detto
dica	dicano	abbia detto	abbiano detto

7 Imperfect Subjunctive

		14 Past Perfect Subjunctive	
dicessi	dicessimo	avessi detto	avessimo detto
dicessi	diceste	avessi detto	aveste detto
dicesse	dicessero	avesse detto	avessero detto

Imperative	
—	diciamo
di' (non dire)	dite
dica	dicano

AN ESSENTIAL VERB

This is, clearly, a key verb because it is used frequently in conversation to indicate that one is saying something. It also occurs in many expressions and idioms.

Samples of basic verb usage

Chi ha detto quelle cose? Who said those things?

Lo dicono tutti. Everybody is saying it.

Lui dice sempre la verità. He always tells the truth.

Che vuoi che dica? What do you want me to say?

Words and expressions related to this verb

un detto a saying

suddetto already mentioned, mentioned above

dire chiaro e tondo to tell it like it is

per così dire so to speak

vale a dire that is to say

dire qualcosa fra i denti to say something through clenched teeth (reluctantly)

dire per dire off the cuff

Dica pure! Go ahead, speak your mind!

Tra il dire e il fare c'è di mezzo il mare. Words are easier than actions (*literally* Between saying and doing there is a body of water).

NOTE: As you can see, for some of the tenses (imperfect indicative and subjunctive, present subjunctive, imperative, and parts of the present indicative), **dire** can be considered to have the infinitive form **dicere** and, thus, is conjugated as a regular second-conjugation verb: **io dico, io dicevo**, etc.

Other verbs conjugated like **dire** are its compounds **disdire** (to cancel), **interdire** (to prohibit), **predire** (to predict), and **ridire** (to say again). **Disdire** is, however, regular in the imperative.

■ Irregular verb   to direct

D

The Seven Simple Tenses		The Seven Compound Tenses	
Singular	Plural	Singular	Plural
1 Present Indicative		**8 Present Perfect**	
dirigo	dirigiamo	ho diretto	abbiamo diretto
dirigi	dirigete	hai diretto	avete diretto
dirige	dirigono	ha diretto	hanno diretto
2 Imperfect		**9 Past Perfect**	
dirigevo	dirigevamo	avevo diretto	avevamo diretto
dirigevi	dirigevate	avevi diretto	avevate diretto
dirigeva	dirigevano	aveva diretto	avevano diretto
3 Past Absolute		**10 Past Anterior**	
diressi	dirigemmo	ebbi diretto	avemmo diretto
diregesti	dirigeste	avesti diretto	aveste diretto
diresse	diressero	ebbe diretto	ebbero diretto
4 Future		**11 Future Perfect**	
dirigerò	dirigeremo	avrò diretto	avremo diretto
dirigerai	dirigerete	avrai diretto	avrete diretto
dirigerà	dirigeranno	avrà diretto	avranno diretto
5 Present Conditional		**12 Past Conditional**	
dirigerei	dirigeremmo	avrei diretto	avremmo diretto
dirigeresti	dirigereste	avresti diretto	avreste diretto
dirigerebbe	dirigerebbero	avrebbe diretto	avrebbero diretto
6 Present Subjunctive		**13 Past Subjunctive**	
diriga	dirigiamo	abbia diretto	abbiamo diretto
diriga	dirigiate	abbia diretto	abbiate diretto
diriga	dirigano	abbia diretto	abbiano diretto
7 Imperfect Subjunctive		**14 Past Perfect Subjunctive**	
dirigessi	dirigessimo	avessi diretto	avessimo diretto
dirigessi	dirigeste	avessi diretto	aveste diretto
dirigesse	dirigessero	avesse diretto	avessero diretto

	Imperative	
—		dirigiamo
dirigi (non dirigere)		dirigete
diriga		dirigano

Samples of basic verb usage	**Extended uses/Related words and expressions**
Ha diretto la palla verso la porta. He directed the ball toward the door.	**dirigere un'orchestra** to conduct an orchestra
Chi dirige le operazioni di quell'azienda? Who is directing (managing) the operations of that company?	**il direttore d'orchestra** orchestra conductor

NOTE: Another verb conjugated like **dirigere** is **erigere** (to erect).

disarmare

Gerund **disarmando**   Past Part. **disarmato**

to disarm

The Seven Simple Tenses		The Seven Compound Tenses	
Singular	Plural	Singular	Plural
1 Present Indicative		**8 Present Perfect**	
disarmo	disarmiamo	ho disarmato	abbiamo disarmato
disarmi	disarmate	hai disarmato	avete disarmato
disarma	disarmano	ha disarmato	hanno disarmato
2 Imperfect		**9 Past Perfect**	
disarmavo	disarmavamo	avevo disarmato	avevamo disarmato
disarmavi	disarmavate	avevi disarmato	avevate disarmato
disarmava	disarmavano	aveva disarmato	avevano disarmato
3 Past Absolute		**10 Past Anterior**	
disarmai	disarmammo	ebbi disarmato	avemmo disarmato
disarmasti	disarmaste	avesti disarmato	aveste disarmato
disarmò	disarmarono	ebbe disarmato	ebbero disarmato
4 Future		**11 Future Perfect**	
disarmerò	disarmeremo	avrò disarmato	avremo disarmato
disarmerai	disarmerete	avrai disarmato	avrete disarmato
disarmerà	disarmeranno	avrà disarmato	avranno disarmato
5 Present Conditional		**12 Past Conditional**	
disarmerei	disarmeremmo	avrei disarmato	avremmo disarmato
disarmeresti	disarmereste	avresti disarmato	avreste disarmato
disarmerebbe	disarmerebbero	avrebbe disarmato	avrebbero disarmato
6 Present Subjunctive		**13 Past Subjunctive**	
disarmi	disarmiamo	abbia disarmato	abbiamo disarmato
disarmi	disarmiate	abbia disarmato	abbiate disarmato
disarmi	disarmino	abbia disarmato	abbiano disarmato
7 Imperfect Subjunctive		**14 Past Perfect Subjunctive**	
disarmassi	disarmassimo	avessi disarmato	avessimo disarmato
disarmassi	disarmaste	avessi disarmato	aveste disarmato
disarmasse	disarmassero	avesse disarmato	avessero disarmato

Imperative	
—	disarmiamo
disarma (non disarmare)	disarmate
disarmi	disarmino

Samples of basic verb usage

Quel poliziotto ha disarmato il ladro con facilità. That policeman disarmed the thief easily.

Il tuo atteggiamento mi ha disarmato. Your attitude has disarmed me.

Extended uses/Related words and expressions

disarmare il tetto to take down the roof

il disarmo disarmament

■ Irregular verb   to go down, to descend, to come down

D

The Seven Simple Tenses		The Seven Compound Tenses	
Singular	Plural	Singular	Plural
1 Present Indicative		**8 Present Perfect**	
discendo	discendiamo	sono disceso	siamo discesi
discendi	discendete	sei disceso	siete discesi
discende	discendono	è disceso	sono discesi
2 Imperfect		**9 Past Perfect**	
discendevo	discendevamo	ero disceso	eravamo discesi
discendevi	discendevate	eri disceso	eravate discesi
discendeva	discendevano	era disceso	erano discesi
3 Past Absolute		**10 Past Anterior**	
discesi	discendemmo	fui disceso	fummo discesi
discendesti	discendeste	fosti disceso	foste discesi
discese	discesero	fu disceso	furono discesi
4 Future		**11 Future Perfect**	
discenderò	discenderemo	sarò disceso	saremo discesi
discenderai	discenderete	sarai disceso	sarete discesi
discenderà	discenderanno	sarà disceso	saranno discesi
5 Present Conditional		**12 Past Conditional**	
discenderei	discenderemmo	sarei disceso	saremmo discesi
discenderesti	discendereste	saresti disceso	sareste discesi
discenderebbe	discenderebbero	sarebbe disceso	sarebbero discesi
6 Present Subjunctive		**13 Past Subjunctive**	
discenda	discendiamo	sia disceso	siamo discesi
discenda	discendiate	sia disceso	siate discesi
discenda	discendano	sia disceso	siano discesi
7 Imperfect Subjunctive		**14 Past Perfect Subjunctive**	
discendessi	discendessimo	fossi disceso	fossimo discesi
discendessi	discendeste	fossi disceso	foste discesi
discendesse	discendessero	fosse disceso	fossero discesi

Imperative	
—	discendiamo
discendi (non discendere)	discendete
discenda	discendano

Samples of basic verb usage	**Extended uses/Related words and expressions**
La temperatura è discesa notevolmente. The temperature has really gone down.	discendere dall'automobile to get out of the car
Discendi dal letto! Get down from the bed!	discendere da una nobile famiglia to be a descendant of a noble family

NOTE: This verb is composed with the verb **scendere** (to go down) and is thus conjugated exactly like it.

discorrere*
to talk, to chat

Gerund **discorrendo** Past Part. **discorso**

Irregular verb ■

The Seven Simple Tenses		The Seven Compound Tenses	
Singular	Plural	Singular	Plural
1 Present Indicative		**8 Present Perfect**	
discorro	discorriamo	ho discorso	abbiamo discorso
discorri	discorrete	hai discorso	avete discorso
discorre	discorrono	ha discorso	hanno discorso
2 Imperfect		**9 Past Perfect**	
discorrevo	discorrevamo	avevo discorso	avevamo discorso
discorrevi	discorrevate	avevi discorso	avevate discorso
discorreva	discorrevano	aveva discorso	avevano discorso
3 Past Absolute		**10 Past Anterior**	
discorsi	discorremmo	ebbi discorso	avemmo discorso
discorresti	discorreste	avesti discorso	aveste discorso
discorse	discorsero	ebbe discorso	ebbero discorso
4 Future		**11 Future Perfect**	
discorrerò	discorreremo	avrò discorso	avremo discorso
discorrerai	discorrerete	avrai discorso	avrete discorso
discorrerà	discorreranno	avrà discorso	avranno discorso
5 Present Conditional		**12 Past Conditional**	
discorrerei	discorreremmo	avrei discorso	avremmo discorso
discorreresti	discorrereste	avresti discorso	avreste discorso
discorrerebbe	discorrerebbero	avrebbe discorso	avrebbero discorso
6 Present Subjunctive		**13 Past Subjunctive**	
discorra	discorriamo	abbia discorso	abbiamo discorso
discorra	discorriate	abbia discorso	abbiate discorso
discorra	discorrano	abbia discorso	abbiano discorso
7 Imperfect Subjunctive		**14 Past Perfect Subjunctive**	
discorressi	discorressimo	avessi discorso	avessimo discorso
discorressi	discorreste	avessi discorso	aveste discorso
discorresse	discorressero	avesse discorso	avessero discorso

	Imperative	
—	discorriamo
discorri (non discorrere)	discorrete
discorra	discorrano

Samples of basic verb usage
A lui piace discorrere. He likes to talk.
Sto discorrendo del più e del meno. I am chatting about this and that.

Extended uses/Related words and expressions
e via discorrendo and so on
un discorso a talk

NOTE: This verb is composed with the verb **correre** (to run) and is thus conjugated exactly like it.

■ Irregular verb   to discuss, to argue

The Seven Simple Tenses		The Seven Compound Tenses	
Singular	Plural	Singular	Plural

1 Present Indicative		8 Present Perfect	
discuto	discutiamo	ho discusso	abbiamo discusso
discuti	discutete	hai discusso	avete discusso
discute	discutono	ha discusso	hanno discusso

2 Imperfect		9 Past Perfect	
discutevo	discutevamo	avevo discusso	avevamo discusso
discutevi	discutevate	avevi discusso	avevate discusso
discuteva	discutevano	aveva discusso	avevano discusso

3 Past Absolute		10 Past Anterior	
discussi	discutemmo	ebbi discusso	avemmo discusso
discutesti	discuteste	avesti discusso	aveste discusso
discusse	discussero	ebbe discusso	ebbero discusso

4 Future		11 Future Perfect	
discuterò	discuteremo	avrò discusso	avremo discusso
discuterai	discuterete	avrai discusso	avrete discusso
discuterà	discuteranno	avrà discusso	avranno discusso

5 Present Conditional		12 Past Conditional	
discuterei	discuteremmo	avrei discusso	avremmo discusso
discuteresti	discutereste	avresti discusso	avreste discusso
discuterebbe	discuterebbero	avrebbbe discusso	avrebbero discusso

6 Present Subjunctive		13 Past Subjunctive	
discuta	discutiamo	abbia discusso	abbiamo discusso
discuta	discutiate	abbia discusso	abbiate discusso
discuta	discutano	abbia discusso	abbiano discusso

7 Imperfect Subjunctive		14 Past Perfect Subjunctive	
discutessi	discutessimo	avessi discusso	avessimo discusso
discutessi	discuteste	avessi discusso	aveste discusso
discutesse	discutessero	avesse discusso	avessero discusso

Imperative	
—	discutiamo
discuti (non discutere)	discutete
discuta	discutano

Samples of basic verb usage	**Extended uses/Related words and expressions**
Di che cosa hanno discusso? What did they discuss?	**discutere una tesi di laurea** to defend a doctoral thesis
Gli studenti stanno discutendo di politica. The students are discussing politics.	**Hanno avuto una discussione.** They argued.

NOTE: Another verb conjugated like **discutere** is **incutere** (to instill).

disfare*

to undo

Gerund disfacendo **Past Part. disfatto**

Irregular verb ■

The Seven Simple Tenses		The Seven Compound Tenses	
Singular	Plural	Singular	Plural
1 Present Indicative		**8 Present Perfect**	
disfaccio (disfo)	disfacciamo	ho disfatto	abbiamo disfatto
disfai	disfate	hai disfatto	avete disfatto
disfa	disfanno	ha disfatto	hanno disfatto
2 Imperfect		**9 Past Perfect**	
disfacevo	disfacevamo	avevo disfatto	avevamo disfatto
disfacevi	disfacevate	avevi disfatto	avevate disfatto
disfaceva	disfacevano	aveva disfatto	avevano disfatto
3 Past Absolute		**10 Past Anterior**	
disfeci	disfacemmo	ebbi disfatto	avemmo disfatto
disfacesti	disfaceste	avesti disfatto	aveste disfatto
disfece	disfecero	ebbe disfatto	ebbero disfatto
4 Future		**11 Future Perfect**	
disfarò	disfaremo	avrò disfatto	avremo disfatto
disfarai	disfarete	avrai disfatto	avrete disfatto
disfarà	disfaranno	avrà disfatto	avranno disfatto
(*Or regular*: **disferò**, *etc.*)			
5 Present Conditional		**12 Past Conditional**	
disfarei	disfaremmo	avrei disfatto	avremmo disfatto
disfaresti	disfareste	avresti disfatto	avreste disfatto
disfarebbe	disfarebbero	avrebbe disfatto	avrebbero disfatto
(*Or regular*: **disferei**, *etc.*)			
6 Present Subjunctive		**13 Past Subjunctive**	
disfaccia	disfacciamo	abbia disfatto	abbiamo disfatto
disfaccia	disfacciate	abbia disfatto	abbiate disfatto
disfaccia	disfacciano	abbia disfatto	abbiano disfatto
(*Or regular*: **disfi**, *etc.*)			
7 Imperfect Subjunctive		**14 Past Perfect Subjunctive**	
disfacessi	disfacessimo	avessi disfatto	avessimo disfatto
disfacessi	disfaceste	avessi disfatto	aveste disfatto
disfacesse	disfacessero	avesse disfatto	avessero disfatto

Imperative

—	disfacciamo (disfiamo)
disfa (non disfare)	disfate
disfaccia (disfi)	disfacciano (disfino)

Samples of basic verb usage
Hanno disfatto tutto. They undid everything.
Hai disfatto le valige? Did you clean out the
  suitcases?

Extended uses/Related words and expressions
disfare il ghiaccio to melt the ice
La neve si è disfatta. The snow melted.

NOTE: This verb is composed with the verb **fare** (to do, make) and is thus conjugated exactly like it.

160

D

The Seven Simple Tenses		The Seven Compound Tenses	
Singular	Plural	Singular	Plural

1 Present Indicative		8 Present Perfect	
disgusto	**disgustiamo**	**ho disgustato**	**abbiamo disgustato**
disgusti	**disgustate**	**hai disgustato**	**avete disgustato**
disgusta	**disgustano**	**ha disgustato**	**hanno disgustato**

2 Imperfect		9 Past Perfect	
disgustavo	**disgustavamo**	**avevo disgustato**	**avevamo disgustato**
disgustavi	**disgustavate**	**avevi disgustato**	**avevate disgustato**
disgustava	**disgustavano**	**aveva disgustato**	**avevano disgustato**

3 Past Absolute		10 Past Anterior	
disgustai	**disgustammo**	**ebbi disgustato**	**avemmo disgustato**
disgustasti	**disgustaste**	**avesti disgustato**	**aveste disgustato**
disgustò	**disgustarono**	**ebbe disgustato**	**ebbero disgustato**

4 Future		11 Future Perfect	
disgusterò	**disgusteremo**	**avrò disgustato**	**avremo disgustato**
disgusterai	**disgusterete**	**avrai disgustato**	**avrete disgustato**
disgusterà	**disgusteranno**	**avrà disgustato**	**avranno disgustato**

5 Present Conditional		12 Past Conditional	
disgusterei	**disgusteremmo**	**avrei disgustato**	**avremmo disgustato**
disgusteresti	**disgustereste**	**avresti disgustato**	**avreste disgustato**
disgusterebbe	**disgusterebbero**	**avrebbe disgustato**	**avrebbero disgustato**

6 Present Subjunctive		13 Past Subjunctive	
disgusti	**disgustiamo**	**abbia disgustato**	**abbiamo disgustato**
disgusti	**disgustiate**	**abbia disgustato**	**abbiate disgustato**
disgusti	**disgustino**	**abbia disgustato**	**abbiano disgustato**

7 Imperfect Subjunctive		14 Past Perfect Subjunctive	
disgustassi	**disgustassimo**	**avessi disgustato**	**avessimo disgustato**
disgustassi	**disgustaste**	**avessi disgustato**	**aveste disgustato**
disgustasse	**disgustassero**	**avesse disgustato**	**avessero disgustato**

Imperative	
—	**disgustiamo**
disgusta (non disgustare)	**disgustate**
disgusti	**disgustino**

Samples of basic verb usage
I cibi grassi mi disgustano. Fat foods disgust me.
Quella persona mi disgusta. That person disgusts (repels) me.

Extended uses/Related words and expressions
disgustarsi to become disgusted
Sono disgustato. I became disgusted.

disperare

Gerund disperando   Past Part. **disperato**

to despair

The Seven Simple Tenses		The Seven Compound Tenses	
Singular	Plural	Singular	Plural
1 Present Indicative		**8 Present Perfect**	
dispero	disperiamo	ho disperato	abbiamo disperato
disperi	disperate	hai disperato	avete disperato
dispera	disperano	ha disperato	hanno disperato
2 Imperfect		**9 Past Perfect**	
disperavo	disperavamo	avevo disperato	avevamo disperato
disperavi	disperavate	avevi disperato	avevate disperato
disperava	disperavano	aveva disperato	avevano disperato
3 Past Absolute		**10 Past Anterior**	
disperai	disperammo	ebbi disperato	avemmo disperato
disperasti	disperaste	avesti disperato	aveste disperato
disperò	disperarono	ebbe disperato	ebbero disperato
4 Future		**11 Future Perfect**	
dispererò	dispereremo	avrò disperato	avremo disperato
dispererai	dispererete	avrai disperato	avrete disperato
dispererà	dispereranno	avrà disperato	avranno disperato
5 Present Conditional		**12 Past Conditional**	
dispererei	dispereremmo	avrei disperato	avremmo disperato
dispereresti	disperereste	avresti disperato	avreste disperato
dispererebbe	dispererebbero	avrebbe disperato	avrebbero disperato
6 Present Subjunctive		**13 Past Subjunctive**	
disperi	disperiamo	abbia disperato	abbiamo disperato
disperi	disperiate	abbia disperato	abbiate disperato
disperi	disperino	abbia disperato	abbiano disperato
7 Imperfect Subjunctive		**14 Past Perfect Subjunctive**	
disperassi	disperassimo	avessi disperato	avessimo disperato
disperassi	disperaste	avessi disperato	aveste disperato
disperasse	disperassero	avesse disperato	avessero disperato

	Imperative	
—		disperiamo
dispera (non disperare)		disperate
disperi		disperino

Samples of basic verb usage
Non disperare mai! You must never despair!
Non disperare per un esame andato male. Don't despair about an exam that went badly.

Extended uses/Related words and expressions
Dispero ormai che tu mi scriva. I have lost hope that you will ever write to me.

■ Irregular verb   to displease, to be sorry

D

The Seven Simple Tenses		The Seven Compound Tenses	
Singular	Plural	Singular	Plural
1 Present Indicative		**8 Present Perfect**	
dispiaccio	dispiac(c)iamo	sono dispiaciuto	siamo dispiaciuti
dispiaci	dispiacete	sei dispiaciuto	siete dispiaciuti
dispiace	dispiacciono	è dispiaciuto	sono dispiaciuti
2 Imperfect		**9 Past Perfect**	
dispiacevo	dispiacevamo	ero dispiaciuto	eravamo dispiaciuti
dispiacevi	dispiacevate	eri dispiaciuto	eravate dispiaciuti
dispiaceva	dispiacevano	era dispiaciuto	erano dispiaciuti
3 Past Absolute		**10 Past Anterior**	
dispiacqui	dispiacemmo	fui dispiaciuto	fummo dispiaciuti
dispiacesti	dispiaceste	fosti dispiaciuto	foste dispiaciuti
dispiacque	dispiacquero	fu dispiaciuto	furono dispiaciuti
4 Future		**11 Future Perfect**	
dispiacerò	dispiaceremo	sarò dispiaciuto	saremmo dispiaciuti
dispiacerai	dispiacerete	sarai dispiaciuto	sarete dispiaciuti
dispiacerà	dispiaceranno	sarà dispiaciuto	saranno dispiaciuti
5 Present Conditional		**12 Past Conditional**	
dispiacerei	dispiaceremmo	sarei dispiaciuto	saremo dispiaciuti
dispiaceresti	dispiacereste	saresti dispiaciuto	sareste dispiaciuti
dispiacerebbe	dispiacerebbero	sarebbe dispiaciuto	sarebbero dispiaciuti
6 Present Subjunctive		**13 Past Subjunctive**	
dispiaccia	dispiac(c)iamo	sia dispiaciuto	siamo dispiaciuti
dispiaccia	dispiac(c)iate	sia dispiaciuto	siate dispiaciuti
dispiaccia	dispiacciano	sia dispiaciuto	siano dispiaciuti
7 Imperfect Subjunctive		**14 Past Perfect Subjunctive**	
dispiacessi	dispiacessimo	fossi dispiaciuto	fossimo dispiaciuti
dispiacessi	dispiaceste	fossi dispiaciuto	foste dispiaciuti
dispiacesse	dispiacessero	fosse dispiaciuto	fossero dispiaciuti

Imperative	
—	dispia(c)ciamo
dispiaci (non dispiacere)	dispiacete
dispiaccia	dispiacciano

Samples of basic verb usage	Extended uses/Related words and expressions
Lui è dispiaciuto a tutto il pubblico. He displeased the entire audience.	**Questo cibo non mi dispiace.** I don't mind this food.
Mi dispiace non poter venire. I'm sorry I can't come.	**Ti dispiace prendermi quel libro sulla sedia?** Do you mind getting me that book on the chair?

NOTE: This verb is composed with the verb **piacere** (to like) and is thus conjugated exactly like it.

This verb holds the subjunctive in dependent clauses: **Mi dispiace che non venga** (I'm sorry she's not coming).

disporre*

Gerund disponendo **Past Part. disposto**

to arrange, to dispose

Irregular verb ∎

The Seven Simple Tenses		The Seven Compound Tenses	
Singular	Plural	Singular	Plural
1 Present Indicative		**8 Present Perfect**	
dispongo	disponiamo	ho disposto	abbiamo disposto
disponi	disponete	hai disposto	avete disposto
dispone	dispongono	ha disposto	hanno disposto
2 Imperfect		**9 Past Perfect**	
disponevo	disponevamo	avevo disposto	avevamo disposto
disponevi	disponevate	avevi disposto	avevate disposto
disponeva	disponevano	aveva disposto	avevano disposto
3 Past Absolute		**10 Past Anterior**	
disposi	disponemmo	ebbi disposto	avemmo disposto
disponesti	disponeste	avesti disposto	aveste disposto
dispose	disposero	ebbe disposto	ebbero disposto
4 Future		**11 Future Perfect**	
disporrò	disporremo	avrò disposto	avremo disposto
disporrai	disporrete	avrai disposto	avrete disposto
disporrà	disporranno	avrà disposto	avranno disposto
5 Present Conditional		**12 Past Conditional**	
disporrei	disporremmo	avrei disposto	avremmo disposto
disporresti	disporreste	avresti disposto	avreste disposto
disporrebbe	disporrebbero	avrebbe disposto	avrebbero disposto
6 Present Subjunctive		**13 Past Subjunctive**	
disponga	disponiamo	abbia disposto	abbiamo disposto
disponga	disponiate	abbia disposto	abbiate disposto
disponga	dispongano	abbia disposto	abbiano disposto
7 Imperfect Subjunctive		**14 Past Perfect Subjunctive**	
disponessi	disponessimo	avessi disposto	avessimo disposto
disponessi	disponeste	avessi disposto	aveste disposto
disponesse	disponessero	avesse disposto	avessero disposto

Imperative	
—	disponiamo
disponi (non disporre)	disponete
disponga	dispongano

Samples of basic verb usage

Mi piace come hai disposto i fiori nei vasi.
I like how you have arranged the flowers in the pots.

Loro dispongono di molto denaro. They possess a lot of money.

Extended uses/Related words and expressions

Ho disposto io per il pranzo. I took care of the lunch.

disporsi in fila to get in line

NOTE: This verb is composed with the verb **porre** (to put, place) and is thus conjugated exactly like it.

■ Irregular verb   to dissolve, to separate

D

The Seven Simple Tenses		The Seven Compound Tenses	
Singular	Plural	Singular	Plural

1 Present Indicative		8 Present Perfect	
dissolvo	dissolviamo	ho dissolto	abbiamo dissolto
dissolvi	dissolvete	hai dissolto	avete dissolto
dissolve	dissolvono	ha dissolto	hanno dissolto

2 Imperfect		9 Past Perfect	
dissolvevo	dissolvevamo	avevo dissolto	avevamo dissolto
dissolvevi	dissolvevate	avevi dissolto	avevate dissolto
dissolveva	dissolvevano	aveva dissolto	avevano dissolto

3 Past Absolute		10 Past Anterior	
dissolsi (dissolvei,	dissolvemmo	ebbi dissolto	avemmo dissolto
dissolvetti)		avesti dissolto	aveste dissolto
dissolvesti	dissolveste	ebbe dissolto	ebbero dissolto
dissolse (dissolvé,	dissolsero		
dissolvette)	(dissolverono,		
	dissolvettero)		

4 Future		11 Future Perfect	
dissolverò	dissolveremo	avrò dissolto	avremo dissolto
dissolverai	dissolverete	avrai dissolto	avrete dissolto
dissolverà	dissolveranno	avrà dissolto	avranno dissolto

5 Present Conditional		12 Past Conditional	
dissolverei	dissolveremmo	avrei dissolto	avremmo dissolto
dissolveresti	dissolvereste	avresti dissolto	avreste dissolto
dissolverebbe	dissolverebbero	avrebbe dissolto	avrebbero dissolto

6 Present Subjunctive		13 Past Subjunctive	
dissolva	dissolviamo	abbia dissolto	abbiamo dissolto
dissolva	dissolviate	abbia dissolto	abbiate dissolto
dissolva	dissolvano	abbia dissolto	abbiano dissolto

7 Imperfect Subjunctive		14 Past Perfect Subjunctive	
dissolvessi	dissolvessimo	avessi dissolto	avessimo dissolto
dissolvessi	dissolveste	avessi dissolto	aveste dissolto
dissolvesse	dissolvessero	avesse dissolto	avessero dissolto

Imperative	
—	dissolviamo
dissolvi (non dissolvere)	dissolvete
dissolva	dissolvano

Samples of basic verb usage

Ciò dissolve ogni dubbio. That dissolves every doubt.

La neve si dissolve. The snow is dissolving.

Extended uses/Related words and expressions

La nostra paura si è dissolta. Our fear has faded away.

disciogliere to disentangle, to unravel (conjugated like sciogliere)

NOTE: Other verbs conjugated like **dissolvere** are **assolvere** (to absolve) and **risolvere** (to solve, resolve).

distinguere*

to distinguish

The Seven Simple Tenses		The Seven Compound Tenses	
Singular	Plural	Singular	Plural

1 Present Indicative

		8 Present Perfect	
distinguo	distinguiamo	ho distinto	abbiamo distinto
distingui	distinguete	hai distinto	avete distinto
distingue	distinguono	ha distinto	abbiamo distinto

2 Imperfect

		9 Past Perfect	
distinguevo	distinguevamo	avevo distinto	avevamo distinto
distinguevi	distinguevate	avevi distinto	avevate distinto
distingueva	distinguevano	aveva distinto	avevano distinto

3 Past Absolute

		10 Past Anterior	
distinsi	distinguemmo	ebbi distinto	avemmo distinto
distinguesti	distingueste	avesti distinto	aveste distinto
distinse	distinsero	ebbe distinto	ebbero distinto

4 Future

		11 Future Perfect	
distinguerò	distingueremo	avrò distinto	avremo distinto
distinguerai	distinguerete	avrai distinto	avrete distinto
distinguerà	distingueranno	avrà distinto	avranno distinto

5 Present Conditional

		12 Past Conditional	
distinguerei	distingueremmo	avrei distinto	avremmo distinto
distingueresti	distinguereste	avresti distinto	avreste distinto
distinguerebbe	distinguerebbero	avrebbe distinto	avrebbero distinto

6 Present Subjunctive

		13 Past Subjunctive	
distingua	distinguiamo	abbia distinto	abbiamo distinto
distingua	distinguiate	abbia distinto	abbiate distinto
distingua	distinguano	abbia distinto	abbiano distinto

7 Imperfect Subjunctive

		14 Past Perfect Subjunctive	
distinguessi	distinguessimo	avessi distinto	avessimo distinto
distinguessi	distingueste	avessi distinto	aveste distinto
distinguesse	distinguessero	avesse distinto	avessero distinto

Imperative

—	distinguiamo
distingui (non distinguere)	distinguete
distingua	distinguano

Samples of basic verb usage

Il suo sorriso lo distingue. His smile distinguishes him (sets him apart).

Devi distinguere il bene dal male. You have to separate the good from the bad.

Extended uses/Related words and expressions

Non distinguo nulla. I can't make anything out.

Lui è una persona distinta. He is a distinguished person.

NOTE: Another verb conjugated like **distinguere** is **estinguere** (to extinguish).

■ Irregular verb to distract

The Seven Simple Tenses		The Seven Compound Tenses	
Singular	Plural	Singular	Plural

1 Present Indicative		**8 Present Perfect**	
distraggo	distraiamo (distragghiamo)	ho distratto	abbiamo distratto
distrai	distraete	hai distratto	avete distratto
distrae	distraggono	ha distratto	hanno distratto

2 Imperfect		**9 Past Perfect**	
distraevo	distraevamo	avevo distratto	avevamo distratto
distraevi	distraevate	avevi distratto	avevate distratto
distraeva	distraevano	aveva distratto	avevano distratto

3 Past Absolute		**10 Past Anterior**	
distrassi	distraemmo	ebbi distratto	avemmo distratto
distraesti	distraeste	avesti distratto	aveste distratto
distrasse	distrassero	ebbe distratto	ebbero distratto

4 Future		**11 Future Perfect**	
distrarrò	distrarremo	avrò distratto	avremo distratto
distrarrai	distrarrete	avrai distratto	avrete distratto
distrarrà	distrarranno	avrà distratto	avranno distratto

5 Present Conditional		**12 Past Conditional**	
distrarrei	distrarremmo	avrei distratto	avremmo distratto
distrarresti	distrarreste	avresti distratto	avreste distratto
distrarrebbe	distrarrebbero	avrebbe distratto	avrebbero distratto

6 Present Subjunctive		**13 Past Subjunctive**	
distragga	distraiamo (distragghiamo)	abbia distratto	abbiamo distratto
distragga	distraiate (distragghiate)	abbia distratto	abbiate distratto
distragga	distraggano	abbia distratto	abbiano distratto

7 Imperfect Subjunctive		**14 Past Perfect Subjunctive**	
distraessi	distraessimo	avessi distratto	avessimo distratto
distraessi	distraeste	avessi distratto	aveste distratto
distraesse	distraessero	avesse distratto	avessero distratto

Imperative	
—	distraiamo (distragghiamo)
distrai (non distrarre)	distraete
distragga	distraggano

Samples of basic verb usage	**Extended uses/Related words and expressions**
Non riesco a distrarre lo sguardo da quell'oggetto. I can't take my eyes away from that object.	la distrazione distraction
Andare con gli amici mi distrae. Going with friends distracts me (allows me to relax).	distratto distracted, unfocused

NOTE: This verb is composed with the verb **trarre** (to draw, pull) and is thus conjugated exactly like it.

distruggere*
to destroy

The Seven Simple Tenses		The Seven Compound Tenses	
Singular	Plural	Singular	Plural

1 Present Indicative

		8 Present Perfect	
distruggo	distruggiamo	ho distrutto	abbiamo distrutto
distruggi	distruggete	hai distrutto	avete distrutto
distrugge	distruggono	ha distrutto	hanno distrutto

2 Imperfect

		9 Past Perfect	
distruggevo	distruggevamo	avevo distrutto	avevamo distrutto
distruggevi	distruggevate	avevi distrutto	avevate distrutto
distruggeva	distruggevano	aveva distrutto	avevano distrutto

3 Past Absolute

		10 Past Anterior	
distrussi	distruggemmo	ebbi distrutto	avemmo distrutto
distruggesti	distruggeste	avesti distrutto	aveste distrutto
distrusse	distrussero	ebbe distrutto	ebbero distrutto

4 Future

		11 Future Perfect	
distruggerò	distruggeremo	avrò distrutto	avremo distrutto
distruggerai	distruggerete	avrai distrutto	avrete distrutto
distruggerà	distruggeranno	avrà distrutto	avranno distrutto

5 Present Conditional

		12 Past Conditional	
distruggerei	distruggeremmo	avrei distrutto	avremmo distrutto
distruggeresti	distruggereste	avresti distrutto	avreste distrutto
distruggerebbe	distruggerebbero	avrebbe distrutto	avrebbero distrutto

6 Present Subjunctive

		13 Past Subjunctive	
distrugga	distruggiamo	abbia distrutto	abbiamo distrutto
distrugga	distruggiate	abbia distrutto	abbiate distrutto
distrugga	distruggano	abbia distrutto	abbiano distrutto

7 Imperfect Subjunctive

		14 Past Perfect Subjunctive	
distruggessi	distruggessimo	avessi distrutto	avessimo distrutto
distruggessi	distruggeste	avessi distrutto	aveste distrutto
distruggesse	distruggessero	avesse distrutto	avessero distrutto

Imperative

—	distruggiamo
distruggi (non distruggere)	distruggete
distrugga	distruggano

Samples of basic verb usage
La grandine ha distrutto tante abitazioni.
    The hail destroyed many homes.
Perché hai distrutto quella cosa? Why did
    you destroy that thing?

Extended uses/Related words and expressions
distruggersi to destroy oneself
distrutto ruined

NOTE: This verb is composed with the verb **struggere** (to melt) and is thus conjugated exactly like it.

D

The Seven Simple Tenses		The Seven Compound Tenses

Singular	Plural	Singular	Plural
1 Present Indicative		**8 Present Perfect**	
divengo	diveniamo	sono divenuto	siamo divenuti
divieni	divenite	sei divenuto	siete divenuti
diviene	divengono	è divenuto	sono divenuti
2 Imperfect		**9 Past Perfect**	
divenivo	divenivamo	ero divenuto	eravamo divenuti
divenivi	divenivate	eri divenuto	eravate divenuti
diveniva	divenivano	era divenuto	erano divenuti
3 Past Absolute		**10 Past Anterior**	
divenni	divenimmo	fui divenuto	fummo divenuti
divenisti	diveniste	fosti divenuto	foste divenuti
divenne	divennero	fu divenuto	furono divenuti
4 Future		**11 Future Perfect**	
diverrò	diverremo	sarò divenuto	saremo divenuti
diverrai	diverrete	sarai divenuto	sarete divenuti
diverrà	diverranno	sarà divenuto	saranno divenuti
5 Present Conditional		**12 Past Conditional**	
diverrei	diverremmo	sarei divenuto	saremmo divenuti
diverresti	diverreste	saresti divenuto	sareste divenuti
diverrebbe	diverrebbero	sarebbe divenuto	sarebbero divenuti
6 Present Subjunctive		**13 Past Subjunctive**	
divenga	diveniamo	sia divenuto	siamo divenuti
divenga	diveniate	sia divenuto	siate divenuti
divenga	divengano	sia divenuto	siano divenuti
7 Imperfect Subjunctive		**14 Past Perfect Subjunctive**	
divenissi	divenissimo	fossi divenuto	fossimo divenuti
divenissi	diveniste	fossi divenuto	foste divenuti
divenisse	divenissero	fosse divenuto	fossero divenuti

Imperative

—	**diveniamo**
divieni (non divenire)	**divenite**
divenga	**divengano**

Samples of basic verb usage
Lui è divenuto grande. He has become big.
Anch'io sono divenuto vecchio. I have also
become old.

Extended uses/Related words and expressions
il divenire the unfolding, development
il divenire della storia the unfolding of history

NOTE: This verb is composed with the verb **venire** (to come) and is thus conjugated exactly like it.

169

diventare
to become

Gerund **diventando**   Past Part. **diventato**

The Seven Simple Tenses		The Seven Compound Tenses	
Singular	Plural	Singular	Plural
1 Present Indicative		**8 Present Perfect**	
divento	diventiamo	sono diventato	siamo diventati
diventi	diventate	sei diventato	siete diventati
diventa	diventano	è diventato	sono diventati
2 Imperfect		**9 Past Perfect**	
diventavo	diventavamo	ero diventato	eravamo diventati
diventavi	diventavate	eri diventato	eravate diventati
diventava	diventavano	era diventato	erano diventati
3 Past Absolute		**10 Past Anterior**	
diventai	diventammo	fui diventato	fummo diventati
diventasti	diventaste	fosti diventato	foste diventati
diventò	diventarono	fu diventato	furono diventati
4 Future		**11 Future Perfect**	
diventerò	diventeremo	sarò diventato	saremo diventati
diventerai	diventerete	sarai diventato	sarete diventati
diventerà	diventeranno	sarà diventato	saranno diventati
5 Present Conditional		**12 Past Conditional**	
diventerei	diventeremmo	sarei diventato	saremmo diventati
diventeresti	diventereste	saresti diventato	sareste diventati
diventerebbe	diventerebbero	sarebbe diventato	sarebbero diventati
6 Present Subjunctive		**13 Past Subjunctive**	
diventi	diventiamo	sia diventato	siamo diventati
diventi	diventiate	sia diventato	siate diventati
diventi	diventino	sia diventato	siano diventati
7 Imperfect Subjunctive		**14 Past Perfect Subjunctive**	
diventassi	diventassimo	fossi diventato	fossimo diventati
diventassi	diventaste	fossi diventato	foste diventati
diventasse	diventassero	fosse diventato	fossero diventati

Imperative	
—	**diventiamo**
diventa (non diventare)	**diventate**
diventi	**diventino**

170

Diventare

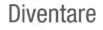

This is a key verb because it is used frequently in conversation and because it occurs in a number of useful expressions and idioms.

Samples of basic verb usage

É vero. Sono diventato ricco e famoso. It's true. I have become rich and famous.

Loro sono diventati ricchi. They became rich.

Purtroppo si diventa tutti vecchi. Unfortunately we all become old.

Extended uses

diventare matto to go crazy (for someone or something)

diventare di tutti i colori to blush, go red in the face (*literally* to become of all colors)

diventare di sasso to become shocked (petrified), to be unable to react

Words and expressions related to this verb

farsi (*literally* to make oneself into something)

Ti sei fatto vecchio. You have become old.

Il bambino si è fatto grande. The child has become big.

divenire to become (synonym) (conjugated like venire)

Mio figlio è divenuto professore. My son has become a professor.

Mia figlia è divenuta veterinaria. My daughter has become a veterinarian.

NOTE: For most intents and purposes, **diventare** and **divenire** can be used alternatively. For many uses **farsi** can also be used alternatively.

divertirsi

Gerund **divertendosi**   Past Part. **divertitosi**

to have a good time, to amuse oneself, to enjoy oneself

The Seven Simple Tenses		The Seven Compound Tenses	
Singular	Plural	Singular	Plural
1 Present Indicative		**8 Present Perfect**	
mi diverto	ci divertiamo	mi sono divertito	ci siamo divertiti
ti diverti	vi divertite	ti sei divertito	vi siete divertiti
si diverte	si divertono	si è divertito	si sono divertiti
2 Imperfect		**9 Past Perfect**	
mi divertivo	ci divertivamo	mi ero divertito	ci eravamo divertiti
ti divertivi	vi divertivate	ti eri divertito	vi eravate divertiti
si divertiva	si divertivano	si era divertito	si erano divertiti
3 Past Absolute		**10 Past Anterior**	
mi divertii	ci divertimmo	mi fui divertito	ci fummo divertiti
ti divertisti	vi divertiste	ti fosti divertito	vi foste divertiti
si divertì	si divertirono	si fu divertito	si furono divertiti
4 Future		**11 Future Perfect**	
mi divertirò	ci divertiremo	mi sarò divertito	ci saremo divertiti
ti divertirai	vi divertirete	ti sarai divertito	vi sarete divertiti
si divertirà	si divertiranno	si sarà divertito	si saranno divertiti
5 Present Conditional		**12 Past Conditional**	
mi divertirei	ci divertiremmo	mi sarei divertito	ci saremmo divertiti
ti diverteresti	vi divertireste	ti saresti divertito	vi sareste divertiti
si divertirebbe	si divertirebbero	si sarebbe divertito	si sarebbero divertiti
6 Present Subjunctive		**13 Past Subjunctive**	
mi diverta	ci divertiamo	mi sia divertito	ci siamo divertiti
ti diverta	vi divertiate	ti sia divertito	vi siate divertiti
si diverta	si divertano	si sia divertito	si siano divertiti
7 Imperfect Subjunctive		**14 Past Perfect Subjunctive**	
mi divertissi	ci divertissimo	mi fossi divertito	ci fossimo divertiti
ti divertissi	vi divertiste	ti fossi divertito	vi foste divertiti
si divertisse	si divertissero	si fosse divertito	si fossero divertiti

Imperative	
—	**divertiamoci**
divertiti (non ti divertire/non divertirti)	**divertitevi**
si diverta	**si divertano**

AN ESSENTIAL VERB

This is obviously a key verb because it occurs frequently in everyday chat. It also occurs in a number of useful expressions and idioms.

Samples of basic verb usage
Loro si sono divertiti in Italia. They had fun in Italy.

Se andrai a Roma, ti divertirai. If you go to Rome, you'll enjoy yourself.

Non mi diverto mai alle loro feste. I never have any fun at their parties.

Extended uses
divertirsi alle spalle di qualcuno to have fun at someone else's expense

divertirsi un mondo to enjoy oneself totally

svagarsi to engage in leisure time

Words and expressions related to this verb

divertire (nonreflexive form) to cheer someone up, to make someone happy

Andare al cinema diverte molto tutti e quattro. Going to the movies makes all four of them happy.

NOTE: For all reflexive verbs the past participle in compound tenses agrees with the gender and number of the subject. The agreement pattern is indicated only for the first occurrence of the past participle in the conjugation of a reflexive verb above: e.g. **mi sono divertito (-a)** and **ci siamo divertiti (e)**. In all other cases and in other conjugations only the masculine forms are given for convenience.

dividere*

Gerund **dividendo**

Past Part. **diviso**

to divide

The Seven Simple Tenses		The Seven Compound Tenses	
Singular	Plural	Singular	Plural

1 Present Indicative		8 Present Perfect	
divido	dividiamo	ho diviso	abbiamo diviso
dividi	dividete	hai diviso	avete diviso
divide	dividono	ha diviso	hanno diviso

2 Imperfect		9 Past Perfect	
dividevo	dividevamo	avevo diviso	avevamo diviso
dividevi	dividevate	avevi diviso	avevate diviso
divideva	dividevano	aveva diviso	avevano diviso

3 Past Absolute		10 Past Anterior	
divisi	dividemmo	ebbi diviso	avemmo diviso
dividesti	divideste	avesti diviso	aveste diviso
divise	divisero	ebbe diviso	ebbero diviso

4 Future		11 Future Perfect	
dividerò	divideremo	avrò diviso	avremo diviso
dividerai	dividerete	avrai diviso	avrete diviso
dividerà	divideranno	avrà diviso	avranno diviso

5 Present Conditional		12 Past Conditional	
dividerei	divideremmo	avrei diviso	avremmo diviso
divideresti	dividereste	avresti diviso	avreste diviso
dividerebbe	dividerebbero	avrebbe diviso	avrebbero diviso

6 Present Subjunctive		13 Past Subjunctive	
divida	dividiamo	abbia diviso	abbiamo diviso
divida	dividiate	abbia diviso	abbiate diviso
divida	dividano	abbia diviso	abbiano diviso

7 Imperfect Subjunctive		14 Past Perfect Subjunctive	
dividessi	dividessimo	avessi diviso	avessimo diviso
dividessi	divideste	avessi diviso	aveste diviso
dividesse	dividessero	avesse diviso	avessero diviso

Imperative	
—	dividiamo
dividi (non dividere)	dividete
divida	dividano

Samples of basic verb usage

Dividi la torta in quattro! Cut up (divide) the cake into four pieces!

Come hai diviso il compito? How did you divide up the task?

Extended uses/Related words and expressions

I due amanti si sono divisi. The two lovers broke up.

Otto diviso due fa quattro. Eight divided by two makes (is equal to) four.

NOTE: Other verbs conjugated like **dividere** are **condividere** (to share) and **suddividere** (subdivide).

■ Irregular verb   to suffer pain, to ache

D

The Seven Simple Tenses		The Seven Compound Tenses	
Singular	Plural	Singular	Plural
1 Present Indicative		**8 Present Perfect**	
dolgo	doliamo (dogliamo)	sono doluto	siamo doluti
duoli	dolete	sei doluto	siete doluti
duole	dolgono	è doluto	sono doluti
2 Imperfect		**9 Past Perfect**	
dolevo	dolevamo	ero doluto	eravamo doluti
dolevi	dolevate	eri doluto	eravate doluti
doleva	dolevano	era doluto	erano doluti
3 Past Absolute		**10 Past Anterior**	
dolsi	dolemmo	fui doluto	fummo doluti
dolesti	doleste	fosti doluto	foste doluti
dolse	dolsero	fu doluto	furono doluti
4 Future		**11 Future Perfect**	
dorrò	dorremo	sarò doluto	saremo doluti
dorrai	dorrete	sarai doluto	sarete doluti
dorrà	dorranno	sarà doluto	saranno doluti
5 Present Conditional		**12 Past Conditional**	
dorrei	dorremmo	sarei doluto	saremmo doluti
dorresti	dorreste	saresti doluto	sareste doluti
dorrebbe	dorrebbero	sarebbe doluto	sarebbero doluti
6 Present Subjunctive		**13 Past Subjunctive**	
dolga	doliamo (dogliamo)	sia doluto	siamo doluti
dolga	doliate (dogliate)	sia doluto	siate doluti
dolga	dolgano	sia doluto	siano doluti
7 Imperfect Subjunctive		**14 Imperfect Subjunctive**	
dolessi	dolessimo	fossi doluto	fossimo doluti
dolessi	doleste	fossi doluto	foste doluti
dolesse	dolessero	fosse doluto	fossero doluti

Imperative	
—	doliamo (dogliamo)
duoli (non dolere)	dolete
dolga	dolgano

Samples of basic verb usage
Mi duole la testa. My head hurts.
Mi duole non poterti aiutare. It pains me not
to be able to help you out.

Extended uses/Related words and expressions
Mi dolgo dei miei peccati. I regret my sins.
fare male a to hurt, to ache

domandare

Gerund **domandando**   Past Part. **domandato**

to ask (for), to demand, to beg

The Seven Simple Tenses		The Seven Compound Tenses	
Singular	Plural	Singular	Plural
1 Present Indicative		**8 Present Perfect**	
domando	domandiamo	ho domandato	abbiamo domandato
domandi	domandate	hai domandato	avete domandato
domanda	domandano	ha domandato	hanno domandato
2 Imperfect		**9 Past Perfect**	
domandavo	domandavamo	avevo domandato	avevamo domandato
domandavi	domandavate	avevi domandato	avevate domandato
domandava	domandavano	aveva domandato	avevano domandato
3 Past Absolute		**10 Past Anterior**	
domandai	domandammo	ebbi domandato	avemmo domandato
domandasti	domandaste	avesti domandato	aveste domandato
domandò	domandarono	ebbe domandato	ebbero domandato
4 Future		**11 Future Perfect**	
domanderò	domanderemo	avrò domandato	avremo domandato
domanderai	domanderete	avrai domandato	avrete domandato
domanderà	domanderanno	avrà domandato	avranno domandato
5 Present Conditional		**12 Past Conditional**	
domanderei	domanderemmo	avrei domandato	avremmo domandato
domanderesti	domandereste	avresti domandato	avreste domandato
domanderebbe	domanderebbero	avrebbe domandato	avrebbero domandato
6. Present Subjunctive		**13 Past Subjunctive**	
domandi	domandiamo	abbia domandato	abbiamo domandato
domandi	domandiate	abbia domandato	abbiate domandato
domandi	domandino	abbia domandato	abbiano domandato
7 Imperfect Subjunctive		**14 Past Perfect Subjunctive**	
domandassi	domandassimo	avessi domandato	avessimo domandato
domandassi	domandaste	avessi domandato	aveste domandato
domandasse	domandassero	avesse domandato	avessero domandato

	Imperative	
—		domandiamo
domanda (non domandare)		domandate
domandi		domandino

Samples of basic verb usage
Le **domanderò** il tuo indirizzo. I will ask her for your address.
Ti **domando** se verrai. I am asking (wondering) if you'll come.

Extended uses/Related words and expressions
domandare la parola to ask to speak
Mi domando e dico I am amazed (*literally* I ask myself and I say).

D

The Seven Simple Tenses

The Seven Compound Tenses

Singular	Plural	Singular	Plural
1 Present Indicative		**8 Present Perfect**	
dormo	dormiamo	ho dormito	abbiamo dormito
dormi	dormite	hai dormito	avete dormito
dorme	dormono	ha dormito	hanno dormito
2 Imperfect		**9 Past Perfect**	
dormivo	dormivamo	avevo dormito	avevamo dormito
dormivi	dormivate	avevi dormito	avevate dormito
dormiva	dormivano	aveva dormito	avevano dormito
3 Past Absolute		**10 Past Anterior**	
dormii	dormimmo	ebbi dormito	avemmo dormito
dormisti	dormiste	avesti dormito	aveste dormito
dormì	dormirono	ebbe dormito	ebbero dormito
4 Future		**11 Future Perfect**	
dormirò	dormiremo	avrò dormito	avremo dormito
dormirai	dormirete	avrai dormito	avrete dormito
dormirà	dormiranno	avrà dormito	avranno dormito
5 Present Conditional		**12 Past Conditional**	
dormirei	dormiremmo	avrei dormito	avremmo dormito
dormiresti	dormireste	avresti dormito	avreste dormito
dormirebbe	dormirebbero	avrebbe dormito	avrebbero dormito
6 Present Subjunctive		**13 Past Subjunctive**	
dorma	dormiamo	abbia dormito	abbiamo dormito
dorma	dormiate	abbia dormito	abbiate dormito
dorma	dormano	abbia dormito	abbiano dormito
7 Imperfect Subjunctive		**14 Past Perfect Subjunctive**	
dormissi	dormissimo	avessi dormito	avessimo dormito
dormissi	dormiste	avessi dormito	aveste dormito
dormisse	dormissero	avesse dormito	avessero dormito

Imperative

—	dormiamo
dormi (non dormire)	**dormite**
dorma	**dormano**

AN ESSENTIAL VERB

Dormire

This is a key verb because it is used every day to express a common notion. It also occurs in a number of useful expressions.

Samples of basic verb usage

Noi dormiamo sempre fino a tardi il sabato. We always sleep in till late on Saturdays.

Ieri sera non ho dormito bene. Last night I didn't sleep well.

A che ora vai a dormire generalmente? At what time do you generally go to sleep?

Extended uses

dormire come un ghiro to sleep like a log (*literally* to sleep like a dormouse)

dormire in piedi to sleep standing up (to be extremely tired)

dormirci sopra to sleep on it (to think it over)

far dormire qualcuno to put someone to sleep

dormire sopra un vulcano to lie on top of a volcano (to be in trouble without knowing it)

Chi dorme non piglia pesci! If you don't get going, you'll get nothing done (*literally* Those who sleep will not catch any fish)!

> ## Words and expressions related to this verb
>
> andare a letto **to go to bed**
>
> addormentarsi **to fall asleep**
>
> avere sonno **to be sleepy**
>
> svegliarsi **to wake up**

■ Irregular verb   to have to, must, ought, should, owe

The Seven Simple Tenses		The Seven Compound Tenses	
Singular	Plural	Singular	Plural
1 Present Indicative		**8 Present Perfect**	
devo (debbo)	dobbiamo	ho dovuto	abbiamo dovuto
devi	dovete	hai dovuto	avete dovuto
deve	devono (debbono)	ha dovuto	hanno dovuto
2 Imperfect		**9 Past Perfect**	
dovevo	dovevamo	avevo dovuto	avevamo dovuto
dovevi	dovevate	avevi dovuto	avevate dovuto
doveva	dovevano	aveva dovuto	avevano dovuto
3 Past Absolute		**10 Past Anterior**	
dovei (dovetti)	dovemmo	ebbi dovuto	avemmo dovuto
dovesti	doveste	avesti dovuto	aveste dovuto
dové (dovette)	doverono (dovettero)	ebbe dovuto	ebbero dovuto
4 Future		**11 Future Perfect**	
dovrò	dovremo	avrò dovuto	avremo dovuto
dovrai	dovrete	avrai dovuto	avrete dovuto
dovrà	dovranno	avrà dovuto	avranno dovuto
5 Present Conditional		**12 Past Conditional**	
dovrei	dovremmo	avrei dovuto	avremmo dovuto
dovresti	dovreste	avresti dovuto	avreste dovuto
dovrebbe	dovrebbero	avrebbe dovuto	avrebbero dovuto
6 Present Subjunctive		**13 Past Subjunctive**	
deva (debba)	dobbiamo	abbia dovuto	abbiamo dovuto
deva (debba)	dobbiate	abbia dovuto	abbiate dovuto
deva (debba)	devano (debbano)	abbia dovuto	abbiano dovuto
7 Imperfect Subjunctive		**14 Past Perfect Subjunctive**	
dovessi	dovessimo	avessi dovuto	avessimo dovuto
dovessi	doveste	avessi dovuto	aveste dovuto
dovesse	dovessero	avesse dovuto	avessero dovuto

Imperative
—

AN ESSENTIAL VERB

This is a key verb because it is used frequently in conversation to indicate that you *must, should,* or *have to* do something. It also occurs in various useful expressions.

Samples of basic verb usage

Devo andare a lavoro tra poco. I have to go to work soon.

Devi chiamarmi più spesso! You must call me more often!

Dovrò finire il lavoro entro domani. I have got to finish the work before tomorrow.

Ieri ho dovuto studiare molto. Yesterday I had to study a lot.

Extended uses

Quanto ti devo? How much do I owe you?

Devo molto ai miei genitori. I owe my parents a lot.

Words and expressions related to this verb

un dovere **a duty**

doveri verso la famiglia **family duties**

sentirsi in dovere verso qualcuno **to feel in debt toward someone**

chi di dovere **to whom it may concern**

Prima il dovere, poi il piacere. **Duty before pleasure.**

NOTE: This is a modal verb. It is normally followed by an infinitive without any preposition in between: **Devo andare** (I have to go); **Dovremmo studiare di più** (We should study more). In compound tenses the auxiliary is determined by the infinitive: **Ho dovuto parlare** (I had to talk) vs. **Sono dovuto andare** (I had to go). However, in current Italian the tendency is to use only the auxiliary **avere**.

180

The Seven Simple Tenses		The Seven Compound Tenses	
Singular	Plural	Singular	Plural

1 Present Indicative

		8 Present Perfect	
eleggo	eleggiamo	ho eletto	abbiamo eletto
eleggi	eleggete	hai eletto	avete eletto
elegge	eleggono	ha eletto	hanno eletto

2 Imperfect

		9 Past Perfect	
eleggevo	eleggevamo	avevo eletto	avevamo eletto
eleggevi	eleggevate	avevi eletto	avevate eletto
eleggeva	eleggevano	aveva eletto	avevano eletto

3 Past Absolute

		10 Past Anterior	
elessi	eleggemmo	ebbi eletto	avemmo eletto
eleggesti	eleggeste	avesti eletto	aveste eletto
elesse	elessero	ebbe eletto	ebbero eletto

4 Future

		11 Future Perfect	
eleggerò	eleggeremo	avrò eletto	avremo eletto
eleggerai	eleggerete	avrai eletto	avrete eletto
eleggerà	eleggeranno	avrà eletto	avranno eletto

5 Present Conditional

		12 Past Conditional	
eleggerei	eleggeremmo	avrei eletto	avremmo eletto
eleggeresti	eleggereste	avresti eletto	avreste eletto
eleggerebbe	eleggerebbero	avrebbe eletto	avrebbero eletto

6 Present Subjunctive

		13 Past Subjunctive	
elegga	eleggiamo	abbia eletto	abbiamo eletto
elegga	eleggiate	abbia eletto	abbiate eletto
elegga	eleggano	abbia eletto	abbiano eletto

7 Imperfect Subjunctive

		14 Past Perfect Subjunctive	
eleggessi	eleggissimo	avessi eletto	avessimo eletto
eleggessi	eleggeste	avessi eletto	aveste eletto
eleggesse	eleggessero	avesse eletto	avessero eletto

Imperative

—	eleggiamo
eleggi (non eleggere)	eleggete
elegga	eleggano

Samples of basic verb usage

Chi hanno eletto al governo? Who did they elect as a government?

Abbiamo eletto di vivere lì. We have elected to live there.

Extended uses/Related words and expressions

l'elezione election
scegliere to choose
selezionare to select

NOTE: This verb is composed with the verb **leggere** (to read) and is thus conjugated exactly like it.

181

elevare

Gerund **elevando**

Past Part. **elevato**

to raise, to lift up, to elevate

The Seven Simple Tenses		The Seven Compound Tenses	
Singular	Plural	Singular	Plural
1 Present Indicative		**8 Present Perfect**	
elevo	eleviamo	ho elevato	abbiamo elevato
elevi	elevate	hai elevato	avete elevato
eleva	elevano	ha elevato	hanno elevato
2 Imperfect		**9 Past Perfect**	
elevavo	elevavamo	avevo elevato	avevamo elevato
elevavi	elevavate	avevi elevato	avevate elevato
elevava	elevavano	aveva elevato	avevano elevato
3 Past Absolute		**10 Past Anterior**	
elevai	elevammo	ebbi elevato	avemmo elevato
elevasti	elevaste	avesti elevato	aveste elevato
elevò	elevarono	ebbe elevato	ebbero elevato
4 Future		**11 Future Perfect**	
eleverò	eleveremo	avrò elevato	avremo elevato
eleverai	eleverete	avrai elevato	avrete elevato
eleverà	eleveranno	avrà elevato	avranno elevato
5 Present Conditional		**12 Past Conditional**	
eleveri	eleveremmo	avrei elevato	avremmo elevato
eleveresti	elevereste	avresti elevato	avreste elevato
eleverebbe	evererebbero	avrebbe elevato	avrebbero elevato
6 Present Subjunctive		**13 Past Subjunctive**	
elevi	eleviamo	abbia elevato	abbiamo elevato
elevi	eleviate	abbia elevato	abbiate elevato
elevi	elevino	abbia elevato	abbiano elevato
7 Imperfect Subjunctive		**14 Past Perfect Subjunctive**	
elevassi	elevassimo	avessi elevato	avessimo elevato
elevassi	elevaste	avessi elevato	aveste elevato
elevasse	elevassero	avesse elevato	avessero elevato

	Imperative	
—		eleviamo
eleva (non elevare)		elevate
elevi		elevino

Samples of basic verb usage

Hanno elevato la casa di un piano. They raised the house by one floor.

Devo elevare il mio tenore di vita. I must raise my standard of living.

Extended uses/Related words and expressions

elevare un numero al quadrato (al cubo) to square a number (to cube a number)

alzare to lift, raise up

migliorare to improve, make better

E

The Seven Simple Tenses		The Seven Compound Tenses	
Singular	Plural	Singular	Plural

1 Present Indicative		8 Present Perfect	
elimino	eliminiamo	ho eliminato	abbiamo eliminato
elimini	eliminate	hai eliminato	avete eliminato
elimina	eliminano	ha eliminato	hanno eliminato

2 Imperfect		9 Past Perfect	
eliminavo	eliminavamo	avevo eliminato	avevamo eliminato
eliminavi	eliminavate	avevi eliminato	avevate eliminato
eliminava	eliminavano	aveva eliminato	avevano eliminato

3 Past Absolute		10 Past Anterior	
eliminai	eliminammo	ebbi eliminato	avemmo eliminato
eliminasti	eliminaste	avesti eliminato	aveste eliminato
eliminò	eliminarono	ebbe eliminato	ebbero eliminato

4 Future		11 Future Perfect	
eliminerò	elimineremo	avrò eliminato	avremo eliminato
eliminerai	eliminerete	avrai eliminato	avrete eliminato
eliminerà	elimineranno	avrà eliminato	avranno eliminato

5 Present Conditional		12 Past Conditional	
eliminerei	elimineremmo	avrei eliminato	avremmo eliminato
elimineresti	eliminereste	avresti eliminato	avreste eliminato
eliminerebbe	eliminerebbero	avrebbe eliminato	avrebbero eliminato

6 Present Subjunctive		13 Past Subjunctive	
elimini	eliminiamo	abbia eliminato	abbiamo eliminato
elimini	eliminiate	abbia eliminato	abbiate eliminato
elimini	eliminino	abbia eliminato	abbiano eliminato

7 Imperfect Subjunctive		14 Past Perfect Subjunctive	
eliminassi	eliminassimo	avessi eliminato	avessimo eliminato
eliminassi	eliminaste	avessi eliminato	aveste eliminato
eliminasse	eliminassero	avesse eliminato	avessero eliminato

	Imperative	
—		**eliminiamo**
elimina (non elininare)		**eliminate**
elimini		**eliminino**

Samples of basic verb usage
Eliminerò i grassi dalla mia dieta. I will
   eliminate fats from my diet.
Il Milan ha eliminato tutte le squadre
   avversarie. Milan (soccer team) eliminated
   all opposing teams.

Extended uses/Related words and expressions
togliere to take away (conjugated like
   scegliere)
rimuovere to remove (conjugated like
   muovere)

emergere*
Gerund emergendo   **Past Part. emerso**

to emerge, to surface, to appear   Irregular verb ■

The Seven Simple Tenses		The Seven Compound Tenses	
Singular	Plural	Singular	Plural
1 Present Indicative		**8 Present Perfect**	
emergo	emergiamo	sono emerso	siamo emersi
emergi	emergete	sei emerso	siete emersi
emerge	emergono	è emerso	sono emersi
2 Imperfect		**9 Past Perfect**	
emergevo	emergevamo	ero emerso	eravamo emersi
emergevi	emergevate	eri emerso	eravate emersi
emergeva	emergevano	era emerso	erano emersi
3 Past Absolute		**10 Past Anterior**	
emersi	emergemmo	fui emerso	fummo emersi
emergesti	emergeste	fosti emerso	foste emersi
emerse	emersero	fu emerso	furono emersi
4 Future		**11 Future Perfect**	
emergerò	emergeremo	sarò emerso	saremo emersi
emergerai	emergerete	sarai emerso	sarete emersi
emergerà	emergeranno	sarà emerso	saranno emersi
5 Present Conditional		**12 Past Conditional**	
emergerei	emergeremmo	sarei emerso	saremmo emersi
emergeresti	emergereste	saresti emerso	sareste emersi
emergerebbe	emergerebbero	sarebbe emerso	sarebbero emersi
6 Present Subjunctive		**13 Past Subjunctive**	
emerga	emergiamo	sia emerso	siamo emersi
emerga	emergiate	sia emerso	siate emersi
emerga	emergano	sia emerso	siano emersi
7 Imperfect Subjunctive		**14 Past Perfect Subjunctive**	
emergessi	emergessimo	fossi emerso	fossimo emersi
emergessi	emergeste	fossi emerso	foste emersi
emergesse	emergessero	fosse emerso	fossero emersi

Imperative	
—	emergiamo
emergi (non emergere)	emergete
emerga	emergano

Samples of basic verb usage
Lui emerse su tutti. He emerged (rose) above all the others.
Sta emergendo il sole. The sun is appearing.

Extended uses/Related words and expressions
rendersi visibile to make oneself visible (noticeable)
distinguersi to distinguish oneself

NOTE: Other verbs conjugated like emergere are immergere (to immerse) and sommergere (to submerge, sink).

E

The Seven Simple Tenses		The Seven Compound Tenses	
Singular	Plural	Singular	Plural

1 Present Indicative

emetto	emettiamo	**8 Present Perfect**	
emetti	emettete	ho emesso	abbiamo emesso
emette	emettono	hai emesso	avete emesso
		ha emesso	hanno emesso

2 Imperfect

emettevo	emettevamo	**9 Past Perfect**	
emettevi	emettevate	avevo emesso	avevamo emesso
emetteva	emettevano	avevi emesso	avevate emesso
		aveva emesso	avevano emesso

3 Past Absolute

emisi	emettemmo	**10 Past Anterior**	
emettesti	emetteste	ebbi emesso	avemmo emesso
emise	emisero	avesti emesso	aveste emesso
		ebbe emesso	ebbero emesso

4 Future

emetterò	emetteremo	**11 Future Perfect**	
emetterai	emetterete	avrò emesso	avremo emesso
emetterà	emetteranno	avrai emesso	avrete emesso
		avrà emesso	avranno emesso

5 Present Conditional

emetterei	emetteremmo	**12 Past Conditional**	
emetteresti	emettereste	avrei emesso	avremmo emesso
emetterebbe	emetterebbero	avresti emesso	avreste emesso
		avrebbe emesso	avrebbero emesso

6 Present Subjunctive

emetta	emettiamo	**13 Past Subjunctive**	
emetta	emettiate	abbia emesso	abbiamo emesso
emetta	emettano	abbia emesso	abbiate emesso
		abbia emesso	abbiano emesso

7 Imperfect Subjunctive

emettessi	emettessimo	**14 Past Perfect Subjunctive**	
emettessi	emetteste	avessi emesso	avessimo emesso
emettesse	emettessero	avessi emesso	aveste emesso
		avesse emesso	avessero emesso

Imperative

—	emettiamo
emetti (non emettere)	emettete
emetta	emettano

Samples of basic verb usage

Chi ha emesso quel grido? Who emitted that yell?

Quella sostanza emette radiazioni pericolose. That substance gives off dangerous radiation.

Extended uses/Related words and expressions

emettere un titolo to put out a new book (title)

emettere una sentenza (un giudizio) to give a verdict, to pass judgment

NOTE: This verb is composed with the verb mettere (to put) and is thus conjugated exactly like it.

to enter

The Seven Simple Tenses		The Seven Compound Tenses	
Singular	Plural	Singular	Plural

1 Present Indicative

		8 Present Perfect	
entro	entriamo	sono entrato	siamo entrati
entri	entrate	sei entrato	siete entrati
entra	entrano	è entrato	sono entrati

2 Imperfect

		9 Past Perfect	
entravo	entravamo	ero entrato	eravamo entrati
entravi	entravate	eri entrato	eravate entrati
entrava	entravano	era entrato	erano entrati

3 Past Absolute

		10 Past Anterior	
entrai	entrammo	fui entrato	fummo entrati
entrasti	entraste	fosti entrato	foste entrati
entrò	entrarono	fu entrato	furono entrati

4 Future

		11 Future Perfect	
entrerò	entreremo	sarò entrato	saremo entrati
entrerai	entrerete	sarai entrato	sarete entrati
entrerà	entreranno	sarà entrato	saranno entrati

5 Present Conditional

		12 Past Conditional	
entrerei	entreremmo	sarei entrato	saremmo entrati
entreresti	entrereste	saresti entrato	sareste entrati
entrerebbe	entrerebbero	sarebbe entrato	sarebbero entrati

6 Present Subjunctive

		13 Past Subjunctive	
entri	entriamo	sia entrato	siamo entrati
entri	entriate	sia entrato	siate entrati
entri	entrino	sia entrato	siano entrati

7 Imperfect Subjunctive

		14 Past Perfect Subjunctive	
entrassi	entrassimo	fossi entrato	fossimo entrati
entrassi	entraste	fossi entrato	foste entrati
entrasse	entrassero	fosse entrato	fossero entrati

Imperative

—	entriamo
entra (non entrare)	entrate
entri	entrino

AN ESSENTIAL VERB

This is a key verb because it is used frequently in common everyday conversation and because it occurs in a number of expressions and idioms.

Samples of basic verb usage

Quando sei entrato in casa? When did you come into the house?

Entrate pure, la porta è aperta! Come right in, the door is open!

Loro entrano sempre per la porta posteriore. They always enter through the back door.

La giacca non ti entra più. The jacket doesn't fit me anymore.

Extended uses

entrare in discussione to get into an argument

entrare in gioco to come into play

entrare in scena to come onto the scene

entrare in vigore to come into effect

entrare nel personaggio to become the character one is playing (*literally* to enter into the character)

entrare in mente to enter one's mind

entrare in carica to take over something, to become in charge

Non c'entra niente! It has no relevance! It is meaningless!

Words and expressions related to this verb

l'entrata the entrance

l'uscita the exit, the gate at an airport

NOTE: Unlike English this verb is followed by **in** before a noun or noun phrase: **Quando sei entrato *in* classe?** (When did you enter the class?)

to exaggerate

The Seven Simple Tenses		The Seven Compound Tenses	
Singular	Plural	Singular	Plural

1 Present Indicative		8 Present Perfect	
esagero	esageriamo	ho esagerato	abbiamo esagerato
esageri	esagerate	hai esagerato	avete esagerato
esagera	esagerano	ha esagerato	hanno esagerato

2 Imperfect		9 Past Perfect	
esageravo	esageravamo	avevo esagerato	avevamo esagerato
esageravi	esageravate	avevi esagerato	avevate esagerato
esagerava	esageravano	aveva esagerato	avevano esagerato

3 Past Absolute		10 Past Anterior	
esagerai	esagerammo	ebbi esagerato	avemmo esagerato
esagerasti	esageraste	avesti esagerato	aveste esagerato
esagerò	esagerarono	ebbe esagerato	ebbero esagerato

4 Future		11 Future Perfect	
esagererò	esagereremo	avrò esagerato	avremo esagerato
esagererai	esagererete	avrai esagerato	avrete esagerato
esagererà	esagereranno	avrà esagerato	avranno esagerato

5 Present Conditional		12 Past Conditional	
esagererei	esagereremmo	avrei esagerato	avremmo esagerato
esagereresti	esagerereste	avresti esagerato	avreste esagerato
esagererebbe	esagererebbero	avrebbe esagerato	avrebbero esagerato

6 Present Subjunctive		13 Past Subjunctive	
esageri	esageriamo	abbia esagerato	abbiamo esagerato
esageri	esageriate	abbia esagerato	abbiate esagerato
esageri	esagerino	abbia esagerato	abbiano esagerato

7 Imperfect Subjunctive		14 Past Perfect Subjunctive	
esagerassi	esagerassimo	avessi esagerato	avessimo esagerato
esagerassi	esageraste	avessi esagerato	aveste esagerato
esagerasse	esagerassero	avesse esagerato	avessero esagerato

Imperative		
—		esageriamo
esagera (non esagerare)		esagerate
esageri		esagerino

Samples of basic verb usage
Voi esagerate sempre! You always exaggerate!
Non esageriamo! Let's not exaggerate!

Extended uses/Related words and expressions
amplificare to amplify
ingrandire to enlarge, make bigger

to examine, to consider

The Seven Simple Tenses		The Seven Compound Tenses	
Singular	Plural	Singular	Plural
1 Present Indicative		**8 Present Perfect**	
esamino	**esaminiamo**	**ho esaminato**	**abbiamo esaminato**
esamini	**esaminate**	**hai esaminato**	**avete esaminato**
esamina	**esaminano**	**ha esaminato**	**hanno esaminato**
2 Imperfect		**9 Past Perfect**	
esaminavo	**esaminavamo**	**avevo esaminato**	**avevamo esaminato**
esaminavi	**esaminavate**	**avevi esaminato**	**avevate esaminato**
esaminava	**esaminavano**	**aveva esaminato**	**avevano esaminato**
3 Past Absolute		**10 Past Anterior**	
esaminai	**esaminammo**	**ebbi esaminato**	**avemmo esaminato**
esaminasti	**esaminaste**	**avesti esaminato**	**aveste esaminato**
esaminò	**esaminarono**	**ebbe esaminato**	**ebbero esaminato**
4 Future		**11 Future Perfect**	
esaminerò	**esamineremo**	**avrò esaminato**	**avremo esaminato**
esaminerai	**esaminerete**	**avrai esaminato**	**avrete esaminato**
esaminerà	**esamineranno**	**avrà esaminato**	**avranno esaminato**
5 Present Conditional		**12 Past Conditional**	
esaminerei	**esamineremmo**	**avrei esaminato**	**avremmo esaminato**
esamineresti	**esaminereste**	**avresti esaminato**	**avreste esaminato**
esaminerebbe	**esaminerebbero**	**avrebbe esaminato**	**avrebbero esaminato**
6 Present Subjunctive		**13 Past Subjunctive**	
esamini	**esaminiamo**	**abbia esaminato**	**abbiamo esaminato**
esamini	**esaminiate**	**abbia esaminato**	**abbiate esaminato**
esamini	**esaminino**	**abbia esaminato**	**abbiano esaminato**
7 Imperfect Subjunctive		**14 Past Perfect Subjunctive**	
esaminassi	**esaminassimo**	**avessi esaminato**	**avessimo esaminato**
esaminassi	**esaminaste**	**avessi esaminato**	**aveste esaminato**
esaminasse	**esaminassero**	**avesse esaminato**	**avessero esaminato**

	Imperative	
—		**esaminiamo**
esamina (non esaminare)		**esaminate**
esamini		**esaminino**

Samples of basic verb usage
**Esaminerò il documento per verificarne
   l'autenticità.** I will examine the document to
   verify its authenticity.
**Bisogna esaminare il problema in tutti i suoi
   aspetti.** We have to examine the problem in
   all its aspects.

Extended uses/Related words and expressions
un esame an exam
una prova a test

189

esasperare
Gerund **esasperando**   Past Part. **esasperato**

to exasperate, to irritate

The Seven Simple Tenses		The Seven Compound Tenses	
Singular	Plural	Singular	Plural

1 Present Indicative

		8 Present Perfect	
esaspero	esasperiamo	ho esasperato	abbiamo esasperato
esasperi	esasperate	hai esasperato	avete esasperato
esaspera	esasperano	ha esasperato	hanno esasperato

2 Imperfect

		9 Past Perfect	
esasperavo	esasperavamo	avevo esasperato	avevamo esasperato
esasperavi	esasperavate	avevi esasperato	avevate esasperato
esasperava	esasperavano	aveva esasperato	avevano esasperato

3 Past Absolute

		10 Past Anterior	
esasperai	esasperammo	ebbi esasperato	avemmo esasperato
esasperasti	esasperaste	avesti esasperato	aveste esasperato
esasperò	esasperarono	ebbe esasperato	ebbero esasperato

4 Future

		11 Future Perfect	
esaspererò	esaspereremo	avrò esasperato	avremo esasperato
esaspererai	esaspererete	avrai esasperato	avrete esasperato
esaspererà	esaspereranno	avrà esasperato	avranno esasperato

5 Present Conditional

		12 Past Conditional	
esaspererei	esaspereremmo	avrei esasperato	avremmo esasperato
esaspereresti	esasperereste	avresti esasperato	avreste esasperato
esaspererebbe	esaspererebbero	avrebbe esasperato	avrebbero esasperato

6 Present Subjunctive

		13 Past Subjunctive	
esasperi	esasperiamo	abbia esasperato	abbiamo esasperato
esasperi	esasperiate	abbia esasperato	abbiate esasperato
esasperi	esasperino	abbia esasperato	abbiano esasperato

7 Imperfect Subjunctive

		14 Past Perfect Subjunctive	
esasperassi	esasperassimo	avessi esasperato	avessimo esasperato
esasperassi	esasperaste	avessi esasperato	aveste esasperato
esasperasse	esasperassero	avesse esasperato	avessero esasperato

Imperative	
—	esasperiamo
esaspera (non esasperare)	esasperate
esasperi	esasperino

Samples of basic verb usage
Tu mi **esasperi** sempre. You always exasperate me.
Quel governo **esasperò** il popolo. That government exasperated the people.

Extended uses/Related words and expressions
irritare to irritate
innervosire to make one nervous

esaurire
to exhaust, wear out, use up

The Seven Simple Tenses		The Seven Compound Tenses	
Singular	Plural	Singular	Plural

1 Present Indicative

		8 Present Perfect	
esaurisco	esauriamo	ho esaurito	abbiamo esaurito
esaurisci	esaurite	hai esaurito	avete esaurito
esaurisce	esauriscono	ha esaurito	hanno esaurito

2 Imperfect

		9 Past Perfect	
esaurivo	esaurivamo	avevo esaurito	avevamo esaurito
esaurivi	esaurivate	avevi esaurito	avevate esaurito
esauriva	esaurivano	aveva esaurito	avevano esaurito

3 Past Absolute

		10 Past Anterior	
esaurii	esaurimmo	ebbi esaurito	avemmo esaurito
esauristi	esauriste	avesti esaurito	aveste esaurito
esaurì	esaurirono	ebbe esaurito	ebbero esaurito

4 Future

		11 Future Perfect	
esaurirò	esauriremo	avrò esaurito	avremo esaurito
esaurirai	esaurirete	avrai esaurito	avrete esaurito
esaurirà	esauriranno	avrà esaurito	avranno esaurito

5 Present Conditional

		12 Past Conditional	
esaurirei	esauriremmo	avrei esaurito	avremmo esaurito
esauriresti	esaurireste	avresti esaurito	avreste esaurito
esaurirebbe	esaurirebbero	avrebbe esaurito	avrebbero esaurito

6 Present Subjunctive

		13 Past Subjunctive	
esaurisca	esauriamo	abbia esaurito	abbiamo esaurito
esaurisca	esauriate	abbia esaurito	abbiate esaurito
esaurisca	esauriscano	abbia esaurito	abbiano esaurito

7 Imperfect Subjunctive

		14 Past Perfect Subjunctive	
esaurissi	esaurissimo	avessi esaurito	avessimo esaurito
esaurissi	esauriste	avessi esaurito	aveste esaurito
esaurisse	esaurissero	avesse esaurito	avessero esaurito

Imperative

—	esauriamo
esaurisci (non esaurire)	esaurite
esaurisca	esauriscano

Samples of basic verb usage
Abbiamo esaurito tutte le alternative. We have exhausted all alternatives.
Ho esaurito tutta la mia pazienza. I have exhausted all my patience.
Quel lavoro eccessivo lo ha esaurito. Too much work wore him out.

Extended uses/Related words and expressions
esaurimento nervoso   nervous breakdown
esausto   exhausted

escludere*

Gerund escludendo   **Past Part. escluso**

to exclude, to leave out, to shut out

Irregular verb ■

The Seven Simple Tenses		The Seven Compound Tenses	
Singular	Plural	Singular	Plural

1 Present Indicative		8 Present Perfect	
escludo	escludiamo	ho escluso	abbiamo escluso
escludi	escludete	hai escluso	avete escluso
esclude	escludono	ha escluso	hanno escluso

2 Imperfect		9 Past Perfect	
escludevo	escludevamo	avevo escluso	avevamo escluso
escludevi	escludevate	avevi escluso	avevate escluso
escludeva	escludevano	aveva escluso	avevano escluso

3 Past Absolute		10 Past Anterior	
esclusi	escludemmo	ebbi escluso	avemmo escluso
escludesti	escludeste	avesti escluso	aveste escluso
escluse	esclusero	ebbe escluso	ebbero escluso

4 Future		11 Future Perfect	
escluderò	escluderemo	avrò escluso	avremo escluso
escluderai	escluderete	avrai escluso	avrete escluso
escluderà	escluderanno	avrà escluso	avranno escluso

5 Present Conditional		12 Past Conditional	
escluderei	escluderemmo	avrei escluso	avremmo escluso
escluderesti	escludereste	avresti escluso	avreste escluso
escluderebbe	escluderebbero	avrebbe escluso	avrebbero escluso

6 Present Subjunctive		13 Past Subjunctive	
escluda	escludiamo	abbia escluso	abbiamo escluso
escluda	escludiate	abbia escluso	abbiate escluso
escluda	escludano	abbia escluso	abbiano escluso

7 Imperfect Subjunctive		14 Past Perfect Subjunctive	
escludessi	escludessimo	avessi escluso	avessimo escluso
escludessi	escludeste	avessi escluso	aveste escluso
escludesse	escludessero	avesse escluso	avessero escluso

	Imperative	
—		escludiamo
escludi (non escludere)		escludete
escluda		escludano

Samples of basic verb usage

Ci hanno esclusi dall'aula. They shut us out of the hall.

Una cosa esclude l'altra. One thing rules out another.

Extended uses/Related words and expressions

in esclusiva exclusively, on special

abito esclusivo unique dress, special dress

NOTE: Other verbs conjugated like **escludere** are **alludere** (to allude), **concludere** (to conclude), **includere** (to include), and **precludere** (to preclude).

to exhibit, to show, to display

The Seven Simple Tenses		The Seven Compound Tenses	
Singular	Plural	Singular	Plural
1 Present Indicative		**8 Present Perfect**	
esibisco	esibiamo	ho esibito	abbiamo esibito
esibisci	esibite	hai esibito	avete esibito
esibisce	esibiscono	ha esibito	hanno esibito
2 Imperfect		**9 Past Perfect**	
esibivo	esibivamo	avevo esibito	avevamo esibito
esibivi	esibivate	avevi esibito	avevate esibito
esibiva	esibivano	aveva esibito	avevano esibito
3 Past Absolute		**10 Past Anterior**	
esibii	esibimmo	ebbi esibito	avemmo esibito
esibisti	esibiste	avesti esibito	aveste esibito
esibì	esibirono	ebbe esibito	ebbero esibito
4 Future		**11 Future Perfect**	
esibirò	esibiremo	avrò esibito	avremo esibito
esibirai	esibirete	avrai esibito	avrete esibito
esibirà	esibiranno	avrà esibito	avranno esibito
5 Present Conditional		**12 Past Conditional**	
esibirei	esibiremmo	avrei esibito	avremmo esibito
esibiresti	esibireste	avresti esibito	avreste esibito
esibirebbe	esibirebbero	avrebbe esibito	avrebbero esibito
6 Present Subjunctive		**13 Past Subjunctive**	
esibisca	esibiamo	abbia esibito	abbiamo esibito
esibisca	esibiate	abbia esibito	abbiate esibito
esibisca	esibiscano	abbia esibito	abbiano esibito
7 Imperfect Subjunctive		**14 Past Perfect Subjunctive**	
esibissi	esibissimo	avessi esibito	avessimo esibito
esibissi	esibiste	avessi esibito	aveste esibito
esibisse	esibissero	avesse esibito	avessero esibito

Imperative	
—	esibiamo
esibisci (non esibire)	esibite
esibisca	esibiscano

Samples of basic verb usage	Extended uses/Related words and expressions
Loro esibisccono buonissime qualità. They exhibit great qualities.	far vedere to show
Abbiamo dovuto esibire i nostri documenti. We had to show our documents.	mostrare to demonstrate, show
Non bisogna esibire le proprie ricchezze. One shouldn't show off one's wealth.	ostentare to show off

E

esistere

to exist, to be

Gerund **esistendo** · Past Part. **esistito**

The Seven Simple Tenses		The Seven Compound Tenses	
Singular	Plural	Singular	Plural
1 Present Indicative		**8 Present Perfect**	
esisto	esistiamo	sono esistito	siamo esistiti
esisti	esistete	sei esistito	siete esistiti
esiste	esistono	è esistito	sono esistiti
2 Imperfect		**9 Past Perfect**	
esistevo	esistevamo	ero esistito	eravamo esistiti
esistevi	esistevate	eri esistito	eravate esistiti
esisteva	esistevano	era esistito	erano esistiti
3 Past Absolute		**10 Past Anterior**	
esistei (esistetti)	esistemmo	fui esistito	fummo esistiti
esistesti	esisteste	fosti esistito	foste esistiti
esisté (esistette)	esisterono (esistettero)	fu esistito	furono esistiti
4 Future		**11 Future Perfect**	
esisterò	esisteremo	sarò esistito	saremo esistiti
esisterai	esisterete	sarai esistito	sarete esistiti
esisterà	esisteranno	sarà esistito	saranno esistiti
5 Present Conditional		**12 Past Conditional**	
esisterei	esisteremmo	sarei esistito	saremmo esistiti
esisteresti	esistereste	saresti esistito	sareste esistiti
esisterebbe	esisterebbero	sarebbe esistito	sarebbero esistiti
6 Present Subjunctive		**13 Past Subjunctive**	
esista	esistiamo	sia esistito	siamo esistiti
esista	esistiate	sia esistito	siate esistiti
esista	esistano	sia esistito	siano esistiti
7 Imperfect Subjunctive		**14 Past Perfect Subjunctive**	
esistessi	esistessimo	fossi esistito	fossimo esistiti
esistessi	esisteste	fossi esistito	foste esistiti
esistesse	esistessero	fosse esistito	fossero esistiti

Imperative	
—	esistiamo
esisti (non esistere)	esistete
esista	esistano

Samples of basic verb usage
Quelle usanze non esistono più. Those customs don't exist anymore.
Per loro esiste solo il piacere. For them only pleasure exists.

Extended uses/Related words and expressions
l'esistenza existence
vivere to live

■ Irregular verb

to express

The Seven Simple Tenses		The Seven Compound Tenses	
Singular	Plural	Singular	Plural

1 Present Indicative

		8 Present Perfect	
esprimo	esprimiano	ho espresso	abbiamo espresso
esprimi	esprimete	hai espresso	avete espresso
esprime	esprimono	ha espresso	hanno espresso

2 Imperfect

		9 Past Perfect	
esprimevo	esprimevamo	avevo espresso	avevamo espresso
esprimevi	esprimevate	avevi espresso	avevate espresso
esprimeva	esprimevano	aveva espresso	avevano espresso

3 Past Absolute

		10 Past Anterior	
espressi	esprimemmo	ebbi espresso	avemmo espresso
esprimesti	esprimeste	avesti espresso	aveste espresso
espresse	espressero	ebbe espresso	ebbero espresso

4 Future

		11 Future Perfect	
esprimerò	esprimereno	avrò espresso	avremo espresso
esprimerai	esprimerete	avrai espresso	avrete espresso
esprimerà	esprimeranno	avrà espresso	avranno espresso

5 Present Conditional

		12 Past Conditional	
esprimerei	esprimeremmo	avrei espresso	avremmo espresso
esprimeresti	esprimereste	avresti espresso	avreste espresso
esprimerebbe	esprimerebbero	avrebbe espresso	avrebbero espresso

6 Present Subjunctive

		13 Past Subjunctive	
esprima	esprimiamo	abbia espresso	abbiamo espresso
esprima	esprimiate	abbia espresso	abbiate espresso
esprima	esprimano	abbia espresso	abbiano espresso

7 Imperfect Subjunctive

		14 Past Perfect Subjunctive	
esprimessi	esprimessimo	avessi espresso	avessimo espresso
esprimessi	esprimeste	avessi espresso	aveste espresso
esprimesse	esprimessero	avesse espresso	avessero espresso

Imperative

—	esprimiamo
esprimi (non esprimere)	esprimete
esprima	esprimano

Samples of basic verb usage
Loro si esprimono sempre molto bene. They always express themselves very well.
Chi ha espresso quell'opinione? Who expressed that opinion?
Quell'opera esprime forti sentimenti. That work expresses strong feelings.

Extended uses/Related words and expressions
comunicare to communicate
esporre to expose, put forward
rivelare le proprie idee to reveal one's ideas

NOTE: Other verbs conjugated like **esprimere** are **comprimere** (to compress, squeeze), **opprimere** (to oppress), **reprimere** (to repress), and **sopprimere** (to suppress).

The Seven Simple Tenses		The Seven Compound Tenses	
Singular	Plural	Singular	Plural
1 Present Indicative		**8 Present Perfect**	
sono	siamo	sono stato	siamo stati
sei	siete	sei stato	siete stati
è	sono	è stato	sono stati
2 Imperfect		**9 Past Perfect**	
ero	eravamo	ero stato	eravamo stati
eri	eravate	eri stato	eravate stati
era	erano	era stato	erano stati
3 Past Absolute		**10 Past Anterior**	
fui	fummo	fui stato	fummo stati
fosti	foste	fosti stato	foste stati
fu	furono	fu stato	furono stati
4 Future		**11 Future Perfect**	
sarò	saremo	sarò stato	saremo stati
sarai	sarete	sarai stato	sarete stati
sarà	saranno	sarà stato	saranno stati
5 Present Conditional		**12 Past Conditional**	
sarei	saremmo	sarei stato	saremmo stati
saresti	sareste	saresti stato	sareste stati
sarebbe	sarebbero	sarebbe stato	sarebbero stati
6 Present Subjunctive		**13 Past Subjunctive**	
sia	siamo	sia stato	siamo stati
sia	siate	sia stato	siate stati
sia	siano	sia stato	siano stati
7 Imperfect Subjunctive		**14 Past Perfect Subjunctive**	
fossi	fossimo	fossi stato	fossimo stati
fossi	foste	fossi stato	foste stati
fosse	fossero	fosse stato	fossero stati

	Imperative	
—		siamo
sii (non essere)		siate
sia		siano

AN ESSENTIAL VERB

AN ESSENTIAL VERB

Essere

This is clearly a key verb because it is used all the time. It also occurs in many expressions and idioms.

Samples of basic verb usage
Che cosa è? What is it?

Lui è di origine italiana. He is of Italian origin.

Che sarà, sarà. What will be, will be.

Da bambini, erano molto attivi. As children, they were very active.

Extended uses
Queste cose sono tutte da fare. These things are all to be done.

Essere o non essere. To be or not to be.

Words and expressions related to this verb

esserci to be there (here)

C'è Marco? Is Marco there?

Ci sono tanti studenti in classe. There are a lot of students in class.

Che c'è? What is it? What's up?

Può essere! Could be! Perhaps!

un essere umano a human being

NOTE: This is also used as an auxiliary verb in compound tenses: sono andato (-a) (I have gone), erano venuti (-e) (they had come), etc.

estendere*

to extend

Gerund estendendo

Past Part. esteso

Irregular verb ∎

The Seven Simple Tenses		The Seven Compound Tenses	
Singular	Plural	Singular	Plural
1 Present Indicative		**8 Present Perfect**	
estendo	estendiamo	ho esteso	abbiamo esteso
estendi	estendete	hai esteso	avete esteso
estende	estendono	ha esteso	hanno esteso
2 Imperfect		**9 Past Perfect**	
estendevo	estendevamo	avevo esteso	avevamo esteso
estendevi	estendevate	avevi esteso	avevate esteso
estendeva	estendevano	aveva esteso	avevano esteso
3 Past Absolute		**10 Past Anterior**	
estesi	estendemmo	ebbi esteso	avemmo esteso
estendesti	estendeste	avesti esteso	aveste esteso
estese	estesero	ebbe esteso	ebbero esteso
4 Future		**11 Future Perfect**	
estenderò	estenderemo	avrò esteso	avremo esteso
estenderai	estenderete	avrai esteso	avrete esteso
estenderà	estenderanno	avrà esteso	avranno esteso
5 Present Conditional		**12 Past Conditional**	
estenderei	estenderemmo	avrei esteso	avremmo esteso
estenderesti	estendereste	avresti esteso	avreste esteso
estenderebbe	estenderebbero	avrebbe esteso	avrebbero esteso
6 Present Subjunctive		**13 Past Subjunctive**	
estenda	estendiamo	abbia esteso	abbiamo esteso
estenda	estendiate	abbia esteso	abbiate esteso
estenda	estendano	abbia esteso	abbiano esteso
7 Imperfect Subjunctive		**14 Past Perfect Subjunctive**	
estendessi	estendessimo	avessi esteso	avessimo esteso
estendessi	estendeste	avessi esteso	aveste esteso
estendesse	estendessero	avesse esteso	avessero esteso

	Imperative	
—		estendiamo
estendi (non estendere)		estendete
estenda		estendano

Samples of basic verb usage
Hanno esteso i confini. They extended the boundaries.
Estese la propria cultura. He extended his learning.

Extended uses/Related words and expressions
Le mie competenze non si estendono a tanto.
  My knowledge does not quite go that far.
l'estensione extension

NOTE: This verb is composed with the verb **stendere** (to lay out) and is thus conjugated exactly like it.

to avoid

E

The Seven Simple Tenses		The Seven Compound Tenses	
Singular	Plural	Singular	Plural
1 Present Indicative		**8 Present Perfect**	
evito	evitiamo	ho evitato	abbiamo evitato
eviti	evitate	hai evitato	avete evitato
evita	evitano	ha evitato	hanno evitato
2 Imperfect		**9 Past Perfect**	
evitavo	evitavamo	avevo evitato	avevamo evitato
evitavi	evitavate	avevi evitato	avevate evitato
evitava	evitavano	aveva evitato	avevano evitato
3 Past Absolute		**10 Past Anterior**	
evitai	evitammo	ebbi evitato	avemmo evitato
evitasti	evitaste	avesti evitato	aveste evitato
evitò	evitarono	ebbe evitato	ebbero evitato
4 Future		**11 Future Perfect**	
eviterò	eviteremo	avrò evitato	avremo evitato
eviterai	eviterete	avrai evitato	avrete evitato
eviterà	eviteranno	avrà evitato	avranno evitato
5 Present Conditional		**12 Past Conditional**	
eviterei	eviteremmo	avrei evitato	avremmo evitato
eviteresti	evitereste	avresti evitato	avreste evitato
eviterebbe	eviterebbero	avrebbe evitato	avrebbero evitato
6 Present Subjunctive		**13 Past Subjunctive**	
eviti	evitiamo	abbia evitato	abbiamo evitato
eviti	evitiate	abbia evitato	abbiate evitato
eviti	evitino	abbia evitato	abbiano evitato
7 Imperfect Subjunctive		**14 Past Perfect Subjunctive**	
evitassi	evitassimo	avessi evitato	avessimo evitato
evitassi	evitaste	avessi evitato	aveste evitato
evitasse	evitassero	avesse evitato	avessero evitato

Imperative	
—	evitiamo
evita (non evitare)	evitate
eviti	evitino

Samples of basic verb usage
Io evito sempre quella persona noiosa.
　I always avoid that bothersome person.
Bisogna evitare di fumare. One must avoid
　smoking.

Extended uses/Related words and expressions
astenersi to abstain
fare a meno to do without

facilitare

Gerund **facilitando**

Past Part. **facilitato**

to facilitate, to make easier

The Seven Simple Tenses		The Seven Compound Tenses	
Singular	Plural	Singular	Plural
1 Present Indicative		**8 Present Perfect**	
facilito	facilitiamo	ho facilitato	abbiamo facilitato
faciliti	facilitate	hai facilitato	avete facilitato
facilita	facilitano	ha facilitato	hanno facilitato
2 Imperfect		**9 Past Perfect**	
facilitavo	facilitavamo	avevo facilitato	avevamo facilitato
facilitavi	facilitavate	avevi facilitato	avevate facilitato
facilitava	facilitavano	aveva facilitato	avevano facilitato
3 Past Absolute		**10 Past Anterior**	
facilitai	facilitammo	ebbi facilitato	avemmo facilitato
facilitasti	facilitaste	avesti facilitato	aveste facilitato
facilitò	facilitarono	ebbe facilitato	ebbero facilitato
4 Future		**11 Future Perfect**	
faciliterò	faciliteremo	avrò facilitato	avremo facilitato
faciliterai	faciliterete	avrai facilitato	avrete facilitato
faciliterà	faciliteranno	avrà facilitato	avranno facilitato
5 Present Conditional		**12 Past Conditional**	
faciliterei	faciliteremmo	avrei facilitato	avremmo facilitato
faciliteresti	facilitereste	avresti facilitato	avreste facilitato
faciliterebbe	faciliterebbero	avrebbe facilitato	avrebbero facilitato
6 Present Subjunctive		**13 Past Subjunctive**	
faciliti	facilitiamo	abbia facilitato	abbiamo facilitato
faciliti	facilitiate	abbia facilitato	abbiate facilitato
faciliti	facilitino	abbia facilitato	abbiano facilitato
7 Imperfect Subjunctive		**14 Past Perfect Subjunctive**	
facilitassi	facilitassimo	avessi facilitato	avessimo facilitato
facilitassi	facilitaste	avessi facilitato	aveste facilitato
facilitasse	facilitassero	avesse facilitato	avessero facilitato

	Imperative	
—		facilitiamo
facilita (non facilitare)		facilitate
faciliti		facilitino

Samples of basic verb usage
Il computer ha facilitato molte cose. The computer has facilitated many things.
Cercherò di facilitare la tua vita. I'll try to facilitate your life.

Extended uses/Related words and expressions
agevolare to make easier
rendere qualcosa più facile to render something easier
semplificare to simplify

to fail, to go bankrupt

The Seven Simple Tenses		The Seven Compound Tenses	
Singular	Plural	Singular	Plural
1 Present Indicative		**8 Present Perfect**	
fallisco	falliamo	sono fallito	siamo falliti
fallisci	fallite	sei fallito	siete falliti
fallisce	falliscono	è fallito	sono falliti
2 Imperfect		**9 Past Perfect**	
fallivo	fallivamo	ero fallito	eravamo falliti
fallivi	fallivate	eri fallito	eravate falliti
falliva	fallivano	era fallito	erano falliti
3 Past Absolute		**10 Past Anterior**	
fallii	fallimmo	fui fallito	fummo falliti
fallisti	falliste	fosti fallito	foste falliti
fallì	fallirono	fu fallito	furono falliti
4 Future		**11 Future Perfect**	
fallirò	falliremo	sarò fallito	saremo falliti
fallirai	fallirete	sarai fallito	sarete falliti
fallirà	falliranno	sarà fallito	saranno falliti
5 Present Conditional		**12 Past Conditional**	
fallirei	falliremmo	sarei fallito	saremmo falliti
falliresti	fallireste	saresti fallito	sareste falliti
fallirebbe	fallirebbero	sarebbe fallito	sarebbero falliti
6 Present Subjunctive		**13 Past Subjunctive**	
fallisca	falliamo	sia fallito	siamo falliti
fallisca	falliate	sia fallito	siate falliti
fallisca	falliscano	sia fallito	siano falliti
7 Imperfect Subjunctive		**14 Past Perfect Subjunctive**	
fallissi	fallissimo	fossi fallito	fossimo falliti
fallissi	falliste	fossi fallito	foste falliti
fallisse	fallissero	fosse fallito	fossero falliti

Imperative

—	falliamo
fallisci (non fallire)	**fallite**
fallisca	**falliscano**

Samples of basic verb usage
Il mio tentativo è fallito. My attempt failed.
Quella ditta è fallita. That company went bankrupt.
Le trattative di pace falliranno. The peace negotiations will fail.

Extended uses/Related words and expressions
dichiarare fallimento to declare bankruptcy
mancare a to be short of, to fall short

falsificare

to falsify, to forge, to fake

Gerund **falsificando** Past Part. **falsificato**

Regular **-are** verb endings with spelling change: **c** becomes **ch** before **e** or **i**

The Seven Simple Tenses		The Seven Compound Tenses	
Singular	Plural	Singular	Plural
1 Present Indicative		**8 Present Perfect**	
falsifico	falsifichiamo	ho falsificato	abbiamo falsificato
falsifichi	falsificate	hai falsificato	avete falsificato
falsifica	falsificano	ha falsificato	hanno falsificato
2 Imperfect		**9 Past Perfect**	
falsificavo	falsificavamo	avevo falsificato	avevamo falsificato
falsificavi	falsificavate	avevi falsificato	avevate falsificato
falsificava	falsificavano	aveva falsificato	avevano falsificato
3 Past Absolute		**10 Past Anterior**	
falsificai	falsificammo	ebbi falsificato	avemmo falsificato
falsificasti	falsificaste	avesti falsificato	aveste falsificato
falsificò	falsificarono	ebbe falsificato	ebbero falsificato
4 Future		**11 Future Perfect**	
falsificherò	falsificheremo	avrò falsificato	avremo falsificato
falsificherai	falsificherete	avrai falsificato	avrete falsificato
falsificherà	falsificheranno	avrà falsificato	avranno falsificato
5 Present Conditional		**12 Past Conditional**	
falsificherei	falsificheremmo	avrei falsificato	avremmo falsificato
falsificheresti	falsifichereste	avresti falsificato	avreste falsificato
falsificherebbe	falsificherebbero	avrebbe falsificato	avrebbero falsificato
6 Present Subjunctive		**13 Past Subjunctive**	
falsifichi	falsifichiamo	abbia falsificato	abbiamo falsificato
falsifichi	falsifichiate	abbia falsificato	abbiate falsificato
falsifichi	falsifichino	abbia falsificato	abbiano falsificato
7 Imperfect Subjunctive		**14 Past Perfect Subjunctive**	
falsificassi	falsificassimo	avessi falsificato	avessimo falsificato
falsificassi	falsificaste	avessi falsificato	aveste falsificato
falsificasse	falsificassero	avesse falsificato	avessero falsificato

Imperative	
—	falsifichiamo
falsifica (non falsificare)	falsificate
falsifichi	falsifichino

Samples of basic verb usage

Chi ha falsificato la sua firma? Who falsified her signature?

I mass-media falsificano le cose. The mass media falsify things.

Extended uses/Related words and expressions

dimostrare la falsità to demonstrate falseness

falso false

■ Irregular verb   to do, to make

The Seven Simple Tenses		The Seven Compound Tenses	
Singular	Plural	Singular	Plural
1 Present Indicative		**8 Present Perfect**	
faccio (fo)	facciamo	ho fatto	abbiamo fatto
fai	fate	hai fatto	avete fatto
fa	fanno	ha fatto	hanno fatto
2 Imperfect		**9 Past Perfect**	
facevo	facevamo	avevo fatto	avevamo fatto
facevi	facevate	avevi fatto	avevate fatto
faceva	facevano	aveva fatto	avevano fatto
3 Past Absolute		**10 Past Anterior**	
feci	facemmo	ebbi fatto	avemmo fatto
facesti	faceste	avesti fatto	aveste fatto
fece	fecero	ebbe fatto	ebbero fatto
4 Future		**11 Future Perfect**	
farò	faremo	avrò fatto	avremo fatto
farai	farete	avrai fatto	avrete fatto
farà	faranno	avrà fatto	avranno fatto
5 Present Conditional		**12 Past Conditional**	
farei	faremmo	avrei fatto	avremmo fatto
faresti	fareste	avresti fatto	avreste fatto
farebbe	farebbero	avrebbe fatto	avrebbero fatto
6 Present Subjunctive		**13 Past Subjunctive**	
faccia	facciamo	abbia fatto	abbiamo fatto
faccia	facciate	abbia fatto	abbiate fatto
faccia	facciano	abbia fatto	abbiano fatto
7 Imperfect Subjunctive		**14 Past Perfect Subjunctive**	
facessi	facessimo	avessi fatto	avessimo fatto
facessi	faceste	avessi fatto	aveste fatto
facesse	facessero	avesse fatto	avessero fatto

	Imperative	
—		facciamo
fa' (fai) (non fare)		fate
faccia		facciano

AN ESSENTIAL VERB

AN ESSENTIAL VERB

Fare

This is a key verb because it is used constantly in all kinds of conversations and because it occurs in many expressions and idioms.

Samples of basic verb usage

Che cosa hai fatto ieri? What did you do yesterday?

Quando farai quello che mi hai promesso? When will you do what you promised me?

Domani non farò niente. Tomorrow I will do nothing.

Che cosa ci facevano in Italia? What were they doing in Italy?

Reflexive uses

farsi to make for oneself, to bring about

farsi la casa to buy a house

farsi la macchina to buy a car

farsi avanti to move forward, to make oneself seen or heard

farsi da mangiare to cook for oneself

Words and expressions related to this verb

fare bel tempo (freddo, caldo, ecc.) to be beautiful (weather) (to be cold, hot, etc.)

fare il biglietto to get a ticket

far fronte a qualcosa to face something head on

fare il medico (l'ingegnere, il dentista, ecc.) to be a doctor (engineer, dentist, etc.)

Come fa di cognome? What is your surname?

Non fa niente! It doesn't matter!

Faremo i conti più tardi! We'll discuss the matter later!

NOTE: Other verbs conjugated like **fare** are **rifare** (to do again), **sfare** (to undo), and **stupefare** (to amaze, astonish).

The Seven Simple Tenses		The Seven Compound Tenses

Singular	Plural	Singular	Plural
1 Present Indicative		**8 Present Perfect**	
ferisco	feriamo	ho ferito	abbiamo ferito
ferisci	ferite	hai ferito	avete ferito
ferisce	feriscono	ha ferito	hanno ferito
2 Imperfect		**9 Past Perfect**	
ferivo	ferivamo	avevo ferito	avevamo ferito
ferivi	ferivate	avevi ferito	avevate ferito
feriva	ferivano	aveva ferito	avevano ferito
3 Past Absolute		**10 Past Anterior**	
ferii	ferimmo	ebbi ferito	avemmo ferito
feristi	feriste	avesti ferito	aveste ferito
ferì	ferirono	ebbe ferito	ebbero ferito
4 Future		**11 Future Perfect**	
ferirò	feriremo	avrò ferito	avremo ferito
ferirai	ferirete	avrai ferito	avrete ferito
ferirà	feriranno	avrà ferito	avranno ferito
5 Present Conditional		**12 Past Conditional**	
ferirei	feriremmo	avrei ferito	avremmo ferito
feriresti	ferireste	avresti ferito	avreste ferito
ferirebbe	ferirebbero	avrebbe ferito	avrebbero ferito
6 Present Subjunctive		**13 Past Subjunctive**	
ferisca	feriamo	abbia ferito	abbiamo ferito
ferisca	feriate	abbia ferito	abbiate ferito
fersica	feriscano	abbia ferito	abbiano ferito
7 Imperfect Subjunctive		**14 Past Perfect Subjunctive**	
ferissi	ferissimo	avessi ferito	avessimo ferito
ferissi	feriste	avessi ferito	aveste ferito
ferisse	ferissero	avesse ferito	avessero ferito

Imperative

—	feriamo
ferisci (non ferire)	ferite
ferisca	feriscano

Samples of basic verb usage
Il carabiniere ha ferito il ladro. The police-
   man wounded the thief.
É vero che le mie parole ti hanno ferito?
   Is it true that my words hurt you?

Extended uses/Related words and expressions
Chi di spada ferisce di spada perisce. He who
   lives by the sword, perishes by the sword.
la ferita a wound

fermarsi

to stop

The Seven Simple Tenses		The Seven Compound Tenses	
Singular	Plural	Singular	Plural
1 Present Indicative		**8 Present Perfect**	
mi fermo	ci fermiamo	mi sono fermato	ci siamo fermati
ti fermi	vi fermate	ti sei fermato	vi siete fermati
si ferma	si fermano	si è fermato	si sono fermati
2 Imperfect		**9 Past Perfect**	
mi fermavo	ci fermavamo	mi ero fermato	ci eravamo fermati
ti fermavi	vi fermavate	ti eri fermato	vi eravate fermati
si fermava	si fermavano	si era fermato	si erano fermati
3 Past Absolute		**10 Past Anterior**	
mi fermai	ci fermammo	mi fui fermato	ci fummo fermati
ti fermasti	vi fermaste	ti fosti fermato	vi foste fermati
si fermò	si fermarono	si fu fermato	si furono fermati
4 Future		**11 Future Perfect**	
mi fermerò	ci fermeremo	mi sarò fermato	ci saremo fermati
ti fermerai	vi fermerete	ti sarai fermato	vi sarete fermati
si fermerà	si fermeranno	si sarà fermato	si saranno fermati
5 Present Conditional		**12 Past Conditional**	
mi fermerei	ci fermeremmo	mi sarei fermato	ci saremmo fermati
ti fermeresti	vi fermereste	ti saresti fermato	vi sareste fermati
si fermerebbe	si fermerebbero	si sarebbe fermato	si sarebbero fermati
6 Present Subjunctive		**13 Past Subjunctive**	
mi fermi	ci fermiamo	mi sia fermato	ci siamo fermati
ti fermi	vi fermiate	ti sia fermato	vi siate fermati
si fermi	si fermino	si sia fermato	si siano fermati
7 Imperfect Subjunctive		**14 Past Perfect Subjunctive**	
mi fermassi	ci fermassimo	mi fossi fermato	ci fossimo fermati
ti fermassi	vi fermaste	ti fossi fermato	vi foste fermati
si fermasse	si fermassero	si fosse fermato	si fossero fermati

Imperative	
—	fermiamoci
fermati (non ti fermare/non fermarti)	fermatevi
si fermi	si fermino

Samples of basic verb usage	Extended uses/Related words and expressions
Ci siamo fermati due giorni al mare. We stopped over for two days at the sea.	**fermare una persona sospetta** to detain a suspicious person
Mi hanno fermato alla dogana. They stopped me at customs.	**Ferma!** Stop! Don't move!
	Ho deciso di fermarmi in Sicilia. I decided to settle permanently in Sicily.

Regular **-are** verb endings with spelling   to celebrate
change: **ggi** becomes **gg** before **e** or **i**

The Seven Simple Tenses		The Seven Compound Tenses	
Singular	Plural	Singular	Plural

1 Present Indicative		8 Present Perfect	
festeggio	festeggiamo	ho festeggiato	abbiamo festeggiato
festeggi	festeggiate	hai festeggiato	avete festeggiato
festeggia	festeggiano	ha festeggiato	hanno festeggiato

2 Imperfect		9 Past Perfect	
festeggiavo	festeggiavamo	avevo festeggiato	avevamo festeggiato
festeggiavi	festeggiavate	avevi festeggiato	avevate festeggiato
festeggiava	festeggiavano	aveva festeggiato	avevano festeggiato

3 Past Absolute		10 Past Anterior	
festeggiai	festeggiammo	ebbi festeggiato	avemmo festeggiato
festeggiasti	festeggiaste	avesti festeggiato	aveste festeggiato
festeggiò	festeggiarono	ebbe festeggiato	ebbero festeggiato

4 Future		11 Future Perfect	
festeggerò	festeggeremo	avrò festeggiato	avremo festeggiato
festeggerai	festeggerete	avrai festeggiato	avrete festeggiato
festeggerà	festeggeranno	avrà festeggiato	avranno festeggiato

5 Present Conditional		12 Past Conditional	
festeggerei	festeggeremmo	avrei festeggiato	avremmo festeggiato
festeggeresti	festeggereste	avresti festeggiato	avreste festeggiato
festeggerebbe	festeggerebbero	avrebbe festeggiato	avrebbero festeggiato

6 Present Subjunctive		13 Past Subjunctive	
festeggi	festeggiamo	abbia festeggiato	abbiamo festeggiato
festeggi	festeggiate	abbia festeggiato	abbiate festeggiato
festeggi	festeggino	abbia festeggiato	abbiano festeggiato

7 Imperfect Subjunctive		14 Past Perfect Subjunctive	
festeggiassi	festeggiassimo	avessi festeggiato	avessimo festeggiato
festeggiassi	festeggiaste	avessi festeggiato	aveste festeggiato
festeggiasse	festeggiassero	avesse festeggiato	avessero festeggiato

Imperative	
—	festeggiamo
festeggia (non festeggiare)	festeggiate
festeggi	festeggino

Samples of basic verb usage
Ieri hanno festeggiato il mio compleanno.
    Yesterday they celebrated my birthday.
Festeggeranno le nozze d'oro
    quest'anno. They will celebrate their golden
    anniversary this year.

Extended uses/Related words and expressions
celebrare to celebrate
fare festa to have a party

fidarsi

to trust, to confide

The Seven Simple Tenses		The Seven Compound Tenses	
Singular	Plural	Singular	Plural

1 Present Indicative		8 Present Perfect	
mi fido	ci fidiamo	mi sono fidato	ci siamo fidati
ti fidi	vi fidate	ti sei fidato	vi siete fidati
si fida	si fidano	si è fidato	si sono fidati

2 Imperfect		9 Past Perfect	
mi fidavo	ci fidavamo	mi ero fidato	ci eravamo fidati
ti fidavi	vi fidavate	ti eri fidato	vi eravate fidati
si fidava	si fidavano	si era fidato	si erano fidati

3 Past Absolute		10 Past Anterior	
mi fidai	ci fidammo	mi fui fidato	ci fummo fidati
ti fidasti	vi fidaste	ti fosti fidato	vi foste fidati
si fidò	si fidarono	si fu fidato	si furono fidati

4 Future		11 Future Perfect	
mi fiderò	ci fideremo	mi sarò fidato	ci saremo fidati
ti fiderai	vi fiderete	ti sarai fidato	vi sarete fidati
si fiderà	si fideranno	si sarà fidato	si saranno fidati

5 Present Conditional		12 Past Conditional	
mi fiderei	ci fideremmo	mi sarei fidato	ci saremmo fidati
ti fideresti	vi fidereste	ti saresti fidato	vi sareste fidati
si fiderebbe	si fiderebbero	si sarebbe fidato	si sarebbero fidati

6 Present Subjunctive		13 Past Subjunctive	
mi fidi	ci fidiamo	mi sia fidato	ci siamo fidati
ti fidi	vi fidiate	ti sia fidato	vi siate fidati
si fidi	si fidino	si sia fidato	si siano fidati

7 Imperfect Subjunctive		14 Past Perfect Subjunctive	
mi fidassi	ci fidassimo	mi fossi fidato	ci fossimo fidati
ti fidassi	vi fidaste	ti fossi fidato	vi foste fidati
si fidasse	si fidassero	si fosse fidato	si fossero fidati

Imperative

—	fidiamoci
fidati (non ti fidare/non fidarti)	fidatevi
si fidi	si fidino

Samples of basic verb usage
Non mi fido di lui. I don't trust him.
Bisogna fidarsi degli amici. You have to trust your friends.
Perché non ti fidi? Why don't you have any trust?

Extended uses/Related words and expressions
Fidarsi è bene, non fidarsi è meglio. To have trust is good, not to have trust is better.
la fiducia trust
fiducioso confident

■ Irregular verb   to fix, to fasten

The Seven Simple Tenses		The Seven Compound Tenses	
Singular	Plural	Singular	Plural

1 Present Indicative

		8 Present Perfect	
figgo	**figgiamo**	**ho fitto**	**abbiamo fitto**
figgi	**figgete**	**hai fitto**	**avete fitto**
figge	**figgono**	**ha fitto**	**hanno fitto**

2 Imperfect

		9 Past Perfect	
figgevo	**figgevamo**	**avevo fitto**	**avevamo fitto**
figgevi	**figgevate**	**avevi fitto**	**avevate fitto**
figgeva	**figgevano**	**aveva fitto**	**avevano fitto**

3 Past Absolute

		10 Past Anterior	
fissi	**figgemmo**	**ebbi fitto**	**avemmo fitto**
figgesti	**figgeste**	**avesti fitto**	**aveste fitto**
fisse	**fissero**	**ebbe fitto**	**ebbero fitto**

4 Future

		11 Future Perfect	
figgerò	**figgeremo**	**avrò fitto**	**avremo fitto**
figgerai	**figgerete**	**avrai fitto**	**avrete fitto**
figgerà	**figgeranno**	**avrà fitto**	**avranno fitto**

5 Present Conditional

		12 Past Conditional	
figgerei	**figgeremmo**	**avrei fitto**	**avremmo fitto**
figgeresti	**figgereste**	**avresti fitto**	**avreste fitto**
figgerebbe	**figgerebbero**	**avrebbe fitto**	**avrebbero fitto**

6 Present Subjunctive

		13 Past Subjunctive	
figga	**figgiamo**	**abbia fitto**	**abbiamo fitto**
figga	**figgiate**	**abbia fitto**	**abbiate fitto**
figga	**figgano**	**abbia fitto**	**abbiano fitto**

7 Imperfect Subjunctive

		14 Past Perfect Subjunctive	
figgessi	**figgessimo**	**avessi fitto**	**avessimo fitto**
figgessi	**figgeste**	**avessi fitto**	**aveste fitto**
figgesse	**figgessero**	**avesse fitto**	**avessero fitto**

	Imperative	
	—	**figgiamo**
	figgi (non figgere)	**figgete**
	figga	**figgano**

Samples of basic verb usage
Devo figgere quell'affisso sul muro. I have to pin that poster on the wall.
Che cosa ti sei fitto in testa? What did you get into your head?

Extended uses/Related words and expressions
fissare to secure
ficcare to stick something somewhere

NOTE: Two other verbs conjugated like **figgere** are **affliggere** (to afflict) and **sconfiggere** (to defeat).

fingere*

Gerund **fingendo**

Past Part. **finto**

to feign, to pretend

Irregular verb ■

The Seven Simple Tenses		The Seven Compound Tenses	
Singular	Plural	Singular	Plural

1 Present Indicative

		8 Present Perfect	
fingo	fingiamo	ho finto	abbiamo finto
fingi	fingete	hai finto	avete finto
finge	fingono	ha finto	hanno finto

2 Imperfect

		9 Past Perfect	
fingevo	fingevamo	avevo finto	avevamo finto
fingevi	fingevate	avevi finto	avevate finto
fingeva	fingevano	aveva finto	avevano finto

3 Past Absolute

		10 Past Anterior	
finsi	fingemmo	ebbi finto	avemmo finto
fingesti	fingeste	avesti finto	aveste finto
finse	finsero	ebbe finto	ebbero finto

4 Future

		11 Future Perfect	
fingerò	fingeremo	avrò finto	avremo finto
fingerai	fingerete	avrai finto	avrete finto
fingerà	fingeranno	avrà finto	avranno finto

5 Present Conditional

		12 Past Conditional	
fingerei	fingeremmo	avrei finto	avremmo finto
fingeresti	fingereste	avresti finto	avreste finto
fingerebbe	fingerebbero	avrebbe finto	avrebbero finto

6 Present Subjunctive

		13 Past Subjunctive	
finga	fingiamo	abbia finto	abbiamo finto
finga	fingiate	abbia finto	abbiate finto
finga	fingano	abbia finto	abbiano finto

7 Imperfect Subjunctive

		14 Past Perfect Subjunctive	
fingessi	fingessimo	avessi finto	avessimo finto
fingessi	fingeste	avessi finto	aveste finto
fingesse	fingessero	avesse finto	avessero finto

Imperative

—	fingiamo
fingi (non fingere)	fingete
finga	fingano

Samples of basic verb usage

Loro hanno finto sorpresa. They faked surprise.

Sai fingere molto bene. You know how to pretend very well.

Perché fingi di non conoscere la verità? Why are you pretending not to know the truth?

Extended uses/Related words and expressions

finto fake

fare il finto tonto to play dumb, to pretend not to know anything

NOTE: Other verbs conjugated like **fingere** are **dipingere** (to depict), **respingere** (to refute, reject), **stringere** (to tighten), and **tingere** (to dye).

F

The Seven Simple Tenses		The Seven Compound Tenses	
Singular	Plural	Singular	Plural

1 Present Indicative

		8 Present Perfect	
finisco	**finiamo**	**ho finito**	**abbiamo finito**
finisci	**finite**	**hai finito**	**avete finito**
finisce	**finiscono**	**ha finito**	**hanno finito**

2 Imperfect

		9 Past Perfect	
finivo	**finivamo**	**avevo finito**	**avevamo finito**
finivi	**finivate**	**avevi finito**	**avevate finito**
finiva	**finivano**	**aveva finito**	**avevano finito**

3 Past Absolute

		10 Past Anterior	
finii	**finimmo**	**ebbi finito**	**avemmo finito**
finisti	**finiste**	**avesti finito**	**aveste finito**
finì	**finirono**	**ebbe finito**	**ebbero finito**

4 Future

		11 Future Perfect	
finirò	**finiremo**	**avrò finito**	**avremo finito**
finirai	**finirete**	**avrai finito**	**avrete finito**
finirà	**finiranno**	**avrà finito**	**avranno finito**

5 Present Conditional

		12 Past Conditional	
finirei	**finiremmo**	**avrei finito**	**avremmo finito**
finiresti	**finireste**	**avresti finito**	**avreste finito**
finirebbe	**finirebbero**	**avrebbe finito**	**avrebbero finito**

6 Present Subjunctive

		13 Past Subjunctive	
finisca	**finiamo**	**abbia finito**	**abbiamo finito**
finisca	**finiate**	**abbia finito**	**abbiate finito**
finisca	**finiscano**	**abbia finito**	**abbiano finito**

7 Imperfect Subjunctive

		14 Past Perfect Subjunctive	
finissi	**finissimo**	**avessi finito**	**avessimo finito**
finissi	**finiste**	**avessi finito**	**aveste finito**
finisse	**finissero**	**avesse finito**	**avessero finito**

Imperative

—	**finiamo**
finisci (non finire)	**finite**
finisca	**finiscano**

AN ESSENTIAL VERB

AN ESSENTIAL VERB

Finire

This is a key verb because it is used in all kinds of situations and because it occurs in a number of useful expressions.

Samples of basic verb usage

Quando finite di lavorare? When do you finish working?

Ho finito il libro che stavo leggendo. I finished the book I was reading.

Finisci di studiare! Finish studying!

É necessario che tu finisca i compiti. It's necessary that you finish your homework.

Extended uses

É ora di finirla! It's time to cut it out!

É finita! It's over!

Tutto è bene quel che finisce bene. All's well that ends well.

La partita è finita. The game is over.

La cosa non finisce qui! This is not the end of it!

Words and expressions related to this verb

terminare to terminate

concludere to conclude

la fine the end

senza fine without end

NOTE: When **finire** is followed by an infinitive the preposition **di** is required before the infinitive: **Lui finisce sempre tardi di lavorare** (He always finishes working late).

to sign

The Seven Simple Tenses		The Seven Compound Tenses	
Singular	Plural	Singular	Plural

1 Present Indicative

		8 Present Perfect	
firmo	firmiamo	ho firmato	abbiamo firmato
firmi	firmate	hai firmato	avete firmato
firma	firmano	ha firmato	hanno firmato

2 Imperfect

		9 Past Perfect	
firmavo	firmavamo	avevo firmato	avevamo firmato
firmavi	firmavate	avevi firmato	avevate firmato
firmava	firmavano	aveva firmato	avevano firmato

3 Past Absolute

		10 Past Anterior	
firmai	firmammo	ebbi firmato	avemmo firmato
firmasti	firmaste	avesti firmato	aveste firmato
firmò	firmarono	ebbe firmato	ebbero firmato

4 Future

		11 Future Perfect	
firmerò	firmeremo	avrò firmato	avremo firmato
firmerai	firmerete	avrai firmato	avrete firmato
firmerà	firemeranno	avrà firmato	avranno firmato

5 Present Conditional

		12 Past Conditional	
firmerei	firmeremmo	avrei firmato	avremmo firmato
firmeresti	firmereste	avresti firmato	avreste firmato
firmerebbe	firmerebbero	avrebbe firmato	avrebbero firmato

6 Present Subjunctive

		13 Past Subjunctive	
firmi	firmiamo	abbia firmato	abbiamo firmato
firmi	firmiate	abbia firmato	abbiate firmato
firmi	firmino	abbia firmato	abbiano firmato

7 Imperfect Subjunctive

		14 Past Perfect Subjunctive	
firmassi	firmassimo	avessi firmato	avessimo firmato
firmassi	firmaste	avessi firmato	aveste firmato
firmasse	firmassero	avesse firmato	avessero firmato

Imperative

—	firmiamo
firma (non firmare)	firmate
firmi	firmino

Samples of basic verb usage
Firma qui in fondo! Sign here at the bottom!
Hai firmato il contratto? Have you signed the
  contract yet?

Extended uses/Related words and expressions
la firma signature
firmare in bianco to sign blindly
abito firmato designer dress

NOTE: Be careful with the verb **segnare**. It does not mean "to sign" (as one might think), but "to mark."

fondere*

to fuse, to melt

Gerund fondendo

Past Part. fuso

Irregular verb ∎

The Seven Simple Tenses		The Seven Compound Tenses	
Singular	Plural	Singular	Plural

1 Present Indicative		8 Present Perfect	
fondo	fondiamo	ho fuso	abbiamo fuso
fondi	fondete	hai fuso	avete fuso
fonde	fondono	ha fuso	hanno fuso

2 Imperfect		9 Past Perfect	
fondevo	fondevamo	avevo fuso	avevamo fuso
fondevi	fondevate	avevi fuso	avevate fuso
fondeva	fondevano	aveva fuso	avevano fuso

3 Past Absolute		10 Past Anterior	
fusi	fondemmo	ebbi fuso	avemmo fuso
fondesti	fondeste	avesti fuso	aveste fuso
fuse	fusero	ebbe fuso	ebbero fuso

4 Future		11 Future Perfect	
fonderò	fonderemo	avrò fuso	avremo fuso
fonderai	fonderete	avrai fuso	avrete fuso
fonderà	fonderanno	avrà fuso	avranno fuso

5 Present Conditional		12 Past Conditional	
fonderei	fonderemmo	avrei fuso	avremmo fuso
fonderesti	fondereste	avresti fuso	avreste fuso
fonderebbe	fonderebbero	avrebbe fuso	avrebbero fuso

6 Present Subjunctive		13 Past Subjunctive	
fonda	fondiamo	abbia fuso	abbiamo fuso
fonda	fondiate	abbia fuso	abbiate fuso
fonda	fondano	abbia fuso	abbiano fuso

7 Imperfect Subjunctive		14 Past Perfect Subjunctive	
fondessi	fondessimo	avessi fuso	avessimo fuso
fondessi	fondeste	avessi fuso	aveste fuso
fondesse	fondessero	avesse fuso	avessero fuso

Imperative	
—	fondiamo
fondi (non fondere)	fondate
fonda	fondano

Samples of basic verb usage

Bisogna fondere il ghiaccio. We have to melt the ice.

Loro hanno fuso diverse idee per formare quel partito. They fused together various ideas in order to form that party.

Extended uses/Related words and expressions

liquefarsi to liquefy

sciogliersi to melt, dissolve

NOTE: Other verbs conjugated like **fondere** are **confondere** (to confuse), **diffondere** (to spread), and **infondere** (to infuse).

to form, to create

The Seven Simple Tenses		The Seven Compound Tenses	
Singular	Plural	Singular	Plural

1 Present Indicative

		8 Present Perfect	
formo	formiamo	ho formato	abbiamo formato
formi	formate	hai formato	avete formato
forma	formano	ha formato	hanno formato

2 Imperfect

		9 Past Perfect	
formavo	formavamo	avevo formato	avevamo formato
formavi	formavate	avevi formato	avevate formato
formava	formavano	aveva formato	avevano formato

3 Past Absolute

		10 Past Anterior	
formai	formammo	ebbi formato	avemmo formato
formasti	formaste	avesti formato	aveste formato
formò	formarono	ebbe formato	ebbero formato

4 Future

		11 Future Perfect	
formerò	formeremo	avrò formato	avremo formato
formerai	formerete	avrai formato	avrete formato
formerà	formeranno	avrà formato	avranno formato

5 Present Conditional

		12 Past Conditional	
formerei	formeremmo	avrei formato	avremmo formato
formeresti	formereste	avresti formato	avreste formato
formerebbe	formerebbero	avrebbe formato	avrebbero formato

6 Present Subjunctive

		13 Past Subjunctive	
formi	formiamo	abbia formato	abbiamo formato
formi	formiate	abbia formato	abbiate formato
formi	formino	abbia formato	abbiano formato

7 Imperfect Subjunctive

		14 Past Perfect Subjunctive	
formassi	formassimo	avessi formato	avessimo formato
formassi	formaste	avessi formato	aveste formato
formasse	formassero	avesse formato	avessero formato

Imperative

—	formiamo
forma (non formare)	formate
formi	formino

Samples of basic verb usage
Quelle due figure formano un insieme. Those two figures form a whole.
Queste esperienze hanno formato la mia personalità. These experiences have shaped my personality.

Extended uses/Related words and expressions
formare i giovani to educate the young
Quindici suonatori formano la banda musicale del paese. Fifteen players make up the village band.
modellare to model, mold

friggere*

to fry

Gerund friggendo

Past Part. fritto

Irregular verb ∎

The Seven Simple Tenses		The Seven Compound Tenses	
Singular	Plural	Singular	Plural

1 Present Indicative		8 Present Perfect	
friggo	friggiamo	ho fritto	abbiamo fritto
friggi	friggete	hai fritto	avete fritto
frigge	friggono	ha fritto	hanno fritto

2 Imperfect		9 Past Perfect	
friggevo	friggevamo	avevo fritto	avevamo fritto
friggevi	friggevate	avevi fritto	avevate fritto
friggeva	friggevano	aveva fritto	avevano fritto

3 Past Absolute		10 Past Anterior	
frissi	friggemmo	ebbi fritto	avemmo fritto
friggesti	friggeste	avesti fritto	aveste fritto
frisse	frissero	ebbe fritto	ebbero fritto

4 Future		11 Future Perfect	
friggerò	friggeremo	avrò fritto	avremo fritto
friggerai	friggerete	avrai fritto	avrete fritto
friggerà	friggeranno	avrà fritto	avranno fritto

5 Present Conditional		12 Past Conditional	
friggerei	friggeremmo	avrei fritto	avremmo fritto
friggeresti	friggereste	avresti fritto	avreste fritto
friggerebbe	friggerebbero	avrebbe fritto	avrebbero fritto

6 Present Subjunctive		13 Past Subjunctive	
frigga	friggiamo	abbia fritto	abbiamo fritto
frigga	friggiate	abbia fritto	abbiate fritto
frigga	friggano	abbia fritto	abbiano fritto

7 Imperfect Subjunctive		14 Past Perfect Subjunctive	
friggessi	friggessimo	avessi fritto	avessimo fritto
friggessi	friggeste	avessi fritto	aveste fritto
friggesse	friggessero	avesse fritto	avessero fritto

Imperative	
—	friggiamo
friggi (non friggere)	friggete
frigga	friggano

Samples of basic verb usage

Chi ha fritto quelle patatine? Who fried those potatoes?

Le cotolette stanno friggendo. The cutlets are frying.

Extended uses/Related words and expressions

friggere dalla rabbia to boil with anger

mandare qualcuno a farsi friggere to tell someone to go to heck (*literally* to send someone to get fried)

NOTE: Other verbs conjugated like **friggere** are **affliggere** (to afflict), **infliggere** (to inflict), and **sconfiggere** (to defeat).

to flee, to escape

The Seven Simple Tenses		The Seven Compound Tenses	
Singular	Plural	Singular	Plural

1 Present Indicative

		8 Present Perfect	
fuggo	fuggiamo	sono fuggito	siamo fuggiti
fuggi	fuggite	sei fuggito	siete fuggiti
fugge	fuggono	è fuggito	sono fuggiti

2 Imperfect

		9 Past Perfect	
fuggivo	fuggivamo	ero fuggito	eravamo fuggiti
fuggivi	fuggivate	eri fuggito	eravate fuggiti
fuggiva	fuggivano	era fuggito	erano fuggiti

3 Past Absolute

		10 Past Anterior	
fuggii	fuggimmo	fui fuggito	fummo fuggiti
fuggisti	fuggiste	fosti fuggito	foste fuggiti
fuggì	fuggirono	fu fuggito	furono fuggiti

4 Future

		11 Future Perfect	
fuggirò	fuggiremo	sarò fuggito	saremo fuggiti
fuggirai	fuggirete	sarai fuggito	sarete fuggiti
fuggirà	fuggiranno	sarà fuggito	saranno fuggiti

5 Present Conditional

		12 Past Conditional	
fuggirei	fuggiremmo	sarei fuggito	saremmo fuggiti
fuggiresti	fuggireste	saresti fuggito	sareste fuggiti
fuggirebbe	fuggirebbero	sarebbe fuggito	sarebbero fuggiti

6 Present Subjunctive

		13 Past Subjunctive	
fugga	fuggiamo	sia fuggito	siamo fuggiti
fugga	fuggiate	sia fuggito	siate fuggiti
fugga	fuggano	sia fuggito	siano fuggiti

7 Imperfect Subjunctive

		14 Past Perfect Subjunctive	
fuggissi	fuggissimo	fossi fuggito	fossimo fuggiti
fuggissi	fuggiste	fossi fuggito	foste fuggiti
fuggisse	fuggissero	fosse fuggito	fossero fuggiti

Imperative

—	**fuggiamo**
fuggi (non fuggire)	**fuggite**
fugga	**fuggano**

Samples of basic verb usage
Il ladro è fuggito. The thief got away.
Quei due criminali sono fuggiti dalla prigione.
    Those two criminals escaped from prison.

Extended uses/Related words and expressions
fuggire davanti alle difficoltà to flee from
    adversity
Il tempo fugge. Time is fleeting.
fuggire una tentazione to avoid temptation

NOTE: When the verb is used in a transitive sentence, The auxiliary verb is **avere**.
Ho fuggito la città. I fled the city.

fumare
to smoke

Gerund **fumando**　　　　Past Part. **fumato**

The Seven Simple Tenses		The Seven Compound Tenses	
Singular	Plural	Singular	Plural

1 Present Indicative		8 Present Perfect	
fumo	fumiamo	ho fumato	abbiamo fumato
fumi	fumate	hai fumato	avete fumato
fuma	fumano	ha fumato	hanno fumato

2 Imperfect		9 Past Perfect	
fumavo	fumavamo	avevo fumato	avevamo fumato
fumavi	fumavate	avevi fumato	avevate fumato
fumava	fumavano	aveva fumato	avevano fumato

3 Past Absolute		10 Past Anterior	
fumai	fumammo	ebbi fumato	avemmo fumato
fumasti	fumaste	avesti fumato	aveste fumato
fumò	fumarono	ebbe fumato	ebbero fumato

4 Future		11 Future Perfect	
fumerò	fumeremo	avrò fumato	avremo fumato
fumerai	fumerete	avrai fumato	avrete fumato
fumerà	fumeranno	avrà fumato	avranno fumato

5 Present Conditional		12 Past Conditional	
fumerei	fumeremmo	avrei fumato	avremmo fumato
fumeresti	fumereste	avresti fumato	avreste fumato
fumerebbe	fumerebbero	avrebbe fumato	avrebbero fumato

6 Present Subjunctive		13 Past Subjunctive	
fumi	fumiamo	abbia fumato	abbiamo fumato
fumi	fumiate	abbia fumato	abbiate fumato
fumi	fumino	abbia fumato	abbiano fumato

7 Imperfect Subjunctive		14 Past Perfect Subjunctive	
fumassi	fumassimo	avessi fumato	avessimo fumato
fumassi	fumaste	avessi fumato	aveste fumato
fumasse	fumassero	avesse fumato	avessero fumato

Imperative	
—	fumiamo
fuma (non fumare)	fumate
fumi	fumino

Samples of basic verb usage
Marco, non fumare! Mark, don't smoke!
Perché fumate ancora alla vostra età? Why
　do you still smoke at your age?

Extended uses/Related words and expressions
vietato fumare no smoking, smoking
　prohibited
fumare come un turco to smoke like a
　chimney

to act, to function

The Seven Simple Tenses		The Seven Compound Tenses	
Singular	Plural	Singular	Plural

1 Present Indicative

		8 Present Perfect	
funziono	funzioniamo	sono funzionato	siamo funzionati
funzioni	funzionate	sei funzionato	siete funzionati
funziona	funzionano	è funzionato	sono funzionati

2 Imperfect

		9 Past Perfect	
funzionavo	funzionavamo	ero funzionato	eravamo funzionati
funzionavi	funzionavate	eri funzionato	eravate funzionati
funzionava	funzionavano	era funzionato	erano funzionati

3 Past Absolute

		10 Past Anterior	
funzionai	funzionammo	fui funzionato	fummo funzionati
funzionasti	funzionaste	fosti funzionato	foste funzionati
funzionò	funzionarono	fu funzionato	furono funzionati

4 Future

		11 Future Perfect	
funzionerò	funzioneremo	sarò funzionato	saremo funzionati
funzionerai	funzionerete	sarai funzionato	sarete funzionati
funzionerà	funzioneranno	sarà funzionato	saranno funzionati

5 Present Conditional

		12 Past Conditional	
funzionerei	funzioneremmo	sarei funzionato	saremmo funzionati
funzioneresti	funzionereste	saresti funzionato	sareste funzionati
funzionerebbe	funzionerebbero	sarebbe funzionato	sarebbero funzionati

6 Present Subjunctive

		13 Past Subjunctive	
funzioni	funzioniamo	sia funzionato	siamo funzionati
funzioni	funzioniate	sia funzionato	siate funzionati
funzioni	funzionino	sia funzionato	siano funzionati

7 Imperfect Subjunctive

		14 Past Perfect Subjunctive	
funzionassi	funzionassimo	fossi funzionato	fossimo funzionati
funzionassi	funzionaste	fossi funzionato	foste funzionati
funzionasse	funzionassero	fosse funzionato	fossero funzionati

Imperative

—	funzioniamo
funziona (non funzionare)	**funzionate**
funzioni	**funzionino**

Samples of basic verb usage	**Extended uses/Related words and expressions**
La mia radio non funziona. My radio isn't working.	funzionale functional, practical
Il motore funziona bene. The motor runs well.	la funzione function

NOTE: The verb **funzionare** is used to indicate that something (like a watch) "works"; **lavorare** is used instead to indicate that someone "works" somewhere or at something: **L'orologio non funziona** (The watch isn't working); **Maria lavora in una banca** (Mary works in a bank).

When the verb is used in a transitive sentence, the auxiliary verb is **avere**.

garantire

Gerund **garantendo**   Past Part. **garantito**

to guarantee

The Seven Simple Tenses		The Seven Compound Tenses	
Singular	Plural	Singular	Plural
1 Present Indicative		**8 Present Perfect**	
garantisco	garantiamo	ho garantito	abbiamo garantito
garantisci	garantite	hai garantito	avete garantito
garantisce	garantiscono	ha garantito	hanno garantito
2 Imperfect		**9 Past Perfect**	
garantivo	garantivamo	avevo garantito	avevamo garantito
garantivi	garantivate	avevi garantito	avevate garantito
garantiva	garantivano	aveva garantito	avevano garantito
3 Past Absolute		**10 Past Anterior**	
garantii	garantimmo	ebbi garantito	avemmo garantito
garantisti	garantiste	avesti garantito	aveste garantito
garantì	garantirono	ebbe garantito	ebbero garantito
4 Future		**11 Future Perfect**	
garantirò	garantiremo	avrò garantito	avremo garantito
garantirai	garantirete	avrai garantito	avrete garantito
garantirà	garantiranno	avrà garantito	avranno garantito
5 Present Conditional		**12 Past Conditional**	
garantirei	garantiremmo	avrei garantito	avremmo garantito
garantiresti	garantireste	avresti garantito	avreste garantito
garantirebbe	garantirebbero	avrebbe garantito	avrebbero garantito
6 Present Subjunctive		**13 Past Subjunctive**	
garantisca	garantiamo	abbia garantito	abbiamo garantito
garantisca	garantiate	abbia garantito	abbiate garantito
garantisca	garantiscano	abbia garantito	abbiano garantito
7 Imperfect Subjunctive		**14 Past Perfect Subjunctive**	
garantissi	garantissimo	avessi garantito	avessimo garantito
garantissi	garantiste	avessi garantito	aveste garantito
garantisse	garantissero	avesse garantito	avessero garantito

Imperative

—	**garantiamo**
garantisci (non garantire)	**garantite**
garantisca	**garantiscano**

Samples of basic verb usage

Non hanno garantito il rimborso. They didn't guarantee a reimbursement.

Mi puoi garantire che mi pagheranno? Can you guarantee me that they will pay me?

Ti garantisco che l'informazione è priva di fondamento. I guarantee that the information is without foundation.

Extended uses/Related words and expressions

assicurare to ensure, assure
prendere delle precauzioni to take precautions

to generate, to breed

The Seven Simple Tenses		The Seven Compound Tenses	
Singular	Plural	Singular	Plural

1 Present Indicative

genero	generiamo	
generi	generate	
genera	generano	

8 Present Perfect

ho generato	abbiamo generato
hai generato	avete generato
ha generato	hanno generato

2 Imperfect

generavo	generavamo
generavi	generavate
generava	generavano

9 Past Perfect

avevo generato	avevamo generato
avevi generato	avevate generato
aveva generato	avevano generato

3 Past Absolute

generai	generammo
generasti	generaste
generò	generarono

10 Past Anterior

ebbi generato	avemmo generato
avesti generato	aveste generato
ebbe generato	ebbero generato

4 Future

genererò	genereremo
genererai	genererete
genererà	genereranno

11 Future Perfect

avrò generato	avremo generato
avrai generato	avrete generato
avrà generato	avranno generato

5 Present Conditional

genererei	genereremmo
genereresti	generereste
genererebbe	genererebbero

12 Past Conditional

avrei generato	avremmo generato
avresti generato	avreste generato
avrebbe generato	avrebbero generato

6 Present Subjunctive

generi	generiamo
generi	generiate
generi	generino

13 Past Subjunctive

abbia generato	abbiamo generato
abbia generato	abbiate generato
abbia generato	abbiano generato

7 Imperfect Subjunctive

generassi	generassimo
generassi	generaste
generasse	generassero

14 Past Perfect Subjunctive

avessi generato	avessimo generato
avessi generato	aveste generato
avesse generato	avessero generato

G

Imperative

—	generiamo
genera (non generare)	generate
generi	generino

Samples of basic verb usage

Chi ha generato tutte quelle idee? Who generated all those ideas?

Firenze generò molti grandi artisti. Florence produced many great artists.

Extended uses/Related words and expressions

dare origine a to give origin to, to bring into being

dare frutti to bear fruit

gestire

Gerund gestendo　　　**Past Part. gestito**

to manage, to administrate

The Seven Simple Tenses		The Seven Compound Tenses	
Singular	Plural	Singular	Plural
1 Present Indicative		**8 Present Perfect**	
gestisco	gestiamo	ho gestito	abbiamo gestito
gestisci	gestite	hai gestito	avete gestito
gestisce	gestiscono	ha gestito	hanno gestito
2 Imperfect		**9 Past Perfect**	
gestivo	gestivamo	avevo gestito	avevamo gestito
gestivi	gestivate	avevi gestito	avevate gestito
gestiva	gestivano	aveva gestito	avevano gestito
3 Past Absolute		**10 Past Anterior**	
gestii	gestimmo	ebbi gestito	avemmo gestito
gestisti	gestiste	avesti gestito	aveste gestito
gestì	gestirono	ebbe gestito	ebbero gestito
4 Future		**11 Future Perfect**	
gestirò	gestiremo	avrò gestito	avremo gestito
gestirai	gestirete	avrai gestito	avrete gestito
gestirà	gestiranno	avrà gestito	avranno gestito
5 Present Conditional		**12 Past Conditional**	
gestirei	gestiremmo	avrei gestito	avremmo gestito
gestiresti	gestireste	avresti gestito	avreste gestito
gestirebbe	gestirebbero	avrebbe gestito	avrebbero gestito
6 Present Subjunctive		**13 Past Subjunctive**	
gestisca	gestiamo	abbia gestito	abbiamo gestito
gestisca	gestiate	abbia gestito	abbiate gestito
gestisca	gestiscano	abbia gestito	abbiano gestito
7 Imperfect Subjunctive		**14 Past Perfect Subjunctive**	
gestissi	gestissimo	avessi gestito	avessimo gestito
gestissi	gestiste	avessi gestito	aveste gestito
gestisse	gestissero	avesse gestito	avessero gestito

Imperative	
—	**gestiamo**
gestisci (non gestire)	**gestite**
gestisca	**gestiscano**

Samples of basic verb usage

Mio fratello gestisce una ditta. My brother runs a company.

Tu non gestisci bene il tuo tempo. You don't organize your time well.

Extended uses/Related words and expressions

gestire la propria immagine to fashion a favorable image of oneself

gestire dati to process data

to throw, to cast

G

The Seven Simple Tenses | The Seven Compound Tenses

Singular	Plural	Singular	Plural
1 Present Indicative		**8 Present Perfect**	
getto	**gettiamo**	**ho gettato**	**abbiamo gettato**
getti	**gettate**	**hai gettato**	**avete gettato**
getta	**gettano**	**ha gettato**	**hanno gettato**
2 Imperfect		**9 Past Perfect**	
gettavo	**gettavamo**	**avevo gettato**	**avevamo gettato**
gettavi	**gettavate**	**avevi gettato**	**avevate gettato**
gettava	**gettavano**	**aveva gettato**	**avevano gettato**
3 Past Absolute		**10 Past Anterior**	
gettai	**gettammo**	**ebbi gettato**	**avemmo gettato**
gettasti	**gettaste**	**avesti gettato**	**aveste gettato**
gettò	**gettarono**	**ebbe gettato**	**ebbero gettato**
4 Future		**11 Future Perfect**	
getterò	**getteremo**	**avrò gettato**	**avremo gettato**
getterai	**getterete**	**avrai gettato**	**avrete gettato**
getterà	**getteranno**	**avrà gettato**	**avranno gettato**
5 Present Conditional		**12 Past Conditional**	
getterei	**getteremmo**	**avrei gettato**	**avremmo gettato**
getteresti	**gettereste**	**avresti gettato**	**avreste gettato**
getterebbe	**getterebbero**	**avrebbe gettato**	**avrebbero gettato**
6 Present Subjunctive		**13 Past Subjunctive**	
getti	**gettiamo**	**abbia gettato**	**abbiamo gettato**
getti	**gettiate**	**abbia gettato**	**abbiate gettato**
getti	**gettino**	**abbia gettato**	**abbiano gettato**
7 Imperfect Subjunctive		**14 Past Perfect Subjunctive**	
gettassi	**gettassimo**	**avessi gettato**	**avessimo gettato**
gettassi	**gettaste**	**avessi gettato**	**aveste gettato**
gettasse	**gettassero**	**avesse gettato**	**avessero gettato**

Imperative

—	**gettiamo**
getta (non gettare)	**gettate**
getti	**gettino**

Samples of basic verb usage

Chi ha gettato quel sasso? Who threw that rock?

È vietato gettare oggetti fuori dal finestrino. Throwing things from the window is not allowed.

Hanno gettato molti volantini dall'alto. They threw many fliers from above.

Extended uses/Related words and expressions

gettare acqua sul fuoco to throw water on the fire (to calm down)

gettare al vento to throw to the winds

gettare luce su una vicenda to shed (cast) light on an incident

giacere*

Gerund giacendo   **Past Part. giaciuto**

to lie

Irregular verb ■

The Seven Simple Tenses		The Seven Compound Tenses	
Singular	Plural	Singular	Plural
1 Present Indicative		**8 Present Perfect**	
giaccio	giac(c)iamo	sono giaciuto	siamo giaciuti
giaci	giacete	sei giaciuto	siete giaciuti
giace	giacciono	è giaciuto	sono giaciuti
2 Imperfect		**9 Past Perfect**	
giacevo	giacevamo	ero giaciuto	eravamo giaciuti
giacevi	giacevate	eri giaciuto	eravate giaciuti
giaceva	giacevano	era giaciuto	erano giaciuti
3 Past Absolute		**10 Past Anterior**	
giacqui	giacemmo	fui giaciuto	fummo giaciuti
giacesti	giaceste	fosti giaciuto	foste giaciuti
giacque	giacquero	fu giaciuto	furono giaciuti
4 Future		**11 Future Perfect**	
giacerò	giaceremo	sarò giaciuto	saremo giaciuti
giacerai	giacerete	sarai giaciuto	sarete giaciuti
giacerà	giaceranno	sarà giaciuto	saranno giaciuti
5 Present Conditional		**12 Past Conditional**	
giacerei	giaceremmo	sarei giaciuto	saremmo giaciuti
giaceresti	giacereste	saresti giaciuto	sareste giaciuti
giacerebbe	giacerebbero	sarebbe giaciuto	sarebbero giaciuti
6 Present Subjunctive		**13 Past Subjunctive**	
giaccia	giac(c)iamo	sia giaciuto	siamo giaciuti
giaccia	giac(c)iate	sia giaciuto	siate giaciuti
giaccia	giacciano	sia giaciuto	siano giaciuti
7 Imperfect Subjunctive		**14 Past Perfect Subjunctive**	
giacessi	giacessimo	fossi giaciuto	fossimo giaciuti
giacessi	giaceste	fossi giaciuto	foste giaciuti
giacesse	giacessero	fosse giaciuto	fossero giaciuti

	Imperative	
—		giac(c)iamo
giaci (non giacere)		giacete
giaccia		giacciano

Samples of basic verb usage

La retta giace sul piano. The line lies on the plane.

Ieri giacevo sul letto quando hai telefonato. Yesterday I was lying on the bed when you called.

Le pratiche giacciono nel mio ufficio. The forms are lying in my office.

Extended uses/Related words and expressions

Qui giace il più grande compositore di tutti i tempi. Here lies the greatest composer of all time.

giacere nella miseria più nera to be in dire poverty

Non toccare il can che giace. Let a sleeping dog lie.

NOTE: Two other verbs conjugated like **giacere** are **dispiacere** (to feel sorry) and **piacere** (to be pleasing to, to like).

In compound tenses either **avere** or **essere** can be used as the auxiliary verb with **giacere**.

Regular **-are** verb endings with spelling　　　　　　　　to play (a game)
change: **c** becomes **ch** before **e** or **i**

The Seven Simple Tenses　　　　　　　│　The Seven Compound Tenses

Singular	Plural	Singular	Plural
1 Present Indicative		**8 Present Perfect**	
gioco	giochiamo	ho giocato	abbiamo giocato
giochi	giocate	hai giocato	avete giocato
gioca	giocano	ha giocato	hanno giocato
2 Imperfect		**9 Past Perfect**	
giocavo	giocavamo	avevo giocato	avevamo giocato
giocavi	giocavate	avevi giocato	avevate giocato
giocava	giocavano	aveva giocato	avevano giocato
3 Past Absolute		**10 Past Anterior**	
giocai	giocammo	ebbi giocato	avemmo giocato
giocasti	giocaste	avesti giocato	aveste giocato
giocò	giocarono	ebbe giocato	ebbero giocato
4 Future		**11 Future Perfect**	
giocherò	giocheremo	avrò giocato	avremo giocato
giocerai	giocherete	avrai giocato	avrete giocato
giocherà	giocheranno	avrà giocato	avranno giocato
5 Present Conditional		**12 Past Conditional**	
giocherei	giocheremmo	avrei giocato	avremmo giocato
giocheresti	giochereste	avresti giocato	avreste giocato
giocherebbe	giocherebbero	avrebbe giocato	avrebbero giocato
6 Present Subjunctive		**13 Past Subjunctive**	
giochi	giochiamo	abbia giocato	abbiamo giocato
giochi	giochiate	abbia giocato	abbiate giocato
giochi	giochino	abbia giocato	abbiano giocato
7 Imperfect Subjunctive		**14 Past Perfect Subjunctive**	
giocassi	giocassimo	avessi giocato	avessimo giocato
giocassi	giocaste	avessi giocato	aveste giocato
giocasse	giocassero	avesse giocato	avessero giocato

G

Imperative

—	giochiamo
gioca (non giocare)	giocate
giochi	giochino

Samples of basic verb usage

Quando giocherà il Milan? When is the Milan soccer team playing?

Dove stanno giocando i bambini? Where are the children playing?

Ti piace giocare a carte? Do you like playing cards?

Extended uses/Related words and expressions

A che gioco giochiamo? What game are you playing?

il gioco d'azzardo gambling

giocare per gli Yankees to play for the Yankees

A chi tocca giocare? Whose turn is it to play?

NOTE: Be aware that **giocare** means "to play a game (or something else)" and is normally followed by the preposition **a**, whereas **suonare** means "to play an instrument": **Sara gioca a calcio** (Sarah plays soccer); **Alessandro suona il violoncello** (Alexander plays the cello).

girare

Gerund **girando**　　　Past Part. **girato**

to turn

The Seven Simple Tenses		The Seven Compound Tenses	
Singular	Plural	Singular	Plural
1 Present Indicative		**8 Present Perfect**	
giro	giriamo	ho girato	abbiamo girato
giri	girate	hai girato	avete girato
gira	girano	ha girato	hanno girato
2 Imperfect		**9 Past Perfect**	
giravo	giravamo	avevo girato	avevamo girato
giravi	giravate	avevi girato	avevate girato
girava	giravano	aveva girato	avevano girato
3 Past Absolute		**10 Past Anterior**	
girai	girammo	ebbi girato	avemmo girato
girasti	giraste	avesti girato	aveste girato
girò	girarono	ebbe girato	ebbero girato
4 Future		**11 Future Perfect**	
girerò	gireremo	avrò girato	avremo girato
girerai	girerete	avrai girato	avrete girato
girerà	gireranno	avrà girato	avranno girato
5 Present Conditional		**12 Past Conditional**	
girerei	gireremmo	avrei girato	avremmo girato
gireresti	girereste	avresti girato	avreste girato
girerebbe	girerebbero	avrebbe girato	avrebbero girato
6 Present Subjunctive		**13 Past Subjunctive**	
giri	giriamo	abbia girato	abbiamo girato
giri	giriate	abbia girato	abbiate girato
giri	girino	abbia girato	abbiano girato
7 Imperfect Subjunctive		**14 Past Perfect Subjunctive**	
girassi	girassimo	avessi girato	avessimo girato
girassi	giraste	avessi girato	aveste girato
girasse	girassero	avesse girato	avessero girato

Imperative

—	giriamo
gira (non girare)	girate
giri	girino

Samples of basic verb usage
Ho girato a sinistra anziché a destra.
　I turned left rather than right.
La Terra gira attorno al Sole. The earth
　revolves around the sun.
La strada gira a sinistra. The road turns left.

Extended uses/Related words and expressions
Mi gira la testa. My head is spinning.
girare per la città to tour the city
Girati! Turn around!

Regular **-are** verb endings with spelling
change: **c** becomes **ch** before **e** or **i**

to judge

The Seven Simple Tenses | | The Seven Compound Tenses

Singular	Plural	Singular	Plural
1 Present Indicative		**8 Present Perfect**	
giudico	giudichiamo	ho giudicato	abbiamo giudicato
giudichi	giudicate	hai giudicato	avete giudicato
giudica	giudicano	ha giudicato	hanno giudicato
2 Imperfect		**9 Past Perfect**	
giudicavo	giudicavamo	avevo giudicato	avevamo giudicato
giudicavi	giudicavate	avevi giudicato	avevate giudicato
giudicava	giudicavano	aveva giudicato	avevano giudicato
3 Past Absolute		**10 Past Anterior**	
giudicai	giudicammo	ebbi giudicato	avemmo giudicato
giudicasti	giudicaste	avesti giudicato	aveste giudicato
giudicò	giudicarono	ebbe giudicato	ebbero giudicato
4 Future		**11 Future Perfect**	
giudicherò	giudicheremo	avrò giudicato	avremo giudicato
giudicherai	giudicherete	avrai giudicato	avrete giudicato
giudicherà	giudicheranno	avrà giudicato	avranno giudicato
5 Present Conditional		**12 Past Conditional**	
giudicherei	giudicheremmo	avrei giudicato	avremmo giudicato
giudicheresti	giudichereste	avresti giudicato	avreste giudicato
giudicherebbe	giudicherebbero	avrebbe giudicato	avrebbero giudicato
6 Present Subjunctive		**13 Past Subjunctive**	
giudichi	giudichiamo	abbia giudicato	abbiamo giudicato
giudichi	giudichiate	abbia giudicato	abbiate giudicato
giudichi	giudichino	abbia giudicato	abbiano giudicato
7 Imperfect Subjunctive		**14 Past Perfect Subjunctive**	
giudicassi	giudicassimo	avessi giudicato	avessimo giudicato
giudicassi	giudicaste	avessi giudicato	aveste giudicato
giudicasse	giudicassero	avesse giudicato	avessero giudicato

G

Imperative

—	giudichiamo
giudica (non giudicare)	giudicate
giudichi	giudichino

Samples of basic verb usage
Tu mi hai giudicato male. You have judged
me wrongly.
Non giudicare sempre la gente! Don't always
judge people!

Extended uses/Related words and expressions
stimare to esteem
valutare to value

giungere*

Gerund **giungendo** Past Part. **giunto**

to arrive, to reach

Irregular verb ■

The Seven Simple Tenses		The Seven Compound Tenses	
Singular	Plural	Singular	Plural

1 Present Indicative

		8 Present Perfect	
giungo	giungiamo	sono giunto	siamo giunti
giungi	giungete	sei giunto	siete giunti
giunge	giungono	è giunto	sono giunti

2 Imperfect

		9 Past Perfect	
giungevo	giungevamo	ero giunto	eravamo giunti
giungevi	giungevate	eri giunto	eravate giunti
giungeva	giungevano	era giunto	erano giunti

3 Past Absolute

		10 Past Anterior	
giunsi	giungemmo	fui giunto	fummo giunti
giungesti	giungeste	fosti giunto	foste giunti
giunse	giunsero	fu giunto	furono giunti

4 Future

		11 Future Perfect	
giungerò	giungeremo	sarò giunto	saremo giunti
giungerai	giungerete	sarai giunto	sarete giunti
giungerà	giungeranno	sarà giunto	saranno giunti

5 Present Conditional

		12 Past Conditional	
giungerei	giungeremmo	sarei giunto	saremmo giunti
giungeresti	giungereste	saresti giunto	sareste giunti
giungerebbe	giungerebbero	sarebbe giunto	sarebbero giunti

6 Present Subjunctive

		13 Past Subjunctive	
giunga	giungiamo	sia giunto	siamo giunti
giunga	giungiate	sia giunto	siate giunti
giunga	giungano	sia giunto	siano giunti

7 Imperfect Subjunctive

		14 Past Perfect Subjunctive	
giungessi	giungessimo	fossi giunto	fossimo giunti
giungessi	giungeste	fossi giunto	foste giunti
giungesse	giungessero	fosse giunto	fossero giunti

Imperative

—	giungiamo
giungi (non giungere)	**giungete**
giunga	**giungano**

Samples of basic verb usage

Sono già giunti a casa. They have already come home.

Giungeremo a destinazione prima del previsto. We will reach our destination earlier than estimated.

Extended uses/Related words and expressions

giungere all'orecchio to reach one's ears, to come to one's attention

giungere legna al fuoco to add wood to the fire

NOTE: Note that for most intents and purposes **giungere** and **arrivare** can be used alternatively, even though the former means, more precisely, "to get somewhere" or "to reach" and the latter "to arrive."

Other verbs conjugated like **giungere** are **aggiungere** (to add), **congiungere** (to join), and **raggiungere** (to catch up to).

The Seven Simple Tenses		The Seven Compound Tenses	
Singular	Plural	Singular	Plural

1 Present Indicative		8 Present Perfect	
giuro	**giuriamo**	**ho giurato**	**abbiamo giurato**
giuri	**giurate**	**hai giurato**	**avete giurato**
giura	**giurano**	**ha giurato**	**hanno giurato**

2 Imperfect		9 Past Perfect	
giuravo	**giuravamo**	**avevo giurato**	**avevamo giurato**
giuravi	**giuravate**	**avevi giurato**	**avevate giurato**
giurava	**giuravano**	**aveva giurato**	**avevano giurato**

3 Past Absolute		10 Past Anterior	
giurai	**giurammo**	**ebbi giurato**	**avemmo giurato**
giurasti	**giuraste**	**avesti giurato**	**aveste giurato**
giurò	**giurarono**	**ebbe giurato**	**ebbero giurato**

4 Future		11 Future Perfect	
giurerò	**giureremo**	**avrò giurato**	**avremo giurato**
giurerai	**giurerete**	**avrai giurato**	**avrete giurato**
giurerà	**giureranno**	**avrà giurato**	**avranno giurato**

5 Present Conditional		12 Past Conditional	
giurerei	**giureremmo**	**avrei giurato**	**avremmo giurato**
giureresti	**giurereste**	**avresti giurato**	**avreste giurato**
giurerebbe	**giurerebbero**	**avrebbe giurato**	**avrebbero giurato**

6 Present Subjunctive		13 Past Subjunctive	
giuri	**giuriamo**	**abbia giurato**	**abbiamo giurato**
giuri	**giuriate**	**abbia giurato**	**abbiate giurato**
giuri	**giurino**	**abbia giurato**	**abbiano giurato**

7 Imperfect Subjunctive		14 Past Perfect Subjunctive	
giurassi	**giurassimo**	**avessi giurato**	**avessimo giurato**
giurassi	**giuraste**	**avessi giurato**	**aveste giurato**
giurasse	**giurassero**	**avesse giurato**	**avessero giurato**

G

Imperative

—	**giuriamo**
giura (non giurare)	**giurate**
giuri	**giurino**

Samples of basic verb usage
Ha giurato che non l'avrebbe fatto più. He swore he wouldn't do it again.
Giura che mi dirai la verità! Swear that you will tell me the truth!

Extended uses/Related words and expressions
giurare sulla Bibbia to swear on the Bible
un giuramento an oath

giustificare

to justify

Gerund **giustificando**   Past Part. **giustificato**

The Seven Simple Tenses		The Seven Compound Tenses	
Singular	Plural	Singular	Plural
1 Present Indicative		**8 Present Perfect**	
giustifico	giustifichiamo	ho giustificato	abbiamo giustificato
giustifichi	giustificate	hai giustificato	avete giustificato
giustifica	giustificano	ha giustificato	hanno giustificato
2 Imperfect		**9 Past Perfect**	
giustificavo	giustificavamo	avevo giustificato	avevamo giustificato
giustificavi	giustificavate	avevi giustificato	avevate giustificato
giustificava	giustificavano	aveva giustificato	avevano giustificato
3 Past Absolute		**10 Past Anterior**	
giustificai	giustificammo	ebbi giustificato	avemmo giustificato
giustificasti	giustificaste	avesti giustificato	aveste giustificato
giustificò	giustificarono	ebbe giustificato	ebbero giustificato
4 Future		**11 Future Perfect**	
giustificherò	giustificheremo	avrò giustificato	avremo giustificato
giustificherai	giustificherete	avrai giustificato	avrete giustificato
giustificherà	giustificheranno	avrà giustificato	avranno giustificato
5 Present Conditional		**12 Past Conditional**	
giustificherei	giustificheremmo	avrei giustificato	avremmo giustificato
giustificheresti	giustifichereste	avresti giustificato	avreste giustificato
giustificherebbe	giustificherebbero	avrebbe giustificato	avrebbero giustificato
6 Present Subjunctive		**13 Past Subjunctive**	
giustifichi	giustifichiamo	abbia giustificato	abbiamo giustificato
giustifichi	giustifichiate	abbia giustificato	abbiate giustificato
giustifichi	giustifichino	abbia giustificato	abbiano giustificato
7 Imperfect Subjunctive		**14 Past Perfect Subjunctive**	
giustificassi	giustificassimo	avessi giustificato	avessimo giustificato
giustificassi	giustificaste	avessi giustificato	aveste giustificato
giustificasse	giustificassero	avesse giustificato	avessero giustificato

	Imperative	
—		giustifichiamo
giustifica (non giustificare)		giustificate
giustifichi		giustifichino

Samples of basic verb usage
Giustifica quello che dici! Justify what you are saying!
Il testimone non ha giustificato la sua versione. The witness did not justify (clearly explain) his version.

Extended uses/Related words and expressions
scusare to excuse
legittimare to legitimize, to back up (what one is saying).

230

glorificare

Regular **-are** verb endings with spelling change: **c** becomes **ch** before **e** or **i**

to glorify, to praise

The Seven Simple Tenses		The Seven Compound Tenses	
Singular	Plural	Singular	Plural

1 Present Indicative

glorifico	glorifichiamo		
glorifichi	glorificate		
glorifica	glorificano		

8 Present Perfect

ho glorificato	abbiamo glorificato		
hai glorificato	avete glorificato		
ha glorificato	hanno glorificato		

2 Imperfect

glorificavo	glorificavamo
glorificavi	glorificavate
glorificava	glorificavano

9 Past Perfect

avevo glorificato	avevamo glorificato
avevi glorificato	avevate glorificato
aveva glorificato	avevano glorificato

3 Past Absolute

glorificai	glorificammo
glorificasti	glorificaste
glorificò	glorificarono

10 Past Anterior

ebbi glorificato	avemmo glorificato
avesti glorificato	aveste glorificato
ebbe glorificato	ebbero glorificato

4 Future

glorificherò	glorificheremo
glorificherai	glorificherete
glorificherà	glorificheranno

11 Future Perfect

avrò glorificato	avremo glorificato
avrai glorificato	avreste glorificato
avrà glorificato	avranno glorificato

5 Present Conditional

glorificherei	glorificheremmo
glorificheresti	glorifichereste
glorificherebbe	glorificherebbero

12 Past conditional

avrei glorificato	avremmo glorificato
avresti glorificato	avreste glorificato
avrebbe glorificato	avrebbero glorificato

6 Present Subjunctive

glorifichi	glorifichiamo
glorifichi	glorifichiate
glorifichi	glorifichino

13 Past Subjunctive

abbia glorificato	abbiamo glorificato
abbia glorificato	abbiate glorificato
abbia glorificato	abbiano glorificato

7 Imperfect Subjunctive

glorificassi	glorificassimo
glorificassi	glorificaste
glorificasse	glorificassero

14 Past Perfect Subjunctive

avessi glorificato	avessimo glorificato
avessi glorificato	aveste glorificato
avesse glorificato	avessero glorificato

Impreative

—	glorifichiamo
glorifica (non glorificare)	glorificate
glorifichi	glorifichino

Samples of basic verb usage
Loro glorificano sempre le loro imprese.
   They always glorify their activities.
Chi va in Italia tende a glorificarla. He who
   goes to Italy tends to glorify it.

Extended uses/Related words and expressions
esaltare to exalt
elogiare to praise

godere*

Gerund godendo   **Past Part. goduto**

to enjoy

Irregular verb ■

The Seven Simple Tenses		The Seven Compound Tenses	
Singular	Plural	Singular	Plural
1 Present Indicative		**8 Present Perfect**	
godo	godiamo	ho goduto	abbiamo goduto
godi	godete	hai goduto	avete goduto
gode	godono	ha goduto	hanno goduto
2 Imperfect		**9 Past Perfect**	
godevo	godevamo	avevo goduto	avevamo goduto
godevi	godevate	avevi goduto	avevate goduto
godeva	godevano	aveva goduto	avevano goduto
3 Past Absolute		**10 Past Anterior**	
godei (godetti)	godemmo	ebbi goduto	avemmo goduto
godesti	godeste	avesti goduto	aveste goduto
godé (godette)	goderono (godettero)	ebbe goduto	ebbero goduto
4 Future		**11 Future Perfect**	
godrò	godremo	avrò goduto	avremo goduto
godrai	godrete	avrai goduto	avrete goduto
godrà	godranno	avrà goduto	avranno goduto
5 Present Conditional		**12 Past Conditional**	
godrei	godremmo	avrei goduto	avremmo goduto
godresti	godreste	avresti goduto	avreste goduto
godrebbe	godrebbero	avrebbe goduto	avrebbero goduto
6 Present Subjunctive		**13 Past Subjunctive**	
goda	godiamo	abbia goduto	abbiamo goduto
goda	godiate	abbia goduto	abbiate goduto
goda	godano	abbia goduto	abbiano goduto
7 Imperfect Subjunctive		**14 Past Perfect Subjunctive**	
godessi	godessimo	avessi goduto	avessimo goduto
godessi	godeste	avessi goduto	aveste goduto
godesse	godessero	avesse goduto	avessero goduto

	Imperative	
—		godiamo
godi (non godere)		godete
goda		godano

Samples of basic verb usage
Ce la siamo goduta ieri in centro. We enjoyed ourselves downtown yesterday.
Godono di molti vantaggi. They enjoy many advantages (good things).

Extended uses/Related words and expressions
essere contento to be happy, content
il godimento enjoyment

governare
to govern, to rule

The Seven Simple Tenses		The Seven Compound Tenses	
Singular	Plural	Singular	Plural

1 Present Indicative		8 Present Perfect	
governo	governiamo	ho governato	abbiamo governato
governi	governate	hai governato	avete governato
governa	governano	ha governato	hanno governato

2 Imperfect		9 Past Perfect	
governavo	governavamo	avevo governato	avevamo governato
governavi	governavate	avevi governato	avevate governato
governava	governavano	aveva governato	avevano governato

3 Past Absolute		10 Past Anterior	
governai	goverenammo	ebbi governato	avemmo governato
governasti	governaste	avesti governato	aveste governato
governò	governarono	ebbe governato	ebbero governato

4 Future		11 Future Perfect	
governerò	governeremo	avrò governato	avremo governato
governerai	governerete	avrai governato	avrete governato
governerà	governeranno	avrà governato	avranno governato

5 Present Conditional		12 Past Conditional	
governerei	governeremmo	avrei governato	avremmo governato
governeresti	governereste	avresti governato	avreste governato
governerebbe	governerebbero	avrebbe governato	avrebbero governato

6 Present Subjunctive		13 Past Subjunctive	
governi	governiamo	abbia governato	abbiamo governato
governi	governiate	abbia governato	abbiate governato
governi	governino	abbia governato	abbiano governato

7 Imperfect Subjunctive		14 Past Perfect Subjunctive	
governassi	governassimo	avessi governato	avessimo governato
governassi	governaste	avessi governato	aveste governato
governasse	governassero	avesse governato	avessero governato

Imperative

—	governiamo
governa (non governare)	governate
governi	governino

Samples of basic verb usage
Quel partito governa da anni. That party has been governing for years.
Chi ha governato l'Italia l'anno scorso? Who governed Italy last year?

Extended uses/Related words and expressions
governare i bambini to take care of children
il governo government

gridare

Gerund gridando   **Past Part. gridato**

to shout, to cry, to scream

The Seven Simple Tenses		The Seven Compound Tenses	
Singular	Plural	Singular	Plural
1 Present Indicative		**8 Present Perfect**	
grido	gridiamo	ho gridato	abbiamo gridato
gridi	gridate	hai gridato	avete gridato
grida	gridano	ha gridato	hanno gridato
2 Imperfect		**9 Past Perfect**	
gridavo	gridavamo	avevo gridato	avevamo gridato
gridavi	gridavate	avevi gridato	avevate gridato
gridava	gridavano	aveva gridato	avevano gridato
3 Past Absolute		**10 Past Anterior**	
gridai	gridammo	ebbi gridato	avemmo gridato
gridasti	gridaste	avesti gridato	aveste gridato
gridò	gridarono	ebbe gridato	ebbero gridato
4 Future		**11 Future Perfect**	
griderò	grideremo	avrò gridato	avremo gridato
griderai	griderete	avrai gridato	avrete gridato
griderà	grideranno	avrà gridato	avranno gridato
5 Present Conditional		**12 Past Conditional**	
griderei	grideremmo	avrei gridato	avremmo gridato
grideresti	gridereste	avresti gridato	avreste gridato
griderebbe	griderebbero	avrebbe gridato	avrebbero gridato
6 Present Subjunctive		**13 Past Subjunctive**	
gridi	gridiamo	abbia gridato	abbiamo gridato
gridi	gridiate	abbia gridato	abbiate gridato
gridi	gridino	abbia gridato	abbiano gridato
7 Imperfect Subjunctive		**14 Past Perfect Subjunctive**	
gridassi	gridassimo	avessi gridato	avessimo gridato
gridassi	gridaste	avessi gridato	aveste gridato
gridasse	gridassero	avesse gridato	avessero gridato

	Imperative	
—		gridiamo
grida (non gridare)		gridate
gridi		gridino

Samples of basic verb usage	**Extended uses/Related words and expressions**
Chi ha gridato un momento fa? Who screamed a minute ago?	**gridare a squarciagola** to yell at the top of one's voice
Quando parli, tendi a gridare. When you talk, you tend to shout.	**gridare aiuto** to scream for help

to gain, to earn

The Seven Simple Tenses		The Seven Compound Tenses	
Singular	Plural	Singular	Plural

1 Present Indicative		8 Present Perfect	
guadagno	guadagniamo	ho guadagnato	abbiamo guadagnato
guadagni	guadagnate	hai guadagnato	avete guadagnato
guadagna	guadagnano	ha guadagnato	hanno guadagnato

2 Imperfect		9 Past Perfect	
guadagnavo	guadagnavamo	avevo guadagnato	avevamo guadagnato
guadagnavi	guadagnavate	avevi guadagnato	avevate guadagnato
guadagnava	guadagnavano	aveva guadagnato	avevano guadagnato

3 Past Absolute		10 Past Anterior	
guadagnai	guadagnammo	ebbi guadagnato	avemmo guadagnato
guadagnasti	guadagnaste	avesti guadagnato	aveste guadagnato
guadagnò	guadagnarono	ebbe guadagnato	ebbero guadagnato

4 Future		11 Future Perfect	
guadagnerò	guadagneremo	avrò guadagnato	avremo guadagnato
guadagnerai	guadagnerete	avrai guadagnato	avrete guadagnato
guadagnerà	guadagneranno	avrà guadagnato	avranno guadagnato

5 Present Conditional		12 Past Conditional	
guadagnerei	guadagneremmo	avrei guadagnato	avremmo guadagnato
guadagneresti	guadagnereste	avresti guadagnato	avreste guadagnato
guadagnerebbe	guadagnerebbero	avrebbe guadagnato	avrebbero guadagnato

6 Present Subjunctive		13 Past Subjunctive	
guadagni	guadagniamo	abbia guadagnato	abbiamo guadagnato
guadagni	guadagniate	abbia guadagnato	abbiate guadagnato
guadagni	guadagnino	abbia guadagnato	abbiano guadagnato

7 Imperfect Subjunctive		14 Past Perfect Subjunctive	
guadagnassi	guadagnassimo	avessi guadagnato	avessimo guadagnato
guadagnassi	guadagnaste	avessi guadagnato	aveste guadagnato
guadagnasse	guadagnassero	avesse guadagnato	avessero guadagnato

G

	Imperative	
—		guadagniamo
guadagna (non guadagnare)		guadagnate
guadagni		guadagnino

Samples of basic verb usage
Mio fratello guadagna molto bene. My brother earns very well.
Io guadagno più di lui. I earn more than he does.
Mi sono guadagnato tutto quello che ho. I earned everything I have.

Extended uses/Related words and expressions
guadagnare tempo to gain time
Ho perso tutto quello che avevo guadagnato. I lost all that I had won.

guardare

Gerund guardando   Past Part. **guardato**

to look at, to watch

The Seven Simple Tenses		The Seven Compound Tenses	
Singular	Plural	Singular	Plural
1 Present Indicative		**8 Present Perfect**	
guardo	guardiamo	ho guardato	abbiamo guardato
guardi	guardate	hai guardato	avete guardato
guarda	guardano	ha guardato	hanno guardato
2 Imperfect		**9 Past Perfect**	
guardavo	guardavamo	avevo guardato	avevamo guardato
guardavi	guardavate	avevi guardato	avevate guardato
guardava	guardavano	aveva guardato	avevano guardato
3 Past Absolute		**10 Past Anterior**	
guardai	guardammo	ebbi guardato	avemmo guardato
guardasti	guardaste	avesti guardato	aveste guardato
guardò	guardarono	ebbe guardato	ebbero guardato
4 Future		**11 Future Perfect**	
guarderò	guarderemo	avrò guardato	avremo guardato
guarderai	guarderete	avrai guardato	avrete guardato
guarderà	guarderanno	avrà guardato	avranno guardato
5 Present Conditional		**12 Past Conditional**	
guarderei	guarderemmo	avrei guardato	avremmo guardato
guarderesti	guardereste	avresti guardato	avreste guardato
guarderebbe	guarderebbero	avrebbe guardato	avrebbero guardato
6 Present Subjunctive		**13 Past Subjunctive**	
guardi	guardiamo	abbia guardato	abbiamo guardato
guardi	guardiate	abbia guardato	abbiate guardato
guardi	guardino	abbia guardato	abbiano guardato
7 Imperfect Subjunctive		**14 Past Perfect Subjunctive**	
guardassi	guardassimo	avessi guardato	avessimo guardato
guardassi	guardaste	avessi guardato	aveste guardato
guardasse	guardassero	avesse guardato	avessero guardato

	Imperative	
—		guardiamo
guarda (non guardare)		guardate
guardi		guardino

AN ESSENTIAL VERB

AN ESSENTIAL VERB

This is a key verb because it is used frequently in everyday conversation and because it occurs in a number of useful expressions and idioms.

Samples of basic verb usage

Ogni sera guardiamo la TV insieme. Every evening we watch TV together.

Quali programmi hai guardato ieri? Which programs did you watch yesterday?

Perché mi guardi così? Why are you looking at me in that way?

Non guardare quel brutto film! Don't watch that ugly movie!

Extended uses

Guarda un po'! Imagine that!

Guarda guarda! Will you look at that!

Guarda la bambina mentre vado a fare la spesa. Look after the child while I go shopping.

Dio me ne guardi! God help me!

Il terrazzo guarda sul giardino. The balcony looks out on the garden.

Guarda e passa! Look but don't touch! Just look and get on with it!

Guarda ai fatti tuoi! Mind your own business!

Words and expressions related to this verb

G

stare in guardia **to be on the lookout**

abbassare la guardia **to lower one's guard**

guardia giurata **security guard**

guardia medica **paramedic**

osservare **to observe**

considerare **to consider**

guarire

Gerund **guarendo** Past Part. **guarito**

to heal, to recover

The Seven Simple Tenses		The Seven Compound Tenses	
Singular	Plural	Singular	Plural
1 Present Indicative		**8 Present Perfect**	
guarisco	guariamo	sono guarito	siamo guariti
guarisci	guarite	sei guarito	siete guariti
guarisce	guariscono	è guarito	sono guariti
2 Imperfect		**9 Past Perfect**	
guarivo	guarivamo	ero guarito	eravamo guariti
guarivi	guarivate	eri guarito	eravate guariti
guariva	guarivano	era guarito	erano guariti
3 Past Absolute		**10 Past Anterior**	
guarii	guarimmo	fui guarito	fummo guariti
guaristi	guariste	fosti guarito	foste guariti
guarì	guarirono	fu guarito	furono guariti
4 Future		**11 Future Perfect**	
guarirò	guariremo	sarò guarito	saremo guariti
guarirai	guarirete	sarai guarito	sarete guariti
guarirà	guariranno	sarà guarito	saranno guariti
5 Present Conditional		**12 Past Conditional**	
guarirei	guariremmo	sarei guarito	saremmo guariti
guariresti	guarireste	saresti guarito	sareste guariti
guarirebbe	guarirebbero	sarebbe guarito	sarebbero guariti
6 Present Subjunctive		**13 Past Subjunctive**	
guarisca	guariamo	sia guarito	siamo guariti
guarisca	guariate	sia guarito	siate guariti
guarisca	guariscano	sia guarito	siano guariti
7 Imperfect Subjunctive		**14 Past Perfect Subjunctive**	
guarissi	guarissimo	fossi guarito	fossimo guariti
guarissi	guariste	fossi guarito	foste guariti
guarisse	guarissero	fosse guarito	fossero guariti

Imperative

—	**guariamo**
guarisci (non guarire)	**guarite**
guarisca	**guariscano**

Samples of basic verb usage
Per fortuna, lui è guarito presto. Luckily he got better quickly.
Quel medico ha guarito mia moglie. That doctor cured my wife.

Extended uses/Related words and expressions
ammalarsi to become sick
sentirsi bene (male) to feel good (bad)
stare bene to be well
stare male to feel bad

NOTE: When the verb is used in a transitive sentence, the auxiliary verb is **avere**.

to drive, to guide

The Seven Simple Tenses		The Seven Compound Tenses	
Singular	Plural	Singular	Plural
1 Present Indicative		**8 Present Perfect**	
guido	guidiamo	ho guidato	abbiamo guidato
guidi	guidate	hai guidato	avete guidato
guida	guidano	ha guidato	hanno guidato
2 Imperfect		**9 Past Perfect**	
guidavo	guidavamo	avevo guidato	avevamo guidato
guidavi	guidavate	avevi guidato	avevate guidato
guidava	guidavano	aveva guidato	avevano guidato
3 Past Absolute		**10 Past Anterior**	
guidai	guidammo	ebbi guidato	avemmo guidato
guidasti	guidaste	avesti guidato	aveste guidato
guidò	guidarono	ebbe guidato	ebbero guidato
4 Future		**11 Future Perfect**	
guiderò	guideremo	avrò guidato	avremo guidato
guiderai	guiderete	avrai guidato	avrete guidato
guiderà	guideranno	avrà guidato	avranno guidato
5 Present Conditional		**12 Past Conditional**	
guiderei	guideremmo	avrei guidato	avremmo guidato
guideresti	guidereste	avresti guidato	avreste guidato
guiderebbe	guiderebbero	avrebbe guidato	avrebbero guidato
6 Present Subjunctive		**13 Past Subjunctive**	
guidi	guidiamo	abbia guidato	abbiamo guidato
guidi	guidiate	abbia guidato	abbiate guidato
guidi	guidino	abbia guidato	abbiano guidato
7 Imperfect Subjunctive		**14 Past Perfect Subjunctive**	
guidassi	guidassimo	avessi guidato	avessimo guidato
guidassi	guidaste	avessi guidato	aveste guidato
guidasse	guidassero	avesse guidato	avessero guidato

Imperative	
—	guidiamo
guida (non guida)	guidate
guidi	guidino

AN ESSENTIAL VERB

This is a key verb because it is used frequently in conversation and because it occurs in a number of useful expressions.

Samples of basic verb usage

Tu guidi veramente bene. You drive really well.

Che tipo di macchina guidate? What type of car do you drive?

In Italia, si guida molto bene. In Italy, people drive very well.

Bisogna guidare i giovani. One must guide young people.

Extended uses

guidare un governo to lead a government

guidare la classifica to be ahead in the standings

guidare qualcuno verso uno scopo to guide someone toward a goal

Words and expressions related to this verb

la guida **guide**

la scuolaguida **driving school**

la patente di guida **driver's license**

l'automobile **automobile**

la macchina **car**

l'autostrada **highway**

il pedaggio **toll**

la strada **the street**

il segnale stradale **traffic sign**

il semaforo **traffic lights**

to enjoy, to relish

The Seven Simple Tenses		The Seven Compound Tenses	
Singular	Plural	Singular	Plural

1 Present Indicative		8 Present Perfect	
gusto	gustiamo	ho gustato	abbiamo gustato
gusti	gustate	hai gustato	avete gustato
gusta	gustano	ha gustato	hanno gustato

2 Imperfect		9 Past Perfect	
gustavo	gustavamo	avevo gustato	avevamo gustato
gustavi	gustavate	avevi gustato	avevate gustato
gustava	gustavano	aveva gustato	avevano gustato

3 Past Absolute		10 Past Anterior	
gustai	gustammo	ebbi gustato	avemmo gustato
gustasti	gustaste	avesti gustato	aveste gustato
gustò	gustarono	ebbe gustato	ebbero gustato

4 Future		11 Future Perfect	
gusterò	gusteremo	avrò gustato	avremo gustato
gusterai	gusterete	avrai gustato	avrete gustato
gusterà	gusteranno	avrà gustato	avranno gustato

5 Present Conditional		12 Past Conditional	
gusterei	gusteremmo	avrei gustato	avremmo gustato
gusteresti	gustereste	avresti gustato	avreste gustato
gusterebbe	gusterebbero	avrebbe gustato	avrebbero gustato

6 Present Subjunctive		13 Past Subjunctive	
gusti	gustiamo	abbia gustato	abbiamo gustato
gusti	gustiate	abbia gustato	abbiate gustato
gusti	gustino	abbia gustato	abbiano gustato

7 Imperfect Subjunctive		14 Past Perfect Subjunctive	
gustassi	gustassimo	avessi gustato	avessimo gustato
gustassi	gustaste	avessi gustato	aveste gustato
gustasse	gustassero	avesse gustato	avessero gustato

G

Imperative

—	gustiamo
gusta (non gustare)	gustate
gusti	gustino

Samples of basic verb usage
In quel bar si gusta un buon caffè. In that coffee shop you can always enjoy a good cup of coffee.
Hai gustato la minestra? Did you taste the soup?

Extended uses/Related words and expressions
gustare un film to relish a movie
il gusto flavor
Di che gusto è il gelato? What flavor is your ice cream?

illudere*

to deceive, to delude

Gerund illudendo

Past Part. illuso

Irregular verb ■

The Seven Simple Tenses		The Seven Compound Tenses	
Singular	Plural	Singular	Plural

1 Present Indicative		8 Present Perfect	
illudo	illudiamo	ho illuso	abbiamo illuso
illudi	illudete	hai illuso	avete illuso
illude	illudono	ha illuso	hanno illuso

2 Imperfect		9 Past Perfect	
illudevo	illudevamo	avevo illuso	avevamo illuso
illudevi	illudevate	avevi illuso	avevate illuso
illudeva	illudevano	aveva illuso	avevano illuso

3 Past Absolute		10 Past Anterior	
illusi	illudemmo	ebbi illuso	avemmo illuso
illudesti	illudeste	avesti illuso	aveste illuso
illuse	illusero	ebbe illuso	ebbero illuso

4 Future		11 Future Perfect	
illuderò	illuderemo	avrò illuso	avremo illuso
illuderai	illuderete	avrai illuso	avrete illuso
illuderà	illuderanno	avrà illuso	avranno illuso

5 Present Conditional		12 Past Conditional	
illuderei	illuderemmo	avrei illuso	avremmo illuso
illuderesti	illudereste	avresti illuso	avreste illuso
illuderebbe	illuderebbero	avrebbe illuso	avrebbero illuso

6 Present Subjunctive		13 Past Subjunctive	
illuda	illudiamo	abbia illuso	abbiamo illuso
illuda	illudiate	abbia illuso	abbiate illuso
illuda	illudano	abbia illuso	abbiano illuso

7 Imperfect Subjunctive		14 Past Perfect Subjunctive	
illudessi	illudessimo	avessi illuso	avessimo illuso
illudessi	illudeste	avessi illuso	aveste illuso
illudesse	illudessero	avesse illuso	avessero illuso

	Imperative	
—		illudiamo
illudi (non illudere)		illudete
illuda		illudano

Samples of basic verb usage

Le tue azioni mi hanno illuso. Your actions have let me down.

Il successo illude molti. Success fools many.

Extended uses/Related words and expressions

un illusione an illusion

illudersi di essere (qualcuno) to be fooled into believing you are (someone)

Non illuderti! Don't fool yourself!

NOTE: Other verbs conjugated like **illudere** are **alludere** (to allude), **concludere** (to conclude), **deludere** (to disappoint), **eludere** (to elude, avoid), **includere** (to include), and **precludere** (to preclude, prevent).

242

Regular **-are** verb endings with spelling   to post, to mail a letter
change: **c** becomes **ch** before **e** or **i**

The Seven Simple Tenses | The Seven Compound Tenses

Singular	Plural	Singular	Plural
1 Present Indicative		**8 Present Perfect**	
imbuco	imbuchiamo	ho imbucato	abbiamo imbucato
imbuchi	imbucate	hai imbucato	avete imbucato
imbuca	imbucano	ha imbucato	hanno imbucato
2 Imperfect		**9 Past Perfect**	
imbucavo	imbucavamo	avevo imbucato	avevamo imbucato
imbucavi	imbucavate	avevi imbucato	avevate imbucato
imbucava	imbucavano	aveva imbucato	avevano imbucato
3 Past Absolute		**10 Past Anterior**	
imbucai	imbucammo	ebbi imbucato	avemmo imbucato
imbucasti	imbucaste	avesti imbucato	aveste imbucato
imbucò	imbucarono	ebbe imbucato	ebbero imbucato
4 Future		**11 Future Perfect**	
imbucherò	imbucheremo	avrò imbucato	avremo imbucato
imbucherai	imbucherete	avrai imbucato	avrete imbucato
imbucherà	imbucheranno	avrà imbucato	avranno imbucato
5 Present Conditional		**12 Past Conditional**	
imbucherei	imbucheremmo	avrei imbucato	avremmo imbucato
imbucheresti	imbuchereste	avresti imbucato	avreste imbucato
imbucherebbe	imbucherebbero	avrebbe imbucato	avrebbero imbucato
6 Present Subjunctive		**13 Past Subjunctive**	
imbuchi	imbuchiamo	abbia imbucato	abbiamo imbucato
imbuchi	imbuchiate	abbia imbucato	abbiate imbucato
imbuchi	imbuchino	abbia imbucato	abbiano imbucato
7 Imperfect Subjunctive		**14 Past Perfect Subjunctive**	
imbucassi	imbucassimo	avessi imbucato	avessimo imbucato
imbucassi	imbucaste	avessi imbucato	aveste imbucato
imbucasse	imbucassero	avesse imbucato	avessero imbucato

Imperative

—	imbuchiamo
imbuca (non imbucare)	imbucate
imbuchi	imbuchino

Samples of basic verb usage

Ho già imbucato le cartoline. I already mailed the postcards.

Dove hai imbucato le mie chiavi? Where have you hidden my keys?

Extended uses/Related words and expressions

La penna si è imbucata sotto il divano. The pen got lodged under the sofa.

Dove ti eri imbucato? Where did you go into hiding? Where did you hole up?

immergere*

to plunge, to immerse

Gerund **immergendo**

Past Part. **immerso**

Irregular verb ■

The Seven Simple Tenses		The Seven Compound Tenses	
Singular	Plural	Singular	Plural
1 Present Indicative		**8 Present Perfect**	
immergo	immergiamo	ho immerso	abbiamo immerso
immergi	immergete	hai immerso	avete immerso
immerge	immergono	ha immerso	hanno immerso
2 Imperfect		**9 Past Perfect**	
immergevo	immergevamo	avevo immerso	avevamo immerso
immergevi	immergevate	avevi immerso	avevate immerso
immergeva	immergevano	aveva immerso	avevano immerso
3 Past Absolute		**10 Past Anterior**	
immersi	immergemmo	ebbi immerso	avemmo immerso
immergesti	immergeste	avesti immerso	aveste immerso
immerse	immersero	ebbe immerso	ebbero immerso
4 Future		**11 Future Perfect**	
immergerò	immergeremo	avrò immerso	avremo immerso
immergerai	immergerete	avrai immerso	avrete immerso
immergerà	immergeranno	avrà immerso	avranno immerso
5 Present Conditional		**12 Past Conditional**	
immergerei	immergeremmo	avrei immerso	avremmo immerso
immergeresti	immergereste	avresti immerso	avreste immerso
immergerebbe	immergerebbero	avrebbe immerso	avrebbero immerso
6 Present Subjunctive		**13 Past Subjunctive**	
immerga	immergiamo	abbia immerso	abbiamo immerso
immerga	immergiate	abbia immerso	abbiate immerso
immerga	immergano	abbia immerso	abbiano immerso
7 Imperfect Subjunctive		**14 Past Perfect Subjunctive**	
immergessi	immergessimo	avessi immerso	avessimo immerso
immergessi	immergeste	avessi immerso	aveste immerso
immergesse	immergessero	avesse immerso	avessero immerso

	Imperative	
—		immergiamo
immergi (non immergere)		immergete
immerga		immergano

Samples of basic verb usage

Ho già immerso i piatti nell'acqua. I have
  already put (sunk) the plates in the water.
La nebbia ha immerso il paesaggio. The fog
  enveloped the landscape.
Il sottomarino si immerge rapidamente. The
  submarine is sinking rapidly.

Extended uses/Related words and expressions

Il corto circuito ha immerso la città nel buio.
  The short circuit plunged the city into a
  blackout.
immergersi nello studio to immerse oneself
  into studying

NOTE: Other verbs conjugated like **immergere** are **emergere** (to emerge) and **sommergere** (to submerge).

The Seven Simple Tenses | The Seven Compound Tenses

Singular	Plural	Singular	Plural
1 Present Indicative		**8 Present Perfect**	
imparo	impariamo	ho imparato	abbiamo imparato
impari	imparate	hai imparato	avete imparato
impara	imparano	ha imparato	hanno imparato
2 Imperfect		**9 Past Perfect**	
imparavo	imparavamo	avevo imparato	avevamo imparato
imparavi	imparavate	avevi imparato	avevate imparato
imparava	imparavano	aveva imparato	avevano imparato
3 Past Absolute		**10 Past Anterior**	
imparai	imparammo	ebbi imparato	avemmo imparato
imparasti	imparaste	avesti imparato	aveste imparato
imparò	impararono	ebbe imparato	ebbero imparato
4 Future		**11 Future Perfect**	
imparerò	impareremo	avrò imparato	avremo imparato
imparerai	imparerete	avrai imparato	avrete imparato
imparerà	impareranno	avrà imparato	avranno imparato
5 Present Conditional		**12 Past Conditional**	
imparerei	impareremmo	avrei imparato	avremmo imparato
impareresti	imparereste	avresti imparato	avreste imparato
imparerebbe	imparerebbero	avrebbe imparato	avrebbero imparato
6 Present Subjunctive		**13 Past Subjunctive**	
impari	impariamo	abbia imparato	abbiamo imparato
impari	impariate	abbia imparato	abbiate imparato
impari	imparino	abbia imparato	abbiano imparato
7 Imperfect Subjunctive		**14 Past Perfect Subjunctive**	
imparassi	imparassimo	avessi imparato	avessimo imparato
imparassi	imparaste	avessi imparato	aveste imparato
imparasse	imparassero	avesse imparato	avessero imparato

Imperative

—	**impariamo**
impara (non imparare)	**imparate**
impari	**imparino**

Samples of basic verb usage

Hai imparato a parlare italiano? Have you learned Italian yet?

Non ho mai imparato bene la matematica. I never learned math very well.

Quale mestiere stai imparando? What trade are you learning?

Extended uses/Related words and expressions

Impara l'arte e mettila da parte. Learning an art will come in handy (*literally* Learn an art and put it on the side).

Sbagliando s'impara. Live and learn (*literally* By erring one learns).

insegnare to teach

sapere to know

NOTE: When **imparare** is followed by an infinitive the preposition a is required before the infinitive: **Lui ha già imparato a guidare** (He has already learned to drive).

impaurire
Gerund **impaurendo**   Past Part. **impaurito**

to frighten

The Seven Simple Tenses		The Seven Compound Tenses	
Singular	Plural	Singular	Plural
1 Present Indicative		**8 Present Perfect**	
impaurisco	impauriamo	sono impaurito	siamo impaurito
impaurisci	impaurite	sei impaurito	siete impaurito
impaurisce	impauriscono	è impaurito	sono impaurito
2 Imperfect		**9 Past Perfect**	
impaurivo	impaurivamo	ero impaurito	eravamo impaurito
impaurivi	impaurivate	eri impaurito	eravate impaurito
impauriva	impaurivano	era impaurito	ervano impaurito
3 Past Absolute		**10 Past Anterior**	
impaurii	impaurimmo	fui impaurito	fuommo impaurito
impauristi	impauriste	fosti impaurito	foste impaurito
impaurì	impaurirono	fu impaurito	furono impaurito
4 Future		**11 Future Perfect**	
impaurirò	impauriremo	sarò impaurito	saremo impaurito
impaurirai	impaurirete	sarai impaurito	sarete impaurito
impaurirà	impauriranno	sarà impaurito	saranno impaurito
5 Present Conditional		**12 Past Conditional**	
impaurirei	impauriremmo	sarei impaurito	saremmo impaurito
impauriresti	impaurireste	saresti impaurito	sareste impaurito
impaurirebbe	impaurirebbero	sarebbe impaurito	sarebbero impaurito
6 Present Subjunctive		**13 Past Subjunctive**	
impaurisca	impauriamo	sia impaurito	siamo impaurito
impaurisca	impauriate	sia impaurito	siate impaurito
impaurisca	impauriscano	sia impaurito	siano impaurito
7 Imperfect Subjunctive		**14 Past Perfect Subjunctive**	
impaurissi	impaurissimo	fossi impaurito	fossimo impaurito
impaurissi	impauriste	fossi impaurito	foste impaurito
impaurisse	impaurissero	fosse impaurito	fossero impaurito

Imperative

—	impauriamo
impaurisci (non impaurire)	impaurite
impaurisca	impauriscano

Samples of basic verb usage	Extended uses/Related words and expressions
I film d'orrore mi impauriscono. Horror films frighten me.	**impaurito** frightened
Il buio impaurisce tutti. The dark scares everyone.	**la paura** fear
	avere paura to be afraid

to go mad, to go insane

The Seven Simple Tenses		The Seven Compound Tenses	
Singular	Plural	Singular	Plural

1 Present Indicative

		8 Present Perfect	
impazzisco	impazziamo	sono impazzito	siamo impazziti
impazzisci	impazzite	sei impazzito	siete impazziti
impazzisce	impazziscono	è impazzito	sono impazziti

2 Imperfect

		9 Past Perfect	
impazzivo	impazzivamo	ero impazzito	eravamo impazziti
impazzivi	impazzivate	eri impazzito	eravate impazziti
impazziva	impazzivano	era impazzito	erano impazziti

3 Past Absolute

		10 Past Anterior	
impazzii	impazzimmo	fui impazzito	fummo impazziti
impazzisti	impazziste	fosti impazzito	foste impazziti
impazzì	impazzirono	fu impazzito	furono impazziti

4 Future

		11 Future Perfect	
impazzirò	impazziremo	sarò impazzito	saremo impazziti
impazzirai	impazzirete	sarai impazzito	sarete impazziti
impazzirà	impazziranno	sarà impazzito	saranno impazziti

5 Present Conditional

		12 Past Conditional	
impazzirei	impazziremmo	sarei impazzito	saremmo impazziti
impazziresti	impazzireste	saresti impazzito	sareste impazziti
impazzirebbe	impazzirebbero	sarebbe impazzito	sarebbero impazziti

6 Present Subjunctive

		13 Past Subjunctive	
impazzisca	impazziamo	sia impazzito	siamo impazziti
impazzisca	impazziate	sia impazzito	siate impazziti
impazzisca	impazziscano	sia impazzito	siano impazziti

7 Imperfect Subjunctive

		14 Past Perfect Subjunctive	
impazzissi	impazzissimo	fossi impazzito	fossimo impazziti
impazzissi	impazziste	fossi impazzito	foste impazziti
impazzisse	impazzissero	fosse impazzito	fossero impazziti

Imperative	
—	**impazziamo**
impazzisci (non impazzire)	**impazzite**
impazzisca	**impazziscano**

Samples of basic verb usage
Lui impazzisce per lei! He is mad about her!
Cosa dici? Sei impazzito? What are you saying? Have you gone mad?

Extended uses/Related words and expressions
Questo mi fa impazzire. This drives me insane.
impazzire per la musica classica to go crazy for classical music
impazzire di gioia to go out of one's mind from happiness

impersonare

to impersonate, to personify

The Seven Simple Tenses		The Seven Compound Tenses	
Singular	Plural	Singular	Plural
1 Present Indicative		**8 Present Perfect**	
impersono	impersoniamo	ho impersonato	abbiamo impersonato
impersoni	impersonate	hai impersonato	avete impersonato
impersona	impersonano	ha impersonato	hanno impersonato
2 Imperfect		**9 Past Perfect**	
impersonavo	impersonavamo	avevo impersonato	avevamo impersonato
impersonavi	impersonavate	avevi impersonato	avevate impersonato
impersonava	impersonavano	aveva impersonato	avevano impersonato
3 Past Absolute		**10 Past Anterior**	
impersonai	impersonammo	ebbi impersonato	avemmo impersonato
impersonasti	impersonaste	avesti impersonato	aveste impersonato
impersonò	impersonarono	ebbe impersonato	ebbero impersonato
4 Future		**11 Future Perfect**	
impersonerò	impersoneremo	avrò impersonato	avremo impersonato
impersonerai	impersonerete	avrai impersonato	avrete impersonato
impersonerà	impersoneranno	avrà impersonato	avranno impersonato
5 Present Conditional		**12 Past Conditional**	
impersonerei	impersoneremmo	avrei impersonato	avremmo impersonato
impersoneresti	impersonereste	avresti impersonato	avreste impersonato
impersonerebbe	impersonerebbero	avresti impersonato	avrebbero impersonato
6 Present Subjunctive		**13 Past Subjunctive**	
impersoni	impersoniamo	abbia impersonato	abbiamo impersonato
impersoni	impersoniate	abbia impersonato	abbiate impersonato
impersoni	impersonino	abbia impersonato	abbiano impersonato
7 Imperfect Subjunctive		**14 Past Perfect Subjunctive**	
impersonassi	impersonassimo	avessi impersonato	avessimo impersonato
impersonassi	impersonaste	avessi impersonato	aveste impersonato
impersonasse	impersonassero	avesse impersonato	avessero impersonato

	Imperative	
—		impersoniamo
impersona (non impersonare)		impersonate
impersoni		impersonino

Samples of basic verb usage
Il serpente impersona il peccato. A snake personifies sin.
Lei impersona il fascino femminile. She personifies feminine appeal.

Extended uses/Related words and expressions
impersonare il ruolo di cattivo to play the role of the bad guy
L'attore bravo s'impersona nel personaggio. The good actor becomes his character.

Gerund **impiegando** Past Part. **impiegato** **impiegare**

Regular **-are** verb endings with spelling change: **g** becomes **gh** before **e** or **i**

to employ, to engage, to use

The Seven Simple Tenses		The Seven Compound Tenses	
Singular	Plural	Singular	Plural
1 Present Indicative		**8 Present Perfect**	
impiego	impieghiamo	ho impiegato	abbiamo impiegato
impieghi	impiegate	hai impiegato	avete impiegato
impiega	impiegano	ha impiegato	hanno impiegato
2 Imperfect		**9 Past Perfect**	
impiegavo	impiegavamo	avevo impiegato	avevamo impiegato
impiegavi	impiegavate	avevi impiegato	avevate impiegato
impiegava	impiegavano	aveva impiegato	avevano impiegato
3 Past Absolute		**10 Past Anterior**	
impiegai	impiegammo	ebbi impiegato	avemmo impiegato
impiegasti	impiegaste	avesti impiegato	aveste impiegato
impiegò	impiegarono	ebbe impiegato	ebbero impiegato
4 Future		**11 Future Perfect**	
impiegherò	impiegheremo	avrò impiegato	avremo impiegato
impiegherai	impiegherete	avrai impiegato	avrete impiegato
impiegherà	impiegheranno	avrà impiegato	avranno impiegato
5 Present Conditional		**12 Past Conditional**	
impiegherei	impiegheremmo	avrei impiegato	avremmo impiegato
impiegheresti	impieghereste	avresti impiegato	avreste impiegato
impiegherebbe	impiegherebbero	avrebbe impiegato	avrebbero impiegato
6 Present Subjunctive		**13 Past Subjunctive**	
impieghi	impieghiamo	abbia impiegato	abbiamo impiegato
impieghi	impieghiate	abbia impiegato	abbiate impiegato
impieghi	impieghino	abbia impiegato	abbiano impiegato
7 Imperfect Subjunctive		**14 Past Perfect Subjunctive**	
impiegassi	impiegassimo	avessi impiegato	avessimo impiegato
impiegassi	impiegaste	avessi impiegato	aveste impiegato
impiegasse	impiegassero	avesse impiegato	avessero impiegato

Imperative	
—	impieghiamo
impiega (non impiegare)	impiegate
impieghi	impieghino

Samples of basic verb usage

Impiega le risorse disponibili se vuoi riuscire.
Employ all available resources if you want to succeed.

Mi hanno impiegato la settimana scorsa.
They hired me last week.

Extended uses/Related words and expressions

impiegare un'ora per arrivare a casa to take an hour to get home

Quanto ci impieghi? How much time do you normally need?

I

implicare

Gerund implicando   **Past Part. implicato**

to implicate, to involve, to imply

Regular **-are** verb endings with spelling change: **c** becomes **ch** before **e** or **i**

The Seven Simple Tenses		The Seven Compound Tenses	
Singular	Plural	Singular	Plural
1 Present Indicative		**8 Present Perfect**	
implico	implichiamo	ho implicato	abbiamo implicato
implichi	implicate	hai implicato	avete implicato
implica	implicano	ha implicato	hanno implicato
2 Imperfect		**9 Past Perfect**	
implicavo	implicavamo	avevo implicato	avevamo implicato
implicavi	implicavate	avevi implicato	avevate implicato
implicava	implicavano	aveva implicato	avevano implicato
3 Past Absolute		**10 Past Anterior**	
implicai	implicammo	ebbi implicato	avemmo implicato
implicasti	implicaste	avesti implicato	aveste implicato
implicò	implicarono	ebbe implicato	ebbero implicato
4 Future		**11 Future Perfect**	
implicherò	implicheremo	avrò implicato	avremo implicato
implicherai	implicherete	avrai implicato	avrete implicato
implicherà	implicheranno	avrà implicato	avranno implicato
5 Present Conditional		**12 Past Conditional**	
implicherei	implicheremmo	avrei implicato	avremmo implicato
implicheresti	implichereste	avresti implicato	avreste implicato
implicherebbe	implicherebbero	avrebbe implicato	avrebbero implicato
6 Present Subjunctive		**13 Past Subjunctive**	
implichi	implichiamo	abbia implicato	abbiamo implicato
implichi	implichiate	abbia implicato	abbiate implicato
implichi	implichino	abbia implicato	abbiano implicato
7 Imperfect Subjunctive		**14 Past Perfect Subjunctive**	
implicassi	implicassimo	avessi implicato	avessimo implicato
implicassi	implicaste	avessi implicato	aveste implicato
implicasse	implicassero	avesse implicato	avessero implicato

Imperative

—	implichiamo
implica (non implicare)	implicate
implichi	implichino

Samples of basic verb usage	Extended uses/Related words and expressions
Che cosa implicano le sue parole? What do his words imply?	**implicare qualcuno in un affare** to involve someone in some matter
Quel progetto implica un grosso sforzo. That project implies a lot of effort.	**Il nostro amico è stato implicato ingiustamente.** Our friend was implicated unjustly.
	l'implicazione implication

■ Irregular verb   to impose

The Seven Simple Tenses		The Seven Compound Tenses	
Singular	Plural	Singular	Plural
1 Present Indicative		**8 Present Perfect**	
impongo	imponiamo	ho imposto	abbiamo imposto
imponi	imponete	hai imposto	avete imposto
impone	impongono	ha imposto	hanno imposto
2 Imperfect		**9 Past Perfect**	
imponevo	imponevamo	avevo imposto	avevamo imposto
imponevi	imponevate	avevi imposto	avevate imposto
imponeva	imponevano	aveva imposto	avevano imposto
3 Past Absolute		**10 Past Anterior**	
imposi	imponemmo	ebbi imposto	avemmo imposto
imponesti	imponeste	avesti imposto	aveste imposto
impose	imposero	ebbe imposto	ebbero imposto
4 Future		**11 Future Perfect**	
imporrò	imporremo	avrò imposto	avremo imposto
imporrai	imporrete	avrai imposto	avrete imposto
imporrà	imporranno	avrà imposto	avranno imposto
5 Present Conditional		**12 Past Conditional**	
imporrei	imporremmo	avrei imposto	avremmo imposto
imporresti	imporreste	avresti imposto	avreste imposto
imporrebbe	imporrebbero	avrebbe imposto	avrebbero imposto
6 Present Subjunctive		**13 Past Subjunctive**	
imponga	imponiamo	abbia imposto	abbiamo imposto
imponga	imponiate	abbia imposto	abbiate imposto
imponga	impongano	abbia imposto	abbiano imposto
7 Imperfect Subjunctive		**14 Past Perfect Subjunctive**	
imponessi	imponessimo	avessi imposto	avessimo imposto
imponessi	imponeste	avessi imposto	aveste imposto
imponesse	imponessero	avesse imposto	avessero imposto

Imperative	
—	**imponiamo**
imponi (non imporre)	**imponete**
imponga	**impongano**

Samples of basic verb usage
Hanno imposto nuove regole in quella scuola.
  They imposed new rules in that school.
Gli impongono di studiare di più. They expect
  him to study more.

Extended uses/Related words and expressions
La situazione impone pazienza. The situation
  requires patience.
É una persona che sa imporsi. He's a person
  who knows how to impress.

NOTE: This verb is composed with the verb **porre** (to put) and is thus conjugated exactly like it.

When **imporre** is followed by an infinitive the preposition **di** is required before the infinitive: **Lui mi impone di fare di più** (He expects me to do more).

imprimere*

Gerund **imprimendo** Past Part. **impresso**

to impress, to print, to stamp

Irregular verb ■

The Seven Simple Tenses		The Seven Compound Tenses	
Singular	Plural	Singular	Plural
1 Present Indicative		**8 Present Perfect**	
imprimo	imprimiamo	ho impresso	abbiamo impresso
imprimi	imprimete	hai impresso	avete impresso
imprime	imprimono	ha impresso	hanno impresso
2 Imperfect		**9 Past Perfect**	
imprimevo	imprimevamo	avevo impresso	avevamo impresso
imprimevi	imprimevate	avevi impresso	avevate impresso
imprimeva	imprimevano	aveva impresso	avevano impresso
3 Past Absolute		**10 Past Anterior**	
impressi	imprimemmo	ebbi impresso	avemmo impresso
imprimesti	imprimeste	avesti impresso	aveste impresso
impresse	impressero	ebbe impresso	ebbero impresso
4 Future		**11 Future Perfect**	
imprimerò	imprimeremo	avrò impresso	avremo impresso
imprimerai	imprimerete	avrai impresso	avrete impresso
imprimerà	imprimeranno	avrà impresso	avranno impresso
5 Present Conditional		**12 Past Conditional**	
imprimerei	imprimeremmo	avrei impresso	avremmo impresso
imprimeresti	imprimereste	avresti impresso	avreste impresso
imprimerebbe	imprimerebbero	avrebbe impresso	avrebbero impresso
6 Present Subjunctive		**13 Past Subjunctive**	
imprima	imprimiamo	abbia impresso	abbiamo impresso
imprima	imprimiate	abbia impresso	abbiate impresso
imprima	imprimano	abbia impresso	abbiano impresso
7 Imperfect Subjunctive		**14 Past Perfect Subjunctive**	
imprimessi	imprimessimo	avessi impresso	avessimo impresso
imprimessi	imprimeste	avessi impresso	aveste impresso
imprimesse	imprimessero	avesse impresso	avessero impresso

Imperative	
—	imprimiamo
imprimi (non imprimere)	imprimete
imprima	imprimano

Samples of basic verb usage

Chi ha impresso le orme sul pavimento? Who left their footprints in the pavement?

Il bravo insegnante imprime i concetti nella mente dei suoi allievi. The good teacher instills concepts into the minds of pupils.

Extended uses/Related words and expressions

Quelle immagini di gioia mi si imprimono nella mente. Those images of joy become imprinted in my mind.

l'impressione impression

NOTE: Other verbs conjugated like **imprimere** are **comprimere** (to compress), **esprimere** (to express), **opprimere** (to oppress), **reprimere** (to repress), and **sopprimere** (to suppress).

The Seven Simple Tenses		The Seven Compound Tenses	
Singular	Plural	Singular	Plural

1 Present Indicative		8 Present Perfect	
includo	**includiamo**	**ho incluso**	**abbiamo incluso**
includi	**includete**	**hai incluso**	**avete incluso**
include	**includono**	**ha incluso**	**hanno incluso**

2 Imperfect		9 Past Perfect	
includevo	**includevamo**	**avevo incluso**	**avevamo incluso**
includevi	**includevate**	**avevi incluso**	**avevate incluso**
includeva	**includevano**	**aveva incluso**	**avevano incluso**

3 Past Absolute		10 Past Anterior	
inclusi	**includemmo**	**ebbi incluso**	**avemmo incluso**
includesti	**includeste**	**avesti incluso**	**aveste incluso**
incluse	**inclusero**	**ebbe incluso**	**ebbero incluso**

4 Future		11 Future Perfect	
includerò	**includeremo**	**avrò incluso**	**avremo incluso**
includerai	**includerete**	**avrai incluso**	**avrete incluso**
includerà	**includeranno**	**avrà incluso**	**avranno incluso**

5 Present Conditional		12 Past Conditional	
includerei	**includeremmo**	**avrei incluso**	**avremmo incluso**
includeresti	**includereste**	**avresti incluso**	**avreste incluso**
includerebbe	**includerebbero**	**avrebbe incluso**	**avrebbero incluso**

6 Present Subjunctive		13 Past Subjunctive	
includa	**includiamo**	**abbia incluso**	**abbiamo incluso**
includa	**includiate**	**abbia incluso**	**abbiate incluso**
includa	**includano**	**abbia incluso**	**abbiano incluso**

7 Imperfect Subjunctive		14 Past Perfect Subjunctive	
includessi	**includessimo**	**avessi incluso**	**avessimo incluso**
includessi	**includeste**	**avessi incluso**	**aveste incluso**
includesse	**includessero**	**avesse incluso**	**avessero incluso**

Imperative

—	**includiamo**
includi (non includere)	**includete**
includa	**includano**

Samples of basic verb usage

Il prezzo include le bevande. The price includes drinks.

Hai incluso la ricevuta nella busta? Did you include the receipt in the envelope?

Ho incluso anche te nella lista degli invitati. I included you as well in the list of invited people.

Extended uses/Related words and expressions

incluso included
escluso excluded

NOTE: Other verbs conjugated like **includere** are **concludere** (to conclude), **deludere** (to disappoint), **eludere** (to elude, avoid), **illudere** (to deceive), and **precludere** (to preclude, prevent).

incomodare
to annoy, to inconvenience

The Seven Simple Tenses		The Seven Compound Tenses	
Singular	Plural	Singular	Plural
1 Present Indicative		**8 Present Perfect**	
incomodo	incomodiamo	ho incomodato	abbiamo incomodato
incomodi	incomodate	hai incomodato	avete incomodato
incomoda	incomodano	ha incomodato	hanno incomodato
2 Imperfect		**9 Past Perfect**	
incomodavo	incomodavamo	avevo incomodato	avevamo incomodato
incomodavi	incomodavate	avevi incomodato	avevate incomodato
incomodava	incomodavano	aveva incomodato	avevano incomodato
3 Past Absolute		**10 Past Anterior**	
incomodai	incomodammo	ebbi incomodato	avemmo incomodato
incomodasti	incomodaste	avesti incomodato	aveste incomodato
incomodò	incomodarono	ebbe incomodato	ebbero incomodato
4 Future		**11 Future Perfect**	
incomoderò	incomoderemo	avrò incomodato	avremo incomodato
incomoderai	incomoderete	avrai incomodato	avrete incomodato
incomoderà	incomoderanno	avrà incomodato	avranno incomodato
5 Present Conditional		**12 Past Conditional**	
incomoderei	incomoderemmo	avrei incomodato	avremmo incomodato
incomoderesti	incomodereste	avresti incomodato	avreste incomodato
incomoderebbe	incomoderebbero	avrebbe incomodato	avrebbero incomodato
6 Present Subjunctive		**13 Past Subjunctive**	
incomodi	incomodiamo	abbia incomodato	abbiamo incomodato
incomodi	incomodiate	abbia incomodato	abbiate incomodato
incomodi	incomodino	abbia incomodato	abbiano incomodato
7 Imperfect Subjunctive		**14 Past Perfect Subjunctive**	
incomodassi	incomodassimo	avessi incomodato	avessimo incomodato
incomodassi	incomodaste	avessi incomodato	aveste incomodato
incomodasse	incomodassero	avesse incomodato	avessero incomodato

	Imperative	
—		incomodiamo
incomoda (non incomodare)		incomodate
incomodi		incomodino

Samples of basic verb usage
Non vorrei incomodarLa. I hope I am not putting you out.
Non s'incomodi per questo! Don't go out of your way for this!

Extended uses/Related words and expressions
Le incomoda la mia presenza? Does my presence upset you?
Non dovevi incomodarti! You shouldn't have bothered!

to meet, to encounter

The Seven Simple Tenses		The Seven Compound Tenses	
Singular	Plural	Singular	Plural
1 Present Indicative		**8 Present Perfect**	
incontro	incontriamo	ho incontrato	abbiamo incontrato
incontri	incontrate	hai incontrato	avete incontrato
incontra	incontrano	ha incontrato	hanno incontrato
2 Imperfect		**9 Past Perfect**	
incontravo	incontravamo	avevo incontrato	avevamo incontrato
incontravi	incontravate	avevi incontrato	avevate incontrato
incontrava	incontravano	aveva incontrato	avevano incontrato
3 Past Absolute		**10 Past Anterior**	
incontrai	incontrammo	ebbi incontrato	avemmo incontrato
incontrasti	incontraste	avesti incontrato	aveste incontrato
incontrò	incontrarono	ebbe incontrato	ebbero incontrato
4 Future		**11 Future Perfect**	
incontrerò	incontreremo	avrò incontrato	avremo incontrato
incontrerai	incontrerete	avrai incontrato	avrete incontrato
incontrerà	incontreranno	avrà incontrato	avranno incontrato
5 Present Conditional		**12 Past Conditional**	
incontrerei	incontreremmo	avrei incontrato	avremmo incontrato
incontreresti	incontrereste	avresti incontrato	avreste incontrato
incontrerebbe	incontrerebbero	avrebbe incontrato	avrebbero incontrato
6 Present Subjunctive		**13 Past Subjunctive**	
incontri	incontriamo	abbia incontrato	abbiamo incontrato
incontri	incontriate	abbia incontrato	abbiate incontrato
incontri	incontrino	abbia incontrato	abbiano incontrato
7 Imperfect Subjunctive		**14 Past Perfect Subjunctive**	
incontrassi	incontrassimo	avessi incontrato	avessimo incontrato
incontrassi	incontraste	avessi incontrato	aveste incontrato
incontrasse	incontrassero	avesse incontrato	avessero incontrato

I

Imperative	
—	incontriamo
incontra (non incontrare)	incontrate
incontri	incontrino

Samples of basic verb usage	**Extended uses/Related words and expressions**
Li ho incontrati ieri in centro. I ran into them yesterday downtown.	**Il Milan incontrerà la Roma domenica.** Milan will play against Rome Sunday.
Ci incontriamo sempre al bar. We always meet at the coffee shop.	**incontrare la fortuna (il favore del pubblico)** to come upon good luck (public favor)
Ieri ho incontrato un vecchio amico. Yesterday I encountered an old friend.	**Loro si incontreranno domani.** They will meet tomorrow.

NOTE: The verb **conoscere** is used to express "meeting someone for the first time," whereas **incontrare** is used to express "running into someone": **Ho conosciuto Maria due anni fa** (I met Mary two years ago); **Ho incontrato Maria ieri** (I ran into Mary yesterday).

indicare

Gerund **indicando**   Past Part. **indicato**

to indicate, to point out, to show

Regular **-are** verb endings with spelling change: **c** becomes **ch** before **e** or **i**

The Seven Simple Tenses		The Seven Compound Tenses	
Singular	Plural	Singular	Plural
1 Present Indicative		**8 Present Perfect**	
indico	indichiamo	ho indicato	abbiamo indicato
indichi	indicate	hai indicato	avete indicato
indica	indicano	ha indicato	hanno indicato
2 Imperfect		**9 Past Perfect**	
indicavo	indicavamo	avevo indicato	avevamo indicato
indicavi	indicavate	avevi indicato	avevate indicato
indicava	indicavano	aveva indicato	avevano indicato
3 Past Absolute		**10 Past Anterior**	
indicai	indicammo	ebbi indicato	avemmo indicato
indicasti	indicaste	avesti indicato	aveste indicato
indicò	indicarono	ebbe indicato	ebbero indicato
4 Future		**11 Future Perfect**	
indicherò	indicheremo	avrò indicato	avremo indicato
indicherai	indicherete	avrai indicato	avrete indicato
indicherà	indicheranno	avrà indicato	avranno indicato
5 Present Conditional		**12 Past Conditional**	
indicherei	indicheremmo	avrei indicato	avremmo indicato
indicheresti	indichereste	avresti indicato	avreste indicato
indicherebbe	indicherebbero	avrebbe indicato	avrebbero indicato
6 Present Subjunctive		**13 Past Subjunctive**	
indichi	indichiamo	abbia indicato	abbiamo indicato
indichi	indichiate	abbia indicato	abbiate indicato
indichi	indichino	abbia indicato	abbiano indicato
7 Imperfect Subjunctive		**14 Past Perfect Subjunctive**	
indicassi	indicassimo	avessi indicato	avessimo indicato
indicassi	indicaste	avessi indicato	aveste indicato
indicasse	indicassero	avesse indicato	avessero indicato

	Imperative
—	indichiamo
indica (non indicare)	indicate
indichi	indichino

Samples of basic verb usage

Lui mi ha indicato che veniva anche lei.
He indicated to me that she was coming too.

Il barometro indica bel tempo. The barometer indicates good weather.

Extended uses/Related words and expressions

Il bambino indicava il giocattolo. The child was pointing to the toy.

Mi può indicare la porta d'uscita? Can you point out the exit door?

to infer, to deduce, to conclude

The Seven Simple Tenses		The Seven Compound Tenses	
Singular	Plural	Singular	Plural
1 Present Indicative		**8 Present Perfect**	
inferisco	**inferiamo**	**ho inferito**	**abbiamo inferito**
inferisci	**inferite**	**hai inferito**	**avete inferito**
inferisce	**inferiscono**	**ha inferito**	**hanno inferito**
2 Imperfect		**9 Past Perfect**	
inferivo	**inferivamo**	**avevo inferito**	**avevamo inferito**
inferivi	**inferivate**	**avevi inferito**	**avevate inferito**
inferiva	**inferivano**	**aveva inferito**	**avevano inferito**
3 Past Absolute		**10 Past Anterior**	
inferii	**inferimmo**	**ebbi inferito**	**avemmo inferito**
inferisti	**inferiste**	**avesti inferito**	**aveste inferito**
inferì	**inferirono**	**ebbe inferito**	**ebbero inferito**
4 Future		**11 Future Perfect**	
inferiro	**inferiremo**	**avrò inferito**	**avremo inferito**
inferirai	**inferirete**	**avrai inferito**	**avrete inferito**
inferirà	**inferiranno**	**avrà inferito**	**avranno inferito**
5 Present Conditional		**12 Past Conditional**	
inferirei	**inferiremmo**	**avrei inferito**	**avremmo inferito**
inferiresti	**inferireste**	**avresti inferito**	**avreste inferito**
inferirebbe	**inferirebbero**	**avrebbe inferito**	**avrebbero inferito**
6 Present Subjunctive		**13 Past Subjunctive**	
inferisca	**inferiamo**	**abbia inferito**	**abbiamo inferito**
inferisca	**inferiate**	**abbia inferito**	**abbiate inferito**
inferisca	**inferiscano**	**abbia inferito**	**abbiano inferito**
7 Imperfect Subjunctive		**14 Past Perfect Subjunctive**	
inferissi	**inferissimo**	**avessi inferito**	**avessimo inferito**
inferissi	**inferiste**	**avessi inferito**	**aveste inferito**
inferisse	**inferissero**	**avesse inferito**	**avessero inferito**

Imperative	
—	**inferiamo**
inferisci (non inferire)	**inferite**
inferisca	**inferiscano**

Samples of basic verb usage	**Extended uses/Related words and expressions**
Ho inferito che tu eri la persona che mi ha chiamato. I inferred that you were the person who called me.	**capire** to understand
	concludere to conclude
	dedurre to deduce
Da quello che dici si può inferire che hai ragione. From what you are saying we can infer that you are right.	**ricavare** to draw (a conclusion)

infliggere*

to inflict

Gerund **infliggendo** Past Part. **inflitto**

Irregular verb ■

The Seven Simple Tenses		The Seven Compound Tenses	
Singular	Plural	Singular	Plural
1 Present Indicative		**8 Present Perfect**	
infliggo	infliggiamo	ho inflitto	abbiamo inflitto
infliggi	infliggete	hai inflitto	avete inflitto
infligge	infliggono	ha inflitto	hanno inflitto
2 Imperfect		**9 Past Perfect**	
infliggevo	infliggevamo	avevo inflitto	avevamo inflitto
infliggevi	infliggevate	avevi inflitto	avevate inflitto
infliggeva	infliggevano	aveva inflitto	avevano inflitto
3 Past Absolute		**10 Past Anterior**	
inflissi	infliggemmo	ebbi inflitto	avemmo inflitto
infliggesti	infliggeste	avesti inflitto	aveste inflitto
inflisse	inflissero	ebbe inflitto	ebbero inflitto
4 Future		**11 Future Perfect**	
infliggerò	infliggeremo	avrò inflitto	avremo inflitto
infliggerai	infliggerete	avrai inflitto	avrete inflitto
infliggerà	infliggeranno	avrà inflitto	avranno inflitto
5 Present Conditional		**12 Past Conditional**	
infliggerei	infliggeremmo	avrei inflitto	avremmo inflitto
infliggeresti	infliggereste	avresti inflitto	avreste inflitto
infliggerebbe	infliggerebbero	avrebbe inflitto	avrebbero inflitto
6 Present Subjunctive		**13 Past Subjunctive**	
infligga	infliggiamo	abbia inflitto	abbiamo inflitto
infligga	infliggiate	abbia inflitto	abbiate inflitto
infligga	infliggano	abbia inflitto	abbiano inflitto
7 Imperfect Subjunctive		**14 Past Perfect Subjunctive**	
infliggessi	infliggessimo	avessi inflitto	avessimo inflitto
infliggessi	infliggeste	avessi inflitto	aveste inflitto
infliggesse	infliggessero	avesse inflitto	avessero inflitto

Imperative

—	**infliggiamo**
infliggi (non infliggere)	**infliggete**
infligga	**infliggano**

Samples of basic verb usage

Perché infliggi sempre problemi a tutti noi?
Why do you always inflict problems on all of us?

Il Milan ha inflitto una sconfitta alla Roma.
Milan inflicted a loss on Rome.

Extended uses/Related words and expressions

infliggere critiche to dish out criticisms
Venne inflitta una giusta punizione al criminale. A justified punishment was meted out to the criminal.

NOTE: Another verb conjugated like **infliggere** is **affliggere** (to afflict).

to inform, to notify, to acquaint

The Seven Simple Tenses		The Seven Compound Tenses	
Singular	Plural	Singular	Plural
1 Present Indicative		**8 Present Perfect**	
informo	**informiamo**	**ho informato**	**abbiamo informato**
informi	**informate**	**hai informato**	**avete informato**
informa	**informano**	**ha informato**	**hanno informato**
2 Imperfect		**9 Past Perfect**	
informavo	**informavamo**	**avevo informato**	**avevamo informato**
informavi	**informavate**	**avevi informato**	**avevate informato**
informava	**informavano**	**aveva informato**	**avevano informato**
3 Past Absolute		**10 Past Anterior**	
informai	**informammo**	**ebbi informato**	**avemmo informato**
informasti	**informaste**	**avesti informato**	**aveste informato**
informò	**informarono**	**ebbe informato**	**ebbero informato**
4 Future		**11 Future Perfect**	
informerò	**informeremo**	**avrò informato**	**avremo informato**
informerai	**informerete**	**avrai informato**	**avrete informato**
informerà	**informeranno**	**avrà informato**	**avranno informato**
5 Present Conditional		**12 Past Conditional**	
informerei	**informeremmo**	**avrei informato**	**avremmo informato**
informeresti	**informereste**	**avresti informato**	**avreste informato**
informerebbe	**informerebbero**	**avrebbe informato**	**avrebbero informato**
6 Present Subjunctive		**13 Past Subjunctive**	
informi	**informiamo**	**abbia informato**	**abbiamo informato**
informi	**informiate**	**abbia informato**	**abbiate informato**
informi	**informino**	**abbia informato**	**abbiano informato**
7 Imperfect Subjunctive		**14 Past Perfect Subjunctive**	
informassi	**informassimo**	**avessi informato**	**avessimo informato**
informassi	**informaste**	**avessi informato**	**aveste informato**
informasse	**informassero**	**avesse informato**	**avessero informato**

	Imperative	
—		**informiamo**
informa (non informare)		**informate**
informi		**informino**

Samples of basic verb usage	**Extended uses/Related words and expressions**
Hai informato i tuoi amici? Did you inform your friends?	**informarsi sull'orario** to find out the time
Informa il capoufficio che oggi non potrò venire a lavoro. Tell the supervisor that I won't be able to come to work.	**Mi informo se puoi venire con noi.** I'll find out if you can come with us.

innamorarsi
Gerund **innamorandosi**　　Past Part. **innamoratosi**

to fall in love with

The Seven Simple Tenses		The Seven Compound Tenses	
Singular	Plural	Singular	Plural
1 Present Indicative		**8 Present Perfect**	
mi innamoro	ci innamoriamo	mi sono innamorato	ci siamo innamorati
ti innamori	vi innamorate	ti sei innamorato	vi siete innamorati
si innamora	si innamorano	si è innamorato	si sono innamorati
2 Imperfect		**9 Past Perfect**	
mi innamoravo	ci innamoravamo	mi ero innamorato	ci eravamo innamorati
ti innamoravi	vi innamoravate	ti eri innamorato	vi eravatte innamorati
si innamorava	si innamoravano	si era innamorato	si erano innamorati
3 Past Absolute		**10 Past Anterior**	
mi innamorai	ci innamorammo	mi fui innamorato	ci fummo innamorati
ti innamorasti	vi innamoraste	ti fosti innamorato	vi eravate innamorati
si innamorò	si innamorarono	si fu innamorato	si furono innamorati
4 Future		**11 Future Perfect**	
mi innamorerò	ci innamoreremo	mi sarò innamorato	ci saremo innamorati
ti innamorerai	vi innamorerete	ti sarai innamorato	vi sarete innamorati
si innamorerà	si innamoreranno	si sarà innamorato	si saranno innamorati
5 Present Conditional		**12 Past Conditional**	
mi innamorerei	ci innamoreremmo	mi sarei innamorato	ci saremo innamorati
ti innamoreresti	vi innamorereste	ti saresti innamorato	vi sareste innamorati
si innamorerebbe	si innamorerebbero	si sarebbe innamorato	si sarebbero innamorati
6 Present Subjunctive		**13 Past Subjunctive**	
mi innamori	ci innamoriamo	mi sia innamorato	ci siamo innamorati
ti innamori	vi innamoriate	ti sia innamorato	vi siate innamorati
si innamori	si innamorino	si sia innamorato	si siano innamorati
7 Imperfect Subjunctive		**14 Past Perfect Subjunctive**	
mi innamorassi	ci innamorassimo	mi fossi innamorato	ci fossimo innamorati
ti innamorassi	vi innamoraste	ti fossi innamorato	vi foste innamorati
si innamorasse	si innamorassero	si fosse innamorato	si fossero innamorati

Imperative	
—	innamoriamoci
innamorati (non ti innamorare/non innamorarti)	innamoratevi
si innamori	si innamorino

Samples of basic verb usage	Extended uses/Related words and expressions
Mi sono innamorato di lei da adolescente. I fell in love with her when I was an adolescent.	**accendersi d'amore** to burn with love **affascinare** to fascinate **attrarre** to attract **incantare** to enchant
Ci siamo innamorati subito. We fell in love right away.	
Io non mi innamorerò mai. I will never fall in love.	

The Seven Simple Tenses		The Seven Compound Tenses	
Singular	Plural	Singular	Plural
1 Present Indicative		**8 Present Perfect**	
inquino	**inquiniamo**	**ho inquinato**	**abbiamo inquinato**
inquini	**inquinate**	**hai inquinato**	**avete inquinato**
inquina	**inquinano**	**ha inquinato**	**hanno inquinato**
2 Imperfect		**9 Past Perfect**	
inquinavo	**inquinavamo**	**avevo inquinato**	**avevamo inquinato**
inquinavi	**inquinavate**	**avevi inquinato**	**avevate inquinato**
inquinava	**inquinavano**	**aveva inquinato**	**avevano inquinato**
3 Past Absolute		**10 Past Anterior**	
inquinai	**inquinammo**	**ebbi inquinato**	**avemmo inquinato**
inquinasti	**inquinaste**	**avesti inquinato**	**aveste inquinato**
inquinò	**inquinarono**	**ebbe inquinato**	**ebbero inquinato**
4 Future		**11 Future Perfect**	
inquinerò	**inquineremo**	**avrò inquinato**	**avremo inquinato**
inquinerai	**inquinerete**	**avrai inquinato**	**avrete inquinato**
inquinerà	**inquineranno**	**avrà inquinato**	**avranno inquinato**
5 Present Conditional		**12 Past Conditional**	
inquinerei	**inquineremmo**	**avrei inquinato**	**avremmo inquinato**
inquineresti	**inquinereste**	**avresti inquinato**	**avreste inquinato**
inquinerebbe	**inquinerebbero**	**avrebbe inquinato**	**avrebbero inquinato**
6 Present Subjunctive		**13 Past Subjunctive**	
inquini	**inquiniamo**	**abbia inquinato**	**abbiamo inquinato**
inquini	**inquiniate**	**avvia inquinato**	**abbiate inquinato**
inquini	**inquinino**	**abbia inquinato**	**abbiano inquinato**
7 Imperfect Subjunctive		**14 Past Perfect Subjunctive**	
inquinassi	**inquinassimo**	**avessi inquinato**	**avessimo inquinato**
inquinassi	**inquinaste**	**avessi inquinato**	**aveste inquinato**
inquinasse	**inquinassero**	**avesse inquinato**	**avessero inquinato**

	Imperative	
—		**inquiniamo**
inquina (non inquinare)		**inquinate**
inquini		**inquinino**

Samples of basic verb usage
**Le macchine stanno inquinando
l'atmosfera.** Cars are polluting the
atmosphere.
Gli scarichi dell'industria inquinano il mare.
Industrial discharge is polluting the sea.

Extended uses/Related words and expressions
La violenza inquina lo sport. Violence is
tainting sports.
l'inquinamento pollution

insistere

to insist

Gerund **insistendo**   Past Part. **insistito**

The Seven Simple Tenses		The Seven Compound Tenses	
Singular	Plural	Singular	Plural
1 Present Indicative		**8 Present Perfect**	
insisto	insistiamo	ho insistito	abbiamo insistito
insisti	insistete	hai insistito	avete insistito
insiste	insistono	ha insistito	hanno insistito
2 Imperfect		**9 Past Perfect**	
insistevo	insistevamo	avevo insistito	avevamo insistito
insistevi	insistevate	avevi insistito	avevate insistito
insisteva	insistevano	aveva insistito	avevano insistito
3 Past Absolute		**10 Past Anterior**	
insistei (insistetti)	insistemmo	ebbi insistito	avemmo insistito
insistesti	insisteste	avesti insistito	aveste insistito
insisté (insistette)	insisterono (insistettero)	ebbe insistito	ebbero insistito
4 Future		**11 Future Perfect**	
insisterò	insisteremo	avrò insistito	avremo insistito
insisterai	insisterete	avrai insistito	avrete insistito
insisterà	insisteranno	avrà insistito	avranno insistito
5 Present Conditional		**12 Past Conditional**	
insisterei	insisteremmo	avrei insistito	avremmo insistito
insisteresti	insistereste	avresti insistito	avreste insistito
insisterebbe	insisterebbero	avrebbe insistito	avrebbero insistito
6 Present Subjunctive		**13 Past Subjunctive**	
insista	insistiamo	abbia insistito	abbiamo insistito
insista	insistiate	abbia insistito	abbiate insistito
insista	insistano	abbia insistito	abbiano insistito
7 Imperfect Subjunctive		**14 Past Perfect Subjunctive**	
insistessi	insistessimo	avessi insistito	avessimo insistito
insistessi	insisteste	avessi insistito	aveste insistito
insistesse	insistessero	avesse insistito	avessero insistito

Imperative

—	insistiamo
insisti (non insistere)	insistete
insista	insistano

Samples of basic verb usage
Perché insisti che venga anche lei? Why do you insist that she also come?
Se proprio insisti ti accompagnerò. If you insist I'll go with you.

Extended uses/Related words and expressions
Non insistere! Don't be obstinate! Don't continue on!
Sei insistente! You are unrelenting!

NOTE: This verb takes the subjunctive in dependent clauses: **Insisto che venga anche lui** (I insist that he also come).

262

Gerund **intendendo**   Past Part. **inteso**   **intendere***

■ Irregular verb   to understand, to mean, to intend

The Seven Simple Tenses		The Seven Compound Tenses	
Singular	Plural	Singular	Plural
1 Present Indicative		**8 Present Perfect**	
intendo	intendiamo	ho inteso	abbiamo inteso
intendi	intendete	hai inteso	avete inteso
intende	intendono	ha inteso	hanno inteso
2 Imperfect		**9 Past Perfect**	
intendevo	intendevamo	avevo inteso	avevamo inteso
intendevi	intendevate	avevi inteso	avevate inteso
intendeva	intendevano	aveva inteso	avevano inteso
3 Past Absolute		**10 Past Anterior**	
intesi	intendemmo	ebbi inteso	avemmo inteso
intendesti	intendeste	avesti inteso	aveste inteso
intese	intesero	ebbe inteso	ebbero inteso
4 Future		**11 Future Perfect**	
intenderò	intenderemo	avrò inteso	avremo inteso
intenderai	intenderete	avrai inteso	avrete inteso
intenderà	intenderanno	avrà inteso	avranno inteso
5 Present Conditional		**12 Past Conditional**	
intenderei	intenderemmo	avrei inteso	avremmo inteso
intenderesti	intendereste	avresti inteso	avreste inteso
intenderebbe	intenderebbero	avrebbe inteso	avrebbero inteso
6 Present Subjunctive		**13 Past Subjunctive**	
intenda	intendiamo	abbia inteso	abbiamo inteso
intenda	intendiate	abbia inteso	abbiate inteso
intenda	intendano	abbia inteso	abbiano inteso
7 Imperfect Subjunctive		**14 Past Perfect Subjunctive**	
intendessi	intendessimo	avessi inteso	avessimo inteso
intendessi	intendeste	avessi inteso	aveste inteso
intendesse	intendessero	avesse inteso	avessero inteso

Imperative

—	intendiamo
intendi (non intendere)	intendete
intenda	intendano

Samples of basic verb usage

Non me ne intendo di calcio. I know nothing about soccer.

Non ho inteso quello che hai detto. I didn't understand what you said.

Mi intendi, no? You understand me, don't you? (You know what I'm saying, don't you?)

Extended uses/Related words and expressions

Non intendo fare quello. I do not intend to do that.

Ho inteso che hai intenzione di trasferirti. I heard that you intend to go somewhere else.

NOTE: Other verbs conjugated like **intendere** are **accendere** (to light), **attendere** (to wait), **diffondere** (to spread), **dipendere** (to depend), **offendere** (to offend), **prendere** (to take), **pretendere** (to demand), **rendere** (to render), **scendere** (to go down), **sorprendere** (to surprise), **spendere** (to spend), **stendere** (to lay out), and **tendere** (to tend).

263

interrompere*

to interrupt

Gerund **interrompendo**   Past Part. **interrotto**

Irregular verb ■

The Seven Simple Tenses		The Seven Compound Tenses	
Singular	Plural	Singular	Plural

1 Present Indicative		8 Present Perfect	
interrompo	**interrompiamo**	**ho interrotto**	**abbiamo interrotto**
interrompi	**interrompete**	**hai interrotto**	**avete interrotto**
interrompe	**interrompono**	**ha interrotto**	**hanno interrotto**

2 Imperfect		9 Past Perfect	
interrompevo	**interrompevamo**	**avevo interrotto**	**avevamo interrotto**
interrompevi	**interrompevate**	**avevi interrotto**	**avevate interrotto**
interrompeva	**interrompevano**	**aveva interrotto**	**avevano interrotto**

3 Past Absolute		10 Past Anterior	
interruppi	**interrompemmo**	**ebbi interrotto**	**avemmo interrotto**
interrompesti	**interrompeste**	**avesti interrotto**	**aveste interrotto**
interruppe	**interruppero**	**ebbe interrotto**	**ebbero interrotto**

4 Future		11 Future Perfect	
interromperò	**interromperemo**	**avrò interrotto**	**avremo interrotto**
interromperai	**interromperete**	**avrai interrotto**	**avrete interrotto**
interromperà	**interromperanno**	**avrà interrotto**	**avranno interrotto**

5 Present Conditional		12 Past Conditional	
interromperei	**interromperemmo**	**avrei interrotto**	**avremmo interrotto**
interromperesti	**interrompereste**	**avresti interrotto**	**avreste interrotto**
interromperebbe	**interromperebbero**	**avrebbe interrotto**	**avrebbero interrotto**

6 Present Subjunctive		13 Past Subjunctive	
interrompa	**interrompiamo**	**abbia interrotto**	**abbiamo interrotto**
interrompa	**interrompiate**	**abbia interrotto**	**abbiate interrotto**
interrompa	**interrompano**	**abbia interrotto**	**abbiano interrotto**

7 Imperfect Subjunctive		14 Past Perfect Subjunctive	
interrompessi	**interrompessimo**	**avessi interrotto**	**avessimo interrotto**
interrompessi	**interrompeste**	**avessi interrotto**	**aveste interrotto**
interrompesse	**interrompessero**	**avesse interrotto**	**avessero interrotto**

Imperative		
—		**interrompiamo**
interrompi (non interrompere)		**interrompete**
interrompa		**interrompano**

Samples of basic verb usage	**Extended uses/Related words and expressions**
Perché mi interrompi sempre quando parlo?	**l'interruttore** (electric) switch
Why do you always interrupt me when I'm talking?	**l'interruzione** interruption
Il temporale ha interrotto le comunicazioni.	
The storm interrupted communications.	

NOTE: This verb is composed with the verb **rompere** (to break) and is thus conjugated exactly like it.

The Seven Simple Tenses		The Seven Compound Tenses	
Singular	Plural	Singular	Plural

1 Present Indicative

		8 Present Perfect	
intervengo	**interveniamo**	**sono intervenuto**	**siamo intervenuti**
intervieni	**intervenite**	**sei intervenuto**	**siete intervenuti**
interviene	**intervengono**	**è intervenuto**	**sono intervenuti**

2 Imperfect

		9 Past Perfect	
intervenivo	**intervenivamo**	**ero intervenuto**	**eravamo intervenuti**
intervenivi	**intervenivate**	**eri intervenuto**	**eravate intervenuti**
interveniva	**intervenivano**	**era intervenuto**	**erano intervenuti**

3 Past Absolute

		10 Past Anterior	
intervenni	**intervenimmo**	**fui intervenuto**	**fummo intervenuti**
intervenisti	**interveniste**	**fosti intervenuto**	**foste intervenuti**
intervenne	**intervennero**	**fu intervenuto**	**furono intervenuti**

4 Future

		11 Future Perfect	
interverrò	**interverremo**	**sarò intervenuto**	**saremo intervenuti**
interverrai	**interverrete**	**sarai intervenuto**	**sarete intervenuti**
interverrà	**interverranno**	**sarà intervenuto**	**saranno intervenuti**

5 Present Conditional

		12 Past Conditional	
interverrei	**interverremmo**	**sarei intervenuto**	**saremmo intervenuti**
interverresti	**interverreste**	**saresti intervenuto**	**sareste intervenuti**
interverrebbe	**interverrebbero**	**sarebbe intervenuto**	**sarebbero intervenuti**

6 Present Subjunctive

		13 Past Subjunctive	
intervenga	**interveniamo**	**sia intervenuto**	**siamo intervenuti**
intervenga	**interveniate**	**sia intervenuto**	**siate intervenuti**
intervenga	**intervengano**	**sia intervenuto**	**siano intervenuti**

7 Imperfect Subjunctive

		14 Past Perfect Subjunctive	
intervenissi	**intervenissimo**	**fossi intervenuto**	**fossimo intervenuti**
intervenissi	**interveniste**	**fossi intervenuto**	**foste intervenuti**
intervenisse	**intervenissero**	**fosse intervenuto**	**fossero intervenuti**

Imperative

—	**interveniamo**
intervieni (non intervenire)	**intervenite**
intervenga	**intervengano**

Samples of basic verb usage	**Extended uses/Related words and expressions**
Sono intervenute molte persone allo spettacolo. Many people turned up at the show.	**un intervento chirurgico** a (medical) operation **gli intervenuti** participants
Vuoi intervenire anche tu al dibattito? Do you also want to participate in the debate?	

NOTE: This verb is composed with the verb **venire** (to come) and is thus conjugated exactly like it.

introdurre*

Gerund introducendo   **Past Part. introdotto**

to introduce, to insert

Irregular verb ■

The Seven Simple Tenses		The Seven Compound Tenses	
Singular	Plural	Singular	Plural
1 Present Indicative		**8 Present Perfect**	
introduco	introduciamo	ho introdotto	abbiamo introdotto
introduci	introducete	hai introdotto	avete introdotto
introduce	introducono	ha introdotto	hanno introdotto
2 Imperfect		**9 Past Perfect**	
introducevo	introducevamo	avevo introdotto	avevamo introdotto
introducevi	introducevate	avevi introdotto	avevate introdotto
introduceva	introducevano	aveva introdotto	avevano introdotto
3 Past Absolute		**10 Past Anterior**	
introdussi	introducemmo	ebbi introdotto	avemmo introdotto
introducesti	introduceste	avesti introdotto	aveste introdotto
introdusse	introdussero	ebbe introdotto	ebbero introdotto
4 Future		**11 Future Perfect**	
introdurrò	introdurremo	avrò introdotto	avremo introdotto
introdurrai	introdurrete	avrai introdotto	avrete introdotto
introdurrà	introdurranno	avrà introdotto	avranno introdotto
5 Present Conditional		**12 Past Conditional**	
introdurrei	introdurremmo	avrei introdotto	avremmo introdotto
introdurresti	introdurreste	avresti introdotto	avreste introdotto
introdurrebbe	introdurrebbero	avrebbe introdotto	avrebbero introdotto
6 Present Subjunctive		**13 Past Subjunctive**	
introduca	introduciamo	abbia introdotto	abbiamo introdotto
introduca	introduciate	abbia introdotto	abbiate introdotto
introduca	introducano	abbia introdotto	abbiano introdotto
7 Imperfect Subjunctive		**14 Past Perfect Subjunctive**	
introducessi	introducessimo	avessi introdotto	avessimo introdotto
introducessi	introduceste	avessi introdotto	aveste introdotto
introducesse	introducessero	avesse introdotto	avessero introdotto

Imperative	
—	**introduciamo**
introduci (non introdurre)	**introducete**
introduca	**introducano**

Samples of basic verb usage

Vorrei introdurre un nuovo tema nella discussione. I would like to introduce a new theme into the discussion.

Lui introduce il documentario con un breve commento. He introduces the documentary with a brief comment.

Extended uses/Related words and expressions

I ladri si introdussero in casa passando da una finestra. The thieves broke into the house through a window.

introdursi nel mondo del lavoro to enter the world of work

NOTE: Other verbs conjugated like **introdurre** are **addurre** (to add on), **condurre** (to conduct, direct), **dedurre** (to deduce), **indurre** (to induce), **produrre** (to produce), **ridurre** (to reduce), **sedurre** (to seduce), and **tradurre** (to translate).

For most of the tenses, except the future and present conditional, **introdurre** can be considered to have the infinitive form **introducere** and, thus, is conjugated in regular ways as a second-conjugation verb.

Presentare (not **introdurre**) is used to express "introducing people": **Signora, Le presento mio marito** (Madam, let me introduce you to my husband).

■ Irregular verb   to invade

The Seven Simple Tenses		The Seven Compound Tenses	
Singular	Plural	Singular	Plural

1 Present Indicative		8 Present Perfect	
invado	invadiamo	ho invaso	abbiamo invaso
invadi	invadete	hai invaso	avete invaso
invade	invadono	ha invaso	hanno invaso

2 Imperfect		9 Past Perfect	
invadevo	invadevamo	avevo invaso	avevamo invaso
invadevi	invadevate	avevi invaso	avevate invaso
invadeva	invadevano	aveva invaso	avevano invaso

3 Past Absolute		10 Past Anterior	
invasi	invademmo	ebbi invaso	avemmo invaso
invadesti	invadeste	avesti invaso	aveste invaso
invase	invasero	ebbe invaso	ebbero invaso

4 Future		11 Future Perfect	
invaderò	invaderemo	avrò invaso	avremo invaso
invaderai	invaderete	avrai invaso	avrete invaso
invaderà	invaderanno	avrà invaso	avranno invaso

5 Present Conditional		12 Past Conditional	
invaderei	invaderemmo	avrei invaso	avremmo invaso
invaderesti	invadereste	avresti invaso	avreste invaso
invaderebbe	invaderebbero	avrebbe invaso	avrebbero invaso

6 Present Subjunctive		13 Past Subjunctive	
invada	invadiamo	abbia invaso	abbiamo invaso
invada	invadiate	abbia invaso	abbiate invaso
invada	invadano	abbia invaso	abbiano invaso

7 Imperfect Subjunctive		14 Past Perfect Subjunctive	
invadessi	invadessimo	avessi invaso	avessimo invaso
invadessi	invadeste	avessi invaso	aveste invaso
invadesse	invadessero	avesse invaso	avessero invaso

Imperative

—	invadiamo
invadi (non invadere)	invadete
invada	invadano

Samples of basic verb usage	Extended uses/Related words and expressions
L'esercito ha invaso il territorio del nemico.	**L'acqua ha invaso la campagna.** Water has
The army invaded the territory of the enemy.	flooded the countryside.
Un pubblico enorme ha invaso lo stadio.	**l'invasione** invasion
A large crowd invaded the stadium.	

NOTE: Other verbs conjugated like **invadere** are **evadere** (to evade) and **pervadere** (to pervade).

invitare

Gerund **invitando**　　　Past Part. **invitato**

to invite

The Seven Simple Tenses		The Seven Compound Tenses	
Singular	Plural	Singular	Plural
1 Present Indicative		**8 Present Perfect**	
invito	invitiamo	ho invitato	abbiamo invitato
inviti	invitate	hai invitato	avete invitato
invita (non invitare)	invitano	ha invitato	hanno invitato
2 Imperfect		**9 Past Perfect**	
invitavo	invitavamo	avevo invitato	avevamo invitato
invitavi	invitavate	avevi invitato	avevate invitato
invitava	invitavano	aveva invitato	avevano invitato
3 Past Absolute		**10 Past Anterior**	
invitai	invitammo	ebbi invitato	avemmo invitato
invitasti	invitaste	avesti invitato	aveste invitato
invitò	invitarono	ebbe invitato	ebbero invitato
4 Future		**11 Future Perfect**	
inviterò	inviteremo	avrò invitato	avremo invitato
inviterai	inviterete	avrai invitato	avrete invitato
inviterà	inviteranno	avrà invitato	avranno invitato
5 Present Conditional		**12 Past Conditional**	
inviterei	inviteremmo	avrei invitato	avremmo invitato
inviteresti	invitereste	avresti invitato	avreste invitato
inviterebbe	inviterebbero	avrebbe invitato	avrebbero invitato
6 Present Subjunctive		**13 Past Subjunctive**	
inviti	invitiamo	abbia invitato	abbiamo invitato
inviti	invitiate	abbia invitato	abbiate invitato
inviti	invitino	abbia invitato	abbiano invitato
7 Imperfect Subjunctive		**14 Past Perfect Subjunctive**	
invitassi	invitassimo	avessi invitato	avessimo invitato
invitassi	invitaste	avessi invitato	aveste invitato
invitasse	invitassero	avesse invitato	avessero invitato

	Imperative	
—		invitiamo
invita		invitate
inviti		invitino

Samples of basic verb usage	Extended uses/Related words and expressions
Abbiamo invitato tutti i parenti al banchetto. We invited all our relatives to the banquet.	**un invitato** a guest
Voglio invitarti a cena, va bene? I'd like to invite you to dinner, OK?	**l'invito** an invitation
Ho invitato quella ragazza parecchie volte a ballare. I invited that girl several times to go out dancing.	**la partecipazione** a wedding invitation

■ Irregular verb   to wrap (up), to envelop, to imply

The Seven Simple Tenses		The Seven Compound Tenses	
Singular	Plural	Singular	Plural
1 Present Indicative		**8 Present Perfect**	
involgo	**involgiamo**	**ho involto**	**abbiamo involto**
involgi	**involgete**	**hai involto**	**avete involto**
involge	**involgono**	**ha involto**	**hanno involto**
2 Imperfect		**9 Past Perfect**	
involgevo	**involgevamo**	**avevo involto**	**avevamo involto**
involgevi	**involgevate**	**avevi involto**	**avevate involto**
involgeva	**involgevano**	**aveva involto**	**avevano involto**
3 Past Absolute		**10 Past Anterior**	
involsi	**involgemmo**	**ebbi involto**	**avemmo involto**
involgesti	**involgeste**	**avesti involto**	**aveste involto**
involse	**involsero**	**ebbe involto**	**ebbero involto**
4 Future		**11 Future Perfect**	
involgerò	**involgeremo**	**avrò involto**	**avremo involto**
involgerai	**involgerete**	**avrai involto**	**avrete involto**
involgerà	**involgeranno**	**avrà involto**	**avranno involto**
5 Present Conditional		**12 Past Conditional**	
involgerei	**involgeremmo**	**avrei involto**	**avremmo involto**
involgeresti	**involgereste**	**avresti involto**	**avreste involto**
involgerebbe	**involgerebbero**	**avrebbe involto**	**avrebbero involto**
6 Present Subjunctive		**13 Past Subjunctive**	
involga	**involgiamo**	**abbia involto**	**abbiamo involto**
involga	**involgiate**	**abbia involto**	**abbiate involto**
involga	**involgano**	**abbia involto**	**abbiano involto**
7 Imperfect Subjunctive		**14 Past Perfect Subjunctive**	
involgessi	**involgessimo**	**avessi involto**	**avessimo involto**
involgessi	**involgeste**	**avessi involto**	**aveste involto**
involgesse	**involgessero**	**avesse involto**	**avessero involto**

Imperative	
—	**involgiamo**
involgi (non involgere)	**involgete**
involga	**involgano**

Samples of basic verb usage
Involgi le uova in un foglio! Wrap the eggs in a sheet of paper!
L'erba involge la casa. The grass goes all around the house.

Extended uses/Related words and expressions
gli **involtini** (meat) wraps, rolls
coinvolgere to involve someone

NOTE: This verb is composed with the verb **volgere** (to turn) and is thus conjugated exactly like it.

istruire

Gerund **istruendo**   Past Part. **istruito**

to teach, to instruct

The Seven Simple Tenses		The Seven Compound Tenses	
Singular	Plural	Singular	Plural
1 Present Indicative		**8 Present Perfect**	
istruisco	istruiamo	ho istruito	abbiamo istruito
istruisci	istruite	hai istruito	avete istruito
istruisce	istruiscono	ha istruito	hanno istruito
2 Imperfect		**9 Past Perfect**	
istruivo	istruviamo	avevo istruito	avevamo istruito
istruivi	istruivate	avevi istruito	avevate istruito
istruiva	istruivano	aveva istruito	avevano istruito
3 Past Absolute		**10 Past Anterior**	
istruii	istruimmo	ebbi istruito	avemmo istruito
istruisti	istruiste	avesti istruito	aveste istruito
istruì	istruirono	ebbe istruito	ebbero istruito
4 Future		**11 Future Perfect**	
istruirò	istruiremo	avrò istruito	avremo istruito
istruirai	istruirete	avrai istruito	avrete istruito
istruirà	istruiranno	avrà istruito	avranno istruito
5 Present Conditional		**12 Past conditional**	
istruirei	istruiremmo	avrei istruito	avremmo istruito
istruiresti	istruireste	avresti istruito	avreste istruito
istruirebbe	istruirebbero	avrebbe istruito	avrebbero istruito
6 Present Subjunctive		**13 Past Subjunctive**	
istruisca	istruiamo	abbia istruito	abbiamo istruito
istruisca	istruiate	abbia istruito	abbiate istruito
istruisca	istruiscano	abbia istruito	abbiano istruito
7 Imperfect Subjunctive		**14 Past Perfect Subjunctive**	
istruissi	istruissimo	avessi istruito	avessimo istruito
istruissi	istruiste	avessi istruito	aveste istruito
istruisse	istruissero	avesse istruito	avessero istruito

	Impreative	
—		istruiamo
istruisci (non istruire)		istruite
istruisca		istruiscano

Samples of basic verb usage

Lui sa istruire gli studenti bene. He knows how to teach students well.

Lui ha istruito mio figlio nella musica. He taught my son music.

Extended uses/Related words and expressions

l'istruzione education

istruito educated

NOTE: **Istruire** means "to educate" in the sense of "to instruct, train"; **educare** has the more general sense of "to cultivate."

to complain, to lament, to moan

The Seven Simple Tenses		The Seven Compound Tenses	
Singular	Plural	Singular	Plural

1 Present Indicative

		8 Present Perfect	
mi lagno	ci lagniamo	mi sono lagnato	ci siamo lagnati
ti lagni	vi lagnate	ti sei lagnato	vi siete lagnati
si lagna	si lagnano	si è lagnato	si sono lagnati

2 Imperfect

		9 Past Perfect	
mi lagnavo	ci lagnavamo	mi ero lagnato	ci eravamo lagnati
ti lagnavi	vi lagnavate	ti eri lagnato	vi eravate lagnati
si lagnava	si lagnavano	si era lagnato	si erano lagnati

3 Past Absolute

		10 Past Anterior	
mi lagnai	ci lagnammo	mi fui lagnato	ci fummo lagnati
ti lagnasti	vi lagnaste	ti fosti lagnato	vi foste lagnati
si lagnò	si lagnarono	si fu lagnato	si furono lagnati

4 Future

		11 Future Perfect	
mi lagnerò	ci lagneremo	mi sarò lagnato	ci saremo lagnati
ti lagnerai	vi lagnerete	ti sarai lagnato	vi sarete lagnati
si lagnerà	si lagneranno	si sarà lagnato	si saranno lagnati

5 Present Conditional

		12 Past Conditional	
mi lagnerei	ci lagneremmo	mi sarei lagnato	ci saremmo lagnati
ti lagneresti	vi lagnereste	ti saresti lagnato	vi sareste lagnati
si lagnerebbe	si lagnerebbero	si sarebbe lagnato	si sarebbero lagnati

6 Present Subjunctive

		13 Past Subjunctive	
mi lagni	ci lagniamo	mi sia lagnato	ci siamo lagnati
ti lagni	vi lagniate	ti sia lagnato	vi siate lagnati
si lagni	si lagnino	si sia lagnato	si siano lagnati

7 Imperfect Subjunctive

		14 Past Perfect Subjunctive	
mi lagnassi	ci lagnassimo	mi fossi lagnato	ci fossimo lagnati
ti lagnassi	vi lagnaste	ti fossi lagnato	vi foste lagnati
si lagnasse	si lagnassero	si fosse lagnato	si fossero lagnati

Imperative	
—	lagniamoci
lagnati (non ti lagnare/non lagnarti)	**lagnatevi**
si lagni	**si lagnino**

Samples of basic verb usage

Loro si lagnano sempre. They are always complaining.

Perché ti sei lagnato ieri del suo comportamento? Why did you complain about his behavior yesterday?

Extended uses/Related words and expressions

Non mi posso lagnare. I can't complain.

una lagna a bore

Il film è stato una vera lagna. The movie was a real bore.

271

lanciare

Gerund lanciando   **Past Part. lanciato**

to throw, to fling

Regular **-are** verb endings with spelling change: **ci** becomes **c** before **e** or **i**

The Seven Simple Tenses		The Seven Compound Tenses	
Singular	Plural	Singular	Plural

1 Present Indicative

		8 Present Perfect	
lancio	lanciamo	ho lanciato	abbiamo lanciato
lanci	lanciate	hai lanciato	avete lanciato
lancia	lanciano	ha lanciato	hanno lanciato

2 Imperfect

		9 Past Perfect	
lanciavo	lanciavamo	avevo lanciato	avevamo lanciato
lanciavi	lanciavate	avevi lanciato	avevate lanciato
lanciava	lanciavano	aveva lanciato	avevano lanciato

3 Past Absolute

		10 Past Anterior	
lanciai	lanciammo	ebbi lanciato	avemmo lanciato
lanciasti	lanciaste	avesti lanciato	aveste lanciato
lanciò	lanciarono	ebbe lanciato	ebbero lanciato

4 Future

		11 Future Perfect	
lancerò	lanceremo	avrò lanciato	avremo lanciato
lancerai	lancerete	avrai lanciato	avrete lanciato
lancerà	lanceranno	avrà lanciato	avranno lanciato

5 Present Conditional

		12 Past Conditional	
lancerei	lanceremmo	avrei lanciato	avremmo lanciato
lanceresti	lancereste	avresti lanciato	avreste lanciato
lancerebbe	lancerebbero	avrebbe lanciato	avrebbero lanciato

6 Present Subjunctive

		13 Past Subjunctive	
lanci	lanciamo	abbia lanciato	abbiamo lanciato
lanci	lanciate	abbia lanciato	abbiate lanciato
lanci	lancino	abbia lanciato	abbiano lanciato

7 Imperfect Subjunctive

		14 Past Perfect Subjunctive	
lanciassi	lanciassimo	avessi lanciato	avessimo lanciato
lanciassi	lanciaste	avessi lanciato	aveste lanciato
lanciasse	lanciassero	avesse lanciato	avessero lanciato

Imperative

—	lanciamo
lancia (non lanciare)	lanciate
lanci	lancino

Samples of basic verb usage	**Extended uses/Related words and expressions**
Chi ha lanciato quel sasso? Who threw that rock?	**lanciare un nuovo prodotto** to launch a new product
Loro ci hanno lanciato molte accuse. They hurled many accusations at us.	**lanciare la macchina** to takeoff with the car
	lanciare uno sguardo to cast a glance

272

Regular **-are** verb endings with spelling change: **sci** becomes **sc** before **e** or **i**

to leave, to let

The Seven Simple Tenses | The Seven Compound Tenses

Singular	Plural	Singular	Plural
1 Present Indicative		**8 Present Perfect**	
lascio	lasciamo	ho lasciato	abbiamo lasciato
lasci	lasciate	hai lasciato	avete lasciato
lascia	lasciano	ha lasciato	hanno lasciato
2 Imperfect		**9 Past Perfect**	
lasciavo	lasciavamo	avevo lasciato	avevamo lasciato
lasciavi	lasciavate	avevi lasciato	avevate lasciato
lasciava	lasciavano	aveva lasciato	avevano lasciato
3 Past Absolute		**10 Past Anterior**	
lasciai	lasciammo	ebbi lasciato	avemmo lasciato
lasciasti	lasciaste	avesti lasciato	aveste lasciato
lasciò	lasciarono	ebbe lasciato	ebbero lasciato
4 Future		**11 Future Perfect**	
lascerò	lasceremo	avrò lasciato	avremo lasciato
lascerai	lascerete	avrai lasciato	avrete lasciato
lascerà	lasceranno	avrà lasciato	avranno lasciato
5 Present Conditional		**12 Past Conditional**	
lascerei	lasceremmo	avrei lasciato	avremmo lasciato
lasceresti	lascereste	avresti lasciato	avreste lasciato
lascerebbe	lascerebbero	avrebbe lasciato	avrebbero lasciato
6 Present Subjunctive		**13 Past Subjunctive**	
lasci	lasciamo	abbia lasciato	abbiamo lasciato
lasci	lasciate	abbia lasciato	abbiate lasciato
lasci	lascino	abbia lasciato	abbiano lasciato
7 Imperfect Subjunctive		**14 Past Perfect Subjunctive**	
lasciassi	lasciassimo	avessi lasciato	avessimo lasciato
lasciassi	lasciaste	avessi lasciato	aveste lasciato
lasciasse	lasciassero	avesse lasciato	avessero lasciato

L

Imperative	
—	lasciamo
lascia (non lasciare)	lasciate
lasci	lascino

AN ESSENTIAL VERB

Lasciare

This is a key verb because it is used frequently in conversation and because it occurs in a number of useful expressions and idioms.

Samples of basic verb usage

Lasciami in pace! Leave me in peace!

Dove hai lasciato le chiavi? Where did you leave the keys?

Ho lasciato l'Italia molti anni fa. I left Italy many years ago.

Lasciagli un messaggio! Leave him a message!

Extended uses

Chi lascia la via vecchia per la nuova, sa quel che lascia e non sa quel che trova. Leaving the beaten path is fraught with uncertainty (*literally* Who leaves the old way for a new one, knows what is being left behind, but does not know what he or she will find).

Lascialo dire! Let him speak!

Lascia stare! Let it be!

Lasciami in pace! Leave me alone! Let me be!

NOTE: This verb holds the subjunctive in dependent clauses: **Lascia che dica quello che vuole lui** (Let him say what he wants).

The Seven Simple Tenses		The Seven Compound Tenses	
Singular	Plural	Singular	Plural

1 Present Indicative

		8 Present Perfect	
lavo	laviamo	ho lavato	abbiamo lavato
lavi	lavate	hai lavato	avete lavato
lava	lavano	ha lavato	hanno lavato

2 Imperfect

		9 Past Perfect	
lavavo	lavavamo	avevo lavato	avevamo lavato
lavavi	lavavate	avevi lavato	avevate lavato
lavava	lavavano	aveva lavato	avevano lavato

3 Past Absolute

		10 Past Anterior	
lavai	lavammo	ebbi lavato	avemmo lavato
lavasti	lavaste	avesti lavato	aveste lavato
lavò	lavarono	ebbe lavato	ebbero lavato

4 Future

		11 Future Perfect	
laverò	laveremo	avrò lavato	avremo lavato
laverai	laverete	avrai lavato	avrete lavato
laverà	laveranno	avrà lavato	avranno lavato

5 Present Conditional

		12 Past Conditional	
laverei	laveremmo	avrei lavato	avremmo lavato
laveresti	lavereste	avresti lavato	avreste lavato
laverebbe	laverebbero	avrebbe lavato	avrebbero lavato

6 Present Subjunctive

		13 Past Subjunctive	
lavi	laviamo	abbia lavato	abbiamo lavato
lavi	laviate	abbia lavato	abbiate lavato
lavi	lavino	abbia lavato	abbiano lavato

7 Imperfect Subjunctive

		14 Past Perfect Subjunctive	
lavassi	lavassimo	avessi lavato	avessimo lavato
lavassi	lavaste	avessi lavato	aveste lavato
lavasse	lavassero	avesse lavato	avessero lavato

L

Imperative

—	laviamo
lava (non lavare)	lavate
lavi	lavino

Samples of basic verb usage

Ho già lavato i piatti. I have already washed the dishes.

Laverò il pavimento domani. I'll wash the floor tomorrow.

Extended uses/Related words and expressions

lavare la testa a qualcuno to let someone hear it, to criticize someone harshly (*literally* to wash someone's head)

lavare a secco to dry clean

lavarsi

Gerund **lavandosi**   Past Part. **lavatosi**

to wash oneself

The Seven Simple Tenses		The Seven Compound Tenses	
Singular	Plural	Singular	Plural
1 Present Indicative		**8 Present Perfect**	
mi lavo	ci laviamo	mi sono lavato	ci siamo lavati
ti lavi	vi lavate	ti sei lavato	vi siete lavati
si lava	si lavano	si è lavato	si sono lavati
2 Imperfect		**9 Past Perfect**	
mi lavavo	ci lavavamo	mi ero lavato	ci eravamo lavati
ti lavavi	vi lavavate	ti eri lavato	vi eravate lavati
si lavava	si lavavano	si era lavato	si erano lavati
3 Past Absolute		**10 Past Anterior**	
mi lavai	ci lavammo	mi fui lavato	ci fummo lavati
ti lavasti	vi lavaste	ti fosti lavato	vi foste lavati
si lavò	si lavarono	si fu lavato	si furono lavati
4 Future		**11 Future Perfect**	
mi laverò	ci laveremo	mi sarò lavato	ci saremo lavati
ti laverai	vi laverete	ti sarai lavato	vi sarete lavati
si laverà	si laveranno	si sarà lavato	si saranno lavati
5 Present Conditional		**12 Past Conditional**	
mi laverei	ci laveremmo	mi sarei lavato	ci saremmo lavati
ti laveresti	vi lavereste	ti saresti lavato	vi sareste lavati
si laverebbe	si laverebbero	si sarebbe lavato	si sarebbero lavati
6 Present Subjunctive		**13 Past Subjunctive**	
mi lavi	ci laviamo	mi sia lavato	ci siamo lavati
ti lavi	vi laviate	ti sia lavato	vi siate lavati
si lavi	si lavino	si sia lavato	si siano lavati
7 Imperfect Subjunctive		**14 Past Perfect Subjunctive**	
mi lavassi	ci lavassimo	mi fossi lavato	ci fossimo lavati
ti lavassi	vi lavaste	ti fossi lavato	vi foste lavati
si lavasse	si lavassero	si fosse lavato	si fossero lavati

Imperative	
—	laviamoci
lavati (non ti lavare/non lavarti)	lavatevi
si lavi	si lavino

Samples of basic verb usage

Ti devi sempre lavare le mani prima di mangiare. You must always clean your hands before eating.

Mi lavo spesso. I clean myself often.

Extended uses/Related words and expressions

lavarsene le mani to wash one's hands of something

Lavatene le mani! Wash your hands of it!

to work

The Seven Simple Tenses		The Seven Compound Tenses	
Singular	Plural	Singular	Plural

1 Present Indicative

		8 Present Perfect	
lavoro	lavoriamo	ho lavorato	abbiamo lavorato
lavori	lavorate	hai lavorato	avete lavorato
lavora	lavorano	ha lavorato	hanno lavorato

2 Imperfect

		9 Past Perfect	
lavoravo	lavoravamo	avevo lavorato	avevamo lavorato
lavoravi	lavoravate	avevi lavorato	avevate lavorato
lavorava	lavoravano	aveva lavorato	avevano lavorato

3 Past Absolute

		10 Past Anterior	
lavorai	lavorammo	ebbi lavorato	avemmo lavorato
lavorasti	lavoraste	avesti lavorato	aveste lavorato
lavorò	lavorarono	ebbe lavorato	ebbero lavorato

4 Future

		11 Future Perfect	
lavorerò	lavoreremo	avrò lavorato	avremo lavorato
lavorerai	lavorerete	avrai lavorato	avrete lavorato
lavorerà	lavoreranno	avrà lavorato	avranno lavorato

5 Present Conditional

		12 Past Conditional	
lavorerei	lavoreremmo	avrei lavorato	avremmo lavorato
lavoreresti	lavorereste	avresti lavorato	avreste lavorato
lavorerebbe	lavorerebbero	avrebbe lavorato	avrebbero lavorato

6 Present Subjunctive

		13 Past Subjunctive	
lavori	lavoriamo	abbia lavorato	abbiamo lavorato
lavori	lavoriate	abbia lavorato	abbiate lavorato
lavori	lavorino	abbia lavorato	abbiano lavorato

7 Imperfect Subjunctive

		14 Past Perfect Subjunctive	
lavorassi	lavorassimo	avessi lavorato	avessimo lavorato
lavorassi	lavoraste	avessi lavorato	aveste lavorato
lavorasse	lavorassero	avesse lavorato	avessero lavorato

	Imperative	
—		lavoriamo
lavora (non lavorare)		lavorate
lavori		lavorino

L

Lavorare

This is a key verb because it is needed often in common conversations and because it occurs in a number of very useful expressions and idioms.

Samples of basic verb usage

Lavoro in una banca. I work in a bank.

Ho lavorato per quella ditta per molti anni. I worked for that company for many years.

Lui lavora giorno e notte. He works day and night.

Extended uses

lavorare a un progetto to work on a project

lavorare in proprio to be self-employed (*literally* to work for oneself)

lavorare di gomiti to elbow one's way

lavorare di cervello to use one's brains

Il tempo lavora a favore di chi aspetta. Time works in favor of those who wait.

Words and expressions related to this verb

il lavoro work, job

lavoro di gruppo team work

giorno di lavoro workday

datore di lavoro employer

lavoro a domicilio working from home

lavoro nero scab labor

un lavoratore (una lavoratrice) worker

un impiegato (un'impiegata) employee (white collar)

un dipendente employee

NOTE: The verb **funzionare** is used to indicate that something (like a watch) "works"; **lavorare** is used instead to indicate that someone "works" somewhere or at something: **La radio non funziona** (The radio isn't working); **Marco lavora in una banca** (Mark works in a bank).

Regular **-are** verb endings with spelling   to tie up, to bind
change: **g** becomes **gh** before **e** or **i**

The Seven Simple Tenses		The Seven Compound Tenses	
Singular	Plural	Singular	Plural

1 Present Indicative		8 Present Perfect	
lego	leghiamo	ho legato	abbiamo legato
leghi	legate	hai legato	avete legato
lega	legano	ha legato	hanno legato

2 Imperfect		9 Past Perfect	
legavo	legavamo	avevo legato	avevamo legato
legavi	legavate	avevi legato	avevate legato
legava	legavano	aveva legato	avevano legato

3 Past Absolute		10 Past Anterior	
legai	legammo	ebbi legato	avemmo legato
legasti	legaste	avesti legato	aveste legato
legò	legarono	ebbe legato	ebbero legato

4 Future		11 Future Perfect	
legherò	legheremo	avrò legato	avremo legato
legherai	legherete	avrai legato	avrete legato
legherà	legheranno	avrà legato	avranno legato

5 Present Conditional		12 Past Conditional	
legherei	legheremmo	avrei legato	avremmo legato
legheresti	leghereste	avresti legato	avreste legato
legherebbe	legherebbero	avrebbe legato	avrebbero legato

6 Present Subjunctive		13 Past Subjunctive	
leghi	leghiamo	abbia legato	abbiamo legato
leghi	leghiate	abbia legato	abbiate legato
leghi	leghino	abbia legato	abbiano legato

7 Imperfect Subjunctive		14 Past Perfect Subjunctive	
legassi	legassimo	avessi legato	avessimo legato
legassi	legaste	avessi legato	aveste legato
legasse	legassero	avesse legato	avessero legato

Imperative		
—		leghiamo
lega (non legare)		legate
leghi		leghino

Samples of basic verb usage
Hai legato il pacco? Did you tie the package?
Ci lega un'amicizia di molti anni. A friendship of many years ties us together.

Extended uses/Related words and expressions
Mi hai legato le mani. You have tied my hands (You have made it difficult for me to do something).
essere pazzo da legare to be totally insane
legarsi le scarpe to tie one's shoes

leggere*

Gerund **leggendo**

Past Part. **letto**

to read

Irregular verb ■

The Seven Simple Tenses

The Seven Compound Tenses

Singular	Plural	Singular	Plural
1 Present Indicative		**8 Present Perfect**	
leggo	leggiamo	ho letto	abbiamo letto
leggi	leggete	hai letto	avete letto
legge	leggono	ha letto	hanno letto
2 Imperfect		**9 Past Perfect**	
leggevo	leggevamo	avevo letto	avevamo letto
leggevi	leggevate	avevi letto	avevate letto
leggeva	leggevano	aveva letto	avevano letto
3 Past Absolute		**10 Past Anterior**	
lessi	leggemmo	ebbi letto	avemmo letto
leggesti	leggeste	avesti letto	aveste letto
lesse	lessero	ebbe letto	ebbero letto
4 Future		**11 Future Perfect**	
leggerò	leggeremo	avrò letto	avremo letto
leggerai	leggerete	avrai letto	avrete letto
leggerà	leggeranno	avrà letto	avranno letto
5 Present Conditional		**12 Past Conditional**	
leggerei	leggeremmo	avrei letto	avremmo letto
leggeresti	leggereste	avresti letto	avreste letto
leggerebbe	leggerebbero	avrebbe letto	avrebbero letto
6 Present Subjunctive		**13 Past Subjunctive**	
legga	leggiamo	abbia letto	abbiamo letto
legga	leggiate	abbia letto	abbiate letto
legga	leggano	abbia letto	abbiano letto
7 Imperfect Subjunctive		**14 Past Perfect Subjunctive**	
leggessi	leggessimo	avessi letto	avessimo letto
leggessi	leggeste	avessi letto	aveste letto
leggesse	leggessero	avesse letto	avessero letto

Imperative

—	leggiamo
leggi (non leggere)	leggete
legga	leggano

Samples of basic verb usage

Hai mai letto quel romanzo? Have you ever read that novel?

Mio sorella legge molto. My sister reads a lot.

Mi piace molto leggere. I really like to read.

Ho letto che presto il governo cadrà. I read that the government will soon fall.

Extended uses/Related words and expressions

leggere nel pensiero a qualcuno to read someone's mind

leggere tra le righe to read between the lines

la lettura reading

la scrittura writing

NOTE: Other verbs conjugated like **leggere** are **eleggere** (to elect), **proteggere** (to protect), **reggere** (to hold), and **sorreggere** (to hold up).

to free, to liberate, to set free

The Seven Simple Tenses		The Seven Compound Tenses	
Singular	Plural	Singular	Plural
1 Present Indicative		**8 Present Perfect**	
libero	**liberiamo**	**ho liberato**	**abbiamo liberato**
liberi	**liberate**	**hai liberato**	**avete liberato**
libera	**liberano**	**ha liberato**	**hanno liberato**
2 Imperfect		**9 Past Perfect**	
liberavo	**liberavamo**	**avevo liberato**	**avevamo liberato**
liberavi	**liberavate**	**avevi liberato**	**avevate liberato**
liberava	**liberavano**	**aveva liberato**	**avevano liberato**
3 Past Absolute		**10 Past Anterior**	
liberai	**liberammo**	**ebbi liberato**	**avemmo liberato**
liberasti	**liberaste**	**avesti liberato**	**aveste liberato**
liberò	**liberarono**	**ebbe liberato**	**ebbero liberato**
4 Future		**11 Future Perfect**	
libererò	**libereremo**	**avrò liberato**	**avremo liberato**
libererai	**libererete**	**avrai liberato**	**avrete liberato**
libererà	**libereranno**	**avrà liberato**	**avranno liberato**
5 Present Conditional		**12 Past Conditional**	
libererei	**libereremmo**	**avrei liberato**	**avremmo liberato**
libereresti	**liberereste**	**avresti liberato**	**avreste liberato**
libererebbe	**libererebbero**	**avrebbe liberato**	**avrebbero liberato**
6 Present Subjunctive		**13 Past Subjunctive**	
liberi	**liberiamo**	**abbia liberato**	**abbiamo liberato**
liberi	**liberiate**	**abbia liberato**	**abbiate liberato**
liberi	**liberino**	**abbia liberato**	**abbiano liberato**
7 Imperfect Subjunctive		**14 Past Perfect Subjunctive**	
liberassi	**liberassimo**	**avessi liberato**	**avessimo liberato**
liberassi	**liberaste**	**avessi liberato**	**aveste liberato**
liberasse	**liberassero**	**avesse liberato**	**avessero liberato**

Imperative	
—	**liberiamo**
libera (non liberare)	**liberate**
liberi	**liberino**

L

Samples of basic verb usage	Extended uses/Related words and expressions
Liberarono quel popolo dalla dittatura anni fa. They liberated that people from dictatorship years ago.	**liberare la camera** to clean out the room **liberare il telefono** to free up the phone
Ti libero da quell'obbligo. I am freeing you from that obligation.	

limitare
to limit, to restrict

Gerund **limitando**   Past Part. **limitato**

The Seven Simple Tenses		The Seven Compound Tenses	
Singular	Plural	Singular	Plural

1 Present Indicative		8 Present Perfect	
limito	limitiamo	ho limitato	abbiamo limitato
limiti	limitate	hai limitato	avete limitato
limita	limitano	ha limitato	hanno limitato

2 Imperfect		9 Past Perfect	
limitavo	limitavamo	avevo limitato	avevamo limitato
limitavi	limitavate	avevi limitato	avevate limitato
limitava	limitavano	aveva limitato	avevano limitato

3 Past Absolute		10 Past Anterior	
limitai	limitammo	ebbi limitato	avemmo limitato
limitasti	limitaste	avesti limitato	aveste limitato
limitò	limitarono	ebbe limitato	ebbero limitato

4 Future		11 Future Perfect	
limiterò	limiteremo	avrò limitato	avremo limitato
limiterai	limiterete	avrai limitato	avrete limitato
limiterà	limiteranno	avrà limitato	avranno limitato

5 Present Conditional		12 Past Conditional	
limiterei	limiteremmo	avrei limitato	avremmo limitato
limiteresti	limitereste	avresti limitato	avreste limitato
limiterebbe	limiterebbero	avrebbe limitato	avrebbero limitato

6 Present Subjunctive		13 Past Subjunctive	
limiti	limitiamo	abbia limitato	abbiamo limitato
limiti	limitiate	abbia limitato	abbiate limitato
limiti	limitino	abbia limitato	abbiano limitato

7 Imperfect Subjunctive		14 Past Perfect Subjunctive	
limitassi	limitassimo	avessi limitato	avessimo limitato
limitassi	limitaste	avessi limitato	aveste limitato
limitasse	limitassero	avesse limitato	avessero limitato

Imperative	
—	limitiamo
limita (non limitare)	limitate
limiti	limitino

Samples of basic verb usage	Extended uses/Related words and expressions
Devi limitare le spese. You have to limit your spending.	**il limite di velocità** speed limit
Mi sono limitato nel mangiare. I have put limits on what I am going to eat.	**Ogni cosa ha il suo limite.** Everything has its limit.

to liquidate, to settle

The Seven Simple Tenses		The Seven Compound Tenses	
Singular	Plural	Singular	Plural

1 Present Indicative		8 Present Perfect	
liquido	**liquidiamo**	**ho liquidato**	**abbiamo liquidato**
liquidi	**liquidate**	**hai liquidato**	**avete liquidato**
liquida	**liquidano**	**ha liquidato**	**hanno liquidato**

2 Imperfect		9 Past Perfect	
liquidavo	**liquidavamo**	**avevo liquidato**	**avevamo liquidato**
liquidavi	**liquidavate**	**avevi liquidato**	**avevate liquidato**
liquidava	**liquidavano**	**aveva liquidato**	**avevano liquidato**

3 Past Absolute		10 Past Anterior	
liquidai	**liquidammo**	**ebbi liquidato**	**avemmo liquidato**
liquidasti	**liquidaste**	**avesti liquidato**	**aveste liquidato**
liquidò	**liquidarono**	**ebbe liquidato**	**ebbero liquidato**

4 Future		11 Future Perfect	
liquiderò	**liquideremo**	**avrò liquidato**	**avremo liquidato**
liquiderai	**liquiderete**	**avrai liquidato**	**avrete liquidato**
liquiderà	**liquideranno**	**avrà liquidato**	**avranno liquidato**

5 Present Conditional		12 Past Conditional	
liquiderei	**liquideremmo**	**avrei liquidato**	**avremmo liquidato**
liquideresti	**liquidereste**	**avresti liquidato**	**avreste liquidato**
liquiderebbe	**liquiderebbero**	**avrebbe liquidato**	**avrebbero liquidato**

6 Present Subjunctive		13 Past Subjunctive	
liquidi	**liquidiamo**	**abbia liquidato**	**abbiamo liquidato**
liquidi	**liquidiate**	**abbia liquidato**	**abbiate liquidato**
liquidi	**liquidino**	**abbia liquidato**	**abbiano liquidato**

7 Imperfect Subjunctive		14 Past Perfect Subjunctive	
liquidassi	**liquidassimo**	**avessi liquidato**	**avessimo liquidato**
liquidassi	**liquidaste**	**avessi liquidato**	**aveste liquidato**
liquidasse	**liquidassero**	**avesse liquidato**	**avessero liquidato**

Imperative	
—	**liquidiamo**
liquida (non liquidare)	**liquidate**
liquidi	**liquidino**

Samples of basic verb usage	**Extended uses/Related words and expressions**
La mia assicurazione mi ha liquidato i danni. My insurance liquidated my damages.	**in vendita** for sale
Quel negozio ha liquidato tutta la merce. That store liquidated (sold off) all its goods.	**in saldo** on sale
	a basso prezzo low price

lodare

Gerund lodando   **Past Part. lodato**

to praise, to commend

The Seven Simple Tenses		The Seven Compound Tenses	
Singular	Plural	Singular	Plural
1 Present Indicative		**8 Present Perfect**	
lodo	lodiamo	ho lodato	abbiamo lodato
lodi	lodate	hai lodato	avete lodato
loda	lodano	ha lodato	hanno lodato
2 Imperfect		**9 Past Perfect**	
lodavo	lodavamo	avevo lodato	avevamo lodato
lodavi	lodavate	avevi lodato	avevate lodato
lodava	lodavano	aveva lodato	avevano lodato
3 Past Absolute		**10 Past Anterior**	
lodai	lodammo	ebbi lodato	avemmo lodato
lodasti	lodaste	avesti lodato	aveste lodato
lodò	lodarono	ebbe lodato	ebbero lodato
4 Future		**11 Future Perfect**	
loderò	loderemo	avrò lodato	avremo lodato
loderai	loderete	avrai lodato	avrete lodato
loderà	loderanno	avrà lodato	avranno lodato
5 Present Conditional		**12 Past Conditional**	
loderei	loderemmo	avrei lodato	avremmo lodato
loderesti	lodereste	avresti lodato	avreste lodato
loderebbe	loderebbero	avrebbe lodato	avrebbero lodato
6 Present Subjunctive		**13 Past Subjunctive**	
lodi	lodiamo	abbia lodato	abbiamo lodato
lodi	lodiate	abbia lodato	abbiate lodato
lodi	lodino	abbia lodato	abbiano lodato
7 Imperfect Subjunctive		**14 Past Perfect Subjunctive**	
lodassi	lodassimo	avessi lodato	avessimo lodato
lodassi	lodaste	avessi lodato	aveste lodato
lodasse	lodassero	avesse lodato	avessero lodato

Imperative	
—	lodiamo
loda (non lodare)	lodate
lodi	lodino

Samples of basic verb usage

Quel docente loda sempre gli allievi. That teacher always praises his pupils.

Ho sempre lodato quello che fai. I have always praised what you do.

Extended uses/Related words and expressions

Sia lodato il cielo! May the heavens be praised!

Dio sia lodato! Thank God!

to struggle, to wrestle, to fight

The Seven Simple Tenses		The Seven Compound Tenses	
Singular	Plural	Singular	Plural
1 Present Indicative		**8 Present Perfect**	
lotto	lottiamo	ho lottato	abbiamo lottato
lotti	lottate	hai lottato	avete lottato
lotta	lottano	ha lottato	hanno lottato
2 Imperfect		**9 Past Perfect**	
lottavo	lottavamo	avevo lottato	avevamo lottato
lottavi	lottavate	avevi lottato	avevate lottato
lottava	lottavano	aveva lottato	avevano lottato
3 Past Absolute		**10 Past Anterior**	
lottai	lottammo	ebbi lottato	avemmo lottato
lottasti	lottaste	avesti lottato	aveste lottato
lottò	lottarono	ebbe lottato	ebbero lottato
4 Future		**11 Future Perfect**	
lotterò	lotteremo	avrò lottato	avremo lottato
lotterai	lotterete	avrai lottato	avrete lottato
lotterà	lotteranno	avrà lottato	avranno lottato
5 Present Conditional		**12 Past Conditional**	
lotterei	lotteremmo	avrei lottato	avremmo lottato
lotteresti	lottereste	avresti lottato	avreste lottato
lotterebbe	lotterebbero	avrebbe lottato	avrebbero lottato
6 Present Subjunctive		**13 Past Subjunctive**	
lotti	lottiamo	abbia lottato	abbiamo lottato
lotti	lottiate	abbia lottato	abbiate lottato
lotti	lottino	abbia lottato	abbiano lottato
7 Imperfect Subjunctive		**14 Past Perfect Subjunctive**	
lottassi	lottassimo	avessi lottato	avessimo lottato
lottassi	lottaste	avessi lottato	aveste lottato
lottasse	lottassero	avesse lottato	avessero lottato

Imperative	
—	lottiamo
lotta (non lottare)	lottate
lotti	lottino

Samples of basic verb usage
Ho dovuto lottare per quello che ho. I have
    had to fight for what I have.
Io lotto spesso contro la paura. I often
    struggle against fear.

Extended uses/Related words and expressions
la lotta struggle, fight
lotta contro la povertà fight against poverty

lusingare

Gerund **lusingando**   Past Part. **lusingato**

to allure, to entice, to flatter

Regular **-are** verb endings with spelling change: **g** becomes **gh** before **e** or **i**

The Seven Simple Tenses		The Seven Compound Tenses	
Singular	Plural	Singular	Plural
1 Present Indicative		**8 Present Perfect**	
lusingo	lusinghiamo	ho lusingato	abbiamo lusingato
lusinghi	lusingate	hai lusingato	avete lusingato
lusinga	lusingano	ha lusingato	hanno lusingato
2 Imperfect		**9 Past Perfect**	
lusingavo	lusingavamo	avevo lusingato	avevamo lusingato
lusingavi	lusingavate	avevi lusingato	avevate lusingato
lusingava	lusingavano	aveva lusingato	avevano lusingato
3 Past Absolute		**10 Past Anterior**	
lusingai	lusingammo	ebbi lusingato	avemmo lusingato
lusingasti	lusingaste	avesti lusingato	aveste lusingato
lusingò	lusingarono	ebbe lusingato	ebbero lusingato
4 Future		**11 Future Perfect**	
lusingherò	lusingheremo	avrò lusingato	avremo lusingato
lusingherai	lusingherete	avrai lusingato	avrete lusingato
lusingherà	lusingheranno	avrà lusingato	avranno lusingato
5 Present Conditional		**12 Past Conditional**	
lusingherei	lusingheremo	avrei lusingato	avremmo lusingato
lusingheresti	lusinghereste	avresti lusingato	avreste lusingato
lusingherebbe	lusingherebbero	avrebbe lusingato	avrebbero lusingato
6 Present Subjunctive		**13 Past Subjunctive**	
lusinghi	lusinghiamo	abbia lusingato	abbiamo lusingato
lusinghi	lusinghiate	abbia lusingato	abbiate lusingato
lusinghi	lusinghino	abbia lusingato	abbiano lusingato
7 Imperfect Subjunctive		**14 Past Perfect Subjunctive**	
lusingassi	lusingassimo	avessi lusingato	avessimo lusingato
lusingassi	lusingaste	avessi lusingato	aveste lusingato
lusingasse	lusingassero	avesse lusingato	avessero lusingato

	Imperative	
—		lusinghiamo
lusinga (non lusingare)		lusingate
lusinghi		lusinghino

Samples of basic verb usage
Tu mi lusinghi troppo. You flatter me too much.
La ditta mi lusinga con una proposta allettante. The company is enticing me with an attractive offer.

Extended uses/Related words and expressions
Sono lusingato dalle tue parole. I am flattered by your words.
lodare to praise

286

Regular **-are** verb endings with spelling
change: **cchi** becomes **cch** before **i**

to stain, to spot

The Seven Simple Tenses		The Seven Compound Tenses	
Singular	Plural	Singular	Plural
1 Present Indicative		**8 Present Perfect**	
macchio	macchiamo	ho macchiato	abbiamo macchiato
macchi	macchiate	hai macchiato	avete macchiato
macchia	macchiano	ha macchiato	hanno macchiato
2 Imperfect		**9 Past Perfect**	
macchiavo	macchiavamo	avevo macchiato	avevamo macchiato
macchiavi	macchiavate	avevi macchiato	avevate macchiato
macchiava	macchiavano	aveva macchiato	avevano macchiato
3 Past Absolute		**10 Past Anterior**	
macchiai	macchiammo	ebbi macchiato	avemmo macchiato
macchiasti	macchiaste	avesti macchiato	aveste macchiato
macchiò	macchiarono	ebbe macchiato	ebbero macchiato
4 Future		**11 Future Perfect**	
macchierò	macchieremo	avrò macchiato	avremo macchiato
macchierai	macchierete	avrai macchiato	avrete macchiato
macchierà	macchieranno	avrà macchiato	avranno macchiato
5 Present Conditional		**12 Past Conditional**	
macchierei	macchieremmo	avrei macchiato	avremmo macchiato
macchieresti	macchiereste	avresti macchiato	avreste macchiato
macchierebbe	macchierebbero	avrebbe macchiato	avrebbero macchiato
6 Present Subjunctive		**13 Past Subjunctive**	
macchi	macchiamo	abbia macchiato	abbiamo macchiato
macchi	macchiate	abbia macchiato	abbiate macchiato
macchi	macchino	abbia macchiato	abbiano macchiato
7 Imperfect Subjunctive		**14 Past Perfect Subjunctive**	
macchiassi	macchiassimo	avessi macchiato	avessimo macchiato
macchiassi	macchiaste	avessi macchiato	aveste macchiato
macchiasse	macchiassero	avesse macchiato	avssero macchiato

Imperative	
—	macchiamo
macchia (non macchiare)	macchiate
macchi	macchino

Samples of basic verb usage	**Extended uses/Related words and expressions**
Hai visto che hai macchiato la camicia? Did you see that you stained your shirt?	**macchiare l'onore** to tarnish one's honor
Scusami se ho macchiato la tovaglia. Excuse me for staining the tablecloth.	**sporcare** to dirty

M

maledire*

to curse

Gerund maledicendo   **Past Part. maledetto**

Irregular verb ■

The Seven Simple Tenses		The Seven Compound Tenses	
Singular	Plural	Singular	Plural

1 Present Indicative		8 Present Perfect	
maledico	malediciamo	ho maledetto	abbiamo maledetto
maledici	maledite	hai maledetto	avete maledetto
maledice	maledicono	ha maledetto	hanno maledetto

2 Imperfect		9 Past Perfect	
maledicevo	maledicevamo	avevo maledetto	avevamo maledetto
maledicevi	maledicevate	avevi maledetto	avevate maledetto
malediceva	maledicevano	aveva maledetto	avevano maledetto
(Or regular: maledivo, etc.)			

3 Past Absolute		10 Past Anterior	
maledissi	maledicemmo	ebbi maledetto	avemmo maledetto
maledicesti	malediceste	avesti maledetto	aveste maledetto
maledisse	maledissero	ebbe maledetto	ebbero maledetto
(Or regular: maledii, etc.)			

4 Future		11 Future Perfect	
maledirò	malediremo	avrò maledetto	avremo maledetto
maledirai	maledirete	avrai maledetto	avrete maledetto
maledirà	malediranno	avrà maledetto	avranno maledetto

5 Present Conditional		12 Past Conditional	
maledirei	malediremmo	avrei maledetto	avremmo maledetto
malediresti	maledireste	avresti maledetto	avreste maledetto
maledirebbe	maledirebbero	avrebbe maledetto	avrebbero maledetto

6 Present Subjunctive		13 Past Subjunctive	
maledica	malediciamo	abbia maledetto	abbiamo maledetto
maledica	malediciate	abbia maledetto	abbiate maledetto
maledica	maledicano	abbia maledetto	abbiano maledetto

7 Imperfect Subjunctive		14 Past Perfect Subjunctive	
maledicessi	maledicessimo	avessi maledetto	avessimo maledetto
maledicessi	malediceste	avessi maledetto	aveste maledetto
maledicesse	maledicessero	avesse maledetto	avessero maledetto
(Or regular: maledissi, etc.)			

	Imperative	
—		malediciamo
maledici (non maledire)		maledite
maledica		maledicano

Samples of basic verb usage	Extended uses/Related words and expressions
Maledico tutta la povertà! A curse on all poverty!	**dire male di qualcuno** to speak badly of someone
Non maledire nessuno! Do not revile anyone!	**sparlarne** to badmouth someone

NOTE: This verb is composed with the verb **dire** (to tell, say) and is thus conjugated exactly like it.

288

to mistreat, to abuse

The Seven Simple Tenses		The Seven Compound Tenses	
Singular	Plural	Singular	Plural

1 Present Indicative		8 Present Perfect	
maltratto	maltrattiamo	ho maltrattato	abbiamo maltrattato
maltratti	maltrattate	hai maltrattato	avete maltrattato
maltratta	maltrattano	ha maltrattato	hanno maltrattato

2 Imperfect		9 Past Perfect	
maltrattavo	maltrattavamo	avevo maltrattato	avevamo maltrattato
maltrattavi	maltrattavate	avevi maltrattato	avevate maltrattato
maltrattava	maltrattavano	aveva maltrattato	avevano maltrattato

3 Past Absolute		10 Past Anterior	
maltrattai	maltrattammo	ebbi maltrattato	avemmo maltrattato
maltrattasti	maltrattaste	avesti maltrattato	aveste maltrattato
maltrattò	maltrattarono	ebbe maltrattato	ebbero maltrattato

4 Future		11 Future Perfect	
maltratterò	maltratteremo	avrò maltrattato	avremo maltrattato
maltratterai	maltratterete	avrai maltrattato	avrete maltrattato
maltratterà	maltratteranno	avrà maltrattato	avranno maltrattato

5 Present Conditional		12 Past Conditional	
maltratterei	maltratteremmo	avrei maltrattato	avremmo maltrattato
maltratteresti	maltrattereste	avresti maltrattato	avreste maltrattato
maltratterebbe	maltratterebbero	avrebbe maltrattato	avrebbero maltrattato

6 Present Subjunctive		13 Past Subjunctive	
maltratti	maltrattiamo	abbia maltrattato	abbiamo maltrattato
maltratti	maltrattiate	abbia maltrattato	abbiate maltrattato
maltratti	maltrattino	abbia maltrattato	abbiano maltrattato

7 Imperfect Subjunctive		14 Past Perfect Subjunctive	
maltrattassi	maltrattassimo	avessi maltrattato	avessimo maltrattato
maltrattassi	maltrattaste	avessi maltrattato	aveste maltrattato
maltrattasse	maltrattassero	avesse maltrattato	avessero maltrattato

Imperative	
—	maltrattiamo
maltratta (non maltrattare)	maltrattate
maltratti	maltrattino

Samples of basic verb usage	**Extended uses/Related words and expressions**
Non bisogna maltrattare la gente. One should not mistreat people.	**trattare bene** to treat well
Chi ha maltrattato questi libri? Who mistreated these books?	**trattare male** to treat badly

M

mandare
Gerund **mandando**   Past Part. **mandato**

to send

The Seven Simple Tenses		The Seven Compound Tenses	
Singular	Plural	Singular	Plural
1 Present Indicative		**8 Present Perfect**	
mando	mandiamo	ho mandato	abbiamo mandato
mandi	mandate	hai mandato	avete mandato
manda	mandano	ha mandato	hanno mandato
2 Imperfect		**9 Past Perfect**	
mandavo	mandavamo	avevo mandato	avevamo mandato
mandavi	mandavate	avevi mandato	avevate mandato
mandava	mandavano	aveva mandato	avevano mandato
3 Past Absolute		**10 Past Anterior**	
mandai	mandammo	ebbi mandato	avemmo mandato
mandasti	mandaste	avesti mandato	aveste mandato
mandò	mandarono	ebbe mandato	ebbero mandato
4 Future		**11 Future Perfect**	
manderò	manderemo	avrò mandato	avremo mandato
manderai	manderete	avrai mandato	avrete mandato
manderà	manderanno	avrà mandato	avranno mandato
5 Present Conditional		**12 Past Conditional**	
manderei	manderemmo	avrei mandato	avremmo mandato
manderesti	mandereste	avresti mandato	avreste mandato
manderebbe	manderebbero	avrebbe mandato	avrebbero mandato
6 Present Subjunctive		**13 Past Subjunctive**	
mandi	mandiamo	abbia mandato	abbiamo mandato
mandi	mandiate	abbia mandato	abbiate mandato
mandi	mandino	abbia mandato	abbiano mandato
7 Imperfect Subjunctive		**14 Past Perfect Subjunctive**	
mandassi	mandassimo	avessi mandato	avessimo mandato
mandassi	mandaste	avessi mandato	aveste mandato
mandasse	mandassero	avesse mandato	avessero mandato

Imperative	
—	mandiamo
manda (non mandare)	mandate
mandi	mandino

Samples of basic verb usage

Mandami un'e-mail quanto prima. Send me an e-mail as soon as possible.

La scuola ha mandato gli studenti all'estero. The school sent the students abroad.

Ti manderò una cartolina. I'll mail you a postcard.

Extended uses/Related words and expressions

mandare al diavolo qualcuno to send someone to the devil

mandare in onda to put on the air

Che Dio ce la mandi buona! May God help us!

Regular **-are** verb endings with spelling   to eat
change: **gi** becomes **g** before **e** or **i**

The Seven Simple Tenses | The Seven Compound Tenses

Singular	Plural	Singular	Plural
1 Present Indicative		**8 Present Perfect**	
mangio	mangiamo	ho mangiato	abbiamo mangiato
mangi	mangiate	hai mangiato	avete mangiato
mangia	mangiano	ha mangiato	hanno mangiato
2 Imperfect		**9 Past Perfect**	
mangiavo	mangiavamo	avevo mangiato	avevamo mangiato
mangiavi	mangiavate	avevi mangiato	avevate mangiato
mangiava	mangiavano	aveva mangiato	avevano mangiato
3 Past Absolute		**10 Past Anterior**	
mangiai	mangiammo	ebbi mangiato	avemmo mangiato
mangiasti	mangiaste	avesti mangiato	aveste mangiato
mangiò	mangiarono	ebbe mangiato	ebbero mangiato
4 Future		**11 Future Perfect**	
mangerò	mangeremo	avrò mangiato	avremo mangiato
mangerai	mangerete	avrai mangiato	avrete mangiato
mangerà	mangeranno	avrà mangiato	avranno mangiato
5 Present Conditional		**12 Past Conditional**	
mangerei	mangeremmo	avrei mangiato	avremmo mangiato
mangeresti	mangereste	avresti mangiato	avreste mangiato
mangerebbe	mangerebbero	avrebbe mangiato	avrebbero mangiato
6 Present Subjunctive		**13 Past Subjunctive**	
mangi	mangiamo	abbia mangiato	abbiamo mangiato
mangi	mangiate	abbia mangiato	abbiate mangiato
mangi	mangino	abbia mangiato	abbiano mangiato
7 Imperfect Subjunctive		**14 Past Perfect Subjunctive**	
mangiassi	mangiassimo	avessi mangiato	avessimo mangiato
mangiassi	mangiaste	avessi mangiato	aveste mangiato
mangiasse	mangiassero	avesse mangiato	avessero mangiato

M

Imperative

—	**mangiamo**
mangia (non mangiare)	**mangiate**
mangi	**mangino**

AN ESSENTIAL VERB

Mangiare

This is clearly a key verb because it is used many times during the day in common conversations. It also occurs in various expressions and idioms.

Samples of basic verb usage
Hai già mangiato? Have you eaten already?

Prima di mangiare, facciamo un brindisi. Before eating, let's make a toast.

Tu mangi sempre troppo alle feste. You always eat too much at parties.

Stasera mangeremo ad un ristorante. Tonight we'll be eating at a restaurant.

Extended uses
far mangiare la polvere a qualcuno to leave someone in the dust

Bisogna mangiare per vivere, non vivere per mangiare. One must eat to live, not live to eat.

Chi non lavora non mangia. Without working, you will get nothing from life (*literally* Those who do not work, will not eat).

Chi si fa pecora, il lupo se lo mangia. The weak will be swallowed up (*literally* The wolf will eat anyone who turns into a sheep).

L'appetito vien mangiando. The more you eat, the more you want (*literally* Appetite comes from eating).

Words and expressions related to this verb

fare da mangiare **to cook, to prepare food**

mangiarsi le parole **to regret one's words**

mangiarsi le unghie **to bite one's fingernails**

il cibo **food**

il negozio di generi alimentari **foodstore**

digerire **to digest**

vomitare **to vomit**

gustare **to enjoy food**

masticare **to chew**

The Seven Simple Tenses		The Seven Compound Tenses	
Singular	Plural	Singular	Plural
1 Present Indicative		**8 Present Perfect**	
mantengo	manteniamo	ho mantenuto	abbiamo mantenuto
mantieni	mantenete	hai mantenuto	avete mantenuto
mantiene	mantengono	ha mantenuto	hanno mantenuto
2 Imperfect		**9 Past Perfect**	
mantenevo	mantenevamo	avevo mantenuto	avevamo mantenuto
mantenevi	mantenevate	avevi mantenuto	avevate mantenuto
manteneva	mantenevano	aveva mantenuto	avevano mantenuto
3 Past Absolute		**10 Past Anterior**	
mantenni	mantenemmo	ebbi mantenuto	avemmo mantenuto
mantenesti	manteneste	avesti mantenuto	aveste mantenuto
mantenne	mantennero	ebbe mantenuto	ebbero mantenuto
4 Future		**11 Future Perfect**	
manterrò	manterremo	avrò mantenuto	avremo mantenuto
manterrai	manterrete	avrai mantenuto	avrete mantenuto
manterrà	manterranno	avrà mantenuto	avranno mantenuto
5 Present Conditional		**12 Past Conditional**	
manterrei	manterremmo	avrei mantenuto	avremmo mantenuto
manterresti	manterreste	avresti mantenuto	avreste mantenuto
manterrebbe	manterrebbero	avrebbe mantenuto	avrebbero mantenuto
6 Present Subjunctive		**13 Past Subjunctive**	
mantenga	manteniamo	abbia mantenuto	abbiamo mantenuto
mantenga	manteniate	abbia mantenuto	abbiate mantenuto
mantenga	mantengano	abbia mantenuto	abbiano mantenuto
7 Imperfect Subjunctive		**14 Past Perfect Subjunctive**	
mantenessi	mantenessimo	avessi mantenuto	avessimo mantenuto
mantenessi	manteneste	avessi mantenuto	aveste mantenuto
mantenesse	mantenessero	avesse mantenuto	avessero mantenuto

M

Imperative	
—	manteniamo
mantieni (non mantenere)	mantenete
mantenga	mantengano

Samples of basic verb usage
Marisa mantiene la propria famiglia. Marisa supports her family.
Lo mantieni un segreto? Can you keep a secret?

Extended uses/Related words and expressions
La situazione si mantiene calma. The situation remains calm.
Si mantiene sulle sue. He keeps to himself.

NOTE: This verb is composed with the verb **tenere** (to hold) and is thus conjugated exactly like it.

Mantenere means "to look after"; whereas **sostenere** is used to convey the idea of "maintaining something": **Lui mantiene la famiglia** (He looks after the family); **Lui sostiene che noi sappiamo tutto** (He maintains that we know everything).

mascherare

Gerund **mascherando**   Past Part. **mascherato**

to mask, to put a mask on

The Seven Simple Tenses		The Seven Compound Tenses	
Singular	Plural	Singular	Plural
1 Present Indicative		**8 Present Perfect**	
maschero	mascheriamo	ho mascherato	abbiamo mascherato
mascheri	mascherate	hai mascherato	avete mascherato
maschera	mascherano	ha mascherato	hanno mascherato
2 Imperfect		**9 Past Perfect**	
mascheravo	mascheravamo	avevo mascherato	avevamo mascherato
mascheravi	mascheravate	avevi mascherato	avevate mascherato
mascherava	mascheravano	aveva mascherato	avevano mascherato
3 Past Absolute		**10 Past Anterior**	
mascherai	mascherammo	ebbi mascherato	avemmo mascherato
mascherasti	mascheraste	avesti mascherato	aveste mascherato
mascherò	mascherarono	ebbe mascherato	ebbero mascherato
4 Future		**11 Future Perfect**	
maschererò	maschereremo	avrò mascherato	avremo mascherato
maschererai	maschererete	avrai mascherato	avrete mascherato
maschererà	maschereranno	avrà mascherato	avranno mascherato
5 Present Conditional		**12 Past Conditional**	
maschererei	maschereremmo	avrei mascherato	avremmo mascherato
maschereresti	mascherereste	avresti mascherato	avreste mascherato
maschererebbe	maschererebbero	avrebbe mascherato	avrebbero mascherato
6 Present Subjunctive		**13 Past Subjunctive**	
mascheri	mascheriamo	abbia mascherato	abbiamo mascherato
mascheri	mascheriate	abbia mascherato	abbiate mascherato
mascheri	mascherino	abbia mascherato	abbiano mascherato
7 Imperfect Subjunctive		**14 Past Perfect Subjunctive**	
mascherassi	mascherassimo	avessi mascherato	avessimo mascherato
mascherassi	mascheraste	avessi mascherato	aveste mascherato
mascherasse	mascherassero	avesse mascherato	avessero mascherato

Imperative

—	mascheriamo
maschera (non mascherare)	mascherate
mascheri	mascherino

Samples of basic verb usage
La mamma ha mascherato i figli per la festa di carnevale. The mother put masks on her children for Carnival.
Perché hai mascherato il viso? Why did you mask your face?

Extended uses/Related words and expressions
la maschera mask
truccarsi to put on makeup

Regular **-are** verb endings with spelling change: **c** becomes **ch** before **e** or **i**

to medicate, to dress, to doctor

The Seven Simple Tenses		The Seven Compound Tenses	
Singular	Plural	Singular	Plural

1 Present Indicative		8 Present Perfect	
medico	medichiamo	ho medicato	abbiamo medicato
medichi	medicate	hai medicato	avete medicato
medica	medicano	ha medicato	hanno medicato

2 Imperfect		9 Past Perfect	
medicavo	medicavamo	avevo medicato	avevamo medicato
medicavi	medicavate	avevi medicato	avevate medicato
medicava	medicavano	aveva medicato	avevano medicato

3 Past Absolute		10 Past Anterior	
medicai	medicammo	ebbi medicato	avemmo medicato
medicasti	medicaste	avesti medicato	aveste medicato
medicò	medicarono	ebbe medicato	ebbero medicato

4 Future		11 Future Perfect	
medicherò	medicheremo	avrò medicato	avremo medicato
medicherai	medicherete	avrai medicato	avrete medicato
medicherà	medicheranno	avrà medicato	avranno medicato

5 Present Conditional		12 Past Conditional	
medicherei	medicheremmo	avrei medicato	avremmo medicato
medicheresti	medichereste	avresti medicato	avreste medicato
medicherebbe	medicherebbero	avrebbe medicato	avrebbero medicato

6 Present Subjunctive		13 Past Subjunctive	
medichi	medichiamo	abbia medicato	abbiamo medicato
medichi	medichiate	abbia medicato	abbiate medicato
medichi	medichino	abbia medicato	abbiano medicato

7 Imperfect Subjunctive		14 Past Perfect Subjunctive	
medicassi	medicassimo	avessi medicato	avessimo medicato
medicassi	medicaste	avessi medicato	aveste medicato
medicasse	medicassero	avesse medicato	avessero medicato

Imperative	
—	medichiamo
medica (non medicare)	medicate
medichi	medichino

Samples of basic verb usage	Extended uses/Related words and expressions
Ti hanno medicato ancora? Have they applied medication to you yet?	**il medico** doctor
Aspetta che ti medico la ferita. Hold on as I medicate your wound.	**la medicina** medicine
	un farmaco a drug
	la pillola pill

M

mentire
to lie

Gerund **mentendo** Past Part. **mentito**

The Seven Simple Tenses		The Seven Compound Tenses	
Singular	Plural	Singular	Plural

1 Present Indicative		8 Present Perfect	
mento (mentisco)	mentiamo	ho mentito	abbiamo mentito
menti (mentisci)	mentite	hai mentito	avete mentito
mente (mentisce)	mentono	ha mentito	hanno mentito
	(mentiscono)		

2 Imperfect		9 Past Perfect	
mentivo	mentivamo	avevo mentito	avevamo mentito
mentivi	mentivate	avevi mentito	avevate mentito
mentiva	mentivano	aveva mentito	avevano mentito

3 Past Absolute		10 Past Anterior	
mentii	mentimmo	ebbi mentito	avemmo mentito
mentisti	mentiste	avesti mentito	aveste mentito
mentì	mentirono	ebbe mentito	ebbero mentito

4 Future		11 Future Perfect	
mentirò	mentiremo	avrò mentito	avremo mentito
mentirai	mentirete	avrai mentito	avrete mentito
mentirà	mentiranno	avrà mentito	avranno mentito

5 Present Conditional		12 Past Conditional	
mentirei	mentiremmo	avrei mentito	avremmo mentito
mentiresti	mentireste	avresti mentito	avreste mentito
mentirebbe	mentirebbero	avrebbe mentito	avrebbero mentito

6 Present Subjunctive		13 Past Subjunctive	
menta (mentisca)	mentiamo	abbia mentito	abbiamo mentito
menta (mentisca)	mentiate	abbia mentito	abbiate mentito
menta (mentisca)	mentano	abbia mentito	abbiano mentito
	(mentiscano)		

7 Imperfect Subjunctive		14 Past Perfect Subjunctive	
mentissi	mentissimo	avessi mentito	avessimo mentito
mentissi	mentiste	avessi mentito	aveste mentito
mentisse	mentissero	avesse mentito	avessero mentito

	Imperative	
—		mentiamo
menti (non mentire)		mentite
menta		mentano

Samples of basic verb usage	**Extended uses/Related words and expressions**
Tu hai l'abitudine di mentire. You have a habit of lying.	**dire la verità** to tell the truth
	una bugia a lie
Non mentire! Don't lie!	**dire una bugia** to tell a lie

to deserve, to merit

The Seven Simple Tenses		The Seven Compound Tenses	
Singular	Plural	Singular	Plural
1 Present Indicative		**8 Present Perfect**	
merito	meritiamo	ho meritato	abbiamo meritato
meriti	meritate	hai meritato	avete meritato
merita	meritano	ha meritato	hanno meritato
2 Imperfect		**9 Past Perfect**	
meritavo	meritavamo	avevo meritato	avevamo meritato
meritavi	meritavate	avevi meritato	avevate meritato
meritava	meritavano	aveva meritato	avevano meritato
3 Past Absolute		**10 Past Anterior**	
meritai	meritammo	ebbi meritato	avemmo meritato
meritasti	meritaste	avesti meritato	aveste meritato
meritò	meritarono	ebbe meritato	ebbero meritato
4 Future		**11 Future Perfect**	
meriterò	meriteremo	avrò meritato	avremo meritato
meriterai	meriterete	avrai meritato	avrete meritato
meriterà	meriteranno	avrà meritato	avranno meritato
5 Present Conditional		**12 Past Conditional**	
meriterei	meriteremmo	avrei meritato	avremmo meritato
meriteresti	meritereste	avresti meritato	avreste meritato
meriterebbe	meriterebbero	avrebbe meritato	avrebbero meritato
6 Present Subjunctive		**13 Past Subjunctive**	
meriti	meritiamo	abbia meritato	abbiamo meritato
meriti	meritiate	abbia meritato	abbiate meritato
meriti	meritino	abbia meritato	abbiano meritato
7 Imperfect Subjunctive		**14 Past Perfect Subjunctive**	
meritassi	meritassimo	avessi meritato	avessimo meritato
meritassi	meritaste	avessi meritato	aveste meritato
meritasse	meritassero	avesse meritato	avessero meritato

	Imperative	
—		meritiamo
merita (non meritare)		meritate
meriti		meritino

Samples of basic verb usage
Mio fratello merita più riconoscenze. My brother deserves more recognition.
Quella squadra ha meritato di vincere. That team deserved to win.

Extended uses/Related words and expressions
meritarsi una vacanza to have earned a vacation
Non merita parlarne. It's not worth talking about it.
La casa non merita il prezzo pagato. The house is not worth the price paid.

M

297

mettere*
to put, to place, to set

Gerund **mettendo**

Past Part. **messo**

Irregular verb ■

The Seven Simple Tenses		The Seven Compound Tenses	
Singular	Plural	Singular	Plural
1 Present Indicative		**8 Present Perfect**	
metto	mettiamo	ho messo	abbiamo messo
metti	mettete	hai messo	avete messo
mette	mettono	ha messo	hanno messo
2 Imperfect		**9 Past Perfect**	
mettevo	mettevamo	avevo messo	avevamo messo
mettevi	mettevate	avevi messo	avevate messo
metteva	mettevano	aveva messo	avevano messo
3 Past Absolute		**10 Past Anterior**	
misi	mettemmo	ebbi messo	avemmo messo
mettesti	metteste	avesti messo	aveste messo
mise	misero	ebbe messo	ebbero messo
4 Future		**11 Future Perfect**	
metterò	metteremo	avrò messo	avremo messo
metterai	metterete	avrai messo	avrete messo
metterà	metteranno	avrà messo	avranno messo
5 Present Conditional		**12 Past Conditional**	
metterei	metteremmo	avrei messo	avremmo messo
metteresti	mettereste	avresti messo	avreste messo
metterebbe	metterebbero	avrebbe messo	avrebbero messo
6 Present Subjunctive		**13 Past Subjunctive**	
metta	mettiamo	abbia messo	abbiamo messo
metta	mettiate	abbia messo	abbiate messo
metta	mettano	abbia messo	abbiano messo
7 Imperfect Subjunctive		**14 Past Perfect Subjunctive**	
mettessi	mettessimo	avessi messo	avessimo messo
mettessi	metteste	avessi messo	aveste messo
mettesse	mettessero	avesse messo	avessero messo

	Imperative	
—		mettiamo
metti (non mettere)		mettete
metta		mettano

AN ESSENTIAL VERB

This is a key verb because it is used frequently in conversation and because it occurs in many expressions and idioms.

Samples of basic verb usage

Dove hai messo le chiavi? Where did you put your keys?

Metti il cappotto nell'armadio! Put your coat in the closet!

Che cosa hai messo nel cassetto? What did you put in the drawer?

Devi metterti la maglia. You should put on a sweater.

Reflexive uses

mettersi in testa to get (put) something into one's head

mettersi nei guai to be in a mess

mettersi nei panni di qualcuno to put oneself in someone else's shoes

mettersi insieme a qualcuno to get together with someone (romatically)

Words and expressions related to this verb

mettere a fuoco un problema to focus on a problem

mettere all'asta qualcosa to auction something off

mettere in atto to put into effect

mettere in dubbio qualcosa to cast doubt on something

mettere la macchina in moto to start the car

mettere a parte to put aside

mettere al mondo qualcuno to bring someone into the world

mettere in pratica to set in motion

mettere nero su bianco to put something down in black and white

M

NOTE: Verbs conjugated like **mettere** are **ammettere** (to admit), **commettere** (to commit), **compromettere** (to compromise), **dimettersi** (to resign), **omettere** (to omit), **permettere** (to permit, allow), **promettere** (to promise), **rimettere** (to put back), **scommettere** (to bet), **smettere** (to stop), **sommettere** (to submit, put under), and **trasmettere** (to transmit).

migliorare

Gerund **migliorando**   Past Part. **migliorato**

to better, to improve

The Seven Simple Tenses		The Seven Compound Tenses	
Singular	Plural	Singular	Plural

1 Present Indicative		8 Present Perfect	
miglioro	miglioriamo	ho migliorato	abbiamo migliorato
migliori	migliorate	hai migliorato	avete migliorato
migliora	migliorano	ha migliorato	hanno migliorato

2 Imperfect		9 Past Perfect	
miglioravo	miglioravamo	avevo migliorato	avevamo migliorato
miglioravi	miglioravate	avevi migliorato	avevate migliorato
migliorava	miglioravano	aveva migliorato	avevano migliorato

3 Past Absolute		10 Past Anterior	
migliorai	migliorammo	ebbi migliorato	avemmo migliorato
migliorasti	miglioraste	avesti migliorato	aveste migliorato
migliorò	migliorarono	ebbe migliorato	ebbero migliorato

4 Future		11 Future Perfect	
migliorerò	miglioreremo	avrò migliorato	avremo migliorato
migliorerai	migliorerete	avrai migliorato	avrete migliorato
migliorerà	miglioreranno	avrà migliorato	avranno migliorato

5 Present Conditional		12 Past Conditional	
migliorerei	miglioreremmo	avrei migliorato	avremmo migliorato
miglioreresti	migliorereste	avresti migliorato	avreste migliorato
migliorerebbe	migliorerebbero	avrebbe migliorato	avrebbero migliorato

6 Present Subjunctive		13 Past Subjunctive	
migliori	miglioriamo	abbia migliorato	abbiamo migliorato
migliori	miglioriate	abbia migliorato	abbiate migliorato
migliori	migliorino	abbia migliorato	abbiano migliorato

7 Imperfect Subjunctive		14 Past Perfect Subjunctive	
migliorassi	migliorassimo	avessi migliorato	avessimo migliorato
migliorassi	miglioraste	avessi migliorato	aveste migliorato
migliorasse	migliorassero	avesse migliorato	avessero migliorato

Imperative

—	miglioriamo
migliora (non migliorare)	migliorate
migliori	migliorino

Samples of basic verb usage
**Loro hanno migliorato la loro situazione
di molto.** They improved their situation
by a lot.
**La loro condizione finanziaria sta
migliorando.** Their financial situation is
improving.

Extended uses/Related words and expressions
buono good
migliore better
Questo vino è buono, ma quello è migliore.
This wine is good, but that one is better.
bene well
meglio better
Io sto bene oggi, ma ieri stavo meglio. I feel
well today, but yesterday I felt better.

NOTE: When the verb is used in an intransitive sentence, the auxiliary verb is **essere**.

to measure, to gauge

The Seven Simple Tenses		The Seven Compound Tenses	
Singular	Plural	Singular	Plural

1 Present Indicative

misuro	misuriamo	ho misurato	abbiamo misurato
misuri	misurate	hai misurato	avete misurato
misura	misurano	ha misurato	hanno misurato

8 Present Perfect

2 Imperfect

misuravo	misuravamo	avevo misurato	avevamo misurato
misuravi	misuravate	avevi misurato	avevate misurato
misurava	misuravano	aveva misurato	avevano misurato

9 Past Perfect

3 Past Absolute

misurai	misurammo	ebbi misurato	avemmo misurato
misurasti	misuraste	avesti misurato	aveste misurato
misurò	misurarono	ebbe misurato	ebbero misurato

10 Past Anterior

M

4 Future

misurerò	misureremo	avrò misurato	avremo misurato
misurerai	misurerete	avrai misurato	avrete misurato
misurerà	misureranno	avrà misurato	avranno misurato

11 Future Perfect

5 Present Conditional

misurerei	misureremmo	avrei misurato	avremmo misurato
misureresti	misurereste	avresti misurato	avreste misurato
misurerebbe	misurerebbero	avrebbe misurato	avrebbero misurato

12 Past Conditional

6 Present Subjunctive

misuri	misuriamo	abbia misurato	abbiamo misurato
misuri	misuriate	abbia misurato	abbiate misurato
misuri	misurino	abbia misurato	abbiano misurato

13 Past Subjunctive

7 Imperfect Subjunctive

misurassi	misurassimo	avessi misurato	avessimo misurato
misurassi	misuraste	avessi misurato	aveste misurato
misurasse	misurassero	avesse misurato	avessero misurato

14 Past Perfect Subjunctive

Imperative

—	misuriamo
misura (non misurare)	misurate
misuri	misurino

Samples of basic verb usage	**Extended uses/Related words and expressions**
Ho misurato la stanza ieri. I measured the room yesterday.	**la misura** size
Bisogna misurare l'efficacia di quello che fai. It is necessary to assess the efficacy of what you are doing.	**Che misura porta?** What size do you wear?
	una misura di sicurezza a security measure

moderare

Gerund **moderando**   Past Part. **moderato**

to moderate, to curb

The Seven Simple Tenses		The Seven Compound Tenses	
Singular	Plural	Singular	Plural
1 Present Indicative		**8 Present Perfect**	
modero	moderiamo	ho moderato	abbiamo moderato
moderi	moderate	hai moderato	avete moderato
modera	moderano	ha moderato	hanno moderato
2 Imperfect		**9 Past Perfect**	
moderavo	moderavamo	avevo moderato	avevamo moderato
moderavi	moderavate	avevi moderato	avevate moderato
moderava	moderavano	aveva moderato	avevano moderato
3 Past Absolute		**10 Past Anterior**	
moderai	moderammo	ebbi moderato	avemmo moderato
moderasti	moderaste	avesti moderato	aveste moderato
moderò	moderarono	ebbe moderato	ebbero moderato
4 Future		**11 Future Perfect**	
modererò	modereremo	avrò moderato	avremo moderato
modererai	modererete	avrai moderato	avrete moderato
modererà	modereranno	avrà moderato	avranno moderato
5 Present Conditional		**12 Past Conditional**	
modererei	modereremmo	avrei moderato	avremmo moderato
modereresti	moderereste	avresti moderato	avreste moderato
modererebbe	modererebbero	avrebbe moderato	avrebbero moderato
6 Present Subjunctive		**13 Past Subjunctive**	
moderi	moderiamo	abbia moderato	abbiamo moderato
moderi	moderiate	abbia moderato	abbiate moderato
moderi	moderino	abbia moderato	abbiano moderato
7 Imperfect Subjunctive		**14 Past Perfect Subjunctive**	
moderassi	moderassimo	avessi moderato	avessimo moderato
moderassi	moderaste	avessi moderato	aveste moderato
moderasse	moderassero	avesse moderato	avessero moderato

Imperative	
—	moderiamo
modera (non moderare)	moderate
moderi	moderino

Samples of basic verb usage

Devi moderare le tue pretese. You should tone down your expectations.

Chi modererà il dibattito? Who will moderate the debate?

Extended uses/Related words and expressions

moderarsi nel mangiare e nel bere to eat and drink with moderation

moderarsi nel parlare to speak with restraint

Regular **-are** verb endings with spelling   to modify, to alter
change: **c** becomes **ch** before **e** or **i**

The Seven Simple Tenses		The Seven Compound Tenses	
Singular	Plural	Singular	Plural
1 Present Indicative		**8 Present Perfect**	
modifico	modifichiamo	ho modificato	abbiamo modificato
modifichi	modificate	hai modificato	avete modificato
modifica	modificano	ha modificato	hanno modificato
2 Imperfect		**9 Past Perfect**	
modificavo	modificavamo	avevo modificato	avevamo modificato
modificavi	modificavate	avevi modificato	avevate modificato
modificava	modificavano	aveva modificato	avevano modificato
3 Past Absolute		**10 Past Anterior**	
modificai	modificammo	ebbi modificato	avemmo modificato
modificasti	modificaste	avesti modificato	aveste modificato
modificò	modificarono	ebbe modificato	ebbero modificato
4 Future		**11 Future Perfect**	
modificherò	modificheremo	avrò modificato	avremo modificato
modificherai	modificherete	avrai modificato	avrete modificato
modificherà	modificheranno	avrà modificato	avranno modificato
5 Present Conditional		**12 Past Conditional**	
modificherei	modificheremmo	avrei modificato	avremmo modificato
modificheresti	modifichereste	avresti modificato	avreste modificato
modificherebbe	modificherebbero	avrebbe modificato	avrebbero modificato
6 Present Subjunctive		**13 Past Subjunctive**	
modifichi	modifichiamo	abbia modificato	abbiamo modificato
modifichi	modifichiate	abbia modificato	abbiate modificato
modifichi	modifichino	abbia modificato	abbiano modificato
7 Imperfect Subjunctive		**14 Past Perfect Subjunctive**	
modificassi	modificassimo	avessi modificato	avessimo modificato
modificassi	modificaste	avessi modificato	aveste modificato
modificasse	modificassero	avesse modificato	avessero modificato

M

Imperative	
—	**modifichiamo**
modifica (non modificare)	**modificate**
modifichi	**modifichino**

Samples of basic verb usage
Ho dovuto modificare i programmi. I had to modify our plans.
Da quando hai modifcato la tua opinione? Since when have you modified your opinion?

Extended uses/Related words and expressions
una modifica a modification
apportare una modifica a un progetto to make a modification to a project

mordere*
to bite

Gerund mordendo

Past Part. morso

Irregular verb ∎

The Seven Simple Tenses		The Seven Compound Tenses	
Singular	Plural	Singular	Plural

1 Present Indicative		8 Present Perfect	
mordo	mordiamo	ho morso	abbiamo morso
mordi	mordete	hai morso	avete morso
morde	mordono	ha morso	hanno morso

2 Imperfect		9 Past Perfect	
mordevo	mordevamo	avevo morso	avevamo morso
mordevi	mordevate	avevi morso	avevate morso
mordeva	mordevano	aveva morso	avevano morso

3 Past Absolute		10 Past Anterior	
morsi	mordemmo	ebbi morso	avemmo morso
mordesti	mordeste	avesti morso	aveste morso
morse	morsero	ebbe morso	ebbero morso

4 Future		11 Future Perfect	
morderò	morderemo	avrò morso	avremo morso
morderai	morderete	avrai morso	avrete morso
morderà	morderanno	avrà morso	avranno morso

5 Present Conditional		12 Past Conditional	
morderei	morderemmo	avrei morso	avremmo morso
morderesti	mordereste	avresti morso	avreste morso
morderebbe	morderebbero	avrebbe morso	avrebbero morso

6 Present Subjunctive		13 Past Subjunctive	
morda	mordiamo	abbia morso	abbiamo morso
morda	mordiate	abbia morso	abbiate morso
morda	mordano	abbia morso	abbiano morso

7 Imperfect Subjunctive		14 Past Perfect Subjunctive	
mordessi	mordessimo	avessi morso	avessimo morso
mordessi	mordeste	avessi morso	aveste morso
mordesse	mordessero	avesse morso	avessero morso

	Imperative	
—		mordiamo
mordi (non mordere)		mordete
morda		mordano

Samples of basic verb usage
Non riesco a mordere questa mela perché è troppo dura. I can't bite into this apple because it's too hard.
Mi ha morso il tuo cane. Your dog bit me.

Extended uses/Related words and expressions
mordersi la lingua to bite one's tongue
un morso a bite

NOTE: Another verb conjugated like **mordere** is **perdere** (to lose).

The Seven Simple Tenses		The Seven Compound Tenses	
Singular	Plural	Singular	Plural

1 Present Indicative

		8 Present Perfect	
muoio	moriamo	sono morto	siamo morti
muori	morite	sei morto	siete morti
muore	muoiono	è morto	sono morti

2 Imperfect

		9 Past Perfect	
morivo	morivamo	ero morto	eravamo morti
morivi	morivate	eri morto	eravate morti
moriva	morivano	era morto	erano morti

3 Past Absolute

		10 Past Anterior	
morii	morimmo	fui morto	fummo morti
moristi	moriste	fosti morto	foste morti
morì	morirono	fu morto	furono morti

4 Future

		11 Future Perfect	
mor(i)rò	mor(i)remo	sarò morto	saremo morti
mor(i)rai	mor(i)rete	sarai morto	sarete morti
mor(i)rà	mor(i)ranno	sarà morto	saranno morti

5 Present Conditional

		12 Past Conditional	
mor(i)rei	mor(i)remmo	sarei morto	saremmo morti
mor(i)resti	mor(i)reste	saresti morto	sareste morti
mor(i)rebbe	mor(i)rebbero	sarebbe morto	sarebbero morti

6 Present Subjunctive

		13 Past Subjunctive	
muoia	moriamo	sia morto	siamo morti
muoia	moriate	sia morto	siate morti
muoia	muoiano	sia morto	siano morti

7 Imperfect Subjunctive

		14 Past Perfect Subjunctive	
morissi	morissimo	fossi morto	fossimo morti
morissi	moriste	fossi morto	foste morti
morisse	morissero	fosse morto	fossero morti

Imperative

—	moriamo
muori (non morire)	morite
muoia	muoiano

Samples of basic verb usage
Quando è morto tuo nonno? When did your grandfather die?
Voglio morire di una morte naturale. I want to die of natural causes.

Extended uses/Related words and expressions
Va' a morire ammazzato! Go to heck!
L'anno vecchio sta morendo. The old year is about to pass on.

M

mostrare

to show

Gerund **mostrando** Past Part. **mostrato**

The Seven Simple Tenses		The Seven Compound Tenses	
Singular	Plural	Singular	Plural
1 Present Indicative		**8 Present Perfect**	
mostro	mostriamo	ho mostrato	abbiamo mostrato
mostri	mostrate	hai mostrato	avete mostrato
mostra	mostrano	ha mostrato	hanno mostrato
2 Imperfect		**9 Past Perfect**	
mostravo	mostravamo	avevo mostrato	avevamo mostrato
mostravi	mostravate	avevi mostrato	avevate mostrato
mostrava	mostravano	aveva mostrato	avevano mostrato
3 Past Absolute		**10 Past Anterior**	
mostrai	mostrammo	ebbi mostrato	avemmo mostrato
mostrasti	mostraste	avesti mostrato	aveste mostrato
mostrò	mostrarono	ebbe mostrato	ebbero mostrato
4 Future		**11 Future Perfect**	
mostrerò	mostreremo	avrò mostrato	avremo mostrato
mostrerai	mostrerete	avrai mostrato	avrete mostrato
mostrerà	mostreranno	avrà mostrato	avranno mostrato
5 Present Conditional		**12 Past Conditional**	
mostrerei	mostreremmo	avrei mostrato	avremmo mostrato
mostreresti	mostrereste	avresti mostrato	avreste mostrato
mostrerebbe	mostrerebbero	avrebbe mostrato	avrebbero mostrato
6 Present Subjunctive		**13 Past Subjunctive**	
mostri	mostriamo	abbia mostrato	abbiamo mostrato
mostri	mostriate	abbia mostrato	abbiate mostrato
mostri	mostrino	abbia mostrato	abbiano mostrato
7 Imperfect Subjunctive		**14 Past Perfect Subjunctive**	
mostrassi	mostrassimo	avessi mostrato	avessimo mostrato
mostrassi	mostraste	avessi mostrato	aveste mostrato
mostrasse	mostrassero	avesse mostrato	avessero mostrato

Imperative	
—	mostriamo
mostra (non mostrare)	mostrate
mostri	mostrino

Samples of basic verb usage
Mostrami quello che hai scritto! Show me what you have written!
Bisogna mostrare il biglietto al controllore. We have to show our ticket to the controller.

Extended uses/Related words and expressions
mostrare la faccia to show one's face in public
mostrare gli anni to look one's age

The Seven Simple Tenses		The Seven Compound Tenses	
Singular	Plural	Singular	Plural

1 Present Indicative		8 Present Perfect	
muovo	**muoviamo**	**ho mosso**	**abbiamo mosso**
muovi	**muovete**	**hai mosso**	**avete mosso**
muove	**muovono**	**ha mosso**	**hanno mosso**

2 Imperfect		9 Past Perfect	
muovevo	**muovevamo**	**avevo mosso**	**avevamo mosso**
muovevi	**muovevate**	**avevi mosso**	**avevate mosso**
muoveva	**muovevano**	**aveva mosso**	**avevano mosso**

3 Past Absolute		10 Past Anterior	
mossi	**muovemmo**	**ebbi mosso**	**avemmo mosso**
muovesti	**muoveste**	**avesti mosso**	**aveste mosso**
mosse	**mossero**	**ebbe mosso**	**ebbero mosso**

4 Future		11 Future Perfect	
muoverò	**muoveremo**	**avrò mosso**	**avremo mosso**
muoverai	**muoverete**	**avrai mosso**	**avrete mosso**
muoverà	**muoveranno**	**avrà mosso**	**avranno mosso**

5 Present Conditional		12 Past Conditional	
muoverei	**muoveremmo**	**avrei mosso**	**avremmo mosso**
muoveresti	**muovereste**	**avresti mosso**	**avreste mosso**
muoverebbe	**muoverebbero**	**avrebbe mosso**	**avrebbero mosso**

6 Present Subjunctive		13 Past Subjunctive	
muova	**muoviamo**	**abbia mosso**	**abbiamo mosso**
muova	**muoviate**	**abbia mosso**	**abbiate mosso**
muova	**muovano**	**abbia mosso**	**abbiano mosso**

7 Imperfect Subjunctive		14 Past Perfect Subjunctive	
muovessi	**muovessimo**	**avessi mosso**	**avessimo mosso**
muovessi	**muoveste**	**avessi mosso**	**aveste mosso**
muovesse	**muovessero**	**avesse mosso**	**avessero mosso**

Imperative

—	**moviamo (muoviamo)**
muovi (non movere)	**movete (muovete)**
muova	**muovano**

Samples of basic verb usage

Il vento ha mosso la porta. The wind moved (swung open) the door.

Muoviti! È tardi! Move it! It's late!

Muoveremo l'armadio verso la parete. We are going to move the cabinet toward the wall.

Extended uses/Related words and expressions

muovere le gambe to get moving

non muovere un dito to not lift a finger

NOTE: Other verbs conjugated like **muovere** are **commuovere** (to move someone), **promuovere** (to promote), and **rimuovere** (to remove).

The Seven Simple Tenses		The Seven Compound Tenses	
Singular	Plural	Singular	Plural

1 Present Indicative		8 Present Perfect	
muto	mutiamo	ho mutato	abbiamo mutato
muti	mutate	hai mutato	avete mutato
muta	mutano	ha mutato	hanno mutato

2 Imperfect		9 Past Perfect	
mutavo	mutavamo	avevo mutato	avevamo mutato
mutavi	mutavate	avevi mutato	avevate mutato
mutava	mutavano	aveva mutato	avevano mutato

3 Past Absolute		10 Past Anterior	
mutai	mutammo	ebbi mutato	avemmo mutato
mutasti	mutaste	avesti mutato	aveste mutato
mutò	mutarono	ebbe mutato	ebbero mutato

4 Future		11 Future Perfect	
muterò	muteremo	avrò mutato	avremo mutato
muterai	muterete	avrai mutato	avrete mutato
muterà	muteranno	avrà mutato	avranno mutato

5 Present Conditional		12 Past Conditional	
muterei	muteremmo	avrei mutato	avremmo mutato
muteresti	mutereste	avresti mutato	avreste mutato
muterebbe	muterebbero	avrebbe mutato	avrebbero mutato

6 Present Subjunctive		13 Past Subjunctive	
muti	mutiamo	abbia mutato	abbiamo mutato
muti	mutiate	abbia mutato	abbiate mutato
muti	mutino	abbia mutato	abbiano mutato

7 Imperfect Subjunctive		14 Past Perfect Subjunctive	
mutassi	mutassimo	avessi mutato	avessimo mutato
mutassi	mutaste	avessi mutato	aveste mutato
mutasse	mutassero	avesse mutato	avessero mutato

	Imperative	
—		mutiamo
muta (non mutare)		mutate
muti		mutino

Samples of basic verb usage
Il ragazzo sta **mutando** voce. The boy is changing his voice.
L'esperienza ci ha **mutati.** The experience has changed us.

Extended uses/Related words and expressions
mutare colore to change color (to become red in the face)
cambiare to change

■ Irregular verb   to be born

The Seven Simple Tenses		The Seven Compound Tenses	
Singular	Plural	Singular	Plural
1 Present Indicative		**8 Present Perfect**	
nasco	nasciamo	sono nato	siamo nati
nasci	nascete	sei nato	siete nati
nasce	nascono	è nato	sono nati
2 Imperfect		**9 Past Perfect**	
nascevo	nascevamo	ero nato	eravamo nati
nascevi	nascevate	eri nato	eravate nati
nasceva	nascevano	era nato	erano nati
3 Past Absolute		**10 Past Anterior**	
nacqui	nascemmo	fui nato	fummo nati
nascesti	nasceste	fosti nato	foste nati
nacque	nacquero	fu nato	furono nati
4 Future		**11 Future Perfect**	
nascerò	nasceremo	sarò nato	saremo nati
nascerai	nascerete	sarai nato	sarete nati
nascerà	nasceranno	sarà nato	saranno nati
5 Present Conditional		**12 Past Conditional**	
nascerei	nasceremmo	sarei nato	saremmo nati
nasceresti	nascereste	saresti nato	sareste nati
nascerebbe	nascerebbero	sarebbe nato	sarebbero nati
6 Present Subjunctive		**13 Past Subjunctive**	
nasca	nasciamo	sia nato	siamo nati
nasca	nasciate	sia nato	siate nati
nasca	nascano	sia nato	siano nati
7 Imperfect Subjunctive		**14 Past Perfect Subjunctive**	
nascessi	nascessimo	fossi nato	fossimo nati
nascessi	nasceste	fossi nato	foste nati
nascesse	nascessero	fosse nato	fossero nati

Imperative

—	nasciamo
nasci (non nascere)	nascete
nasca	nascano

Samples of basic verb usage

In che anno sei nato? In what year were you born?

Loro sono nati sani. They were born healthy.

Mio fratello è nato sotto una buona stella. My brother was born under a lucky star.

Extended uses/Related words and expressions

Quando nacque la filosofia? When did philosophy begin?

la data di nascita date of birth

il compleanno birthday

nascondere*

to hide, to conceal

Gerund **nascondendo** Past Part. **nascosto**

Irregular verb ■

The Seven Simple Tenses		The Seven Compound Tenses	
Singular	Plural	Singular	Plural
1 Present Indicative		**8 Present Perfect**	
nascondo	nascondiamo	ho nascosto	abbiamo nascosto
nascondi	nascondete	hai nascosto	avete nascosto
nasconde	nascondono	ha nascosto	hanno nascosto
2 Imperfect		**9 Past Perfect**	
nascondevo	nascondevamo	avevo nascosto	avevamo nascosto
nascondevi	nascondevate	avevi nascosto	avevate nascosto
nascondeva	nascondevano	aveva nascosto	avevano nascosto
3 Past Absolute		**10 Past Anterior**	
nascosi	nascondemmo	ebbi nascosto	avemmo nascosto
nascondesti	nascondeste	avesti nascosto	aveste nascosto
nascose	nascosero	ebbe nascosto	ebbero nascosto
4 Future		**11 Future Perfect**	
nasconderò	nasconderemo	avrò nascosto	avremo nascosto
nasconderai	nasconderete	avrai nascosto	avrete nascosto
nasconderà	nasconderanno	avrà nascosto	avranno nascosto
5 Present Conditional		**12 Past Conditional**	
nasconderei	nasconderemmo	avrei nascosto	avremmo nascosto
nasconderesti	nascondereste	avresti nascosto	avreste nascosto
nasconderebbe	nasconderebbero	avrebbe nascosto	avrebbero nascosto
6 Present Subjunctive		**13 Past Subjunctive**	
nasconda	nascondiamo	abbia nascosto	abbiamo nascosto
nasconda	nascondiate	abbia nascosto	abbiate nascosto
nasconda	nascondano	abbia nascosto	abbiano nascosto
7 Imperfect Subjunctive		**14 Past Perfect Subjunctive**	
nascondessi	nascondassimo	avessi nascosto	avessimo nascosto
nascondessi	nascondeste	avessi nascosto	aveste nascosto
nascondesse	nascondessero	avesse nascosto	avessero nascosto

Imperative	
—	nascondiamo
nascondi (non nascodnere)	nascondete
nasconda	nascondano

Samples of basic verb usage

Dove hai nascosto i soldi? Where did you hide the money?

Dovrò nascondere le rughe con il trucco. I'll have to cover up my wrinkles with makeup.

Extended uses/Related words and expressions

Ma dove ti eri nascosto? Where have you been hiding out?

giocare a nascondino to play hide and seek

NOTE: Another verb conjugated like **nascondere** is **rispondere** (to answer).

For most intents and purposes **nascondere** and **celare** can be used alternatively.

Regular **-are** verb endings with spelling
change: **g** becomes **gh** before **e** or **i**

to sail, to navigate

The Seven Simple Tenses		The Seven Compound Tenses	
Singular	Plural	Singular	Plural
1 Present Indicative		**8 Present Perfect**	
navigo	navighiamo	ho navigato	abbiamo navigato
navighi	navigate	hai navigato	avete navigato
naviga	navigano	ha navigato	hanno navigato
2 Imperfect		**9 Past Perfect**	
navigavo	navigavamo	avevo navigato	avevamo navigato
navigavi	navigavate	avevi navigato	avevate navigato
navigava	navigavano	aveva navigato	avevano navigato
3 Past Absolute		**10 Past Anterior**	
navigai	navigammo	ebbi navigato	avemmo navigato
navigasti	navigaste	avesti navigato	aveste navigato
navigò	navigarono	ebbe navigato	ebbero navigato
4 Future		**11 Future Perfect**	
navigherò	navigheremo	avrò navigato	avremo navigato
navigherai	navigherete	avrai navigato	avrete navigato
navigherà	navigheranno	avrà navigato	avranno navigato
5 Present Conditional		**12 Past Conditional**	
navigherei	navigheremmo	avrei navigato	avremmo navigato
navigheresti	navighereste	avresti navigato	avreste navigato
navigherebbe	navigherebbero	avrebbe navigato	avrebbero navigato
6 Present Subjunctive		**13 Past Subjunctive**	
navighi	navighiamo	abbia navigato	abbiamo navigato
navighi	navighiate	abbia navigato	abbiate navigato
navighi	navighino	abbia navigato	abbiano navigato
7 Imperfect Subjunctive		**14 Past Perfect Subjunctive**	
navigassi	navigassimo	avessi navigato	avessimo navigato
navigassi	navigaste	avessi navigato	aveste navigato
navigasse	navigassero	avesse navigato	avessero navigato

N

Imperative	
—	navighiamo
naviga (non navigare)	navigate
navighi	navighino

Samples of basic verb usage

Dove sta navigando quella nave? To where is
that ship navigating?

Il battello deve navigare verso nord. The
ferryboat has to navigate toward the north.

Extended uses/Related words and expressions

navigare nel ciberspazio to navigate in
cyberspace

navigare sul web to navigate on the Web

negare

Gerund nagando   **Past Part. negato**

to deny, to negate

Regular **-are** verb endings with spelling change: **g** becomes **gh** before **e** or **i**

The Seven Simple Tenses		The Seven Compound Tenses	
Singular	Plural	Singular	Plural

1 Present Indicative

		8 Present Perfect	
nego	neghiamo	ho negato	abbiamo negato
neghi	negate	hai negato	avete negato
nega	negano	ha negato	hanno negato

2 Imperfect

		9 Past Perfect	
negavo	negavamo	avevo negato	avevamo negato
negavi	negavate	avevi negato	avevate negato
negava	negavano	aveva negato	avevano negato

3 Past Absolute

		10 Past Anterior	
negai	negammo	ebbi negato	avemmo negato
negasti	negaste	avesti negato	aveste negato
negò	negarono	ebbe negato	ebbero negato

4 Future

		11 Future Perfect	
negherò	negheremo	avrò negato	avremo negato
negherai	negherete	avrai negato	avrete negato
negherà	negheranno	avrà negato	avranno negato

5 Present Conditional

		12 Past Conditional	
negherei	negheremmo	avrei negato	avremmo negato
negheresti	neghereste	avresti negato	avreste negato
negherebbe	negherebbero	avrebbe negato	avrebbero negato

6 Present Subjunctive

		13 Past Subjunctive	
neghi	neghiamo	abbia negato	abbiamo negato
neghi	neghiate	abbia negato	abbiate negato
neghi	neghino	abbia negato	abbiano negato

7 Imperfect Subjunctive

		14 Past Perfect Subjunctive	
negassi	negassimo	avessi negato	avessimo negato
negassi	negaste	avessi negato	aveste negato
negasse	negassero	avesse negato	avessero negato

Imperative

—	neghiamo
nega (non negare)	negate
neghi	neghino

Samples of basic verb usage

Non nego che lei mi interessi. I don't deny that I am interested in her.

Lui nega di aver detto ciò. He denies having said that.

Extended uses/Related words and expressions

Sono negato per la musica. I'm useless at music.

far finta to fake

NOTE: This verb holds the subjunctive in dependent clauses: **Lui nega che sia veramente successo** (He denies that it really happened).

Regular **-are** verb endings with spelling   to negotiate
change: **zi** becomes **z** before **i**

The Seven Simple Tenses		The Seven Compound Tenses	
Singular	Plural	Singular	Plural

1 Present Indicative		8 Present Perfect	
negozio	**negoziamo**	**ho negoziato**	**abbiamo negoziato**
negozi	**negoziate**	**hai negoziato**	**avete negoziato**
negozia	**negoziano**	**ha negoziato**	**hanno negoziato**

2 Imperfect		9 Past Perfect	
negoziavo	**negoziavamo**	**avevo negoziato**	**avevamo negoziato**
negoziavi	**negoziavate**	**avevi negoziato**	**avevate negoziato**
negoziava	**negoziavano**	**aveva negoziato**	**avevano negoziato**

3 Past Absolute		10 Past Anterior	
negoziai	**negoziammo**	**ebbi negoziato**	**avemmo negoziato**
negoziasti	**negoziaste**	**avesti negoziato**	**aveste negoziato**
negoziò	**negoziarono**	**ebbe negoziato**	**ebbero negoziato**

4 Future		11 Future Perfect	
negozierò	**negozieremo**	**avrò negoziato**	**avremo negoziato**
negozierai	**negozierete**	**avrai negoziato**	**avrete negoziato**
negozierà	**negozieranno**	**avrà negoziato**	**avranno negoziato**

5 Present Conditional		12 Past Conditional	
negozierei	**negozieremmo**	**avrei negoziato**	**avremmo negoziato**
negozieresti	**negoziereste**	**avresti negoziato**	**avreste negoziato**
negozierebbe	**negozierebbero**	**avrebbe negoziato**	**avrebbero negoziato**

6 Present Subjunctive		13 Past Subjunctive	
negozi	**negoziamo**	**abbia negoziato**	**abbiamo negoziato**
negozi	**negoziate**	**abbia negoziato**	**abbiate negoziato**
negozi	**negozino**	**abbia negoziato**	**abbiano negoziato**

7 Imperfect Subjunctive		14 Past Perfect Subjunctive	
negoziassi	**negoziassimo**	**avessi negoziato**	**avessimo negoziato**
negoziassi	**negoziaste**	**avessi negoziato**	**aveste negoziato**
negoziasse	**negoziassero**	**avesse negoziato**	**avessero negoziato**

Impreative

—	**negoziamo**
negozia (non negoziare)	**negoziate**
negozi	**negozino**

Samples of basic verb usage
Tu sai negoziare i prezzi bene. You know how to negotiate prices well.
Le due nazioni hanno finalmente negoziato la pace. The two nations have finally negotiated a peace settlement.

Extended uses/Related words and expressions
il negozio store
un negoziato di pace a peace settlement

nevicare

Gerund nevicando   Past Part. **nevicato**

to snow

Regular **-are** verb endings with spelling change: **c** becomes **ch** before **e** or **i**

The Seven Simple Tenses		The Seven Compound Tenses	
Singular	Plural	Singular	Plural
1 Present Indicative **nevica**		8 Present Perfect **è nevicato**	
2 Imperfect **nevicava**		9 Past Perfect **era nevicato**	
3 Past Absolute **nevicò**		10 Past Anterior **fu nevicato**	
4 Future **nevicherà**		11 Future Perfect **sarà nevicato**	
5 Present Conditional **nevicherebbe**		12 Past Conditional **sarebbe nevicato**	
6 Present Subjunctive **nevichi**		13 Past Subjunctive **sia nevicato**	
7 Imperfect Subjunctive **nevicasse**		14 Past Perfect Subjunctive **fosse nevicato**	

Imperative
nevichi

Samples of basic verb usage
Ieri ha nevicato tutto il giorno. It snowed all day yesterday.
Sta nevicando a grossi fiocchi. It is snowing large flakes.

Extended uses/Related words and expressions
la neve snow
un pupazzo di neve snowman

NOTE: This is an impersonal verb—a verb used only in the third person (singular and plural). Therefore, for convenience, the other forms are omitted in the conjugation of such verbs. All impersonal verbs are conjugated with the auxiliary **essere** in compound tenses. However, in this case the auxiliary **avere** tends to be used (especially in colloquial language): **É nevicato/Ha nevicato** (It snowed).

314

Regular **-are** verb endings with spelling
change: **ggi** becomes **gg** before **e** or **i**

to hire, to charter, to rent

The Seven Simple Tenses		The Seven Compound Tenses	
Singular	Plural	Singular	Plural

1 Present Indicative		8 Present Perfect	
noleggio	**noleggiamo**	**ho noleggiato**	**abbiamo noleggiato**
noleggi	**noleggiate**	**hai noleggiato**	**avete noleggiato**
noleggia	**noleggiano**	**ha noleggiato**	**hanno noleggiato**

2 Imperfect		9 Past Perfect	
noleggiavo	**noleggiavamo**	**avevo noleggiato**	**avevamo noleggiato**
noleggiavi	**noleggiavate**	**avevi noleggiato**	**avevate noleggiato**
noleggiava	**noleggiavano**	**aveva noleggiato**	**avevano noleggiato**

3 Past Absolute		10 Past Anterior	
noleggiai	**noleggiammo**	**ebbi noleggiato**	**avemmo noleggiato**
noleggiasti	**noleggiaste**	**avesti noleggiato**	**aveste noleggiato**
noleggiò	**noleggiarono**	**ebbe noleggiato**	**ebbero noleggiato**

4 Future		11 Future Perfect	
noleggerò	**noleggeremo**	**avrò noleggiato**	**avremo noleggiato**
noleggerai	**noleggerete**	**avrai noleggiato**	**avrete noleggiato**
noleggerà	**noleggeranno**	**avrà noleggiato**	**avranno noleggiato**

5 Present Conditional		12 Past Conditional	
noleggerei	**noleggeremmo**	**avrei noleggiato**	**avremmo noleggiato**
noleggeresti	**noleggereste**	**avresti noleggiato**	**avreste noleggiato**
noleggerebbe	**noleggerebbero**	**avrebbe noleggiato**	**avrebbero noleggiato**

6 Present Subjunctive		13 Past Subjunctive	
noleggi	**noleggiamo**	**abbia noleggiato**	**abbiamo noleggiato**
noleggi	**noleggiate**	**abbia noleggiato**	**abbiate noleggiato**
noleggi	**noleggino**	**abbia noleggiato**	**abbiano noleggiato**

7 Imperfect Subjunctive		14 Past Perfect Subjunctive	
noleggiassi	**noleggiassimo**	**avessi noleggiato**	**avessimo noleggiato**
noleggiassi	**noleggiaste**	**avessi noleggiato**	**aveste noleggiato**
noleggiasse	**noleggiassero**	**avesse noleggiato**	**avessero noleggiato**

Imperative	
—	**noleggiamo**
noleggia (non noleggiare)	**noleggiate**
noleggi	**noleggino**

Samples of basic verb usage	**Extended uses/Related words and expressions**
Ieri sera abbiamo noleggiato un interessante DVD. Last night we rented an interesting DVD.	**l'autonoleggio** car rental
	imprestare to lend
Noleggeremo un'auto per andare in vacanza. We'll be renting a car to go on vacation.	**Ho imprestato la macchina a mia sorella.** I lent my car to my sister.

NOTE: **Affittare** means to rent a house or an apartment; **noleggiare** means to rent a car, a movie, etc.

to name, to call, to mention

The Seven Simple Tenses		The Seven Compound Tenses	
Singular	Plural	Singular	Plural

1 Present Indicative		8 Present Perfect	
nomino	nominiamo	ho nonimato	abbiamo nominato
nomini	nominate	hai nominato	avete nominato
nomina	nominano	ha nominato	hanno nominato

2 Imperfect		9 Past Perfect	
nominavo	nominavamo	avevo nominato	avevamo nominato
nominavi	nominavate	avevi nominato	avevate nominato
nominava	nominavano	aveva nominato	avevano nominato

3 Past Absolute		10 Past Anterior	
nominai	nominammo	ebbi nominato	avemmo nominato
nominasti	nominaste	avesti nominato	aveste nominato
nominò	nominarono	ebbe nominato	ebbero nominato

4 Future		11 Future Perfect	
nominerò	nomineremo	avrò nominato	avremo nominato
nominerai	nominerete	avrai nominato	avrete nominato
nominerà	nomineranno	avrà nominato	avranno nominato

5 Present Conditional		12 Past Conditional	
nominerei	nomineremmo	avrei nominato	avremmo nominato
nomineresti	nominereste	avresti nominato	avreste nominato
nominerebbe	nominerebbero	avrebbe nominato	avrebbero nominato

6 Present Subjunctive		13 Past Subjunctive	
nomini	nominiamo	abbia nominato	abbiamo nominato
nomini	nominiate	abbia nominato	abbiate nominato
nomini	nominino	abbia nominato	abbiano nominato

7 Imperfect Subjunctive		14 Past Perfect Subjunctive	
nominassi	nominassimo	avessi nominato	avessimo nominato
nominassi	nominaste	avessi nominato	aveste nominato
nominasse	nominassero	avesse nominato	avessero nominato

Imperative

—	nominiamo
nomina (non nominare)	nominate
nomini	nominino

Samples of basic verb usage

Non nominare il nome di Dio invano! Don't take God's name in vain.

Come hanno nominato quel fiume? What did they call that river?

Extended uses/Related words and expressions

Lo hanno nominato preside del liceo. They nominated him principal of the high school.

il nome name

Qual è il suo nome? What's your name?

notare
to note, to write down

The Seven Simple Tenses		The Seven Compound Tenses	
Singular	Plural	Singular	Plural

1 Present Indicative

		8 Present Perfect	
noto	notiamo	ho notato	abbiamo notato
noti	notate	hai notato	avete notato
nota	notano	ha notato	hanno notato

2 Imperfect

		9 Past Perfect	
notavo	notavamo	avevo notato	avevamo notato
notavi	notavate	avevi notato	avevate notato
notava	notavano	aveva notato	avevano notato

3 Past Absolute

		10 Past Anterior	
notai	notammo	ebbi notato	avemmo notato
notasti	notaste	avesti notato	aveste notato
notò	notarono	ebbe notato	ebbero notato

4 Future

		11 Future Perfect	
noterò	noteremo	avrò notato	avremo notato
noterai	noterete	avrai notato	avrete notato
noterà	noteranno	avrà notato	avranno notato

5 Present Conditional

		12 Past Conditional	
noterei	noteremmo	avrei notato	avremmo notato
noteresti	notereste	avresti notato	avreste notato
noterebbe	noterebbero	avrebbe notato	avrebbero notato

6 Present Subjunctive

		13 Past Subjunctive	
noti	notiamo	abbia notato	abbiamo notato
noti	notiate	abbia notato	abbiate notato
noti	notino	abbia notato	abbiano notato

7 Imperfect Subjunctive

		14 Past Perfect Subjunctive	
notassi	notassimo	avessi notato	avessimo notato
notassi	notaste	avessi notato	aveste notato
notasse	notassero	avesse notato	avessero notato

Imperative

—	notiamo
nota (non notare)	notate
noti	notino

Samples of basic verb usage
Noto che sei cambiato. I notice that you have changed.
Ho notato che cerchi di evitarmi. I've noticed that you are trying to avoid me.

Extended uses/Related words and expressions
farsi notare to draw attention to oneself
è da notare che it is to be noted that

N

notificare

Gerund notificando **Past Part. notificato**

to notify

Regular **-are** verb endings with spelling change: **c** becomes **ch** before **e** or **i**

The Seven Simple Tenses		The Seven Compound Tenses	
Singular	Plural	Singular	Plural

1 Present Indicative		8 Present Perfect	
notifico	notifichiamo	ho notificato	abbiamo notificato
notifichi	notificate	hai notificato	avete notificato
notifica	notificano	ha notificato	hanno notificato

2 Imperfect		9 Past Perfect	
notificavo	notificavamo	avevo notificato	avevamo notificato
notificavi	notificavate	avevi notificato	avevate notificato
notificava	notificavano	aveva notificato	avevano notificato

3 Past Absolute		10 Past Anterior	
notificai	notificammo	ebbi notificato	avemmo notificato
notificasti	notificaste	avesti notificato	aveste notificato
notificò	notificarono	ebbe notificato	ebbero notificato

4 Future		11 Future Perfect	
notificherò	notificheremo	avrò notificato	avremo notificato
notificherai	notificherete	avrai notificato	avrete notificato
notificherà	notificheranno	avrà notificato	avranno notificato

5 Present Conditional		12 Past Conditional	
notificherei	notificheremmo	avrei notificato	avremmo notificato
notificheresti	notifichereste	avresti notificato	avreste notificato
notificherebbe	notificherebbero	avrebbe notificato	avrebbero notificato

6 Present Subjunctive		13 Past Subjunctive	
notifichi	notifichiamo	abbia notificato	abbiamo notificato
notifichi	notifichiate	abbia notificato	abbiate notificato
notifichi	notifichino	abbia notificato	abbiano notificato

7 Imperfect Subjunctive		14 Past Perfect Subjunctive	
notificassi	notificassimo	avessi notificato	avessimo notificato
notificassi	notificaste	avessi notificato	aveste notificato
notificasse	notificassero	avesse notificato	avessero notificato

Imperative	
—	notifichiamo
notifica (non notificare)	notificate
notifichi	notifichino

Samples of basic verb usage

La scuola ci ha notificato ieri che sei stato promosso. The school notified us yesterday that you passed (were promoted).

Ti notifico che ho trovato un altro lavoro. I am notifying you that I have found another job.

Extended uses/Related words and expressions

comunicare to communicate, pass on

notifica di sfratto eviction notice

■ Irregular verb   to harm, to hurt, to injure

The Seven Simple Tenses		The Seven Compound Tenses	
Singular	Plural	Singular	Plural
1 Present Indicative		**8 Present Perfect**	
nuoccio	**n(u)ociamo**	**ho nociuto (nuociuto)**	**abbiamo nociuto**
nuoci	**n(u)ocete**	**hai nociuto**	**avete nociuto**
nuoce	**nocciono (nuocono)**	**ha nociuto**	**hanno nociuto**
2 Imperfect		**9 Past Perfect**	
n(u)ocevo	**n(u)ocevamo**	**avevo nociuto**	**avevamo nociuto**
n(u)ocevi	**n(u)ocevate**	**avevi nociuto**	**avevate nociuto**
n(u)oceva	**n(u)ocevano**	**aveva nociuto**	**avevano nociuto**
3 Past Absolute		**10 Past Anterior**	
nocqui	**n(u)ocemmo**	**ebbi nociuto**	**avemmo nociuto**
n(u)ocesti	**n(u)oceste**	**avesti nociuto**	**aveste nociuto**
nocque	**nocquero**	**ebbe nociuto**	**ebbero nociuto**
4 Future		**11 Future Perfect**	
n(u)ocerò	**n(u)oceremo**	**avrò nociuto**	**avremo nociuto**
n(u)ocerai	**n(u)ocerete**	**avrai nociuto**	**avrete nociuto**
n(u)ocerà	**n(u)oceranno**	**avrà nociuto**	**avranno nociuto**
5 Present Conditional		**12 Past Conditional**	
n(u)ocerei	**n(u)oceremmo**	**avrei nociuto**	**avremmo nociuto**
n(u)oceresti	**n(u)ocereste**	**avresti nociuto**	**avreste nociuto**
n(u)ocerebbe	**n(u)ocerebbero**	**avrebbe nociuto**	**avrebbero nociuto**
6 Present Subjunctive		**13 Past Subjunctive**	
noccia	**n(u)ociamo**	**abbia nociuto**	**abbiamo nociuto**
noccia	**n(u)ociate**	**abbia nociuto**	**abbiate nociuto**
noccia	**nocciano**	**abbia nociuto**	**abbiano nociuto**
7 Imperfect Subjunctive		**14 Past Perfect Subjunctive**	
n(u)ocessi	**n(u)ocessimo**	**avessi nociuto**	**avessimo nociuto**
n(u)ocessi	**n(u)oceste**	**avessi nociuto**	**aveste nociuto**
n(u)ocesse	**n(u)ocessero**	**avesse nociuto**	**avessero nociuto**

Imperative	
—	**n(u)ociamo**
nuoci (non nuocere)	**n(u)ocete**
noccia (nuoca)	**nocciano (nuocano)**

Samples of basic verb usage	**Extended uses/Related words and expressions**
Mangiare troppo nuoce alla salute. Eating too much damages your health.	**Non tutti i mali vengono per nuocere.** Not all bad things come to do harm.
Che cosa ti ha nuociuto? How did you get injured?	**farsi male** to get hurt

nuotare

Gerund **nuotando** Past Part. **nuotato**

to swim

The Seven Simple Tenses		The Seven Compound Tenses	
Singular	Plural	Singular	Plural
1 Present Indicative		**8 Present Perfect**	
nuoto	nuotiamo	ho nuotato	abbiamo nuotato
nuoti	nuotate	hai nuotato	avete nuotato
nuota	nuotano	ha nuotato	hanno nuotato
2 Imperfect		**9 Past Perfect**	
nuotavo	nuotavamo	avevo nuotato	avevamo nuotato
nuotavi	nuotavate	avevi nuotato	avevate nuotato
nuotava	nuotavano	aveva nuotato	avevano nuotato
3 Past Absolute		**10 Past Anterior**	
nuotai	nuotammo	ebbi nuotato	avemmo nuotato
nuotasti	nuotaste	avesti nuotato	aveste nuotato
nuotò	nuotarono	ebbe nuotato	ebbero nuotato
4 Future		**11 Future Perfect**	
nuoterò	nuoteremo	avrò nuotato	avremo nuotato
nuoterai	nuoterete	avrai nuotato	avrete nuotato
nuoterà	nuoteranno	avrà nuotato	avranno nuotato
5 Present Conditional		**12 Past Conditional**	
nuoterei	nuoteremmo	avrei nuotato	avremmo nuotato
nuoteresti	nuotereste	avresti nuotato	avreste nuotato
nuoterebbe	nuoterebbero	avrebbe nuotato	avrebbero nuotato
6 Present Subjunctive		**13 Past Subjunctive**	
nuoti	nuotiamo	abbia nuotato	abbiamo nuotato
nuoti	nuotiate	abbia nuotato	abbiate nuotato
nuoti	nuotino	abbia nuotato	abbiano nuotato
7 Imperfect Subjunctive		**14 Past Perfect Subjunctive**	
nuotassi	nuotassimo	avessi nuotato	avessimo nuotato
nuotassi	nuotaste	avessi nuotato	aveste nuotato
nuotasse	nuotassero	avesse nuotato	avessero nuotato

Imperative

—	nuotiamo
nuota (non nuotare)	nuotate
nuoti	nuotino

Samples of basic verb usage	Extended uses/Related words and expressions
Mia sorella nuota molto bene. My sister swims very well.	**nuotare sul dorso** to do a backstroke
Sai nuotare? Do you know how to swim?	**nuotare a rana** to do a breaststroke
	nuotare a farfalla to do a butterfly stroke

nutrire
to feed, to nourish

The Seven Simple Tenses

Singular	Plural
1 Present Indicative	
nutro (nutrisco)	**nutriamo**
nutri (nutrisci)	**nutrite**
nutre (nutrisce)	**nutrono (nutriscono)**
2 Imperfect	
nutrivo	**nutrivamo**
nutrivi	**nutrivate**
nutriva	**nutrivano**
3 Past Absolute	
nutrii	**nutrimmo**
nutristi	**nutriste**
nutrì	**nutrirono**
4 Future	
nutrirò	**nutriremo**
nutrirai	**nutrirete**
nutrirà	**nutriranno**
5 Present Conditional	
nutrirei	**nutriremmo**
nutriresti	**nutrireste**
nutrirebbe	**nutrirebbero**
6 Present Subjunctive	
nutra (nutrisca)	**nutriamo**
nutra (nutrisca)	**nutriate**
nutra (nutrisca)	**nutrano (nutriscano)**
7 Imperfect Subjunctive	
nutrissi	**nutrissimo**
nutrissi	**nutriste**
nutrisse	**nutrissero**

The Seven Compound Tenses

Singular	Plural
8 Present Perfect	
ho nutrito	**abbiamo nutrito**
hai nutrito	**avete nutrito**
ha nutrito	**hanno nutrito**
9 Past Perfect	
avevo nutrito	**avevamo nutrito**
avevi nutrito	**avevate nutrito**
aveva nutrito	**avevano nutrito**
10 Past Anterior	
ebbi nutrito	**avemmo nutrito**
avesti nutrito	**aveste nutrito**
ebbe nutrito	**ebbero nutrito**
11 Future Perfect	
avrò nutrito	**avremo nutrito**
avrai nutrito	**avrete nutrito**
avrà nutrito	**avranno nutrito**
12 Past Conditional	
avrei nutrito	**avremmo nutrito**
avresti nutrito	**avreste nutrito**
avrebbe nutrito	**avrebbero nutrito**
13 Past Subjunctive	
abbia nutrito	**abbiamo nutrito**
abbia nutrito	**abbiate nutrito**
abbia nutrito	**abbiano nutrito**
14 Past Perfect Subjunctive	
avessi nutrito	**avessimo nutrito**
avessi nutrito	**aveste nutrito**
avesse nutrito	**avessero nutrito**

Imperative

—	**nutriamo**
nutri (non nutrire)	**nutrite**
nutra	**nutrano**

Samples of basic verb usage
Bisogna sempre nutrire gli animali domestici.
   You always have to nourish your pets.
Ho nutrito le piante con molte vitamine.
   I have nourished the plants with many
   vitamins.

Extended uses/Related words and expressions
essere nutriente to be nutritious
il cibo food
un genere alimentari a food store

N

obbligare

Gerund **obbligando**   Past Part. **obbligato**

to oblige, to obligate

The Seven Simple Tenses		The Seven Compound Tenses	
Singular	Plural	Singular	Plural

1 Present Indicative		**8 Present Perfect**	
obbligo	obblighiamo	ho obbligato	abbiamo obbligato
obblighi	obbligate	hai obbligato	avete obbligato
obbliga	obbligano	ha obbligato	hanno obbligato
2 Imperfect		**9 Past Perfect**	
obbligavo	obbligavamo	avevo obbligato	avevamo obbligato
obbligavi	obbligavate	avevi obbligato	avevate obbligato
obbligava	obbligavano	aveva obbligato	avevano obbligato
3 Past Absolute		**10 Past Anterior**	
obbligai	obbligammo	ebbi obbligato	avemmo obbligato
obbligasti	obbligaste	avesti obbligato	aveste obbligato
obbligò	obbligarono	ebbe obbligato	ebbero obbligato
4 Future		**11 Future Perfect**	
obbligherò	obbligheremo	avrò obbligato	avremo obbligato
obbligherai	obbligherete	avrai obbligato	avrete obbligato
obbligherà	obbligheranno	avrà obbligato	avranno obbligato
5 Present Conditional		**12 Past Conditional**	
obbligherei	obbligheremmo	avrei obbligato	avremmo obbligato
obbligheresti	obblighereste	avresti obbligato	avreste obbligato
obbligherebbe	obbligherebbero	avrebbe obbligato	avrebbero obbligato
6 Present Subjunctive		**13 Past Subjunctive**	
obblighi	obblighiamo	abbia obbligato	abbiamo obbligato
obblighi	obblighiate	abbia obbligato	abbiate obbligato
obblighi	obblighino	abbia obbligato	abbiano obbligato
7 Imperfect Subjunctive		**14 Past Perfect Subjunctive**	
obbligassi	obbligassimo	avessi obbligato	avessimo obbligato
obbligassi	obbligaste	avessi obbligato	aveste obbligato
obbligasse	obbligassero	avesse obbligato	avessero obbligato

Imperative	
—	**obblighiamo**
obbliga (non obbligare)	**obbligate**
obblighi	**obblighino**

Samples of basic verb usage

La legge ci obbliga a pagare. The law requires us to pay.

La coscienza mi obbliga a rinunciare alla tua proposta. My conscience is forcing me to reject your proposal.

Extended uses/Related words and expressions

un obbligo an obligation
un impegno a duty, a pledge

■ Irregular verb   to be necessary

The Seven Simple Tenses		The Seven Compound Tenses	
Singular	Plural	Singular	Plural
1 Present Indicative		**8 Present Perfect**	
occorre	**occorrono**	**è occorso**	**sono occorsi**
2 Imperfect		**9 Past Perfect**	
occorreva	**occorrevano**	**era occorso**	**erano occorsi**
3 Past Absolute		**10 Past Anterior**	
occorse	**occorsero**	**fu occorso**	**furono occorsi**
4 Future		**11 Future Perfect**	
occorrerà	**occorreranno**	**sarà occorso**	**saranno occorsi**
5 Present Conditional		**12 Past Conditional**	
occorrerebbe	**occorrerebbero**	**sarebbe occorso**	**sarebbero occorsi**
6 Present Subjunctive		**13 Past Subjunctive**	
occorra	**occorrano**	**sia occorso**	**siano occorsi**
7 Imperfect Subjunctive		**14 Past Perfect Subjunctive**	
occorresse	**occorressero**	**fosse occorso**	**fossero occorsi**

O

Imperative
—

Samples of basic verb usage
Ci occorre più tempo per finire. We need more time to finish.
Mi occorrono due giorni per completare quel progetto. I'll need two days to finish that project.
Occorre fare presto. It's necessary to hurry up.

Extended uses/Related words and expressions
bisognare to be required
essere necessario to be necessary

NOTE: This verb is composed with the verb **correre** (to run) and is thus conjugated exactly like it.

This is an impersonal verb—a verb used only in the third person (singular and plural). Therefore, for convenience, the other forms are omitted in the conjugation of such verbs. All impersonal verbs are conjugated with the auxiliary **essere** in compound tenses.

This verb holds the subjunctive in dependent clauses: **Occorre che tu stia zitto** (It is necessary that you keep quiet).

occupare

Gerund occupando **Past Part. occupato**

to occupy

The Seven Simple Tenses		The Seven Compound Tenses	
Singular	Plural	Singular	Plural
1 Present Indicative		**8 Present Perfect**	
occupo	occupiamo	ho occupato	abbiamo occupato
occupi	occupate	hai occupato	avete occupato
occupa	occupano	ha occupato	hanno occupato
2 Imperfect		**9 Past Perfect**	
occupavo	occupavamo	avevo occupato	avevamo occupato
occupavi	occupavate	avevi occupato	avevate occupato
occupava	occupavano	aveva occupato	avevano occupato
3 Past Absolute		**10 Past Anterior**	
occupai	occupammo	ebbi occupato	avemmo occupato
occupasti	occupaste	avesti occupato	aveste occupato
occupò	occuparono	ebbe occupato	ebbero occupato
4 Future		**11 Future Perfect**	
occuperò	occuperemo	avrò occupato	avremo occupato
occuperai	occuperete	avrai occupato	avrete occupato
occuperà	occuperanno	avrà occupato	avranno occupato
5 Present Conditional		**12 Past Conditional**	
occuperei	occuperemmo	avrei occupato	avremmo occupato
occuperesti	occupereste	avresti occupato	avreste occupato
occuperebbe	occuperebbero	avrebbe occupato	avrebbero occupato
6 Present Subjunctive		**13 Past Subjunctive**	
occupi	occupiamo	abbia occupato	abbiamo occupato
occupi	occupiate	abbia occupato	abbiate occupato
occupi	occupino	abbia occupato	abbiano occupato
7 Imperfect Subjective		**14 Past Perfect Subjunctive**	
occupassi	occupassimo	avessi occupato	avessimo occupato
occupassi	occupaste	avessi occupato	aveste occupato
occupasse	occupassero	avesse occupato	avessero occupato

Imperative	
—	occupiamo
occupa (non occupare)	occupate
occupi	occupino

Samples of basic verb usage	**Extended uses/Related words and expressions**
L'esercito ha occupato alcune zone di quella nazione. The army has occupied certain regions of that nation.	**occuparsi di politica (di letteratura, ecc.)** to work on politics (literature, etc.)
É occupato questo posto? Is this seat occupied (taken)?	**non occuparsi dei fatti altrui** to not bother about things that concern others

to detest, to loathe, to hate

The Seven Simple Tenses		The Seven Compound Tenses	
Singular	Plural	Singular	Plural

1 Present Indicative		8 Present Perfect	
odio	odiamo	ho odiato	abbiamo odiato
odii	odiate	hai odiato	avete odiato
odia	odiano	ha odiato	hanno odiato

2 Imperfect		9 Past Perfect	
odiavo	odiavamo	avevo odiato	avevamo odiato
odiavi	odivate	avevi odiato	avevate odiato
odiava	odiavano	aveva odiato	avevano odiato

3 Past Absolute		10 Past Anterior	
odiai	odiammo	ebbi odiato	avemmo odiato
odiasti	odiaste	avesti odiato	aveste odiato
odiò	odiarono	ebbe odiato	ebbero odiato

4 Future		11 Future Perfect	
odierò	odieremo	avrò odiato	avremo odiato
odierai	odierete	avrai odiato	avrete odiato
odierà	odieranno	avrà odiato	avranno odiato

5 Present Conditional		12 Past Conditional	
odierei	odieremmo	avrei odiato	avremmo odiato
odieresti	odiereste	avresti odiato	avreste odiato
odierebbe	odierebbero	avrebbe odiato	avrebbero odiato

6 Present Subjunctive		13 Past Subjunctive	
odi	odiamo	abbia odiato	abbiamo odiato
odi	odiate	abbia odiato	abbiate odiato
odi	odino	abbia odiato	abbiano odiato

7 Imperfect Subjective		14 Past Perfect Subjunctive	
odiassi	odiassimo	avessi odiato	avessimo odiato
odiassi	odiaste	avessi odiato	aveste odiato
odiasse	odiassero	avesse odiato	avessero odiato

Imperative

—	odiamo
odia (non odiare)	odiate
odi	odino

Samples of basic verb usage
Odio le cerimonie. I hate formal rituals.
Odio fare certe cose. I hate doing certain
  things.

Extended uses/Related words and expressions
l'odio hate
detestare to detest
aborrire to abhor

offendere*
to offend

Gerund **offendendo**

Past Part. **offeso**

Irregular verb ■

The Seven Simple Tenses		The Seven Compound Tenses	
Singular	Plural	Singular	Plural

1 Present Indicative

		8 Present Perfect	
offendo	offendiamo	ho offeso	abbiamo offeso
offendi	offendete	hai offeso	avete offeso
offende	offendono	ha offeso	hanno offeso

2 Imperfect

		9 Past Perfect	
offendevo	offendevamo	avevo offeso	avevamo offeso
offendevi	offendevate	avevi offeso	avevate offeso
offendeva	offendevano	aveva offeso	avevano offeso

3 Past Absolute

		10 Past Anterior	
offesi	offendemmo	ebbi offeso	avemmo offeso
offendesti	offendeste	avesti offeso	aveste offeso
offese	offesero	ebbe offeso	ebbero offeso

4 Future

		11 Future Perfect	
offenderò	offenderemo	avrò offeso	avremo offeso
offenderai	offenderete	avrai offeso	avrete offeso
offenderà	offenderanno	avrà offeso	avranno offeso

5 Present Conditional

		12 Past Conditional	
offederei	offenderemmo	avrei offeso	avremmo offeso
offenderesti	offedereste	avresti offeso	avreste offeso
offenderebbe	offenderebbero	avrebbe offeso	avrebbero offeso

6 Present Subjunctive

		13 Past Subjunctive	
offenda	offendiamo	abbia offeso	abbiamo offeso
offenda	offendiate	abbia offeso	abbiate offeso
offenda	offendano	abbia offeso	abbiano offeso

7 Imperfect Subjective

		14 Past Perfect Subjunctive	
offendessi	offendessimo	avessi offeso	avessimo offeso
offendessi	offendeste	avessi offeso	aveste offeso
offendesse	offendessero	avesse offeso	avessero offeso

Imperative

—	offendiamo
offendi (non offendere)	offendete
offenda	offendano

Samples of basic verb usage

Le tue parole mi offendono. Your words offend me.

Perché lo hai offeso? Why did you offend him?

Non bisogna mai offendere gli amici. One must never offend one's friends.

Extended uses/Related words and expressions

un'offesa an offense

insultare to insult

NOTE: Other verbs conjugated like **offendere** are **accendere** (to light), **attendere** (to wait), **dipendere** (to depend), **prendere** (to take), **pretendere** (to demand), **rendere** (to render), **scendere** (to go down), **sorprendere** (to surprise), **spendere** (to spend), **stendere** (to lay out), and **tendere** (to tend).

The Seven Simple Tenses		The Seven Compound Tenses	
Singular	Plural	Singular	Plural

1 Present Indicative		8 Present Perfect	
offro	offriamo	ho offerto	abbiamo offerto
offri	offrite	hai offerto	avete offerto
offre	offrono	ha offerto	hanno offerto

2 Imperfect		9 Past Perfect	
offrivo	offrivamo	avevo offerto	avevamo offerto
offrivi	offrivate	avevi offerto	avevate offerto
offriva	offrivano	aveva offerto	avevano offerto

3 Past Absolute		10 Past Anterior	
offersi (offrii)	offrimmo	ebbi offerto	avemmo offerto
offristi	offriste	avesti offerto	aveste offerto
offerse (offrì)	offersero (offrirono)	ebbe offerto	ebbero offerto

4 Future		11 Future Perfect	
offrirò	offriremo	avrò offerto	avremo offerto
offrirai	offrirete	avrai offerto	avrete offerto
offrirà	offriranno	avrà offerto	avranno offerto

5 Present Conditional		12 Past Conditional	
offrirei	offriremmo	avrei offerto	avremmo offerto
offriresti	offrireste	avresti offerto	avreste offerto
offrirebbe	offrirebbero	avrebbe offerto	avrebbero offerto

6 Present Subjunctive		13 Past Subjunctive	
offra	offriamo	abbia offerto	abbiamo offerto
offra	offriate	abbia offerto	abbiate offerto
offra	offrano	abbia offerto	abbiano offerto

7 Imperfect Subjunctive		14 Past Perfect Subjunctive	
offrissi	offrissimo	avessi offerto	avessimo offerto
offrissi	offriste	avessi offerto	aveste offerto
offrisse	offrissero	avesse offerto	avessero offerto

O

Imperative	
—	offriamo
offri (non offrire)	offrite
offra	offrano

Samples of basic verb usage
Ieri mi hanno offerto una promozione.
  Yesterday they offered me a promotion.
Quanto mi offri per la casa? How much are
  you offering me for the house?
Lei si è offerta come baby-sitter. She offered
  to babysit.

Extended uses/Related words and expressions
offerta speciale special offer
approfittare dell'occasione che si offre to take
  advantage of a situation that presents itself

NOTE: Other verbs conjugated like **offrire** are **coprire** (to cover), **scoprire** (to discover), and **soffrire** (to suffer).

to omit

The Seven Simple Tenses		The Seven Compound Tenses	
Singular	Plural	Singular	Plural

1 Present Indicative		8 Present Perfect	
ometto	omettiamo	ho omesso	abbiamo omesso
ometti	omettete	hai omesso	avete omesso
omette	omettono	ha omesso	hanno omesso

2 Imperfect		9 Past Perfect	
omettevo	omettevamo	avevo omesso	avevamo omesso
omettevi	omettevate	avevi omesso	avevate omesso
ometteva	omettevano	aveva omesso	avevano omesso

3 Past Absolute		10 Past Anterior	
omisi	omettemmo	ebbi omesso	avemmo omesso
omettesti	ometteste	avesti omesso	aveste omesso
omise	omisero	ebbe omesso	ebbero omesso

4 Future		11 Future Perfect	
ometterò	ometteremo	avrò omesso	avremo omesso
ometterai	ometterete	avrai omesso	avrete omesso
ometterà	ometteranno	avrà omesso	avranno omesso

5 Present Conditional		12 Past Conditional	
ometterei	ometteremo	avrei omesso	avremmo omesso
ometteresti	omettereste	avresti omesso	avreste omesso
ometterebbe	ometterebbero	avrebbe omesso	avrebbero omesso

6 Present Subjunctive		13 Past Subjunctive	
ometta	omettiamo	abbia omesso	abbiamo omesso
ometta	omettiate	abbia omesso	abbiate omesso
ometta	omettano	abbia omesso	abbiano omesso

7 Imperfect Subjunctive		14 Past Perfect Subjunctive	
omettessi	omettessimo	avessi omesso	avessimo omesso
omettessi	ometteste	avessi omesso	aveste omesso
omettesse	omettessero	avesse omesso	avessero omesso

Imperative

—	omettiamo
ometti (non omettere)	omettete
ometta	omettano

Samples of basic verb usage

Ho omesso di menzionare che sarei venuto in ritardo. I omitted mentioning that I would have come late.

Che cosa ho omesso questa volta? What have I omitted this time?

Extended uses/Related words and expressions

evitare to avoid
dimenticare to forget
trascurare to neglect

NOTE: This verb is composed with the verb **mettere** (to put) and is thus conjugated exactly like it.

The Seven Simple Tenses		The Seven Compound Tenses	
Singular	Plural	Singular	Plural

1 Present Indicative		**8 Present Perfect**	
onoro	onoriamo	ho onorato	abbiamo onorato
onori	onorate	hai onorato	avete onorato
onora	onorano	ha onorato	hanno onorato

2 Imperfect		**9 Past Perfect**	
onoravo	onoravamo	avevo onorato	avevamo onorato
onoravi	onoravate	avevi onorato	avevate onorato
onorava	onoravano	aveva onorato	avevano onorato

3 Past Absolute		**10 Past Anterior**	
onorai	onorammo	ebbi onorato	avemmo onorato
onorasti	onoraste	avesti onorato	aveste onorato
onorò	onorarono	ebbe onorato	ebbero onorato

4 Future		**11 Future Perfect**	
onorerò	onoreremo	avrò onorato	avremo onorato
onorerai	onorerete	avrai onorato	avrete onorato
onorerà	onoreranno	avrà onorato	avranno onorato

5 Present Conditional		**12 Past Conditional**	
onorerei	onoreremmo	avrei onorato	avremmo onorato
onoreresti	onorereste	avresti onorato	avreste onorato
onorerebbe	onorerebbero	avrebbe onorato	avrebbero onorato

6 Present Subjunctive		**13 Past Subjunctive**	
onori	onoriamo	abbia onorato	abbiamo onorato
onori	onoriate	abbia onorato	abbiate onorato
onori	onorino	abbia onorato	abbiano onorato

7 Imperfect Subjunctive		**14 Past Perfect Subjunctive**	
onorassi	onorassimo	avessi onorato	avessimo onorato
onorassi	onoraste	avessi onorato	aveste onorato
onorasse	onorassero	avesse onorato	avessero onorato

Imperative

—	onoriamo
onora (non onorare)	onorate
onori	onorino

Samples of basic verb usage
Loro hanno sempre onorato la famiglia. They have always honored their family.
Mi hanno onorato con un incarico nuovo. They honored me with a new position.

Extended uses/Related words and expressions
adorare to adore
celebrare to celebrate
esaltare to exalt
venerare to venerate

to operate, to perform

The Seven Simple Tenses		The Seven Compound Tenses	
Singular	Plural	Singular	Plural
1 Present Indicative		**8 Present Perfect**	
opero	operiamo	ho operato	abbiamo operato
operi	operate	hai operato	avete operato
opera	operano	ha operato	hanno operato
2 Imperfect		**9 Past Perfect**	
operavo	operavamo	avevo operato	avevamo operato
operavi	operavate	avevi operato	avevate operato
operava	operavano	aveva operato	avevano operato
3 Past Absolute		**10 Past Anterior**	
operai	operammo	ebbi operato	avemmo operato
operasti	operaste	avesti operato	aveste operato
operò	operarono	ebbe operato	ebbero operato
4 Future		**11 Future Perfect**	
opererò	opereremo	avrò operato	avremo operato
opererai	opererete	avrai operato	avrete operato
opererà	opereranno	avrà operato	avranno operato
5 Present Conditional		**12 Past Conditional**	
opererei	opereremmo	avrei operato	avremmo operato
opereresti	operereste	avresti operato	avreste operato
opererebbe	opererebbero	avrebbe operato	avrebbero operato
6 Present Subjunctive		**13 Past Subjunctive**	
operi	operiamo	abbia operato	abbiamo operato
operi	operiate	abbia operato	abbiate operato
operi	operino	abbia operato	abbiano operato
7 Imperfect Subjunctive		**14 Past Perfect Subjunctive**	
operassi	operassimo	avessi operato	avessimo operato
operassi	operaste	avessi operato	aveste operato
operasse	operassero	avesse operato	avessero operato

	Imperative	
—		operiamo
opera (non operare)		operate
operi		operino

Samples of basic verb usage

Io opero in un mondo privilegiato. I operate (work) in a privileged world.

Mi hanno operato ai reni. They operated on my kidneys.

Extended uses/Related words and expressions

un'opera d'arte a work of art

l'opera lirica opera

■ Irregular verb   to oppose

The Seven Simple Tenses		The Seven Compound Tenses	
Singular	Plural	Singular	Plural

1 Present Indicative

		8 Present Perfect	
oppongo	**opponiamo**	**ho opposto**	**abbiamo opposto**
opponi	**opponete**	**hai opposto**	**avete opposto**
oppone	**oppongono**	**ha opposto**	**hanno opposto**

2 Imperfect

		9 Past Perfect	
opponevo	**opponevamo**	**avevo opposto**	**avevamo opposto**
opponevi	**opponevate**	**avevi opposto**	**avevate opposto**
opponeva	**opponevano**	**aveva opposto**	**avevano opposto**

3 Past Absolute

		10 Past Anterior	
opposi	**opponemmo**	**ebbi opposto**	**avemmo opposto**
opponesti	**opponeste**	**avesti opposto**	**aveste opposto**
oppose	**opposero**	**ebbe opposto**	**ebbero opposto**

4 Future

		11 Future Perfect	
opporrò	**opporremo**	**avrò opposto**	**avremo opposto**
opporrai	**opporrete**	**avrai opposto**	**avrete opposto**
opporrà	**opporranno**	**avrà opposto**	**avranno opposto**

5 Present Conditional

		12 Past Conditional	
opporrei	**opporremmo**	**avrei opposto**	**avremmo opposto**
opporresti	**opporreste**	**avresti opposto**	**avreste opposto**
opporrebbe	**opporrebbero**	**avrebbe opposto**	**avrebbero opposto**

6 Present Subjunctive

		13 Past Subjunctive	
opponga	**opponiamo**	**abbia opposto**	**abbiamo opposto**
opponga	**opponiate**	**abbia opposto**	**abbiate opposto**
opponga	**oppongano**	**abbia opposto**	**abbiano opposto**

7 Imperfect Subjunctive

		14 Past Perfect Subjunctive	
opponessi	**opponessimo**	**avessi opposto**	**avessimo opposto**
opponessi	**opponeste**	**avessi opposto**	**aveste opposto**
opponesse	**opponessero**	**avesse opposto**	**avessero opposto**

O

Imperative

—	**opponiamo**
opponi (non opporre)	**opponete**
opponga	**oppongano**

Samples of basic verb usage

Ho sempre opposto quelle idee. I have always opposed those ideas.

Perché mi opponi? Why do you oppose me?

Extended uses/Related words and expressions

l'opposizione opposition

diametralmente opposto diametrically opposite

NOTE: This verb is composed with the verb **porre** (to put) and is thus conjugated exactly like it.

opprimere*

Gerund **opprimendo**   Past Part. **oppresso**

to oppress, to weigh down, to overwhelm   Irregular verb ■

The Seven Simple Tenses		The Seven Compound Tenses	
Singular	Plural	Singular	Plural
1 Present Indicative		**8 Present Perfect**	
opprimo	opprimiamo	ho oppresso	abbiamo oppresso
opprimi	opprimete	hai oppresso	avete oppresso
opprime	opprimono	ha oppresso	hanno oppresso
2 Imperfect		**9 Past Perfect**	
opprimevo	opprimevamo	avevo oppresso	avevamo oppresso
opprimevi	opprimevate	avevi oppresso	avevate oppresso
opprimeva	opprimevano	aveva oppresso	avevano oppresso
3 Past Absolute		**10 Past Anterior**	
oppressi	opprimemmo	ebbi oppresso	avemmo oppresso
opprimesti	opprimeste	avesti oppresso	aveste oppresso
oppresse	oppressero	ebbe oppresso	ebbero oppresso
4 Future		**11 Future Perfect**	
opprimerò	opprimeremo	avrò oppresso	avremo oppresso
opprimerai	opprimerete	avrai oppresso	avrete oppresso
opprimerà	opprimeranno	avrà oppresso	avranno oppresso
5 Present Conditional		**12 Past Conditional**	
opprimerei	opprimeremmo	avrei oppresso	avremmo oppresso
opprimeresti	opprimereste	avresti oppresso	avreste oppresso
opprimerebbe	opprimerebbero	avrebbe oppresso	avrebbero oppresso
6 Present Subjunctive		**13 Past Subjunctive**	
opprima	opprimiamo	abbia oppresso	abbiamo oppresso
opprima	opprimiate	abbia oppresso	abbiate oppresso
opprima	opprimano	abbia oppresso	abbiano oppresso
7 Imperfect Subjunctive		**14 Past Perfect Subjunctive**	
opprimessi	opprimessimo	avessi oppresso	avessimo oppresso
opprimessi	opprimeste	avessi oppresso	aveste oppresso
opprimesse	opprimessero	avesse oppresso	avessero oppresso

	Imperative	
—		opprimiamo
opprimi (non opprimere)		opprimete
opprima		opprimano

Samples of basic verb usage

Questo caldo umido mi opprime. This humid heat is oppressive (*literally* This humid heat oppresses me).

Questo lavoro mi opprime. This job is oppressive.

Extended uses/Related words and expressions

Sono oppresso dalle preoccupazioni. I am overwhelmed by worries.

Non opprimermi con le tue lamentele! Don't weigh me down with your complaints!

NOTE: Other verbs conjugated like **opprimere** are **comprimere** (to compress), **esprimere** (to express), **imprimere** (to impress), **reprimere** (to repress), and **sopprimere** (to suppress).

to order, to arrange, to put in order

The Seven Simple Tenses		The Seven Compound Tenses	
Singular	Plural	Singular	Plural
1 Present Indicative		**8 Present Perfect**	
ordino	ordiniamo	ho ordinato	abbiamo ordinato
ordini	ordinate	hai ordinato	avete ordinato
ordina	ordinano	ha ordinato	hanno ordinato
2 Imperfect		**9 Past Perfect**	
ordinavo	ordinavamo	avevo ordinato	avevamo ordinato
ordinavi	ordinavate	avevi ordinato	avevate ordinato
ordinava	ordinavano	aveva ordinato	avevano ordinato
3 Past Absolute		**10 Past Anterior**	
ordinai	ordinammo	ebbi ordinato	avemmo ordinato
ordinasti	ordinaste	avesti ordinato	aveste ordinato
ordinò	ordinarono	ebbe ordinato	ebbero ordinato
4 Future		**11 Future Perfect**	
ordinerò	ordineremo	avrò ordinato	avremo ordinato
ordinerai	ordinerete	avrai ordinato	avrete ordinato
ordinerà	ordineranno	avrà ordinato	avranno ordinato
5 Present Conditional		**12 Past Conditional**	
ordinerei	ordineremmo	avrei ordinato	avremmo ordinato
ordineresti	ordinereste	avresti ordinato	avreste ordinato
ordinerebbe	ordinerebbero	avrebbe ordinato	avrebbero ordinato
6 Present Subjunctive		**13 Past Subjunctive**	
ordini	ordiniamo	abbia ordinato	abbiamo ordinato
ordini	ordiniate	abbia ordinato	abbiate ordinato
ordini	ordinino	abbia ordinato	abbiano ordinato
7 Imperfect Subjunctive		**14 Past Perfect Subjunctive**	
ordinassi	ordinassimo	avessi ordinato	avessimo ordinato
ordinassi	ordinaste	avessi ordinato	aveste ordinato
ordinasse	ordinassero	avesse ordinato	avessero ordinato

O

Imperative	
—	ordiniamo
ordina (non ordinare)	ordinate
ordini	ordinino

Samples of basic verb usage
Avete già ordinato? Have you already ordered?
Il medico mi ha ordinato il riposo. My doctor ordered me to relax.

Extended uses/Related words and expressions
l'ordine order
mettersi in ordine to get dressed properly

organizzare

Gerund **organizzando**   Past Part. **organizzato**

to organize

The Seven Simple Tenses		The Seven Compound Tenses	
Singular	Plural	Singular	Plural
1 Present Indicative		**8 Present Perfect**	
organizzo	organizziamo	ho organizzato	abbiamo organizzato
organizzi	organizzate	hai organizzato	avete organizzato
organizza	organizzano	ha organizzato	hanno organizzato
2 Imperfect		**9 Past Perfect**	
organizzavo	organizzavamo	avevo organizzato	avevamo organizzato
organizzavi	organizzavate	avevi organizzato	avevate organizzato
organizzava	organizzavano	aveva organizzato	avevano organizzato
3 Past Absolute		**10 Past Anterior**	
organizzai	organizzammo	ebbi organizzato	avemmo organizzato
organizzasti	organizzaste	avesti organizzato	aveste organizzato
organizzò	organizzarono	ebbe organizzato	ebbero organizzato
4 Future		**11 Future Perfect**	
organizzerò	organizzeremo	avrò organizzato	avremo organizzato
organizzerai	organizzerete	avrai organizzato	avrete organizzato
organizzerà	organizzeranno	avrà organizzato	avranno organizzato
5 Present Conditional		**12 Past Conditional**	
organizzerei	organizzeremmo	avrei organizzato	avremmo organizzato
organizzeresti	organizzereste	avresti organizzato	avreste organizzato
organizzerebbe	organizzerebbero	avrebbe organizzato	avrebbero organizzato
6 Present Subjunctive		**13 Past Subjunctive**	
organizzi	organizziamo	abbia organizzato	abbiamo organizzato
organizzi	organizziate	abbia organizzato	abbiate organizzato
organizzi	organizzino	abbia organizzato	abbiano organizzato
7 Imperfect Subjunctive		**14 Past Perfect Subjunctive**	
organizzassi	organizzassimo	avessi organizzato	avessimo organizzato
organizzassi	organizzaste	avessi organizzato	aveste organizzato
organizzasse	organizzassero	avesse organizzato	avessero organizzato

Imperative	
—	organizziamo
organizza (non organizzare)	organizzate
organizzi	organizzino

Samples of basic verb usage

Hanno organizzato una bel convegno. They organized a good conference.

Organizzeremo una gita in Italia l'anno prossimo. We'll be organizing a trip to Italy next year.

Extended uses/Related words and expressions

organizzarsi per un'escursione to get ready for an excursion

l'organizzazione organization

to dare, to venture

The Seven Simple Tenses		The Seven Compound Tenses	
Singular	Plural	Singular	Plural
1 Present Indicative		**8 Present Perfect**	
oso	osiamo	ho osato	abbiamo osato
osi	osate	hai osato	avete osato
osa	osano	ha osato	hanno osato
2 Imperfect		**9 Past Perfect**	
osavo	osavamo	avevo osato	avevamo osato
osavi	osavate	avevi osato	avevate osato
osava	osavano	aveva osato	avevano osato
3 Past Absolute		**10 Past Anterior**	
osai	osammo	ebbi osato	avemmo osato
osasti	osaste	avesti osato	aveste osato
osò	osarono	ebbe osato	ebbero osato
4 Future		**11 Future Perfect**	
oserò	oseremo	avrò osato	avremo osato
oserai	oserete	avrai osato	avrete osato
oserà	oseranno	avrà osato	avranno osato
5 Present Conditional		**12 Past Conditional**	
oserei	oseremmo	avrei osato	avremmo osato
oseresti	osereste	avresti osato	avreste osato
oserebbe	oserebbero	avrebbe osato	avrebbero osato
6 Present Subjunctive		**13 Past Subjunctive**	
osi	osiamo	abbia osato	abbiamo osato
osi	osiate	abbia osato	abbiate osato
osi	osino	abbia osato	abbiano osato
7 Imperfect Subjunctive		**14 Past Perfect Subjunctive**	
osassi	osassimo	avessi osato	avessimo osato
osassi	osaste	avessi osato	aveste osato
osasse	osassero	avesse osato	avessero osato

O

	Imperative	
—		osiamo
osa (non osare)		osate
osi		osino

Samples of basic verb usage
Come osi dire queste cose? How dare you say such things?
Oserei affermare che ciò è vero. I dare to say that it is true.

Extended uses/Related words and expressions
avere il coraggio to have courage
azzardare to take a chance

oscurare

Gerund **oscurando**   Past Part. **oscurato**

to darken, to obscure, to overshadow

The Seven Simple Tenses		The Seven Compound Tenses	
Singular	Plural	Singular	Plural
1 Present Indicative		**8 Present Perfect**	
oscuro	oscuriamo	ho oscurato	abbiamo oscurato
oscuri	oscurate	hai oscurato	avete oscurato
oscura	oscurano	ha oscurato	hanno oscurato
2 Imperfect		**9 Past Perfect**	
oscuravo	oscuravamo	avevo oscurato	avevamo oscurato
oscuravi	oscuravate	avevi oscurato	avevate oscurato
oscurava	oscuravano	aveva oscurato	avevano oscurato
3 Past Absolute		**10 Past Anterior**	
oscurai	oscurammo	ebbi oscurato	avemmo oscurato
oscurasti	oscuraste	avesti oscurato	aveste oscurato
oscurò	oscurarono	ebbe oscurato	ebbero oscurato
4 Future		**11 Future Perfect**	
oscurerò	oscureremo	avrò oscurato	avremo oscurato
oscurerai	oscurerete	avrai oscurato	avrete oscurato
oscurerà	oscureranno	avrà oscurato	avranno oscurato
5 Present Conditional		**12 Past Conditional**	
oscurerei	oscureremmo	avrei oscurato	avremmo oscurato
oscureresti	oscurereste	avresti oscurato	avreste oscurato
oscurerebbe	oscurerebbero	avrebbe oscurato	avrebbero oscurato
6 Present Subjunctive		**13 Past Subjunctive**	
oscuri	oscuriamo	abbia oscurato	abbiamo oscurato
oscuri	oscuriate	abbia oscurato	abbiate oscurato
oscuri	oscurino	abbia oscurato	abbiano oscurato
7 Imperfect Subjunctive		**14 Past Perfect Subjunctive**	
oscurassi	oscurassimo	avessi oscurato	avessimo oscurato
oscurassi	oscuraste	avessi oscurato	aveste oscurato
oscurasse	oscurassero	avesse oscurato	avessero oscurato

	Imperative	
—		oscuriamo
oscura (non oscurare)		oscurate
oscuri		oscurino

Samples of basic verb usage	**Extended uses/Related words and expressions**
Le tue parole oscurano tutto. Your words obscure everything.	**offuscare** obfuscate
Le sue azioni hanno oscurato quello che pensava. His actions obscured what he was thinking.	**impedire** to impede

336

The Seven Simple Tenses		The Seven Compound Tenses	
Singular	Plural	Singular	Plural

1 Present Indicative

		8 Present Perfect	
osservo	osserviamo	ho osservato	abbiamo osservato
osservi	osservate	hai osservato	avete osservato
osserva	osservano	ha osservato	hanno osservato

2 Imperfect

		9 Past Perfect	
osservavo	osservavamo	avevo osservato	avevamo osservato
osservavi	osservavate	avevi osservato	avevate osservato
osservava	osservavano	aveva osservato	avevano osservato

3 Past Absolute

		10 Past Anterior	
osservai	osservammo	ebbi osservato	avemmo osservato
osservasti	osservaste	avesti osservato	aveste osservato
osservò	osservarono	ebbe osservato	ebbero osservato

4 Future

		11 Future Perfect	
osserverò	osserveremo	avrò osservato	avremo osservato
osserverai	osserverete	avrai osservato	avrete osservato
osserverà	osserveranno	avrà osservato	avranno osservato

5 Present Conditional

		12 Past Conditional	
osserverei	osserveremmo	avrei osservato	avremmo osservato
osserveresti	osservereste	avresti osservato	avreste osservato
osserverebbe	osserverebbero	avrebbe osservato	avrebbero osservato

6 Present Subjunctive

		13 Past Subjunctive	
osservi	osserviamo	abbia osservato	abbiamo osservato
osservi	osserviate	abbia osservato	abbiate osservato
osservi	osservino	abbia osservato	abbiano osservato

7 Imperfect Subjunctive

		14 Past Perfect Subjunctive	
osservassi	osservassimo	avessi osservato	avessimo osservato
osservassi	osservaste	avessi osservato	aveste osservato
osservasse	osservassero	avesse osservato	avessero osservato

Imperative	
—	osserviamo
osserva (non osservare)	osservate
osservi	osservino

Samples of basic verb usage
Ho osservato tutto quello che è successo.
  I observed everything that happened.
Anche tu hai osservato qualcosa di strano,
  vero? You too observed something strange,
  didn't you?

Extended uses/Related words and expressions
considerare to consider
esaminare to examine

337

ostinarsi
to persist, to insist

The Seven Simple Tenses		The Seven Compound Tenses	
Singular	Plural	Singular	Plural
1 Present Indicative		**8 Present Perfect**	
mi ostino	ci ostiniamo	mi sono ostinato	ci siamo ostinati
ti ostini	vi ostinate	ti sei ostinato	vi siete ostinati
si ostina	si ostinano	si è ostinato	si sono ostinati
2 Imperfect		**9 Past Perfect**	
mi ostinavo	ci ostinavamo	mi ero ostinato	ci eravamo ostinati
ti ostinavi	vi ostinavate	ti eri ostinato	vi eravate ostinati
si ostinava	si ostinavano	si era ostinato	si erano ostinati
3 Past Absolute		**10 Past Anterior**	
mi ostinai	ci ostinammo	mi fui ostinato	ci fummo ostinati
ti ostinasti	vi ostinaste	ti fosti ostinato	vi foste ostinati
si ostinò	si ostinarono	si fu ostinato	si furono ostinati
4 Future		**11 Future Perfect**	
mi ostinerò	ci ostineremo	mi sarò ostinato	ci saremo ostinati
ti ostinerai	vi ostinerete	ti sarai ostinato	vi sarete ostinati
si ostinerà	si ostineranno	si sarà ostinato	si saranno ostinati
5 Present Conditional		**12 Past Conditional**	
mi ostinerei	ci ostineremmo	mi sarei ostinato	ci saremmo ostinati
ti ostineresti	vi ostinereste	ti saresti ostinato	vi sareste ostinati
si ostinerebbe	si ostinerebbero	si sarebbe ostinato	si sarebbero ostinati
6 Present Subjunctive		**13 Past Subjunctive**	
mi ostini	ci ostiniamo	mi sia ostinato	ci siamo ostinati
ti ostini	vi ostiniate	ti sia ostinato	vi siate ostinati
si ostini	si ostinino	si sia ostinato	si siano ostinati
7 Imperfect Subjunctive		**14 Past Perfect Subjunctive**	
mi ostinassi	ci ostinassimo	mi fossi ostinato	ci fossimo ostinati
ti ostinassi	vi ostinaste	ti fossi ostinato	vi foste ostinati
si ostinasse	si ostinassero	si fosse ostinato	si fossero ostinati

Imperative	
—	ostiniamoci
ostinati (non ti ostinare/non ostinarti)	ostinatevi
si ostini	si ostinino

Samples of basic verb usage

Perché ti ostini su quell'idea? Why are you so fixed on that idea?

Non ostinarti a negare la verità! Don't persist in denying the truth!

Extended uses/Related words and expressions

insistere to insist
persistere to persist

338

Past Part. **ottenuto**

ottenere*
■ Irregular verb

to obtain, to get

The Seven Simple Tenses		The Seven Compound Tenses	
Singular	Plural	Singular	Plural
1 Present Indicative		**8 Present Perfect**	
ottengo	otteniamo	ho ottenuto	abbiamo ottenuto
ottieni	ottenete	hai ottenuto	avete ottenuto
ottiene	ottengono	ha ottenuto	hanno ottenuto
2 Imperfect		**9 Past Perfect**	
ottenevo	ottenevamo	avevo ottenuto	avevamo ottenuto
ottenevi	ottenevate	avevi ottenuto	avevate ottenuto
otteneva	ottenevano	aveva ottenuto	avevano ottenuto
3 Past Absolute		**10 Past Anterior**	
ottenni	ottenemmo	ebbi ottenuto	avemmo ottenuto
ottenesti	otteneste	avesti ottenuto	aveste ottenuto
ottenne	ottennero	ebbe ottenuto	ebbero ottenuto
4 Future		**11 Future Perfect**	
otterrò	otterremo	avrò ottenuto	avremo ottenuto
otterrai	otterrete	avrai ottenuto	avrete ottenuto
otterrà	otterranno	avrà ottenuto	avranno ottenuto
5 Present Conditional		**12 Past Conditional**	
otterrei	otterremmo	avrei ottenuto	avremmo ottenuto
otterresti	otterreste	avresti ottenuto	avreste ottenuto
otterrebbe	otterrebbero	avrebbe ottenuto	avrebbero ottenuto
6 Present Subjunctive		**13 Past Subjunctive**	
ottenga	otteniamo	abbia ottenuto	abbiamo ottenuto
ottenga	otteniate	abbia ottenuto	abbiate ottenuto
ottenga	ottengano	abbia ottenuto	abbiano ottenuto
7 Imperfect Subjunctive		**14 Past Perfect Subjunctive**	
ottenessi	ottenessimo	avessi ottenuto	avessimo ottenuto
ottenessi	otteneste	avessi ottenuto	aveste ottenuto
ottenesse	ottenessero	avesse ottenuto	avessero ottenuto

O

Imperative	
—	otteniamo
ottieni (non ottenere)	ottenete
ottenga	ottengano

Samples of basic verb usage
Con quelle maniere non otterrai niente! With
such behavior you will obtain nothing!
Fortunamente ho ottenuto tutto quello che
volevo. Fortunately, I obtained all that I
wanted.

Extended uses/Related words and expressions
conquistare to conquer
conseguire to achieve

NOTE: This verb is composed with the verb **tenere** (to hold) and is thus conjugated exactly like it.

pagare

Gerund **pagando**

Past Part. **pagato**

to pay

Regular **-are** verb endings with spelling change: **g** becomes **gh** before **e** or **i**

The Seven Simple Tenses

The Seven Compound Tenses

Singular	Plural	Singular	Plural
1 Present Indicative		**8 Present Perfect**	
pago	paghiamo	ho pagato	abbiamo pagato
paghi	pagate	hai pagato	avete pagato
paga	pagano	ha pagato	hanno pagato
2 Imperfect		**9 Past Perfect**	
pagavo	pagavamo	avevo pagato	avevamo pagato
pagavi	pagavate	avevi pagato	avevate pagato
pagava	pagavano	aveva pagato	avevano pagato
3 Past Absolute		**10 Past Anterior**	
pagai	pagammo	ebbi pagato	avemmo pagato
pagasti	pagaste	avesti pagato	aveste pagato
pagò	pagarono	ebbe pagato	ebbero pagato
4 Future		**11 Future Perfect**	
pagherò	pagheremo	avrò pagato	avremo pagato
pagherai	pagherete	avrai pagato	avrete pagato
pagherà	pagheranno	avrà pagato	avranno pagato
5 Present Conditional		**12 Past Conditional**	
pagherei	pagheremmo	avrei pagato	avremmo pagato
pagheresti	paghereste	avresti pagato	avreste pagato
pagherebbe	pagherebbero	avrebbe pagato	avrebbero pagato
6 Present Subjunctive		**13 Past Subjunctive**	
paghi	paghiamo	abbia pagato	abbiamo pagato
paghi	paghiate	abbia pagato	abbiate pagato
paghi	paghino	abbia pagato	abbiano pagato
7 Imperfect Subjunctive		**14 Past Perfect Subjunctive**	
pagassi	pagassimo	avessi pagato	avessimo pagato
pagassi	pagaste	avessi pagato	aveste pagato
pagasse	pagassero	avesse pagato	avessero pagato

Imperative

—	paghiamo
paga (non pagare)	pagate
paghi	paghino

AN ESSENTIAL VERB

AN ESSENTIAL VERB

This is a key verb because it is used frequently in all kinds of conversations and because it occurs in a number of useful expressions and idioms.

Samples of basic verb usage

Chi ha pagato il conto? Who paid the check?

Devo pagare la bolletta. I have to pay the bill.

Pagheremo con la carta di credito. We'll pay by credit card.

Non ho ancora pagato le cose che ho comprato. I haven't yet paid for the things I bought.

Extended uses

Il delitto non paga. Crime does not pay.

Pagherai quell'errore! You'll pay for that error!

Chi rompe, paga. One is always accountable for one's actions (*literally* Those who break things, have to pay for them).

L'ho pagato un occhio della testa. I paid an arm and a leg for it (*literally* I paid an eye in the head for it).

Words and expressions related to this verb

farla pagare a qualcuno to make someone pay

la paga pay

busta paga wages

giorno di paga payday

il pagamento payment

i soldi money

i contanti cash

parere*

Gerund **parendo**

Past Part. **parso**

to appear, to seem

Irregular verb ■

The Seven Simple Tenses		The Seven Compound Tenses	
Singular	Plural	Singular	Plural

1 Present Indicative		8 Present Perfect	
paio	paiamo (pariamo)	sono parso	siamo parsi
pari	parete	sei parso	siete parsi
pare	paiono	è parso	sono parsi

2 Imperfect		9 Past Perfect	
parevo	parevamo	ero parso	eravamo parsi
parevi	parevate	eri parso	eravate parsi
pareva	parevano	era parso	erano parsi

3 Past Absolute		10 Past Anterior	
parvi	paremmo	fui parso	fummo parsi
paresti	pareste	fosti parso	foste parsi
parve	parvero	fu parso	furono parsi

4 Future		11 Future Perfect	
parrò	parremo	sarò parso	saremo parsi
parrai	parrete	sarai parso	sarete parsi
parrà	parranno	sarà parso	saranno parsi

5 Present Conditional		12 Past Conditional	
parrei	parremmo	sarei parso	saremmo parsi
parresti	parreste	saresti parso	sareste parsi
parrebbe	parrebbero	sarebbe parso	sarebbero parsi

6 Present Subjunctive		13 Past Subjunctive	
paia	paiamo (pariamo)	sia parso	siamo parsi
paia	paiate (pariate)	sia parso	siate parsi
paia	paiano	sia parso	siano parsi

7 Imperfect Subjunctive		14 Past Perfect Subjunctive	
paressi	paressimo	fossi parso	fossimo parsi
paressi	pareste	fossi parso	foste parsi
paresse	paressero	fosse parso	fossero parsi

Imperative

—	paiamo (pariamo)
pari (non parere)	parete
paia	paiano

Samples of basic verb usage
Pare che lui sia guarito. It seems that he has
   been cured.
Non mi pare vero! It doesn't seem true!
   I can't believe it!

Extended uses/Related words and expressions
Ti pare! Don't mention it!
Mi pareva! I thought so!

NOTE: Other verbs conjugated like **parere** are **apparire** (to appear) and **comparire** (to come into view).

This verb holds the subjunctive in dependent clauses: **Pare che venga anche lui** (It seems that he is also coming).

The Seven Simple Tenses | The Seven Compound Tenses

Singular	Plural	Singular	Plural
1 Present Indicative		**8 Present Perfect**	
parlo	parliamo	ho parlato	abbiamo parlato
parli	parlate	hai parlato	avete parlato
parla	parlano	ha parlato	hanno parlato
2 Imperfect		**9 Past Perfect**	
parlavo	parlavamo	avevo parlato	avevamo parlato
parlavi	parlavate	avevi parlato	avevate parlato
parlava	parlavano	aveva parlato	avevano parlato
3 Past Absolute		**10 Past Anterior**	
parlai	parlammo	ebbi parlato	avemmo parlato
parlasti	parlaste	avesti parlato	aveste parlato
parlò	parlarono	ebbe parlato	ebbero parlato
4 Future		**11 Future Perfect**	
parlerò	parleremo	avrò parlato	avremo parlato
parlerai	parlerete	avrai parlato	avrete parlato
parlerà	parleranno	avrà parlato	avranno parlato
5 Present Conditional		**12 Past Conditional**	
parlerei	parleremmo	avrei parlato	avremmo parlato
parleresti	parlereste	avresti parlato	avreste parlato
parlerebbe	parlerebbero	avrebbe parlato	avrebbero parlato
6 Present Subjunctive		**13 Past Subjunctive**	
parli	parliamo	abbia parlato	abbiamo parlato
parli	parliate	abbia parlato	abbiate parlato
parli	parlino	abbia parlato	abbiano parlato
7 Imperfect Subjunctive		**14 Past Perfect Subjunctive**	
parlassi	parlassimo	avessi parlato	avessimo parlato
parlassi	parlaste	avessi parlato	aveste parlato
parlasse	parlassero	avesse parlato	avessero parlato

P

Imperative

—	parliamo
parla (non parlare)	parlate
parli	parlino

AN ESSENTIAL VERB

AN ESSENTIAL VERB

Parlare

This is a key verb because it is used frequently in conversation and because it occurs in a number of useful expressions and idioms.

Samples of basic verb usage

Tu parli italiano molto bene. You speak Italian very well.

Che lingua parlano in quella città? What language do they speak in that city?

Ha parlato al professore ieri. He spoke to the professor yesterday.

Anche lei gli parlerà. She will also speak to him.

Extended uses

Chi parla? Who is it?

Con chi parlo? Who am I speaking to?

con rispetto parlando with all due respect

parlare a braccio to improvise (*literally* to speak with an arm)

parlare a vanvera to speak senselessly

parlare del più e del meno to speak about nothing important

> ### Words and expressions related to this verb
>
> **far parlare la ragione** to be reasonable (*literally* to let reason speak)
>
> **Bada a come parli!** Be careful what you say!
>
> **I fatti parlano da soli!** The facts speak for themselves.
>
> **Non me ne parlare!** Don't even say a word! Absolutely not!
>
> **Guarda che parlo sul serio!** Listen, I really mean it!
>
> **Senti chi parla!** Look who's talking!

to participate, to share

The Seven Simple Tenses		The Seven Compound Tenses	
Singular	Plural	Singular	Plural

1 Present Indicative / **8 Present Perfect**

partecipo	partecipiamo	ho partecipato	abbiamo partecipato
partecipi	partecipate	hai partecipato	avete partecipato
partecipa	partecipano	ha partecipato	hanno partecipato

2 Imperfect / **9 Past Perfect**

partecipavo	partecipavamo	avevo partecipato	avevamo partecipato
partecipavi	partecipavate	avevi partecipato	avevate partecipato
participava	partecipavano	aveva partecipato	avevano partecipato

3 Past Absolute / **10 Past Anterior**

partecipai	partecipammo	ebbi partecipato	avemmo partecipato
partecipasti	partecipaste	avesti partecipato	aveste partecipato
partecipò	parteciparono	ebbe partecipato	ebbero partecipato

4 Future / **11 Future Perfect**

parteciperò	parteciperemo	avrò partecipato	avremo partecipato
parteciperai	parteciperete	avrai partecipato	avrete partecipato
parteciperà	parteciperanno	avrà partecipato	avranno partecipato

5 Present Conditional / **12 Past Conditional**

parteciperei	parteciperemmo	avrei partecipato	avremmo partecipato
parteciperesti	partecipereste	avresti partecipato	avreste partecipato
parteciperebbe	parteciperebbero	avrebbe partecipato	avrebbero partecipato

6 Present Subjunctive / **13 Past Subjunctive**

partecipi	partecipiamo	abbia partecipato	abbiamo partecipato
partecipi	partecipiate	abbia partecipato	abbiate partecipato
partecipi	partecipino	abbia partecipato	abbiano partecipato

7 Imperfect Subjunctive / **14 Past Perfect Subjunctive**

partecipassi	partecipassimo	avessi partecipato	avessimo partecipato
partecipassi	partecipaste	avessi partecipato	aveste partecipato
partecipasse	partecipassero	avesse partecipato	avessero partecipato

Imperative

—	**partecipiamo**
partecipa (non partecipare)	**partecipate**
partecipi	**partecipino**

Samples of basic verb usage

Anche tu hai partecipato alla gara? Did you also participate in the competition?

Parteciperò anch'io alla riunione domani. I will also participate in the meeting tomorrow.

Extended uses/Related words and expressions

L'importante è partecipare, non vincere. The important thing is to participate, not win.

la partecipazione di nozze wedding invitation

partire

Gerund partendo   **Past Part. partito**

to leave, to go away, to set out

The Seven Simple Tenses		The Seven Compound Tenses	
Singular	Plural	Singular	Plural
1 Present indicative		**8 Present Perfect**	
parto	partiamo	sono partito	siamo partiti
parti	partite	sei partito	siete partiti
parte	partono	è partito	sono partiti
2 Imperfect		**9 Past Perfect**	
partivo	partivamo	ero partito	eravamo partiti
partivi	partivate	eri partito	eravate partiti
partiva	partivano	era partito	erano partiti
3 Past Absolute		**10 Past Anterior**	
partii	partimmo	fui partito	fummo partiti
partisti	partiste	fosti partito	foste partiti
partì	partirono	fu partito	furono partiti
4 Future		**11 Future Perfect**	
partiro	partiremo	sarò partito	saremo partiti
partirai	partirete	sarai partito	sarete partiti
partirà	partiranno	sarà partito	saranno partiti
5 Present Conditional		**12 Past Conditional**	
partirei	partiremmo	sarei partito	saremmo partiti
partiresti	partireste	saresti partito	sareste partiti
partirebbe	partirebbero	sarebbe partito	sarebbero partiti
6 Present Subjunctive		**13 Past Subjunctive**	
parta	partiamo	sia partito	siamo partiti
parta	partiate	sia partito	siate partiti
parta	partano	sia partito	siano partiti
7 Imperfect Subjunctive		**14 Past Perfect Subjunctive**	
partissi	partissimo	fossi partito	fossimo partiti
partissi	partiste	fossi partito	foste partiti
partisse	partissero	fosse partito	fossero partiti

Imperative

—	partiamo
parti (non partire)	partite
parta	partano

AN ESSENTIAL VERB

This is a key verb because it is used frequently in conversation and because it occurs in a number of useful expressions and idioms.

Samples of basic verb usage

A che ora partite domani? At what time are you leaving tomorrow?

Sono già partiti. They have already left.

Partiremo per la Francia tra breve. We are leaving for France shortly.

Prima di partire, bisogna fare le valige. Before leaving, we've got to pack our suitcases.

Extended uses

La mia macchina non parte. My car isn't starting.

Il mio orologio è partito! My watch is gone!

partire in quarta to start off with drive

Partire è un po' morire. Absence makes the heart grow fonder (*literally* Leaving is a bit like dying).

Il mio discorso parte da una convinzione precisa. My point of view starts from a specific conviction.

Words and expressions related to this verb

a partire da **starting from**

uscire **to go out**

andare via **to go away**

lasciare **to leave behind**

passare

to pass, to proceed, to go along, to go by

The Seven Simple Tenses		The Seven Compound Tenses	
Singular	Plural	Singular	Plural
1 Present Indicative		**8 Present Perfect**	
passo	passiamo	ho passato	abbiamo passato
passi	passate	hai passato	avete passato
passa	passano	ha passato	hanno passato
2 Imperfect		**9 Past Perfect**	
passavo	passavamo	avevo passato	avevamo passato
passavi	passavate	avevi passato	avevate passato
passava	passavano	aveva passato	avevano passato
3 Past Absolute		**10 Past Anterior**	
passai	passammo	ebbi passato	avemmo passato
passasti	passaste	avesti passato	aveste passato
passò	passarono	ebbe passato	ebbero passato
4 Future		**11 Future Perfect**	
passerò	passeremo	avrò passato	avremo passato
passerai	passerete	avrai passato	avrete passato
passerà	passeranno	avrà passato	avranno passato
5 Present Conditional		**12 Past Conditional**	
passerei	passeremmo	avrei passato	avremmo passato
passeresti	passereste	avresti passato	avreste passato
passerebbe	passerebbero	avrebbe passato	avrebbero passato
6 Present Subjunctive		**13 Past Subjunctive**	
passi	passiamo	abbia passato	abbiamo passato
passi	passiate	abbia passato	abbiate passato
passi	passino	abbia passato	abbiano passato
7 Imperfect Subjunctive		**14 Past Perfect Subjunctive**	
passassi	passassimo	avessi passato	avessimo passato
passassi	passaste	avessi passato	aveste passato
passasse	passassero	avesse passato	avessero passato

Imperative	
—	passiamo
passa (non passare)	passate
passi	passino

Samples of basic verb usage	**Extended uses/Related words and expressions**
Il tempo passa velocemente. Time goes by quickly.	passare per mille difficoltà to go through a lot of difficulties
Quella strada passa per tutta la città. That road goes through the whole city.	Non ti è ancora passato il raffreddore? Hasn't your cold gone away yet?
L'autobus passerà tra poco. The bus will be by shortly.	passare la dogana to go through customs
Abbiamo passato una bella vacanza insieme. We spent a wonderful holiday together.	passarsela bene to be getting along well

NOTE: When this verb is used in an intransitive sentence, the auxiliary verb is *essere*.

Regular **-are** verb endings with spelling change: **ggi** becomes **gg** before **e** or **i**   to walk, to stroll

The Seven Simple Tenses		The Seven Compound Tenses	
Singular	Plural	Singular	Plural
1 Present Indicative		**8 Present Perfect**	
passeggio	passeggiamo	ho passeggiato	abbiamo passeggiato
passeggi	passeggiate	hai passeggiato	avete passeggiato
passeggia	passeggiano	ha passeggiato	hanno passeggiato
2 Imperfect		**9 Past Perfect**	
passeggiavo	passeggiavamo	avevo passeggiato	avevamo passeggiato
passeggiavi	passeggiavate	avevi passeggiato	avevate passeggiato
passeggiava	passeggiavano	aveva passeggiato	avevano passeggiato
3 Past Absolute		**10 Past Anterior**	
passeggiai	passeggiammo	ebbi passeggiato	avemmo passeggiato
passeggiasti	passeggiaste	avesti passeggiato	aveste passeggiato
passeggiò	passeggiarono	ebbe passeggiato	ebbero passeggiato
4 Future		**11 Future Perfect**	
passeggerò	passeggeremo	avrò passeggiato	avremo passeggiato
passeggerai	passeggerete	avrai passeggiato	avrete passeggiato
passeggerà	passeggeranno	avrà passeggiato	avranno passeggiato
5 Present Conditional		**12 Past Conditional**	
passeggerei	passeggeremmo	avrei passeggiato	avremmo passeggiato
passeggeresti	passeggereste	avresti passeggiato	avreste passeggiato
passeggerebbe	passeggerebbero	avrebbe passeggiato	avrebbero passeggiato
6 Present Subjunctive		**13 Past Subjunctive**	
passeggi	passeggiamo	abbia passeggiato	abbiamo passeggiato
passeggi	passeggiate	abbia passeggiato	abbiate passeggiato
passeggi	passeggino	abbia passeggiato	abbiano passeggiato
7 Imperfect Subjunctive		**14 Past Perfect Subjunctive**	
passeggiassi	passeggiassimo	avessi passeggiato	avessimo passeggiato
passeggiassi	passeggiaste	avessi passeggiato	aveste passeggiato
passeggiasse	passeggiassero	avesse passeggiato	avessero passeggiato

P

Imperative	
—	passeggiamo
passeggia (non passeggiare)	passeggiate
passeggi	passeggino

Samples of basic verb usage
Quando l'abbiamo incontrato stava passeggiando. When we ran into him, he was taking a walk.
Perché passeggi nervosamente? Why are you pacing nervously?

Extended uses/Related words and expressions
camminare per svago to walk for relaxation
andare a spasso to go for a walk

patire

Gerund patendo   Past Part. **patito**

to suffer, to endure

The Seven Simple Tenses		The Seven Compound Tenses	
Singular	Plural	Singular	Plural
1 Present Indicative		**8 Present Perfect**	
patisco	patiamo	ho patito	abbiamo patito
partisci	patite	hai patito	avete patito
patisce	patiscono	ha patito	hanno patito
2 Imperfect		**9 Past Perfect**	
pativo	pativamo	avevo patito	avevamo patito
pativi	pativate	avevi patito	avevate patito
pativa	pativano	aveva patito	avevano patito
3 Past Absolute		**10 Past Anterior**	
patii	patimmo	ebbi patito	avemmo patito
patisti	patiste	avesti patito	aveste patito
patì	patirono	ebbe patito	ebbero patito
4 Future		**11 Future Perfect**	
patirò	patiremo	avrò patito	avremo patito
patirai	patirete	avrai patito	avrete patito
patirà	patiranno	avrà patito	avranno patito
5 Present Conditional		**12 Past Conditional**	
patirei	patiremmo	avrei patito	avremmo patito
patiresti	patireste	avresti patito	avreste patito
patirebbe	patirebbero	avrebbe patito	avrebbero patito
6 Present Subjunctive		**13 Past Subjunctive**	
patisca	patiamo	abbia patito	abbiamo patito
patisca	patiate	abbia patito	abbiate patito
patisca	patiscano	abbia patito	abbiano patito
7 Imperfect Subjunctive		**14 Past Perfect Subjunctive**	
patissi	patissimo	avessi patito	avessimo patito
patissi	patiste	avessi patito	aveste patito
patisse	patissero	avesse patito	avessero patito

	Imperative	
—		patiamo
patisci (non patire)		patite
patisca		patiscano

Samples of basic verb usage

Io patisco molto il freddo. I really suffer from the cold.

Non patisco le persone prepotenti. I can't stand conceited persons.

Extended uses/Related words and expressions

patire le pene dell'inferno to suffer hellishly

La statua patisce per l'inquinamento atmosferico. The statue is deteriorating because of air pollution.

The Seven Simple Tenses

Singular	Plural
1 Present Indicative	
pendo	pendiamo
pendi	pendete
pende	pendono
2 Imperfect	
pendevo	pendevamo
pendevi	pendevate
pendeva	pendevano
3 Past Absolute	
pendei (pendetti)	pendemmo
pendesti	pendeste
pendé (pendette)	penderono
	(pendettero)
4 Future	
penderò	penderemo
penderai	penderete
penderà	penderanno
5 Present Conditional	
penderei	penderemmo
penderesti	pendereste
penderebbe	penderebbero
6 Present Subjunctive	
penda	pendiamo
penda	pendiate
penda	pendano
7 Imperfect Subjunctive	
pendessi	pendessimo
pendessi	pendeste
pendesse	pendessero

The Seven Compound Tenses

Singular	Plural
8 Present Perfect	
ho penduto	abbiamo penduto
hai penduto	avete penduto
ha penduto	hanno penduto
9 Past Perfect	
avevo penduto	avevamo penduto
avevi penduto	avevate penduto
aveva penduto	avevano penduto
10 Past Anterior	
ebbi penduto	avemmo penduto
avesti penduto	aveste penduto
ebbe penduto	ebbero penduto
11 Future Perfect	
avrò penduto	avremo penduto
avrai penduto	avrete penduto
avrà penduto	avranno penduto
12 Past Conditional	
avrei penduto	avremmo penduto
avresti penduto	avreste penduto
avrebbe penduto	avrebbero penduto
13 Past Subjunctive	
abbia penduto	abbiamo penduto
abbia penduto	abbiate penduto
abbia penduto	abbiano penduto
14 Past Perfect Subjunctive	
avessi penduto	avessimo penduto
avessi penduto	aveste penduto
avesse penduto	avessero penduto

P

Imperative

—	pendiamo
pendi (non pendere)	pendete
penda	pendano

Samples of basic verb usage

Quei festoni pendono dal soffitto. Those decorations are hanging from the ceiling.

Il lampadario pende un po' troppo. The chandelier is hanging too low.

Extended uses/Related words and expressions

La bilancia pende dalla vostra parte. The situation is in your favor (*literally* The scale is tipped in your favor).

Quel colore pende al verde. That color is verging on green.

penetrare

Gerund **penetrando**   Past Part. **penetrato**

to penetrate, to pierce

The Seven Simple Tenses		The Seven Compound Tenses	
Singular	Plural	Singular	Plural

1 Present Indicative		8 Present Perfect	
penetro	penetriamo	ho penetrato	abbiamo penetrato
penetri	penetrate	hai penetrato	avete penetrato
penetra	penetrano	ha penetrato	hanno penetrato

2 Imperfect		9 Past Perfect	
penetravo	penetravamo	avevo penetrato	avevamo penetrato
penetravi	penetravate	avevi penetrato	avevate penetrato
penetrava	penetravano	aveva penetrato	avevano penetrato

3 Past Absolute		10 Past Anterior	
penetrai	penetrammo	ebbi penetrato	avemmo penetrato
penetrasti	penetraste	avesti penetrato	aveste penetrato
penetrò	penetrarono	ebbe penetrato	ebbero penetrato

4 Future		11 Future Perfect	
penetrerò	penetreremo	avrò penetrato	avremo penetrato
penetrerai	penetrerete	avrai penetrato	avrete penetrato
penetrerà	penetreranno	avrà penetrato	avranno penetrato

5 Present Conditional		12 Past Conditional	
penetrerei	penetreremmo	avrei penetrato	avremmo penetrato
penetreresti	penetrereste	avresti penetrato	avreste penetrato
penetrerebbe	penetrerebbero	avrebbe penetrato	avrebbero penetrato

6 Present Subjunctive		13 Past Subjunctive	
penetri	penetriamo	abbia penetrato	abbiamo penetrato
penetri	penetriate	abbia penetrato	abbiate penetrato
penetri	penetrino	abbia penetrato	abbiano penetrato

7 Imperfect Subjunctive		14 Past Perfect Subjunctive	
penetrassi	penetrassimo	avessi penetrato	avessimo penetrato
penetrassi	penetraste	avessi penetrato	aveste penetrato
penetrasse	penetrassero	avesse penetrato	avessero penetrato

	Imperative	
—		penetriamo
penetra (non penetrare)		penetrate
penetri		penetrino

Samples of basic verb usage	**Extended uses/Related words and expressions**
L'umidità penetra nelle mie ossa. Humidity penetrates my bones.	Molte parole inglesi sono penetrate nella nostra lingua. Many English words have made their way into our language.
La sua fama sta penetrando dappertutto. His fame is spreading everywhere.	Mi penetrò con lo sguardo. He transfixed me with his gaze.

The Seven Simple Tenses		The Seven Compound Tenses	
Singular	Plural	Singular	Plural
1 Present Indicative		**8 Present Perfect**	
penso	pensiamo	ho pensato	abbiamo pensato
pensi	pensate	hai pensato	avete pensato
pensa	pensano	ha pensato	hanno pensato
2 Imperfect		**9 Past Perfect**	
pensavo	pansavamo	avevo pensato	avevamo pensato
pensavi	pensavate	avevi pensato	avevate pensato
pensava	pensavano	aveva pensato	avevano pensato
3 Past Absolute		**10 Past Anterior**	
pensai	pensammo	ebbi pensato	avemmo pensato
pensasti	pensaste	avesti pensato	aveste pensato
pensò	pensarono	ebbe pensato	ebbero pensato
4 Future		**11 Future Perfect**	
penserò	penseremo	avrò pensato	avremo pensato
penserai	penserete	avrai pensato	avrete pensato
penserà	penseranno	avrà pensato	avranno pensato
5 Present Conditional		**12 Past Conditional**	
penserei	penseremmo	avrei pensato	avremmo pensato
penseresti	pensereste	avresti pensato	avreste pensato
penserebbe	penserebbero	avrebbe pensato	avrebbero pensato
6 Present Subjunctive		**13 Past Subjunctive**	
pensi	pensiamo	abbia pensato	abbiamo pensato
pensi	pensiate	abbia pensato	abbiate pensato
pensi	pensino	abbia pensato	abbiano pensato
7 Imperfect Subjunctive		**14 Past Perfect Subjunctive**	
pensassi	pensassimo	avessi pensato	avessimo pensato
pensassi	pensaste	avessi pensato	aveste pensato
pensasse	pensassero	avesse pensato	avessero pensato

P

	Imperative	
—		pensiamo
pensa (non pensare)		pensate
pensi		pensino

AN ESSENTIAL VERB

Pensare

This is a key verb because it is used often in conversation and because it occurs in various expressions.

Samples of basic verb usage

Che cosa stai pensando? What are you thinking about?

Penso di andare in Italia quest'anno. I am thinking of going to Italy this year.

Penso che sia vero. I think that it is true.

Gli studenti pensano che domani ci sarà un esame. The students think that there will be an exam tomorrow.

Extended uses

dare da pensare a qualcuno to worry someone

Pensa un po'! Just think!

Una ne fa e cento ne pensa! He is always thinking something up (*literally* He does one thing and then thinks up a hundred more)!

Chi pensi di essere? Who do you think you are?

Words and expressions related to this verb

pensare di sì/no to think so/not

pensarci to think about something, to take care of something

Ci penso io! I'll take care of it!

pesnarne to think about

Cosa ne pensi? What do you think about it?

NOTE: This verb holds the subjunctive in dependent clauses: **Penso che venga anche lui** (I think that he is also coming).

When **pensare** is followed by an infinitive the preposition **di** is required before the infinitive: **Lui pensa di studiare matematica all'università** (He is thinking of studying math at university).

■ Irregular verb

to strike, to hit, to beat

The Seven Simple Tenses		The Seven Compound Tenses	
Singular	Plural	Singular	Plural

1 Present Indicative

		8 Present Perfect	
percuoto	percuotiamo	ho percosso	abbiamo percosso
percuoti	percuotete	hai percosso	avete percosso
percuote	percuotono	ha percosso	hanno percosso

2 Imperfect

		9 Past Perfect	
percuotevo	percuotevamo	avevo percosso	avevamo percosso
percuotevi	percuotevate	avevi percosso	avevate percosso
percuoteva	percuotevano	aveva percosso	avevano percosso

3 Past Absolute

		10 Past Anterior	
percossi	percuotemmo	ebbi percosso	avemmo percosso
percuotesti	percuoteste	avesti percosso	aveste percosso
percosse	percossero	ebbe percosso	ebbero percosso

4 Future

		11 Future Perfect	
percuoterò	percuoteremo	avrò percosso	avremo percosso
percuoterai	percuoterete	avrai percosso	avrete percosso
percuoterà	percuoteranno	avrà percosso	avranno percosso

5 Present Conditional

		12 Past Conditional	
percuoterei	percuoteremmo	avrei percosso	avremmo percosso
percuoteresti	percuotereste	avresti percosso	avreste percosso
percuoterebbe	percuoterebbero	avrebbe percosso	avrebbero percosso

6 Present Subjunctive

		13 Past Subjunctive	
percuota	percuotiamo	abbia percosso	abbiamo percosso
percuota	percuotiate	abbia percosso	abbiate percosso
percuota	percuotano	abbia percosso	abbiano percosso

7 Imperfect Subjunctive

		14 Past Perfect Subjunctive	
percuotessi	percuotessimo	avessi percosso	avessimo percosso
percuotessi	percuoteste	avessi percosso	aveste percosso
percuotesse	percuotessero	avesse percosso	avessero percosso

Imperative

—	percuotiamo
percuoti (non percuotere)	percuotete
percuota	percuotano

Samples of basic verb usage	**Extended uses/Related words and expressions**
Le onde percuotono la costa. The waves are hitting against the coastline.	**La notizia percosse tutti i presenti.** The news touched all those present.
Perché ti percuoti il petto? Why are you beating your chest?	**picchiare** to hit
	urtare to bump into

NOTE: Two other verbs conjugated like **percuotere** are **riscuotere** (to receive, cash in) and **scuotere** (to shake).

P

perdere*

Gerund perdendo   **Past Part. perduto (perso)**

to lose, to waste

Irregular verb ■

The Seven Simple Tenses		The Seven Compound Tenses	
Singular	Plural	Singular	Plural
1 Present Indicative		**8 Present Perfect**	
perdo	perdiamo	ho perso	abbiamo perso
perdi	perdete	hai perso	avete perso
perde	perdono	ha perso	hanno perso
2 Imperfect		**9 Past Perfect**	
perdevo	perdevamo	avevo perso	avevamo perso
perdevi	perdevate	avevi perso	avevate perso
perdeva	perdevano	aveva perso	avevano perso
3 Past Absolute		**10 Past Anterior**	
persi	perdemmo	ebbi perso	avemmo perso
perdesti	perdeste	avesti perso	aveste perso
perse	persero	ebbe perso	ebbero perso
(Or regular: perdei, perdetti, *etc.)*			
4 Future		**11 Future Perfect**	
perderò	perderemo	avrò perso	avremo perso
perderai	perderete	avrai perso	avrete perso
perderà	perderanno	avrà perso	avranno perso
5 Present Conditional		**12 Past Conditional**	
perderei	perderemmo	avrei perso	avremmo perso
perderesti	perdereste	avresti perso	avreste perso
perderebbe	perderebbero	avrebbe perso	avrebbero perso
6 Present Subjunctive		**13 Past Subjunctive**	
perda	perdiamo	abbia perso	abbiamo perso
perda	perdiate	abbia perso	abbiate perso
perda	perdano	abbia perso	abbiano perso
7 Imperfect Subjunctive		**14 Past Perfect Subjunctive**	
perdessi	perdessimo	avessi perso	avessimo perso
perdessi	perdeste	avessi perso	aveste perso
perdesse	perdessero	avesse perso	avessero perso

	Imperative	
—		perdiamo
perdi (non perdere)		perdete
perda		perdano

Samples of basic verb usage	**Extended uses/Related words and expressions**
Quale squadra ha perso la partita? Which team lost the game?	**perdere la favella** to be without words
Non devi perdere tempo! You mustn't lose any time!	**Lasciamo perdere!** Let's forget about it!

NOTE: Other verbs conjugated like **perdere** are **alludere** (to allude), **ardere** (to burn), **chiudere** (to close), **includere** (to include), and **mordere** (to bite).

■ Irregular verb   to permit, to allow

The Seven Simple Tenses		The Seven Compound Tenses	
Singular	Plural	Singular	Plural
1 Present Indicative		**8 Present Perfect**	
permetto	permettiamo	ho permesso	abbiamo permesso
permetti	permettete	hai permesso	avete permesso
permette	permettono	ha permesso	hanno permesso
2 Imperfect		**9 Past Perfect**	
permettevo	permettevamo	avevo permesso	avevamo permesso
permettevi	permettevate	avevi permesso	avevate permesso
permetteva	permettevano	aveva permesso	avevano permesso
3 Past Absolute		**10 Past Anterior**	
permisi	permettemmo	ebbi permesso	avemmo permesso
permettesti	permetteste	avesti permesso	aveste permesso
permise	permisero	ebbe permesso	ebbero permesso
4 Future		**11 Future Perfect**	
permetterò	permetteremo	avrò permesso	avremo permesso
permetterai	permetterete	avrai permesso	avrete permesso
permetterà	permetteranno	avrà permesso	avranno permesso
5 Present Conditional		**12 Past Conditional**	
permetterei	permetteremmo	avrei permesso	avremmo permesso
permetteresti	permettereste	avresti permesso	avreste permesso
permetterebbe	permetterebbero	avrebbe permesso	avrebbero permesso
6 Present Subjunctive		**13 Past Subjunctive**	
permetta	permettiamo	abbia permesso	abbiamo permesso
permetta	permettiate	abbia permesso	abbiate permesso
permetta	permettano	abbia permesso	abbiano permesso
7 Imperfect Subjunctive		**14 Past Perfect Subjunctive**	
permettessi	permettessimo	avessi permesso	avessimo permesso
permettessi	permetteste	avessi permesso	aveste permesso
permettesse	permettessero	avesse permesso	avessero permesso

Imperative	
—	permettiamo
permetti (non permettere)	permettete
permetta	permettano

Samples of basic verb usage	**Extended uses/Related words and expressions**
Perché permetti l'uso della macchina ai tuoi amici? Why do you allow your friends the use of your car?	Permesso? May I? Excuse me?
	Non mi posso permettere una vacanza quest' anno. I can't afford a vacation this year.
Questo mi permette di capire tutto. This allows me to understand everything.	
Se il tempo lo permette partiremo stasera. If the weather allows, we will be leaving tonight.	

NOTE: This verb is composed with the verb **mettere** (to put) and is thus conjugated exactly like it.

persuadere*

Gerund **persuadendo**   Past Part. **persuaso**

to persuade

Irregular verb ■

The Seven Simple Tenses		The Seven Compound Tenses	
Singular	Plural	Singular	Plural
1 Present Indicative		**8 Present Perfect**	
persuado	persuadiamo	ho persuaso	abbiamo persuaso
persuadi	persuadete	hai persuaso	avete persuaso
persuade	persuadono	ha persuaso	hanno persuaso
2 Imperfect		**9 Past Perfect**	
persuadevo	persuadevamo	avevo persuaso	avevamo persuaso
persuadevi	persuadevate	avevi persuaso	avevate persuaso
persuadeva	persuadevano	aveva persuaso	avevano persuaso
3 Past Absolute		**10 Past Anterior**	
persuasi	persuademmo	ebbi persuaso	avemmo persuaso
persuadesti	persuadeste	avesti persuaso	aveste persuaso
persuase	persuasero	ebbe persuaso	ebbero persuaso
4 Future		**11 Future Perfect**	
persuaderò	persuaderemo	avrò persuaso	avremo persuaso
persuaderai	persuaderete	avrai persuaso	avrete persuaso
persuaderà	persuaderanno	avrà persuaso	avranno persuaso
5 Present Conditional		**12 Past Conditional**	
persuaderei	persuaderemmo	avrei persuaso	avremmo persuaso
persuaderesti	persuadereste	avresti persuaso	avreste persuaso
persuaderebbe	persuaderebbero	avrebbe persuaso	avrebbero persuaso
6 Present Subjunctive		**13 Past Subjunctive**	
persuada	persuadiamo	abbia persuaso	abbiamo persuaso
persuada	persuadiate	abbia persuaso	abbiate persuaso
persuada	persuadano	abbia persuaso	abbiano persuaso
7 Imperfect Subjunctive		**14 Past Perfect Subjunctive**	
persuadessi	persuadessimo	avessi persuaso	avessimo persuaso
persuadessi	persuadeste	avessi persuaso	aveste persuaso
persuadesse	persuadessero	avesse persuaso	avessero persuaso

	Imperative	
—		persuadiamo
persuadi (non persuadere)		persuadete
persuada		persuadano

Samples of basic verb usage

Le tue storie non mi persuadono. Your explanations do not persuade me.

Lui sa persuadere la gente. He knows how to persuade people.

Extended uses/Related words and expressions

convincere to convince

incoraggiare to encourage

NOTE: Another verb conjugated like **persuadere** is **dissuadere** (to dissuade).

The Seven Simple Tenses		The Seven Compound Tenses	
Singular	Plural	Singular	Plural
1 Present Indicative		**8 Present Perfect**	
peso	pesiamo	ho pesato	abbiamo pesato
pesi	pesate	hai pesato	avete pesato
pesa	pesano	ha pesato	hanno pesato
2 Imperfect		**9 Past Perfect**	
pesavo	pesavamo	avevo pesato	avevamo pesato
pesavi	pesavate	avevi pesato	avevate pesato
pesava	pesavano	aveva pesato	avevano pesato
3 Past Absolute		**10 Past Anterior**	
pesai	pesammo	ebbi pesato	avemmo pesato
pesasti	pesaste	avesti pesato	aveste pesato
pesò	pesarono	ebbe pesato	ebbero pesato
4 Future		**11 Future Perfect**	
peserò	peseremo	avrò pesato	avremo pesato
peserai	peserete	avrai pesato	avrete pesato
peserà	peseranno	avrà pesato	avranno pesato
5 Present Conditional		**12 Past Conditional**	
peserei	peseremmo	avrei pesato	avremmo pesato
peseresti	pesereste	avresti pesato	avreste pesato
peserebbe	peserebbero	avrebbe pesato	avrebbero pesato
6 Present Subjunctive		**13 Past Subjunctive**	
pesi	pesiamo	abbia pesato	abbiamo pesato
pesi	pesiate	abbia pesato	abbiate pesato
pesi	pesino	abbia pesato	abbiano pesato
7 Imperfect Subjunctive		**14 Past Perfect Subjunctive**	
pesassi	pesassimo	avessi pesato	avessimo pesato
pesassi	pesaste	avessi pesato	aveste pesato
pesasse	pesassero	avesse pesato	avessero pesato

Imperative	
—	pesiamo
pesa (non pesare)	pesate
pesi	pesino

Samples of basic verb usage
Quanto pesi? How much do you weigh?
Ha già pesato la frutta? Did you already weigh the fruit?

Extended uses/Related words and expressions
pesare le parole to choose one's words carefully
Gli anni cominciano a pesarmi. The years are beginning to weigh upon me.

P

pettinare

Gerund pettinando   **Past Part. pettinato**

to comb

The Seven Simple Tenses		The Seven Compound Tenses	
Singular	Plural	Singular	Plural
1 Present Indicative		**8 Present Perfect**	
pettino	pettiniamo	ho pettinato	abbiamo pettinato
pettini	pettinate	hai pettinato	avete pettinato
pettina	pettinano	ha pettinato	hanno pettinato
2 Imperfect		**9 Past Perfect**	
pettinavo	pettinavamo	avevo pettinato	avevamo pettinato
pettinavi	pettinavate	avevi pettinato	avevate pettinato
pettinava	pettinavano	aveva pettinato	avevano pettinato
3 Past Absolute		**10 Past Anterior**	
pettinai	pettinammo	ebbi pettinato	avemmo pettinato
pettinasti	pettinaste	avesti pettinato	aveste pettinato
pettinò	pettinarono	ebbe pettinato	ebbero pettinato
4 Future		**11 Future Perfect**	
pettinerò	pettineremo	avrò pettinato	avremo pettinato
pettinerai	pettinerete	avrai pettinato	avrete pettinato
pettinerà	pettineranno	avrà pettinato	avranno pettinato
5 Present Conditional		**12 Past Conditional**	
pettinerei	pettineremmo	avrei pettinato	avremmo pettinato
pettineresti	pettinereste	avresti pettinato	avreste pettinato
pettinerebbe	pettinerebbero	avrebbe pettinato	avrebbero pettinato
6 Present Subjunctive		**13 Past Subjunctive**	
pettini	pettiniamo	abbia pettinato	abbiamo pettinato
pettini	pettiniate	abbia pettinato	abbiate pettinato
pettini	pettinino	abbia pettinato	abbiano pettinato
7 Imperfect Subjunctive		**14 Past Perfect Subjunctive**	
pettinassi	pettinassimo	avessi pettinato	avessimo pettinato
pettinassi	pettinaste	avessi pettinato	aveste pettinato
pettinasse	pettinassero	avesse pettinato	avessero pettinato

	Imperative	
—		pettiniamo
pettina (non pettinare)		pettinate
pettini		pettinino

Samples of basic verb usage

Vieni qui! Ti pettino io!   Come here! I'll comb you!

Chi ha pettinato il cane?   Who brushed the dog?

Extended uses/Related words and expressions

il pettine   comb

Tutti i nodi vengono al pettine.   Sooner or later you will have to deal with it (*literally* All snarls eventually come to the comb).

■ Irregular verb to please, to like, to be pleasing to

The Seven Simple Tenses		The Seven Compound Tenses	
Singular	Plural	Singular	Plural

1 Present Indicative

		8 Present Perfect	
piaccio	piac(c)iamo	sono piaciuto	siamo piaciuti
piaci	piacete	sei piaciuto	siete piaciuti
piace	piacciono	è piaciuto	sono piaciuti

2 Imperfect

		9 Past Perfect	
piacevo	piacevamo	ero piaciuto	eravamo piaciuti
piacevi	piacevate	eri piaciuto	eravate piaciuti
piaceva	piacevano	era piaciuto	erano piaciuti

3 Past Absolute

		10 Past Anterior	
piacqui	piacemmo	fui piaciuto	fummo piaciuti
piacesti	piaceste	fosti piaciuto	foste piaciuti
piacque	piacquero	fu piaciuto	furono piaciuti

4 Future

		11 Future Perfect	
piacerò	piaceremo	sarò piaciuto	saremo piaciuti
piacerai	piacerete	sarai piaciuto	sarete piaciuti
piacerà	piaceranno	sarà piaciuto	saranno piaciuti

5 Present Conditional

		12 Past Conditional	
piacerei	piaceremmo	sarei piaciuto	saremmo piaciuti
piaceresti	piacereste	saresti piaciuto	sareste piaciuti
piacerebbe	piacerebbero	sarebbe piaciuto	sarebbero piaciuti

6 Present Subjunctive

		13 Past Subjunctive	
piaccia	piac(c)iamo	sia piaciuto	siamo piaciuti
piaccia	piac(c)iate	sia piaciuto	siate piaciuti
piaccia	piacciano	sia piaciuto	siano piaciuti

7 Imperfect Subjunctive

		14 Past Perfect Subjunctive	
piacessi	piacessimo	fossi piaciuto	fossimo piaciuti
piacessi	piaceste	fossi piaciuto	foste piaciuti
piacesse	piacessero	fosse piaciuto	fossero piaciuti

	Imperative	
—		piac(c)iamo
piaci (non piacere)		piacete
piaccia		piacciano

P

This is a key verb because it is used constantly in conversation and because it occurs in a number of useful expressions.

Samples of basic verb usage

Ti piace la minestra? Do you like soup?

A noi non piacciono gli sport. We do not like sports.

So che io non le piaccio. I know that she does not like me.

Non mi sono piaciuti gli spaghetti. I didn't like the spaghetti.

Extended uses

Piacere di fare la Sua conoscenza. A pleasure to make your acquaintance.

Mi piace da morire! I love it to death!

Faccio quello che mi pare e piace. I'll do whatever I want.

Words and expressions related to this verb

a piacere freely

il piacere pleasure

per piacere please

il principio del piacere the pleasure principle

Con piacere! It's a pleasure to do it!

Il piacere è tutto mio! The pleasure's all mine!

NOTE: Another verb conjugated like **piacere** is **dispiacere** (to feel sorry).

This verb means literally "to be pleasing to": **Mi piace quella persona** (That person is pleasing to me = I like that person); **Io piaccio a quella persona** (I am pleasing to that person = That person likes me).

■ Irregular verb   to weep, to cry

The Seven Simple Tenses		The Seven Compound Tenses	
Singular	Plural	Singular	Plural

1 Present Indicative

		8 Present Perfect	
piango	piangiamo	ho pianto	abbiamo pianto
piangi	piangete	hai pianto	avete pianto
piange	piangono	ha pianto	hanno pianto

2 Imperfect

		9 Past Perfect	
piangevo	piangevamo	avevo pianto	avevamo pianto
piangevi	piangevate	avevi pianto	avevate pianto
piangeva	piangevano	aveva pianto	avevano pianto

3 Past Absolute

		10 Past Anterior	
piansi	piangemmo	ebbi pianto	avemmo pianto
piangesti	piangeste	avesti pianto	aveste pianto
pianse	piansero	ebbe pianto	ebbero pianto

4 Future

		11 Future Perfect	
piangerò	piangeremo	avrò pianto	avremo pianto
piangerai	piangerete	avrai pianto	avrete pianto
piangerà	piangeranno	avrà pianto	avranno pianto

5 Present Conditional

		12 Past Conditional	
piangerei	piangeremmo	avrei pianto	avremmo pianto
piangeresti	piangereste	avresti pianto	avreste pianto
piangerebbe	piangerebbero	avrebbe pianto	avrebbero pianto

6 Present Subjunctive

		13 Past Subjunctive	
pianga	piangiamo	abbia pianto	abbiamo pianto
pianga	piangiate	abbia pianto	abbiate pianto
pianga	piangano	abbia pianto	abbiano pianto

7 Imperfect Subjunctive

		14 Past Perfect Subjunctive	
piangessi	piangessimo	avessi pianto	avessimo pianto
piangessi	piangeste	avessi pianto	aveste pianto
piangesse	piangessero	avesse pianto	avessero pianto

Imperative	
—	piangiamo
piangi (non piangere)	piangete
pianga	piangano

Samples of basic verb usage

Quando le cose non le vanno bene, la mia amica piange sempre. When things do not go well for her, my friend always cries.

Smettila di piangere e raccontami cosa è successo! Stop crying and tell me what happened!

Extended uses/Related words and expressions

piangere sul latte versato to cry over spilt milk

un film che fa piangere a tearjerker

NOTE: Other verbs conjugated like **piangere** are **costringere** (to force), **aggiungere** (to add), **giungere** (to reach), **congiungere** (to join), and **raggiungere** (to catch up to).

piegare

Gerund **piegando**　　Past Part. **piegato**

to fold

Regular **-are** verb endings with spelling change: **g** becomes **gh** before **e** or **i**

The Seven Simple Tenses		The Seven Compound Tenses	
Singular	Plural	Singular	Plural

1 Present Indicative		8 Present Perfect	
piego	pieghiamo	ho piegato	abbiamo piegato
pieghi	piegate	hai piegato	avete piegato
piega	piegano	ha piegato	hanno piegato

2 Imperfect		9 Past Perfect	
piegavo	piegavamo	avevo piegato	avevamo piegato
piegavi	piegavate	avevi piegato	avevate piegato
piegava	piegavano	aveva piegato	avevano piegato

3 Past Absolute		10 Past Anterior	
piegai	piegammo	ebbi piegato	avemmo piegato
piegasti	piegaste	avesti piegato	aveste piegato
piegò	piegarono	ebbe piegato	ebbero piegato

4 Future		11 Future Perfect	
piegherò	piegheremo	avrò piegato	avremo piegato
piegherai	piegherete	avrai piegato	avrete piegato
piegherà	piegheranno	avrà piegato	avranno piegato

5 Present Conditional		12 Past Conditional	
piegherei	piegheremmo	avrei piegato	avremmo piegato
piegheresti	pieghereste	avresti piegato	avreste piegato
piegherebbe	piegherebbero	avrebbe piegato	avrebbero piegato

6 Present Subjunctive		13 Past Subjunctive	
pieghi	pieghiamo	abbia piegato	abbiamo piegato
pieghi	pieghiate	abbia piegato	abbiate piegato
pieghi	pieghino	abbia piegato	abbiano piegato

7 Imperfect Subjunctive		14 Past Perfect Subjunctive	
piegassi	piegassimo	avessi piegato	avessimo piegato
piegassi	piegaste	avessi piegato	aveste piegato
piegasse	piegassero	avesse piegato	avessero piegato

Imperative	
—	pieghiamo
piega (non piegare)	piegate
pieghi	pieghino

Samples of basic verb usage	Extended uses/Related words and expressions
Perché **pieghi** sempre la carta così? Why do you always fold paper like that?	inclinare to slant
Devi **piegare** il foglio in due. You have to fold the sheet in two.	curvare to curve
	deviare to deviate

■ Irregular verb   to rain

The Seven Simple Tenses		The Seven Compound Tenses	
Singular	Plural	Singular	Plural
1 Present Indicative		8 Present Perfect	
piove	**piovono**	**è piovuto***	**sono piovuti**
2 Imperfect		9 Past Perfect	
pioveva	**piovevano**	**era piovuto**	**erano piovuti**
3 Past Absolute		10 Past Anterior	
piovve	**piovvero**	**fu piovuto**	**furono piovuti**
4 Future		11 Future Perfect	
pioverà	**pioveranno**	**sarà piovuto**	**saranno piovuti**
5 Present Conditional		12 Past Conditional	
pioverebbe	**pioverebbero**	**sarebbe piovuto**	**sarebbero piovuti**
6 Present Subjunctive		13 Past Subjunctive	
piova	**piovano**	**sia piovuto**	**siano piovuti**
7 Imperfect Subjunctive		14 Past Perfect Subjunctive	
piovesse	**piovessero**	**fosse piovuto**	**fossero piovuti**

Imperative
—

Samples of basic verb usage
Ha piovuto tutto il giorno ieri. It rained all day yesterday.
In primavera piove sempre. It always rains in the spring.

Extended uses/Related words and expressions
piovere a dirotto to be pouring
piovere a catinelle to be raining buckets

NOTE: This is an impersonal verb—a verb used only in the third person (singular and plural). Therefore, for convenience, the other forms are omitted in the conjugation of such verbs. All impersonal verbs are conjugated with the auxiliary essere in compound tenses. However, in this case the auxiliary avere tends to be used (especially in colloquial language): **É piovuto/Ha piovuto** (It rained).

porgere*

Gerund **porgendo**

Past Part. **porto**

to hand, to offer, to hold out

Irregular verb ■

The Seven Simple Tenses		The Seven Compound Tenses	
Singular	Plural	Singular	Plural
1 Present Indicative		**8 Present Perfect**	
porgo	porgiamo	ho porto	abbiamo porto
porgi	porgete	hai porto	avete porto
porge	porgono	ha porto	hanno porto
2 Imperfect		**9 Past Perfect**	
porgevo	porgevamo	avevo porto	avevamo porto
porgevi	porgevate	avevi porto	avevate porto
porgeva	porgevano	aveva porto	avevano porto
3 Past Absolute		**10 Past Anterior**	
porsi	porgemmo	ebbi porto	avemmo porto
porgesti	porgeste	avesti porto	aveste porto
porse	porsero	ebbe porto	ebbero porto
4 Future		**11 Future Perfect**	
porgerò	porgeremo	avrò porto	avremo porto
porgerai	porgerete	avrai porto	avrete porto
porgerà	porgeranno	avrà porto	avranno porto
5 Present Conditional		**12 Past Conditional**	
porgerei	porgeremmo	avrei porto	avremmo porto
porgeresti	porgereste	avresti porto	avreste porto
porgerebbe	porgerebbero	avrebbe porto	avrebbero porto
6 Present Subjunctive		**13 Past Subjunctive**	
porga	porgiamo	abbia porto	abbiamo porto
porga	porgiate	abbia porto	abbiate porto
porga	porgano	abbia porto	abbiano porto
7 Imperfect Subjunctive		**14 Past Perfect Subjunctive**	
porgessi	porgessimo	avessi porto	avessimo porto
porgessi	porgeste	avessi porto	aveste porto
porgesse	porgessero	avesse porto	avessero porto

Imperative	
—	porgiamo
porgi (non porgere)	porgete
porga	porgano

Samples of basic verb usage

Mi porgi la penna? Can you hand me the pen?
Le porgo la mano. I am going to shake your hand.

Extended uses/Related words and expressions

porgere aiuto ai bisognosi to lend a hand to the needy
porgere gli auguri agli sposi to congratulate the newlyweds

NOTE: Other verbs conjugated like **porgere** are **eleggere** (to elect), **leggere** (to read), **proteggere** (to protect), **reggere** (to hold), and **sorreggere** (to hold up).

■ Irregular verb   to put, to place, to set

The Seven Simple Tenses		The Seven Compound Tenses	
Singular	Plural	Singular	Plural
1 Present Indicative		**8 Present Perfect**	
pongo	poniamo	ho posto	abbiamo posto
poni	ponete	hai posto	avete posto
pone	pongono	ha posto	hanno posto
2 Imperfect		**9 Past Perfect**	
ponevo	ponevamo	avevo posto	avevamo posto
ponevi	ponevate	avevi posto	avevate posto
poneva	ponevano	aveva posto	avevano posto
3 Past Absolute		**10 Past Anterior**	
posi	ponemmo	ebbi posto	avemmo posto
ponesti	poneste	avesti posto	aveste posto
pose	posero	ebbe posto	ebbero posto
4 Future		**11 Future Perfect**	
porrò	porremo	avrò posto	avremo posto
porrai	porrete	avrai posto	avrete posto
porrà	porranno	avrà posto	avranno posto
5 Present Conditional		**12 Past Conditional**	
porrei	porremmo	avrei posto	avremmo posto
porresti	porreste	avresti posto	avreste posto
porrebbe	porrebbero	avrebbe posto	avrebbero posto
6 Present Subjunctive		**13 Past Subjunctive**	
ponga	poniamo	abbia posto	abbiamo posto
ponga	poniate	abbia posto	abbiate posto
ponga	pongano	abbia posto	abbiano posto
7 Imperfect Subjunctive		**14 Past Perfect Subjunctive**	
ponessi	ponessimo	avessi posto	avessimo posto
ponessi	poneste	avessi posto	aveste posto
ponesse	ponessero	avesse posto	avessero posto

P

Imperative	
—	poniamo
poni (non porre)	ponete
ponga	pongano

Samples of basic verb usage

Chi ha posto quei bei fiori nel vaso? Who put those beautiful flowers in the vase?

Poni qui la tua firma! Put your signature here!

Extended uses/Related words and expressions

porre in atto to put on (a play, etc.), to put into effect

porre a confronto più cose to put things side by side

NOTE: All verbs composed with **porre** are conjugated exactly like it: for example, **comporre** (to compose), **deporre** (to depose), **disporre** (to dispose), **esporre** (to expose), **imporre** (to impose), **opporre** (to oppose), **proporre** (to propose), and **supporre** (to suppose).

portare

Gerund **portando**   Past Part. **portato**

to bring, to carry, to wear

The Seven Simple Tenses		The Seven Compound Tenses	
Singular	Plural	Singular	Plural
1 Present Indicative		**8 Present Perfect**	
porto	portiamo	ho portato	abbiamo portato
porti	portate	hai portato	avete portato
porta	portano	ha portato	hanno portato
2 Imperfect		**9 Past Perfect**	
portavo	portavamo	avevo portato	avevamo portato
portavi	portavate	avevi portato	avevate portato
portava	portavano	aveva portato	avevano portato
3 Past Absolute		**10 Past Anterior**	
portai	portammo	ebbi portato	avemmo portato
portasti	portaste	avesti portato	aveste portato
portò	portarono	ebbe portato	ebbero portato
4 Future		**11 Future Perfect**	
porterò	porteremo	avrò portato	avremo portato
porterai	porterete	avrai portato	avrete portato
porterà	porteranno	avrà portato	avranno portato
5 Present Conditional		**12 Past Conditional**	
porterei	porteremmo	avrei portato	avremmo portato
porteresti	portereste	avresti portato	avreste portato
porterebbe	porterebbero	avrebbe portato	avrebbero portato
6 Present Subjunctive		**13 Past Subjunctive**	
porti	portiamo	abbia portato	abbiamo portato
porti	portiate	abbia portato	abbiate portato
porti	portino	abbia portato	abbiano portato
7 Imperfect Subjunctive		**14 Past Perfect Subjunctive**	
portassi	portassimo	avessi portato	avessimo portato
portassi	portaste	avessi portato	aveste portato
portasse	portassero	avesse portato	avessero portato

Imperative	
—	portiamo
porta (non portare)	portate
porti	portino

AN ESSENTIAL VERB

368

Portare

This is a key verb because it is used frequently in conversation and because it occurs in a number of useful expressions.

Samples of basic verb usage

Ho portato quelle cose ieri. I brought those things over yesterday.

Lei porta sempre suo figlio in braccio. She always carries her son in her arms.

Lei porta sempre dei begli abiti. She always wears beautiful clothes.

Chi ti ha portato all'aeroporto? Who took you to the airport?

Words and expressions related to this verb

portatile **Portable, laptop computer**

portare la macchina **to drive a car**

Che numero di scarpa porti? What is your shoe size?

Che taglia porti? What's your size?

Mio fratello porta gli occhiali. My brother wears glasses.

Lui porta la barba. He wears a beard.

Questo porta alla pazzia! This will drive you crazy (*literally* This will lead you to insanity)!

P

possedere*

to possess

Gerund possedendo   **Past Part. posseduto**

Irregular verb ■

The Seven Simple Tenses | | The Seven Compound Tenses

Singular	Plural	Singular	Plural
1 Present Indicative		**8 Present Perfect**	
possiedo (posseggo)	possediamo	ho posseduto	abbiamo posseduto
possiedi	possedete	hai posseduto	avete posseduto
possiede	possiedono	ha posseduto	hanno posseduto
	(posseggono)		
2 Imperfect		**9 Past Perfect**	
possedevo	possedevamo	avevo posseduto	avevamo posseduto
possedevi	possedevate	avevi posseduto	avevate posseduto
possedeva	possedevano	aveva posseduto	avevano posseduto
3 Past Absolute		**10 Past Anterior**	
possedei (possedetti)	possedemmo	ebbi posseduto	avemmo posseduto
possedesti	possedeste	avesti posseduto	aveste posseduto
possedé (possedette)	possederono	ebbe posseduto	ebbero posseduto
	(possedettero)		
4 Future		**11 Future Perfect**	
possederò	possederemo	avrò posseduto	avremo posseduto
possederai	possederete	avrai posseduto	avrete posseduto
possederà	possederanno	avrà posseduto	avranno posseduto
5 Present Conditional		**12 Past Conditional**	
possederei	possederemmo	avrei posseduto	avremmo posseduto
possederesti	possedereste	avresti posseduto	avreste posseduto
possederebbe	possederebbero	avrebbe posseduto	avrebbero posseduto
6 Present Subjunctive		**13 Past Subjunctive**	
possieda (possegga)	possediamo	abbia posseduto	abbiamo posseduto
possieda (possegga)	possediate	abbia posseduto	abbiate posseduto
possieda (possegga)	possiedano	abbia posseduto	abbiano posseduto
	(posseggano)		
7 Imperfect Subjunctive		**14 Past Perfect Subjunctive**	
possedessi	possedessimo	avessi posseduto	avessimo posseduto
possedessi	possedeste	avessi posseduto	aveste posseduto
possedesse	possedessero	avesse posseduto	avessero posseduto

Imperative

—	possediamo
possiedi (non possedere)	possedete
possieda (possegga)	possiedano (posseggano)

Samples of basic verb usage
Loro possiedono molti terreni. They possess (own) much land.
Lei possiede una bella voce. She has a beautiful voice.

Extended uses/Related words and expressions
essere dotato di to be blessed with
dominare to dominate
occupare un luogo to occupy a place

■ Irregular verb to be able, can, may

The Seven Simple Tenses		The Seven Compound Tenses	
Singular	Plural	Singular	Plural

1 Present Indicative		8 Present Perfect	
posso	**possiamo**	**ho potuto**	**abbiamo potuto**
puoi	**potete**	**hai potuto**	**avete potuto**
può	**possono**	**ha potuto**	**hanno potuto**

2 Imperfect		9 Past Perfect	
potevo	**potevamo**	**avevo potuto**	**avevamo potuto**
potevi	**potevate**	**avevi potuto**	**avevate potuto**
poteva	**potevano**	**aveva potuto**	**avevano potuto**

3 Past Absolute		10 Past Anterior	
potei (potetti)	**potemmo**	**ebbi potuto**	**avemmo potuto**
potesti	**poteste**	**avesti potuto**	**aveste potuto**
poté (potette)	**poterono (potettero)**	**ebbe potuto**	**ebbero potuto**

4 Future		11 Future Perfect	
potrò	**potremo**	**avrò potuto**	**avremo potuto**
potrai	**potrete**	**avrai potuto**	**avrete potuto**
potrà	**potranno**	**avrà potuto**	**avranno potuto**

5 Present Conditional		12 Past Conditional	
potrei	**potremmo**	**avrei potuto**	**avremmo potuto**
potresti	**potreste**	**avresti potuto**	**avreste potuto**
potrebbe	**potrebbero**	**avrebbe potuto**	**avrebbero potuto**

6 Present Subjunctive		13 Past Subjunctive	
possa	**possiamo**	**abbia potuto**	**abbiamo potuto**
possa	**possiate**	**abbia potuto**	**abbiate potuto**
possa	**possano**	**abbia potuto**	**abbiano potuto**

7 Imperfect Subjunctive		14 Past Perfect Subjunctive	
potessi	**potessimo**	**avessi potuto**	**avessimo potuto**
potessi	**poteste**	**avessi potuto**	**aveste potuto**
potesse	**potessero**	**avesse potuto**	**avessero potuto**

Imperative
—

P

AN ESSENTIAL VERB

AN ESSENTIAL VERB

Potere

This is a key verb because it is used frequently in conversation and because it occurs in many expressions and idioms.

Samples of basic verb usage

Mi puoi aiutare? Can you help me?

Non abbiamo potuto dormire per il rumore. We couldn't sleep because of the noise.

Potrebbe tornare domani? Could you come back tomorrow?

Si fa quel che si può. We're doing the best we can.

Extended uses

Può andare. It can pass.

Non posso lamentarmi! I can't complain!

A più non posso. I can't do more than this!

Si fa quel che si può. One cannot do more than one's best.

Si salvi chi può! Everyone for himself/herself!

Si può sapere dove sei stato? Can you explain where you've been?

NOTE: This is a modal verb. It is normally followed by an infinitive without any preposition in between: **Posso andare** (I can go); **Potremmo studiare di più** (We could study more). In compound tenses the auxiliary is determined by the infinitive: **Ho potuto parlare** (I could talk) vs. **Sono potuto andare** (I could go). However, in current Italian the tendency is to use only the auxiliary **avere**.

■ Irregular verb   to predict

The Seven Simple Tenses		The Seven Compound Tenses	
Singular	Plural	Singular	Plural
1 Present Indicative		**8 Present Perfect**	
predico	prediciamo	ho predetto	abbiamo predetto
predici	predite	hai predetto	avete predetto
predice	predicono	ha predetto	hanno predetto
2 Imperfect		**9 Past Perfect**	
predicevo	predicevamo	avevo predetto	avevamo predetto
predicevi	predicevate	avevi predetto	avevate predetto
prediceva	predicevano	aveva predetto	avevano predetto
3 Past Absolute		**10 Past Anterior**	
predissi	predicemmo	ebbi predetto	avemmo predetto
predicesti	prediceste	avesti predetto	aveste predetto
predisse	predissero	ebbe predetto	ebbero predetto
4 Future		**11 Future Perfect**	
predirò	prediremo	avrò predetto	avremo predetto
predirai	predirete	avrai predetto	avrete predetto
predirà	prediranno	avrà predetto	avranno predetto
5 Present Conditional		**12 Past Conditional**	
predirei	prediremmo	avrei predetto	avremmo predetto
prediresti	predireste	avresti predetto	avreste predetto
predirebbe	predirebbero	avrebbe predetto	avrebbero predetto
6 Present Subjunctive		**13 Past Subjunctive**	
predica	prediciamo	abbia predetto	abbiamo predetto
predica	prediciate	abbia predetto	abbiate predetto
predica	predicano	abbia predetto	abbiano predetto
7 Imperfect Subjunctive		**14 Past Perfect Subjunctive**	
predicessi	predicessimo	avessi predetto	avessimo predetto
predicessi	prediceste	avessi predetto	aveste predetto
predicesse	predicessero	avesse predetto	avessero predetto

P

	Imperative	
—		**prediciamo**
predici (non predire)		**predite**
predica		**predicano**

Samples of basic verb usage

Non si può predire il futuro. You can't predict the future.

Chi ha predetto questo? Who predicted it?

Extended uses/Related words and expressions

annunciare to announce

indovinare to guess

NOTE: This verb is composed with the verb **dire** (to tell, say) and is thus conjugated exactly like it.

preferire
to prefer

Gerund **preferendo**   Past Part. **preferito**

The Seven Simple Tenses		The Seven Compound Tenses	
Singular	Plural	Singular	Plural

1 Present Indicative

		8 Present Perfect	
preferisco	preferiamo	ho preferito	abbiamo preferito
preferisci	preferite	hai preferito	avete preferito
preferisce	preferiscono	ha preferito	hanno preferito

2 Imperfect

		9 Past Perfect	
preferivo	preferivamo	avevo preferito	avevamo preferito
preferivi	preferivate	avevi preferito	avevate preferito
preferiva	preferivano	aveva preferito	avevano preferito

3 Past Absolute

		10 Past Anterior	
preferii	preferimmo	ebbi preferito	avemmo preferito
preferisti	preferiste	avesti preferito	aveste preferito
preferì	preferirono	ebbe preferito	ebbero preferito

4 Future

		11 Future Perfect	
preferirò	preferiremo	avrò preferito	avremo preferito
preferirai	preferirete	avrai preferito	avrete preferito
preferirà	preferiranno	avrà preferito	avranno preferito

5 Present Conditional

		12 Past Conditional	
preferirei	preferiremmo	avrei preferito	avremmo preferito
preferiresti	preferireste	avresti preferito	avreste preferito
preferirebbe	preferirebbero	avrebbe preferito	avrebbero preferito

6 Present Subjunctive

		13 Past Subjunctive	
preferisca	preferiamo	abbia preferito	abbiamo preferito
preferisca	preferiate	abbia preferito	abbiate preferito
preferisca	preferiscano	abbia preferito	abbiano preferito

7 Imperfect Subjunctive

		14 Past Perfect Subjunctive	
preferissi	preferissimo	avessi preferito	avessimo preferito
preferissi	preferiste	avessi preferito	aveste preferito
preferisse	preferissero	avesse preferito	avessero preferito

Imperative	
—	preferiamo
preferisci (non preferire)	preferite
preferisca	preferiscano

AN ESSENTIAL VERB

Preferire

This is a key verb because it is used frequently in conversation and because it occurs in a number of useful expressions.

Samples of basic verb usage

Preferisco andare in Italia. I prefer going to Italy.

Perché hai preferito fare questo? Why did you prefer to do this?

Preferiremmo andare ristorante. We prefer going to a restaurant.

Quale film preferisci? Which movie do you prefer?

Non c'è molto da preferire. There's not much to choose.

Words and expressions related to this verb

una preferenza **a preference**

Non fare preferenze! **You must show no favoritism!**

di preferenza **preferably, my choice is**

Di preferenza andrò in Italia. **My choice is to go to Italy.**

P

NOTE: When **preferire** is followed by an infinitive no preposition is required before the infinitive: **Lui preferisce studiare la matematica** (He prefers to study math).

This verb takes the subjunctive in dependent clauses: **Preferisco che venga anche lei** (I prefer that she also come).

premere

Gerund **premendo**　　Past Part. **premuto**

to press, to squeeze, to be urgent

The Seven Simple Tenses		The Seven Compound Tenses	
Singular	Plural	Singular	Plural

1 Present Indicative

		8 Present Perfect	
premo	premiamo	ho premuto	abbiamo premuto
premi	premete	hai premuto	avete premuto
preme	premono	ha premuto	hanno premuto

2 Imperfect

		9 Past Perfect	
premevo	premevamo	avevo premuto	avevamo premuto
premevi	premevate	avevi premuto	avevate premuto
premeva	premevano	aveva premuto	avevano premuto

3 Past Absolute

		10 Past Anterior	
premei (premetti)	prememmo	ebbi premuto	avemmo premuto
premesti	premeste	avesti premuto	aveste premuto
premé (premette)	premerono (premettero)	ebbe premuto	ebbero premuto

4 Future

		11 Future Perfect	
premerò	premeremo	avrò premuto	avremo premuto
premerai	premerete	avrai premuto	avrete premuto
premerà	premeranno	avrà premuto	avranno premuto

5 Present Conditional

		12 Past Conditional	
premerei	premeremmo	avrei premuto	avremmo premuto
premeresti	premereste	avresti premuto	avreste premuto
premerebbe	premerebbero	avrebbe premuto	avrebbero premuto

6 Present Subjunctive

		13 Past Subjunctive	
prema	premiamo	abbia premuto	abbiamo premuto
prema	premiate	abbia premuto	abbiate premuto
prema	premano	abbia premuto	abbiano premuto

7 Imperfect Subjunctive

		14 Past Perfect Subjunctive	
premessi	premessimo	avessi premuto	avessimo premuto
premessi	premeste	avessi premuto	aveste premuto
premesse	premessero	avesse premuto	avessero premuto

Imperative

—	premiamo
premi (non premere)	premete
prema	premano

Samples of basic verb usage

Devi premere il pulsante. You have to press the knob.

Per fermare la macchina bisogna premere il pedale del freno. To stop the car it is necessary to press down the brake pedal.

Extended uses/Related words and expressions

pigiare to squeeze

schiacciare to squash

Mi preme fare questo. I really feel compelled to do this.

The Seven Simple Tenses		The Seven Compound Tenses	
Singular	Plural	Singular	Plural

1 Present Indicative		8 Present Perfect	
prendo	prendiamo	ho preso	abbiamo preso
prendi	prendete	hai preso	avete preso
prende	prendono	ha preso	hanno preso

2 Imperfect		9 Past Perfect	
prendevo	prendevamo	avevo preso	avevamo preso
prendevi	prendevate	avevi preso	avevate preso
prendeva	prendevano	aveva preso	avevano preso

3 Past Absolute		10 Past Anterior	
presi	prendemmo	ebbi preso	avemmo preso
prendesti	prendeste	avesti preso	aveste preso
prese	presero	ebbe preso	ebbero preso

4 Future		11 Future Perfect	
prenderò	prenderemo	avrò preso	avremo preso
prenderai	prenderete	avrai preso	avrete preso
prenderà	prenderanno	avrà preso	avranno preso

5 Present Conditional		12 Past Conditional	
prenderei	prenderemmo	avrei preso	avremmo preso
prenderesti	prendereste	avresti preso	avreste preso
prenderebbe	prenderebbero	avrebbe preso	avrebbero preso

6 Present Subjunctive		13 Past Subjunctive	
prenda	prendiamo	abbia preso	abbiamo preso
prenda	prendiate	abbia preso	abbiate preso
prenda	prendano	abbia preso	abbiano preso

7 Imperfect Subjunctive		14 Past Perfect Subjunctive	
prendessi	prendessimo	avessi preso	avessimo preso
prendessi	prendeste	avessi preso	aveste preso
prendesse	prendessero	avesse preso	avessero preso

Imperative

—	prendiamo
prendi (non prendere)	prendete
prenda	prendano

AN ESSENTIAL VERB

AN ESSENTIAL VERB

Prendere

This is a key verb because it is used frequently in conversation and because it occurs in a number of useful expressions and idioms.

Samples of basic verb usage

Chi ha preso le mie chiavi? Who took my keys?

Prendi il caffè anche tu? Are you also having coffee?

Prenderemo il treno anziché guidare. We're going to take the train rather than drive.

Vedrai che ti prenderanno a quel lavoro. You'll see. They will take you on for that job.

Extended uses

Prova a prendermi, se sei capace! Try to catch me, if you can!

Prendi altro? Would you like something else?

Lui ha preso una sbornia! He got really drunk!

L'armadio prende poco spazio. The cabinet takes up little space.

Che ti prende? What's wrong with you?

prendere due piccioni con una fava to kill two birds with one stone (*literally* to catch two pigeons with one lima bean)

Words and expressions related to this verb

farsi prendere dai dubbi **to be overcome by doubt**

Prendi la mia mano! **Hold my hand!**

Lui mi ha preso con la sua dolcezza. **He grabbed my attention with his sweet ways.**

NOTE: Other verbs conjugated like **prendere** are **accendere** (to light), **appendere** (to post), **apprendere** (to learn), **attendere** (to wait), **comprendere** (to understand), **dipendere** (to depend), **offendere** (to offend), **pretendere** (to demand), **rendere** (to render), **scendere** (to go down), **sorprendere** (to surprise), **spendere** (to spend), **stendere** (to lay out), and **tendere** (to tend).

to prepare

The Seven Simple Tenses		The Seven Compound Tenses	
Singular	Plural	Singular	Plural

1 Present Indicative

		8 Present Perfect	
preparo	**prepariamo**	**ho preparato**	**abbiamo preparato**
prepari	**preparate**	**hai preparato**	**avete preparato**
prepara	**preparano**	**ha preparato**	**hanno preparato**

2 Imperfect

		9 Past Perfect	
preparavo	**preparavamo**	**avevo preparato**	**avevamo preparato**
preparavi	**preparavate**	**avevi preparato**	**avevate preparato**
preparava	**preparavano**	**aveva preparato**	**avevano preparato**

3 Past Absolute

		10 Past Anterior	
preparai	**preparammo**	**ebbi preparato**	**avemmo preparato**
preparasti	**preparaste**	**avesti preparato**	**aveste preparato**
preparò	**prepararono**	**ebbe preparato**	**ebbero preparato**

4 Future

		11 Future Perfect	
preparerò	**prepareremo**	**avrò preparato**	**avremo preparato**
preparerai	**preparerete**	**avrai preparato**	**avrete preparato**
preparerà	**prepareranno**	**avrà preparato**	**avranno preparato**

5 Present Conditional

		12 Past Conditional	
preparerei	**prepareremmo**	**avrei preparato**	**avremmo preparato**
prepareresti	**preparereste**	**avresti preparato**	**avreste preparato**
preparerebbe	**preparerebbero**	**avrebbe preparato**	**avrebbero preparato**

6 Present Subjunctive

		13 Past Subjunctive	
prepari	**prepariamo**	**abbia preparato**	**abbiamo preparato**
prepari	**prepariate**	**abbia preparato**	**abbiate preparato**
prepari	**preparino**	**abbia preparato**	**abbiano preparato**

7 Imperfect Subjunctive

		14 Past Perfect Subjunctive	
preparassi	**preparassimo**	**avessi preparato**	**avessimo preparato**
preparassi	**preparaste**	**avessi preparato**	**aveste preparato**
preparasse	**preparassero**	**avesse preparato**	**avessero preparato**

Imperative

—	**prepariamo**
prepara (non preparare)	**preparate**
prepari	**preparino**

Samples of basic verb usage

Chi preparerà da mangiare? Who will prepare the meal?

Hai preparato i bagagli? Did you prepare the baggage?

Extended uses/Related words and expressions

prepararsi per uscire to get ready to go out

Mi sto preparando. I am getting ready.

P

presentare

Gerund **presentando**   Past Part. **presentato**

to present, to introduce

The Seven Simple Tenses		The Seven Compound Tenses	
Singular	Plural	Singular	Plural
1 Present Indicative		**8 Present Perfect**	
presento	presentiamo	ho presentato	abbiamo presentato
presenti	presentate	hai presentato	avete presentato
presenta	presentano	ha presentato	hanno presentato
2 Imperfect		**9 Past Perfect**	
presentavo	presentavamo	avevo presentato	avevamo presentato
presentavi	presentavate	avevi presentato	avevate presentato
presentava	presentavano	aveva presentato	avevano presentato
3 Past Absolute		**10 Past Anterior**	
presentai	presentammo	ebbi presentato	avemmo presentato
presentasti	presentaste	avesti presentato	aveste presentato
presentò	presentarono	ebbe presentato	ebbero presentato
4 Future		**11 Future Perfect**	
presenterò	presenteremo	avrò presentato	avremo presentato
presenterai	presenterete	avrai presentato	avrete presentato
presenterà	presenteranno	avrà presentato	avranno presentato
5 Present Conditional		**12 Past Conditional**	
presenterei	presenteremmo	avrei presentato	avremmo presentato
presenteresti	presentereste	avresti presentato	avreste presentato
presenterebbe	presenterebbero	avrebbe presentato	avrebbero presentato
6 Present Subjunctive		**13 Past Subjunctive**	
presenti	presentiamo	abbia presentato	abbiamo presentato
presenti	presentiate	abbia presentato	abbiate presentato
presenti	presentino	abbia presentato	abbiano presentato
7 Imperfect Subjunctive		**14 Past Perfect Subjunctive**	
presentassi	presentassimo	avessi presentato	avessimo presentato
presentassi	presentaste	avessi presentato	aveste presentato
presentasse	presentassero	avesse presentato	avessero presentato

Imperative	
—	**presentiamo**
presenta (non presentare)	**presentate**
presenti	**presentino**

Samples of basic verb usage

Le presento la signora Martini. Let me introduce you to Mrs. Martini.

Qualcuno ti ha presentato a mio fratello? Has anyone introduced you to my brother?

Extended uses/Related words and expressions

presentare la propria candidatura to submit one's candidacy

presentare la nuova collezione di moda to introduce a new fashion collection

The Seven Simple Tenses		The Seven Compound Tenses	
Singular	Plural	Singular	Plural
1 Present Indicative		**8 Present Perfect**	
presto	**prestiamo**	**ho prestato**	**abbiamo prestato**
presti	**prestate**	**hai prestato**	**avete prestato**
presta	**prestano**	**ha prestato**	**hanno prestato**
2 Imperfect		**9 Past Perfect**	
prestavo	**prestavamo**	**avevo prestato**	**avevamo prestato**
prestavi	**prestavate**	**avevi prestato**	**avevate prestato**
prestava	**prestavano**	**aveva prestato**	**avevano prestato**
3 Past Absolute		**10 Past Anterior**	
prestai	**prestammo**	**ebbi prestato**	**avemmo prestato**
prestasti	**prestaste**	**avesti prestato**	**aveste prestato**
prestò	**prestarono**	**ebbe prestato**	**ebbero prestato**
4 Future		**11 Future Perfect**	
presterò	**presteremo**	**avrò prestato**	**avremo prestato**
presterai	**presterete**	**avrai prestato**	**avrete prestato**
presterà	**presteranno**	**avrà prestato**	**avranno prestato**
5 Present Conditional		**12 Past Conditional**	
presterei	**presteremmo**	**avrei prestato**	**avremmo prestato**
presteresti	**prestereste**	**avresti prestato**	**avreste prestato**
presterebbe	**presterebbero**	**avrebbe prestato**	**avrebbero prestato**
6 Present Subjunctive		**13 Past Subjunctive**	
presti	**prestiamo**	**abbia prestato**	**abbiamo prestato**
presti	**prestiate**	**abbia prestato**	**abbiate prestato**
presti	**prestino**	**abbia prestato**	**abbiano prestato**
7 Imperfect Subjunctive		**14 Past Perfect Subjunctive**	
prestassi	**prestassimo**	**avessi prestato**	**avessimo prestato**
prestassi	**prestaste**	**avessi prestato**	**aveste prestato**
prestasse	**prestassero**	**avesse prestato**	**avessero prestato**

P

Imperative	
—	**prestiamo**
presta (non prestare)	**prestate**
presti	**prestino**

Samples of basic verb usage

Quanto soldi ti ho prestato? How much money did I lend you?

Grazie per avermi prestato la macchina. Thanks for having lent me your car.

Extended uses/Related words and expressions

prestare attenzione a qualcosa to pay attention to something

prestare fede a qualcuno to put one's faith in someone

pretendere*

Gerund pretendendo   **Past Part. Preteso**

to claim, to pretend, to demand

Irregular verb ∎

The Seven Simple Tenses		The Seven Compound Tenses	
Singular	Plural	Singular	Plural
1 Present Indicative		**8 Present Perfect**	
pretendo	pretendiamo	ho preteso	abbiamo preteso
pretendi	pretendete	hai preteso	avete preteso
pretende	pretendono	ha preteso	hanno preteso
2 Imperfect		**9 Past Perfect**	
pretendevo	pretendevamo	avevo preteso	avevamo preteso
pretendevi	pretendevate	avevi preteso	avevate preteso
pretendeva	pretendevano	aveva preteso	avevano preteso
3 Past Absolute		**10 Past Anterior**	
pretesi	pretendemmo	ebbi preteso	avemmo preteso
pretendesti	pretendeste	avesti preteso	aveste preteso
pretese	pretesero	ebbe preteso	ebbero preteso
4 Future		**11 Future Perfect**	
pretenderò	pretenderemo	avrò preteso	avremo preteso
pretenderai	pretenderete	avrai preteso	avrete preteso
pretenderà	pretenderanno	avrà preteso	avranno preteso
5 Present Conditional		**12 Past Conditional**	
pretenderei	pretenderemmo	avrei preteso	avremmo preteso
pretenderesti	pretendereste	avresti preteso	avreste preteso
pretenderebbe	pretenderebbero	avrebbe preteso	avrebbero preteso
6 Present Subjunctive		**13 Past Subjunctive**	
pretenda	pretendiamo	abbia preteso	abbiamo preteso
pretenda	pretendiate	abbia preteso	abbiate preteso
pretenda	pretendano	abbia preteso	abbiano preteso
7 Imperfect Subjunctive		**14 Past Perfect Subjunctive**	
pretendessi	pretendessimo	avessi preteso	avessimo preteso
pretendessi	pretendeste	avessi preteso	aveste preteso
pretendesse	pretendessero	avesse preteso	avessero preteso

Imperative	
—	pretendiamo
pretendi (non pretendere)	pretendete
pretenda	pretendano

Samples of basic verb usage

Tu pretendi troppo. You expect too much.

Tutto pretendono di essere rispettati.
Everybody expects to be respected.

Non pretendo nulla da voi. I expect nothing
from you.

Extended uses/Related words and expressions

Pretende di sapere tutto. He thinks he knows
everything.

Pretende alla carica di direttore. She is
aiming for the job of director.

NOTE: Other verbs conjugated like pretendere are accendere (to light), attendere (to wait), diffondere (to spread), dipendere (to depend), offendere (to offend), prendere (to take), intendere (to intend), rendere (to render), scendere (to go down), sorprendere (to surprise), spendere (to spend), stendere (to lay out), and tendere (to tend).

The Seven Simple Tenses		The Seven Compound Tenses	
Singular	Plural	Singular	Plural

1 Present Indicative		8 Present Perfect	
prevalgo	**prevaliamo**	**ho prevalso**	**abbiamo prevalso**
prevali	**prevalete**	**hai prevalso**	**avete prevalso**
prevale	**prevalgono**	**ha prevalso**	**hanno prevalso**

2 Imperfect		9 Past Perfect	
prevalevo	**prevalevamo**	**avevo prevalso**	**avevamo prevalso**
prevalevi	**prevalevate**	**avevi prevalso**	**avevate prevalso**
prevaleva	**prevalevano**	**aveva prevalso**	**avevano prevalso**

3 Past Absolute		10 Past Anterior	
prevalsi	**prevalemmo**	**ebbi prevalso**	**avemmo prevalso**
prevalesti	**prevaleste**	**avesti prevalso**	**aveste prevalso**
prevalse	**prevalsero**	**ebbe prevalso**	**ebbero prevalso**

4 Future		11 Future Perfect	
prevarrò	**prevarremo**	**avrò prevalso**	**avremo prevalso**
prevarrai	**prevarrete**	**avrai prevalso**	**avrete prevalso**
prevarrà	**prevarranno**	**avrà prevalso**	**avranno prevalso**

5 Present Conditional		12 Past Conditional	
prevarrei	**prevarremmo**	**avrei prevalso**	**avremmo prevalso**
prevarresti	**prevarreste**	**avresti prevalso**	**avreste prevalso**
prevarrebbe	**prevarrebbero**	**avrebbe prevalso**	**avrebbero prevalso**

6 Present Subjunctive		13 Past Subjunctive	
prevalga	**prevaliamo**	**abbia prevalso**	**abbiamo prevalso**
prevalga	**prevaliate**	**abbia prevalso**	**abbiate prevalso**
prevalga	**prevalgano**	**abbia prevalso**	**abbiano prevalso**

7 Imperfect Subjunctive		14 Past Perfect Subjunctive	
prevalessi	**prevalessimo**	**avessi prevalso**	**avessimo prevalso**
prevalessi	**prevaleste**	**avessi prevalso**	**aveste prevalso**
prevalesse	**prevalessero**	**avesse prevalso**	**avessero prevalso**

Imperative	
—	**prevaliamo**
prevali (non prevalere)	**prevalete**
prevalga	**prevalgano**

Samples of basic verb usage

Lui sa prevalere sugli avversari. He knows how to prevail over his opponents.

Di solito, prevalgono coloro che hanno ragione. Usually, those who are right will prevail.

Extended uses/Related words and expressions

Nel referendum hanno prevalso i sì. In the referendum the "yes's" came out on top.

prevalersi della bontà altrui to take advantage of the goodness of others

NOTE: This verb is composed with the verb **valere** (to be worth) and is thus conjugated exactly like it.

prevedere*

Gerund prevedendo   **Past Part. previsto (preveduto)**

to foresee, to entail

Irregular verb ■

The Seven Simple Tenses		The Seven Compound Tenses	
Singular	Plural	Singular	Plural

1 Present Indicative

prevedo (preveggo)	prevediamo	
prevedi	prevedete	
prevede	prevedono (preveggono)	

8 Present Perfect

ho previsto (preveduto)	abbiamo previsto
hai previsto	avete previsto
ha previsto	hanno previsto

2 Imperfect

prevedevo	prevedevamo
prevedevi	prevedevate
prevedeva	prevedevano

9 Past Perfect

avevo previsto	avevamo previsto
avevi previsto	avevate previsto
aveva previsto	avevano previsto

3 Past Absolute

previdi	prevedemmo
prevedesti	prevedeste
previde	previdero

10 Past Anterior

ebbi previsto	avemmo previsto
avesti previsto	aveste previsto
ebbe previsto	ebbero previsto

4 Future

prevederò	prevederemo
prevederai	prevederete
prevederà	prevederanno

11 Future Perfect

avrò previsto	avremo previsto
avrai previsto	avrete previsto
avrà previsto	avranno previsto

5 Present Conditional

prevederei	prevederemmo
prevederesti	prevedereste
prevederebbe	prevederebbero

12 Past Conditional

avrei previsto	avremmo previsto
avresti previsto	avreste previsto
avrebbe previsto	avrebbero previsto

6 Present Subjunctive

preveda (prevegga)	prevediamo
preveda (prevegga)	prevediate
preveda (prevegga)	prevedano (preveggano)

13 Past Subjunctive

abbia previsto	abbiamo previsto
abbia previsto	abbiate previsto
abbia previsto	abbiano previsto

7 Imperfect Subjunctive

prevedessi	prevedessimo
prevedessi	prevedeste
prevedesse	prevedessero

14 Past Perfect Subjunctive

avessi previsto	avessimo previsto
avessi previsto	aveste previsto
avesse previsto	avessero previsto

Imperative

—	prevediamo
prevedi (non prevedere)	prevedete
preveda (prevegga)	prevedano (preveggano)

Samples of basic verb usage

Non si può prevedere il futuro. You can't predict the future.

Hanno predetto che vincerà le elezioni. They have predicted that he will win the elections.

Extended uses/Related words and expressions

La gita prevede una visita al museo. The tour includes a trip to the museum.

Era da prevedere. It was to be expected.

NOTE: This verb is composed with the verb vedere (to see) and is thus conjugated exactly like it.

384

■ Irregular verb   to precede, to anticipate, to prevent

The Seven Simple Tenses		The Seven Compound Tenses	
Singular	Plural	Singular	Plural

1 Present Indicative		8 Present Perfect	
prevengo	**preveniamo**	**ho prevenuto**	**abbiamo prevenuto**
previeni	**prevenite**	**hai prevenuto**	**avete prevenuto**
previene	**prevengono**	**ha prevenuto**	**hanno prevenuto**

2 Imperfect		9 Past Perfect	
prevenivo	**prevenivamo**	**avevo prevenuto**	**avevamo prevenuto**
prevenivi	**prevenivate**	**avevi prevenuto**	**avevate prevenuto**
preveniva	**prevenivano**	**aveva prevenuto**	**avevano prevenuto**

3 Past Absolute		10 Past Anterior	
prevenni	**prevenimmo**	**ebbi prevenuto**	**avemmo prevenuto**
prevenisti	**preveniste**	**avesti prevenuto**	**aveste prevenuto**
prevenne	**prevennero**	**ebbe prevenuto**	**ebbero prevenuto**

4 Future		11 Future Perfect	
preverrò	**preverremo**	**avrò prevenuto**	**avremo prevenuto**
preverrai	**preverrete**	**avrai prevenuto**	**avrete prevenuto**
preverrà	**preverranno**	**avrà prevenuto**	**avranno prevenuto**

5 Present Conditional		12 Past Conditional	
preverrei	**preverremmo**	**avrei prevenuto**	**avremmo prevenuto**
preverresti	**preverreste**	**avresti prevenuto**	**avreste prevenuto**
preverrebbe	**preverrebbero**	**avrebbe prevenuto**	**avrebbero prevenuto**

6 Present Subjunctive		13 Past Subjunctive	
prevenga	**preveniamo**	**abbia prevenuto**	**abbiamo prevenuto**
prevenga	**preveniate**	**abbia prevenuto**	**abbiate prevenuto**
prevenga	**prevengano**	**abbia prevenuto**	**abbiano prevenuto**

7 Imperfect Subjunctive		14 Past Perfect Subjunctive	
prevenissi	**prevenissimo**	**avessi prevenuto**	**avessimo prevenuto**
prevenissi	**preveniste**	**avessi prevenuto**	**aveste prevenuto**
prevenisse	**prevenissero**	**avesse prevenuto**	**avessero prevenuto**

Imperative	
—	**preveniamo**
previeni (non prevenire)	**prevenite**
prevenga	**prevengano**

Samples of basic verb usage	**Extended uses/Related words and expressions**
Bisogna prevenire la diffusione di quella malattia. We must prevent the spread of that disease.	**la prevenzione** prevention **evitare** to avoid
È meglio prevenire che curare. It is better to prevent than to cure.	

NOTE: This verb is composed with the verb **venire** (to come) and is thus conjugated exactly like it.

produrre*

Gerund producendo   **Past Part. prodotto**

to produce

The Seven Simple Tenses		The Seven Compound Tenses	
Singular	Plural	Singular	Plural

1 Present Indicative

		8 Present Perfect	
produco	produciamo	ho prodotto	abbiamo prodotto
produci	producete	hai prodotto	avete prodotto
produce	producono	ha prodotto	hanno prodotto

2 Imperfect

		9 Past Perfect	
producevo	producevamo	avevo prodotto	avevamo prodotto
producevi	producevate	avevi prodotto	avevate prodotto
produceva	producevano	aveva prodotto	avevano prodotto

3 Past Absolute

		10 Past Anterior	
produssi	producemmo	ebbi prodotto	avemmo prodotto
producesti	produceste	avesti prodotto	aveste prodotto
produsse	produssero	ebbe prodotto	ebbero prodotto

4 Future

		11 Future Perfect	
produrrò	produrremo	avrò prodotto	avremo prodotto
produrrai	produrrete	avrai prodotto	avrete prodotto
produrrà	produrranno	avrà prodotto	avranno prodotto

5 Present Conditional

		12 Past Conditional	
produrrei	produrremmo	avrei prodotto	avremmo prodotto
produrresti	produrreste	avresti prodotto	avreste prodotto
produrrebbe	produrrebbero	avrebbe prodotto	avrebbero prodotto

6 Present Subjunctive

		13 Past Subjunctive	
produca	produciamo	abbia prodotto	abbiamo prodotto
produca	produciate	abbia prodotto	abbiate prodotto
produca	producano	abbia prodotto	abbiano prodotto

7 Imperfect Subjunctive

		14 Past Perfect Subjunctive	
producessi	producessimo	avessi prodotto	avessimo prodotto
producessi	produceste	avessi prodotto	aveste prodotto
producesse	producessero	avesse prodotto	avessero prodotto

Imperative

—	produciamo
produci (non produrre)	producete
produca	producano

Samples of basic verb usage

L'Italia produce molti vini pregiati. Italy produces many of the best wines.

L'Italia ha prodotto innumerevoli artisti. Italy has produced countless artists.

Extended uses/Related words and expressions

creare to create

fare to do, make

NOTE: Other verbs conjugated like **produrre** are **addurre** (to add on), **condurre** (to conduct, direct), **dedurre** (to deduce), **indurre** (to induce), **introdurre** (to introduce), **ridurre** (to reduce), **sedurre** (to seduce), and **tradurre** (to translate).

For most of the tenses, except the future and present conditional, **produrre** can be considered to have the infinitive form **producere** and, thus, is conjugated in regular ways as a second-conjugation verb.

to forbid, to prohibit

The Seven Simple Tenses		The Seven Compound Tenses	
Singular	Plural	Singular	Plural

1 Present Indicative		8 Present Perfect	
proibisco	proibiamo	ho proibito	abbiamo proibito
proibisci	proibite	hai proibito	avete proibito
proibisce	proibiscono	ha proibito	hanno proibito

2 Imperfect		9 Past Perfect	
proibivo	proibivamo	avevo proibito	avevamo proibito
proibivi	proibivate	avevi proibito	avevate proibito
proibiva	proibivano	aveva proibito	avevano proibito

3 Past Absolute		10 Past Anterior	
proibii	proibimmo	ebbi proibito	avemmo proibito
proibisti	proibiste	avesti proibito	aveste proibito
proibì	proibirono	ebbe proibito	ebbero proibito

4 Future		11 Future Perfect	
proibirò	proibiremo	avrò proibito	avremo proibito
proibirai	proibirete	avrai proibito	avrete proibito
proibirà	proibiranno	avrà proibito	avranno proibito

5 Present Conditional		12 Past Conditional	
proibirei	proibiremmo	avrei proibito	avremmo proibito
proibiresti	proibireste	avresti proibito	avreste proibito
proibirebbe	proibirebbero	avrebbe proibito	avrebbero proibito

6 Present Subjunctive		13 Past Subjunctive	
proibisca	proibiamo	abbia proibito	abbiamo proibito
proibisca	proibiate	abbia proibito	abbiate proibito
proibisca	proibiscano	abbia proibito	abbiano proibito

7 Imperfect Subjunctive		14 Past Perfect Subjunctive	
proibissi	proibissimo	avessi proibito	avessimo proibito
proibissi	proibiste	avessi proibito	aveste proibito
proibisse	proibssero	avesse proibito	avessero proibito

Imperative	
—	proibiamo
proibisci (non proibire)	proibite
proibisca	proibiscano

Samples of basic verb usage
Perché ci hai proibito di parlare? Why did you prohibit us from speaking?
È proibito fumare. Smoking is prohibited.

Extended uses/Related words and expressions
vietare to forbid
impedire to impede

P

promettere*

to promise

Gerund promettendo   **Past Part. promesso**

Irregular verb ■

The Seven Simple Tenses		The Seven Compound Tenses	
Singular	Plural	Singular	Plural

1 Present Indicative

		8 Present Perfect	
prometto	promettiamo	ho promesso	abbiamo promesso
prometti	promettete	hai promesso	avete promesso
promette	promettono	ha promesso	hanno promesso

2 Imperfect

		9 Past Perfect	
promettevo	promettevamo	avevo promesso	avevamo promesso
promettevi	promettevate	avevi promesso	avevate promesso
prometteva	promettevano	aveva promesso	avevano promesso

3 Past Absolute

		10 Past Anterior	
promisi	promettemmo	ebbi promesso	avemmo promesso
promettesti	prometteste	avesti promesso	aveste promesso
promise	promisero	ebbe promesso	ebbero promesso

4 Future

		11 Future Perfect	
prometterò	prometteremo	avrò promesso	avremo promesso
prometterai	prometterete	avrai promesso	avrete promesso
prometterà	prometteranno	avrà promesso	avranno promesso

5 Present Conditional

		12 Past Conditional	
prometterei	prometteremmo	avrei promesso	avremmo promesso
prometteresti	promettereste	avresti promesso	avreste promesso
prometterebbe	prometterebbero	avrebbe promesso	avrebbero promesso

6 Present Subjunctive

		13 Past Subjunctive	
prometta	promettiamo	abbia promesso	abbiamo promesso
prometta	promettiate	abbia promesso	abbiate promesso
prometta	promettano	abbia promesso	abbiano promesso

7 Imperfect Subjunctive

		14 Past Perfect Subjunctive	
promettessi	promettessimo	avessi promesso	avessimo promesso
promettessi	prometteste	avessi promesso	aveste promesso
promettesse	promettessero	avesse promesso	avessero promesso

Imperative

—	promettiamo
prometti (non promettere)	promettete
prometta	promettano

Samples of basic verb usage

Non gli ho promesso niente. I didn't promise him anything.

La cosa promette bene. The thing promises well.

Extended uses/Related words and expressions

Il cielo promette pioggia. It looks like rain (*literally* The sky is promising rain).

promettere mari e monti to make promises that are impossible to keep (*literally* to promise the seas and the mountains).

NOTE: This verb is composed with the verb **mettere** (to put) and is thus conjugated exactly like it.

388

■ Irregular verb

to promote, to further

The Seven Simple Tenses		The Seven Compound Tenses	
Singular	Plural	Singular	Plural
1 Present Indicative		8 Present Perfect	
promuovo	**promuoviamo**	**ho promosso**	**abbiamo promosso**
promuovi	**promuovete**	**hai promosso**	**avete promosso**
promuove	**promuovono**	**ha promosso**	**hanno promosso**
2 Imperfect		9 Past Perfect	
promuovevo	**promuovevamo**	**avevo promosso**	**avevamo promosso**
promuovevi	**promuovevate**	**avevi promosso**	**avevate promosso**
promuoveva	**promuovevano**	**aveva promosso**	**avevano promosso**
3 Past Absolute		10 Past Anterior	
promossi	**promuovemmo**	**ebbi promosso**	**avemmo promosso**
promuovesti	**promuoveste**	**avesti promosso**	**aveste promosso**
promosse	**promossero**	**ebbe promosso**	**ebbero promosso**
4 Future		11 Future Perfect	
promuoverò	**promuoveremo**	**avrò promosso**	**avremo promosso**
promuoverai	**promuoverete**	**avrai promosso**	**avrete promosso**
promuoverà	**promuoveranno**	**avrà promosso**	**avranno promosso**
5 Present Conditional		12 Past Conditional	
promuoverei	**promuoveremmo**	**avrei promosso**	**avremmo promosso**
promuoveresti	**promuovereste**	**avresti promosso**	**avreste promosso**
promuoverebbe	**promuoverebbero**	**avrebbe promosso**	**avrebbero promosso**
6 Present Subjunctive		13 Past Subjunctive	
promuova	**promuoviamo**	**abbia promosso**	**abbiamo promosso**
promuova	**promuoviate**	**abbia promosso**	**abbiate promosso**
promuova	**promuovano**	**abbia promosso**	**abbiano promosso**
7 Imperfect Subjunctive		14 Past Perfect Subjunctive	
promuovessi	**promuovessimo**	**avessi promosso**	**avessimo promosso**
promuovessi	**promuoveste**	**avessi promosso**	**aveste promosso**
promuovesse	**promuovessero**	**avesse promosso**	**avessero promosso**

Imperative

—	**prom(u)oviamo**
promuovi (non promuovere)	**prom(u)ovete**
promuova	**promuovano**

Samples of basic verb usage
Quella nazione promuove sempre scambi culturali. That nation always promotes cultural exchanges.
Lui promuove sempre la stessa causa. He is always promoting the same cause.

Extended uses/Related words and expressions
É stato promosso caporeparto. He was promoted to department head.
passare to pass

OTE: This verb is composed with the verb **muovere** (to move) and is thus conjugated exactly like it.

pronunziare

Gerund **pronunziando**   Past Part. **pronunziato**

to pronounce

The Seven Simple Tenses		The Seven Compound Tenses	
Singular	Plural	Singular	Plural

1 Present Indicative		8 Present Perfect	
pronunzio	pronunziamo	ho pronunziato	abbiamo pronunziato
pronunzi	pronunziate	hai pronunziato	avete pronunziato
pronunzia	pronunziano	ha pronunziato	hanno pronunziato

2 Imperfect		9 Past Perfect	
pronunziavo	pronunziavamo	avevo pronunziato	avevamo pronunziato
pronunziavi	pronunziavate	avevi pronunziato	avevate pronunziato
pronunziava	pronunziavano	aveva pronunziato	avevano pronunziato

3 Past Absolute		10 Past Anterior	
pronunziai	pronunziammo	ebbi pronunziato	avemmo pronunziato
pronunziasti	pronunziaste	avesti pronunziato	aveste pronunziato
pronunziò	pronunziarono	ebbe pronunziato	ebbero pronunziato

4 Future		11 Future Perfect	
pronunzierò	pronunzieremo	avrò pronunziato	avremo pronunziato
pronunzierai	pronunzierete	avrai pronunziato	avrete pronunziato
pronunzierà	pronunzieranno	avrà pronunziato	avranno pronunziato

5 Present Conditional		12 Past Conditional	
pronunzierei	pronunzieremmo	avrei pronunziato	avremmo pronunziato
pronunzieresti	pronunziereste	avresti pronunziato	avreste pronunziato
pronunzierebbe	pronunzierebbero	avrebbe pronunziato	avrebbero pronunziato

6 Present Subjunctive		13 Past Subjunctive	
pronunzi	pronunziamo	abbia pronunziato	abbiamo pronunziato
pronunzi	pronunziate	abbia pronunziato	abbiate pronunziato
pronunzi	pronunzino	abbia pronunziato	abbiano pronunziato

7 Imperfect Subjunctive		14 Past Perfect Subjunctive	
pronunziassi	pronunziassimo	avessi pronunziato	avessimo pronunziato
pronunziassi	pronunziaste	avessi pronunziato	aveste pronunziato
pronunziasse	pronunziassero	avesse pronunziato	avessero pronunziato

Imperative	
—	pronunziamo
pronunzia (non pronunziare)	pronunziate
pronunzi	pronunzino

Samples of basic verb usage

Come si **pronunzia** questa parola? How do you pronounce this word?

Loro **pronunziano** bene il francese. They pronounce (speak) French well.

Extended uses/Related words and expressions

pronunziare la propria opinione to articulate one's opinion

Non mi **pronunzio**. I am not going to say anything about the matter.

NOTE: An alternative spelling (and pronunciation) of this verb is **pronunciare**.

The Seven Simple Tenses		The Seven Compound Tenses	
Singular	Plural	Singular	Plural

1 Present Indicative
| | | |
--- | --- | --- | ---
propongo | proponiamo | **8 Present Perfect** | |
proponi | proponete | ho proposto | abbiamo proposto
propone | propongono | hai proposto | avete proposto
 | | ha proposto | hanno proposto

2 Imperfect
| | | |
--- | --- | --- | ---
proponevo | proponevamo | **9 Past Perfect** | |
proponevi | proponevate | avevo proposto | avevamo proposto
proponeva | proponevano | avevi proposto | avevate proposto
 | | aveva proposto | avevano proposto

3 Past Absolute
| | | |
--- | --- | --- | ---
proposi | proponemmo | **10 Past Anterior** | |
proponesti | proponeste | ebbi proposto | avemmo proposto
propose | proposero | avesti proposto | aveste proposto
 | | ebbe proposto | ebbero proposto

4 Future
| | | |
--- | --- | --- | ---
proporrò | proporremo | **11 Future Perfect** | |
proporrai | proporrete | avrò proposto | avremo proposto
proporrà | proporranno | avrai proposto | avrete proposto
 | | avrà proposto | avranno proposto

5 Present Conditional
| | | |
--- | --- | --- | ---
proporrei | proporremmo | **12 Past Conditional** | |
proporresti | proporreste | avrei proposto | avremmo proposto
proporrebbe | proporrebbero | avresti proposto | avreste proposto
 | | avrebbe proposto | avrebbero proposto

6 Present Subjunctive
| | | |
--- | --- | --- | ---
proponga | proponiamo | **13 Past Subjunctive** | |
proponga | proponiate | abbia proposto | abbiamo proposto
proponga | propongano | abbia proposto | abbiate proposto
 | | abbia proposto | abbiano proposto

7 Imperfect Subjunctive
| | | |
--- | --- | --- | ---
proponessi | proponessimo | **14 Past Perfect Subjunctive** | |
proponessi | proponeste | avessi proposto | avessimo proposto
proponesse | proponessero | avessi proposto | aveste proposto
 | | avesse proposto | avessero proposto

Imperative

—	proponiamo
proponi (non proporre)	proponete
proponga	propongano

Samples of basic verb usage
Ti propongo una soluzione alternativa. Let me propose an alternative solution to you.
Cosa proponi di fare tu? What do you propose to do?

Extended uses/Related words and expressions
proporre qualcuno per il posto di capoufficio to put forward someone for office manager
proporsi come rappresentante to offer oneself as representative

NOTE: This verb is composed with the verb **porre** (to put) and is thus conjugated exactly like it.

proteggere*

to protect

Gerund **proteggendo**   Past Part. **protetto**

Irregular verb ■

The Seven Simple Tenses		The Seven Compound Tenses	
Singular	Plural	Singular	Plural

1 Present Indicative		8 Present Perfect	
proteggo	proteggiamo	ho protetto	abbiamo protetto
proteggi	proteggete	hai protetto	avete protetto
protegge	proteggono	ha protetto	hanno protetto

2 Imperfect		9 Past Perfect	
proteggevo	proteggevamo	avevo protetto	avevamo protetto
proteggevi	proteggevate	avevi protetto	avevate protetto
proteggeva	proteggevano	aveva protetto	avevano protetto

3 Past Absolute		10 Past Anterior	
protessi	proteggemmo	ebbi protetto	avemmo protetto
proteggesti	proteggeste	avesti protetto	aveste protetto
protesse	protessero	ebbe protetto	ebbero protetto

4 Future		11 Future Perfect	
proteggerò	proteggeremo	avrò protetto	avremo protetto
proteggerai	proteggerete	avrai protetto	avrete protetto
proteggerà	proteggeranno	avrà protetto	avranno protetto

5 Present Conditional		12 Past Conditional	
proteggerei	proteggeremmo	avrei protetto	avremmo protetto
proteggeresti	proteggereste	avresti protetto	avreste protetto
proteggerebbe	proteggerebbero	avrebbe protetto	avrebbero protetto

6 Present Subjunctive		13 Past Subjunctive	
protegga	proteggiamo	abbia protetto	abbiamo protetto
protegga	proteggiate	abbia protetto	abbiate protetto
protegga	proteggano	abbia protetto	abbiano protetto

7 Imperfect Subjunctive		14 Past Perfect Subjunctive	
proteggessi	proteggessimo	avessi protetto	avessimo protetto
proteggessi	proteggeste	avessi protetto	aveste protetto
proteggesse	proteggessero	avesse protetto	avessero protetto

Imperative	
—	proteggiamo
proteggi (non proteggere)	proteggete
protegga	proteggano

Samples of basic verb usage
Lei protegge sempre i suoi figli. She always protects her children.
Io ti ho sempre protetto. I have always protected you.

Extended uses/Related words and expressions
proteggere le arti to support the arts
appoggiare to back, to support

NOTE: Other verbs conjugated like **proteggere** are **eleggere** (to elect), **leggere** (to read), **reggere** (to hold), and **sorreggere** (to hold up).

■ Irregular verb   to provide

The Seven Simple Tenses		The Seven Compound Tenses	
Singular	Plural	Singular	Plural

1 Present Indicative

		8 Present Perfect	
provvedo (provveggo)	provvediamo	ho provvisto	abbiamo provvisto
provvedi	provvedete	hai provvisto	avete provvisto
provvede	provvedono (provveggono)	ha provvisto	hanno provvisto

2 Imperfect

		9 Past Perfect	
provvedevo	provvedevamo	avevo provvisto	avevamo provvisto
provvedevi	provvedevate	avevi provvisto	avevate provvisto
provvedeva	provvedevano	aveva provvisto	avevano provvisto

3 Past Absolute

		10 Past Anterior	
provvidi	provvedemmo	ebbi provvisto	avemmo provvisto
provvedesti	provvedeste	avesti provvisto	aveste provvisto
provvide	provvidero	ebbe provvisto	ebbero provvisto

4 Future

		11 Future Perfect	
provvederò	provvederemo	avrò provvisto	avremo provvisto
provvederai	provvederete	avrai provvisto	avrete provvisto
provvederà	provvederanno	avrà provvisto	avranno provvisto

5 Present Conditional

		12 Past Conditional	
provvederei	provvederemmo	avrei provvisto	avremmo provvisto
provvederesti	provvedereste	avresti provvisto	avreste provvisto
provvederebbe	provvederebbero	avrebbe provvisto	avrebbero provvisto

6 Present Subjunctive

		13 Past Subjunctive	
provveda (provvegga)	provvediamo	abbia provvisto	abbiamo provvisto
provveda (provvegga)	provvediate	abbia provvisto	abbiate provvisto
provveda (provvegga)	provvedano (provveggano)	abbia provvisto	abbiano provvisto

7 Imperfect Subjunctive

		14 Past Perfect Subjunctive	
provvedessi	provvedessimo	avessi provvisto	avessimo provvisto
provvedessi	provvedeste	avessi provvisto	aveste provvisto
provvedesse	provvedessero	avesse provvisto	avessero provvisto

Imperative

—	provvediamo
provvedi (non provvedere)	provvedete
provveda (provvegga)	provvedano (provveggano)

Samples of basic verb usage
Lui provvede bene alla famiglia. He is a good provider to his family.
Provvedo io tutto l'occorrente. I'll provide whatever is needed.

Extended uses/Related words and expressions
offrire to offer
fornire to supply

NOTE: This verb is composed with the verb **vedere** (to see) and is thus conjugated exactly like it.

pulire

Gerund **pulendo**

Past Part. **pulito**

to clean

The Seven Simple Tenses		The Seven Compound Tenses	
Singular	Plural	Singular	Plural
1 Present Indicative		**8 Present Perfect**	
pulisco	puliamo	ho pulito	abbiamo pulito
pulisci	pulite	hai pulito	avete pulito
pulisce	puliscono	ha pulito	hanno pulito
2 Imperfect		**9 Past Perfect**	
pulivo	pulivamo	avevo pulito	avevamo pulito
pulivi	pulivate	avevi pulito	avevate pulito
puliva	pulivano	aveva pulito	avevano pulito
3 Past Absolute		**10 Past Anterior**	
pulii	pulimmo	ebbi pulito	avemmo pulito
pulisti	puliste	avesti pulito	aveste pulito
pulì	pulirono	ebbe pulito	ebbero pulito
4 Future		**11 Future Perfect**	
pulirò	puliremo	avrò pulito	avremo pulito
pulirai	pulirete	avrai pulito	avrete pulito
pulirà	puliranno	avrà pulito	avranno pulito
5 Present Conditional		**12 Past Conditional**	
pulirei	puliremmo	avrei pulito	avremmo pulito
puliresti	pulireste	avresti pulito	avreste pulito
pulirebbe	pulirebbero	avrebbe pulito	avrebbero pulito
6 Present Subjunctive		**13 Past Subjunctive**	
pulisca	puliamo	abbia pulito	abbiamo pulito
pulisca	puliate	abbia pulito	abbiate pulito
pulisca	puliscano	abbia pulito	abbiano pulito
7 Imperfect Subjunctive		**14 Past Perfect Subjunctive**	
pulissi	pulissimo	avessi pulito	avessimo pulito
pulissi	puliste	avessi pulito	aveste pulito
pulisse	pulissero	avesse pulito	avessero pulito

Imperative	
—	**puliamo**
pulisci (non pulire)	**pulite**
pulisca	**puliscano**

Samples of basic verb usage	**Extended uses/Related words and expressions**
Ho già pulito la casa. I have already cleaned the house.	**pulito** clean
Chi pulirà le finestre? Who will clean the windows?	**sporco** dirty
Devo pulire gli occhiali. I have to clean my glasses.	**pulirsi** to clean up, to cleanse
	pulirsi la bocca to wipe one's mouth

■ Irregular verb

to prick, to pinch, to sting

The Seven Simple Tenses		The Seven Compound Tenses	
Singular	Plural	Singular	Plural
1 Present Indicative		**8 Present Perfect**	
pungo	pungiamo	ho punto	abbiamo punto
pungi	pungete	hai punto	avete punto
punge	pungono	ha punto	hanno punto
2 Imperfect		**9 Past Perfect**	
pungevo	pungevamo	avevo punto	avevamo punto
pungevi	pungevate	avevi punto	avevate punto
pungeva	pungevano	aveva punto	avevano punto
3 Past Absolute		**10 Past Anterior**	
punsi	pungemmo	ebbi punto	avemmo punto
pungesti	pungeste	avesti punto	aveste punto
punse	punsero	ebbe punto	ebbero punto
4 Future		**11 Future Perfect**	
pungerò	pungeremo	avrò punto	avremo punto
pungerai	pungerete	avrai punto	avrete punto
pungerà	pungeranno	avrà punto	avranno punto
5 Present Conditional		**12 Past Conditional**	
pungerei	pungeremmo	avrei punto	avremmo punto
pungeresti	pungereste	avresti punto	avreste punto
pungerebbe	pungerebbero	avrebbe punto	avrebbero punto
6 Present Subjunctive		**13 Past Subjunctive**	
punga	pungiamo	abbia punto	abbiamo punto
punga	pungiate	abbia punto	abbiate punto
punga	pungano	abbia punto	abbiano punto
7 Imperfect Subjunctive		**14 Past Perfect Subjunctive**	
pungessi	pungessimo	avessi punto	avessimo punto
pungessi	pungeste	avessi punto	aveste punto
pungesse	pungessero	avesse punto	avessero punto

Imperative	
—	pungiamo
pungi (non pungere)	pungete
punga	pungano

Samples of basic verb usage
Mi ha punto una zanzara. A mosquito bit me.
Il vento mi pungeva la faccia. The wind was stinging my face.

Extended uses/Related words and expressions
pizzicare to pinch
toccare to touch

NOTE: Other verbs conjugated like **pungere** are **aggiungere** (to add), **costringere** (to force), **giungere** (to reach), **congiungere** (to join), **raggiungere** (to catch up to), and **ungere** (to anoint).

punire

to punish

The Seven Simple Tenses		The Seven Compound Tenses	
Singular	Plural	Singular	Plural
1 Present Indicative		**8 Present Perfect**	
punisco	puniamo	ho punito	abbiamo punito
punisci	punite	hai punito	avete punito
punisce	puniscono	ha punito	hanno punito
2 Imperfect		**9 Past Perfect**	
punivo	punivamo	avevo punito	avevamo punito
punivi	punivate	avevi punito	avevate punito
puniva	punivano	aveva punito	avevano punito
3 Past Absolute		**10 Past Anterior**	
punii	punimmo	ebbi punito	avemmo punito
punisti	puniste	avesti punito	aveste punito
punì	punirono	ebbe punito	ebbero punito
4 Future		**11 Future Perfect**	
punirò	puniremo	avrò punito	avremo punito
punirai	punirete	avrai punito	avrete punito
punirà	puniranno	avrà punito	avranno punito
5 Present Conditional		**12 Past Conditional**	
punirei	puniremmo	avrei punito	avremmo punito
puniresti	punireste	avresti punito	avreste punito
punirebbe	punirebbero	avrebbe punito	avrebbero punito
6 Present Subjunctive		**13 Past Subjunctive**	
punisca	puniamo	abbia punito	abbiamo punito
punisca	puniate	abbia punito	abbiate punito
punisca	puniscano	abbia punito	abbiano punito
7 Imperfect Subjunctive		**14 Past Perfect Subjunctive**	
punissi	punissimo	avessi punito	avessimo punito
punissi	puniste	avessi punito	aveste punito
punisse	punissero	avesse punito	avessero punito

Imperative	
—	puniamo
punisci (non punire)	punite
punisca	puniscano

Samples of basic verb usage	**Extended uses/Related words and expressions**
Perché lo punisci sempre? Why do you always punish him?	**disciplinare** to discipline
	penalizzare to penalize
La legge punisce i criminali. The law punishes criminals.	**rimproverare** to chastise

396

to quiet, to calm

The Seven Simple Tenses		The Seven Compound Tenses	
Singular	Plural	Singular	Plural

1 Present Indicative

		8 Present Perfect	
quieto	quietiamo	ho quietato	abbiamo quietato
quieti	quietate	hai quietato	avete quietato
quieta	quietano	ha quietato	hanno quietato

2 Imperfect

		9 Past Perfect	
quietavo	quietavamo	avevo quietato	avevamo quietato
quietavi	quietavate	avevi quietato	avevate quietato
quietava	quietavano	aveva quietato	avevano quietato

3 Past Absolute

		10 Past Anterior	
quietai	quietammo	ebbi quietato	avemmo quietato
quietasti	quietaste	avesti quietato	aveste quietato
quietò	quietarono	ebbe quietato	ebbero quietato

4 Future

		11 Future Perfect	
quieterò	quieteremo	avrò quietato	avremo quietato
quieterai	quieterete	avrai quietato	avrete quietato
quieterà	quieteranno	avrà quietato	avranno quietato

5 Present Conditional

		12 Past Conditional	
quieterei	quieteremmo	avrei quietato	avremmo quietato
quieteresti	quietereste	avresti quietato	avreste quietato
quieterebbe	quieterebbero	avrebbe quietato	avrebbero quietato

6 Present Subjunctive

		13 Past Subjunctive	
quieti	quietiamo	abbia quietato	abbiamo quietato
quieti	quietiate	abbia quietato	abbiate quietato
quieti	quietino	abbia quietato	abbiano quietato

7 Imperfect Subjunctive

		14 Past Perfect Subjunctive	
quietassi	quietassimo	avessi quietato	avessimo quietato
quietassi	quietaste	avessi quietato	aveste quietato
quietasse	quietassero	avesse quietato	avessero quietato

Q

Imperative

—	quietiamo
quieta (non quietare)	quietate
quieti	quietino

Samples of basic verb usage	**Extended uses/Related words and expressions**
Finalmente hanno quietato quel bimbo. They finally calmed that child.	**calmarsi** to calm oneself
Prima devo quietare la sete. First I have to satisfy my thirst.	**stare zitto** to keep quiet, to shut up

raccomandare
Gerund **raccomandando**   Past Part. **raccomandato**

to recommend

The Seven Simple Tenses		The Seven Compound Tenses	
Singular	Plural	Singular	Plural
1 Present Indicative		**8 Present Perfect**	
raccomando	raccomandiamo	ho raccomandato	abbiamo raccomandato
raccomandi	raccomandate	hai raccomandato	avete raccomandato
raccomanda	raccomandano	ha raccomandato	hanno raccomandato
2 Imperfect		**9 Past Perfect**	
raccomandavo	raccomandavamo	avevo raccomandato	avevamo raccomandato
raccomandavi	raccomandavate	avevi raccomandato	avevate raccomandato
raccomandava	raccomandavano	aveva raccomandato	avevano raccomandato
3 Past Absolute		**10 Past Anterior**	
raccomandai	raccomandammo	ebbi raccomandato	avemmo raccomandato
raccomandasti	raccomandaste	avesti raccomandato	aveste raccomandato
raccomandò	raccomandarono	ebbe raccomandato	ebbero raccomandato
4 Future		**11 Future Perfect**	
raccomanderò	raccomanderemo	avrò raccomandato	avremo raccomandato
raccomanderai	raccomanderete	avrai raccomandato	avrete raccomandato
raccomanderà	raccomanderanno	avrà raccomandato	avranno raccomandato
5 Present Conditional		**12 Past Conditional**	
raccomanderei	raccomanderemmo	avrei raccomandato	avremmo raccomandato
raccomanderesti	raccomandereste	avresti raccomandato	avreste raccomandato
raccomanderebbe	raccomanderebbero	avrebbe raccomandato	avrebbero raccomandato
6 Present Subjunctive		**13 Past Subjunctive**	
raccomandi	raccomandiamo	abbia raccomandato	abbiamo raccomandato
raccomandi	raccomandiate	abbia raccomandato	abbiate raccomandato
raccomandi	raccomandino	abbia raccomandato	abbiano raccomandato
7 Imperfect Subjunctive		**14 Past Perfect Subjunctive**	
raccomandassi	raccomandassimo	avessi raccomandato	avessimo raccomandato
raccomandassi	raccomandaste	avessi raccomandato	aveste raccomandato
raccomandasse	raccomandassero	avesse raccomandato	avessero raccomandato

Imperative	
—	raccomandiamo
raccomanda (non raccomandare)	raccomandate
raccomandi	raccomandino

Samples of basic verb usage	**Extended uses/Related words and expressions**
Ti raccomando di studiare di più. I recommend that you study more.	**affidare** to entrust
	consigliare to advise
Che cosa vi ha raccomandato di fare il vostro amico? What did your friend recommend that you do?	**lettera raccomandata** registered letter

to tell, to relate, to recount

The Seven Simple Tenses		The Seven Compound Tenses	
Singular	Plural	Singular	Plural

1 Present Indicative		8 Present Perfect	
racconto	raccontiamo	ho raccontato	abbiamo raccontato
racconti	raccontate	hai raccontato	avete raccontato
racconta	raccontano	ha raccontato	hanno raccontato

2 Imperfect		9 Past Perfect	
raccontavo	raccontavamo	avevo raccontato	avevamo raccontato
raccontavi	raccontavate	avevi raccontato	avevate raccontato
raccontava	raccontavano	aveva raccontato	avevano raccontato

3 Past Absolute		10 Past Anterior	
raccontai	raccontammo	ebbi raccontato	avemmo raccontato
raccontasti	raccontaste	avesti raccontato	aveste raccontato
raccontò	raccontarono	ebbe raccontato	ebbero raccontato

4 Future		11 Future Perfect	
racconterò	racconteremo	avrò raccontato	avremo raccontato
racconterai	racconterete	avrai raccontato	avrete raccontato
racconterà	racconteranno	avrà raccontato	avranno raccontato

5 Present Conditional		12 Past Conditional	
racconterei	racconteremmo	avrei raccontato	avremmo raccontato
racconteresti	raccontereste	avresti racconato	avreste raccontato
racconterebbe	racconterebbero	avrebbe raccontato	avrebbero raccontato

6 Present Subjunctive		13 Past Subjunctive	
racconti	raccontiamo	abbia raccontato	abbiamo raccontato
racconti	raccontiate	abbia raccontato	abbiate raccontato
racconti	raccontino	abbia raccontato	abbiano raccontato

7 Imperfect Subjunctive		14 Past Perfect Subjunctive	
raccontassi	raccontassimo	avessi raccontato	avessimo raccontato
raccontassi	raccontaste	avessi raccontato	aveste raccontato
raccontasse	raccontassero	avesse raccontato	avessero raccontato

R

Imperative	
—	raccontiamo
racconta (non raccontare)	raccontate
racconti	raccontino

Samples of basic verb usage	**Extended uses/Related words and expressions**
Chi ti ha raccontato quella storia? Who told you that story?	**raccontarne di tutti i colori** to spin a story (*literally* to tell something with many colors)
Ogni sera io racconto una storia ai miei bambini. Every evening I tell my children a story.	**Il romanzo racconta la vita di Da Vinci.** The novel describes the life of Da Vinci.

radere*

to shave, to graze, to raze

The Seven Simple Tenses		The Seven Compound Tenses	
Singular	Plural	Singular	Plural

1 Present Indicative

		8 Present Perfect	
rado	radiamo	ho raso	abbiamo raso
radi	radete	hai raso	avete raso
rade	radono	ha raso	hanno raso

2 Imperfect

		9 Past Perfect	
radevo	radevamo	avevo raso	avevamo raso
radevi	radevate	avevi raso	avevate raso
radeva	radevano	aveva raso	avevano raso

3 Past Absolute

		10 Past Anterior	
rasi	rademmo	ebbi raso	avemmo raso
radesti	radeste	avesti raso	aveste raso
rase	rasero	ebbe raso	ebbero raso

4 Future

		11 Future Perfect	
raderò	raderemo	avrò raso	avremo raso
raderai	raderete	avrai raso	avrete raso
raderà	raderanno	avrà raso	avranno raso

5 Present Conditional

		12 Past Conditional	
raderei	raderemmo	avrei raso	avremmo raso
raderesti	radereste	avresti raso	avreste raso
raderebbe	raderebbero	avrebbe raso	avrebbero raso

6 Present Subjunctive

		13 Past Subjunctive	
rada	radiamo	abbia raso	abbiamo raso
rada	radiate	abbia raso	abbiate raso
rada	radano	abbia raso	abbiano raso

7 Imperfect Subjunctive

		14 Past Perfect Subjunctive	
radessi	radessimo	avessi raso	avessimo raso
radessi	radeste	avessi raso	aveste raso
radesse	radessero	avesse raso	avessero raso

Imperative

—	radiamo
radi (non radere)	radete
rada	radano

Samples of basic verb usage

Devo radere la mia barba. É troppo lunga.
I have to shave my beard. It's too long.
Attenzione, la macchina sta radendo la strada! Be careful, the car is grazing the shoulder of the road!

Extended uses/Related words and expressions
farsi la barba to shave
pelarsi to remove all hair
depilarsi to remove hair

■ Irregular verb   to reach, to catch up to, to get to

The Seven Simple Tenses		The Seven Compound Tenses	
Singular	Plural	Singular	Plural
1 Present Indicative		**8 Present Perfect**	
raggiungo	raggiungiamo	ho raggiunto	abbiamo raggiunto
raggiungi	raggiungete	hai raggiunto	avete raggiunto
raggiunge	raggiungono	ha raggiunto	hanno raggiunto
2 Imperfect		**9 Past Perfect**	
raggiungevo	raggiungevamo	avevo raggiunto	avevamo raggiunto
raggiungevi	raggiungevate	avevi raggiunto	avevate raggiunto
raggiungeva	raggiungevano	aveva raggiunto	avevano raggiunto
3 Past Absolute		**10 Past Anterior**	
raggiunsi	raggiungemmo	ebbi raggiunto	avemmo raggiunto
raggiungesti	raggiungeste	avesti raggiunto	aveste raggiunto
raggiunse	raggiunsero	ebbe raggiunto	ebbero raggiunto
4 Future		**11 Future Perfect**	
raggiungerò	raggiungeremo	avrò raggiunto	avremo raggiunto
raggiungerai	raggiungerete	avrai raggiunto	avrete raggiunto
raggiungerà	raggiungeranno	avrà raggiunto	avranno raggiunto
5 Present Conditional		**12 Past Conditional**	
raggiungerei	raggiungeremmo	avrei raggiunto	avremmo raggiunto
raggiungeresti	raggiungereste	avresti raggiunto	avreste raggiunto
raggiungerebbe	raggiungerebbero	avrebbe raggiunto	avrebbero raggiunto
6 Present Subjunctive		**13 Past Subjunctive**	
raggiunga	raggiungiamo	abbia raggiunto	abbiamo raggiunto
raggiunga	raggiungiate	abbia raggiunto	abbiate raggiunto
raggiunga	raggiungano	abbia raggiunto	abbiano raggiunto
7 Imperfect Subjunctive		**14 Past Perfect Subjunctive**	
raggiungessi	raggiungessimo	avessi raggiunto	avessimo raggiunto
raggiungessi	raggiungeste	avessi raggiunto	aveste raggiunto
raggiungesse	raggiungessero	avesse raggiunto	avessero raggiunto

R

Imperative	
—	**raggiungiamo**
raggiungi (non raggiungere)	**raggiungete**
raggiunga	**raggiungano**

Samples of basic verb usage	**Extended uses/Related words and expressions**
Gli alpinisti hanno raggiunto la vetta ieri. The mountain climbers reached the top yesterday.	**raggiungere il primo in classifica** to make it to first place (to the top)
La temperatura ha raggiunto i dieci sotto zero. The temperature reached ten below.	**raggiungere il successo** to achieve success

NOTE: Other verbs conjugated like **raggiungere** are **aggiungere** (to add), **congiungere** (to join), **giungere** (to arrive, reach), and **piangere** (to cry).

ragionare   Gerund **ragionando**   Past Part. **ragionato**

to reason, to argue, to discuss, to talk over

The Seven Simple Tenses		The Seven Compound Tenses	
Singular	Plural	Singular	Plural
1 Present Indicative		**8 Present Perfect**	
ragiono	ragioniamo	ho ragionato	abbiamo ragionato
ragioni	ragionate	hai ragionato	avete ragionato
ragiona	ragionano	ha ragionato	hanno ragionato
2 Imperfect		**9 Past Perfect**	
ragionavo	ragionavamo	avevo ragionato	avevamo ragionato
ragionavi	ragionavate	avevi ragionato	avevate ragionato
ragionava	ragionavano	aveva ragionato	avevano ragionato
3 Past Absolute		**10 Past Anterior**	
ragionai	ragionammo	ebbi ragionato	avemmo ragionato
ragionasti	ragionaste	avesti ragionato	aveste ragionato
ragionò	ragionarono	ebbe ragionato	ebbero ragionato
4 Future		**11 Future Perfect**	
ragionerò	ragioneremo	avrò ragionato	avremo ragionato
ragionerai	ragionerete	avrai ragionato	avrete ragionato
ragionerà	ragioneranno	avrà ragionato	avranno ragionato
5 Present Conditional		**12 Past Conditional**	
ragionerei	ragioneremmo	avrei ragionato	avremmo ragionato
ragioneresti	ragionereste	avresti ragionato	avreste ragionato
ragionerebbe	ragionerebbero	avrebbe ragionato	avrebbero ragionato
6 Present Subjunctive		**13 Past Subjunctive**	
ragioni	ragioniamo	abbia ragionato	abbiamo ragionato
ragioni	ragioniate	abbia ragionato	abbiate ragionato
ragioni	ragionino	abbia ragionato	abbiano ragionato
7 Imperfect Subjunctive		**14 Past Perfect Subjunctive**	
ragionassi	ragionassimo	avessi ragionato	avessimo ragionato
ragionassi	ragionaste	avessi ragionato	aveste ragionato
ragionasse	ragionassero	avesse ragionato	avessero ragionato

Imperative	
—	ragioniamo
ragiona (non ragionare)	ragionate
ragioni	ragionino

Samples of basic verb usage	Extended uses/Related words and expressions
Perché ragioni sempre così negativamente?	avere ragione to be right
Why do you always reason so negatively?	ragionare del più e del meno to talk about this
Non mi interrompere! Sto ragionando! Don't	and that
interrupt me! I'm thinking!	

402

to represent

The Seven Simple Tenses		The Seven Compound Tenses	
Singular	Plural	Singular	Plural

1 Present Indicative

		8 Present Perfect	
rappresento	rappresentiamo	ho rappresentato	abbiamo rappresentato
rappresenti	rappresentate	hai rappresentato	avete rappresentato
rappresenta	rappresentano	ha rappresentato	hanno rappresentato

2 Imperfect

		9 Past Perfect	
rappresentavo	rappresentavamo	avevo rappresentato	avevamo rappresentato
rappresentavi	rappresentavate	avevi rappresentato	avevate rappresentato
rappresentava	rappresentavano	aveva rappresentato	avevano rappresentato

3 Past Absolute

		10 Past Anterior	
rappresentai	rappresentammo	ebbi rappresentato	avemmo rappresentato
rappresentasti	rappresentaste	avesti rappresentato	aveste rappresentato
rappresentò	rappresentarono	ebbe rappresentato	ebbero rappresentato

4 Future

		11 Future Perfect	
rappresenterò	rappresenteremo	avrò rappresentato	avremo rappresentato
rappresenterai	rappresenterete	avrai rappresentato	avrete rappresentato
rappresenterà	rappresenteranno	avrà rappresentato	avranno rappresentato

5 Present Conditional

		12 Past Conditional	
rappresenterei	rappresenteremmo	avrei rappresentato	avremmo rappresentato
rappresenteresti	rappresentereste	avresti rappresentato	avreste rappresentato
rappresenterebbe	rappresenterebbero	avrebbe rappresentato	avrebbero rappresentato

6 Present Subjunctive

		13 Past Subjunctive	
rappresenti	rappresentiamo	abbia rappresentato	abbiamo rappresentato
rappresenti	rappresentiate	abbia rappresentato	abbiate rappresentato
rappresenti	rappresentino	abbia rappresentato	abbiano rappresentato

7 Imperfect Subjunctive

		14 Past Perfect Subjunctive	
rappresentassi	rappresentassimo	avessi rappresentato	avessimo rappresentato
rappresentassi	rappresentaste	avessi rappresentato	aveste rappresentato
rappresentasse	rappresentassero	avesse rappresentato	avessero rappresentato

R

Imperative

—	rappresentiamo
rappresenta (non rappresentare)	rappresentate
rappresenti	rappresentino

Samples of basic verb usage
Che cosa rappresenta quel dipinto? What does that painting represent?
Quella pipa rappresenta un prezioso ricordo che ho di mio nonno. That pipe represents a precious memory of my grandfather.

Extended uses/Related words and expressions
rappresentare una commedia to put on a play
rappresentare una parte to act in a role

rassegnarsi

to resign oneself

The Seven Simple Tenses		The Seven Compound Tenses	
Singular	Plural	Singular	Plural
1 Present Indicative		**8 Present Perfect**	
mi rassegno	ci rassegniamo	mi sono rassegnato	ci siamo rassegnati
ti rassegni	vi rassegnate	ti sei rassegnato	vi siete rassegnati
si rassegna	si rassegnano	si è rassegnato	si sono rassegnati
2 Imperfect		**9 Past Perfect**	
mi rassegnavo	ci rassegnavamo	mi ero rassegnato	ci eravamo rassegnati
ti rassegnavi	vi rassegnavate	ti eri rassegnato	vi eravate rassegnati
si rassegnava	si rassegnavano	si era rassegnato	si erano rassegnati
3 Past Absolute		**10 Past Anterior**	
mi rassegnai	ci rassegnammo	mi fui rassegnato	ci fummo rassegnati
ti rassegnasti	vi rassegnaste	ti fosti rassegnato	vi foste rassegnati
si rassegnò	si rassegnarono	si fu rassegnato	si furono rassegnati
4 Future		**11 Future Perfect**	
mi rassegnerò	ci rassegneremo	mi sarò rassegnato	ci saremo rassegnati
ti rassegnerai	vi rassegnerete	ti sarai rassegnato	vi sarete rassegnati
si rassegnerà	si rassegneranno	si sarà rassegnato	si saranno rassegnati
5 Present Conditional		**12 Past Conditional**	
mi rassegnerei	ci rassegneremmo	mi sarei rassegnato	ci saremmo rassegnati
ti rassegneresti	vi rassegnereste	ti saresti rassegnato	vi sareste rassegnati
si rassegnerebbe	si rassegnerebbero	si sarebbe rassegnato	si sarebbero rassegnati
6 Present Subjunctive		**13 Past Subjunctive**	
mi rassegni	ci rassegniamo	mi sia rassegnato	ci siamo rassegnati
ti rassegni	vi rassegniate	ti sia rassegnato	vi siate rassegnati
si rassegni	si rassegnino	si sia rassegnato	si siano rassegnati
7 Imperfect Subjunctive		**14 Past Perfect Subjunctive**	
mi rassegnassi	ci rassegnassimo	mi fossi rassegnato	ci fossimo rassegnati
ti rassegnassi	vi rassegnaste	ti fossi rassegnato	vi foste rassegnati
si rassegnasse	si rassegnassero	si fosse rassegnato	si fossero rassegnati

Imperative	
—	rassegniamoci
rassegnati (non ti rassegnare/non rassegnarti)	rassegnatevi
si rassegni	si rassegnino

Samples of basic verb usage	Extended uses/Related words and expressions
Ti devi rassegnare a tutto! You must resign yourself to everything!	**accettare** to accept
	adattarsi to adapt
Lei non si rassegna a quello che sa. She doesn't resign herself to what she knows.	**sopportare** to put up with

The Seven Simple Tenses		The Seven Compound Tenses	
Singular	Plural	Singular	Plural
1 Present Indicative		**8 Present Perfect**	
recito	recitiamo	ho recitato	abbiamo recitato
reciti	recitate	hai recitato	avete recitato
recita	recitano	ha recitato	hanno recitato
2 Imperfect		**9 Past Perfect**	
recitavo	recitavamo	avevo recitato	avevamo recitato
recitavi	recitavate	avevi recitato	avevate recitato
recitava	recitavano	aveva recitato	avevano recitato
3 Past Absolute		**10 Past Anterior**	
recitai	recitammo	ebbi recitato	avemmo recitato
recitasti	recitaste	avesti recitato	aveste recitato
recitò	recitarono	ebbe recitato	ebbero recitato
4 Future		**11 Future Perfect**	
reciterò	reciteremo	avrò recitato	avremo recitato
reciterai	reciterete	avrai recitato	avrete recitato
reciterà	reciteranno	avrà recitato	avranno recitato
5 Present Conditional		**12 Past Conditional**	
reciterei	reciteremmo	avrei recitato	avremmo recitato
reciteresti	recitereste	avresti recitato	avreste recitato
reciterebbe	reciterebbero	avrebbe recitato	avrebbero recitato
6 Present Subjunctive		**13 Past Subjunctive**	
reciti	recitiamo	abbia recitato	abbiamo recitato
reciti	recitiate	abbia recitato	abbiate recitato
reciti	recitino	abbia recitato	abbiano recitato
7 Imperfect Subjunctive		**14 Past Perfect Subjunctive**	
recitassi	recitassimo	avessi recitato	avessimo recitato
recitassi	recitaste	avessi recitato	aveste recitato
recitasse	recitassero	avesse recitato	avessero recitato

R

Imperative	
—	recitiamo
recita (non recitare)	recitate
reciti	recitino

Samples of basic verb usage
Quell'attore recita molto bene. That actor is
  good at acting.
Oggi il professore reciterà una poesia in
  classe. Today the professor is going to recite
  a poem in class.

Extended uses/Related words and expressions
recitare il ruolo del protagonista to play the
  role of the protagonist
esercitare il mestiere di attore to be an actor
recitare a soggetto to improvise
dire le barzellette to tell jokes

redigere*

Gerund redigendo **Past Part. redatto**

to draw up, to edit

Irregular verb ■

The Seven Simple Tenses		The Seven Compound Tenses	
Singular	Plural	Singular	Plural

1 Present Indicative		8 Present Perfect	
redigo	redigiamo	ho redatto	abbiamo redatto
redigi	redigete	hai redatto	avete redatto
redige	redigono	ha redatto	hanno redatto

2 Imperfect		9 Past Perfect	
redigevo	redigevamo	avevo redatto	avevamo redatto
redigevi	redigevate	avevi redatto	avevate redatto
redigeva	redigevano	aveva redatto	avevano redatto

3 Past Absolute		10 Past Anterior	
redassi	redigemmo	ebbi redatto	avemmo redatto
redigesti	redigeste	avesti redatto	aveste redatto
redasse	redassero	ebbe redatto	ebbero redatto

4 Future		11 Future Perfect	
redigerò	redigeremo	avrò redatto	avremo redatto
redigerai	redigerete	avrai redatto	avrete redatto
redigerà	redigeranno	avrà redatto	avranno redatto

5 Present Conditional		12 Past Conditional	
redigerei	redigeremmo	avrei redatto	avremmo redatto
redigeresti	redigereste	avresti redatto	avreste redatto
redigerebbe	redigerebbero	avrebbe redatto	avrebbero redatto

6 Present Subjunctive		13 Past Subjunctive	
rediga	redigiamo	abbia redatto	abbiamo redatto
rediga	redigiate	abbia redatto	abbiate redatto
rediga	redigano	abbia redatto	abbiano redatto

7 Imperfect Subjunctive		14 Past Perfect Subjunctive	
redigessi	redigessimo	avessi redatto	avessimo redatto
redigessi	redigeste	avessi redatto	aveste redatto
redigesse	redigessero	avesse redatto	avessero redatto

Imperative

—	redigiamo
redigi (non redigere)	redigete
rediga	redigano

Samples of basic verb usage

Chi ha redatto il verbale? Who took the minutes of the meeting?

Io redigo una rivista scientifica importante. I edit an important scientific review.

Extended uses/Related words and expressions

il giornale newspaper

la rivista magazine

un periodico di moda a fashion periodical

un blog a blog

un sito web a web site

■ Irregular verb   to support, to bear, to hold

The Seven Simple Tenses		The Seven Compound Tenses	
Singular	Plural	Singular	Plural
1 Present Indicative		**8 Present Perfect**	
reggo	reggiamo	ho retto	abbiamo retto
reggi	reggete	hai retto	avete retto
regge	reggono	ha retto	hanno retto
2 Imperfect		**9 Past Perfect**	
reggevo	reggevamo	avevo retto	avevamo retto
reggevi	reggevate	avevi retto	avevate retto
reggeva	reggevano	aveva retto	avevano retto
3 Past Absolute		**10 Past Anterior**	
ressi	reggemmo	ebbi retto	avemmo retto
reggesti	reggeste	avesti retto	aveste retto
resse	ressero	ebbe retto	ebbero retto
4 Future		**11 Future Perfect**	
reggerò	reggeremo	avrò retto	avremo retto
reggerai	reggerete	avrai retto	avrete retto
reggerà	reggeranno	avrà retto	avranno retto
5 Present Conditional		**12 Past Conditional**	
reggerei	reggeremmo	avrei retto	avremmo retto
reggeresti	reggereste	avresti retto	avreste retto
reggerebbe	reggerebbero	avrebbe retto	avrebbero retto
6 Present Subjunctive		**13 Past Subjunctive**	
regga	reggiamo	abbia retto	abbiamo retto
regga	reggiate	abbia retto	abbiate retto
regga	reggano	abbia retto	abbiano retto
7 Imperfect Subjunctive		**14 Past Perfect Subjunctive**	
reggessi	reggessimo	avessi retto	avessimo retto
reggessi	reggeste	avessi retto	aveste retto
reggesse	reggessero	avesse retto	avessero retto

R

Imperative	
—	reggiamo
reggi (non reggere)	reggete
regga	reggano

Samples of basic verb usage
Lei regge sempre i bambini affinché non cadano. She always holds onto the children so that they do not fall down.
Il tuo discorso non regge. Your argument does not hold (water).

Extended uses/Related words and expressions
sopportare to bear, endure
controllarsi to control oneself

NOTE: Other verbs conjugated like **reggere** are **correggere** (to correct), **eleggere** (to elect), **leggere** (to read), **proteggere** (to protect), and **sorreggere** (to hold up).

regolare

Gerund regolando **Past Part. regolato**

to regulate, to adjust

The Seven Simple Tenses		The Seven Compound Tenses	
Singular	Plural	Singular	Plural

1 Present Indicative

		8 Present Perfect	
regolo	regoliamo	ho regolato	abbiamo regolato
regoli	regolate	hai regolato	avete regolato
regola	regolano	ha regolato	hanno regolato

2 Imperfect

		9 Past Perfect	
regolavo	regolavamo	avevo regolato	avevamo regolato
regolavi	regolavate	avevi regolato	avevate regolato
regolava	regolavano	aveva regolato	avevano regolato

3 Past Absolute

		10 Past Anterior	
regolai	regolammo	ebbi regolato	avemmo regolato
regolasti	regolaste	avesti regolato	aveste regolato
regolò	regolarono	ebbe regolato	ebbero regolato

4 Future

		11 Future Perfect	
regolerò	regoleremo	avrò regolato	avremo regolato
regolerai	regolerete	avrai regolato	avrete regolato
regolerà	regoleranno	avrà regolato	avranno regolato

5 Present Conditional

		12 Past Conditional	
regolerei	regoleremmo	avrei regolato	avremmo regolato
regoleresti	regolereste	avresti regolato	avreste regolato
regolerebbe	regolerebbero	avrebbe regolato	avrebbero regolato

6 Present Subjunctive

		13 Past Subjunctive	
regoli	regoliamo	abbia regolato	abbiamo regolato
regoli	regoliate	abbia regolato	abbiate regolato
regoli	regolino	abbia regolato	abbiano regolato

7 Imperfect Subjunctive

		14 Past Perfect Subjunctive	
regolassi	regolassimo	avessi regolato	avessimo regolato
regolassi	regolaste	avessi regolato	aveste regolato
regolasse	regolassero	avesse regolato	avessero regolato

Imperative

—	regoliamo
regola (non regolare)	regolate
regoli	regolino

Samples of basic verb usage
La passione per la musica regola la sua
   vita. A passion for music regulates his life.
Devi regolare le tue spese di più. You must
   regulate your expenses more.

Extended uses/Related words and expressions
ordinare to put in order
sistemare to systematize, arrange

■ Irregular verb to render, to give back

The Seven Simple Tenses		The Seven Compound Tenses	
Singular	Plural	Singular	Plural
1 Present Indicative		**8 Present Perfect**	
rendo	rendiamo	ho reso (renduto)	abbiamo reso (renduto)
rendi	rendete	hai reso	avete reso
rende	rendono	ha reso	hanno reso
2 Imperfect		**9 Past Perfect**	
rendevo	rendevamo	avevo reso	avevamo reso
rendevi	rendevate	avevi reso	avevate reso
rendeva	rendevano	aveva reso	avevano reso
3 Past Absolute		**10 Past Anterior**	
resi	rendemmo	ebbi reso	avemmo reso
rendesti	rendeste	avesti reso	aveste reso
rese	resero	ebbe reso	ebbero reso
4 Future		**11 Future Perfect**	
renderò	renderemo	avrò reso	avremo reso
renderai	renderete	avrai reso	avrete reso
renderà	renderanno	avrà reso	avranno reso
5 Present Conditional		**12 Past Conditional**	
renderei	renderemmo	avrei reso	avremmo reso
renderesti	rendereste	avresti reso	avreste reso
renderebbe	renderebbero	avrebbe reso	avrebbero reso
6 Present Subjunctive		**13 Past Subjunctive**	
renda	rendiamo	abbia reso	abbiamo reso
renda	rendiate	abbia reso	abbiate reso
renda	rendano	abbia reso	abbiano reso
7 Imperfect Subjunctive		**14 Past Perfect Subjunctive**	
rendessi	rendessimo	avessi reso	avessimo reso
rendessi	rendeste	avessi reso	aveste reso
rendesse	rendessero	avesse reso	avessero reso

Imperative	
—	rendiamo
rendi (non rendere)	rendete
renda	rendano

Samples of basic verb usage
Ti prego di rendermi il libro che ti ho prestato. I beg you to give back to me the book I lent you.
Ha reso il saluto al professore? Did you return the professor's greeting?

Le tue parole non rendono bene il concetto.
Your words do not portray the concept well.

Extended uses/Related words and expressions
rendersi conto to be aware of
rendere poco (molto) to yield little (a lot)

NOTE: Other verbs conjugated like **rendere** are **accendere** (to light), **attendere** (to wait), **dipendere** (to depend), **offendere** (to offend), **prendere** (to take), **pretendere** (to demand), **scendere** (to go down), **sorprendere** (to surprise), **spendere** (to spend), **stendere** (to lay out), and **tendere** (to tend).

resistere
Gerund **resistendo** Past Part. **resistito**

to resist

The Seven Simple Tenses		The Seven Compound Tenses	
Singular	Plural	Singular	Plural

1 Present Indicative

		8 Present Perfect	
resisto	resistiamo	ho resistito	abbiamo resistito
resisti	resistete	hai resistito	avete resistito
resiste	resistono	ha resistito	hanno resistito

2 Imperfect

		9 Past Perfect	
resistevo	resistevamo	avevo resistito	avevamo resistito
resistevi	resistevate	avevi resistito	avevate resistito
resisteva	resistevano	aveva resistito	avevano resistito

3 Past Absolute

		10 Past Anterior	
resistei (resistetti)	resistemmo	ebbi resistito	avemmo resistito
resistesti	resisteste	avesti resistito	aveste resistito
resisté (resistette)	resisterono (resistettero)	ebbe resistito	ebbero resistito

4 Future

		11 Future Perfect	
resisterò	resisteremo	avrò resistito	avremo resistito
resisterai	resisterete	avrai resistito	avrete resistito
resisterà	resisteranno	avrà resistito	avranno resistito

5 Present Conditional

		12 Past Conditional	
resisterei	resisteremmo	avrei resistito	avremmo resistito
resisteresti	resistereste	avresti resistito	avreste resistito
resisterebbe	resisterebbero	avrebbe resistito	avrebbero resistito

6 Present Subjunctive

		13 Past Subjunctive	
resista	resistiamo	abbia resistito	abbiamo resistito
resista	resistiate	abbia resistito	abbiate resistito
resista	resistano	abbia resistito	abbiano resistito

7 Imperfect Subjunctive

		14 Past Perfect Subjunctive	
resistessi	resistessimo	avessi resistito	avessimo resistito
resistessi	resisteste	avessi resistito	aveste resistito
resistesse	resistessero	avesse resistito	avessero resistito

Imperative

—	resistiamo
resisti (non resistere)	resistete
resista	resistano

Samples of basic verb usage

Devi resistere alla tentazione! You must resist temptation!

Non resisto al maltempo! I can't stand bad weather!

Extended uses/Related words and expressions

resistere all'avversario to oppose an adversary

non saper resistere a qualcosa o a qualcuno to not know how to resist something or someone

NOTE: In Italian this verb is intransitive and is, therefore, followed by the preposition a before an object or object phrase: **Non resisto** *al* **freddo** (I can't put up with the cold).

410

to breathe

The Seven Simple Tenses | The Seven Compound Tenses

Singular	Plural	Singular	Plural
1 Present Indicative		**8 Present Perfect**	
respiro	respiriamo	ho respirato	abbiamo respirato
respiri	respirate	hai respirato	avete respirato
respira	respirano	ha respirato	hanno respirato
2 Imperfect		**9 Past Perfect**	
respiravo	respiravamo	avevo respirato	avevamo respirato
respiravi	respiravate	avevi respirato	avevate respirato
respirava	respiravano	aveva respirato	avevano respirato
3 Past Absolute		**10 Past Anterior**	
respirai	respirammo	ebbi respirato	avemmo respirato
respirasti	respiraste	avesti respirato	aveste respirato
respirò	respirarono	ebbe respirato	ebbero respirato
4 Future		**11 Future Perfect**	
respirerò	respireremo	avrò respirato	avremo respirato
respirerai	respirerete	avrai respirato	avrete respirato
respirerà	respireranno	avrà respirato	avranno respirato
5 Present Conditional		**12 Past Conditional**	
respirerei	respireremmo	avrei respirato	avremmo respirato
respireresti	respirereste	avresti respirato	avreste respirato
respirerebbe	respirerebbero	avrebbe respirato	avrebbero respirato
6 Present Subjunctive		**13 Past Subjunctive**	
respiri	respiriamo	abbia respirato	abbiamo respirato
respiri	respiriate	abbia respirato	abbiate respirato
respiri	respirino	abbia respirato	abbiano respirato
7 Imperfect Subjunctive		**14 Past Perfect Subjunctive**	
respirassi	respirassimo	avessi respirato	avessimo respirato
respirassi	respiraste	avessi respirato	aveste respirato
respirasse	respirassero	avesse respirato	avessero respirato

R

Imperative

—	respiriamo
respira (non respirare)	respirate
respiri	respirino

Samples of basic verb usage
Perché ho il raffreddore non riesco a respirare bene. Because I have a cold I can't breathe well.
Respira con il naso! Breathe through your nose!

Extended uses/Related words and expressions
il fiato breath
l'aria air
l'ossigeno oxygen

to return, to restore

The Seven Simple Tenses		The Seven Compound Tenses	
Singular	Plural	Singular	Plural

1 Present Indicative		8 Present Perfect	
restituisco	restituiamo	ho restituito	abbiamo restituito
restituisci	restituite	hai restituito	avete restituito
restituisce	restituiscono	ha restituito	hanno restituito

2 Imperfect		9 Past Perfect	
restituivo	restituivamo	avevo restituito	avevamo restituito
restituivi	restituivate	avevi restituito	avevate restituito
restituiva	restituivano	aveva restituito	avevano restituito

3 Past Absolute		10 Past Anterior	
restituii	restituimmo	ebbi restituito	avemmo restituito
restituisti	restituiste	avesti restituito	aveste restituito
restituì	restituirono	ebbe restituito	ebbero restituito

4 Future		11 Future Perfect	
restituirò	restituiremo	avrò restituito	avremo restituito
restituirai	restituirete	avrai restituito	avrete restituito
restituirà	restituiranno	avrà restituito	avranno restituito

5 Present Conditional		12 Past Conditional	
restituirei	restituiremmo	avrei restituito	avremmo restituito
restituiresti	restituireste	avresti restituito	avreste restituito
restituirebbe	restituirebbero	avrebbe restituito	avrebbero restituito

6 Present Subjunctive		13 Past Subjunctive	
restituisca	restituiamo	abbia restituito	abbiamo restituito
restituisca	restituiate	abbia restituito	abbiate restituito
restituisca	restituiscano	abbia restituito	abbiano restituito

7 Imperfect Subjunctive		14 Past Perfect Subjunctive	
restituissi	restituissimo	avessi restituito	avessimo restituito
restituissi	restituiste	avessi restituito	aveste restituito
restituisse	restituissero	avesse restituito	avessero restituito

	Imperative	
—		restituiamo
restituisci (non restituire)		restituite
restituisca		restituiscano

Samples of basic verb usage	**Extended uses/Related words and expressions**
Ti ho restituito il libro che mi hai prestato ieri. I gave you back the book you lent me yesterday.	**dare indietro** to give back
	ridare to give back
Bisogna sempre restituire le cose prestate. We always have to give back what was lent to us.	

Gerund **riassumendo**   Past Part. **riassunto**   **riassumere***

■ Irregular verb   to resume, to summarize, to rehire

The Seven Simple Tenses		The Seven Compound Tenses	
Singular	Plural	Singular	Plural
1 Present Indicative		**8 Present Perfect**	
riassumo	riassumiamo	ho riassunto	abbiamo riassunto
riassumi	riassumete	hai riassunto	avete riassunto
riassume	riassumono	ha riassunto	hanno riassunto
2 Imperfect		**9 Past Perfect**	
riassumevo	riassumevamo	avevo riassunto	avevamo riassunto
riassumevi	riassumevate	avevi riassunto	avevate riassunto
riassumeva	riassumevano	aveva riassunto	avevano riassunto
3 Past Absolute		**10 Past Anterior**	
riassunsi	riassumemmo	ebbi riassunto	avemmo riassunto
riassumesti	riassumeste	avesti riassunto	aveste riassunto
riassunse	riassunsero	ebbe riassunto	ebbero riassunto
4 Future		**11 Future Perfect**	
riassumerò	riassumeremo	avrò riassunto	avremo riassunto
riassumerai	riassumerete	avrai riassunto	avrete riassunto
riassumerà	riassumeranno	avrà riassunto	avranno riassunto
5 Present Conditional		**12 Past Conditional**	
riassumerei	riassumeremmo	avrei riassunto	avremmo riassunto
riassumeresti	riassumereste	avresti riassunto	avreste riassunto
riassumerebbe	riassumerebbero	avrebbe riassunto	avrebbero riassunto
6 Present Subjunctive		**13 Past Subjunctive**	
riassuma	riassumiamo	abbia riassunto	abbiamo riassunto
riassuma	riassumiate	abbia riassunto	abbiate riassunto
riassuma	riassumano	abbia riassunto	abbiano riassunto
7 Imperfect Subjunctive		**14 Past Perfect Subjunctive**	
riassumessi	riassumessimo	avessi riassunto	avessimo riassunto
riassumessi	riassumeste	avessi riassunto	aveste riassunto
riassumesse	riassumessero	avesse riassunto	avessero riassunto

	Imperative
—	riassumiamo
riassumi (non riassumere)	riassumete
riassuma	riassumano

Samples of basic verb usage
Perché stai riassumendo quel modo di fare antipatico? Why are you behaving in an unpleasant way?
Puoi riassumere la trama del film? Can you summarize the plot of the movie?

Extended uses/Related words and expressions
riassumere un operaio to hire an employee again
Riassumendo! In sum!

NOTE: Other verbs conjugated like **riassumere** are **assumere** (to assume, hire) and **presumere** (to presume).

413

The Seven Simple Tenses		The Seven Compound Tenses	
Singular	Plural	Singular	Plural

1 Present Indicative

		8 Present Perfect	
ricevo	riceviamo	ho ricevuto	abbiamo ricevuto
ricevi	ricevete	hai ricevuto	avete ricevuto
riceve	ricevono	ha ricevuto	hanno ricevuto

2 Imperfect

		9 Past Perfect	
ricevevo	ricevevamo	avevo ricevuto	avevamo ricevuto
ricevevi	ricevevate	avevi ricevuto	avevate ricevuto
riceveva	ricevevano	aveva ricevuto	avevano ricevuto

3 Past Absolute

		10 Past Anterior	
ricevei (ricevetti)	ricevemmo	ebbi ricevuto	avemmo ricevuto
ricevesti	riceveste	avesti ricevuto	aveste ricevuto
ricevé (ricevette)	riceverono (ricevettero)	ebbe ricevuto	ebbero ricevuto

4 Future

		11 Future Perfect	
riceverò	riceveremo	avrò ricevuto	avremo ricevuto
riceverai	riceverete	avrai ricevuto	avrete ricevuto
riceverà	riceveranno	avrà ricevuto	avranno ricevuto

5 Present Conditional

		12 Past Conditional	
riceverei	riceveremmo	avrei ricevuto	avremmo ricevuto
riceveresti	ricevereste	avresti ricevuto	avreste ricevuto
riceverebbe	riceverebbero	avrebbe ricevuto	avrebbero ricevuto

6 Present Subjunctive

		13 Past Subjunctive	
riceva	riceviamo	abbia ricevuto	abbiamo ricevuto
riceva	riceviate	abbia ricevuto	abbiate ricevuto
riceva	ricevano	abbia ricevuto	abbiano ricevuto

7 Imperfect Subjunctive

		14 Past Perfect Subjunctive	
ricevessi	ricevessimo	avessi ricevuto	avessimo ricevuto
ricevessi	riceveste	avessi ricevuto	aveste ricevuto
ricevesse	ricevessero	avesse ricevuto	avessero ricevuto

Imperative

—	riceviamo
ricevi (non ricevere)	ricevete
riceva	ricevano

Samples of basic verb usage	**Extended uses/Related words and expressions**
Quando hai ricevuto quel pacco? When did you receive that package?	**accogliere** to welcome
Ricevo poche notizie da loro. I receive little news from them.	**ospitare** to host, entertain
Riceverai un libro in dono. You will receive a book as a gift.	

The Seven Simple Tenses		The Seven Compound Tenses	
Singular	Plural	Singular	Plural

1 Present Indicative

		8 Present Perfect	
riconosco	riconosciamo	ho riconosciuto	abbiamo riconosciuto
riconosci	riconoscete	hai riconosciuto	avete riconosciuto
riconosce	riconoscono	ha riconosciuto	hanno riconosciuto

2 Imperfect

		9 Past Perfect	
riconoscevo	riconoscevamo	avevo riconosciuto	avevamo riconosciuto
riconoscevi	riconoscevate	avevi riconosciuto	avevate riconosciuto
riconosceva	riconoscevano	aveva riconosciuto	avevano riconosciuto

3 Past Absolute

		10 Past Anterior	
riconobbi	riconoscemmo	ebbi riconosciuto	avemmo riconosciuto
riconoscesti	riconosceste	avesti riconosciuto	aveste riconosciuto
riconobbe	riconobbero	ebbe riconosciuto	ebbero riconosciuto

4 Future

		11 Future Perfect	
riconoscerò	riconosceremo	avrò riconosciuto	avremo riconosciuto
riconoscerai	riconoscerete	avrai riconosciuto	avrete riconosciuto
riconoscerà	riconosceranno	avrà riconosciuto	avranno riconosciuto

5 Present Conditional

		12 Past Conditional	
riconoscerei	riconosceremmo	avrei riconosciuto	avremmo riconosciuto
riconosceresti	riconoscereste	avresti riconosciuto	avreste riconosciuto
riconoscerebbe	riconoscerebbero	avrebbe riconosciuto	avrebbero riconosciuto

6 Present Subjunctive

		13 Past Subjunctive	
riconosca	riconosciamo	abbia riconosciuto	abbiamo riconosciuto
riconosca	riconosciate	abbia riconosciuto	abbiate riconosciuto
riconosca	riconoscano	abbia riconosciuto	abbiano riconosciuto

7 Imperfect Subjunctive

		14 Past Perfect Subjunctive	
riconoscessi	riconoscessimo	avessi riconosciuto	avessimo riconosciuto
riconoscessi	riconosceste	avessi riconosciuto	aveste riconosciuto
riconoscesse	riconoscessero	avesse riconosciuto	avessero riconosciuto

Imperative

—	riconosciamo
riconosci (non riconoscere)	riconoscete
riconosca	riconoscano

Samples of basic verb usage

Sei così cambiato che non ti riconosco più.
You have changed so much that I do not
recognize you anymore.

Come? Non mi riconosci? What? Don't you
recognize me?

**Lui riconosce un brano musicale da poche
note.** He recognizes a musical piece after
only a few notes.

Extended uses/Related words and expressions
identificare to identify
un riconoscimento a recognition, an honor

NOTE: This verb is composed with the verb **conoscere** (to know) and is thus conjugated exactly like it.

ridere*

Gerund ridendo

Past Part. **riso**

to laugh

Irregular verb ∎

The Seven Simple Tenses		The Seven Compound Tenses	
Singular	Plural	Singular	Plural

1 Present Indicative

		8 Present Perfect	
rido	ridiamo	ho riso	abbiamo riso
ridi	ridete	hai riso	avete riso
ride	ridono	ha riso	hanno riso

2 Imperfect

		9 Past Perfect	
ridevo	ridevamo	avevo riso	avevamo riso
ridevi	ridevate	avevi riso	avevate riso
rideva	ridevano	aveva riso	avevano riso

3 Past Absolute

		10 Past Anterior	
risi	ridemmo	ebbi riso	avemmo riso
ridesti	rideste	avesti riso	aveste riso
rise	risero	ebbe riso	ebbero riso

4 Future

		11 Future Perfect	
riderò	rideremo	avrò riso	avremo riso
riderai	riderete	avrai riso	avrete riso
riderà	rideranno	avrà riso	avranno riso

5 Present Conditional

		12 Past Conditional	
riderei	rideremmo	avrei riso	avremmo riso
rideresti	ridereste	avresti riso	avreste riso
riderebbe	riderebbero	avrebbe riso	avrebbero riso

6 Present Subjunctive

		13 Past Subjunctive	
rida	ridiamo	abbia riso	abbiamo riso
rida	ridiate	abbia riso	abbiate riso
rida	ridano	abbia riso	abbiano riso

7 Imperfect Subjunctive

		14 Past Perfect Subjunctive	
ridessi	ridessimo	avessi riso	avessimo riso
ridessi	rideste	avessi riso	aveste riso
ridesse	ridessero	avesse riso	avessero riso

Imperative

—	ridiamo
ridi (non ridere)	ridete
rida	ridano

Samples of basic verb usage

Tutti **risero** quando raccontai quella barzelletta. Everybody laughed when I told that joke.

Perché **ridi** sempre quando parlo? Why do you always laugh when I speak?

Extended uses/Related words and expressions

ridere di qualcosa o qualcuno to make fun of something or someone

Faccio per **ridere.** I'm only kidding.

Ride bene chi **ride** ultimo. It is best to have the last laugh (*literally* Whoever laughs last laughs well).

NOTE: Other verbs conjugated like **ridere** are **coincidere** (to coincide), **condividere** (to share), **dividere** (to divide), and **sorridere** (to smile).

■ Irregular verb   to say again, to repeat

The Seven Simple Tenses		The Seven Compound Tenses	
Singular	Plural	Singular	Plural
1 Present Indicative		**8 Present Perfect**	
ridico	ridiciamo	ho ridetto	abbiamo ridetto
ridici	ridite	hai ridetto	avete ridetto
ridice	ridicono	ha ridetto	hanno ridetto
2 Imperfect		**9 Past Perfect**	
ridicevo	ridicevamo	avevo ridetto	avevamo ridetto
ridicevi	ridicevate	avevi ridetto	avevate ridetto
ridiceva	ridicevano	aveva ridetto	avevano ridetto
3 Past Absolute		**10 Past Anterior**	
ridissi	ridicemmo	ebbi ridetto	avemmo ridetto
ridicesti	ridiceste	avesti ridetto	aveste ridetto
ridisse	ridissero	ebbe ridetto	ebbero ridetto
4 Future		**11 Future Perfect**	
ridirò	ridiremo	avrò ridetto	avremo ridetto
ridirai	ridirete	avrai ridetto	avrete ridetto
ridirà	ridiranno	avrà ridetto	avranno ridetto
5 Present Conditional		**12 Past Conditional**	
ridirei	ridiremmo	avrei ridetto	avremmo ridetto
ridiresti	ridireste	avresti ridetto	avreste ridetto
ridirebbe	ridirebbero	avrebbe ridetto	avrebbero ridetto
6 Present Subjunctive		**13 Past Subjunctive**	
ridica	ridiciamo	abbia ridetto	abbiamo ridetto
ridica	ridiciate	abbia ridetto	abbiate ridetto
ridica	ridicano	abbia ridetto	abbiano ridetto
7 Imperfect Subjunctive		**14 Past Perfect Subjunctive**	
ridicessi	ridicemmo	avessi ridetto	avessimo ridetto
ridicessi	ridiceste	avessi ridetto	aveste ridetto
ridicesse	ridicessero	avesse ridetto	avessero ridetto

R

Imperative

—	ridiciamo
ridici (non ridire)	ridite
ridica	ridicano

Samples of basic verb usage
Tu ridici sempre le stesse cose. You say the
same things over and over.
Ti l'ho detto e ridetto mille volte! I said it and
re-said it to you a thousand times!

Extended uses/Related words and expressions
ripetere to repeat
avere da ridire to have something to say about
something

NOTE: This verb is composed with the verb dire (to tell, say) and is thus conjugated exactly like it.

ridurre*
Gerund riducendo   **Past Part. ridotto**

to reduce   Irregular verb ■

The Seven Simple Tenses		The Seven Compound Tenses	
Singular	Plural	Singular	Plural
1 Present Indicative		**8 Present Perfect**	
riduco	riduciamo	ho ridotto	abbiamo ridotto
riduci	riducete	hai ridotto	avete ridotto
riduce	riducono	ha ridotto	hanno ridotto
2 Imperfect		**9 Past Perfect**	
riducevo	riducevamo	avevo ridotto	avevamo ridotto
riducevi	riducevate	avevi ridotto	avevate ridotto
riduceva	riducevano	aveva ridotto	avevano ridotto
3 Past Absolute		**10 Past Anterior**	
ridussi	riducemmo	ebbi ridotto	avemmo ridotto
riducesti	riduceste	avesti ridotto	aveste ridotto
ridusse	ridussero	ebbe ridotto	ebbero ridotto
4 Future		**11 Future Perfect**	
ridurrò	ridurremo	avrò ridotto	avremo ridotto
ridurrai	ridurrete	avrai ridotto	avrete ridotto
ridurrà	ridurranno	avrà ridotto	avranno ridotto
5 Present Conditional		**12 Past Conditional**	
ridurrei	ridurremmo	avrei ridotto	avremmo ridotto
ridurresti	ridurreste	avresti ridotto	avreste ridotto
ridurrebbe	ridurrebbero	avrebbe ridotto	avrebbero ridotto
6 Present Subjunctive		**13 Past Subjunctive**	
riduca	riduciamo	abbia ridotto	abbiamo ridotto
riduca	riduciate	abbia ridotto	abbiate ridotto
riduca	riducano	abbia ridotto	abbiano ridotto
7 Imperfect Subjunctive		**14 Past Perfect Subjunctive**	
riducessi	riducessimo	avessi ridotto	avessimo ridotto
riducessi	riduceste	avessi ridotto	aveste ridotto
riducesse	riducessero	avesse ridotto	avessero ridotto

Imperative	
—	riduciamo
riduci (non ridurre)	riducete
riduca	riducano

Samples of basic verb usage

Hanno ridotto finalmente le tasse. They have finally reduced taxes.

Bisogna ridurre la velocità su quella strada. You have to reduce your speed on that road.

Extended uses/Related words and expressions

diminuire to diminish
limitare to limit
moderare to curb

NOTE: Other verbs conjugated like **ridurre** are **addurre** (to add on), **condurre** (to conduct, direct), **dedurre** (to deduce), **indurre** (to induce), **introdurre** (to introduce), **produrre** (to produce), **sedurre** (to seduce), and **tradurre** (to translate).

For most of the tenses, except the future and present conditional, **ridurre** can be considered to have the infinitive form **riducere** and, thus, is conjugated in regular ways as a second-conjugation verb.

■ Irregular verb   to do again, to make again

The Seven Simple Tenses		The Seven Compound Tenses	
Singular	Plural	Singular	Plural
1 Present Indicative		**8 Present Perfect**	
rifaccio (rifò)	**rifacciamo**	**ho rifatto**	**abbiamo rifatto**
rifai	**rifate**	**hai rifatto**	**avete rifatto**
rifa	**rifanno**	**ha rifatto**	**hanno rifatto**
2 Imperfect		**9 Past Perfect**	
rifacevo	**rifacevamo**	**avevo rifatto**	**avevamo rifatto**
rifacevi	**rifacevate**	**avevi rifatto**	**avevate rifatto**
rifaceva	**rifacevano**	**aveva rifatto**	**avevano rifatto**
3 Past Absolute		**10 Past Anterior**	
rifeci	**rifacemmo**	**ebbi rifatto**	**avemmo rifatto**
rifacesti	**rifaceste**	**avesti rifatto**	**aveste rifatto**
rifece	**rifecero**	**ebbe rifatto**	**ebbero rifatto**
4 Future		**11 Future Perfect**	
rifarò	**rifaremo**	**avrò rifatto**	**avremo rifatto**
rifarai	**rifarete**	**avrai rifatto**	**avrete rifatto**
rifarà	**rifaranno**	**avrà rifatto**	**avranno rifatto**
5 Present Conditional		**12 Past Conditional**	
rifarei	**rifaremmo**	**avrei rifatto**	**avremmo rifatto**
rifaresti	**rifareste**	**avresti rifatto**	**avreste rifatto**
rifarebbe	**rifarebbero**	**avrebbe rifatto**	**avrebbero rifatto**
6 Present Subjunctive		**13 Past Subjunctive**	
rifaccia	**rifacciamo**	**abbia rifatto**	**abbiamo rifatto**
rifaccia	**rifacciate**	**abbia rifatto**	**abbiate rifatto**
rifaccia	**rifacciano**	**abbia rifatto**	**abbiano rifatto**
7 Imperfect Subjunctive		**14 Past Perfect Subjunctive**	
rifacessi	**rifacessimo**	**avessi rifatto**	**avessimo rifatto**
rifacessi	**rifaceste**	**avessi rifatto**	**aveste rifatto**
rifacesse	**rifacessero**	**avesse rifatto**	**avessero rifatto**

R

Imperative

—	**rifacciamo**
rifai (non rifare)	**rifate**
rifaccia	**rifacciano**

Samples of basic verb usage

Ho rifatto quel progetto due volte. I redid that project twice.

Anche tu devi rifare il tetto? Do you also have to redo the roof?

Extended uses/Related words and expressions

Si è rifatto dopo una settimana in vacanza. He became revitalized after a week's vacation.

Si è rifatto una nuova carriera. He built a new career for himself.

NOTE: This verb is composed with the verb **fare** (to do, make) and is thus conjugated exactly like it.

rifiutare

Gerund **rifiutando**   Past Part. **rifiutato**

to refuse, to reject

The Seven Simple Tenses		The Seven Compound Tenses	
Singular	Plural	Singular	Plural
1 Present Indicative		**8 Present Perfect**	
rifiuto	rifiutiamo	ho rifiutato	abbiamo rifiutato
rifiuti	rifiutate	hai rifiutato	avete rifiutato
rifiuta	rifiutano	ha rifiutato	hanno rifiutato
2 Imperfect		**9 Past Perfect**	
rifiutavo	rifiutavamo	avevo rifiutato	avevamo rifiutato
rifiutavi	rifiutavate	avevi rifiutato	avevate rifiutato
rifiutava	rifiutavano	aveva rifiutato	avevano rifiutato
3 Past Absolute		**10 Past Anterior**	
rifiutai	rifiutammo	ebbi rifiutato	avemmo rifiutato
rifiutasti	rifiutaste	avesti rifiutato	aveste rifiutato
rifiutò	rifiutarono	ebbe rifiutato	ebbero rifiutato
4 Future		**11 Future Perfect**	
rifiuterò	rifiuteremo	avrò rifiutato	avremo rifiutato
rifiuterai	rifiuterete	avrai rifiutato	avrete rifiutato
rifiuterà	rifiuteranno	avrà rifiutato	avranno rifiutato
5 Present Conditional		**12 Past Conditional**	
rifiuterei	rifiuteremmo	avrei rifiutato	avremmo rifiutato
rifiuteresti	rifiutereste	avresti rifiutato	avreste rifiutato
rifiuterebbe	rifiuterebbero	avrebbe rifiutato	avrebbero rifiutato
6 Present Subjunctive		**13 Past Subjunctive**	
rifiuti	rifiutiamo	abbia rifiutato	abbiamo rifiutato
rifiuti	rifiutiate	abbia rifiutato	abbiate rifiutato
rifiuti	rifiutino	abbia rifiutato	abbiano rifiutato
7 Imperfect Subjunctive		**14 Past Perfect Subjunctive**	
rifiutassi	rifiutassimo	avessi rifiutato	avessimo rifiutato
rifiutassi	rifiutaste	avessi rifiutato	aveste rifiutato
rifiutasse	rifiutassero	avesse rifiutato	avessero rifiutato

Imperative	
—	rifiutiamo
rifiuta (non rifiutare)	rifiutate
rifiuti	rifiutino

Samples of basic verb usage
Perché rifiuti sempre i nostri consigli?
   Why do you always refuse our advice?
Rifiuto di rispondere alla tua domanda.
   I refuse to answer your question.

Extended uses/Related words and expressions
respingere to turn down
negare to deny

The Seven Simple Tenses		The Seven Compound Tenses	
Singular	Plural	Singular	Plural

1 Present Indicative

		8 Present Perfect	
rifletto	**riflettiamo**	**ho riflettuto (riflesso)**	**abbiamo riflettuto**
rifletti	**riflettete**		**(riflesso)**
riflette	**riflettono**	**hai riflettuto**	**avete riflettuto**
		ha riflettuto	**hanno riflettuto**

2 Imperfect

		9 Past Perfect	
riflettevo	**rifflettevamo**	**avevo riflettuto**	**avevamo riflettuto**
riflettevi	**riflettevate**	**avevi riflettuto**	**avevate riflettuto**
rifletteva	**riflettevano**	**aveva riflettuto**	**avevano riflettuto**

3 Past Absolute

		10 Past Anterior	
riflettei (riflessi)	**riflettemmo**	**ebbi riflettuto**	**avemmo riflettuto**
riflettesti	**rifletteste**	**avesti riflettuto**	**aveste riflettuto**
rifletté (riflesse)	**rifletterono**	**ebbe riflettuto**	**ebbero riflettuto**
	(reflessero)		

4 Future

		11 Future Perfect	
rifletterò	**rifletteremo**	**avrò riflettuto**	**avremo riflettuto**
rifletterai	**rifletterete**	**avrai riflettuto**	**avrete riflettuto**
rifletterà	**rifletteranno**	**avrà riflettuto**	**avranno riflettuto**

5 Present Conditional

		12 Past Conditional	
rifletterei	**rifletteremmo**	**avrei riflettuto**	**avremmo riflettuto**
rifletteresti	**riflettereste**	**avresti riflettuto**	**avreste riflettuto**
rifletterebbe	**rifletterebbero**	**avrebbe riflettuto**	**avrebbero riflettuto**

6 Present Subjunctive

		13 Past Subjunctive	
rifletta	**riflettiamo**	**abbia riflettuto**	**abbiamo riflettuto**
rifletta	**riflettiate**	**abbia riflettuto**	**abbiate riflettuto**
rifletta	**riflettano**	**abbia riflettuto**	**abbiano riflettuto**

7 Imperfect Subjunctive

		14 Past Perfect Subjunctive	
riflettessi	**riflettessimo**	**avessi riflettuto**	**avessimo riflettuto**
riflettessi	**rifletteste**	**avessi riflettuto**	**aveste riflettuto**
riflettesse	**riflettessero**	**avesse riflettuto**	**avessero riflettuto**

Imperative

—	**riflettiamo**
rifletti (non riflettere)	**riflettete**
rifletta	**riflettano**

Samples of basic verb usage

Quello specchio riflette la tua immagine malamente. That mirror reflects your image poorly.

I tuoi sforzi riflettono molte abilità. Our efforts reflect many abilities.

Extended uses/Related words and expressions

rimandare to send back
manifestare to manifest
rivelare to reveal
meditare to meditate

Gerund **rimanendo**   Past Part. **rimasto**

to remain, to stay   Irregular verb ■

The Seven Simple Tenses		The Seven Compound Tenses	
Singular	Plural	Singular	Plural

1 Present Indicative

		8 Present Perfect	
rimango	rimaniamo	sono rimasto	siamo rimasti
rimani	rimanete	sei rimasto	siete rimasti
rimane	rimangono	è rimasto	sono rimasti

2 Imperfect

		9 Past Perfect	
rimanevo	rimanevamo	ero rimasto	eravamo rimasti
rimanevi	rimanevate	eri rimasto	eravate rimasti
rimaneva	rimanevano	era rimasto	erano rimasti

3 Past Absolute

		10 Past Anterior	
rimasi	rimanemmo	fui rimasto	fummo rimasti
rimanesti	rimaneste	fosti rimasto	foste rimasti
rimase	rimasero	fu rimasto	furono rimasti

4 Future

		11 Future Perfect	
rimarrò	rimarremo	sarò rimasto	saremo rimasti
rimarrai	rimarrete	sarai rimasto	sarete rimasti
rimarrà	rimarranno	sarà rimasto	saranno rimasti

5 Present Conditional

		12 Past Conditional	
rimarrei	rimarremmo	sarei rimasto	saremmo rimasti
rimarresti	rimarreste	saresti rimasto	sareste rimasti
rimarrebbe	rimarrebbero	sarebbe rimasto	sarebbero rimasti

6 Present Subjunctive

		13 Past Subjunctive	
rimanga	rimaniamo	sia rimasto	siamo rimasti
rimanga	rimaniate	sia rimasto	siate rimasti
rimanga	rimangano	sia rimasto	siano rimasti

7 Imperfect Subjunctive

		14 Past Perfect Subjunctive	
rimanessi	rimanessimo	fossi rimasto	fossimo rimasti
rimanessi	rimaneste	fossi rimasto	foste rimasti
rimanesse	rimanessero	fosse rimasto	fossero rimasti

Imperative

—	
rimani (non rimanere)	rimaniamo
rimanga	rimanete
	rimangano

AN ESSENTIAL VERB

Rimanere

This is a key verb because it is used frequently in conversation and because it occurs in a number of useful expressions and idioms.

Samples of basic verb usage

Quanto tempo siete rimasti ieri? For how long did you remain yesterday?

Le opere di quei poeti rimarranno. The works of those poets will remain.

Rimarremo a Roma per due giorni. We will stay in Rome for two days.

Rimangono solo pochi giorni alla tua festa. Only a few days are left before your party.

Extended uses

rimanere sorpreso to be surprised

rimanere in piedi to remain on one's feet

rimanere dell'opinione to be of the opinion

rimanere al verde to be broke (*literally* to remain in the green)

rimanere in dubbio to still have doubt about something

Mi rimangono pochi soldi. I have very little money left.

L'ultima parola rimane sempre a lei. She always has the last word.

Words and expressions related to this verb

la rimanenza **leftover**

La rimanenza è venduta nei saldi di fine stagione. **Leftovers are put on sale at the end of the season.**

R

NOTE: For most intents and purposes the verb **restare** can be used as an alternative:

restare a casa = rimanere a casa to remain at home

restare in città = rimanere in città to remain in the city

rimproverare

Gerund **rimproverando**   Past Part. **rimproverato**

to reproach, to scold

The Seven Simple Tenses		The Seven Compound Tenses	
Singular	Plural	Singular	Plural
1 Present Indicative		**8 Present Perfect**	
rimprovero	rimproveriamo	ho rimproverato	abbiamo rimproverato
rimproveri	rimproverate	hai rimproverato	avete rimproverato
rimprovera	rimproverano	ha rimproverato	hanno rimproverato
2 Imperfect		**9 Past Perfect**	
rimproveravo	rimproveravamo	avevo rimproverato	avevamo rimproverato
rimproveravi	rimproveravate	avevi rimproverato	avevate rimproverato
rimproverava	rimproveravano	aveva rimproverato	avevano rimproverato
3 Past Absolute		**10 Past Anterior**	
rimproverai	rimproverammo	ebbi rimproverato	avemmo rimproverato
rimproverasti	rimproveraste	avesti rimproverato	aveste rimproverato
rimproverò	rimproverarono	ebbe rimproverato	ebbero rimproverato
4 Future		**11 Future Perfect**	
rimprovererò	rimprovereremo	avrò rimproverato	avremo rimproverato
rimprovererai	rimprovererete	avrai rimproverato	avrete rimproverato
rimprovererà	rimprovereranno	avrà rimproverato	avranno rimproverato
5 Present Conditional		**12 Past Conditional**	
rimprovererei	rimprovereremmo	avrei rimproverato	avremmo rimproverato
rimprovereresti	rimproverereste	avresti rimproverato	avreste rimproverato
rimprovererebbe	rimprovererebbero	avrebbe rimproverato	avrebbero rimproverato
6 Present Subjunctive		**13 Past Subjunctive**	
rimproveri	rimproveriamo	abbia rimproverato	abbiamo rimproverato
rimproveri	rimproveriate	abbia rimproverato	abbiate rimproverato
rimproveri	rimproverino	abbia rimproverato	abbiano rimproverato
7 Imperfect Subjunctive		**14 Past Perfect Subjunctive**	
rimproverassi	rimproverassimo	avessi rimproverato	avessimo rimproverato
rimproverassi	rimproveraste	avessi rimproverato	aveste rimproverato
rimproverasse	rimproverassero	avesse rimproverato	avessero rimproverato

Imperative	
—	rimproveriamo
rimprovera (non rimproverare)	rimproverate
rimproveri	rimproverino

Samples of basic verb usage
Perché mi rimproveri sempre? Why do you always reprimand me?
Ieri ho rimproverato mio fratello perché non aveva studiato. Yesterday I reprimanded my brother because he hadn't studied.

Extended uses/Related words and expressions
sgridare to yell at someone
ammonire to admonish

The Seven Simple Tenses		The Seven Compound Tenses	
Singular	Plural	Singular	Plural
1 Present Indicative		**8 Present Perfect**	
rincresco	**rincresciamo**	**sono rincresciuto**	**siamo rincresciuti**
rincresci	**rincrescete**	**sei rincresciuto**	**siete rincresciuti**
rincresce	**rincrescono**	**è rincresciuto**	**sono rincresciuti**
2 Imperfect		**9 Past Perfect**	
rincrescevo	**rincrescevamo**	**ero rincresciuto**	**eravamo rincresciuti**
rincrescevi	**rincrescevate**	**eri rincresciuto**	**eravate rincresciuti**
rincresceva	**rincrescevano**	**era rincresciuto**	**erano rincresciuti**
3 Past Absolute		**10 Past Anterior**	
rincrebbi	**rincrescemmo**	**fui rincresciuto**	**fummo rincresciuti**
rincrescesti	**rincresceste**	**fosti rincresciuto**	**foste rincresciuti**
rincrebbe	**rincrebbero**	**fu rincresciuto**	**furono rincresciuti**
4 Future		**11 Future Perfect**	
rincrescerò	**rincresceremo**	**sarò rincresciuto**	**saremo rincresciuti**
rincrescerai	**rincrescerete**	**sarai rincresciuto**	**sarete rincresciuti**
rincrescerà	**rincresceranno**	**sarà rincresciuto**	**saranno rincresciuti**
5 Present Conditional		**12 Past Conditional**	
rincrescerei	**rincresceremmo**	**sarei rincresciuto**	**saremmo rincresciuti**
rincresceresti	**rincrescereste**	**saresti rincresciuto**	**sareste rincresciuti**
rincrescerebbe	**rincrescerebbero**	**sarebbe rincresciuto**	**sarebbero rincresciuti**
6 Present Subjunctive		**13 Past Subjunctive**	
rincresca	**rincresciamo**	**sia rincresciuto**	**siamo rincresciuti**
rincresca	**rincresciate**	**sia rincresciuto**	**siate rincresciuti**
rincresca	**rincrescano**	**sia rincresciuto**	**siano rincresciuti**
7 Imperfect Subjunctive		**14 Past Perfect Subjunctive**	
rincrescessi	**rincrescessimo**	**fossi rincresciuto**	**fossimo rincresciuti**
rincrescessi	**rincresceste**	**fossi rincresciuto**	**foste rincresciuti**
rincrescesse	**rincrescessero**	**fosse rincresciuto**	**fossero rincresciuti**

R

	Imperative	
—		**rincresciamo**
rincresci (non rincrescere)		**rincrescete**
rincresca		**rincrescano**

Samples of basic verb usage
Mi rincresce dover andare via. I feel bad
  about having to go away.
A noi rincresce quello che è avvenuto. We are
  sad about what happened.

Extended uses/Related words and expressions
essere dispiacente to be unhappy
dispiacere a to be sorry

NOTE: This verb is composed with the verb crescere (to grow) and is thus conjugated exactly like it.

ringraziare

Gerund **ringraziando**   Past Part. **ringraziato**

to thank

Regular **-are** verb endings with spelling change: **zi** becomes **z** before **i**

The Seven Simple Tenses		The Seven Compound Tenses	
Singular	Plural	Singular	Plural

1 Present Indicative		**8 Present Perfect**	
ringrazio	ringraziamo	ho ringraziato	abbiamo ringraziato
ringrazi	ringraziate	hai ringraziato	avete ringraziato
ringrazia	ringraziano	ha ringraziato	hanno ringraziato
2 Imperfect		**9 Past Perfect**	
ringraziavo	ringraziavamo	avevo ringraziato	avevamo ringraziato
ringraziavi	ringraziavate	avevi ringraziato	avevate ringraziato
ringraziava	ringraziavano	aveva ringraziato	avevano ringraziato
3 Past Absolute		**10 Past Anterior**	
ringraziai	ringraziammo	ebbi ringraziato	avemmo ringraziato
ringraziasti	ringraziaste	avesti ringraziato	aveste ringraziato
ringraziò	ringraziarono	ebbe ringraziato	ebbero ringraziato
4 Future		**11 Future Perfect**	
ringrazierò	ringrazieremo	avrò ringraziato	avremo ringraziato
ringrazierai	ringrazierete	avrai ringraziato	avrete ringraziato
ringrazierà	ringrazieranno	avrà ringraziato	avranno ringraziato
5 Present Conditional		**12 Past Conditional**	
ringrazierei	ringrazieremmo	avrei ringraziato	avremmo ringraziato
ringrazieresti	ringraziereste	avresti ringraziato	avreste ringraziato
ringrazierebbe	ringrazierebbero	avrebbe ringraziato	avrebbero ringraziato
6 Present Subjunctive		**13 Past Subjunctive**	
ringrazi	ringraziamo	abbia ringraziato	abbiamo ringraziato
ringrazi	ringraziate	abbia ringraziato	abbiate ringraziato
ringrazi	ringrazino	abbia ringraziato	abbiano ringraziato
7 Imperfect Subjunctive		**14 Past Perfect Subjunctive**	
ringraziassi	ringraziassimo	avessi ringraziato	avessimo ringraziato
ringraziassi	ringraziaste	avessi ringraziato	aveste ringraziato
ringraziasse	ringraziassero	avesse ringraziato	avessero ringraziato

Imperative	
—	ringraziamo
ringrazia (non ringraziare)	ringraziate
ringrazi	ringrazino

Samples of basic verb usage	Extended uses/Related words and expressions
Le ringrazierò appena posso. I will thank them as soon as I can.	Sia ringraziato Dio! Thank God!
Ho ringraziato mia sorella per tutto il suo aiuto. I thanked my sister for all her help.	Ringraziamo il cielo! Thank heavens!

The Seven Simple Tenses		The Seven Compound Tenses	
Singular	Plural	Singular	Plural
1 Present Indicative		**8 Present Perfect**	
rinnovo	rinnoviamo	ho rinnovato	abbiamo rinnovato
rinnovi	rinnovate	hai rinnovato	avete rinnovato
rinnova	rinnovano	ha rinnovato	hanno rinnovato
2 Imperfect		**9 Past Perfect**	
rinnovavo	rinnovavamo	avevo rinnovato	avevamo rinnovato
rinnovavi	rinnovavate	avevi rinnovato	avevate rinnovato
rinnovava	rinnovavano	aveva rinnovato	avevano rinnovato
3 Past Absolute		**10 Past Anterior**	
rinnovai	rinnovammo	ebbi rinnovato	avemmo rinnovato
rinnovasti	rinnovaste	avesti rinnovato	aveste rinnovato
rinnovò	rinnovarono	ebbe rinnovato	ebbero rinnovato
4 Future		**11 Future Perfect**	
rinnoverò	rinnoveremo	avrò rinnovato	avremo rinnovato
rinnoverai	rinnoverete	avrai rinnovato	avrete rinnovato
rinnoverà	rinnoveranno	avrà rinnovato	avranno rinnovato
5 Present Conditional		**12 Past Conditional**	
rinnoverei	rinnoveremmo	avrei rinnovato	avremmo rinnovato
rinnoveresti	rinnovereste	avresti rinnovato	avreste rinnovato
rinnoverebbe	rinnoverebbero	avrebbe rinnovato	avrebbero rinnovato
6 Present Subjunctive		**13 Past Subjunctive**	
rinnovi	rinnoviamo	abbia rinnovato	abbiamo rinnovato
rinnovi	rinnoviate	abbia rinnovato	abbiate rinnovato
rinnovi	rinnovino	abbia rinnovato	abbiano rinnovato
7 Imperfect Subjunctive		**14 Past Perfect Subjunctive**	
rinnovassi	rinnovassimo	avessi rinnovato	avessimo rinnovato
rinnovassi	rinnovaste	avessi rinnovato	aveste rinnovato
rinnovasse	rinnovassero	avesse rinnovato	avessero rinnovato

R

Imperative	
—	rinnoviamo
rinnova (non rinnovare)	**rinnovate**
rinnovi	**rinnovino**

Samples of basic verb usage
Domani rinnoverò la patente di guida.
Tomorrow I am going to renew my driver's license.
Dobbiamo rinnovare la casa. We have to renovate the house.
I due hanno rinnovato la loro promessa d'amore. The two renewed their love promise.

Extended uses/Related words and expressions
fare di nuovo to do again
ripetere to repeat
reiterare to reiterate

to repeat

The Seven Simple Tenses		The Seven Compound Tenses	
Singular	Plural	Singular	Plural

1 Present Indicative		8 Present Perfect	
ripeto	**ripetiamo**	**ho ripetuto**	**abbiamo ripetuto**
ripeti	**ripetete**	**hai ripetuto**	**avete ripetuto**
ripete	**ripetono**	**ha ripetuto**	**hanno ripetuto**

2 Imperfect		9 Past Perfect	
ripetevo	**ripetevamo**	**avevo ripetuto**	**avevamo ripetuto**
ripetevi	**ripetevate**	**avevi ripetuto**	**avevate ripetuto**
ripeteva	**ripetevano**	**aveva ripetuto**	**avevano ripetuto**

3 Past Absolute		10 Past Anterior	
ripetei	**ripetemmo**	**ebbi ripetuto**	**avemmo ripetuto**
ripetesti	**ripeteste**	**avesti ripetuto**	**aveste ripetuto**
ripeté	**ripeterono**	**ebbe ripetuto**	**ebbero ripetuto**

4 Future		11 Future Perfect	
ripeterò	**ripeteremo**	**avrò ripetuto**	**avremo ripetuto**
ripeterai	**ripeterete**	**avrai ripetuto**	**avrete ripetuto**
ripeterà	**ripeteranno**	**avrà ripetuto**	**avranno ripetuto**

5 Present Conditional		12 Past Conditional	
ripeterei	**ripeteremmo**	**avrei ripetuto**	**avremmo ripetuto**
ripeteresti	**ripetereste**	**avresti ripetuto**	**avreste ripetuto**
ripeterebbe	**ripeterebbero**	**avrebbe ripetuto**	**avrebbero ripetuto**

6 Present Subjunctive		13 Past Subjunctive	
ripeta	**ripetiamo**	**abbia ripetuto**	**abbiamo ripetuto**
ripeta	**ripetiate**	**abbia ripetuto**	**abbiate ripetuto**
ripeta	**ripetano**	**abbia ripetuto**	**abbiano ripetuto**

7 Imperfect Subjunctive		14 Past Perfect Subjunctive	
ripetessi	**ripetessimo**	**avessi ripetuto**	**avessimo ripetuto**
ripetessi	**ripeteste**	**avessi ripetuto**	**aveste ripetuto**
ripetesse	**ripetessero**	**avesse ripetuto**	**avessero ripetuto**

Imperative	
—	**ripetiamo**
ripeti (non ripetere)	**ripetete**
ripeta	**ripetano**

AN ESSENTIAL VERB

AN ESSENTIAL VERB

Ripetere

This is a key verb because it is used frequently in conversation and because it occurs in a number of useful expressions and idioms.

Samples of basic verb usage

Lui ripete sempre tutto in classe. He always repeats everything in class.

Quello scienziato ha ripetuto l'esperimento due volte. That scientist repeated the experiment twice.

Marcello ha ripetuto la stessa classe. Marcello repeated the same class.

Ripeti, per favore. Non ho capito. Say it again, please. I didn't understand.

Extended uses

ripetere a pappagallo to parrot (repeat back) something

Lui è uno scrittore che si ripete. He is a writer who says the same things over and over.

Words and expressions related to this verb

la ripetizione **repetition**

insulti a ripetizione **unending insults**

La prossima settimana c'è la repetizione generale. **Next week there will be a general review.**

Lui ha dovuto ripetere un anno di scuola. **He had to repeat a year of school.**

ridire **to say again**

replicare **to replicate**

R

riscaldare

to heat, to warm up

The Seven Simple Tenses		The Seven Compound Tenses	
Singular	Plural	Singular	Plural
1 Present Indicative		**8 Present Perfect**	
riscaldo	riscaldiamo	ho riscaldato	abbiamo riscaldato
riscaldi	riscaldate	hai riscaldato	avete riscaldato
riscalda	riscaldano	ha riscaldato	hanno riscaldato
2 Imperfect		**9 Past Perfect**	
riscaldavo	riscaldavamo	avevo riscaldato	avevamo riscaldato
riscaldavi	riscaldavate	averi riscaldato	avevate riscaldato
riscaldava	riscaldavano	aveva riscaldato	avevano riscaldato
3 Past Absolute		**10 Past Anterior**	
riscaldai	riscaldammo	ebbi riscaldato	avemmo riscaldato
riscaldasti	riscaldaste	avesti riscaldato	aveste riscaldato
riscaldò	riscaldarono	ebbe riscaldato	ebbero riscaldato
4 Future		**11 Future Perfect**	
riscalderò	riscalderemo	avrò riscaldato	avremo riscaldato
riscalderai	riscalderete	avrai riscaldato	avrete riscaldato
riscalderà	riscalderanno	avrà riscaldato	avranno riscaldato
5 Present Conditional		**12 Past Conditional**	
riscalderei	riscalderemmo	avrei riscaldato	avremmo riscaldato
riscalderesti	riscaldereste	avresti riscaldato	avreste riscaldato
riscalderebbe	riscalderebbero	avrebbe riscaldato	avrebbero riscaldato
6 Present Subjunctive		**13 Past Subjunctive**	
riscaldi	riscaldiamo	abbia riscaldato	abbiamo riscaldato
riscaldi	riscaldiate	abbia riscaldato	abbiate riscaldato
riscaldi	riscaldino	abbia riscaldato	abbiano riscaldato
7 Imperfect Subjunctive		**14 Past Perfect Subjunctive**	
riscaldassi	riscaldassimo	avessi riscaldato	avessimo riscaldato
riscaldassi	riscaldaste	avessi riscaldato	aveste riscaldato
riscaldasse	riscaldassero	avesse riscaldato	avessero riscaldato

Imperative		
—		riscaldiamo
riscalda (non riscaldare)		riscaldate
riscaldi		riscaldino

Samples of basic verb usage

Hai riscaldato il caffè che si era raffredato?
Have you warmed up the coffee that had gotten cold?

Riscalda la minestra! É fredda! Heat up the soup! It's cold!

La discussione ha riscaldato i presenti. The discussion got those present heated up.

Senza l'olio il motore riscalda. Without oil the motor will heat up.

Extended uses/Related words and expressions
diventare caldo to become hot
animare to animate

■ Irregular verb   to resolve, to solve

The Seven Simple Tenses		The Seven Compound Tenses	
Singular	Plural	Singular	Plural
1 Present Indicative		**8 Present Perfect**	
risolvo	**risolviamo**	**ho risolto**	**abbiamo risolto**
risolvi	**risolvete**	**hai risolto**	**avete risolto**
risolve	**risolvono**	**ha risolto**	**hanno risolto**
2 Imperfect		**9 Past Perfect**	
risolvevo	**risolvevamo**	**avevo risolto**	**avevamo risolto**
risolvevi	**risolvevate**	**avevi risolto**	**avevate risolto**
risolveva	**risolvevano**	**aveva risolto**	**avevano risolto**
3 Past Absolute		**10 Past Anterior**	
risolsi	**risolvemmo**	**ebbi risolto**	**avemmo risolto**
risolvesti	**risolveste**	**avesti risolto**	**aveste risolto**
risolse	**risolsero**	**ebbe risolto**	**ebbero risolto**
4 Future		**11 Future Perfect**	
risolverò	**risolveremo**	**avrò risolto**	**avremo risolto**
risolverai	**risolverete**	**avrai risolto**	**avrete risolto**
risolverà	**risolveranno**	**avrà risolto**	**avranno risolto**
5 Present Conditional		**12 Past Conditional**	
risolverei	**risolveremmo**	**avrei risolto**	**avremmo risolto**
risolveresti	**risolvereste**	**avresti risolto**	**avreste risolto**
risolverebbe	**risolverebbero**	**averbbe risolto**	**avrebbero risolto**
6 Present Subjunctive		**13 Past Subjunctive**	
risolva	**risolviamo**	**abbia risolto**	**abbiamo risolto**
risolva	**risolviate**	**abbia risolto**	**abbiate risolto**
risolva	**risolvano**	**abbia risolto**	**abbiano risolto**
7 Imperfect Subjunctive		**14 Past Perfect Subjunctive**	
risolvessi	**risolvessimo**	**avessi risolto**	**avessimo risolto**
risolvessi	**risolveste**	**avessi risolto**	**aveste risolto**
risolvesse	**risolvessero**	**avesse risolto**	**avessero risolto**

R

Imperative	
—	**risolviamo**
risolvi (non risolvere)	**risolvete**
risolva	**risolvano**

Samples of basic verb usage

Non so risolvere quel problema. I don't know
how to solve that problem.

Hai risolto quel rebus? Did you solve that
puzzle?

Extended uses/Related words and expressions

un problema a problem
un enigma, un rebus a puzzle
un indovinello a riddle
un gioco a game

NOTE: Other verbs conjugated like **risolvere** are **assolvere** (to absolve) and **dissolvere** (to dissolve).

rispettare

Gerund rispettando   **Past Part. rispettato**

to respect

The Seven Simple Tenses		The Seven Compound Tenses	
Singular	Plural	Singular	Plural

1 Present Indicative		8 Present Perfect	
rispetto	**rispettiamo**	**ho rispettato**	**abbiamo rispettato**
rispetti	**rispettate**	**hai rispettato**	**avete rispettato**
rispetta	**rispettano**	**ha rispettato**	**hanno rispettato**

2 Imperfect		9 Past Perfect	
rispettavo	**rispettavamo**	**avevo rispettato**	**avevamo rispettato**
rispettavi	**rispettavate**	**avevi rispettato**	**avevate rispettato**
rispettava	**rispettavano**	**aveva rispettato**	**avevano rispettato**

3 Past Absolute		10 Past Anterior	
rispettai	**rispettammo**	**ebbi rispettato**	**avemmo rispettato**
rispettasti	**rispettaste**	**avesti rispettato**	**aveste rispettato**
rispettò	**rispettarono**	**ebbe rispettato**	**ebbero rispettato**

4 Future		11 Future Perfect	
rispetterò	**rispetteremo**	**avrò rispettato**	**avremo rispettato**
rispetterai	**rispetterete**	**avrai rispettato**	**avrete rispettato**
rispetterà	**rispetteranno**	**avrà rispettato**	**avranno rispettato**

5 Present Conditional		12 Past Conditional	
rispetterei	**rispetteremmo**	**avrei rispettato**	**avremmo rispettato**
rispetteresti	**rispettereste**	**avresti rispettato**	**avreste rispettato**
rispetterebbe	**rispetterebbero**	**avrebbe rispettato**	**avrebbero rispettato**

6 Present Subjunctive		13 Past Subjunctive	
rispetti	**rispettiamo**	**abbia rispettato**	**abbiamo rispettato**
rispetti	**rispettiate**	**abbia rispettato**	**abbiate rispettato**
rispetti	**rispettino**	**abbia rispettato**	**abbiano rispettato**

7 Imperfect Subjunctive		14 Past Perfect Subjunctive	
rispettassi	**rispettassimo**	**avessi rispettato**	**avessimo rispettato**
rispettassi	**rispettaste**	**avessi rispettato**	**aveste rispettato**
rispettasse	**rispettassero**	**avesse rispettato**	**avessero rispettato**

Imperative	
—	**rispettiamo**
rispetta (non rispettare)	**rispettate**
rispetti	**rispettino**

Samples of basic verb usage	**Extended uses/Related words and expressions**
Rispetta sempre i genitori! Always respect your parents!	**farsi rispettare** to get people to respect you
Ho sempre rispettato le idee degli altri. I have always respected the ideas of others.	**persona rispettabile** reputable person
	rispettare la parola data to give your word, to keep a promise

■ Irregular verb   to answer, to reply

The Seven Simple Tenses		The Seven Compound Tenses	
Singular	Plural	Singular	Plural
1 Present Indicative		**8 Present Perfect**	
rispondo	rispondiamo	ho risposto	abbiamo risposto
rispondi	rispondete	hai risposto	avete risposto
risponde	rispondono	ha risposto	hanno risposto
2 Imperfect		**9 Past Perfect**	
rispondevo	rispondevamo	avevo risposto	avevamo risposto
rispondevi	rispondevate	avevi risposto	avevate risposto
rispondeva	rispondevano	aveva risposto	avevano risposto
3 Past Absolute		**10 Past Anterior**	
risposi	rispondemmo	ebbi risposto	avemmo risposto
rispondesti	rispondeste	avesti risposto	aveste risposto
rispose	risposero	ebbe risposto	ebbero risposto
4 Future		**11 Future Perfect**	
risponderò	risponderemo	avrò risposto	avremo risposto
risponderai	risponderete	avrai risposto	avrete risposto
risponderà	risponderanno	avrà risposto	avranno risposto
5 Present Conditional		**12 Past Conditional**	
risponderei	risponderemmo	avrei risposto	avremmo risposto
risponderesti	rispondereste	avresti risposto	avreste risposto
risponderebbe	risponderebbero	avrebbe risposto	avrebbero risposto
6 Present Subjunctive		**13 Past Subjunctive**	
risponda	rispondiamo	abbia risposto	abbiamo risposto
risponda	rispondiate	abbia risposto	abbiate risposto
risponda	rispondano	abbia risposto	abbiano risposto
7 Imperfect Subjunctive		**14 Past Perfect Subjunctive**	
rispondessi	rispondessimo	avessi risposto	avessimo risposto
rispondessi	rispondeste	avessi risposto	aveste risposto
rispondesse	rispondessero	avesse risposto	avessero risposto

	Imperative	
—		rispondiamo
rispondi (non rispondere)		rispondete
risponda		rispondano

R

This is a key verb because it is used frequently in conversation and because it occurs in a number of useful expressions.

Samples of basic verb usage
Lui risponde sempre in classe. He always answers in class.

Mia sorella ha risposto a tutte le domande ieri. My sister answered all the questions yesterday.

Dovrò rispondere per e-mail. I'll have to answer by e-mail.

Gli risponderemo domani. We will answer him tomorrow.

Extended uses
rispondere al telefono to answer the phone

rispondere di traverso to answer brusquely

rispondere a mezza bocca to answer absent-mindedly

rispondere picche to answer negatively

Questo risponde alle mie esigenze. This answers (satisfies) my needs.

Words and expressions related to this verb

la risposta **answer, reply**

una risposta pungente **a pointed reply**

dare una risposta **to reply, to give an answer**

NOTE: Another verb conjugated like **rispondere** is **nascondere** (to conceal).

In Italian this verb is intransitive and is, therefore, followed by the preposition a before an object or object phrase: **Chi ha risposto** *al* **telefono?** (Who answered the phone?); **Risponde sempre** *alle* **domande del professore** (He always answers the professor's questions).

■ Irregular verb   to hold, to retain, to stop, to detain

The Seven Simple Tenses		The Seven Compound Tenses	
Singular	Plural	Singular	Plural

1 Present Indicative		8 Present Perfect	
ritengo	riteniamo	ho ritenuto	abbiamo ritenuto
ritieni	ritenete	hai ritenuto	avete ritenuto
ritiene	ritengono	ha ritenuto	hanno ritenuto

2 Imperfect		9 Past Perfect	
ritenevo	ritenevamo	avevo ritenuto	avevamo ritenuto
ritenevi	ritenevate	avevi ritenuto	avevate ritenuto
riteneva	ritenevano	aveva ritenuto	avevano ritenuto

3 Past Absolute		10 Past Anterior	
ritenni	ritenemmo	ebbi ritenuto	avemmo ritenuto
ritenesti	riteneste	avesti ritenuto	aveste ritenuto
ritenne	ritennero	ebbe ritenuto	ebbero ritenuto

4 Future		11 Future Perfect	
riterrò	riterremo	avrò ritenuto	avremo ritenuto
riterrai	riterrete	avrai ritenuto	avrete ritenuto
riterrà	riterranno	avrà ritenuto	avranno ritenuto

5 Present Conditional		12 Past Conditional	
riterrei	riterremmo	avrei ritenuto	avremmo ritenuto
riterresti	riterreste	avresti ritenuto	avreste ritenuto
riterrebbe	riterrebbero	avrebbe ritenuto	avrebbero ritenuto

6 Present Subjunctive		13 Past Subjunctive	
ritenga	riteniamo	abbia ritenuto	abbiamo ritenuto
ritenga	riteniate	abbia ritenuto	abbiate ritenuto
ritenga	ritengano	abbia ritenuto	abbiano ritenuto

7 Imperfect Subjunctive		14 Past Perfect Subjunctive	
ritenessi	ritenessimo	avessi ritenuto	avessimo ritenuto
ritenessi	riteneste	avessi ritenuto	aveste ritenuto
ritenesse	ritenessero	avesse ritenuto	avessero ritenuto

Imperative

—	riteniamo
ritieni (non ritenere)	ritenete
ritenga	ritengano

Samples of basic verb usage
Ritengo che tu abbia ragione. I maintain that you are right.
Lei non riesce mai a ritenere le lacrime. She can never keep back the tears.

Extended uses/Related words and expressions
ritenere una percentuale dello stipendio to retain a percentage of one's salary
La ritengo una persona onesta. I consider her an honest person.

NOTE: This verb is composed with the verb **tenere** (to hold) and is thus conjugated exactly like it.

This verb takes the subjunctive in dependent clauses: **Ritengo che non sia vero** (I maintain that it is not true).

ritornare

Gerund ritornando   **Past Part. ritornato**

to return, to go back, to come back

The Seven Simple Tenses		The Seven Compound Tenses	
Singular	Plural	Singular	Plural
1 Present Indicative		**8 Present Perfect**	
ritorno	ritorniamo	sono ritornato	siamo ritornati
ritorni	ritornate	sei ritornato	siete ritornati
ritorna	ritornano	è ritornato	sono ritornati
2 Imperfect		**9 Past Perfect**	
ritornavo	ritornavamo	ero ritornato	eravamo ritornati
ritornavi	ritornavate	eri ritornato	eravate ritornati
ritornava	ritornavano	era ritornato	erano ritornati
3 Past Absolute		**10 Past Anterior**	
ritornai	ritornammo	fui ritornato	fummo ritornati
ritornasti	ritornaste	fosti ritornato	foste ritornati
ritornò	ritornarono	fu ritornato	furono ritornati
4 Future		**11 Future Perfect**	
ritornerò	ritorneremo	sarò ritornato	saremo ritornati
ritornerai	ritornerete	sarai ritornato	sarete ritornati
ritornerà	ritorneranno	sarà ritornato	saranno ritornati
5 Present Conditional		**12 Past Conditional**	
ritornerei	ritorneremmo	sarei ritornato	saremmo ritornati
ritorneresti	ritornereste	saresti ritornato	sareste ritornati
ritornerebbe	ritornerebbero	sarebbe ritornato	sarebbero ritornati
6 Present Subjunctive		**13 Past Subjunctive**	
ritorni	ritorniamo	sia ritornato	siamo ritornati
ritorni	ritorniate	sia ritornato	siate ritornati
ritorni	ritornino	sia ritornato	siano ritornati
7 Imperfect Subjunctive		**14 Past Perfect Subjunctive**	
ritornassi	ritornassimo	fossi ritornato	fossimo ritornati
ritornassi	ritornaste	fossi ritornato	foste ritornati
ritornasse	ritornassero	fosse ritornato	fossero ritornati

Imperative

—	ritorniamo
ritorna (non ritornare)	ritornate
ritorni	ritornino

Samples of basic verb usage

Giovanni, quando sei ritornato in America?
John, when did you return to America?

Devo ritornare a casa per un momento. I have to go back home for a minute.

Ritorneranno dalle ferie domani. They'll be back from holiday tomorrow.

Lei ritornerà a lavorare tra poco. She's going back to work shortly.

Extended uses/Related words and expressions
Sono ritornato! I'm back!

ritornare alle vecchie abitudini to go back to one's old ways

436

Gerund **ritraendo** Past Part. **ritratto** **ritrarre***

■ Irregular verb to withdraw, to portray

The Seven Simple Tenses		The Seven Compound Tenses

Singular	Plural	Singular	Plural
1 Present Indicative		**8 Present Perfect**	
ritraggo	ritra(ggh)iamo	ho ritratto	abbiamo ritratto
ritrai	ritraete	hai ritratto	avete ritratto
ritrae	ritraggono	ha ritratto	hanno ritratto
2 Imperfect		**9 Past Perfect**	
ritraevo	ritraevamo	avevo ritratto	avevamo ritratto
ritraevi	ritraevate	avevi ritratto	avevate ritratto
ritraeva	ritraevano	aveva ritratto	avevano ritratto
3 Past Absolute		**10 Past Anterior**	
ritrassi	ritraemmo	ebbi ritratto	avemmo ritratto
ritraesti	ritraeste	avesti ritratto	aveste ritratto
ritrasse	ritrassero	ebbe ritratto	ebbero ritratto
4 Future		**11 Future Perfect**	
ritrarrò	ritrarremo	avrò ritratto	avremo ritratto
ritrarrai	ritrarrete	avrai ritratto	avrete ritratto
ritrarrà	ritrarranno	avrà ritratto	avranno ritratto
5 Present Conditional		**12 Past Conditional**	
ritrarrei	ritrarremmo	avrei ritratto	avremmo ritratto
ritrarresti	ritrarreste	avresti ritratto	avreste ritratto
ritrarrebbe	ritrarrebbero	avrebbe ritratto	avrebbero ritratto
6 Present Subjunctive		**13 Past Subjunctive**	
ritragga	ritra(ggh)iamo	abbia ritratto	abbiamo ritratto
ritragga	ritra(ggh)iate	abbia ritratto	abbiate ritratto
ritragga	ritraggano	abbia ritratto	abbiano ritratto
7 Imperfect Subjunctive		**14 Past Perfect Subjunctive**	
ritraessi	ritraessimo	avessi ritratto	avessimo ritratto
ritraessi	ritraeste	avessi ritratto	aveste ritratto
ritraesse	ritraessero	avesse ritratto	avessero ritratto

R

Imperative

—	ritra(ggh)iamo
ritrai (non ritrarre)	ritraete
ritragga	ritraggano

Samples of basic verb usage
Hanno ritratto una fortuna dalla vendita della casa. They got a fortune from the sale of their home.
Mi ritrai quell'immagine? Can you portray that image?

Extended uses/Related words and expressions
ritrarre la mano to pull one's hand back
ritrarsi da un incarico to get out of a duty

NOTE: This verb is composed with the verb **trarre** (to draw) and is thus conjugated exactly like it.

riunire

Gerund **riunendo**

Past Part. **riunito**

to reunite, to put together

The Seven Simple Tenses		The Seven Compound Tenses	
Singular	Plural	Singular	Plural
1 Present Indicative		**8 Present Perfect**	
riunisco	riuniamo	ho riunito	abbiamo riunito
riunisci	riunite	hai riunito	avete riunito
riunisce	riuniscono	ha riunito	hanno riunito
2 Imperfect		**9 Past Perfect**	
riunivo	riunivamo	avevo riunito	avevamo riunito
riunivi	riunivate	avevi riunito	avevate riunito
riuniva	riunivano	aveva riunito	avevano riunito
3 Past Absolute		**10 Past Anterior**	
riunii	riunimmo	ebbi riunito	avemmo riunito
riunisti	riuniste	avesti riunito	aveste riunito
riunì	riunirono	ebbe riunito	ebbero riunito
4 Future		**11 Future Perfect**	
riunirò	riuniremo	avrò riunito	avremo riunito
riunirai	riunirete	avrai riunito	avrete riunito
riunirà	riuniranno	avrà riunito	avranno riunito
5 Present Conditional		**12 Past Conditional**	
riunirei	riuniremmo	avrei riunito	avremmo riunito
riuniresti	riunireste	avresti riunito	avreste riunito
riunirebbe	riunirebbero	avrebbe riunito	avrebbero riunito
6 Present Subjunctive		**13 Past Subjunctive**	
riunisca	riuniamo	abbia riunito	abbiamo riunito
riunisca	riuniate	abbia riunito	abbiate riunito
riunisca	riuniscano	abbia riunito	abbiano riunito
7 Imperfect Subjunctive		**14 Past Perfect Subjunctive**	
riunissi	riunissimo	avessi riunito	avessimo riunito
riunissi	riuniste	avessi riunito	aveste riunito
riunisse	riunissero	avesse riunito	avessero riunito

Imperative	
—	riuniamo
riunisci (non riunire)	riunite
riunisca	riuniscano

Samples of basic verb usage	Extended uses/Related words and expressions
Devi riunire i pezzi del vaso con la colla. You have to put the pieces of the vase back together with glue.	**mettere insieme** to put together
	radunare to join together, assemble
Quelle due persone si sono finalmente riunite. Those two people have finally reunited.	**una riunione** a meeting

■ Irregular verb to succeed, to go out again, to be able to

The Seven Simple Tenses		The Seven Compound Tenses	
Singular	Plural	Singular	Plural
1 Present Indicative		**8 Present Perfect**	
riesco	**riusciamo**	**sono riuscito**	**siamo riusciti**
riesci	**riuscite**	**sei riuscito**	**siete riusciti**
riesce	**riescono**	**è riuscito**	**sono riusciti**
2 Imperfect		**9 Past Perfect**	
riuscivo	**riuscivamo**	**ero riuscito**	**eravamo riusciti**
riuscivi	**riuscivate**	**eri riuscito**	**eravate riusciti**
riusciva	**riuscivano**	**era riuscito**	**erano riusciti**
3 Past Absolute		**10 Past Anterior**	
riuscii	**riuscimmo**	**fui riuscito**	**fummo riusciti**
riuscisti	**riusciste**	**fosti riuscito**	**foste riusciti**
riuscì	**riuscirono**	**fu riuscito**	**furono riusciti**
4 Future		**11 Future Perfect**	
riuscirò	**riusciremo**	**sarò riuscito**	**saremo riusciti**
riuscirai	**riuscirete**	**sarai riuscito**	**sarete riusciti**
riuscirà	**riusciranno**	**sarà riuscito**	**saranno riusciti**
5 Present Conditional		**12 Past Conditional**	
riuscirei	**riusciremmo**	**sarei riuscito**	**saremmo riusciti**
riusciresti	**riuscireste**	**saresti riuscito**	**sareste riusciti**
riuscirebbe	**riuscirebbero**	**sarebbe riuscito**	**sarebbero riusciti**
6 Present Subjunctive		**13 Past Subjunctive**	
riesca	**riusciamo**	**sia riuscito**	**siamo riusciti**
riesca	**riusciate**	**sia riuscito**	**siate riusciti**
riesca	**riescano**	**sia riuscito**	**siano riusciti**
7 Imperfect Subjunctive		**14 Past Perfect Subjunctive**	
riuscissi	**riuscissimo**	**fossi riuscito**	**fossimo riusciti**
riuscissi	**riusciste**	**fossi riuscito**	**foste riusciti**
riuscisse	**riuscissero**	**fosse riuscito**	**fossero riusciti**

R

Imperative	
—	**riusciamo**
riesci (non riuscire)	**riuscite**
riesca	**riescano**

Samples of basic verb usage
Non riesco a fare le parole crociate. I can't do
crosswords.
**La tua impresa è riuscita molto bene, non è
vero?** Your venture turned out very well,
didn't it?
Lui riesce sempre agli esami. He always does
well at exams.

Extended uses/Related words and expressions
avere fortuna to have luck
essere in grado di fare bene qualcosa to be up
to do something well

NOTE: This verb is composed with the verb **uscire** (to go out) and is thus conjugated exactly like it.

rivolgersi*

Gerund rivolgendosi   **Past Part. rivoltosi**

to turn to, to turn around, to apply

Irregular verb ■

The Seven Simple Tenses		The Seven Compound Tenses	
Singular	Plural	Singular	Plural
1 Present Indicative		**8 Present Perfect**	
mi rivolgo	ci rivolgiamo	mi sono rivolto	ci siamo rivolti
ti rivolgi	vi rivolgete	ti sei rivolto	vi siete rivolti
si rivolge	si rivolgono	si è rivolto	si sono rivolti
2 Imperfect		**9 Past Perfect**	
mi rivolgevo	ci rivolgevamo	mi ero rivolto	ci eravamo rivolti
ti rivolgevi	vi rivolgevate	ti eri rivolto	vi eravate rivolti
si rivolgeva	si rivolgevano	si era rivolto	si erano rivolti
3 Past Absolute		**10 Past Anterior**	
mi rivolsi	ci rivolgemmo	mi fui rivolto	ci fummo rivolti
ti rivolgesti	vi rivolgeste	ti fosti rivolto	vi foste rivolti
si rivolse	si rivolsero	si fu rivolto	si furono rivolti
4 Future		**11 Future Perfect**	
mi rivolgerò	ci rivolgeremo	mi sarò rivolto	ci saremo rivolti
ti rivolgerai	vi rivolgerete	ti sarai rivolto	vi sarete rivolti
si rivolgerà	si rivolgeranno	si sarà rivolto	si saranno rivolti
5 Present Conditional		**12 Past Conditional**	
mi rivolgerei	ci rivolgeremmo	mi sarei rivolto	ci saremmo rivolti
ti rivolgeresti	vi rivolgereste	ti saresti rivolto	vi sareste rivolti
si rivolgerebbe	si rivolgerebbero	si sarebbe rivolto	si sarebbero rivolti
6 Present Subjunctive		**13 Past Subjunctive**	
mi rivolga	ci rivolgiamo	mi sia rivolto	ci siamo rivolti
ti rivolga	vi rivolgiate	ti sia rivolto	vi siate rivolti
si rivolga	si rivolgano	si sia rivolto	si siano rivolti
7 Imperfect Subjunctive		**14 Past Perfect Subjunctive**	
mi rivolgessi	ci rivolgessimo	mi fossi rivolto	ci fossimo rivolti
ti rivolgessi	vi rivolgeste	ti fossi rivolto	vi foste rivolti
si rivolgesse	si rivolgessero	si fosse rivolto	si fossero rivolti

	Imperative	
—		**rivolgiamoci**
rivolgiti (non ti rivolgere/non rivolgerti)		**rivolgetevi**
si rivolga		**si rivolgano**

Samples of basic verb usage

Per aiuto, si rivolga allo sportello! For help, go to the counter!

Ti devi rivolgere dall'altra parte per vedere meglio. You have to turn the other way to see better.

Extended uses/Related words and expressions

A chi mi sto rivolgendo? Who am I talking to?

rivolgersi allo studio della medicina to turn to the study of medicine

NOTE: This verb is composed with the verb **volgere** (to turn) and is thus conjugated exactly like it.

■ Irregular verb   to gnaw

The Seven Simple Tenses		The Seven Compound Tenses	
Singular	Plural	Singular	Plural

1 Present Indicative

		8 Present Perfect	
rodo	rodiamo	ho roso	abbiamo roso
rodi	rodete	hai roso	avete roso
rode	rodono	ha roso	hanno roso

2 Imperfect

		9 Past Perfect	
rodevo	rodevamo	avevo roso	avevamo roso
rodevi	rodevate	averi roso	avevate roso
rodeva	rodevano	aveva roso	avevano roso

3 Past Absolute

		10 Past Anterior	
rosi	rodemmo	ebbi roso	avemmo roso
rodesti	rodeste	avesti roso	aveste roso
rose	rosero	ebbe roso	ebbero roso

4 Future

		11 Future Perfect	
roderò	roderemo	avrò roso	avremo roso
roderai	roderete	avrai roso	avrete roso
roderà	roderanno	avrà roso	avranno roso

5 Present Conditional

		12 Past Conditional	
roderei	roderemmo	avrei roso	avremmo roso
roderesti	rodereste	avresti roso	avreste roso
roderebbe	roderebbero	avrebbe roso	avrebbero roso

6 Present Subjunctive

		13 Past Subjunctive	
roda	rodiamo	abbia roso	abbiamo roso
roda	rodiate	abbia roso	abbiate roso
roda	rodano	abbia roso	abbiano roso

7 Imperfect Subjunctive

		14 Past Perfect Subjunctive	
rodessi	rodessimo	avessi roso	avessimo roso
rodessi	rodeste	avessi roso	aveste roso
rodesse	rodessero	avesse roso	avessero roso

Imperative

—	rodiamo
rodi (non rodere)	rodete
roda	rodano

Samples of basic verb usage
Il nostro cane rode sempre quell'osso! Our dog always chews that bone.
La ruggine ha roso la maniglia. Rust has worn out the handle.

Extended uses/Related words and expressions
L'invidia lo rode. Envy chews him up.
logorarsi to wear oneself out

NOTE: Other verbs conjugated like **rodere** are **corrodere** (to corrode) and **erodere** (to erode).

rompere*

to break

The Seven Simple Tenses		The Seven Compound Tenses	
Singular	Plural	Singular	Plural

1 Present Indicative

		8 Present Perfect	
rompo	rompiamo	ho rotto	abbiamo rotto
rompi	rompete	hai rotto	avete rotto
rompe	rompono	ha rotto	hanno rotto

2 Imperfect

		9 Past Perfect	
rompevo	rompevamo	avevo rotto	avevamo rotto
rompevi	rompevate	averi rotto	avevate rotto
rompeva	rompevano	aveva rotto	avevano rotto

3 Past Absolute

		10 Past Anterior	
ruppi	rompemmo	ebbi rotto	avemmo rotto
rompesti	rompeste	avesti rotto	aveste rotto
ruppe	ruppero	ebbe rotto	ebbero rotto

4 Future

		11 Future Perfect	
romperò	romperemo	avrò rotto	avremo rotto
romperai	romperete	avrai rotto	avrete rotto
romperà	romperanno	avrà rotto	avranno rotto

5 Present Conditional

		12 Past Conditional	
romperei	romperemmo	avrei rotto	avremmo rotto
romperesti	rompereste	avresti rotto	avreste rotto
romperebbe	romperebbero	avrebbe rotto	avrebbero rotto

6 Present Subjunctive

		13 Past Subjunctive	
rompa	rompiamo	abbia rotto	abbiamo rotto
rompa	rompiate	abbia rotto	abbiate rotto
rompa	rompano	abbia rotto	abbiano rotto

7 Imperfect Subjunctive

		14 Past Perfect Subjunctive	
rompessi	rompessimo	avessi rotto	avessimo rotto
rompessi	rompeste	avessi rotto	aveste rotto
rompesse	rompessero	avesse rotto	avessero rotto

Imperative

—	rompiamo
rompi (non rompere)	rompete
rompa	rompano

Samples of basic verb usage

Chi ha rotto quel bicchiere? Who broke that glass?

Quanti piatti hai rotto ieri? How many plates did you break yesterday?

Extended uses/Related words and expressions

rompere gli orecchi a qualcuno to break someone's ears

rompere le scatole to upset someone, to be a nuisance to someone

NOTE: Other verbs conjugated like **rompere** are **corrompere** (to corrupt), **interrompere** (to interrupt), and **prorompere** (to break out).

Gerund **salendo**   Past Part. **salito**   **salire***

■ Irregular verb   to go up, to climb, to mount

The Seven Simple Tenses		The Seven Compound Tenses	
Singular	Plural	Singular	Plural
1 Present Indicative		**8 Present Perfect**	
salgo	saliamo	sono salito	siamo saliti
sali	salite	sei salito	siete saliti
sale	salgono	è salito	sono saliti
2 Imperfect		**9 Past Perfect**	
salivo	salivamo	ero salito	eravamo saliti
salivi	salivate	eri salito	eravate saliti
saliva	salivano	era salito	erano saliti
3 Past Absolute		**10 Past Anterior**	
salii	salimmo	fui salito	fummo saliti
salisti	saliste	fosti salito	foste saliti
salì	salirono	fu salito	furono saliti
4 Future		**11 Future Perfect**	
salirò	saliremo	sarò salito	saremo saliti
salirai	salirete	sarai salito	sarete saliti
salirà	saliranno	sarà salito	saranno saliti
5 Present Conditional		**12 Past Conditional**	
salirei	saliremmo	sarei salito	saremmo saliti
saliresti	salireste	saresti salito	sareste saliti
salirebbe	salirebbero	sarebbe salito	sarebbero saliti
6 Present Subjunctive		**13 Past Subjunctive**	
salga	saliamo	sia salito	siamo saliti
salga	saliate	sia salito	siate saliti
salga	salgano	sia salito	siano saliti
7 Imperfect Subjunctive		**14 Past Perfect Subjunctive**	
salissi	salissimo	fossi salito	fossimo saliti
salissi	saliste	fossi salito	foste saliti
salisse	salissero	fosse salito	fossero saliti

S

Imperative

—	saliamo
sali (non salire)	salite
salga	salgano

Samples of basic verb usage

Perché sali sempre su quell'albero? Why are you always climbing up that tree?

Il dollaro sta salendo. The dollar is going up.

Extended uses/Related words and expressions

salire al trono to ascend to the throne

salire nella stima di qualcuno to go up in someone's esteem

salire in gran fama to go up in fame

NOTE: Other verbs conjugated like **salire** are **assalire** (to assault, conjugated in compound tenses with **avere**) and **risalire** (to go up again, to go back to).

to jump, to leap

The Seven Simple Tenses		The Seven Compound Tenses	
Singular	Plural	Singular	Plural
1 Present Indicative		**8 Present Perfect**	
salto	saltiamo	ho saltato	abbiamo saltato
salti	saltate	hai saltato	avete saltato
salta	saltano	ha saltato	hanno saltato
2 Imperfect		**9 Past Perfect**	
saltavo	saltavamo	avevo saltato	avevamo saltato
saltavi	saltavate	avevi saltato	avevate saltato
saltava	saltavano	aveva saltato	avevano saltato
3 Past Absolute		**10 Past Anterior**	
saltai	saltammo	ebbi saltato	avemmo saltato
saltasti	saltaste	avesti saltato	aveste saltato
saltò	saltarono	ebbe saltato	ebbero saltato
4 Future		**11 Future Perfect**	
salterò	salteremo	avrò saltato	avremo saltato
salterai	salterete	avrai saltato	avrete saltato
salterà	salteranno	avrà saltato	avranno saltato
5 Present Conditional		**12 Past Conditional**	
salterei	salteremmo	avrei saltato	avremmo saltato
salteresti	saltereste	avresti saltato	avreste saltato
salterebbe	salterebbero	avrebbe saltato	avrebbero saltato
6 Present Subjunctive		**13 Past Subjunctive**	
salti	saltiamo	abbia saltato	abbiamo saltato
salti	saltiate	abbia saltato	abbiate saltato
salti	saltino	abbia saltato	abbiano saltato
7 Imperfect Subjunctive		**14 Past Perfect Subjunctive**	
saltassi	saltassimo	avessi saltato	avessimo saltato
saltassi	saltaste	avessi saltato	aveste saltato
saltasse	saltassero	avesse saltato	avessero saltato

Imperative

—	saltiamo
salta (non saltare)	saltate
salti	saltino

Samples of basic verb usage
Smettila di saltare! Stop jumping!
Il mio gatto salta per tutta la casa. My cat
jumps everywhere in the house.

Extended uses/Related words and expressions
Saltare dalla gioia to jump for joy
saltare con la corda to skip rope
È saltata la corrente elettrica. The electrical
current went off.
far saltare il governo to bring the government
down

444

to greet, to salute

The Seven Simple Tenses		The Seven Compound Tenses	
Singular	Plural	Singular	Plural

1 Present Indicative

		8 Present Perfect	
saluto	salutiamo	ho salutato	abbiamo salutato
saluti	salutate	hai salutato	avete salutato
saluta	salutano	ha salutato	hanno salutato

2 Imperfect

		9 Past Perfect	
salutavo	salutavamo	avevo salutato	avevamo salutato
salutavi	salutavate	avevi salutato	avevate salutato
salutava	salutavano	aveva salutato	avevano salutato

3 Past Absolute

		10 Past Anterior	
salutai	salutammo	ebbi salutato	avemmo salutato
salutasti	salutaste	avesti salutato	aveste salutato
salutò	salutarono	ebbe salutato	ebbero salutato

4 Future

		11 Future Perfect	
saluterò	saluteremo	avrò salutato	avremo salutato
saluterai	saluterete	avrai salutato	avrete salutato
saluterà	saluteranno	avrà salutato	avranno salutato

5 Present Conditional

		12 Past Conditional	
saluterei	saluteremmo	avrei salutato	avremmo salutato
saluteresti	salutereste	avresti salutato	avreste salutato
saluterebbe	saluterebbero	avrebbe salutato	avrebbero salutato

6 Present Subjunctive

		13 Past Subjunctive	
saluti	salutiamo	abbia salutato	abbiamo salutato
saluti	salutiate	abbia salutato	abbiate salutato
saluti	salutino	abbia salutato	abbiano salutato

7 Imperfect Subjunctive

		14 Past Perfect Subjunctive	
salutassi	salutassimo	avessi salutato	avessimo salutato
salutassi	salutaste	avessi salutato	aveste salutato
salutasse	salutassero	avesse salutato	avessero salutato

Imperative	
—	salutiamo
saluta (non salutare)	salutate
saluti	salutino

S

Samples of basic verb usage
Chi è quella persona che ti ha salutato? Who
is the person who greeted you?
Lui non saluta mai. He never greets anyone.

Extended uses/Related words and expressions
Salute! Cheers!
Vi saluto! I'll see you later!
salutare la bandiera to salute the flag

salvare

to save

The Seven Simple Tenses		The Seven Compound Tenses	
Singular	Plural	Singular	Plural
1 Present Indicative		**8 Present Perfect**	
salvo	salviamo	ho salvato	abbiamo salvato
salvi	salvate	hai salvato	avete salvato
salva	salvano	ha salvato	hanno salvato
2 Imperfect		**9 Past Perfect**	
salvavo	salvavamo	avevo salvato	avevamo salvato
salvavi	salvavate	avevi salvato	avevate salvato
salvava	salvavano	aveva salvato	avevano salvato
3 Past Absolute		**10 Past Anterior**	
salvai	salvammo	ebbi salvato	avemmo salvato
salvasti	salvaste	avesti salvato	aveste salvato
salvò	salvarono	ebbe salvato	ebbero salvato
4 Future		**11 Future Perfect**	
salverò	salveremo	avrò salvato	avremo salvato
salverai	salverete	avrai salvato	avrete salvato
salverà	salveranno	avrà salvato	avranno salvato
5 Present Conditional		**12 Past Conditional**	
salverei	salveremmo	avrei salvato	avremmo salvato
salveresti	salvereste	avresti salvato	avreste salvato
salverebbe	salverebbero	avrebbe salvato	avrebbero salvato
6 Present Subjunctive		**13 Past Subjunctive**	
salvi	salviamo	abbia salvato	abbiamo salvato
salvi	salviate	abbia salvato	abbiate salvato
salvi	salvino	abbia salvato	abbiano salvato
7 Imperfect Subjunctive		**14 Past Perfect Subjunctive**	
salvassi	salvassimo	avessi salvato	avessimo salvato
salvassi	salvaste	avessi salvato	aveste salvato
salvasse	salvassero	avesse salvato	avessero salvato

	Imperative	
—	salviamo
salva (non salvare)	salvate
salvi	salvino

Samples of basic verb usage	Extended uses/Related words and expressions
Devi ringraziare quel medico che ti ha salvato. You must thank that doctor who saved you.	**conservare** to conserve
Salvami! Save me!	**serbare** to set aside
Cerca di salvare il tuo onore. Try to save your honor.	

■ Irregular verb   to know; to learn; to know how to

The Seven Simple Tenses		The Seven Compound Tenses	
Singular	Plural	Singular	Plural

1 Present Indicative

		8 Present Perfect	
so	sappiamo	ho saputo	abbiamo saputo
sai	sapete	hai saputo	avete saputo
sa	sanno	ha saputo	hanno saputo

2 Imperfect

		9 Past Perfect	
sapevo	sapevamo	avevo saputo	avevamo saputo
sapevi	sapevate	avevi saputo	avevate saputo
sapeva	sapevano	aveva saputo	avevano saputo

3 Past Absolute

		10 Past Anterior	
seppi	sapemmo	ebbi saputo	avemmo saputo
sapesti	sapeste	avesti saputo	aveste saputo
seppe	seppero	ebbe saputo	ebbero saputo

4 Future

		11 Future Perfect	
saprò	sapremo	avrò saputo	avremo saputo
saprai	saprete	avrai saputo	avrete saputo
saprà	sapranno	avrà saputo	avranno saputo

5 Present Conditional

		12 Past Conditional	
saprei	sapremmo	avrei saputo	avremmo saputo
sapresti	sapreste	avresti saputo	avreste saputo
saprebbe	saprebbero	avrebbe saputo	avrebbero saputo

6 Present Subjunctive

		13 Past Subjunctive	
sappia	sappiamo	abbia saputo	abbiamo saputo
sappia	sappiate	abbia saputo	abbiate saputo
sappia	sappiano	abbia saputo	abbiano saputo

7 Imperfect Subjunctive

		14 Past Perfect Subjunctive	
sapessi	sapessimo	avessi saputo	avessimo saputo
sapessi	sapeste	avessi saputo	aveste saputo
sapesse	sapessero	avesse saputo	avessero saputo

Imperative

—	sappiamo
sappi (non sapere)	sappiate
sappia	sappiano

S

AN ESSENTIAL VERB

Sapere

This is a key verb because it is used frequently in conversation and because it occurs in a number of useful expressions and idioms.

Samples of basic verb usage

Sai l'ora? Do you know what time it is?

Non ho mai saputo il nome di tuo padre. I have never known your father's name.

Come fai a sapere quello che penso? How would you know what I am thinking?

Quante lingue sai? How many languages do you know?

Extended uses

Questa stanza sa di chiuso. This room has a stuffy feeling to it.

Dio solo sa! Only God knows!

Ad averlo saputo! Had I known!

Questa minestra non sa di niente. This soup has no taste.

Non si sa mai! You never know!

Lei sa il fatto suo! She always knows what to do!

saperla lunga to be very clever

Words and expressions related to this verb

Chissà? Who knows?

saperci fare to know how to handle things

Fammi sapere se verrai. Let me know if you're coming.

la sapienza knowledge, wisdom

NOTE: Note that there are two verbs meaning "to know" in Italian. The verb **conoscere** means "to know someone" and "to be familiar with something": **Conosco Maria** (I know Mary); **Conosciamo un buon ristorante** (We know a good restaurant). Otherwise **sapere** is the verb to be used in the more general sense of "to know" and "to know how to": **Non so niente** (I don't know anything); **Lei sa suonare molto bene** (She knows how to play very well).

Gerund **sbagliandosi**   Past Part. **sbagliatosi**   **sbagliarsi (sbagliare)**

Regular **-are** verb endings with spelling change: **gli** becomes **gl** before **i**

to make a mistake, to be mistaken

The Seven Simple Tenses		The Seven Compound Tenses	
Singular	Plural	Singular	Plural

1 Present Indicative

		8 Present Perfect	
mi sbaglio	ci sbagliamo	mi sono sbagliato	ci siamo sbagliati
ti sbagli	vi sbagliate	ti sei sbagliato	vi siete sbagliati
si sbaglia	si sbagliano	si è sbagliato	si sono sbagliati

2 Imperfect

		9 Past Perfect	
mi sbagliavo	ci sbagliavamo	mi ero sbagliato	ci eravamo sbagliati
ti sbagliavi	vi sbagliavate	ti eri sbagliato	vi eravate sbagliati
si sbagliava	si sbagliavano	si era sbagliato	si erano sbagliati

3 Past Absolute

		10 Past Anterior	
mi sbagliai	ci sbagliammo	mi fui sbagliato	ci fummo sbagliati
ti sbagliasti	vi sbagliaste	ti fosti sbagliato	vi foste sbagliati
si sbagliò	si sbagliarono	si fu sbagliato	si furono sbagliati

4 Future

		11 Future Perfect	
mi sbaglierò	ci sbaglieremo	mi sarò sbagliato	ci saremo sbagliati
ti sbaglierai	vi sbaglierete	ti sarai sbagliato	vi sarete sbagliati
si sbaglierà	si sbaglieranno	si sarà sbagliato	si saranno sbagliati

5 Present Conditional

		12 Past Conditional	
mi sbaglierei	ci sbaglieremmo	mi sarei sbagliato	ci saremmo sbagliati
ti sbaglieresti	vi sbagliereste	ti saresti sbagliato	vi sareste sbagliati
si sbaglierebbe	si sbaglierebbero	si sarebbe sbagliato	si sarebbero sbagliati

6 Present Subjunctive

		13 Past Subjunctive	
mi sbagli	ci sbagliamo	mi sia sbagliato	ci siamo sbagliati
ti sbagli	vi sbagliate	ti sia sbagliato	vi siate sbagliati
si sbagli	si sbaglino	si sia sbagliato	si siano sbagliati

7 Imperfect Subjunctive

		14 Past Perfect Subjunctive	
mi sbagliassi	ci sbagliassimo	mi fossi sbagliato	ci fossimo sbagliati
ti sbagliassi	vi sbagliaste	ti fossi sbagliato	vi foste sbagliati
si sbagliasse	si sbagliassero	si fosse sbagliato	si fossero sbagliati

Imperative

—	**sbagliamoci**
sbagliati (non ti sbagliare/non sbagliarti)	**sbagliatevi**
si sbagli	**si sbaglino**

Samples of basic verb usage

Hai ragione. Mi sono sbagliato io! You're right. It is I who made a mistake!

Il medico si è sbagliato, per fortuna. The doctor was wrong, fortunately.

Extended uses/Related words and expressions

sbagliare numero to dial the wrong number

Il cuore non sbaglia mai. The heart is never wrong.

Sbagliando s'impara. We learn from our mistakes.

S

sbarcare

Gerund sbarcando **Past Part. sbarcato**

to disembark, to land

Regular **-are** verb endings with spelling change: **c** becomes **ch** before **e** or **I**

The Seven Simple Tenses		The Seven Compound Tenses	
Singular	Plural	Singular	Plural

1 Present Indicative		8 Present Perfect	
sbarco	sbarchiamo	sono sbarcato	siamo sbarcati
sbarchi	sbarcate	sei sbarcato	siete sbarcati
sbarca	sbarcano	è sbarcato	sono sbarcati

2 Imperfect		9 Past Perfect	
sbarcavo	sbarcavamo	ero sbarcato	eravamo sbarcati
sbarcavi	sbarcavate	eri sbarcato	eravate sbarcati
sbarcava	sbarcavano	era sbarcato	erano sbarcati

3 Past Absolute		10 Past Anterior	
sbarcai	sbarcammo	fui sbarcato	fummo sbarcati
sbarcasti	sbarcaste	fosti sbarcato	foste sbarcati
sbarcò	sbarcarono	fu sbarcato	furono sbarcati

4 Future		11 Future Perfect	
sbarcherò	sbarcheremo	sarò sbarcato	saremo sbarcati
sbarcherai	sbarcherete	sarai sbarcato	sarete sbarcati
sbarcherà	sbarcheranno	sarà sbarcato	saranno sbarcati

5 Present Conditional		12 Past Conditional	
sbarcherei	sbarcheremmo	sarei sbarcato	saremmo sbarcati
sbarcheresti	sbarchereste	saresti sbarcato	sareste sbarcati
sbarcherebbe	sbarcherebbero	sarebbe sbarcato	sarebbero sbarcati

6 Present Subjunctive		13 Past Subjunctive	
sbarchi	sbarchiamo	sia sbarcato	siamo sbarcati
sbarchi	sbarchiate	sia sbarcato	siate sbarcati
sbarchi	sbarchino	sia sbarcato	siano sbarcati

7 Imperfect Subjunctive		14 Past Perfect Subjunctive	
sbarcassi	sbarcassimo	fossi sbarcato	fossimo sbarcati
sbarcassi	sbarcaste	fossi sbarcato	foste sbarcati
sbarcasse	sbarcassero	fosse sbarcato	fossero sbarcati

Imperative	
—	sbarchiamo
sbarca (non sbarcare)	sbarcate
sbarchi	sbarchino

Samples of basic verb usage	Extended uses/Related words and expressions
I passeggeri stanno sbarcando. The passengers are getting off.	sbarcare il lunario to make ends meet (*literally* to make it through the moon's cycle)
Sbarcai all'aeroporto di Milano. I got off at the airport in Milan.	cavarsela to get by, to get out of something

The Seven Simple Tenses		The Seven Compound Tenses	
Singular	Plural	Singular	Plural

1 Present Indicative

		8 Present Perfect	
scaldo	scaldiamo	ho scaldato	abbiamo scaldato
scaldi	scaldate	hai scaldato	avete scaldato
scalda	scaldano	ha scaldato	hanno scaldato

2 Imperfect

		9 Past Perfect	
scaldavo	scaldavamo	avevo scaldato	avevamo scaldato
scaldavi	scaldavate	avevi scaldato	avevate scaldato
scaldava	scaldavano	aveva scaldato	avevano scaldato

3 Past Absolute

		10 Past Anterior	
scaldai	scaldammo	ebbi scaldato	avemmo scaldato
scaldasti	scaldaste	avesti scaldato	aveste scaldato
scaldò	scaldarono	ebbe scaldato	ebbero scaldato

4 Future

		11 Future Perfect	
scalderò	scalderemo	avrò scaldato	avremo scaldato
scalderai	scalderete	avrai scaldato	avrete scaldato
scalderà	scalderanno	avrà scaldato	avranno scaldato

5 Present Conditional

		12 Past Conditional	
scalderei	scalderemmo	avrei scaldato	avremmo scaldato
scalderesti	scaldereste	avresti scaldato	avreste scaldato
scalderebbe	scalderebbero	avrebbe scaldato	avrebbero scaldato

6 Present Subjunctive

		13 Past Subjunctive	
scaldi	scaldiamo	abbia scaldato	abbiamo scaldato
scaldi	scaldiate	abbia scaldato	abbiate scaldato
scaldi	scaldino	abbia scaldato	abbiano scaldato

7 Imperfect Subjunctive

		14 Past Perfect Subjunctive	
scaldassi	scaldassimo	avessi scaldato	avessimo scaldato
scaldasi	scaldaste	avessi scaldato	aveste scaldato
scaldasse	scaldasero	avesse scaldato	avessero scaldato

S

Imperative	
—	scaldiamo
scalda (non scaldare)	scaldate
scaldi	scaldino

Samples of basic verb usage
Hai scaldato l'acqua per il tè? Did you warm up the water for tea?
Devi scaldare il motore prima di guidare in inverno. You have to warm up the motor before driving in winter.

Extended uses/Related words and expressions
scaldare i banchi to warm the seats (to be doing nothing)
Non scaldarti! Cerca di ragionare! Don't get so hot and bothered! Try to reason things out!

scambiare

Gerund scambiando   **Past Part. scambiato**

to exchange

Regular **-are** verb endings with spelling change: **bi** becomes **b** before **i**

The Seven Simple Tenses		The Seven Compound Tenses	
Singular	Plural	Singular	Plural
1 Present Indicative		**8 Present Perfect**	
scambio	scambiamo	ho scambiato	abbiamo scambiato
scambi	scambiate	hai scambiato	avete scambiato
scambia	scambiano	ha scambiato	hanno scambiato
2 Imperfect		**9 Past Perfect**	
scambiavo	scambiavamo	avevo scambiato	avevamo scambiato
scambiavi	scambiavate	avevi scambiato	avevate scambiato
scambiava	scambiavano	aveva scambiato	avevano scambiato
3 Past Absolute		**10 Past Anterior**	
scambiai	scambiammo	ebbi scambiato	avemmo scambiato
scambiasti	scambiaste	avesti scambiato	aveste scambiato
scambiò	scambiarono	ebbe scambiato	ebbero scambiato
4 Future		**11 Future Perfect**	
scambierò	scambieremo	avrò scambiato	avremo scambiato
scambierai	scambierete	avrai scambiato	avrete scambiato
scambierà	scambieranno	avrà scambiato	avranno scambiato
5 Present Conditional		**12 Past Conditional**	
scambierei	scambieremmo	avrei scambiato	avremmo scambiato
scambieresti	scambiereste	avresti scambiato	avreste scambiato
scambierebbe	scambierebbero	avrebbe scambiato	avrebbero scambiato
6 Present Subjunctive		**13 Past Subjunctive**	
scambi	scambiamo	abbia scambiato	abbiamo scambiato
scambi	scambiate	abbia scambiato	abbiate scambiato
scambi	scambino	abbia scambiato	abbiano scambiato
7 Imperfect Subjunctive		**14 Past Perfect Subjunctive**	
scambiassi	scambiassimo	avessi scambiato	avessimo scambiato
scambiassi	scambiaste	avessi scambiato	aveste scambiato
scambiasse	scambiassero	avesse scambiato	avessero scambiato

Imperative	
—	scambiamo
scambia (non scambiare)	scambiate
scambi	scambino

Samples of basic verb usage	Extended uses/Related words and expressions

Ho scambiato il sale con lo zucchero.
  I confused the salt with the sugar.
Dobbiamo scambiare due parole qualche
  volta, va bene? We should exchange a few
  words sometime, OK?
	il cambio (currency) exchange
	confondere to mix up

■ Irregular verb   to choose, to select

The Seven Simple Tenses		The Seven Compound Tenses	
Singular	Plural	Singular	Plural

1 Present Indicative

		8 Present Perfect	
scelgo	scegliamo	ho scelto	abbiamo scelto
scegli	scegliete	hai scelto	avete scelto
sceglie	scelgono	ha scelto	hanno scelto

2 Imperfect

		9 Past Perfect	
sceglievo	sceglievamo	avevo scelto	avevamo scelto
sceglievi	sceglievate	avevi scelto	avevate scelto
sceglieva	sceglievano	aveva scelto	avevano scelto

3 Past Absolute

		10 Past Anterior	
scelsi	scegliemmo	ebbi scelto	avemmo scelto
scegliesti	sceglieste	avesti scelto	aveste scelto
scelse	scelsero	ebbe scelto	ebbero scelto

4 Future

		11 Future Perfect	
sceglierò	sceglieremo	avrò scelto	avremo scelto
sceglierai	sceglierete	avrai scelto	avrete scelto
sceglierà	sceglieranno	avrà scelto	avranno scelto

5 Present Conditional

		12 Past Conditional	
sceglierei	sceglieremmo	avrei scelto	avremmo scelto
sceglieresti	scegliereste	avresti scelto	avreste scelto
sceglierebbe	sceglierebbero	avrebbe scelto	avrebbero scelto

6 Present Subjunctive

		13 Past Subjunctive	
scelga	scegliamo	abbia scelto	abbiamo scelto
scelga	scegliate	abbia scelto	abbiate scelto
scelga	scelgano	abbia scelto	abbiano scelto

7 Imperfect Subjunctive

		14 Past Perfect Subjunctive	
scegliessi	scegliessimo	avessi scelto	avessimo scelto
scegliessi	sceglieste	avessi scelto	aveste scelto
scegliesse	scegliessero	avesse scelto	avessero scelto

S

Imperative	
—	scegliamo
scegli (non scegliere)	scegliete
scelga	scelgano

Samples of basic verb usage

Quale camicia sceglierai? Which shirt will you choose?

Lui ha scelto di studiare matematica. He chose to study math.

Qui c'è poco da scegliere. Here there is little to choose.

Extended uses/Related words and expressions

prendere to take
preferire to prefer
selezionare to select

NOTE: Other verbs conjugated like **scegliere** are **accogliere** (to welcome), **cogliere** (to pick), **raccogliere** (to gather), **sciogliere** (to melt), and **togliere** (to take away).

scendere*

Gerund scendendo **Past Part. sceso**

to descend, to go down, to come down

Irregular verb ■

The Seven Simple Tenses		The Seven Compound Tenses	
Singular	Plural	Singular	Plural
1 Present Indicative		**8 Present Perfect**	
scendo	scendiamo	sono sceso	siamo scesi
scendi	scendete	sei sceso	siete scesi
scende	scendono	è sceso	sono scesi
2 Imperfect		**9 Past Perfect**	
scendevo	scendevamo	ero sceso	eravamo scesi
scendevi	scendevate	eri sceso	eravate scesi
scendeva	scendevano	era sceso	erano scesi
3 Past Absolute		**10 Past Anterior**	
scesi	scendemmo	fui sceso	fummo scesi
scendesti	scendeste	fosti sceso	foste scesi
scese	scesero	fu sceso	furono scesi
4 Future		**11 Future Perfect**	
scenderò	scenderemo	sarò sceso	saremo scesi
scenderai	scenderete	sarai sceso	sarete scesi
scenderà	scenderanno	sarà sceso	saranno scesi
5 Present Conditional		**12 Past Conditional**	
scenderei	scenderemmo	sarei sceso	saremmo scesi
scenderesti	scendereste	saresti sceso	sareste scesi
scenderebbe	scenderebbero	sarebbe sceso	sarebbero scesi
6 Present Subjunctive		**13 Past Subjunctive**	
scenda	scendiamo	sia sceso	siamo scesi
scenda	scendiate	sia sceso	siate scesi
scenda	scendano	sia sceso	siano scesi
7 Imperfect Subjunctive		**14 Past Perfect Subjunctive**	
scendessi	scendessimo	fossi sceso	fossimo scesi
scendessi	scendeste	fossi sceso	foste scesi
scendesse	scendessero	fosse sceso	fossero scesi

Imperative

—	scendiamo
scendi (non scendere)	scendete
scenda	scendano

Samples of basic verb usage
Devi scendere alla quinta fermata.
   You should get off at the fifth stop.
Fortunatamente, la sua febbre è scesa.
   Fortunately, her fever went down.

I prezzi stanno finalmente scendendo.
   The prices are finally going down.

Extended uses/Related words and expressions
la discesa downhill, downward slope
lo sci da discesa downhill skiing

NOTE: Other verbs conjugated like **scendere** are **accendere** (to light), **attendere** (to wait), **dipendere** (to depend), **offendere** (to offend), **prendere** (to take), **pretendere** (to demand), **rendere** (to render), **sorprendere** (to surprise), **spendere** (to spend), **stendere** (to lay out), and **tendere** (to tend).

454

■ Irregular verb   to disappear, to cut a sorry figure

The Seven Simple Tenses		The Seven Compound Tenses	
Singular	Plural	Singular	Plural

1 Present Indicative

scompaio	scompariamo		
scompari	scomparite		
scompare	scompaiono		

(*Or regular:* scomparisco, *etc.*)

8 Present Perfect

sono scomparso		siamo scomparsi	
sei scomparso		siete scomparsi	
è scomparso		sono scomparsi	

2 Imperfect

scomparivo	scomparivamo		
scomparivi	scomparivate		
scompariva	scomparivano		

9 Past Perfect

ero scomparso		eravamo scomparsi	
eri scomparso		eravate scomparsi	
era scomparso		erano scomparsi	

3 Past Absolute

scomparvi	scomparimmo		
scomparisti	scompariste		
scomparve	scomparvero		

(*Or regular:* scomparii, *etc.*)

10 Past Anterior

fui scomparso		fummo scomparsi	
fosti scomparso		foste scomparsi	
fu scomparso		furono scomparsi	

4 Future

scomparirò	scompariremo		
scomparirai	scomparirete		
scomparirà	scompariranno		

11 Future Perfect

sarò scomparso		saremo scomparsi	
sarai scomparso		sarete scomparsi	
sarà scomparso		saranno scomparsi	

5 Present Conditional

scomparirei	scompariremmo		
scompariresti	scomparireste		
scomparirebbe	scomparirebbero		

12 Past Conditional

sarei scomparso		saremmo scomparsi	
saresti scomparso		sareste scomparsi	
sarebbe scomparso		sarebbero scomparsi	

6 Present Subjunctive

scompaia	scompariamo		
scompaia	scompariate		
scompaia	scompaiano		

(*Or regular:* scomparisca, *etc.*)

13 Past Subjunctive

sia scomparso		siamo scomparsi	
sia scomparso		siate scomparsi	
sia scomparso		siano scomparsi	

7 Imperfect Subjunctive

scomparissi	scomparissimo		
scomparissi	scompariste		
scomparisse	scomparissero		

14 Past Perfect Subjunctive

fossi scomparso		fossimo scomparsi	
fossi scomparso		foste scomparsi	
fosse scomparso		fossero scomparsi	

S

Imperative

—	scompariamo
scompari (scomparisci) (non scomparire)	scomparite
scompaia (scomparisca)	scompaiano (scompariscano)

Samples of basic verb usage

Dove sono scomparse le mie chiavi? Where have my keys disappeared to?

Sei scomparso dalla circolazione. You have disappeared from sight.

Extended uses/Related words and expressions

rendersi invisibile to make oneself invisible

svanire to vanish

NOTE: Other verbs conjugated like **scomparire** are **apparire** (to appear) and **comparire** (to show up).

sconfiggere*

Gerund sconfiggendo   **Past Part.** sconfitto

to defeat

Irregular verb ■

The Seven Simple Tenses		The Seven Compound Tenses	
Singular	Plural	Singular	Plural

1 Present Indicative

		8 Present Perfect	
sconfiggo	sconfiggiamo	ho sconfitto	abbiamo sconfitto
sconfiggi	sconfiggete	hai sconfitto	avete sconfitto
sconfigge	sconfiggono	ha sconfitto	hanno sconfitto

2 Imperfect

		9 Past Perfect	
sconfiggevo	sconfiggevamo	avevo sconfitto	avevamo sconfitto
sconfiggevi	sconfiggevate	avevi sconfitto	avevate sconfitto
sconfiggeva	sconfiggevano	aveva sconfitto	avevano sconfitto

3 Past Absolute

		10 Past Anterior	
sconfissi	sconfiggemmo	ebbi sconfitto	avemmo sconfitto
sconfiggesti	sconfiggeste	avesti sconfitto	aveste sconfitto
sconfisse	sconfissero	ebbe sconfitto	ebbero sconfitto

4 Future

		11 Future Perfect	
sconfiggerò	sconfiggeremo	avrò sconfitto	avremo sconfitto
sconfiggerai	sconfiggerete	avrai sconfitto	avrete sconfitto
sconfiggerà	sconfiggeranno	avrà sconfitto	avranno sconfitto

5 Present Conditional

		12 Past Conditional	
sconfiggerei	sconfiggeremmo	avrei sconfitto	avremmo sconfitto
sconfiggeresti	sconfiggereste	avresti sconfitto	avreste sconfitto
sconfiggerebbe	sconfiggerebbero	avrebbe sconfitto	avrebbero sconfitto

6 Present Subjunctive

		13 Past Subjunctive	
sconfigga	sconfiggiamo	abbia sconfitto	abbiamo sconfitto
sconfigga	sconfiggiate	abbia sconfitto	abbiate sconfitto
sconfigga	sconfiggano	abbia sconfitto	abbiano sconfitto

7 Imperfect Subjunctive

		14 Past Perfect Subjunctive	
sconfiggessi	sconfiggessimo	avessi sconfitto	avessimo sconfitto
sconfiggessi	sconfiggeste	avessi sconfitto	aveste sconfitto
sconfiggesse	sconfiggessero	avesse sconfitto	avessero sconfitto

Imperative

—	sconfiggiamo
sconfiggi (non sconfiggere)	sconfiggete
sconfigga	sconfiggano

Samples of basic verb usage

Il Milan ha sconfitto la Juventus ieri. Milan (soccer team) defeated Juventus yesterday.

Lui vuole sconfiggere il suo avversario alle elezioni. He wants to defeat his rival in the elections.

Extended uses/Related words and expressions

vincere to win
perdere to lose
pareggiare to tie

NOTE: Other verbs conjugated like sconfiggere are **affiggere** (to affix), **crocifiggere** (to crucify), **figgere** (to fix), and **prefiggere** (to prefix).

■ Irregular verb   to uncover, to discover

The Seven Simple Tenses		The Seven Compound Tenses	
Singular	Plural	Singular	Plural

1 Present Indicative

		8 Present Perfect	
scopro	scopriamo	ho scoperto	abbiamo scoperto
scopri	scoprite	hai scoperto	avete scoperto
scopre	scoprono	ha scoperto	hanno scoperto

2 Imperfect

		9 Past Perfect	
scoprivo	scoprivamo	avevo scoperto	avevamo scoperto
scoprivi	scoprivate	avevi scoperto	avevate scoperto
scopriva	scoprivano	aveva scoperto	avevano scoperto

3 Past Absolute

		10 Past Anterior	
scopersi	scoprimmo	ebbi scoperto	avemmo scoperto
scopristi	scopriste	avesti scoperto	aveste scoperto
scoperse	scopersero	ebbe scoperto	ebbero scoperto
(*Or regular:* scoprii, *etc.*)			

4 Future

		11 Future Perfect	
scoprirò	scopriremo	avrò scoperto	avremo scoperto
scoprirai	scoprirete	avrai scoperto	avrete scoperto
scoprirà	scopriranno	avrà scoperto	avranno scoperto

5 Present Conditional

		12 Past Conditional	
scoprirei	scopriremmo	avrei scoperto	avremmo scoperto
scopriresti	scoprireste	avresti scoperto	avreste scoperto
scoprirebbe	scoprirebbero	avrebbe scoperto	avrebbero scoperto

6 Present Subjunctive

		13 Past Subjunctive	
scopra	scopriamo	abbia scoperto	abbiamo scoperto
scopra	scopriate	abbia scoperto	abbiate scoperto
scopra	scoprano	abbia scoperto	abbiano scoperto

7 Imperfect Subjunctive

		14 Past Perfect Subjunctive	
scoprissi	scoprissimo	avessi scoperto	avessimo scoperto
scoprissi	scopriste	avessi scoperto	aveste scoperto
scoprisse	scoprissero	avesse scoperto	avessero scoperto

Imperative

—	scopriamo
scopri (non scoprire)	scoprite
scopra	scoprano

Samples of basic verb usage

Ho scoperto un nuovo bar eccellente. I have discovered a new excellent coffee shop.

Chi ha scoperto quella legge fisica? Who discovered that physical law?

È vero che Colombo scoprì l'America? Is it true that Columbus discovered America?

Extended uses/Related words and expressions

scoprire le carte to show one's cards
identificare to identify
smascherare to unmask

NOTE: Two other verbs conjugated like **scoprire** are **aprire** (to open) and **coprire** (to cover).

scrivere*   Gerund **scrivendo**   Past Part. **scritto**

to write   Irregular verb ■

The Seven Simple Tenses		The Seven Compound Tenses	
Singular	Plural	Singular	Plural
1 Present Indicative		**8 Present Perfect**	
scrivo	scriviamo	ho scritto	abbiamo scritto
scrivi	scrivete	hai scritto	avete scritto
scrive	scrivono	ha scritto	hanno scritto
2 Imperfect		**9 Past Perfect**	
scrivevo	scrivevamo	avevo scritto	avevamo scritto
scrivevi	scrivevate	avevi scritto	avevate scritto
scriveva	scrivevano	aveva scritto	avevano scritto
3 Past Absolute		**10 Past Anterior**	
scrissi	scrivemmo	ebbi scritto	avemmo scritto
scrivesti	scriveste	avesti scritto	aveste scritto
scrisse	scrissero	ebbe scritto	ebbero scritto
4 Future		**11 Future Perfect**	
scriverò	scriveremo	avrò scritto	avremo scritto
scriverai	scriverete	avrai scritto	avrete scritto
scriverà	scriveranno	avrà scritto	avranno scritto
5 Present Conditional		**12 Past Conditional**	
scriverei	scriveremmo	avrei scritto	avremmo scritto
scriveresti	scrivereste	avresti scritto	avreste scritto
scriverebbe	scriverebbero	avrebbe scritto	avrebbero scritto
6 Present Subjunctive		**13 Past Subjunctive**	
scriva	scriviamo	abbia scritto	abbiamo scritto
scriva	scriviate	abbia scritto	abbiate scritto
scriva	scrivano	abbia scritto	abbiano scritto
7 Imperfect Subjunctive		**14 Past Perfect Subjunctive**	
scrivessi	scrivessimo	avessi scritto	avessimo scritto
scrivessi	scriveste	avessi scritto	aveste scritto
scrivesse	scrivessero	avesse scritto	avessero scritto

Imperative

—	scriviamo
scrivere (non scrivere)	scrivete
scriva	scrivano

Samples of basic verb usage

Hai scritto quell'e-mail? Did you write that e-mail?

Il mio amico scrive molto bene. My friend writes very well.

Quel professore scrive spesso su Dante. That professor writes often on Dante.

Extended uses/Related words and expressions

lo scrittore/la scrittrice a writer

la scrittura writing

l'alfabeto the alphabet

le lettere dell'alfabeto the letters of the alphabet

NOTE: Other verbs conjugated like **scrivere** are **descrivere** (to describe), **iscriversi** (to register), **prescrivere** (to prescribe), **proscrivere** (to proscribe), **riscrivere** (to rewrite), **sottoscrivere** (to subscribe), and **trascrivere** (to transcribe).

■ Irregular verb   to shake

The Seven Simple Tenses		The Seven Compound Tenses	
Singular	Plural	Singular	Plural
1 Present Indicative		**8 Present Perfect**	
scuoto	scuotiamo	ho scosso	abbiamo scosso
scuoti	scuotete	hai scosso	avete scosso
scuote	scuotono	ha scosso	hanno scosso
2 Imperfect		**9 Past Perfect**	
scuotevo	scuotevamo	avevo scosso	avevamo scosso
scuotevi	scuotevate	avevi scosso	avevate scosso
scuoteva	scuotevano	aveva scosso	avevano scosso
3 Past Absolute		**10 Past Anterior**	
scossi	scuotemmo	ebbi scosso	avemmo scosso
scuotesti	scuoteste	avesti scosso	aveste scosso
scosse	scossero	ebbe scosso	ebbero scosso
4 Future		**11 Future Perfect**	
scuoterò	scuoteremo	avrò scosso	avremo scosso
scuoterai	scuoterete	avrai scosso	avrete scosso
scuoterà	scuoteranno	avrà scosso	avranno scosso
5 Present Conditional		**12 Past Conditional**	
scuoterei	scuoteremmo	avrei scosso	avremmo scosso
scuoteresti	scuotereste	avresti scosso	avreste scosso
scuoterebbe	scuoterebbero	avrebbe scosso	avrebbero scosso
6 Present Subjunctive		**13 Past Subjunctive**	
scuota	scuotiamo	abbia scosso	abbiamo scosso
scuota	scuotiate	abbia scosso	abbiate scosso
scuota	scuotano	abbia scosso	abbiano scosso
7 Imperfect Subjunctive		**14 Past Perfect Subjunctive**	
scuotessi	scuotessimo	avessi scosso	avessimo scosso
scuotessi	scuoteste	avessi scosso	aveste scosso
scuotesse	scuotessero	avesse scosso	avessero scosso

	Imperative	
—		scuotiamo
scuoti (non scuotere)		scuotete
scuota		scuotano

Samples of basic verb usage	**Extended uses/Related words and expressions**
Perché scuoti la testa? Why are you shaking your head?	**scuotersi dal sonno** to shake oneself up
Devo scuotere il tappeto. I have to shake the carpet.	**scuotersi i dubbi di dosso** to shake off doubts from oneself

---

NOTE: Other verbs conjugated like **scuotere** are **percuotere** (to strike) and **riscuotere** (to cash in).

scusare
to excuse

Gerund **scusando** Past Part. **scusato**

The Seven Simple Tenses		The Seven Compound Tenses	
Singular	Plural	Singular	Plural

1 Present Indicative		**8 Present Perfect**	
scuso	scusiamo	ho scusato	abbiamo scusato
scusi	scusate	hai scusato	avete scusato
scusa	scusano	ha scusato	hanno scusato

2 Imperfect		**9 Past Perfect**	
scusavo	scusavamo	avevo scusato	avevamo scusato
scusavi	scusavate	avevi scusato	avevate scusato
scusava	scusavano	aveva scusato	avevano scusato

3 Past Absolute		**10 Past Anterior**	
scusai	scusammo	ebbi scusato	avemmo scusato
scusasti	scusaste	avesti scusato	aveste scusato
scusò	scusarono	ebbe scusato	ebbero scusato

4 Future		**11 Future Perfect**	
scuserò	scuseremo	avrò scusato	avremo scusato
scuserai	scuserete	avrai scusato	avrete scusato
scuserà	scuseranno	avrà scusato	avranno scusato

5 Present Conditional		**12 Past Conditional**	
scuserei	scuseremmo	avrei scusato	avremmo scusato
scuseresti	scusereste	avresti scusato	avreste scusato
scuserebbe	scuserebbero	avrebbe scusato	avrebbero scusato

6 Present Subjunctive		**13 Past Subjunctive**	
scusi	scusiamo	abbia scusato	abbiamo scusato
scusi	scusiate	abbia scusato	abbiate scusato
scusi	scusino	abbia scusato	abbiano scusato

7 Imperfect Subjunctive		**14 Past Perfect Subjunctive**	
scusassi	scusassimo	avessi scusato	avessimo scusato
scusassi	scusaste	avessi scusato	aveste scusato
scusasse	scusassero	avesse scusato	avessero scusato

Imperative

—	scusiamo
scusa (non scusare)	scusate
scusi	scusino

Samples of basic verb usage
Scusate il disordine! Please excuse the mess!
Scusa, ma che stai facendo? Excuse me, but what are you doing?
Scusi signora, come si chiama? Excuse me madam, what is your name?

Extended uses/Related words and expressions
la scusa an excuse
Chiedo scusa! I beg your pardon!

■ Irregular verb   to sit

The Seven Simple Tenses		The Seven Compound Tenses	
Singular	Plural	Singular	Plural
1 Present Indicative		**8 Present Perfect**	
siedo (seggo)	sediamo	ho seduto	abbiamo seduto
siedi	sedete	hai seduto	avete seduto
siede	siedono (seggono)	ha seduto	hanno seduto
2 Imperfect		**9 Past Perfect**	
sedevo	sedevamo	avevo seduto	avevamo seduto
sedevi	sedevate	avevi seduto	avevate seduto
sedeva	sedevano	aveva seduto	avevano seduto
3 Past Absolute		**10 Past Anterior**	
sedei (sedetti)	sedemmo	ebbi seduto	avemmo seduto
sedesti	sedeste	avesti seduto	aveste seduto
sedé (sedette)	sederono (sedettero)	ebbe seduto	ebbero seduto
4 Future		**11 Future Perfect**	
sederò	sederemo	avrò seduto	avremo seduto
sederai	sederete	avrai seduto	avrete seduto
sederà	sederanno	avrà seduto	avranno seduto
5 Present Conditional		**12 Past Conditional**	
sederei	sederemmo	avrei seduto	avremmo seduto
sederesti	sedereste	avresti seduto	avreste seduto
sederebbe	sederebbero	avrebbe seduto	avrebbero seduto
6 Present Subjunctive		**13 Past Subjunctive**	
sieda (segga)	sediamo	abbia seduto	abbiamo seduto
sieda (segga)	sediate	abbia seduto	abbiate seduto
sieda (segga)	siedano (seggano)	abbia seduto	abbiano seduto
7 Imperfect Subjunctive		**14 Past Perfect Subjunctive**	
sedessi	sedessimo	avessi seduto	avessimo seduto
sedessi	sedeste	avessi seduto	aveste seduto
sedesse	sedessero	avesse seduto	avessero seduto

S

	Imperative		
	—		sediamo
	siedi (non sedere)		sedete
	sieda (segga)		siedano (seggano)

Samples of basic verb usage
Mettiti a sedere, per favore! Sit down, please!
Perché siedi sempre per terra? Why do you
  always sit on the floor?

Extended uses/Related words and expressions
la sedia chair
la poltrona armchair, theater seat
il divano divan, couch
il sofà sofa

NOTE: The reflexive form **sedersi** is used commonly: **Mi sono seduto su quella poltrona** (I sat in that theater seat).

Another verb conjugated like **sedere** is **possedere** (to possess).

When the verb is used in an intransitive sentence, the auxiliary verb is **essere**.

to follow

The Seven Simple Tenses		The Seven Compound Tenses	
Singular	Plural	Singular	Plural

1 Present Indicative

		8 Present Perfect	
seguo	seguiamo	ho seguito	abbiamo seguito
segui	seguite	hai seguito	avete seguito
segue	seguono	ha seguito	hanno seguito

2 Imperfect

		9 Past Perfect	
seguivo	seguivamo	avevo seguito	avevamo seguito
seguivi	seguivate	avevi seguito	avevate seguito
seguiva	seguivano	aveva seguito	avevano seguito

3 Past Absolute

		10 Past Anterior	
seguii	seguimmo	ebbi seguito	avemmo seguito
seguisti	seguiste	avesti seguito	aveste seguito
seguì	seguirono	ebbe seguito	ebbero seguito

4 Future

		11 Future Perfect	
seguirò	seguiremo	avrò seguito	avremo seguito
seguirai	seguirete	avrai seguito	avrete seguito
seguirà	seguiranno	avrà seguito	avranno seguito

5 Present Conditional

		12 Past Conditional	
seguirei	seguiremmo	avrei seguito	avremmo seguito
seguiresti	seguireste	avresti seguito	avreste seguito
seguirebbe	seguirebbero	avrebbe seguito	avrebbero seguito

6 Present Subjunctive

		13 Past Subjunctive	
segua	seguiamo	abbia seguito	abbiamo seguito
segua	seguiate	abbia seguito	abbiate seguito
segua	seguano	abbia seguito	abbiano seguito

7 Imperfect Subjunctive

		14 Past Perfect Subjunctive	
seguissi	seguissimo	avessi seguito	avessimo seguito
seguissi	seguiste	avessi seguito	aveste seguito
seguisse	seguissero	avesse seguito	avessero seguito

	Imperative	
—		seguiamo
segui (non seguire)		seguite
segua		seguano

Samples of basic verb usage	**Extended uses/Related words and expressions**
Seguimi in macchina! Follow me with your car!	**seguire le orme di qualcuno** to follow in someone's footsteps
Perché mi segui dappertutto? Why do you follow me everywhere?	**seguire un corso** to pursue a path

The Seven Simple Tenses		The Seven Compound Tenses	
Singular	Plural	Singular	Plural

1 Present Indicative		8 Present Perfect	
sento	sentiamo	ho sentito	abbiamo sentito
senti	sentite	hai sentito	avete sentito
sente	sentono	ha sentito	hanno sentito

2 Imperfect		9 Past Perfect	
sentivo	sentivamo	avevo sentito	avevamo sentito
sentivi	sentivate	avevi sentito	avevate sentito
sentiva	sentivano	aveva sentito	avevano sentito

3 Past Absolute		10 Past Anterior	
sentii	sentimmo	ebbi sentito	avemmo sentito
sentisti	sentiste	avesti sentito	aveste sentito
sentì	sentirono	ebbe sentito	ebbero sentito

4 Future		11 Future Perfect	
sentirò	sentiremo	avrò sentito	avremo sentito
sentirai	sentirete	avrai sentito	avrete sentito
sentirà	sentiranno	avrà sentito	avranno sentito

5 Present Conditional		12 Past Conditional	
sentirei	sentiremmo	avrei sentito	avremmo sentito
sentiresti	sentireste	avresti sentito	avreste sentito
sentirebbe	sentirebbero	avrebbe sentito	avrebbero sentito

6 Present Subjunctive		13 Past Subjunctive	
senta	sentiamo	abbia sentito	abbiamo sentito
senta	sentiate	abbia sentito	abbiate sentito
senta	sentano	abbia sentito	abbiano sentito

7 Imperfect Subjunctive		14 Past Perfect Subjunctive	
sentissi	sentissimo	avessi sentito	avessimo sentito
sentissi	sentiste	avessi sentito	aveste sentito
sentisse	sentissero	avesse sentito	avessero sentito

S

Imperative	
—	sentiamo
senti (non sentire)	sentite
senta	sentano

Samples of basic verb usage
Oggi sento dei brividi per il corpo. Today I feel shivers throughout my body.
Hai sentito le notizie? Did you hear the news?
Lui non sente la fatica. He doesn't feel fatigue.

Extended uses/Related words and expressions
farsi sentire to make oneself heard
Senti! Listen!
Sentiamo! Go ahead, let's hear what you have got to say!

NOTE: The reflexive form **sentirsi** is used commonly: **Mi sono sentito male ieri** (I felt bad yesterday).

separare

Gerund **separando**   Past Part. **separato**

to separate, to divide

The Seven Simple Tenses		The Seven Compound Tenses	
Singular	Plural	Singular	Plural
1 Present Indicative		**8 Present Perfect**	
separo	separiamo	ho separato	abbiamo separato
separi	separate	hai separato	avete separato
separa	separano	ha separato	hanno separato
2 Imperfect		**9 Past Perfect**	
separavo	separavamo	avevo separato	avevamo separato
separavi	separavate	avevi separato	avevate separato
separava	separavano	aveva separato	avevano separato
3 Past Absolute		**10 Past Anterior**	
separai	separammo	ebbi separato	avemmo separato
separasti	separaste	avesti separato	aveste separato
separò	separarono	ebbe separato	ebbero separato
4 Future		**11 Future Perfect**	
separerò	separeremo	avrò separato	avremo separato
separerai	separerete	avrai separato	avrete separato
separerà	separeranno	avrà separato	avanno separato
5 Present Conditional		**12 Past Conditional**	
separerei	separeremmo	avrei separato	avremmo separato
separeresti	saparereste	avresti separato	avreste separato
separerebbe	separerebbero	avrebbe separato	avrebbero separato
6 Present Subjunctive		**13 Past Subjunctive**	
separi	separiamo	abbia separato	abbiamo separato
separi	separiate	abbia separato	abbiate separato
separi	separino	abbia separato	abbiano separato
7 Imperfect Subjunctive		**14 Past Perfect Subjunctive**	
separassi	separassimo	avessi separato	avessimo separato
separassi	separaste	avessi separato	aveste separato
separasse	separassero	avesse separato	avessero separato

Imperative	
—	separiamo
separa (non separare)	**separate**
separi	**separino**

Samples of basic verb usage	**Extended uses/Related words and expressions**
Separa le pagine attaccate! Separate the attached pages!	**separare il bene dal male** to separate the good from the bad
Quelle montagne separano il Piemonte dalla Francia. Those mountains separate Piedmont from France.	**dividere** to divide **classificare** to classify

The Seven Simple Tenses		The Seven Compound Tenses	
Singular	Plural	Singular	Plural
1 Present Indicative		**8 Present Perfect**	
serro	**serriamo**	**ho serrato**	**abbiamo serrato**
serri	**serrate**	**hai serrato**	**avete serrato**
serra	**serrano**	**ha serrato**	**hanno serrato**
2 Imperfect		**9 Past Perfect**	
serravo	**serravamo**	**avevo serrato**	**avevamo serrato**
serravi	**serravate**	**avevi serrato**	**avevate serrato**
serrava	**serravano**	**aveva serrato**	**avevano serrato**
3 Past Absolute		**10 Past Anterior**	
serrai	**serrammo**	**ebbi serrato**	**avemmo serrato**
serrasti	**serraste**	**avesti serrato**	**aveste serrato**
serrò	**serrarono**	**ebbe serrato**	**ebbero serrato**
4 Future		**11 Future Perfect**	
serrerò	**serreremo**	**avrò serrato**	**avremo serrato**
serrerai	**serrerete**	**avrai serrato**	**avrete serrato**
serrerà	**serreranno**	**avrà serrato**	**avranno serrato**
5 Present Conditional		**12 Past Conditional**	
serrerei	**serreremmo**	**avrei serrato**	**avremmo serrato**
serreresti	**serrereste**	**avresti serrato**	**avreste serrato**
serrerebbe	**serrerebbero**	**avrebbe serrato**	**avrebbero serrato**
6 Present Subjunctive		**13 Past Subjunctive**	
serri	**serriamo**	**abbia serrato**	**abbiamo serrato**
serri	**serriate**	**abbia serrato**	**abbiate serrato**
serri	**serrino**	**abbia serrato**	**abbiano serrato**
7 Imperfect Subjunctive		**14 Past Perfect Subjunctive**	
serrassi	**serrassimo**	**avessi serrato**	**avessimo serrato**
serrassi	**serraste**	**avessi serrato**	**aveste serrato**
serrasse	**serrassero**	**avesse serrato**	**avessero serrato**

S

Imperative	
—	**serriamo**
serra (non serrare)	**serrate**
serri	**serrino**

Samples of basic verb usage
Hai serrato la porta? Did you lock the door?
Lasciami in pace! Voglio serrare gli occhi per un po'. Leave me alone! I want to shut my eyes for a little while.

Extended uses/Related words and expressions
serrare le file to close ranks
serrare bottega to close up shop

servire
to serve

Gerund **servendo** Past Part. **servito**

The Seven Simple Tenses		The Seven Compound Tenses	
Singular	Plural	Singular	Plural

1 Present Indicative		8 Present Perfect	
servo	serviamo	ho servito	abbiamo servito
servi	servite	hai servito	avete servito
serve	servono	ha servito	hanno servito

2 Imperfect		9 Past Perfect	
servivo	servivamo	avevo servito	avevamo servito
servivi	servivate	avevi servito	avevate servito
serviva	servivano	aveva servito	avevano servito

3 Past Absolute		10 Past Anterior	
servii	servimmo	ebbi servito	avemmo servito
servisti	serviste	avesti servito	aveste servito
servì	servirono	ebbe servito	ebbero servito

4 Future		11 Future Perfect	
servirò	serviremo	avrò servito	avremo servito
servirai	servirete	avrai servito	avrete servito
servirà	serviranno	avrà servito	avranno servito

5 Present Conditional		12 Past Conditional	
servirei	serviremmo	avrei servito	avremmo servito
serviresti	servireste	avresti servito	avreste servtio
servirebbe	servirebbero	avrebbe servito	avrebbero servito

6 Present Subjunctive		13 Past Subjunctive	
serva	serviamo	abbia servito	abbiamo servito
serva	serviate	abbia servito	abbiate servito
serva	servano	abbia servito	abbiano servito

7 Imperfect Subjunctive		14 Past Perfect Subjunctive	
servissi	servissimo	avessi servito	avessimo servito
servissi	serviste	avessi servito	aveste servito
servisse	servissero	avesse servito	avessero servito

Imperative

—	serviamo
servi (non servire)	servite
serva	servano

Samples of basic verb usage
In che posso servirLa? How can I serve you?
Ho già servito il caffè. I have already served
coffee.

Extended uses/Related words and expressions
servire messa to serve Mass
La cena è servita! The dinner is served!
Questa cosa non serve. This thing is not
necessary.
servirsi di un esperto to make use of an expert

Gerund **soddisfacendo**   Past Part. **soddisfatto**   # soddisfare*

■ Irregular verb

to satisfy, to fulfill

The Seven Simple Tenses		The Seven Compound Tenses	
Singular	Plural	Singular	Plural

1 Present Indicative

		8 Present Perfect	
soddisfaccio (soddisfò)	soddisfacciamo	ho soddisfatto	abbiamo soddisfatto
soddisfai	soddisfate	hai soddisfatto	avete soddisfatto
soddisfa	soddisfanno	ha soddisfatto	hanno soddisfatto
(*Or regular:* soddisfo, *etc.*)			

2 Imperfect

		9 Past Perfect	
soddisfacevo	soddisfacevamo	avevo soddisfatto	avevamo soddisfatto
soddisfacevi	soddisfacevate	avevi soddisfatto	avevate soddisfatto
soddisfaceva	soddisfacevano	aveva soddisfatto	avevano soddisfatto

3 Past Absolute

		10 Past Anterior	
soddisfeci	soddisfacemmo	ebbi soddisfatto	avemmo soddisfatto
soddisfacesti	soddisfaceste	avesti soddisfatto	aveste soddisfatto
soddisfece	soddisfecero	ebbe soddisfatto	ebbero soddisfatto

4 Future

		11 Future Perfect	
soddisfarò	soddisfaremo	avrò soddisfatto	avremo soddisfatto
soddisfarai	soddisfarete	avrai soddisfatto	avrete soddisfatto
soddisfarà	soddisfaranno	avrà soddisfatto	avranno soddisfatto
(*Or regular:* soddisferò, *etc.*)			

5 Present Conditional

		12 Past Conditional	
soddisfarei	soddisfaremmo	avrei soddisfatto	avremmo soddisfatto
soddisfaresti	soddisfareste	avresti soddisfatto	avreste soddisfatto
soddisfarebbe	soddisfarebbero	avrebbe soddisfatto	avrebbero soddisfatto
(*Or regular:* soddisferei, *etc.*)			

6 Present Subjunctive

		13 Past Subjunctive	
soddisfaccia	soddisfacciamo	abbia soddisfatto	abbiamo soddisfatto
soddisfaccia	soddisfacciate	abbia soddisfatto	abbiate soddisfatto
soddisfaccia	soddisfacciano	abbia soddisfatto	abbiano soddisfatto
(*Or regular:* soddisfi, *etc.*)			

7 Imperfect Subjunctive

		14 Past Perfect Subjunctive	
soddisfacessi	soddisfacessimo	avessi soddisfatto	avessimo soddisfatto
soddisfacessi	soddisfaceste	avessi soddisfatto	aveste soddisfatto
soddisfacesse	soddisfacessero	avesse soddisfatto	avessero soddisfatto

Imperative	
—	soddisfacciamo (soddisfiamo)
soddisfa (non soddisfare)	soddisfate
soddisfaccia (soddisfi)	soddisfacciano (soddisfino)

Samples of basic verb usage

La tua pagella mi ha soddisfatto molto. Your report card satisfied me a lot.

Voglio soddisfare una curiosità. I want to satisfy a curiosity.

Extended uses/Related words and expressions

soddisfare un debito to pay off a debt

Il valore trovato della x soddisfa l'equazione. The value found x satisfies the equation.

NOTE: This verb is composed with the verb **fare** (to do, make) and is thus conjugated exactly like it.

soffrire*

Gerund soffrendo　　**Past Part. sofferto**

to suffer, to bear, to endure

Irregular verb ■

The Seven Simple Tenses		The Seven Compound Tenses	
Singular	Plural	Singular	Plural
1 Present Indicative		**8 Present Perfect**	
soffro	soffriamo	ho sofferto	abbiamo sofferto
soffri	soffrite	hai sofferto	avete sofferto
soffre	soffrono	ha sofferto	hanno sofferto
2 Imperfect		**9 Past Perfect**	
soffrivo	soffrivamo	avevo sofferto	avevamo sofferto
soffrivi	soffrivate	avevi sofferto	avevate sofferto
soffriva	soffrivano	aveva sofferto	avevano sofferto
3 Past Absolute		**10 Past Anterior**	
soffersi	soffrimmo	ebbi sofferto	avemmo sofferto
soffristi	soffriste	avesti sofferto	aveste sofferto
sofferse	soffersero	ebbe sofferto	ebbero sofferto
(*Or regular:* soffrii, *etc.*)			
4 Future		**11 Future Perfect**	
soffrirò	soffriremo	avrò sofferto	avremo sofferto
soffrirai	soffrirete	avrai sofferto	avrete sofferto
soffrirà	soffriranno	avrà sofferto	avranno sofferto
5 Present Conditional		**12 Past Conditional**	
soffrirei	soffriremmo	avrei sofferto	avremmo sofferto
soffriresti	soffrireste	avresti sofferto	avreste sofferto
soffrirebbe	soffrirebbero	avrebbe sofferto	avrebbero sofferto
6 Present Subjunctive		**13 Past Subjunctive**	
soffra	soffriamo	abbia sofferto	abbiamo sofferto
soffra	soffriate	abbia sofferto	abbiate sofferto
soffra	soffrano	abbia sofferto	abbiano sofferto
7 Imperfect Subjunctive		**14 Past Perfect Subjunctive**	
soffrissi	soffrissimo	avessi sofferto	avessimo sofferto
soffrissi	soffriste	avessi sofferto	aveste sofferto
soffrisse	soffrissero	avesse sofferto	avessero sofferto

Imperative

—	soffriamo
soffri (non soffrire)	soffrite
soffra	soffrano

Samples of basic verb usage

Io soffro molto quando sei via. I suffer a lot when you are away.

Lei soffre di emicranie. She suffers from migraine headaches.

Extended uses/Related words and expressions

tollerare to tolerate

sopportare to put up with

NOTE: Other verbs conjugated like soffrire are coprire (to cover), offrire (to offer), and scoprire (to discover).

The Seven Simple Tenses		The Seven Compound Tenses	
Singular	Plural	Singular	Plural

1 Present Indicative

		8 Present Perfect	
sogno	sogniamo	ho sognato	abbiamo sognato
sogni	sognate	hai sognato	avete sognato
sogna	sognano	ha sognato	hanno sognato

2 Imperfect

		9 Past Perfect	
sognavo	sognavamo	avevo sognato	avevamo sognato
sognavi	sognavate	avevi sognato	avevate sognato
sognava	sognavano	aveva sognato	avevano sognato

3 Past Absolute

		10 Past Anterior	
sognai	sognammo	ebbi sognato	avemmo sognato
sognasti	sognaste	avesti sognato	aveste sognato
sognò	sognarono	ebbe sognato	ebbero sognato

4 Future

		11 Future Perfect	
sognerò	sogneremo	avrò sognato	avremo sognato
sognerai	sognerete	avrai sognato	avrete sognato
sognerà	sogneranno	avrà sognato	avranno sognato

5 Present Conditional

		12 Past Conditional	
sognerei	sogneremmo	avrei sognato	avremmo sognato
sogneresti	sognereste	avresti sognato	avreste sognato
sognerebbe	sognerebbero	avrebbe sognato	avrebbero sognato

6 Present Subjunctive

		13 Past Subjunctive	
sogni	sogniamo	abbia sognato	abbiamo sognato
sogni	sogniate	abbia sognato	abbiate sognato
sogni	sognino	abbia sognato	abbiano sognato

7 Imperfect Subjunctive

		14 Past Perfect Subjunctive	
sognassi	sognassimo	avessi sognato	avessimo sognato
sognassi	sognaste	avessi sognato	aveste sognato
sognasse	sognassero	avesse sognato	avessero sognato

Imperative

—	sogniamo
sogna (non sognare)	sognate
sogni	sognino

Samples of basic verb usage
Ho sognato tutta la notte che ero in Italia.
   I dreamt all night that I was in Italy.
Smetti di sognare! Stop dreaming!

Extended uses/Related words and expressions
sognare a occhi aperti to dream with one's
   eyes open
sogni d'oro golden dreams
Sognatelo! Go on dreaming about it!
Chi se lo sarebbe mai sognato? Who would
   have ever dreamed it?

S

sorgere*

Gerund sorgendo

Past Part. sorto

to rise

Irregular verb ∎

The Seven Simple Tenses		The Seven Compound Tenses	
Singular	Plural	Singular	Plural

1 Present Indicative		8 Present Perfect	
sorgo	sorgiamo	sono sorto	siamo sorti
sorgi	sorgete	sei sorto	siete sorti
sorge	sorgono	è sorto	sono sorti

2 Imperfect		9 Past Perfect	
sorgevo	sorgevamo	ero sorto	eravamo sorti
sorgevi	sorgevate	eri sorto	eravate sorti
sorgeva	sorgevano	era sorto	erano sorti

3 Past Absolute		10 Past Anterior	
sorsi	sorgemmo	fui sorto	fummo sorti
sorgesti	sorgeste	fosti sorto	foste sorti
sorse	sorsero	fu sorto	furono sorti

4 Future		11 Future Perfect	
sorgerò	sorgeremo	sarò sorto	saremo sorti
sorgerai	sorgerete	sarai sorto	sarete sorti
sorgerà	sorgeranno	sarà sorto	saranno sorti

5 Present Conditional		12 Past Conditional	
sorgerei	sorgeremmo	sarei sorto	saremmo sorti
sorgeresti	sorgereste	saresti sorto	sareste sorti
sorgerebbe	sorgerebbero	sarebbe sorto	sarebbero sorti

6 Present Subjunctive		13 Past Subjunctive	
sorga	sorgiamo	sia sorto	siamo sorti
sorga	sorgiate	sia sorto	siate sorti
sorga	sorgano	sia sorto	siano sorti

7 Imperfect Subjunctive		14 Past Perfect Subjunctive	
sorgessi	sorgessimo	fossi sorto	fossimo sorti
sorgessi	sorgeste	fossi sorto	foste sorti
sorgesse	sorgessero	fosse sorto	fossero sorti

Imperative	
—	sorgiamo
sorgi (non sorgere)	sorgete
sorga	sorgano

Samples of basic verb usage

Il sole sorge di solito alle sei. The sun usually rises at six o'clock.

È sorto un altro problema. Another problem has come up.

Extended uses/Related words and expressions

nascere to be born

manifestarsi to manifest itself

verificarsi to come about

NOTE: Other verbs conjugated like **sorgere** are **accorgersi** (to become aware), **insorgere** (to arise), and **risorgere** (to rise up again).

■ Irregular verb to surprise

The Seven Simple Tenses | The Seven Compound Tenses

Singular	Plural	Singular	Plural
1 Present Indicative		**8 Present Perfect**	
sorprendo	sorprendiamo	ho sorpreso	abbiamo sorpreso
sorprendi	sorprendete	hai sorpreso	avete sorpreso
sorprende	sorprendono	ha sorpreso	hanno sorpreso
2 Imperfect		**9 Past Perfect**	
sorprendevo	sorprendevamo	avevo sorpreso	avevamo sorpreso
sorprendevi	sorprendevate	avevi sorpreso	avevate sorpreso
sorprendeva	sorprendevano	aveva sorpreso	avevano sorpreso
3 Past Absolute		**10 Past Anterior**	
sorpresi	sorprendemmo	ebbi sorpreso	avemmo sorpreso
sorprendesti	sorprendeste	avesti sorpreso	aveste sorpreso
sorprese	sorpresero	ebbe sorpreso	ebbero sorpreso
4 Future		**11 Future Perfect**	
sorprenderò	sorprenderemo	avrò sorpreso	avremo sorpreso
sorprenderai	sorprenderete	avrai sorpreso	avrete sorpreso
sorprenderà	sorprenderanno	avrà sorpreso	avranno sorpreso
5 Present Conditional		**12 Past Conditional**	
sorprenderei	sorprenderemmo	avrei sorpreso	avremmo sorpreso
sorprenderesti	sorprendereste	avresti sorpreso	avreste sorpreso
sorprenderebbe	sorprenderebbero	avrebbe sorpreso	avrebbero sorpreso
6 Present Subjunctive		**13 Past Subjunctive**	
sorprenda	sorprendiamo	abbia sorpreso	abbiamo sorpreso
sorprenda	sorprendiate	abbia sorpreso	abbiate sorpreso
sorprenda	sorprendano	abbia sorpreso	abbiano sorpreso
7 Imperfect Subjunctive		**14 Past Perfect Subjunctive**	
sorprendessi	sorprendessimo	avessi sorpreso	avessimo sorpreso
sorprendessi	sorprendeste	avessi sorpreso	aveste sorpreso
sorprendesse	sorprendessero	avesse sorpreso	avessero sorpreso

S

Imperative	
—	sorprendiamo
sorprendi (non sorpredere)	sorprendete
sorprenda	sorprendano

Samples of basic verb usage

Mi ha sorpreso vederti ieri. I was surprised to see you yesterday.

La tua risposta ha sorpreso tutti. Your answer surprised everyone.

Extended uses/Related words and expressions

sorprendere qualcuno sul fatto to surprise someone on the spot

la sorpresa surprise

NOTE: Other verbs conjugated like **sorprendere** are **accendere** (to light), **attendere** (to wait), **dipendere** (to depend), **offendere** (to offend), **prendere** (to take), **pretendere** (to demand), **rendere** (to render), **scendere** (to go down), **spendere** (to spend).

sorridere*

to smile

Gerund **sorridendo**

Past Part. **sorriso**

Irregular verb ∎

The Seven Simple Tenses		The Seven Compound Tenses	
Singular	Plural	Singular	Plural
1 Present Indicative		**8 Present Perfect**	
sorrido	sorridiamo	ho sorriso	abbiamo sorriso
sorridi	sorridete	hai sorriso	avete sorriso
sorride	sorridono	ha sorriso	hanno sorriso
2 Imperfect		**9 Past Perfect**	
sorridevo	sorridevamo	avevo sorriso	avevamo sorriso
sorridevi	sorridevate	avevi sorriso	avevate sorriso
sorrideva	sorridevano	aveva sorriso	avevano sorriso
3 Past Absolute		**10 Past Anterior**	
sorrisi	sorridemmo	ebbi sorriso	avemmo sorriso
sorridesti	sorrideste	avesti sorriso	aveste sorriso
sorrise	sorrisero	ebbe sorriso	ebbero sorriso
4 Future		**11 Future Perfect**	
sorriderò	sorrideremo	avrò sorriso	avremo sorriso
sorriderai	sorriderete	avrai sorriso	avrete sorriso
sorriderà	sorrideranno	avrà sorriso	avranno sorriso
5 Present Conditional		**12 Past Conditional**	
sorriderei	sorrideremmo	avrei sorriso	avremmo sorriso
sorrideresti	sorridereste	avresti sorriso	avreste sorriso
sorriderebbe	sorriderebbero	avrebbe sorriso	avrebbero sorriso
6 Present Subjunctive		**13 Past Subjunctive**	
sorrida	sorridiamo	abbia sorriso	abbiamo sorriso
sorrida	sorridiate	abbia sorriso	abbiate sorriso
sorrida	sorridano	abbia sorriso	abbiano sorriso
7 Imperfect Subjunctive		**14 Past Perfect Subjunctive**	
sorridessi	sorridessimo	avessi sorriso	avessimo sorriso
sorridessi	sorrideste	avessi sorriso	aveste sorriso
sorridesse	sorridessero	avesse sorriso	avessero sorriso

Imperative	
—	sorridiamo
sorridi (non sorridere)	sorridete
sorrida	sorridano

Samples of basic verb usage	**Extended uses/Related words and expressions**
La maestra sorride spesso. The teacher often smiles.	**piangere** to cry
	la lacrima tear
Ha degli occhi che sorridono. She has smiling eyes.	**il sorriso** a smile
	sorridente smiling
Perché sorridi? Why are you smiling?	

NOTE: This verb is composed with the verb **ridere** (to laugh) and is thus conjugated exactly like it.

■ Irregular verb   to suspend, to hang up

The Seven Simple Tenses		The Seven Compound Tenses	
Singular	Plural	Singular	Plural
1 Present Indicative		**8 Present Perfect**	
sospendo	sospendiamo	ho sospeso	abbiamo sospeso
sospendi	sospendete	hai sospeso	avete sospeso
sospende	sospendono	ha sospeso	hanno sospeso
2 Imperfect		**9 Past Perfect**	
sospendevo	sospendevamo	avevo sospeso	avevamo sospeso
sospendevi	sospendevate	avevi sospeso	avevate sospeso
sospendeva	sospendevano	aveva sospeso	avevano sospeso
3 Past Absolute		**10 Past Anterior**	
sospesi	sospendemmo	ebbi sospeso	avemmo sospeso
sospendesti	sospendeste	avesti sospeso	aveste sospeso
sospese	sospesero	ebbe sospeso	ebbero sospeso
4 Future		**11 Future Perfect**	
sospenderò	sospenderemo	avrò sospeso	avremo sospeso
sospenderai	sospenderete	avrai sospeso	avrete sospeso
sospenderà	sospenderanno	avrà sospeso	avranno sospeso
5 Present Conditional		**12 Past Conditional**	
sospenderei	sospenderemmo	avrei sospeso	avremmo sospeso
sospenderesti	sospendereste	avresti sospeso	avreste sospeso
sospenderebbe	sospenderebbero	avrebbe sospeso	avrebbero sospeso
6 Present Subjunctive		**13 Past Subjunctive**	
sospenda	sospendiamo	abbia sospeso	abbiamo sospeso
sospenda	sospendiate	abbia sospeso	abbiate sospeso
sospenda	sospendano	abbia sospeso	abbiano sospeso
7 Imperfect Subjunctive		**14 Past Perfect Subjunctive**	
sospendessi	sospendessimo	avessi sospeso	avessimo sospeso
sospendessi	sospendeste	avessi sospeso	aveste sospeso
sospendesse	sospendessero	avesse sospeso	avessero sospeso

S

	Imperative	
—		sospendiamo
sospendi (non sospendere)		sospendete
sospenda		sospendano

Samples of basic verb usage

Il professore ha sospeso la lezione di oggi.
The professor suspended (canceled) today's
class.

Devo sospendere quel quadro. I have to hang
up that painting.

Extended uses/Related words and expressions

essere sospeso a un filo to be hanging by a
thread

sospendere una partita to adjourn a game

NOTE: Other verbs conjugated like **sospendere** are **accendere** (to light), **attendere** (to wait), **dipendere** (to depend), **offendere** (to offend), **prendere** (to take), **pretendere** (to demand), **rendere** (to render), **scendere** (to go down), and **spendere** (to spend).

sostenere*

Gerund sostenendo **Past Part. sostenuto**

to sustain, to uphold, to support

Irregular verb ■

The Seven Simple Tenses		The Seven Compound Tenses	
Singular	Plural	Singular	Plural
1 Present Indicative		**8 Present Perfect**	
sostengo	sosteniamo	ho sostenuto	abbiamo sostenuto
sostieni	sostenete	hai sostenuto	avete sostenuto
sostiene	sostengono	ha sostenuto	hanno sostenuto
2 Imperfect		**9 Past Perfect**	
sostenevo	sostenevamo	avevo sostenuto	avevamo sostenuto
sostenevi	sostenevate	avevi sostenuto	avevate sostenuto
sosteneva	sostenevano	aveva sostenuto	avevano sostenuto
3 Past Absolute		**10 Past Anterior**	
sostenni	sostenemmo	ebbi sostenuto	avemmo sostenuto
sostenesti	sosteneste	avesti sostenuto	aveste sostenuto
sostenne	sostennero	ebbe sostenuto	ebbero sostenuto
4 Future		**11 Future Perfect**	
sosterrò	sosterremo	avrò sostenuto	avremo sostenuto
sosterrai	sosterrete	avrai sostenuto	avrete sostenuto
sosterrà	sosterranno	avrà sostenuto	avranno sostenuto
5 Present Conditional		**12 Past Conditional**	
sosterrei	sosterremmo	avrei sostenuto	avremmo sostenuto
sosterresti	sosterreste	avresti sostenuto	avreste sostenuto
sosterrebbe	sosterrebbero	avrebbe sostenuto	avrebbero sostenuto
6 Present Subjunctive		**13 Past Subjunctive**	
sostenga	sosteniamo	abbia sostenuto	abbiamo sostenuto
sostenga	sosteniate	abbia sostenuto	abbiate sostenuto
sostenga	sostengano	abbia sostenuto	abbiano sostenuto
7 Imperfect Subjunctive		**14 Past Perfect Subjunctive**	
sostenessi	sostenessimo	avessi sostenuto	avessimo sostenuto
sostenessi	sosteneste	avessi sostenuto	aveste sostenuto
sostenesse	sostenessero	avesse sostenuto	avessero sostenuto

Imperative

—	sosteniamo
sostieni (non sostenere)	sostenete
sostenga	sostengano

Samples of basic verb usage

Solo due piloni sostengono quel ponte. Only two pylons are holding up that bridge.

Sostengo che lui abbia ragione. I maintain that he is right.

Extended uses/Related words and expressions

sostenere un esame to take an exam

Devi mangiare per sostenerti. You have to eat to keep up your strength.

NOTE: This verb is composed with the verb **tenere** (to hold) and is thus conjugated exactly like it.

This verb holds the subjunctive in dependent clauses: **Sostengo che sia vero** (I maintain that it is true).

474

■ Irregular verb   to submit, to subject, to subdue

The Seven Simple Tenses		The Seven Compound Tenses	
Singular	Plural	Singular	Plural

1 Present Indicative

		8 Present Perfect	
sottometto	sottomettiamo	ho sottomesso	abbiamo sottomesso
sottometti	sottomettete	hai sottomesso	avete sottomesso
sottomette	sottomettono	ha sottomesso	hanno sottomesso

2 Imperfect

		9 Past Perfect	
sottomettevo	sottomettevamo	avevo sottomesso	avevamo sottomesso
sottomettevi	sottomettevato	avevi sottomesso	avevate sottomesso
sottometteva	sottomettevano	aveva sottomesso	avevano sottomesso

3 Past Absolute

		10 Past Anterior	
sottomisi	sottomettemmo	ebbi sottomesso	avemmo sottomesso
sottomettesti	sottometteste	avesti sottomesso	aveste sottomesso
sottomise	sottomisero	ebbe sottomesso	ebbero sottomesso

4 Future

		11 Future Perfect	
sottometterò	sottometteremo	avrò sottomesso	avremo sottomesso
sottometterai	sottometterete	avrai sottomesso	avrete sottomesso
sottometterà	sottometteranno	avrà sottomesso	avranno sottomesso

5 Present Conditional

		12 Past Conditional	
sottometterei	sottometteremmo	avrei sottomesso	avremmo sottomesso
sottometteresti	sottomettereste	avresti sottomesso	avreste sottomesso
sottometterebbe	sottometterebbero	avrebbe sottomesso	avrebbero sottomesso

6 Present Subjunctive

		13 Past Subjunctive	
sottometta	sottomettiamo	abbia sottomesso	abbiamo sottomesso
sottometta	sottomettiate	abbia sottomesso	abbiate sottomesso
sottometta	sottomettano	abbia sottomesso	abbiano sottomesso

7 Imperfect Subjunctive

		14 Past Perfect Subjunctive	
sottomettessi	sottomettessimo	avessi sottomesso	avessimo sottomesso
sottomettessi	sottometteste	avessi sottomesso	aveste sottomesso
sottomettesse	sottomettessero	avesse sottomesso	avessero sottomesso

S

Imperative	
—	sottomettiamo
sottometti (non sottomettere)	sottomettete
sottometa	sottomettano

Samples of basic verb usage	**Extended uses/Related words and expressions**
Voglio sottomettere questa questione al tuo giudizio. I want to submit this issue to your judgment.	costringere to force
	sottomettersi to give in
Bisogna sempre sottomettere le passioni alla ragione. We always have to subjugate our passions to reason.	

NOTE: This verb is composed with the verb **mettere** (to put) and is thus conjugated exactly like it.

sottrarre*
to subtract, to withdraw

Gerund sottraendo   **Past Part.** sottratto

Irregular verb ■

The Seven Simple Tenses		The Seven Compound Tenses	
Singular	Plural	Singular	Plural
1 Present Indicative		**8 Present Perfect**	
sottraggo	sottraiamo	ho sottratto	abbiamo sottratto
sottrai	sottraete	hai sottratto	avete sottratto
sottrae	sottraggono	ha sottratto	hanno sottratto
2 Imperfect		**9 Past Perfect**	
sottraevo	sottraevamo	avevo sottratto	avevamo sottratto
sottraevi	sottraevate	avevi sottratto	avevate sottratto
sottraeva	sottraevano	aveva sottratto	avevano sottratto
3 Past Absolute		**10 Past Anterior**	
sottrassi	sottraemmo	ebbi sottratto	avemmo sottratto
sottraesti	sottraeste	avesti sottratto	aveste sottratto
sottrasse	sottrassero	ebbe sottratto	ebbero sottratto
4 Future		**11 Future Perfect**	
sottrarrò	sottrarremo	avrò sottratto	avremo sottratto
sottrarrai	sottrarrete	avrai sottratto	avrete sottratto
sottrarrà	sottrarranno	avrà sottratto	avranno sottratto
5 Present Conditional		**12 Past Conditional**	
sottrarrei	sottrarremmo	avrei sottratto	avremmo sottratto
sottrarresti	sottrarreste	avresti sottratto	avreste sottratto
sottrarrebbe	sottrarrebbero	avrebbe sottratto	avrebbero sottratto
6 Present Subjunctive		**13 Past Subjunctive**	
sottragga	sottraiamo	abbia sottratto	abbiamo sottratto
sottragga	sottraiate	abbia sottratto	abbiate sottratto
sottragga	sottraggano	abbia sottratto	abbiano sottratto
7 Imperfect Subjunctive		**14 Past Perfect Subjunctive**	
sottraessi	sottraessimo	avessi sottratto	avessimo sottratto
sottraessi	sottraeste	avessi sottratto	aveste sottratto
sottraesse	sottraessero	avesse sottratto	avessero sottratto

	Imperative	
—		sottraiamo
sottrai (non sottrarre)		sottraete
sottragga		sottraggano

Samples of basic verb usage
Se sottraggo nove da venti, quanto fa? If I subtract nine from twenty, what does it make?
Ho sottratto i soldi dalla mia tasca. I have taken the money from my own pocket.

Extended uses/Related words and expressions
togliere to take away
Otto meno tre fa cinque. Eight minus three makes five.

NOTE: This verb is composed with the verb **trarre** (to draw) and is thus conjugated exactly like it.

476

■ Irregular verb   to spread

The Seven Simple Tenses		The Seven Compound Tenses	
Singular	Plural	Singular	Plural

1 Present Indicative

		8 Present Perfect	
spando	spandiamo	ho spanto	abbiamo spanto
spandi	spandete	hai spanto	avete spanto
spande	spandono	ha spanto	hanno spanto

2 Imperfect

		9 Past Perfect	
spandevo	spandevamo	avevo spanto	avevamo spanto
spandevi	spandevate	avevi spanto	avevate spanto
spandeva	spandevano	aveva spanto	avevano spanto

3 Past Absolute

		10 Past Anterior	
spande(tt)i (spansi)	spandemmo	ebbi spanto	avemmo spanto
spandesti	spandeste	avesti spanto	aveste spanto
spandé(tte) (spanse)	spanderono (spandettero, spansero)	ebbe spanto	ebbero spanto

4 Future

		11 Future Perfect	
spanderò	spanderemo	avrò spanto	avremo spanto
spanderai	spanderete	avrai spanto	avrete spanto
spanderà	spanderanno	avrà spanto	avranno spanto

5 Present Conditional

		12 Past Conditional	
spanderei	spanderemmo	avrei spanto	avremmo spanto
spanderesti	spandereste	avresti spanto	avreste spanto
spanderebbe	spanderebbero	avrebbe spanto	avrebbero spanto

6 Present Subjunctive

		13 Past Subjunctive	
spanda	spandiamo	abbia spanto	abbiamo spanto
spanda	spandiate	abbia spanto	abbiate spanto
spanda	spandano	abbia spanto	abbiano spanto

7 Imperfect Subjunctive

		14 Past Perfect Subjunctive	
spandessi	spandessimo	avessi spanto	avessimo spanto
spandessi	spandeste	avessi spanto	aveste spanto
spandesse	spandessero	avesse spanto	avessero spanto

Imperative	
—	spandiamo
spandi (non spandere)	spandete
spanda	spandano

Samples of basic verb usage	**Extended uses/Related words and expressions**
Guarda che la cera spande sul pavimento.	**versare** to pour, spill
Look, the wax is spreading over the floor.	**allargarsi** to widen
La macchia si sta spandendo. The stain is spreading.	

spargere*

Gerund **spargendo**

Past Part. **sparso**

to spread, to shed

Irregular verb ■

The Seven Simple Tenses		The Seven Compound Tenses	
Singular	Plural	Singular	Plural

1 Present Indicative		8 Present Perfect	
spargo	spargiamo	ho sparso	abbiamo sparso
spargi	spargete	hai sparso	avete sparso
sparge	spargono	ha sparso	hanno sparso

2 Imperfect		9 Past Perfect	
spargevo	spargevamo	avevo sparso	avevamo sparso
spargevi	spargevate	avevi sparso	avevate sparso
spargeva	spargevano	aveva sparso	avevano sparso

3 Past Absolute		10 Past Anterior	
sparsi	spargemmo	ebbi sparso	avemmo sparso
spargesti	spargeste	avesti sparso	aveste sparso
sparse	sparsero	ebbe sparso	ebbero sparso

4 Future		11 Future Perfect	
spargerò	spargeremo	avrò sparso	avremo sparso
spargerai	spargerete	avrai sparso	avrete sparso
spargerà	spargeranno	avrà sparso	avranno sparso

5 Present Conditional		12 Past Conditional	
spargerei	spargeremmo	avrei sparso	avremmo sparso
spargeresti	spargereste	avresti sparso	avreste sparso
spargerebbe	spargerebbero	avrebbe sparso	avrebbero sparso

6 Present Subjunctive		13 Past Subjunctive	
sparga	spargiamo	abbia sparso	abbiamo sparso
sparga	spargiate	abbia sparso	abbiate sparso
sparga	spargano	abbia sparso	abbiano sparso

7 Imperfect Subjunctive		14 Past Perfect Subjunctive	
spargessi	spargessimo	avessi sparso	avessimo sparso
spargessi	spargeste	avessi sparso	aveste sparso
spargesse	spargessero	avesse sparso	avessero sparso

Imperative	
—	spargiamo
spargi (non spargere)	spargete
sparga	spargano

Samples of basic verb usage	Extended uses/Related words and expressions
Chi ha sparso quella notizia? Who spread that news?	**diffondere** to disperse
Cerca di spargere la voce. Try to spread the word.	**divulgare** to divulge
	rivelare to reveal

NOTE: Other verbs conjugated like **spargere** are **cospargere** (to spread out), **emergere** (to emerge), and **immergere** (to immerse).

to send, to mail

The Seven Simple Tenses		The Seven Compound Tenses	
Singular	Plural	Singular	Plural

1 Present Indicative

		8 Present Perfect	
spedisco	spediamo	ho spedito	abbiamo spedito
spedisci	spedite	hai spedito	avete spedito
spedisce	spediscono	ha spedito	hanno spedito

2 Imperfect		**9 Past Perfect**	
spedivo	spedivamo	avevo spedito	avevamo spedito
spedivi	spedivate	avevi spedito	avevate spedito
spediva	spedivano	aveva spedito	avevano spedito

3 Past Absolute		**10 Past Anterior**	
spedii	spedimmo	ebbi spedito	avemmo spedito
spedisti	spediste	avesti spedito	aveste spedito
spedì	spedirono	ebbe spedito	ebbero spedito

4 Future		**11 Future Perfect**	
spedirò	spediremo	avrò spedito	avremo spedito
spedirai	spedirete	avrai spedito	avrete spedito
spedirà	spediranno	avrà spedito	avranno spedito

5 Present Conditional		**12 Past Conditional**	
spedirei	spediremmo	avrei spedito	avremmo spedito
spediresti	spedireste	avresti spedito	avreste spedito
spedirebbe	spedirebbero	avrebbe spedito	avrebbero spedito

6 Present Subjunctive		**13 Past Subjunctive**	
spedisca	spediamo	abbia spedito	abbiamo spedito
spedisca	spediate	abbia spedito	abbiate spedito
spedisca	spediscano	abbia spedito	abbiano spedito

7 Imperfect Subjunctive		**14 Past Perfect Subjunctive**	
spedissi	spedissimo	avessi spedito	avessimo spedito
spedissi	spediste	avessi spedito	aveste spedito
spedisse	spedissero	avesse spedito	avessero spedito

	Imperative	
—		spediamo
spedisci (non spedire)		spedite
spedisca		spediscano

Samples of basic verb usage
Ti ho spedito un pacco ieri. I sent you a package yesterday.
Vi abbiamo spedito la merce via aerea. We sent you the merchandise by air.

Extended uses/Related words and expressions
mandare to mail off
inviare to send off

479

spegnere*

Gerund **spegnendo**   Past Part. **spento**

to extinguish, to put out

Irregular verb ∎

The Seven Simple Tenses		The Seven Compound Tenses	
Singular	Plural	Singular	Plural
1 Present Indicative		**8 Present Perfect**	
spengo	spegniamo	ho spento	abbiamo spento
spegni	spegnete	hai spento	avete spento
spegne	spengono	ha spento	hanno spento
2 Imperfect		**9 Past Perfect**	
spegnevo	spegnevamo	avevo spento	avevamo spento
spegnevi	spegnevate	avevi spento	avevate spento
spegneva	spegnevano	aveva spento	avevano spento
3 Past Absolute		**10 Past Anterior**	
spensi	spegnemmo	ebbi spento	avemmo spento
spegnesti	spegneste	avesti spento	aveste spento
spense	spensero	ebbe spento	ebbero spento
4 Future		**11 Future Perfect**	
spegnerò	spegneremo	avrò spento	avremo spento
spegnerai	spegnerete	avrai spento	avrete spento
spegnerà	spegneranno	avrà spento	avranno spento
5 Present Conditional		**12 Past Conditional**	
spegnerei	spegneremmo	avrei spento	avremmo spento
spegneresti	spegnereste	avresti spento	avreste spento
spegnerebbe	spegnerebbero	avrebbe spento	avrebbero spento
6 Present Subjunctive		**13 Past Subjunctive**	
spenga	spegniamo	abbia spento	abbiamo spento
spenga	spegniate	abbia spento	abbiate spento
spenga	spengano	abbia spento	abbiano spento
7 Imperfect Subjunctive		**14 Past Perfect Subjunctive**	
spegnessi	spegnessimo	avessi spento	avessimo spento
spegnessi	spegneste	avessi spento	aveste spento
spegnesse	spegnessero	avesse spento	avessero spento

Imperative		
—		spegniamo
spegni (non spegnere)		spegnete
spenga		spengano

Samples of basic verb usage	**Extended uses/Related words and expressions**
Hai spento le luci? Did you turn off the lights?	estinguere to extinguish
Spegni i fari della macchina! Turn off the car's headlights!	smorzare to put out
Spegni la candela! Put out the candle!	

480

Gerund spendendo
Past Part. speso
spendere*
■ Irregular verb

to spend, to expend

The Seven Simple Tenses		The Seven Compound Tenses	
Singular	Plural	Singular	Plural

1 Present Indicative		8 Present Perfect	
spendo	spendiamo	ho speso	abbiamo speso
spendi	spendete	hai speso	avete speso
spende	spendono	ha speso	hanno speso

2 Imperfect		9 Past Perfect	
spendevo	spendevamo	avevo speso	avevamo speso
spendevi	spendevate	avevi speso	avevate speso
spendeva	spendevano	aveva speso	avevano speso

3 Past Absolute		10 Past Anterior	
spesi	spendemmo	ebbi speso	avemmo speso
spendesti	spendeste	avesti speso	aveste speso
spese	spesero	ebbe speso	ebbero speso

4 Future		11 Future Perfect	
spenderò	spenderemo	avrò speso	avremo speso
spenderai	spenderete	avrai speso	avrete speso
spenderà	spenderanno	avrà speso	avranno speso

5 Present Conditional		12 Past Conditional	
spenderei	spenderemmo	avrei speso	avremmo speso
spenderesti	spendereste	avresti speso	avreste speso
spenderebbe	spenderebbero	avrebbe speso	avrebbero speso

6 Present Subjunctive		13 Past Subjunctive	
spenda	spendiamo	abbia speso	abbiamo speso
spenda	spendiate	abbia speso	abbiate speso
spenda	spendano	abbia speso	abbiano speso

7 Imperfect Subjunctive		14 Past Perfect Subjunctive	
spendessi	spendessimo	avessi speso	avessimo speso
spendessi	spendeste	avessi speso	aveste speso
spendesse	spendessero	avesse speso	avessero speso

	Imperative	
—		spendiamo
spendi (non spendere)		spendete
spenda		spendano

Samples of basic verb usage
Quanto hai speso per quel televisore digitale?
   How much did you spend for that digital TV?
**Spenderanno una somma considerevole per
   quella casa.** They will spend a considerable
   sum of money for that house.

Extended uses/Related words and expressions
spendere un occhio della testa to spend a
   fortune (an arm and a leg)
**Ha speso tutte le sue energie per ottenere
   quello che voleva.** He used up all his energy
   to get what he wanted.

NOTE: Other verbs conjugated like **spendere** are **accendere** (to light), **attendere** (to wait), **dipendere** (to depend), **offendere** (to offend), **prendere** (to take), **pretendere** (to demand), **rendere** (to render), **scendere** (to go down), and **sorprendere** (to surprise).

spiegare

Gerund spiegando   **Past Part. spiegato**

to explain

Regular **-are** verb endings with spelling change: **g** becomes **gh** before **e** or **i**

The Seven Simple Tenses		The Seven Compound Tenses	
Singular	Plural	Singular	Plural

1 Present Indicative		8 Present Perfect	
spiego	spieghiamo	ho spiegato	abbiamo spiegato
spieghi	spiegate	hai spiegato	avete spiegato
spiega	spiegano	ha spiegato	hanno spiegato

2 Imperfect		9 Past Perfect	
spiegavo	spiegavamo	avevo spiegato	avevamo spiegato
spiegavi	spiegavate	avevi spiegato	avevate spiegato
spiegava	spiegavano	aveva spiegato	avevano spiegato

3 Past Absolute		10 Past Anterior	
spiegai	spiegammo	ebbi spiegato	avemmo spiegato
spiegasti	spiegaste	avesti spiegato	aveste spiegato
spiegò	spiegarono	ebbe spiegato	ebbero spiegato

4 Future		11 Future Perfect	
spiegherò	spiegheremo	avrò spiegato	avremo spiegato
spiegherai	spiegherete	avrai spiegato	avrete spiegato
spiegherà	spiegheranno	avrà spiegato	avranno spiegato

5 Present Conditional		12 Past Conditional	
spiegherei	spiegheremmo	avrei spiegato	avremmo spiegato
spiegheresti	spieghereste	avresti spiegato	avreste spiegato
spiegherebbe	spiegherebbero	avrebbe spiegato	avrebbero spiegato

6 Present Subjunctive		13 Past Subjunctive	
spieghi	spieghiamo	abbia spiegato	abbiamo spiegato
spieghi	spieghiate	abbia spiegato	abbiate spiegato
spieghi	spieghino	abbia spiegato	abbiano spiegato

7 Imperfect Subjunctive		14 Past Perfect Subjunctive	
spiegassi	spiegassimo	avessi spiegato	avessimo spiegato
spiegassi	spiegaste	avessi spiegato	aveste spiegato
spiegasse	spiegassero	avesse spiegato	avessero spiegato

Imperative

—	spieghiamo
spiega (non spiegare)	spiegate
spieghi	spieghino

Samples of basic verb usage	Extended uses/Related words and expressions
Come si spiega questo? How does one explain this?	insegnare to teach
	indicare to indicate
Non ti sei spiegato bene. You didn't explain yourself well.	elaborare to elaborate
	chiarire to clarify
Lui mi ha spiegato quel teorema geometrico. He explained that geometrical theorem to me.	esporre to expose

■ Irregular verb   to push

The Seven Simple Tenses		The Seven Compound Tenses	
Singular	Plural	Singular	Plural
1 Present Indicative		**8 Present Perfect**	
spingo	spingiamo	ho spinto	abbiamo spinto
spingi	spingete	hai spinto	avete spinto
spinge	spingono	ha spinto	hanno spinto
2 Imperfect		**9 Past Perfect**	
spingevo	spingevamo	avevo spinto	avevamo spinto
spingevi	spingevate	avevi spinto	avevate spinto
spingeva	spingevano	aveva spinto	avevano spinto
3 Past Absolute		**10 Past Anterior**	
spinsi	spingemmo	ebbi spinto	avemmo spinto
spingesti	spingeste	avesti spinto	aveste spinto
spinse	spinsero	ebbe spinto	ebbero spinto
4 Future		**11 Future Perfect**	
spingerò	spingeremo	avrò spinto	avremo spinto
spingerai	spingerete	avrai spinto	avrete spinto
spingerà	spingeranno	avrà spinto	avranno spinto
5 Present Conditional		**12 Past Conditional**	
spingerei	spingeremmo	avrei spinto	avremmo spinto
spingeresti	spingereste	avresti spinto	avreste spinto
spingerebbe	spingerebbero	avrebbe spinto	avrebbero spinto
6 Present Subjunctive		**13 Past Subjunctive**	
spinga	spingiamo	abbia spinto	abbiamo spinto
spinga	spingiate	abbia spinto	abbiate spinto
spinga	spingano	abbia spinto	abbiano spinto
7 Imperfect Subjunctive		**14 Past Perfect Subjunctive**	
spingessi	spingessimo	avessi spinto	avessimo spinto
spingessi	spingeste	avessi spinto	aveste spinto
spingesse	spingessero	avesse spinto	avessero spinto

Imperative	
—	spingiamo
spingi (non spingere)	spingete
spinga	spingano

S

Samples of basic verb usage
Perché mi hai spinto? Why did you push me?
Spingi il bottone! Push the button!

Extended uses/Related words and expressions
premere to push down
spingersi to push oneself

NOTE: Other verbs conjugated like **spingere** are **dipingere** (to paint), **fingere** (to fake), **giungere** (to reach), **respingere** (to reject), and **sospingere** (to push slowly).

to marry

The Seven Simple Tenses		The Seven Compound Tenses	
Singular	Plural	Singular	Plural
1 Present Indicative		**8 Present Perfect**	
sposo	sposiamo	ho sposato	abbiamo sposato
sposi	sposate	hai sposato	avete sposato
sposa	sposano	ha sposato	hanno sposato
2 Imperfect		**9 Past Perfect**	
sposavo	sposavamo	avevo sposato	avevamo sposato
sposavi	sposavate	avevi sposato	avevate sposato
sposava	sposavano	aveva sposato	avevano sposato
3 Past Absolute		**10 Past Anterior**	
sposai	sposammo	ebbi sposato	avemmo sposato
sposasti	sposaste	avesti sposato	aveste sposato
sposò	sposarono	ebbe sposato	ebbero sposato
4 Future		**11 Future Perfect**	
sposerò	sposeremo	avrò sposato	avremo sposato
sposerai	sposerete	avrai sposato	avrete sposato
sposerà	sposeranno	avrà sposato	avranno sposato
5 Present Conditional		**12 Past Conditional**	
sposerei	sposeremmo	avrei sposato	avremmo sposato
sposeresti	sposereste	avresti sposato	avreste sposato
sposerebbe	sposerebbero	avrebbe sposato	avrebbero sposato
6 Present Subjunctive		**13 Past Subjunctive**	
sposi	sposiamo	abbia sposato	abbiamo sposato
sposi	sposiate	abbia sposato	abbiate sposato
sposi	sposino	abbia sposato	abbiano sposato
7 Imperfect Subjunctive		**14 Past Perfect Subjunctive**	
sposassi	sposassimo	avessi sposato	avessimo sposato
sposassi	sposaste	avessi sposato	aveste sposato
sposasse	sposassero	avesse sposato	avessero sposato

Imperative

—	sposiamo
sposa (non sposare)	sposate
sposi	sposino

Samples of basic verb usage
Mia figlia ha sposato un brav'uomo. My daughter married a nice man.
Ci sposò il sindaco. The mayor married us.

Extended uses/Related words and expressions
il matrimonio matrimony, wedding
lo sposalizio wedding ceremony
le nozze wedding
in luna di miele on honeymoon

NOTE: The reflexive form **sposarsi** is rendered more precisely in English as "to get married": **Si sono sposati molti anni fa** (They got married many years ago).

The Seven Simple Tenses		The Seven Compound Tenses	
Singular	Plural	Singular	Plural

1 Present Indicative		8 Present Perfect	
stabilisco	stabiliamo	ho stabilito	abbiamo stabilito
stabilisci	stabilite	hai stabilito	avete stabilito
stabilisce	stabiliscono	ha stabilito	hanno stabilito

2 Imperfect		9 Past Perfect	
stabilivo	stabilivamo	avevo stabilito	avevamo stabilito
stabilivi	stabilivate	avevi stabilito	avevate stabilito
stabiliva	stabilivano	aveva stabilito	avevano stabilito

3 Past Absolute		10 Past Anterior	
stabilii	stabilimmo	ebbi stabilito	avemmo stabilito
stabilisti	stabiliste	avesti stabilito	aveste stabilito
stabilì	stabilirono	ebbe stabilito	ebbero stabilito

4 Future		11 Future Perfect	
stabilirò	stabiliremo	avrò stabilito	avremo stabilito
stabilirai	stabilirete	avrai stabilito	avrete stabilito
stabilirà	stabiliranno	avrà stabilito	avranno stabilito

5 Present Conditional		12 Past Conditional	
stabilirei	stabiliremmo	avrei stabilito	avremmo stabilito
stabiliresti	stabilireste	avresti stabilito	avreste stabilito
stabilirebbe	stabilirebbero	avrebbe stabilito	avrebbero stabilito

6 Present Subjunctive		13 Past Subjunctive	
stabilisca	stabiliamo	abbia stabilito	abbiamo stabilito
stabilisca	stabiliate	abbia stabilito	abbiate stabilito
stabilisca	stabiliscano	abbia stabilito	abbiano stabilito

7 Imperfect Subjunctive		14 Past Perfect Subjunctive	
stabilissi	stabilissimo	avessi stabilito	avessimo stabilito
stabilissi	stabiliste	avessi stabilito	aveste stabilito
stabilisse	stabilissero	avesse stabilito	avessero stabilito

S

Imperative

—	stabiliamo
stabilisci (non stabilire)	stabilite
stabilisca	stabiliscano

Samples of basic verb usage
Avete stabilito la data della festa? Have you established the date of the party?
Abbiamo stabilito di partire domani. We have decided to leave tomorrow.

Extended uses/Related words and expressions
decidere to decide
fissare to fix

The Seven Simple Tenses		The Seven Compound Tenses	
Singular	Plural	Singular	Plural

1 Present Indicative		8 Present Perfect	
sto	stiamo	sono stato	siamo stati
stai	state	sei stato	siete stati
sta	stanno	è stato	sono stati

2 Imperfect		9 Past Perfect	
stavo	stavamo	ero stato	eravamo stati
stavi	stavate	eri stato	eravate stati
stava	stavano	era stato	erano stati

3 Past Absolute		10 Past Anterior	
stetti	stemmo	fui stato	fummo stati
stesti	steste	fosti stato	foste stati
stette	stettero	fu stato	furono stati

4 Future		11 Future Perfect	
starò	staremo	sarò stato	saremo stati
starai	starete	sarai stato	sarete stati
starà	staranno	sarà stato	saranno stati

5 Present Conditional		12 Past Conditional	
starei	staremmo	sarei stato	saremmo stati
staresti	stareste	saresti stato	sareste stati
starebbe	starebbero	sarebbe stato	sarebbero stati

6 Present Subjunctive		13 Past Subjunctive	
stia	stiamo	sia stato	siamo stati
stia	stiate	sia stato	siate stati
stia	stiano	sia stato	siano stati

7 Imperfect Subjunctive		14 Past Perfect Subjunctive	
stessi	stessimo	fossi stato	fossimo stati
stessi	steste	fossi stato	foste stati
stesse	stessero	fosse stato	fossero stati

Imperative	
—	stiamo
sta' (stai) (non stare)	state
stia	stiano

AN ESSENTIAL VERB

486

AN ESSENTIAL VERB

Stare

This is a key verb because it is used frequently in conversation and because it occurs in many expressions and idioms.

Samples of basic verb usage

Con chi siete stati in Italia? With whom did you stay in Italy?

Staremo dagli zii. We will be staying with our aunt and uncle.

Sta a te! It's up to you!

Sta' zitto! Be quiet!

Reflexive uses

Stammi bene! Take care!

Se ne sta tutto il giorno in camera. He stays all day in his room.

Words and expressions related to this verb

Come stai? How are you?

Sto bene (male, così così, ecc.). I am well (not well, so-so, etc.).

stare per to be about to

La lezione sta per cominciare. The class is about to start.

Lui sta al sesto piano. He's on the sixth floor.

Non starmi addosso! Get off my back!

Loro stanno ancora con i genitori. They still live with their parents.

Le cose cose stanno così. That's how things are.

S

NOTE: Other verbs conjugated like **stare** are **ristare** (to stay again), **soprastare** (to be above), and **sottostare** (to be below).

stendere*

Gerund stendendo

Past Part. steso

to spread, to extend, to draw up

Irregular verb ■

The Seven Simple Tenses		The Seven Compound Tenses	
Singular	Plural	Singular	Plural
1 Present Indicative		**8 Present Perfect**	
stendo	stendiamo	ho steso	abbiamo steso
stendi	stendete	hai steso	avete steso
stende	stendono	ha steso	hanno steso
2 Imperfect		**9 Past Perfect**	
stendevo	stendevamo	avevo steso	avevamo steso
stendevi	stendevate	avevi steso	avevate steso
stendeva	stendevano	aveva steso	avevano steso
3 Past Absolute		**10 Past Anterior**	
stesi	stendemmo	ebbi steso	avemmo steso
stendesti	stendeste	avesti steso	aveste steso
stese	stesero	ebbe steso	ebbero steso
4 Future		**11 Future Perfect**	
stenderò	stenderemo	avrò steso	avremo steso
stenderai	stenderete	avrai steso	avrete steso
stenderà	stenderanno	avrà steso	avranno steso
5 Present Conditional		**12 Past Conditional**	
stenderei	stenderemmo	avrei steso	avremmo steso
stenderesti	stendereste	avresti steso	avreste steso
stenderebbe	stenderebbero	avrebbe steso	avrebbero steso
6 Present Subjunctive		**13 Past Subjunctive**	
stenda	stendiamo	abbia steso	abbiamo steso
stenda	stendiate	abbia steso	abbiate steso
stenda	stendano	abbia steso	abbiano steso
7 Imperfect Subjunctive		**14 Past Perfect Subjunctive**	
stendessi	stendessimo	avessi steso	avessimo steso
stendessi	stendeste	avessi steso	aveste steso
stendesse	stendessero	avesse steso	avessero steso

	Imperative	
—		**stendiamo**
stendi (non stendere)		**stendete**
stenda		**stendano**

Samples of basic verb usage

Devo stendere le gambe perché sono stanco.
I have to stretch my legs because I am tired.

Appena mi vide, mi stese la mano. As soon as
he saw me, he extended his hand.

Extended uses/Related words and expressions

stendere un contratto to draw up a contract
stendere una lettera to draw up a letter

NOTE: Other verbs conjugated like **stendere** are **accendere** (to light), **attendere** (to wait), **dipendere** (to depend), **offendere** (to offend), **prendere** (to take), **pretendere** (to demand), **rendere** (to render), **scendere** (to go down), **sorprendere** (to surprise), **spendere** (to spend).

■ Irregular verb   to press, to squeeze

The Seven Simple Tenses		The Seven Compound Tenses	
Singular	Plural	Singular	Plural

1 Present Indicative

		8 Present Perfect	
stringo	stringiamo	ho stretto	abbiamo stretto
stringi	stringete	hai stretto	avete stretto
stringe	stringono	ha stretto	hanno stretto

2 Imperfect

		9 Past Perfect	
stringevo	stringevamo	avevo stretto	avevamo stretto
stringevi	stringevate	avevi stretto	avevate stretto
stringeva	stringevano	aveva stretto	avevano stretto

3 Past Absolute

		10 Past Anterior	
strinsi	stringemmo	ebbi stretto	avemmo stretto
stringesti	stringeste	avesti stretto	aveste stretto
strinse	strinsero	ebbe stretto	ebbero stretto

4 Future

		11 Future Perfect	
stringerò	stringeremo	avrò stretto	avremo stretto
stringerai	stringerete	avrai stretto	avrete stretto
stringerà	stringeranno	avrà stretto	avranno stretto

5 Present Conditional

		12 Past Conditional	
stringerei	stringeremmo	avrei stretto	avremmo stretto
stringeresti	stringereste	avresti stretto	avreste stretto
stringerebbe	stringerebbero	avrebbe stretto	avrebbero stretto

6 Present Subjunctive

		13 Past Subjunctive	
stringa	stringiamo	abbia stretto	abbiamo stretto
stringa	stringiate	abbia stretto	abbiate stretto
stringa	stringano	abbia stretto	abbiano stretto

7 Imperfect Subjunctive

		14 Past Perfect Subjunctive	
stringessi	stringessimo	avessi stretto	avessimo stretto
stringessi	stringeste	avessi stretto	aveste stretto
stringesse	stringessero	avesse stretto	avessero stretto

Imperative

—	stringiamo
stringi (non stringere)	stringete
stringa	stringano

Samples of basic verb usage
Devo stringere il cinturino. I have to tighten my belt.
Hai stretto quella vite? Did you tighten that screw?

Extended uses/Related words and expressions
stringere i denti to grit one's teeth
Il tempo è poco. Devi stringere! Time is running out. You have to pick it up!

NOTE: Two other verbs conjugated like **stringere** are **costringere** (to force) and **restringere** (to restrict).

studiare
to study

Regular **-are** verb endings with spelling
change: **di** becomes **d** before **i**

The Seven Simple Tenses		The Seven Compound Tenses	
Singular	Plural	Singular	Plural
1 Present Indicative		**8 Present Perfect**	
studio	studiamo	ho studiato	abbiamo studiato
studi	studiate	hai studiato	avete studiato
studia	studiano	ha studiato	hanno studiato
2 Imperfect		**9 Past Perfect**	
studiavo	studiavamo	avevo studiato	avevamo studiato
studiavi	studiavate	avevi studiato	avevate studiato
studiava	studiavano	aveva studiato	avevano studiato
3 Past Absolute		**10 Past Anterior**	
studiai	studiammo	ebbi studiato	avemmo studiato
studiasti	studiaste	avesti studiato	aveste studiato
studiò	studiarono	ebbe studiato	ebbero studiato
4 Future		**11 Future Perfect**	
studierò	studieremo	avrò studiato	avremo studiato
studierai	studierete	avrai studiato	avrete studiato
studierà	studieranno	avrà studiato	avranno studiato
5 Present Conditional		**12 Past Conditional**	
studierei	studieremmo	avrei studiato	avremmo studiato
studieresti	studiereste	avresti studiato	avreste studiato
studierebbe	studierebbero	avrebbe studiato	avrebbero studiato
6 Present Subjunctive		**13 Past Subjunctive**	
studi	studiamo	abbia studiato	abbiamo studiato
studi	studiate	abbia studiato	abbiate studiato
studi	studino	abbia studiato	abbiano studiato
7 Imperfect Subjunctive		**14 Past Perfect Subjunctive**	
studiassi	studiassimo	avessi studiato	avessimo studiato
studiassi	studiaste	avessi studiato	aveste studiato
studiasse	studiassero	avesse studiato	avessero studiato

	Imperative	
—		studiamo
studia (non studiare)		studiate
studi		studino

Samples of basic verb usage
Che cosa stai studiando all'università? What
  are you studying in university?
Scusami, ma devo studiare. Excuse me, but I
  have to study.

Extended uses/Related words and expressions
a scuola at school
all'università at university
la scuola elementare elementary school
il liceo high school
il diploma certificate, diploma
la laurea degree

The Seven Simple Tenses		The Seven Compound Tenses	
Singular	Plural	Singular	Plural
1 Present Indicative		**8 Present Perfect**	
succede	**succedono**	**è successo**	**sono successi**
2 Imperfect		**9 Past Perfect**	
succedeva	**succedevano**	**era successo**	**erano successi**
3 Past Absolute		**10 Past Anterior**	
successe	**successero**	**fu successo**	**furono successi**
4 Future		**11 Future Perfect**	
succederà	**succederanno**	**sarà successo**	**saranno successi**
5 Present Conditional		**12 Past Conditional**	
succederebbe	**succederebbero**	**sarebbe successo**	**sarebbero successi**
6 Present Subjunctive		**13 Past Subjunctive**	
succeda	**succedano**	**sia successo**	**siano successi**
7 Imperfect Subjunctive		**14 Past Perfect Subjunctive**	
succedesse	**succedessero**	**fosse successo**	**fossero successi**

Imperative
—

S

Samples of basic verb usage	Extended uses/Related words and expressions
Cosa è successo ieri? What happened yesterday?	**accadere** to come about
Che succederà quando verrai? What will happen when you come?	**capitare** to occur
Sono cose che succedono. These things happen.	**verificarsi** to come true

NOTE: This is an impersonal verb—a verb used only in the third person (singular and plural). Therefore, for convenience, the other forms are omitted in the conjugation of such verbs. Impersonal verbs are conjugated with the auxiliary essere in compound tenses.

suggerire

Gerund **suggerendo**   Past Part. **suggerito**

to suggest, to advise, to prompt

The Seven Simple Tenses		The Seven Compound Tenses	
Singular	Plural	Singular	Plural
1 Present Indicative		**8 Present Perfect**	
suggerisco	suggeriamo	ho suggerito	abbiamo suggerito
suggerisci	suggerite	hai suggerito	avete suggerito
suggerisce	suggeriscono	ha suggerito	hanno suggerito
2 Imperfect		**9 Past Perfect**	
suggerivo	suggerivamo	avevo suggerito	avevamo suggerito
suggerivi	suggerivate	avevi suggerito	avevate suggerito
suggeriva	suggerivano	aveva suggerito	avevano suggerito
3 Past Absolute		**10 Past Anterior**	
suggerii	suggerimmo	ebbi suggerito	avemmo suggerito
suggeristi	suggeriste	avesti suggerito	aveste suggerito
sugggerì	suggerirono	ebbe suggerito	ebbero suggerito
4 Future		**11 Future Perfect**	
suggerirò	suggeriremo	avrò suggerito	avremo suggerito
suggerirai	suggerirete	avrai suggerito	avrete suggerito
suggerirà	suggeriranno	avrà suggerito	avranno suggerito
5 Present Conditional		**12 Past Conditional**	
suggerirei	suggeriremmo	avrei suggerito	avremmo suggerito
suggeriresti	suggerireste	avresti suggerito	avreste suggerito
suggerirebbe	suggerirebbero	avrebbe suggerito	avrebbero suggerito
6 Present Subjunctive		**13 Past Subjunctive**	
suggerisca	suggeriamo	abbia suggerito	abbiamo suggerito
suggerisca	suggeriate	abbia suggerito	abbiate suggerito
suggerisca	suggeriscano	abbia suggerito	abbiano suggerito
7 Imperfect Subjunctive		**14 Past Perfect Subjunctive**	
suggerissi	suggerissimo	avessi suggerito	avessimo suggerito
suggerissi	suggeriste	avessi suggerito	aveste suggerito
suggerisse	suggerissero	avesse suggerito	avessero suggerito

	Imperative	
—		**suggeriamo**
suggerisci (non suggerire)		**suggerite**
suggerisca		**suggeriscano**

Samples of basic verb usage	**Extended uses/Related words and expressions**
Ti suggerisco la massima cautela. I suggest maximum caution.	**consigliare** to advise
Che cosa ti ha suggerito di fare il tuo amico? What did your friend suggest that you do?	**proporre** to propose, put forward **rammentare** to call to mind

to play, to ring, to sound

The Seven Simple Tenses		The Seven Compound Tenses	
Singular	Plural	Singular	Plural

1 Present Indicative

		8 Present Perfect	
suono	suoniamo	ho suonato	abbiamo suonato
suoni	suonate	hai suonato	avete suonato
suona	suonano	ha suonato	hanno suonato

2 Imperfect

		9 Past Perfect	
suonavo	suonavamo	avevo suonato	avevamo suonato
suonavi	suonavate	avevi suonato	avevate suonato
suonava	suonavano	aveva suonato	avevano suonato

3 Past Absolute

		10 Past Anterior	
suonai	suonammo	ebbi suonato	avemmo suonato
suonasti	suonaste	avesti suonato	aveste suonato
suonò	suonarono	ebbe suonato	ebbero suonato

4 Future

		11 Future Perfect	
suonerò	suoneremo	avrò suonato	avremo suonato
suonerai	suonerete	avrai suonato	avrete suonato
suonerà	suonernno	avrà suonato	avranno suonato

5 Present Conditional

		12 Past Conditional	
suonerei	suoneremmo	avrei suonato	avremmo suonato
suoneresti	suonereste	avresti suonato	avreste suonato
suonerebbe	suonerebbero	avrebbe suonato	avrebbero suonato

6 Present Subjunctive

		13 Past Subjunctive	
suoni	suoniamo	abbia suonato	abbiamo suonato
suoni	suoniate	abbia suonato	abbiate suonato
suoni	suonino	abbia suonato	abbiano suonato

7 Imperfect Subjunctive

		14 Past Perfect Subjunctive	
suonassi	suonassimo	avessi suonato	avessimo suonato
suonassi	suonaste	avessi suonato	aveste suonato
suonasse	suonassero	avesse suonato	avessero suonato

Imperative

—	suoniamo
suona (non suonare)	suonate
suoni	suonino

Samples of basic verb usage

Lui suona il violino molto bene. He plays the violin very well.

Suonami quel disco! Play that record for me!

Lui sa suonare Beethoven molto bene. He knows how to play Beethoven very well.

Extended uses/Related words and expressions

la musica music
lo strumento the instrument
cantare to sing
ballare to dance

NOTE: Be aware that **suonare** means "to play an instrument or a record," whereas **giocare** means "to play a game (or something else)" and is normally followed by the preposition **a**: **Alessandro suona il violoncello** (Alexander plays the cello); **Sara gioca a calcio** (Sarah plays soccer).

supporre*

Gerund supponendo **Past Part. supposto**

to suppose, to assume, to guess

Irregular verb ■

The Seven Simple Tenses		The Seven Compound Tenses	
Singular	Plural	Singular	Plural

1 Present Indicative		8 Present Perfect	
suppongo	supponiamo	ho supposto	abbiamo supposto
supponi	supponete	hai supposto	avete supposto
suppone	suppongono	ha supposto	hanno supposto

2 Imperfect		9 Past Perfect	
supponevo	supponevamo	avevo supposto	avevamo supposto
supponevi	supponevate	avevi supposto	avevate supposto
supponeva	supponevano	aveva supposto	avevano supposto

3 Past Absolute		10 Past Anterior	
supposi	supponemmo	ebbi supposto	avemmo supposto
supponesti	supponeste	avesti supposto	aveste supposto
suppose	supposero	ebbe supposto	ebbero supposto

4 Future		11 Future Perfect	
supporrò	supporremo	avrò supposto	avremo supposto
supporrai	supporrete	avrai supposto	avrete supposto
supporrà	supporranno	avrà supposto	avranno supposto

5 Present Conditional		12 Past Conditional	
supporrei	supporremmo	avrei supposto	avremmo supposto
supporresti	supporreste	avresti supposto	avreste supposto
supporrebbe	supporrebbero	avrebbe supposto	avrebbero supposto

6 Present Subjunctive		13 Past Subjunctive	
supponga	supponiamo	abbia supposto	abbiamo supposto
supponga	supponiate	abbia supposto	abbiate supposto
supponga	suppongano	abbia supposto	abbiano supposto

7 Imperfect Subjunctive		14 Past Perfect Subjunctive	
supponessi	supponessimo	avessi supposto	avessimo supposto
supponessi	supponeste	avessi supposto	aveste supposto
supponesse	supponessero	avesse supposto	avessero supposto

	Imperative	
—		supponiamo
supponi (non supporre)		supponete
supponga		supponigano

Samples of basic verb usage
Suppongo che quella notizia sia esatta.
  I suppose that the news is exact.
Suppongo che tu sia venuto per aiutarmi.
  I suppose you came to help me.

Extended uses/Related words and expressions
ipotizzare to hypothesize
presumere to assume
indovinare to guess

NOTE: This verb is composed with the verb **porre** (to put) and is thus conjugated exactly like it.

This verb takes the subjunctive in dependent clauses: **Suppongo che venga anche lui** (I suppose that he is also coming).

The Seven Simple Tenses		The Seven Compound Tenses	
Singular	Plural	Singular	Plural

1 Present Indicative		8 Present Perfect	
svanisco	svaniamo	sono svanito	siamo svaniti
svanisci	svanite	sei svanito	siete svaniti
svanisce	svaniscono	è svanito	sono svaniti

2 Imperfect		9 Past Perfect	
svanivo	svanivamo	ero svanito	eravamo svaniti
svanivi	svanivate	eri svanito	eravate svaniti
svaniva	svanivano	era svanito	erano svaniti

3 Past Absolute		10 Past Anterior	
svanii	svanimmo	fui svanito	fummo svaniti
svanisti	svaniste	fosti svanito	foste svaniti
svanì	svanirono	fu svanito	furono svaniti

4 Future		11 Future Perfect	
svanirò	svaniremo	sarò svanito	saremo svaniti
svanirai	svanirete	sarai svanito	sarete svaniti
svanirà	svaniranno	sarà svanito	saranno svaniti

5 Present Conditional		12 Past Conditional	
svanirei	svaniremmo	sarei svanito	saremmo svaniti
svaniresti	svanireste	saresti svanito	sareste svaniti
svanirebbe	svanirebbero	sarebbe svanito	sarebbero svaniti

6 Present Subjunctive		13 Past Subjunctive	
svanisca	svaniamo	sia svanito	siamo svaniti
svanisca	svaniate	sia svanito	siate svaniti
svanisca	svaniscano	sia svanito	siano svaniti

7 Imperfect Subjunctive		14 Past Perfect Subjunctive	
svanissi	svanissimo	fossi svanito	fossimo svaniti
svanissi	svaniste	fossi svanito	foste svaniti
svanisse	svanissero	fosse svanito	fossero svaniti

Imperative	
—	svaniamo
svanisci (non svanire)	svanite
svanisca	svaniscano

S

Samples of basic verb usage	Extended uses/Related words and expressions
Quell'odore non è ancora svanito. That smell has not yet gone away.	**estinguersi** to become extinguished
Quel professore è svanito. That professor has disappeared.	**spegnersi** to fade away

svegliare

Gerund **svegliando**   Past Part. **svegliato**

to wake up, to rouse

Regular **-are** verb endings with spelling change: **gli** becomes **gl** before **i**

The Seven Simple Tenses

The Seven Compound Tenses

Singular	Plural	Singular	Plural
1 Present Indicative		**8 Present Perfect**	
sveglio	svegliamo	ho svegliato	abbiamo svegliato
svegli	svegliate	hai svegliato	avete svegliato
sveglia	svegliano	ha svegliato	hanno svegliato
2 Imperfect		**9 Past Perfect**	
svegliavo	svegliavamo	avevo svegliato	avevamo svegliato
svegliavi	svegliavate	avevi svegliato	avevate svegliato
svegliava	svegliavano	aveva svegliato	avevano svegliato
3 Past Absolute		**10 Past Anterior**	
svegliai	svegliammo	ebbi svegliato	avemmo svegliato
svegliasti	svegliaste	avesti svegliato	aveste svegliato
svegliò	svegliarono	ebbe svegliato	ebbero svegliato
4 Future		**11 Future Perfect**	
sveglierò	sveglieremo	avrò svegliato	avremo svegliato
sveglierai	sveglierete	avrai svegliato	avrete svegliato
sveglierà	svegliranno	avrà svegliato	avranno svegliato
5 Present Conditional		**12 Past Conditional**	
sveglierei	sveglieremmo	avrei svegliato	avremmo svegliato
sveglieresti	svegliereste	avresti svegliato	avreste svegliato
sveglierebbe	sveglierebbero	avrebbe svegliato	avrebbero svegliato
6 Present Subjunctive		**13 Past Subjunctive**	
svegli	svegliamo	abbia svegliato	abbiamo svegliato
svegli	svegliate	abbia svegliato	abbiate svegliato
svegli	sveglino	abbia svegliato	abbiano svegliato
7 Imperfect Subjunctive		**14 Past Perfect Subjunctive**	
svegliassi	svegliassimo	avessi svegliato	avessimo svegliato
svegliassi	svegliaste	avessi svegliato	aveste svegliato
svegliasse	svegliassero	avesse svegliato	avessero svegliato

Imperative	
—	svegliamo
sveglia (non svegliare)	svegliate
svegli	sveglino

Samples of basic verb usage
Hai svegliato Sara? Did you wake Sarah up?
Devo svegliare il cane. I have to wake the dog up.

Extended uses/Related words and expressions
la sveglia the alarm clock, wake-up call
l'ora the hour, time
A che ora ti svegli? At what time do you get up?

NOTE: The reflexive form svegliarsi means more precisely "to get up from bed": **Lui si sveglia sempre tardi al mattino** (He always gets up late in the morning).

496

■ Irregular verb   to faint, to swoon

The Seven Simple Tenses		The Seven Compound Tenses	
Singular	Plural	Singular	Plural
1 Present Indicative		**8 Present Perfect**	
svengo	sveniamo	sono svenuto	siamo svenuti
svieni	svenite	sei svenuto	siete svenuti
sviene	svengono	è svenuto	sono svenuti
2 Imperfect		**9 Past Perfect**	
svenivo	svenivamo	ero svenuto	eravamo svenuti
svenivi	svenivate	eri svenuto	eravate svenuti
sveniva	svenivano	era svenuto	erano svenuti
3 Past Absolute		**10 Past Anterior**	
svenni	svenimmo	fui svenuto	fummo svenuti
svenisti	sveniste	fosti svenuto	foste svenuti
svenne	svennero	fu svenuto	furono svenuti
4 Future		**11 Future Perfect**	
svenirò	sveniremo	sarò svenuto	saremo svenuti
svenirai	svenirete	sarai svenuto	sarete svenuti
svenirà	sveniranno	sarà svenuto	saranno svenuti
5 Present Conditional		**12 Past Conditional**	
svenirei	sveniremmo	sarei svenuto	saremmo svenuti
sveniresti	svenireste	saresti svenuto	sareste svenuti
svenirebbe	svenirebbero	sarebbe svenuto	sarebbero svenuti
6 Present Subjunctive		**13 Past Subjunctive**	
svenga	sveniamo	sia svenuto	siamo svenuti
svenga	sveniate	sia svenuto	siate svenuti
svenga	svengano	sia svenuto	siano svenuti
7 Imperfect Subjunctive		**14 Past Perfect Subjunctive**	
svenissi	svenissimo	fossi svenuto	fossimo svenuti
svenissi	sveniste	fossi svenuto	foste svenuti
svenisse	svenissero	fosse svenuto	fossero svenuti

	Imperative	
—		sveniamo
svieni (non svenire)		svenite
svenga		svengano

S

Samples of basic verb usage	**Extended uses/Related words and expressions**
Ieri sono svenuta per il caldo. Yesterday I fainted from the heat.	**perdere i sensi** to lose consciousness
Mi sento svenire al pensiero dell'esame. I feel like fainting at the thought of the exam.	**stare male** to feel bad

NOTE: This verb is composed with the verb **venire** (to come) and is thus conjugated exactly like it.

svolgere*

Gerund svolgendo

Past Part. svolto

to unfold, to develop

Irregular verb ■

The Seven Simple Tenses		The Seven Compound Tenses	
Singular	Plural	Singular	Plural
1 Present Indicative		**8 Present Perfect**	
svolgo	svolgiamo	ho svolto	abbiamo svolto
svolgi	svolgete	hai svolto	avete svolto
svolge	svolgono	ha svolto	hanno svolto
2 Imperfect		**9 Past Perfect**	
svolgevo	svolgevamo	avevo svolto	avevamo svolto
svolgevi	svolgevate	avevi svolto	avevate svolto
svolgeva	svolgevano	aveva svolto	avevano svolto
3 Past Absolute		**10 Past Anterior**	
svolsi	svolgemmo	ebbi svolto	avemmo svolto
svolgesti	svolgeste	avesti svolto	aveste svolto
svolse	svolsero	ebbe svolto	ebbero svolto
4 Future		**11 Future Perfect**	
svolgerò	svolgeremo	avrò svolto	avremo svolto
svolgerai	svolgerete	avrai svolto	avrete svolto
svolgerà	svolgeranno	avrà svolto	avranno svolto
5 Present Conditional		**12 Past Conditional**	
svolgerei	svolgeremmo	avrei svolto	avremmo svolto
svolgeresti	svolgereste	avresti svolto	avreste svolto
svolgerebbe	svolgerebbero	avrebbe svolto	avrebbero svolto
6 Present Subjunctive		**13 Past Subjunctive**	
svolga	svolgiamo	abbia svolto	abbiamo svolto
svolga	svolgiate	abbia svolto	abbiate svolto
svolga	svolgano	abbia svolto	abbiano svolto
7 Imperfect Subjunctive		**14 Past Perfect Subjunctive**	
svolgessi	svolgessimo	avessi svolto	avessimo svolto
svolgessi	svolgeste	avessi svolto	aveste svolto
svolgesse	svolgessero	avesse svolto	avessero svolto

Imperative	
—	svolgiamo
svolgi (non svolgere)	svolgete
svolga	svolgano

Samples of basic verb usage	**Extended uses/Related words and expressions**
Hai svolto il tema? Did you do your composition?	**Quel film si svolge a New York.** The movie takes place in New York.
Lui svolge un ruolo importante in quella ditta. He plays an important role in that company.	**La manifestazione si è svolta senza problemi.** The demonstration unfolded without any problems.

NOTE: This verb is composed with the verb **volgere** (to turn) and is thus conjugated exactly like it.

■ Irregular verb   to be silent, to pass over in silence

The Seven Simple Tenses		The Seven Compound Tenses	
Singular	Plural	Singular	Plural
1 Present Indicative		**8 Present Perfect**	
taccio	taciamo	ho taciuto	abbiamo taciuto
taci	tacete	hai taciuto	avete taciuto
tace	tacciono	ha taciuto	hanno taciuto
2 Imperfect		**9 Past Perfect**	
tacevo	tacevamo	avevo taciuto	avevamo taciuto
tacevi	tacevate	avevi taciuto	avevate taciuto
taceva	tacevano	aveva taciuto	avevano taciuto
3 Past Absolute		**10 Past Anterior**	
tacqui	tacemmo	ebbi taciuto	avemmo taciuto
tacesti	taceste	avesti taciuto	aveste taciuto
tacque	tacquero	ebbe taciuto	ebbero taciuto
4 Future		**11 Future Perfect**	
tacerò	taceremo	avrò taciuto	avremo taciuto
tacerai	tacerete	avrai taciuto	avrete taciuto
tacerà	taceranno	avrà taciuto	avranno taciuto
5 Present Conditional		**12 Past Conditional**	
tacerei	taceremmo	avrei taciuto	avremmo taciuto
taceresti	tacereste	avresti taciuto	avreste taciuto
tacerebbe	tacerebbero	avrebbe taciuto	avrebbero taciuto
6 Present Subjunctive		**13 Past Subjunctive**	
taccia	tac(c)iamo	abbia taciuto	abbiamo taciuto
taccia	tac(c)iate	abbia taciuto	abbiate taciuto
taccia	tacciano	abbia taciuto	abbiano taciuto
7 Imperfect Subjunctive		**14 Past Perfect Subjunctive**	
tacessi	tacessimo	avessi taciuto	avessimo taciuto
tacessi	taceste	avessi taciuto	aveste taciuto
tacesse	tacessero	avesse taciuto	avessero taciuto

Imperative	
—	tac(c)iamo
taci (non tacere)	tacete
taccia	tacciano

T

Samples of basic verb usage	**Extended uses/Related words and expressions**
Devi tacere! You must keep quiet!	**stare zitto** to be quiet
Perché taci? Why are you staying silent?	**non dire niente** to not say anything

NOTE: Other verbs conjugated like **tacere** are **dispiacere** (to feel sorry), **giacere** (to lie, stay), and **piacere** (to like).

tagliare

Gerund tagliando   **Past Part. tagliato**

to cut, to slice, to cut up

Regular **-are** verb endings with spelling change: **gli** becomes **gl** before **i**

The Seven Simple Tenses		The Seven Compound Tenses	
Singular	Plural	Singular	Plural

1 Present Indicative		8 Present Perfect	
taglio	tagliamo	ho tagliato	abbiamo tagliato
tagli	tagliate	hai tagliato	avete tagliato
taglia	tagliano	ha tagliato	hanno tagliato

2 Imperfect		9 Past Perfect	
tagliavo	tagliavamo	avevo tagliato	avevamo tagliato
tagliavi	tagliavate	avevi tagliato	avevate tagliato
tagliava	tagliavano	aveva tagliato	avevano tagliato

3 Past Absolute		10 Past Anterior	
tagliai	tagliammo	ebbi tagliato	avemmo tagliato
tagliasti	tagliaste	avesti tagliato	aveste tagliato
tagliò	tagliarono	ebbe tagliato	ebbero tagliato

4 Future		11 Future Perfect	
taglierò	taglieremo	avrò tagliato	avremo tagliato
taglierai	taglierete	avrai tagliato	avrete tagliato
taglierà	taglieranno	avrà tagliato	avranno tagliato

5 Present Conditional		12 Past Conditional	
taglierei	taglieremmo	avrei tagliato	avremmo tagliato
taglieresti	tagliereste	avresti tagliato	avreste tagliato
taglierebbe	taglierebbero	avrebbe tagliato	avrebbero tagliato

6 Present Subjunctive		13 Past Subjunctive	
tagli	tagliamo	abbia tagliato	abbiamo tagliato
tagli	tagliate	abbia tagliato	abbiate tagliato
tagli	taglino	abbia tagliato	abbiano tagliato

7 Imperfect Subjunctive		14 Past Perfect Subjunctive	
tagliassi	tagliassimo	avessi tagliato	avessimo tagliato
tagliassi	tagliaste	avessi tagliato	aveste tagliato
tagliasse	tagliassero	avesse tagliato	avessero tagliato

Imperative	
—	tagliamo
taglia (non tagliare)	tagliate
tagli	taglino

Samples of basic verb usage	Extended uses/Related words and expressions
Taglia il pane, per favore! Slice the bread, please!	tagliare alcuni episodi to cut out a few episodes
Ho già tagliato il formaggio. I have already sliced the cheese.	tagliare le comunicazioni to break off communications
Affettando il prosciutto ho tagliato la tovaglia. Slicing the ham I cut the tablecloth.	Taglia corto! Cut it short!

to fear, to be afraid of something

The Seven Simple Tenses		The Seven Compound Tenses	
Singular	Plural	Singular	Plural

1 Present Indicative

		8 Present Perfect	
temo	temiamo	ho temuto	abbiamo temuto
temi	temete	hai temuto	avete temuto
teme	temono	ha temuto	hanno temuto

2 Imperfect		**9 Past Perfect**	
temevo	temevamo	avevo temuto	avevamo temuto
temevi	temevate	avevi temuto	avevate temuto
temeva	temevano	aveva temuto	avevano temuto

3 Past Absolute		**10 Past Anterior**	
temei	tememmo	ebbi temuto	avemmo temuto
temesti	temeste	avesti temuto	aveste temuto
temé	temerono	ebbe temuto	ebbero temuto

4 Future		**11 Future Perfect**	
temerò	temeremo	avrò temuto	avremo temuto
temerai	temerete	avrai temuto	avrete temuto
temerà	temeranno	avrà temuto	avranno temuto

5 Present Conditional		**12 Past Conditional**	
temerei	temeremmo	avrei temuto	avremmo temuto
temeresti	temereste	avresti temuto	avreste temuto
temerebbe	temerebbero	avrebbe temuto	avrebbero temuto

6 Present Subjunctive		**13 Past Subjunctive**	
tema	temiamo	abbia temuto	abbiamo temuto
tema	temiate	abbia temuto	abbiate temuto
tema	temano	abbia temuto	abbiano temuto

7 Imperfect Subjunctive		**14 Past Perfect Subjunctive**	
temessi	temessimo	avessi temuto	avessimo temuto
temessi	temeste	avessi temuto	aveste temuto
temesse	temessero	avesse temuto	avessero temuto

Imperative

—	temiamo
temi (non temere)	temete
tema	temano

Samples of basic verb usage
Perché temi quel professore così tanto?   Why do you fear that professor so much?
Temo che siano proprio loro!   I fear that it is really them!

Extended uses/Related words and expressions
avere paura   to be afraid
non aver nulla da temere   to have nothing to fear

NOTE: This verb takes the subjunctive in dependent clauses: **Temo che sia vero** (I fear that it is true).

tendere*

Gerund tendendo

Past Part. teso

to stretch out, to hold out, to tend

Irregular verb ∎

The Seven Simple Tenses		The Seven Compound Tenses	
Singular	Plural	Singular	Plural
1 Present Indicative		**8 Present Perfect**	
tendo	tendiamo	ho teso	abbiamo teso
tendi	tendete	hai teso	avete teso
tende	tendono	ha teso	hanno teso
2 Imperfect		**9 Past Perfect**	
tendevo	tendevamo	avevo teso	avevamo teso
tendevi	tendevate	avevi teso	avevate teso
tendeva	tendevano	aveva teso	avevano teso
3 Past Absolute		**10 Past Anterior**	
tesi	tendemmo	ebbi teso	avemmo teso
tendesti	tendeste	avesti teso	aveste teso
tese	tesero	ebbe teso	ebbero teso
4 Future		**11 Future Perfect**	
tenderò	tenderemo	avrò teso	avremo teso
tenderai	tenderete	avrai teso	avrete teso
tenderà	tenderanno	avrà teso	avranno teso
5 Present Conditional		**12 Past Conditional**	
tenderei	tenderemmo	avrei teso	avremmo teso
tenderesti	tendereste	avresti teso	avreste teso
tenderebbe	tenderebbero	avrebbe teso	avrebbero teso
6 Present Subjunctive		**13 Past Subjunctive**	
tenda	tendiamo	abbia teso	abbiamo teso
tenda	tendiate	abbia teso	abbiate teso
tenda	tendano	abbia teso	abbiano teso
7 Imperfect Subjunctive		**14 Past Perfect Subjunctive**	
tendessi	tendemmo	avessi teso	avessimo teso
tendessi	tendeste	avessi teso	aveste teso
tendesse	tendessero	avesse teso	avessero teso

	Imperative	
—		tendiamo
tendi (non tendere)		tendete
tenda		tendano

Samples of basic verb usage

Mio fratello tende ad alzarsi tardi il sabato e la domenica. My brother tends to get up late on Saturdays and Sundays.

La temperatura d'inverno tende ad essere bassa. The temperature in winter tends to be low.

Extended uses/Related words and expressions

tendere una mano a qualcuno to extend a hand to someone

essere incline a to be inclined to

aspirare to aspire

mirare to aim

NOTE: Other verbs conjugated like **tendere** are **accendere** (to light), **attendere** (to wait), **dipendere** (to depend), **offendere** (to offend), **prendere** (to take), **pretendere** (to demand), **rendere** (to render), **scendere** (to go down), **spendere** (to spend), and **stendere** (to lay out).

■ Irregular verb   to keep, to hold

The Seven Simple Tenses		The Seven Compound Tenses	
Singular	Plural	Singular	Plural
1 Present Indicative		**8 Present Perfect**	
tengo	teniamo	ho tenuto	abbiamo tenuto
tieni	tenete	hai tenuto	avete tenuto
tiene	tengono	ha tenuto	hanno tenuto
2 Imperfect		**9 Past Perfect**	
tenevo	tenevamo	avevo tenuto	avevamo tenuto
tenevi	tenevate	avevi tenuto	avevate tenuto
teneva	tenevano	aveva tenuto	avevano tenuto
3 Past Absolute		**10 Past Anterior**	
tenni	tenemmo	ebbi tenuto	avemmo tenuto
tenesti	teneste	avesti tenuto	aveste tenuto
tenne	tennero	ebbe tenuto	ebbero tenuto
4 Future		**11 Future Perfect**	
terrò	terremo	avrò tenuto	avremo tenuto
terrai	terrete	avrai tenuto	avrete tenuto
terrà	terranno	avrà tenuto	avranno tenuto
5 Present Conditional		**12 Past Conditional**	
terrei	terremmo	avrei tenuto	avremmo tenuto
terresti	terreste	avresti tenuto	avreste tenuto
terrebbe	terrebbero	avrebbe tenuto	avrebbero tenuto
6 Present Subjunctive		**13 Past Subjunctive**	
tenga	teniamo	abbia tenuto	abbiamo tenuto
tenga	teniate	abbia tenuto	abbiate tenuto
tenga	tengano	abbia tenuto	abbiano tenuto
7 Imperfect Subjunctive		**14 Past Perfect Subjunctive**	
tenessi	tenessimo	avessi tenuto	avessimo tenuto
tenessi	teneste	avessi tenuto	aveste tenuto
tenesse	tenessero	avesse tenuto	avessero tenuto

T

Imperative	
—	teniamo
tieni (non tenere)	tenete
tenga	tengano

Samples of basic verb usage	Extended uses/Related words and expressions
Tieni stretta la corda! Hold on tightly to the rope!	**tenere la situazione sotto controllo** to keep the situation under control
Lui non sa tenere un segreto. He doesn't know how to keep a secret.	**tenere un convegno** to hold a conference
	tenere conto di to take into account
Tieni il bambino per mano! Hold the child with your hand!	**tenere presente** to keep in mind

NOTE: Verbs composed with **tenere** are conjugated exactly like it. Some of these are **appartenere** (to belong), **astenersi** (to abstain), **contenere** (to contain), **detenere** (to detain), **intrattenere** (to keep amused), **mantenere** (to maintain), **ottenere** (to obtain), **ritenere** (to retain), **sostenere** (to sustain), and **trattenere** (to entertain).

tentare

Gerund tentando   **Past Part. tentato**

to try, to attempt, to tempt

The Seven Simple Tenses		The Seven Compound Tenses	
Singular	Plural	Singular	Plural
1 Present Indicative		**8 Present Perfect**	
tento	tentiamo	ho tentato	abbiamo tentato
tenti	tentate	hai tentato	avete tentato
tenta	tentano	ha tentato	hanno tentato
2 Imperfect		**9 Past Perfect**	
tentavo	tentavamo	avevo tentato	avevamo tentato
tentavi	tentavate	avevi tentato	avevate tentato
tentava	tentavano	aveva tentato	avevano tentato
3 Past Absolute		**10 Past Anterior**	
tentai	tentammo	ebbi tentato	avemmo tentato
tentasti	tentaste	avesti tentato	aveste tentato
tentò	tentarono	ebbe tentato	ebbero tentato
4 Future		**11 Future Perfect**	
tenterò	tenteremo	avrò tentato	avremo tentato
tenterai	tenterete	avrai tentato	avrete tentato
tenterà	tenteranno	avrà tentato	avranno tentato
5 Present Conditional		**12 Past Conditional**	
tenterei	tenteremmo	avrei tentato	avremmo tentato
tenteresti	tentereste	avresti tentato	avreste tentato
tenterebbe	tenterebbero	avrebbe tentato	avrebbero tentato
6 Present Subjunctive		**13 Past Subjunctive**	
tenti	tentiamo	abbia tentato	abbiamo tentato
tenti	tentiate	abbia tentato	abbiate tentato
tenti	tentino	abbia tentato	abbiano tentato
7 Imperfect Subjunctive		**14 Past Perfect Subjunctive**	
tentassi	tentassimo	avessi tentato	avessimo tentato
tentassi	tentaste	avessi tentato	aveste tentato
tentasse	tentassero	avesse tentato	avessero tentato

Imperative

—	tentiamo
tenta (non tentare)	tentate
tenti	tentino

Samples of basic verb usage

Tenta di risolvere quel problema! Attempt to solve that problem!

Mi tenta molto la tua idea. Your idea tempts me a lot.

Extended uses/Related words and expressions

provare   to try

cercare di   to seek

■ Irregular verb   to dye

The Seven Simple Tenses		The Seven Compound Tenses	
Singular	Plural	Singular	Plural
1 Present Indicative		**8 Present Perfect**	
tingo	tingiamo	ho tinto	abbiamo tinto
tingi	tingete	hai tinto	avete tinto
tinge	tingono	ha tinto	hanno tinto
2 Imperfect		**9 Past Perfect**	
tingevo	tingevamo	avevo tinto	avevamo tinto
tingevi	tingevate	avevi tinto	avevate tinto
tingeva	tingevano	aveva tinto	avevano tinto
3 Past Absolute		**10 Past Anterior**	
tinsi	tingemmo	ebbi tinto	avemmo tinto
tingesti	tingeste	avesti tinto	aveste tinto
tinse	tinsero	ebbe tinto	ebbero tinto
4 Future		**11 Future Perfect**	
tingerò	tingeremo	avrò tinto	avremo tinto
tingerai	tingerete	avrai tinto	avrete tinto
tingerà	tingeranno	avrà tinto	avranno tinto
5 Present Conditional		**12 Past Conditional**	
tingerei	tingeremmo	avrei tinto	avremmo tinto
tingeresti	tingereste	avresti tinto	avreste tinto
tingerebbe	tingerebbero	avrebbe tinto	avrebbero tinto
6 Present Subjunctive		**13 Past Subjunctive**	
tinga	tingiamo	abbia tinto	abbiamo tinto
tinga	tingiate	abbia tinto	abbiate tinto
tinga	tingano	abbia tinto	abbiano tinto
7 Imperfect Subjunctive		**14 Past Perfect Subjunctive**	
tingessi	tingessimo	avessi tinto	avessimo tinto
tingessi	tingeste	avessi tinto	aveste tinto
tingesse	tingessero	avesse tinto	avessero tinto

Imperative	
—	tingiamo
tingi (non tingere)	tingete
tinga	tingano

Samples of basic verb usage
Non, non ho mai tinto i capelli. No, I have
  never colored my hair.
Devo tingere la mia giacca. I have to dye my
  jacket.

Extended uses/Related words and expressions
macchiare to tinge, spot
truccarsi to put on makeup

NOTE: Other verbs conjugated like **tingere** are **dipingere** (to depict), **fingere** (to fake), **respingere** (to refute, reject), and **stringere** (to tighten).

tirare

Gerund **tirando**   Past Part. **tirato**

to pull, to draw

The Seven Simple Tenses		The Seven Compound Tenses	
Singular	Plural	Singular	Plural

1 Present Indicative

		8 Present Perfect	
tiro	tiriamo	ho tirato	abbiamo tirato
tiri	tirate	hai tirato	avete tirato
tira	tirano	ha tirato	hanno tirato

2 Imperfect

		9 Past Perfect	
tiravo	tiravamo	avevo tirato	avevamo tirato
tiravi	tiravate	avevi tirato	avevate tirato
tirava	tiravano	aveva tirato	avevano tirato

3 Past Absolute

		10 Past Anterior	
tirai	tirammo	ebbi tirato	avemmo tirato
tirasti	tiraste	avesti tirato	aveste tirato
tirò	tirarono	ebbe tirato	ebbero tirato

4 Future

		11 Future Perfect	
tirerò	tireremo	avrò tirato	avremo tirato
tirerai	tirerete	avrai tirato	avrete tirato
tirerà	tireranno	avrà tirato	avranno tirato

5 Present Conditional

		12 Past Conditional	
tirerei	tireremmo	avrei tirato	avremmo tirato
tireresti	tirereste	avresti tirato	avreste tirato
tirerebbe	tirerebbero	avrebbe tirato	avrebbero tirato

6 Present Subjunctive

		13 Past Subjunctive	
tiri	tiriamo	abbia tirato	abbiamo tirato
tiri	tiriate	abbia tirato	abbiate tirato
tiri	tirino	abbia tirato	abbiano tirato

7 Imperfect Subjunctive

		14 Past Perfect Subjunctive	
tirassi	tirassimo	avessi tirato	avessimo tirato
tirassi	tiraste	avessi tirato	aveste tirato
tirasse	tirassero	avesse tirato	avessero tirato

Imperative

—	tiriamo
tira (non tirare)	tirate
tiri	tirino

Samples of basic verb usage

Non tirarti i capelli! Don't pull your hair!

Perché hai tirato la coda del gatto? Why did you pull the cat's tail?

Chi ha tirato la palla? Who kicked the ball?

Extended uses/Related words and expressions

Il bambino sta tirando troppo latte. The child is sucking in too much milk.

tirare i baci to blow kisses

tirare le somme to come to a conclusion, to sum up

Tira vento oggi. The wind is blowing today.

tirare avanti to keep going, to keep moving forward

Regular **-are** verb endings with spelling   to touch, to handle
change: **cc** becomes **cch** before **e** or **i**

The Seven Simple Tenses		The Seven Compound Tenses	
Singular	Plural	Singular	Plural

1   Present Indicative

		8 Present Perfect	
tocco	**tocchiamo**	**ho toccato**	**abbiamo toccato**
tocchi	**toccate**	**hai toccato**	**avete toccato**
tocca	**toccano**	**ha toccato**	**hanno toccato**

2   Imperfect

		9 Past Perfect	
toccavo	**toccavamo**	**avevo toccato**	**avevamo toccato**
toccavi	**toccavate**	**avevi toccato**	**avevate toccato**
toccava	**toccavano**	**aveva toccato**	**avevano toccato**

3   Past Absolute

		10 Past Anterior	
toccai	**toccammo**	**ebbi toccato**	**avemmo toccato**
toccasti	**toccaste**	**avesti toccato**	**aveste toccato**
toccò	**toccarono**	**ebbe toccato**	**ebbero toccato**

4   Future

		11 Future Perfect	
toccherò	**toccheremo**	**avrò toccato**	**avremo toccato**
toccherai	**toccherete**	**avrai toccato**	**avrete toccato**
toccherà	**toccheranno**	**avrà toccato**	**avranno toccato**

5   Present Conditional

		12 Past Conditional	
toccherei	**toccheremmo**	**avrei toccato**	**avremmo toccato**
toccheresti	**tocchereste**	**avresti toccato**	**avreste toccato**
toccherebbe	**toccherebbero**	**avrebbe toccato**	**avrebbero toccato**

6   Present Subjunctive

		13 Past Subjunctive	
tocchi	**tocchiamo**	**abbia toccato**	**abbiamo toccato**
tocchi	**tocchiate**	**abbia toccato**	**abbiate toccato**
tocchi	**tocchino**	**abbia toccato**	**abbiano toccato**

7   Imperfect Subjunctive

		14 Past Perfect Subjunctive	
toccassi	**toccassimo**	**avessi toccato**	**avessimo toccato**
toccassi	**toccaste**	**avessi toccato**	**aveste toccato**
toccasse	**toccassero**	**avesse toccato**	**avessero toccato**

Imperative

—	**tocchiamo**
tocca (non toccare)	**toccate**
tocchi	**tocchino**

Samples of basic verb usage	Extended uses/Related words and expressions
Non toccare il cane! Morde! Don't touch the dog! It bites!	**Tocca a te!** It's your turn!
	toccare ferro to touch wood (*literally* to touch steel)
Il quadro è caduto proprio quando l'ho toccato. The painting fell the instant I touched it.	**toccare il cielo con un dito** to be extremely happy (*literally* to touch the sky with a finger)
	toccare il cuore to touch the heart (to be touching)

T

507

togliere*

Gerund togliendo

Past Part. tolto

to take away, to remove

Irregular verb ∎

The Seven Simple Tenses		The Seven Compound Tenses	
Singular	Plural	Singular	Plural
1 Present Indicative		**8 Present Perfect**	
tolgo	togliamo	ho tolto	abbiamo tolto
togli	togliete	hai tolto	avete tolto
toglie	tolgono	ha tolto	hanno tolto
2 Imperfect		**9 Past Perfect**	
toglievo	toglievamo	avevo tolto	avevamo tolto
toglievi	toglievate	avevi tolto	avevate tolto
toglieva	toglievano	aveva tolto	avevano tolto
3 Past Absolute		**10 Past Anterior**	
tolsi	togliemmo	ebbi tolto	avemmo tolto
togliesti	toglieste	avesti tolto	aveste tolto
tolse	tolsero	ebbe tolto	ebbero tolto
4 Future		**11 Future Perfect**	
toglierò	toglieremo	avrò tolto	avremo tolto
toglierai	toglierete	avrai tolto	avrete tolto
toglierà	toglieranno	avrà tolto	avranno tolto
5 Present Conditional		**12 Past Conditional**	
toglierei	toglieremmo	avrei tolto	avremmo tolto
toglieresti	togliereste	avresti tolto	avreste tolto
toglierebbe	toglierebbero	avrebbe tolto	avrebbero tolto
6 Present Subjunctive		**13 Past Subjunctive**	
tolga	togliamo	abbia tolto	abbiamo tolto
tolga	togliate	abbia tolto	abbiate tolto
tolga	tolgano	abbia tolto	abbiano tolto
7 Imperfect Subjunctive		**14 Past Perfect Subjunctive**	
togliessi	togliessimo	avessi tolto	avessimo tolto
togliessi	toglieste	avessi tolto	aveste tolto
togliesse	togliessero	avesse tolto	avessero tolto

Imperative	
—	togliamo
togli (non togliere)	togliete
tolga	tolgano

Samples of basic verb usage

Il dentista mi ha tolto un dente.   The dentist took out a tooth.

Togli i gomiti dal tavolo!   Take your elbows off the table!

Extended uses/Related words and expressions

togliere la parola di bocca a qualcuno   to take the words out of someone's mouth

togliere il credito a qualcuno   to take away the credit from someone

togliersi il cappello   to take one's hat off

togliersi una voglia   to satisfy an urge (*literally* to take away a desire)

NOTE: Other verbs conjugated like **togliere** are **accogliere** (to welcome), **cogliere** (to pick), **raccogliere** (to gather), **scegliere** (to choose), **sciogliere** (to melt), and **togliere** (to take away).

■ Irregular verb   to twist, to wring

The Seven Simple Tenses		The Seven Compound Tenses	
Singular	Plural	Singular	Plural
1 Present Indicative		**8 Present Perfect**	
torco	torciamo	ho torto	abbiamo torto
torci	torcete	hai torto	avete torto
torce	torcono	ha torto	hanno torto
2 Imperfect		**9 Past Perfect**	
torcevo	torcevamo	avevo torto	avevamo torto
torcevi	torcevate	avevi torto	avevate torto
torceva	torcevano	aveva torto	avevano torto
3 Past Absolute		**10 Past Anterior**	
torsi	torcemmo	ebbi torto	avemmo torto
torcesti	torceste	avesti torto	aveste torto
torse	torsero	ebbe torto	ebbero torto
4 Future		**11 Future Perfect**	
torcerò	torceremo	avrò torto	avremo torto
torcerai	torcerete	avrai torto	avrete torto
torcerà	torceranno	avrà torto	avranno torto
5 Present Conditional		**12 Past Conditional**	
torcerei	torceremmo	avrei torto	avremmo torto
torceresti	torcereste	avresti torto	avreste torto
torcerebbe	torcerebbero	avrebbe torto	avrebbero torto
6 Present Subjunctive		**13 Past Subjunctive**	
torca	torciamo	abbia torto	abbiamo torto
torca	torciate	abbia torto	abbiate torto
torca	torcano	abbia torto	abbiano torto
7 Imperfect Subjunctive		**14 Past Perfect Subjunctive**	
torcessi	torcessimo	avessi torto	avessimo torto
torcessi	torceste	avessi torto	aveste torto
torcesse	torcessero	avesse torto	avessero torto

Imperative	
—	torciamo
torci (non torcere)	torcete
torca	torcano

Samples of basic verb usage

Devo torcere i panni bagnati. I have to wring the wet clothes.

Se mi capiti tra le mani ti torco il collo! If I get my hands on you I am going to wring your neck!

Extended uses/Related words and expressions

dare del filo da torcere a qualcuno to cause problems for someone (*literally* to give someone string to wring)

torcersi per il mal di stomaco to writhe from a sore stomach

NOTE: Verbs composed with **torcere** are conjugated exactly like it. Some of these are **contorcere** (to entangle), **distorcere** (to distort), **estorcere** (to extort), and **ritorcere** (to retie).

tornare

to return, to go back

Gerund tornando **Past Part. tornato**

The Seven Simple Tenses		The Seven Compound Tenses	
Singular	Plural	Singular	Plural
1 Present Indicative		**8 Present Perfect**	
torno	torniamo	sono tornato	siamo tornati
torni	tornate	sei tornato	siete tornati
torna	tornano	è tornato	sono tornati
2 Imperfect		**9 Past Perfect**	
tornavo	tornavamo	ero tornato	eravamo tornati
tornavi	tornavate	eri tornato	eravate tornati
tornava	tornavano	era tornato	erano tornati
3 Past Absolute		**10 Past Anterior**	
tornai	tornammo	fui tornato	fummo tornati
tornasti	tornaste	fosti tornato	foste tornati
tornò	tornarono	fu tornato	furono tornati
4 Future		**11 Future Perfect**	
tornerò	torneremo	sarò tornato	saremo tornati
tornerai	tornerete	sarai tornato	sarete tornati
tornerà	torneranno	sarà tornato	saranno tornati
5 Present Conditional		**12 Past Conditional**	
tornerei	torneremmo	sarei tornato	saremmo tornati
torneresti	tornereste	saresti tornato	sareste tornati
tornerebbe	tornerebbero	sarebbe tornato	sarebbero tornati
6 Present Subjunctive		**13 Past Subjunctive**	
torni	torniamo	sia tornato	siamo tornati
torni	torniate	sia tornato	siate tornati
torni	tornino	sia tornato	siano tornati
7 Imperfect Subjunctive		**14 Past Perfect Subjunctive**	
tornassi	tornassimo	fossi tornato	fossimo tornati
tornassi	tornaste	fossi tornato	foste tornati
tornasse	tornassero	fosse fornato	fossero tornati

	Imperative	
—		torniamo
torna (non tornare)		tornate
torni		tornino

AN ESSENTIAL VERB

510

AN ESSENTIAL VERB

Tornare

This is a key verb because it is used frequently in conversation and because it occurs in a number of useful expressions and idioms.

Samples of basic verb usage

Quando sei tornato, ieri? When did you get back yesterday?

I nostri zii torneranno in Italia. Our aunt and uncle are going to go back to Italy.

Mi è tornata la febbre. My fever came back.

Quanti bei pensieri mi tornano in mente! So many pleasant thoughts are coming back to mind!

Extended uses

C'è qualcosa che non torna. Something is just not adding up.

Non mi torna. I'm not convinced.

Torna sui tuoi passi! Retrace your steps!

Quell'abito è tornato di moda. That dress is back in style.

Words and expressions related to this verb

ritornare to return (can be used generally as an alternative)

A che ora ritorni? When are you getting back?

tornare indietro to turn back

tornare sui propri passi to retrace one's steps

tornare bambino to become a child again

tornare a galla to surface again

tornare alla luce to be back in the limelight

T

tradire

Gerund **tradendo** Past Part. **tradito**

to betray, to deceive

The Seven Simple Tenses		The Seven Compound Tenses	
Singular	Plural	Singular	Plural
1 Present Indicative		**8 Present Perfect**	
tradisco	tradiamo	ho tradito	abbiamo tradito
tradisci	tradite	hai tradito	avete tradito
tradisce	tradiscono	ha tradito	hanno tradito
2 Imperfect		**9 Past Perfect**	
tradivo	tradivamo	avevo tradito	avevamo tradito
tradivi	tradivate	avevi tradito	avevate tradito
tradiva	tradivano	aveva tradito	avevano tradito
3 Past Absolute		**10 Past Anterior**	
tradii	tradimmo	ebbi tradito	avemmo tradito
tradisti	tradiste	avesti tradito	aveste tradito
tradì	tradirono	ebbe tradito	ebbero tradito
4 Future		**11 Future Perfect**	
tradirò	tradiremo	avrò tradito	avremo tradito
tradirai	tradirete	avrai tradito	avrete tradito
tradirà	tradiranno	avrà tradito	avranno tradito
5 Present Conditional		**12 Past Conditional**	
tradirei	tradiremmo	avrei tradito	avremmo tradito
tradiresti	tradireste	avresti tradito	avreste tradito
tradirebbe	tradirebbero	avrebbe tradito	avrebbero tradito
6 Present Subjunctive		**13 Past Subjunctive**	
tradisca	tradiamo	abbia tradito	abbiamo tradito
tradisca	tradiate	abbia tradito	abbiate tradito
tradisca	tradiscano	abbia tradito	abbiano tradito
7 Imperfect Subjunctive		**14 Past Perfect Subjunctive**	
tradissi	tradissimo	avessi tradito	avessimo tradito
tradissi	tradiste	avessi tradito	aveste tradito
tradisse	tradissero	avesse tradito	avessero tradito

Imperative	
—	tradiamo
tradisci (non tradire)	tradite
tradisca	tradiscano

Samples of basic verb usage	**Extended uses/Related words and expressions**
Non bisogna mai tradire un amico. You should never betray a friend.	**falsificare** to falsify **distorcere** to distort
Ti voglio tradire una confidenza. I want to disclose a secret to you.	**farsi riconoscere** to give oneself away

■ Irregular verb   to translate

The Seven Simple Tenses		The Seven Compound Tenses	
Singular	Plural	Singular	Plural

1 Present Indicative		8 Present Perfect	
traduco	traduciamo	ho tradotto	abbiamo tradotto
traduci	traducete	hai tradotto	avete tradotto
traduce	traducono	ha tradotto	hanno tradotto

2 Imperfect		9 Past Perfect	
traducevo	traducevamo	avevo tradotto	avevamo tradotto
traducevi	traducevate	avevi tradotto	avevate tradotto
traduceva	traducevano	aveva tradotto	avevano tradotto

3 Past Absolute		10 Past Anterior	
tradussi	traducemmo	ebbi tradotto	avemmo tradotto
traducesti	traduceste	avesti tradotto	aveste tradotto
tradusse	tradussero	ebbe tradotto	ebbero tradotto

4 Future		11 Future Perfect	
tradurrò	tradurremo	avrò tradotto	avremo tradotto
tradurrai	tradurrete	avrai tradotto	avrete tradotto
tradurrà	tradurranno	avrà tradotto	avranno tradotto

5 Present Conditional		12 Past Conditional	
tradurrei	tradurremmo	avrei tradotto	avremmo tradotto
tradurresti	tradurreste	avresti tradotto	avreste tradotto
tradurrebbe	tradurrebbero	avrebbe tradotto	avrebbero tradotto

6 Present Subjunctive		13 Past Subjunctive	
traduca	traduciamo	abbia tradotto	abbiamo tradotto
traduca	traduciate	abbia tradotto	abbiate tradotto
traduca	traducano	abbia tradotto	abbiano tradotto

7 Imperfect Subjunctive		14 Past Perfect Subjunctive	
traducessi	traducessimo	avessi tradotto	avessimo tradotto
traducessi	traduceste	avessi tradotto	aveste tradotto
traducesse	traducessero	avesse tradotto	avessero tradotto

Imperative	
—	traduciamo
traduci (non tradurre)	traducete
traduca	traducano

Samples of basic verb usage
Chi ha tradotto *La Divina Commedia*?   Who translated *The Divine Comedy*?
Traduci queste parole per me!   Translate these words for me!

Extended uses/Related words and expressions
tradurre parola per parola   to translate word for word
tradurre in parole un sentimento   to translate a feeling into words

NOTE: Other verbs conjugated like **tradurre** are **addurre** (to add on), **condurre** (to conduct, direct), **dedurre** (to deduce), **indurre** (to induce), **introdurre** (to introduce), **produrre** (to produce), **ridurre** (to reduce), and **sedurre** (to seduce).

For most of the tenses, except the future and present conditional, **tradurre** can be considered to have the infinitive form **traducere** and, thus, is conjugated in regular ways as a second-conjugation verb.

trarre*

Gerund traendo

Past Part. tratto

to draw, to pull

Irregular verb ■

The Seven Simple Tenses		The Seven Compound Tenses	
Singular	Plural	Singular	Plural
1 Present Indicative		**8 Present Perfect**	
traggo	tra(ggh)iamo	ho tratto	abbiamo tratto
trai	traete	hai tratto	avete tratto
trae	traggono	ha tratto	hanno tratto
2 Imperfect		**9 Past Perfect**	
traevo	traevamo	avevo tratto	avevamo tratto
traevi	traevate	avevi tratto	avevate tratto
traeva	traevano	aveva tratto	avevano tratto
3 Past Absolute		**10 Past Anterior**	
trassi	traemmo	ebbi tratto	avemmo tratto
traesti	traeste	avesti tratto	aveste tratto
trasse	trassero	ebbe tratto	ebbero tratto
4 Future		**11 Future Perfect**	
trarrò	trarremo	avrò tratto	avremo tratto
trarrai	trarrete	avrai tratto	avrete tratto
trarrà	trarranno	avrà tratto	avranno tratto
5 Present Conditional		**12 Past Conditional**	
trarrei	trarremmo	avrei tratto	avremmo tratto
trarresti	trarreste	avresti tratto	avreste tratto
trarrebbe	trarrebbero	avrebbe tratto	avrebbero tratto
6 Present Subjunctive		**13 Past Subjunctive**	
tragga	tra(ggh)iamo	abbia tratto	abbiamo tratto
tragga	tra(ggh)iate	abbia tratto	abbiate tratto
tragga	traggano	abbia tratto	abbiano tratto
7 Imperfect Subjunctive		**14 Past Perfect Subjunctive**	
traessi	traessimo	avessi tratto	avessimo tratto
traessi	traeste	avessi tratto	aveste tratto
traesse	traessero	avesse tratto	avessero tratto

Imperative	
—	tra(ggh)iamo
trai (non trarre)	traete
tragga	traggano

Samples of basic verb usage

Chi ha tratto la barca sulla spiaggia? Who drew the boat to shore?

I poliziotti hanno tratto in carcere i due ladri. The policemen dragged the two thieves off to prison.

Extended uses/Related words and expressions

difendere qualcuno a spada tratta to defend someone to the maximum (*literally* to defend someone with a drawn sword)

Il regista ha tratto il film da un best-seller. The director based the film on a best-seller.

NOTE: Other verbs conjugated like **trarre** are **attrarre** (to attract), **contrarre** (to contract), **detrarre** (to detract), **estrarre** (to extract), **protrarre** (to protract), **ritrarre** (to retract), and **sottrarre** (to subtract).

514

The Seven Simple Tenses		The Seven Compound Tenses	
Singular	Plural	Singular	Plural
1 Present Indicative		**8 Present Perfect**	
trascino	trasciniamo	ho trascinato	abbiamo trascinato
trascini	trascinate	hai trascinato	avete trascinato
trascina	trascinano	ha trascinato	hanno trascinato
2 Imperfect		**9 Past Perfect**	
trascinavo	trascinavamo	avevo trascinato	avevamo trascinato
trascinavi	trascinavate	avevi trascinato	avevate trascinato
trascinava	trascinavano	aveva trascinato	avevano trascinato
3 Past Absolute		**10 Past Anterior**	
trascinai	trascinammo	ebbi trascinato	avemmo trascinato
trascinasti	trascinaste	avesti trascinato	aveste trascinato
trascinò	trascinarono	ebbe trascinato	ebbero trascinato
4 Future		**11 Future Perfect**	
trascinerò	trascineremo	avrò trascinato	avremo trascinato
trascinerai	trascinerete	avrai trascinato	avrete trascinato
trascinerà	trascineranno	avrà trascinato	avranno trascinato
5 Present Conditional		**12 Past Conditional**	
trascinerei	trascineremmo	avrei trascinato	avremmo trascinato
trascineresti	trascinereste	avresti trascinato	avreste trascinato
trascinerebbe	trascinerebbero	avrebbe trascinato	avrebbero trascinato
6 Present Subjunctive		**13 Past Subjunctive**	
trascini	trasciniamo	abbia trascinato	abbiamo trascinato
trascini	trasciniate	abbia trascinato	abbiate trascinato
trascini	trascinino	abbia trascinato	abbiano trascinato
7 Imperfect Subjunctive		**14 Past Perfect Subjunctive**	
trascinassi	trascinassimo	avessi trascinato	avessimo trascinato
trascinassi	trascinaste	avessi trascinato	aveste trascinato
trascinasse	trascinassero	avesse trascinato	avessero trascinato

Imperative	
—	trasciniamo
trascina (non trascinare)	trascinate
trascini	trascinino

Samples of basic verb usage
Trascina il tavolo fin qui!   Drag the table here!
Non trascinare i piedi!   Don't drag your feet!

Extended uses/Related words and expressions
trascinare qualcuno nel fango   to drag someone into the mud
Quella musica trascina tutti.   That music sweeps everyone away.

trascorrere*
to spend, to pass

Gerund **trascorrendo**   Past Part. **trascorso**

Irregular verb ■

The Seven Simple Tenses		The Seven Compound Tenses	
Singular	Plural	Singular	Plural
1 Present Indicative		**8 Present Perfect**	
trascorro	trascorriamo	ho trascorso	abbiamo trascorso
trascorri	trascorrete	hai trascorso	avete trascorso
trascorre	trascorrono	ha trascorso	hanno trascorso
2 Imperfect		**9 Past Perfect**	
trascorrevo	trascorrevamo	avevo trascorso	avevamo trascorso
trascorrevi	trascorrevate	avevi trascorso	avevate trascorso
trascorreva	trascorrevano	aveva trascorso	avevano trascorso
3 Past Absolute		**10 Past Anterior**	
trascorsi	trascorremmo	ebbi trascorso	avemmo trascorso
trascorresti	trascorreste	avesti trascorso	aveste trascorso
trascorse	trascorsero	ebbe trascorso	ebbero trascorso
4 Future		**11 Future Perfect**	
trascorrerò	trascorreremo	avrò trascorso	avremo trascorso
trascorrerai	trascorrerete	avrai trascorso	avrete trascorso
trascorrerà	trascorreranno	avrà trascorso	avranno trascorso
5 Present Conditional		**12 Past Conditional**	
trascorrerei	trascorreremmo	avrei trascorso	avremmo trascorso
trascorreresti	trascorrereste	avresti trascorso	avreste trascorso
trascorrerebbe	trascorrerebbero	avrebbe trascorso	avrebbero trascorso
6 Present Subjunctive		**13 Past Subjunctive**	
trascorra	trascorriamo	abbia trascorso	abbiamo trascorso
trascorra	trascorriate	abbia trascorso	abbiate trascorso
trascorra	trascorrano	abbia trascorso	abbiano trascorso
7 Imperfect Subjunctive		**14 Past Perfect Subjunctive**	
trascorressi	trascorressimo	avessi trascorso	avessimo trascorso
trascorressi	trascorreste	avessi trascorso	aveste trascorso
trascorresse	trascorressero	avesse trascorso	avessero trascorso

Imperative	
—	trascorriamo
trascorri (non trascorrere)	trascorrete
trascorra	trascorrano

Samples of basic verb usage	**Extended uses/Related words and expressions**
Quella famiglia ha trascorso una vita felice insieme. That family has spent a happy life together.	passare to pass
Trascorreremo le ferie al mare. We are going to spend our vacation by the sea.	**É trascorso un mese dalla festa.** A month has gone by since the party.

NOTE: This verb is composed with the verb **correre** (to run) and is thus conjugated exactly like it.

516

to transfer, to remove, to move (somewhere)

The Seven Simple Tenses		The Seven Compound Tenses	
Siugular	Plural	Singular	Plural

1 Present Indicative		8 Present Perfect	
trasferisco	trasferiamo	ho trasferito	abbiamo trasferito
trasferisci	trasferite	hai trasferito	avete trasferito
trasferisce	trasferiscono	ha trasferito	hanno trasferito

2 Imperfect		9 Past Perfect	
trasferivo	trasferivamo	avevo trasferito	avevamo trasferito
trasferivi	trasferivate	avevi trasferito	avevate trasferito
trasferiva	trasferivano	aveva trasferito	avevano trasferito

3 Past Absolute		10 Past Anterior	
trasferii	trasferimmo	ebbi trasferito	avemmo trasferito
trasferisti	trasferiste	avesti trasferito	aveste trasferito
trasferì	trasferirono	ebbe trasferito	ebbero trasferito

4 Future		11 Future Perfect	
trasferirò	trasferiremo	avrò trasferito	avremo trasferito
trasferirai	trasferirete	avrai trasferito	avrete trasferito
trasferirà	trasferiranno	avrà trasferito	avranno trasferito

5 Present Conditional		12 Past Conditional	
trasferirei	trasferiremmo	avrei trasferito	avremmo trasferito
trasferiresti	trasferireste	avresti trasferito	avreste trasferito
trasferirebbe	trasferirebbero	avrebbe trasferito	avrebbero trasferito

6 Present Subjunctive		13 Past Subjunctive	
trasferisca	trasferiamo	abbia trasferito	abbiamo trasferito
trasferisca	trasferiate	abbia trasferito	abbiate trasferito
trasferisca	trasferiscano	abbia trasferito	abbiano trasferito

7 Imperfect Subjunctive		14 Past Perfect Subjunctive	
trasferissi	trasferissimo	avessi trasferito	avessimo trasferito
trasferissi	trasferiste	avessi trasferito	aveste trasferito
trasferisse	trasferissero	avesse trasferito	avessero trasferito

Imperative	
—	trasferiamo
trasferisci (non trasferire)	trasferite
trasferisca	trasferiscano

Samples of basic verb usage	Extended uses/Related words and expressions
L'anno prossimo ci trasferiremo in Italia. Next year we are moving to Italy.	trasferire la proprietà ai figli to pass property on to children
Il mio medico ha trasferito lo studio. My doctor moved his/her office.	Il nostro vicino si è trasferito. Our neighbor moved away.

trasmettere*

Gerund **trasmettendo** Past Part. **trasmesso**

to transmit, to pass on, to convey

Irregular verb ■

The Seven Simple Tenses		The Seven Compound Tenses	
Singular	Plural	Singular	Plural
1 Present Indicative		**8 Present Perfect**	
trasmetto	trasmettiamo	ho trasmesso	abbiamo trasmesso
trasmetti	trasmettete	hai trasmesso	avete trasmesso
trasmette	trasmettono	ha trasmesso	hanno trasmesso
2 Imperfect		**9 Past Perfect**	
trasmettevo	trasmettevamo	avevo trasmesso	avevamo trasmesso
trasmettevi	trasmettevate	avevi trasmesso	avevate trasmesso
trasmetteva	trasmettevano	aveva trasmesso	avevano trasmesso
3 Past Absolute		**10 Past Anterior**	
trasmisi	trasmettemmo	ebbi trasmesso	avemmo trasmesso
trasmettesti	trasmetteste	avesti trasmesso	aveste trasmesso
trasmise	trasmisero	ebbe trasmesso	ebbero trasmesso
4 Future		**11 Future Perfect**	
trasmetterò	trasmetteremo	avrò trasmesso	avremo trasmesso
trasmetterai	trasmetterete	avrai trasmesso	avrete trasmesso
trasmetterà	trasmetteranno	avrà trasmesso	avranno trasmesso
5 Present Conditional		**12 Past Conditional**	
trasmetterei	trasmetteremmo	avrei trasmesso	avremmo trasmesso
trasmetteresti	trasmettereste	avresti trasmesso	avreste trasmesso
trasmetterebbe	trasmetterebbero	avrebbe trasmesso	avrebbero trasmesso
6 Present Subjunctive		**13 Past Subjunctive**	
trasmetta	trasmettiamo	abbia trasmesso	abbiamo trasmesso
trasmetta	trasmettiate	abbia trasmesso	abbiate trasmesso
trasmetta	trasmettano	abbia trasmesso	abbiano trasmesso
7 Imperfect Subjunctive		**14 Past Perfect Subjunctive**	
trasmettessi	trasmettessimo	avessi trasmesso	avessimo trasmesso
trasmettessi	trasmetteste	avessi trasmesso	aveste trasmesso
trasmettesse	trasmettessero	avesse trasmesso	avessero trasmesso

Imperative	
—	trasmettiamo
trasmetti (non trasmettere)	trasmettete
trasmetta	trasmettano

Samples of basic verb usage	**Extended uses/Related words and expressions**
Hai trasmesso il mio messaggio a tua sorella? Did you transmit my message to your sister?	**Quella malattia si è trasmessa a tutti gli abitanti del villaggio.** That disease was passed on to all the inhabitants of the village.
Domani sera Rai Uno trasmetterà quel nuovo programma. Tomorrow night Rai 1 (*a public television channel*) will air that new program.	**tramandare** to pass on (heritage, a legacy, etc.)

NOTE: This verb is composed with the verb **mettere** (to put) and is thus conjugated exactly like it.

to treat, to use, to deal with

The Seven Simple Tenses		The Seven Compound Tenses	
Singular	Plural	Singular	Plural

1 Present Indicative		8 Present Perfect	
tratto	**trattiamo**	**ho trattato**	**abbiamo trattato**
tratti	**trattate**	**hai trattato**	**avete trattato**
tratta	**trattano**	**ha trattato**	**hanno trattato**

2 Imperfect		9 Past Perfect	
trattavo	**trattavamo**	**avevo trattato**	**avevamo trattato**
trattavi	**trattavate**	**avevi trattato**	**avevate trattato**
trattava	**trattavano**	**aveva trattato**	**avevano trattato**

3 Past Absolute		10 Past Anterior	
trattai	**trattammo**	**ebbi trattato**	**avemmo trattato**
trattasti	**trattaste**	**avesti trattato**	**aveste trattato**
trattò	**trattarono**	**ebbe trattato**	**ebbero trattato**

4 Future		11 Future Perfect	
tratterò	**tratteremo**	**avrò trattato**	**avremo trattato**
tratterai	**tratterete**	**avrai trattato**	**avrete trattato**
tratterà	**tratteranno**	**avrà trattato**	**avranno trattato**

5 Present Conditional		12 Past Conditional	
tratterei	**tratteremmo**	**avrei trattato**	**avremmo trattato**
tratteresti	**trattereste**	**avresti trattato**	**avreste trattato**
tratterebbe	**tratterebbero**	**avrebbe trattato**	**avrebbero trattato**

6 Present Subjunctive		13 Past Subjunctive	
tratti	**trattiamo**	**abbia trattato**	**abbiamo trattato**
tratti	**trattiate**	**abbia trattato**	**abbiate trattato**
tratti	**trattino**	**abbia trattato**	**abbiano trattato**

7 Imperfect Subjunctive		14 Past Perfect Subjunctive	
trattassi	**trattassimo**	**avessi trattato**	**avessimo trattato**
trattassi	**trattaste**	**avessi trattato**	**aveste trattato**
trattasse	**trattassero**	**avesse trattato**	**avessero trattato**

T

Imperative	
—	**trattiamo**
tratta (non trattare)	**trattate**
tratti	**trattino**

Samples of basic verb usage	**Extended uses/Related words and expressions**
Il professore ha trattato temi interessanti ieri in classe. The professor treated interesting topics in class yesterday.	**Quel libro tratta di temi matematici.** That book deals with mathematical themes.
Devi trattare bene gli amici! You have to treat your friends well!	**Di che cosa si tratta?** What is this about?
	Si tratta solo di rispondere sì o no. It's a matter of answering simply yes or no.

trattenere*

Gerund **trattenendo**   Past Part. **trattenuto**

to keep back, to restrain, to entertain, to detain

Irregular verb ■

The Seven Simple Tenses		The Seven Compound Tenses	
Singular	Plural	Singular	Plural
1 Present Indicative		**8 Present Perfect**	
trattengo	tratteniamo	ho trattenuto	abbiamo trattenuto
trattieni	trattenete	hai trattenuto	avete trattenuto
trattiene	trattengono	ha trattenuto	hanno trattenuto
2 Imperfect		**9 Past Perfect**	
trattenevo	trattenevamo	avevo trattenuto	avevamo trattenuto
trattenevi	trattenevate	avevi trattenuto	avevate trattenuto
tratteneva	trattenevano	aveva trattenuto	avevano trattenuto
3 Past Absolute		**10 Past Anterior**	
trattenni	trattenemmo	ebbi trattenuto	avemmo trattenuto
trattenesti	tratteneste	avesti trattenuto	aveste trattenuto
trattenne	trattennero	ebbe trattenuto	ebbero trattenuto
4 Future		**11 Future Perfect**	
tratterrò	tratterremo	avrò trattenuto	avremo trattenuto
tratterrai	tratterrete	avrai trattenuto	avrete trattenuto
tratterrà	tratterranno	avrà trattenuto	avranno trattenuto
5 Present Conditional		**12 Past Conditional**	
tratterrei	tratterremmo	avrei trattenuto	avremmo trattenuto
tratterresti	tratterreste	avresti trattenuto	avreste trattenuto
tratterrebbe	tratterrebbero	avrebbe trattenuto	avrebbero trattenuto
6 Present Subjunctive		**13 Past Subjunctive**	
trattenga	tratteniamo	abbia trattenuto	abbiamo trattenuto
trattenga	tratteniate	abbia trattenuto	abbiate trattenuto
trattenga	trattengano	abbia trattenuto	abbiano trattenuto
7 Imperfect Subjunctive		**14 Past Perfect Subjunctive**	
trattenessi	trattenessimo	avessi trattenuto	avessimo trattenuto
trattenessi	tratteneste	avessi trattenuto	aveste trattenuto
trattenesse	trattenessero	avesse trattenuto	avessero trattenuto

Imperative	
—	tratteniamo
trattieni (non trattenere)	trattenete
trattenga	trattengano

Samples of basic verb usage
Trattienilo! Sta per cadere! Hold it! It's about to fall!
Ieri ho dovuto trattenere le lacrime. Yesterday I had to keep back my tears.
Non ti trattengo più. Ho finito. I won't keep you longer. I have finished.

Si è trattenuto a lungo. He stayed a long time.

Extended uses/Related words and expressions
tenere fermo to hold firmly
tenere dentro di sé qualcosa to keep something within oneself

NOTE: This verb is composed with the verb **tenere** (to hold) and is thus conjugated exactly like it.

520

to shake, to tremble

The Seven Simple Tenses		The Seven Compound Tenses	
Singular	Plural	Singular	Plural

1 Present Indicative		8 Present Perfect	
tremo	tremiamo	ho tremato	abbiamo tremato
tremi	tremate	hai tremato	avete tremato
trema	tremano	ha tremato	hanno tremato

2 Imperfect		9 Past Perfect	
tremavo	tremavamo	avevo tremato	avevamo tremato
tremavi	tremavate	avevi tremato	avevate tremato
tremava	tremavano	aveva tremato	avevano tremato

3 Past Absolute		10 Past Anterior	
tremai	tremammo	ebbi tremato	avemmo tremato
tremasti	tremaste	avesti tremato	aveste tremato
tremò	tremarono	ebbe tremato	ebbero tremato

4 Future		11 Future Perfect	
tremerò	tremeremo	avrò tremato	avremo tremato
tremerai	tremerete	avrai tremato	avrete tremato
tremerà	tremeranno	avrà tremato	avranno tremato

5 Present Conditional		12 Past Conditional	
tremerei	tremeremmo	avrei tremato	avremmo tremato
tremeresti	tremereste	avresti tremato	avreste tremato
tremerebbe	tremerebbero	avrebbe tremato	avrebbero tremato

6 Present Subjunctive		13 Past Subjunctive	
tremi	tremiamo	abbia tremato	abbiamo tremato
tremi	tremiate	abbia tremato	abbiate tremato
tremi	tremino	abbia tremato	abbiano tremato

7 Imperfect Subjunctive		14 Past Perfect Subjunctive	
tremassi	tremassimo	avessi tremato	avessimo tremato
tremassi	tremaste	avessi tremato	aveste tremato
tremasse	tremassero	avesse tremato	avessero tremato

	Imperative	
—		tremiamo
trema (non tremare)		tremate
tremi		tremino

Samples of basic verb usage
Io tremo sempre di freddo.   I always shiver with cold.
A mio nonno tremano le mani.   My grandfather's hands shake.

Extended uses/Related words and expressions
tremare come una foglia   to shake like a leaf
avere paura   to be afraid

trovare
to find

Gerund trovando   **Past Part. trovato**

The Seven Simple Tenses		The Seven Compound Tenses	
Singular	Plural	Singular	Plural
1 Present Indicative		**8 Present Perfect**	
trovo	troviamo	ho trovato	abbiamo trovato
trovi	trovate	hai trovato	avete trovato
trova	trovano	ha trovato	hanno trovato
2 Imperfect		**9 Past Perfect**	
trovavo	trovavamo	avevo trovato	avevamo trovato
trovavi	trovavate	avevi trovato	avevate trovato
trovava	trovavano	aveva trovato	avevano trovato
3 Past Absolute		**10 Past Anterior**	
trovai	trovammo	ebbi trovato	avemmo trovato
trovasti	trovaste	avesti trovato	aveste trovato
trovò	trovarono	ebbe trovato	ebbero trovato
4 Future		**11 Future Perfect**	
troverò	troveremo	avrò trovato	avremo trovato
troverai	troverete	avrai trovato	avrete trovato
troverà	troveranno	avrà trovato	avranno trovato
5 Present Conditional		**12 Past Conditional**	
troverei	troveremmo	avrei trovato	avremmo trovato
troveresti	trovereste	avresti trovato	avreste trovato
troverebbe	troverebbero	avrebbe trovato	avrebbero trovato
6 Present Subjunctive		**13 Past Subjunctive**	
trovi	troviamo	abbia trovato	abbiamo trovato
trovi	troviate	abbia trovato	abbiate trovato
trovi	trovino	abbia trovato	abbiano trovato
7 Imperfect Subjunctive		**14 Past Perfect Subjunctive**	
trovassi	trovassimo	avessi trovato	avessimo trovato
trovassi	trovaste	avessi trovato	aveste trovato
trovasse	trovassero	avesse trovato	avessero trovato

Imperative	
—	troviamo
trova (non trovare)	trovate
trovi	trovino

AN ESSENTIAL VERB

Trovare

Samples of basic verb usage

Non trovo le mie chiavi. Dove sono? I can't find my keys. Where are they?

Non hai ancora trovato lavoro? Have you found a job yet?

Trovo che tu hai sempre ragione. I find that you are always right.

Lui ha trovato il libro che aveva perso. He found the book that he had lost.

Extended uses

trovare qualcuno con le mani nel sacco to catch someone with his/her hand in the cookie jar

Reflexive uses

Ci troviamo tutte le sere al bar. We meet every night at the coffee shop.

In questo momento mi trovo fuori città. At this moment I'm out of town.

Lui si deve trovare la fidanzata. He has to get a fiancée for himself.

Mi trovo assai bene. I find myself in quite a good situation.

Words and expressions related to this verb

Chi cerca trova. **Where there is a will there is a way** (*literally* **Whoever searches, finds**).

Chi trova un amico, trova un tesoro. **A good friend is hard to find** (*literally* **Whoever finds a friend, finds a treasure**).

Lui lavora sempre. Non trova mai pace. **He is always working. He never has a moment of peace.**

Non trovi? **Don't you agree?**

T

NOTE: This verb takes the subjunctive in dependent clauses: **Trovo che sia vero** (I find this to be true).

turbarsi

Gerund **turbandosi**   Past Part. **turbatosi**

to get upset, to become agitated

The Seven Simple Tenses		The Seven Compound Tenses	
Singular	Plural	Singular	Plural
1 Present Indicative		**8 Present Perfect**	
mi turbo	ci turbiamo	mi sono turbato	ci siamo turbati
ti turbi	vi turbate	ti sei turbato	vi siete turbati
si turba	si turbano	si è turbato	si sono turbati
2 Imperfect		**9 Past Perfect**	
mi turbavo	ci turbavamo	mi ero turbato	ci eravamo turbati
ti turbavi	vi turbavate	ti eri turbato	vi eravate turbati
si turbava	si turbavano	si era turbato	si erano turbati
3 Past Absolute		**10 Past Anterior**	
mi turbai	ci turbammo	mi fui turbato	ci fummo turbati
ti turbasti	vi turbaste	ti fosti turbato	vi foste turbati
si turbò	si turbarono	si fu turbato	si furono turbati
4 Future		**11 Future Perfect**	
mi turberò	ci turberemo	mi sarò turbato	ci saremo turbati
ti turberai	vi turberete	ti sarai turbato	vi sarete turbati
si turberà	si turberanno	si sarà turbato	si saranno turbati
5 Present Conditional		**12 Past Conditional**	
mi turberei	ci turberemmo	mi sarei turbato	ci saremmo turbati
ti turberesti	vi turbereste	ti saresti turbato	vi sareste turbati
si turberebbe	si turberebbero	si sarebbe turbato	si sarebbero turbati
6 Present Subjunctive		**13 Past Subjunctive**	
mi turbi	ci turbiamo	mi sia turbato	ci siamo turbati
ti turbi	vi turbiate	ti sia turbato	vi siate turbati
si turbi	si turbino	si sia turbato	si siano turbati
7 Imperfect Subjunctive		**14 Past Perfect Subjunctive**	
mi turbassi	ci turbassimo	mi fossi turbato	ci fossimo turbati
ti turbassi	vi turbaste	ti fossi turbato	vi foste turbati
si tubasse	si turbassero	si fosse turbato	si fossero turbati

Imperative	
—	**turbiamoci**
turbati (non ti turbare/non turbarti)	**turbatevi**
si turbi	**si turbino**

Samples of basic verb usage
Perché ti turbi così sempre? Why are you always so upset?
Non turbarti! Tutto si risolverà. Don't be anxious! Everything will work out.

Extended uses/Related words and expressions
agitarsi to become agitated
irritarsi to become irritated
scombussolarsi to become disoriented

The Seven Simple Tenses		The Seven Compound Tenses	
Singular	Plural	Singular	Plural

1 Present Indicative		8 Present Perfect	
ubbidisco	**ubbidiamo**	**ho ubbidito**	**abbiamo ubbidito**
ubbidisci	**ubbidite**	**hai ubbidito**	**avete ubbidito**
ubbidisce	**ubbidiscono**	**ha ubbidito**	**hanno ubbidito**

2 Imperfect		9 Past Perfect	
ubbidivo	**ubbidivamo**	**avevo ubbidito**	**avevamo ubbidito**
ubbidivi	**ubbidivate**	**avevi ubbidito**	**avevate ubbidito**
ubbidiva	**ubbidivano**	**aveva ubbidito**	**avevano ubbidito**

3 Past Absolute		10 Past Anterior	
ubbidii	**ubbidimmo**	**ebbi ubbidito**	**avemmo ubbidito**
ubbidisti	**ubbidiste**	**avesti ubbidito**	**aveste ubbidito**
ubbidì	**ubbidirono**	**ebbe ubbidito**	**ebbero ubbidito**

4 Future		11 Future Perfect	
ubbidirò	**ubbidiremo**	**avrò ubbidito**	**avremo ubbidito**
ubbidirai	**ubbiderete**	**avrai ubbidito**	**avrete ubbidito**
ubbidirà	**ubbidiranno**	**avrà ubbidito**	**avranno ubbidito**

5 Present Conditional		12 Past Conditional	
ubbidirei	**ubbidiremmo**	**avrei ubbidito**	**avremmo ubbidito**
ubbidiresti	**ubbidireste**	**avresti ubbidito**	**avreste ubbidito**
ubbidirebbe	**ubbidirebbero**	**avrebbe ubbidito**	**avrebbero ubbidito**

6 Present Subjunctive		13 Past Subjunctive	
ubbidisca	**ubbidiamo**	**abbia ubbidito**	**abbiamo ubbidito**
ubbidisca	**ubbidiate**	**abbia ubbidito**	**abbiate ubbidito**
ubbidisca	**ubbidiscano**	**abbia ubbidito**	**abbiano ubbidito**

7 Imperfect Subjunctive		14 Past Perfect Subjunctive	
ubbidissi	**ubbidissimo**	**avessi ubbidito**	**avessimo ubbidito**
ubbidissi	**ubbidiste**	**avessi ubbidito**	**aveste ubbidito**
ubbidisse	**ubbidissero**	**avesse ubbidito**	**avessero ubbidito**

Imperative		
—		**ubbidiamo**
ubbidisci (non ubbidire)		**ubbidite**
ubbidisca		**ubbidiscano**

U

Samples of basic verb usage
Lui non ubbidisce mai. He never obeys.
Bisogna sempre ubbidire ai genitori. One
　must always obey one's parents.

Extended uses/Related words and expressions
dare retta a qualcuno to heed someone
reagire to react
seguire to follow
ascoltare to listen to

NOTE: In Italian this verb is intransitive and is, therefore, followed by the preposition a before an object or object phrase: **Non ubbidisce a nessuno** (He obeys no one).

uccidere*

Gerund **uccidendo**

Past Part. **ucciso**

to kill

Irregular verb ■

The Seven Simple Tenses		The Seven Compound Tenses	
Singular	Plural	Singular	Plural
1 Present Indicative		**8 Present Perfect**	
uccido	uccidiamo	ho ucciso	abbiamo ucciso
uccidi	uccidete	hai ucciso	avete ucciso
uccide	uccidono	ha ucciso	hanno ucciso
2 Imperfect		**9 Past Perfect**	
uccidevo	uccidevamo	avevo ucciso	avevamo ucciso
uccidevi	uccidevate	avevi ucciso	avevate ucciso
uccideva	uccidevano	aveva ucciso	avevano ucciso
3 Past Absolute		**10 Past Anterior**	
uccisi	uccidemmo	ebbi ucciso	avemmo ucciso
uccidesti	uccideste	avesti ucciso	aveste ucciso
uccise	uccisero	ebbe ucciso	ebbero ucciso
4 Future		**11 Future Perfect**	
ucciderò	uccideremo	avrò ucciso	avremo ucciso
ucciderai	ucciderete	avrai ucciso	avrete ucciso
ucciderà	uccideranno	avrà ucciso	avranno ucciso
5 Present Conditional		**12 Past Conditional**	
ucciderei	uccideremmo	avrei ucciso	avremmo ucciso
uccideresti	uccidereste	avresti ucciso	avreste ucciso
ucciderebbe	ucciderebbero	avrebbe ucciso	avrebbero ucciso
6 Present Subjunctive		**13 Past Subjunctive**	
uccida	uccidiamo	abbia ucciso	abbiamo ucciso
uccida	uccidiate	abbia ucciso	abbiate ucciso
uccida	uccidano	abbia ucciso	abbiano ucciso
7 Imperfect Subjunctive		**14 Past Perfect Subjunctive**	
uccidessi	uccidessimo	avessi ucciso	avessimo ucciso
uccidessi	uccideste	avessi ucciso	aveste ucciso
uccidesse	uccidessero	avesse ucciso	avessero ucciso

Imperative	
—	uccidiamo
uccidi (non uccidere)	uccidete
uccida	uccidano

Samples of basic verb usage

Hanno ucciso un poliziotto ieri. They killed a policeman yesterday.

Il caldo mi uccide. The heat destroys me.

Extended uses/Related words and expressions

eliminare to eliminate

distruggere to destroy

NOTE: Other verbs conjugated like **uccidere** are **coincidere** (to coincide), **decidere** (to decide), **incidere** (to cut into), and **recidere** (to recede).

The Seven Simple Tenses		The Seven Compound Tenses	
Singular	Plural	Singular	Plural

1 Present Indicative		8 Present Perfect	
odo	udiamo	ho udito	abbiamo udito
odi	udite	hai udito	avete udito
ode	odono	ha udito	hanno udito

2 Imperfect		9 Past Perfect	
udivo	udivamo	avevo udito	avevamo udito
udivi	udivate	avevi udito	avevate udito
udiva	udivano	aveva udito	avevano udito

3 Past Absolute		10 Past Anterior	
udii	udimmo	ebbi udito	avemmo udito
udisti	udiste	avesti udito	aveste udito
udì	udirono	ebbe udito	ebbero udito

4 Future		11 Future Perfect	
ud(i)rò	ud(i)remo	avrò udito	avremo udito
ud(i)rai	ud(i)rete	avrai udito	avrete udito
ud(i)rà	ud(i)ranno	avrà udito	avranno udito

5 Present Conditional		12 Past Conditional	
ud(i)rei	udiremmo	avrei udito	avremmo udito
ud(i)resti	ud(i)reste	avresti udito	avreste udito
ud(i)rebbe	ud(i)rebbero	avrebbe udito	avrebbero udito

6 Present Subjunctive		13 Past Subjunctive	
oda	udiamo	abbia udito	abbiamo udito
oda	udiate	abbia udito	abbiate udito
oda	odano	abbia udito	abbiano udito

7 Imperfect Subjunctive		14 Past Perfect Subjunctive	
udissi	udissimo	avessi udito	avessimo udito
udissi	udiste	avessi udito	aveste udito
udisse	udissero	avesse udito	avessero udito

Imperative		
—		udiamo
odi (non udire)		udite
oda		odano

U

Samples of basic verb usage

Non ti ho udito. Che cosa hai detto? I didn't hear you. What did you say?

Hai udito le ultime novità? Did you hear the latest news?

Extended uses/Related words and expressions

percepire suoni to perceive sounds

venire a sapere to come to know

NOTE: A synonym for **udire** is **sentire** which is actually much more common in colloquial Italian. **Udire** is a literary form.

to humble, to humiliate

The Seven Simple Tenses		The Seven Compound Tenses	
Singular	Plural	Singular	Plural
1 Present Indicative		**8 Present Perfect**	
umilio	umiliamo	ho umiliato	abbiamo umiliato
umili	umiliate	hai umiliato	avete umiliato
umilia	umiliano	ha umiliato	hanno umiliato
2 Imperfect		**9 Past Perfect**	
umiliavo	umiliavamo	avevo umiliato	avevamo umiliato
umiliavi	umiliavate	avevi umiliato	avevate umiliato
umiliava	umiliavano	aveva umiliato	avevano umiliato
3 Past Absolute		**10 Past Anterior**	
umiliai	umiliammo	ebbi umiliato	avemmo umiliato
umiliasti	umiliaste	avesti umiliato	aveste umiliato
umiliò	umiliarono	ebbe umiliato	ebbero umiliato
4 Future		**11 Future Perfect**	
umilierò	umilieremo	avrò umiliato	avremo umiliato
umilierai	umilierete	avrai umiliato	avrete umiliato
umilierà	umilieranno	avrà umiliato	avranno umiliato
5 Present Conditional		**12 Past Conditional**	
umilierei	umilieremmo	avrei umiliato	avremmo umiliato
umilieresti	umiliereste	avresti umiliato	avreste umiliato
umilierebbe	umilierebbero	avrebbe umiliato	avrebbero umiliato
6 Present Subjunctive		**13 Past Subjunctive**	
umili	umiliamo	abbia umiliato	abbiamo umiliato
umili	umiliate	abbia umiliato	abbiate umiliato
umili	umilino	abbia umiliato	abbiano umiliato
7 Imperfect Subjunctive		**14 Past Perfect Subjunctive**	
umiliassi	umiliassimo	avessi umiliato	avessimo umiliato
umiliassi	umiliaste	avessi umiliato	aveste umiliato
umiliasse	umiliassero	avesse umiliato	avessero umiliato

	Imperative	
—		umiliamo
umilia (non umiliare)		umiliate
umili		umilino

Samples of basic verb usage
Perché mi hai umiliato ieri davanti agli
   amici? Why did you humiliate me yesterday
   in front of our friends?
Questa situazione mi umilia molto. This
   situation humiliates me a lot.

Extended uses/Related words and expressions
umiliare l'ambizione to dampen ambition
umiliarsi to be humble, to show humility, to
   underrate oneself
umiliarsi davanti a Dio to be humble before
   God
Lui è qualcuno che si umilia. He is someone
   who underrates himself.

■ Irregular verb   to grease, to smear

The Seven Simple Tenses		The Seven Compound Tenses	
Singular	Plural	Singular	Plural
1 Present Indicative		**8 Present Perfect**	
ungo	ungiamo	ho unto	abbiamo unto
ungi	ungete	hai unto	avete unto
unge	ungono	ha unto	hanno unto
2 Imperfect		**9 Past Perfect**	
ungevo	ungevamo	avevo unto	avevamo unto
ungevi	ungevate	avevi unto	avevate unto
ungeva	ungevano	aveva unto	avevano unto
3 Past Absolute		**10 Past Anterior**	
unsi	ungemmo	ebbi unto	avemmo unto
ungesti	ungeste	avesti unto	aveste unto
unse	unsero	ebbe unto	ebbero unto
4 Future		**11 Future Perfect**	
ungerò	ungeremo	avrò unto	avremo unto
ungerai	ungerete	avrai unto	avrete unto
ungerà	ungeranno	avrà unto	avranno unto
5 Present Conditional		**12 Past Conditional**	
ungerei	ungeremmo	avrei unto	avremmo unto
ungeresti	ungereste	avresti unto	avreste unto
ungerebbe	ungerebbero	avrebbe unto	avrebbero unto
6 Present Subjunctive		**13 Past Subjunctive**	
unga	ungiamo	abbia unto	abbiamo unto
unga	ungiate	abbia unto	abbiate unto
unga	ungano	abbia unto	abbiano unto
7 Imperfect Subjunctive		**14 Past Perfect Subjunctive**	
ungessi	ungessimo	avessi unto	avessimo unto
ungessi	ungeste	avessi unto	aveste unto
ungesse	ungessero	avesse unto	avessero unto

U

Imperative	
—	ungiamo
ungi (non ungere)	ungete
unga	ungano

Samples of basic verb usage
Hai unto la serratura? Did you oil the lock?
Devo ungere le ruote della mia bicicletta.
   I have to oil the wheels of my bicycle.

Extended uses/Related words and expressions
ungere con olio sacro to anoint with sacred oil
ungersi to become oily

NOTE: Other verbs conjugated like **ungere** include **aggiungere** (to add), **congiungere** (to join), **dipingere** (to depict), **fingere** (to fake), **giungere** (to reach), **pungere** (to prick), **raggiungere** (to catch up to), **respingere** (to refute, reject), **stringere** (to tighten), and **tingere** (to dye).

unire

Gerund **unendo**

Past Part. **unito**

to unite, to join together

The Seven Simple Tenses		The Seven Compound Tenses	
Singular	Plural	Singular	Plural
1 Present Indicative		**8 Present Perfect**	
unisco	uniamo	ho unito	abbiamo unito
unisci	unite	hai unito	avete unito
unisce	uniscono	ha unito	hanno unito
2 Imperfect		**9 Past Perfect**	
univo	univamo	avevo unito	avevamo unito
univi	univate	avevi unito	avevate unito
univa	univano	aveva unito	avevano unito
3 Past Absolute		**10 Past Anterior**	
unii	unimmo	ebbi unito	avemmo unito
unisti	uniste	avesti unito	aveste unito
unì	unirono	ebbe unito	ebbero unito
4 Future		**11 Future Perfect**	
unirò	uniremo	avrò unito	avremo unito
unirai	unirete	avrai unito	avrete unito
unirà	uniranno	avrà unito	avranno unito
5 Present Conditional		**12 Past Conditional**	
unirei	uniremmo	avrei unito	avremmo unito
uniresti	unireste	avresti unito	avreste unito
unirebbe	unirebbero	avrebbe unito	avrebbero unito
6 Present Subjunctive		**13 Past Subjunctive**	
unisca	uniamo	abbia unito	abbiamo unito
unisca	uniate	abbia unito	abbiate unito
unisca	uniscano	abbia unito	abbiano unito
7 Imperfect Subjunctive		**14 Past Perfect Subjunctive**	
unissi	unissimo	avessi unito	avessimo unito
unissi	uniste	avessi unito	aveste unito
unisse	unissero	avesse unito	avessero unito

Imperative

—	uniamo
unisci (non unire)	unite
unisca	uniscano

Samples of basic verb usage
Unisci quei due pezzi con la colla! Unite those two pieces with glue!
Hanno finalmente unito le due nazioni. They finally joined the two nations together.

Extended uses/Related words and expressions
Io mi unisco a voi. I am on your side.
congiungere to join
mettere insieme to put together
associare to associate

530

to shout, to yell, to howl

The Seven Simple Tenses		The Seven Compound Tenses	
Singular	Plural	Singular	Plural

1 Present Indicative		8 Present Perfect	
urlo	urliamo	ho urlato	abbiamo urlato
urli	urlate	hai urlato	avete urlato
urla	urlano	ha urlato	hanno urlato

2 Imperfect		9 Past Perfect	
urlavo	urlavamo	avevo urlato	avevamo urlato
urlavi	urlavate	avevi urlato	avevate urlato
urlava	urlavano	aveva urlato	avevano urlato

3 Past Absolute		10 Past Anterior	
urlai	urlammo	ebbi urlato	avemmo urlato
urlasti	urlaste	avesti urlato	aveste urlato
urlò	urlarono	ebbe urlato	ebbero urlato

4 Future		11 Future Perfect	
urlerò	urleremo	avrò urlato	avremo urlato
urlerai	urlerete	avrai urlato	avrete urlato
urlerà	urleranno	avrà urlato	avranno urlato

5 Present Conditional		12 Past Conditional	
urlerei	urleremmo	avrei urlato	avremmo urlato
urleresti	urlereste	avresti urlato	avreste urlato
urlerebbe	urlerebbero	avrebbe urlato	avrebbero urlato

6 Present Subjunctive		13 Past Subjunctive	
urli	urliamo	abbia urlato	abbiamo urlato
urli	urliate	abbia urlato	abbiate urlato
urli	urlino	abbia urlato	abbiano urlato

7 Imperfect Subjunctive		14 Past Perfect Subjunctive	
urlassi	urlassimo	avessi urlato	avessimo urlato
urlassi	urlaste	avessi urlato	aveste urlato
urlasse	urlassero	avesse urlato	avessero urlato

U

Imperative	
—	urliamo
urla (non urlare)	urlate
urli	urlino

Samples of basic verb usage
Perché urli sempre quando sei arrabbiato?
   Why do you always yell when you are angry?
Loro sono fuggiti urlando. They ran away
   yelling.

Extended uses/Related words and expressions
urlare a squarciagola to yell at the top of one's
   voice; to yell like a mad person
emettere grida to emit yells
parlare a voce molto alta to speak with a very
   loud voice
strillare to shriek

to use

The Seven Simple Tenses		The Seven Compound Tenses	
Singular	Plural	Singular	Plural

1 Present Indicative

		8 Present Perfect	
uso	usiamo	ho usato	abbiamo usato
usi	usate	hai usato	avete usato
usa	usano	ha usato	hanno usato

2 Imperfect

		9 Past Perfect	
usavo	usavamo	avevo usato	avevamo usato
usavi	usavate	avevi usato	avevate usato
usava	usavano	aveva usato	avevano usato

3 Past Absolute

		10 Past Anterior	
usai	usammo	ebbi usato	avemmo usato
usasti	usaste	avesti usato	aveste usato
usò	usarono	ebbe usato	ebbero usato

4 Future

		11 Future Perfect	
userò	useremo	avrò usato	avremo usato
userai	userete	avrai usato	avrete usato
userà	useranno	avrà usato	avranno usato

5 Present Conditional

		12 Past Conditional	
userei	useremmo	avrei usato	avremmo usato
useresti	usereste	avresti usato	avreste usato
userebbe	userebbero	avrebbe usato	avrebbero usato

6 Present Subjunctive

		13 Past Subjunctive	
usi	usiamo	abbia usato	abbiamo usato
usi	usiate	abbia usato	abbiate usato
usi	usino	abbia usato	abbiano usato

7 Imperfect Subjunctive

		14 Past Perfect Subjunctive	
usassi	usassimo	avessi usato	avessimo usato
usassi	usaste	avessi usato	aveste usato
usasse	usassero	avesse usato	avessero usato

Imperative

—	usiamo
usa (non usare)	usate
usi	usino

Samples of basic verb usage

Chi ha usato la mia matita? Who used my pencil?

Usa la mia macchina per oggi! Use my car for today!

Devi usare il cervello. You have to use your brains.

Extended uses/Related words and expressions

impiegare to employ

servirsi di to make use of

essere di moda to be in style

■ Irregular verb   to go out, to come out

The Seven Simple Tenses		The Seven Compound Tenses	
Singular	Plural	Singular	Plural
1 Present Indicative		**8 Present Perfect**	
esco	usciamo	sono uscito	siamo usciti
esci	uscite	sei uscito	siete usciti
esce	escono	è uscito	sono usciti
2 Imperfect		**9 Past Perfect**	
uscivo	uscivamo	ero uscito	eravamo usciti
uscivi	uscivate	eri uscito	eravate usciti
usciva	uscivano	era uscito	erano usciti
3 Past Absolute		**10 Past Anterior**	
uscii	uscimmo	fui uscito	fummo usciti
uscisti	usciste	fosti uscito	foste usciti
uscì	uscirono	fu uscito	furono usciti
4 Future		**11 Future Perfect**	
uscirò	usciremo	sarò uscito	saremo usciti
uscirai	uscirete	sarai uscito	sarete usciti
uscirà	usciranno	sarà uscito	saranno usciti
5 Present Conditional		**12 Past Conditional**	
uscirei	usciremmo	sarei uscito	saremmo usciti
usciresti	uscireste	saresti uscito	sareste usciti
uscirebbe	uscirebbero	sarebbe uscito	sarebbero usciti
6 Present Subjunctive		**13 Past Subjunctive**	
esca	usciamo	sia uscito	siamo usciti
esca	usciate	sia uscito	siate usciti
esca	escano	sia uscito	siano usciti
7 Imperfect Subjunctive		**14 Past Perfect Subjunctive**	
uscissi	uscissimo	fossi uscito	fossimo usciti
uscissi	usciste	fossi uscito	foste usciti
uscisse	uscissero	fosse uscito	fossero usciti

U

Imperative	
—	usciamo
esci (non uscire)	uscite
esca	escano

AN ESSENTIAL
VERB

This is a key verb because it is used frequently in conversation and because it occurs in a number of useful expressions.

Samples of basic verb usage

Siamo usciti lo stesso ieri, benché piovesse. We went out just the same yesterday, even though it rained.

Perché esci tutte le sere? Why do you go out every evening?

Sei troppo giovane per uscire da solo. You're too young to go out by yourself.

Sono uscite le rose. The roses have just come out.

Extended uses

uscire dalla memoria to forget

uscire di bocca a qualcuno to come out of one's mouth, to let the cat out of the bag

uscire di sé to lose one's mind (*literally* to go out from oneself)

uscire fuori dai guai to get out of a mess

Sei uscito bene in questa foto. You turned out well in that photo.

Di qui non si esce. There's no way out.

Quello che dice entra da un orecchio e esce dall'altro. What he says goes in one ear and out the other.

Words and expressions related to this verb

l'uscita **exit, gate (at an airport)**

Non c'è via d'uscita! **There's no way out of it!**

Che uscite sono queste? **What kind of joke is this?**

andare via **to go away**

partire **to leave, depart**

entrare **to enter**

NOTE: Another verb conjugated like **uscire** is **riuscire** (to succeed, be able to).

■ Irregular verb   to be worth, to be of value

The Seven Simple Tenses		The Seven Compound Tenses	
Singular	Plural	Singular	Plural

1 Present Indicative		8 Present Perfect	
valgo	valiamo	sono valso	siamo valsi (valuti)
vali	valete	sei valso	siete valsi
vale	valgono	è valso	sono valsi

2 Imperfect		9 Past Perfect	
valevo	valevamo	ero valso	eravamo valsi
valevi	valevate	eri valso	eravate valsi
valeva	valevano	era valso	erano valsi

3 Past Absolute		10 Past Anterior	
valsi	valemmo	fui valso	fummo valsi
valesti	valeste	fosti valso	foste valsi
valse	valsero	fu valso	furono valsi

4 Future		11 Future Perfect	
varrò	varremo	sarò valso	saremo valsi
varrai	varrete	sarai valso	sarete valsi
varrà	varranno	sarà valso	saranno valsi

5 Present Conditional		12 Past Conditional	
varrei	varremmo	sarei valso	saremmo valsi
varresti	varreste	saresti valso	sareste valsi
varrebbe	varrebbero	sarebbe valso	sarebbero valsi

6 Present Subjunctive		13 Past Subjunctive	
valga	valiamo	sia valso	siamo valsi
valga	valiate	sia valso	siate valsi
valga	valgano	sia valso	siano valsi

7 Imperfect Subjunctive		14 Past Perfect Subjunctive	
valessi	valessimo	fossi valso	fossimo valsi
valessi	valeste	fossi valso	foste valsi
valesse	valessero	fosse valso	fossero valsi

Imperative

—	valiamo
vali (non valere)	valete
valga	valgano

V

Samples of basic verb usage	**Extended uses/Related words and expressions**
Quel programma non vale niente. That program is not worth anything.	**valere la pena** to be worthwhile
	essere valido to be valid
Quanto vale quest'anello? How much is this ring worth?	**significare** to mean, signify
	servire to be of use
La partita vale per la classifica. The game counts for the standings.	

NOTE: Other verbs conjugated like **valere** are **avvalersi** (to take advantage of), **equivalere** (to be equal to), and **prevalere** (to prevail).

to boast, to brag, to be proud

The Seven Simple Tenses		The Seven Compound Tenses	
Singular	Plural	Singular	Plural
1 Present Indicative		**8 Present Perfect**	
mi vanto	ci vantiamo	mi sono vantato	ci siamo vantati
ti vanti	vi vantate	ti sei vantato	vi siete vantati
si vanta	si vantano	si è vantato	si sono vantati
2 Imperfect		**9 Past Perfect**	
mi vantavo	ci vantavamo	mi ero vantato	ci eravamo vantati
ti vantavi	vi vantavate	ti eri vantato	vi eravate vantati
si vantava	si vantavano	si era vantato	si erano vantati
3 Past Absolute		**10 Past Anterior**	
mi vantai	ci vantammo	mi fui vantato	ci fummo vantati
ti vantasti	vi vantaste	ti fosti vantato	vi foste vantati
si vantò	si vantarono	si fu vantato	si furono vantati
4 Future		**11 Future Perfect**	
mi vanterò	ci vanteremo	mi sarò vantato	ci saremo vantati
ti vanterai	vi vanterete	ti sarai vantato	vi sarete vantati
si vanterà	si vanteranno	si sarà vantato	si saranno vantati
5 Present Conditional		**12 Past Conditional**	
mi vanterei	ci vanteremmo	mi sarei vantato	ci saremmo vantati
ti vanteresti	vi vantereste	ti saresti vantato	vi sareste vantati
si vanterebbe	si vanterebbero	si sarebbe vantato	si sarebbero vantati
6 Present Subjunctive		**13 Past Subjunctive**	
mi vanti	ci vantiamo	mi sia vantato	ci siamo vantati
ti vanti	vi vantiate	ti sia vantato	vi siate vantati
si vanti	si vantino	si sia vantato	si siano vantati
7 Imperfect Subjunctive		**14 Past Perfect Subjunctive**	
mi vantassi	ci vantassimo	mi fossi vantato	ci fossimo vantati
ti vantassi	vi vantaste	ti fossi vantato	vi foste vantati
si vantasse	si vantassero	si fosse vantato	si fossero vantati

Imperative	
—	vantiamoci
vantati (non ti vantare/non vantarti)	vantatevi
si vanti	si vantino

Samples of basic verb usage	**Extended uses/Related words and expressions**
Lei si vanta sempre dei propri figli. She always brags about her children.	elogiare to praise
	lodare to laud
L'Italia vanta il possesso di una grande eredità artistica. Italy can boast a great artistic heritage.	esaltare to exalt
	celebrare to celebrate

Gerund **variando**   Past Part. **variato**   **variare**

Regular **-are** verb endings with spelling   to vary, to diversify, to change
change: **ri** becomes **r** before **i**

The Seven Simple Tenses		The Seven Compound Tenses	
Singular	Plural	Singular	Plural

1 Present Indicative		**8 Present Perfect**	
vario	variamo	ho variato	abbiamo variato
vari	variate	hai variato	avete variato
varia	variano	ha variato	hanno variato
2 Imperfect		**9 Past Perfect**	
variavo	variavamo	avevo variato	avevamo variato
variavi	variavate	avevi variato	avevate variato
variava	variavano	aveva variato	avevano variato
3 Past Absolute		**10 Past Anterior**	
variai	variammo	ebbi variato	avemmo variato
variasti	variaste	avesti variato	aveste variato
variò	variarono	ebbe variato	ebbero variato
4 Future		**11 Future Perfect**	
varierò	varieremo	avrò variato	avremo variato
varierai	varierete	avrai variato	avrete variato
varierà	varieranno	avrà variato	avranno variato
5 Present Conditional		**12 Past Conditional**	
varierei	varieremmo	avrei variato	avremmo variato
varieresti	variereste	avresti variato	avreste variato
varierebbe	varierebbero	avrebbe variato	avrebbero variato
6 Present Subjunctive		**13 Past Subjunctive**	
vari	variamo	abbia variato	abbiamo variato
vari	variate	abbia variato	abbiate variato
vari	varino	abbia variato	abbiano variato
7 Imperfect Subjunctive		**14 Past Perfect Subjunctive**	
variassi	variassimo	avessi variato	avessimo variato
variassi	variaste	avessi variato	aveste variato
variasse	variassero	avesse variato	avessero variato

Imperative	
—	variamo
varia (non variare)	variate
vari	varino

Samples of basic verb usage

Dobbiamo variare la nostra gita. We must
vary our tour.

Per la tua salute, varia l'alimentazione! For
your health, diversify your diet!

Extended uses/Related words and expressions

alterare to alter
modificare to modify
cambiare to change
diversificare to diversify

NOTE: When the verb is used in an intransitive sentence, the auxiliary verb is **essere**.

vedere*

Gerund **vedendo**   Past Part. **visto (veduto)**

to see

Irregular verb ■

The Seven Simple Tenses		The Seven Compound Tenses	
Singular	Plural	Singular	Plural
1 Present Indicative		**8 Present Perfect**	
vedo	vediamo	ho visto (veduto)	abbiamo visto (veduto)
vedi	vedete	hai visto	avete visto
vede	vedono	ha visto	hanno visto
2 Imperfect		**9 Past Perfect**	
vedevo	vedevamo	avevo visto	avevamo visto
vedevi	vedevate	avevi visto	avevate visto
vedeva	vedevano	aveva visto	avevano visto
3 Past Absolute		**10 Past Anterior**	
vidi	vedemmo	ebbi visto	avemmo visto
vedesti	vedeste	avesti visto	aveste visto
vide	videro	ebbe visto	ebbero visto
4 Future		**11 Future Perfect**	
vedrò	vedremo	avrò visto	avremo visto
vedrai	vedrete	avrai visto	avrete visto
vedrà	vedranno	avrà visto	avranno visto
5 Present Conditional		**12 Past Conditional**	
vedrei	vedremmo	avrei visto	avremmo visto
vedresti	vedreste	avresti visto	avreste visto
vedrebbe	vedrebbero	avrebbe visto	avrebbero visto
6 Present Subjunctive		**13 Past Subjunctive**	
veda (vegga)	vediamo	abbia visto	abbiamo visto
veda (vegga)	vediate	abbia visto	abbiate visto
veda (vegga)	vedano (veggano)	abbia visto	abbiano visto
7 Imperfect Subjunctive		**14 Past Perfect Subjunctive**	
vedessi	vedessimo	avessi visto	avessimo visto
vedessi	vedeste	avessi visto	aveste visto
vedesse	vedessero	avesse visto	avessero visto

Imperative

—	vediamo
vedi (non vedere)	vedete
veda	vedano

AN ESSENTIAL VERB

AN ESSENTIAL VERB

Vedere

This is a key verb because it is used frequently in conversation and because it occurs in a number of useful expressions.

Samples of basic verb usage

Non vedo niente nella nebbia. I do not see anything in the fog.

Non ho ancora visto quel programma. I haven't seen that program yet.

Vedremo! We'll see!

Voglio vedere quel nuovo film. I want to see that new movie.

Extended uses

Vediamo ora un'altra questione. Let's consider another issue.

Fatti vedere più spesso! Come by more often (*literally* Let yourself be seen more often)!

Ti vedo bene. You look well.

Words and expressions related to this verb

guardare to watch, look at

vederci to be able to see

Senza occhiali non ci vedo. I can't see without glasses.

Ci vediamo! See you!

Arrivederci! Good-bye!

V

NOTE: Verbs composed with **vedere** are conjugated like it. These include **intravedere** (to forecast), **prevedere** (to foresee), **provvedere** (to provide), and **rivedere** (to review).

vendere
to sell

Gerund **vendendo**   Past Part. **venduto**

The Seven Simple Tenses		The Seven Compound Tenses	
Singular	Plural	Singular	Plural

1 Present Indicative

vendo	vendiamo		
vendi	vendete		
vende	vendono		

8 Present Perfect

ho venduto	abbiamo venduto		
hai venduto	avete venduto		
ha venduto	hanno venduto		

2 Imperfect

vendevo	vendevamo
vendevi	vendevate
vendeva	vendevano

9 Past Perfect

avevo venduto	avevamo venduto
avevi venduto	avevate venduto
aveva venduto	avevano venduto

3 Past Absolute

vende(tt)i	vendemmo
vendesti	vendeste
vendé (vendette)	venderono (vendettero)

10 Past Anterior

ebbi venduto	avemmo venduto
avesti venduto	aveste venduto
ebbe venduto	ebbero venduto

4 Future

venderò	venderemo
venderai	venderete
venderà	venderanno

11 Future Perfect

avrò venduto	avremo venduto
avrai venduto	avrete venduto
avrà venduto	avranno venduto

5 Present Conditional

venderei	venderemmo
venderesti	vendereste
venderebbe	venderebbero

12 Past Conditional

avrei venduto	avremmo venduto
avresti venduto	avreste venduto
avrebbe venduto	avrebbero venduto

6 Present Subjunctive

venda	vendiamo
venda	vendiate
venda	vendano

13 Past Subjunctive

abbia venduto	abbiamo venduto
abbia venduto	abbiate venduto
abbia venduto	abbiano venduto

7 Imperfect Subjunctive

vendessi	vendessimo
vendessi	vendeste
vendesse	vendessero

14 Past Perfect Subjunctive

avessi venduto	avessimo venduto
avessi venduto	aveste venduto
avesse venduto	avessero venduto

Imperative

—	vendiamo
vendi (non vendere)	vendete
venda	vendano

Samples of basic verb usage

Abbiamo venduto la nostra macchina ieri.
We sold our car yesterday.
Venderanno quel quadro all'asta. They're
going to sell that painting by auction.

Extended uses/Related words and expressions

a buon prezzo at a good price
in saldo on sale
in vendita for sale
vendesi available, for sale
gratis free
all'ingrosso wholesale
al minuto retail

The Seven Simple Tenses		The Seven Compound Tenses	
Singular	Plural	Singular	Plural
1 Present Indicative		**8 Present Perfect**	
vengo	veniamo	sono venuto	siamo venuti
vieni	venite	sei venuto	siete venuti
viene	vengono	è venuto	sono venuti
2 Imperfect		**9 Past Perfect**	
venivo	venivamo	ero venuto	eravamo venuti
venivi	venivate	eri venuto	eravate venuti
veniva	venivano	era venuto	erano venuti
3 Past Absolute		**10 Past Anterior**	
venni	venimmo	fui venuto	fummo venuti
venisti	veniste	fosti venuto	foste venuti
venne	vennero	fu venuto	furono venuti
4 Future		**11 Future Perfect**	
verrò	verremo	sarò venuto	saremo venuti
verrai	verrete	sarai venuto	sarete venuti
verrà	verranno	sarà venuto	saranno venuti
5 Present Conditional		**12 Past Conditional**	
verrei	verremmo	sarei venuto	saremmo venuti
verresti	verreste	saresti venuto	sareste venuti
verrebbe	verrebbero	sarebbe venuto	sarebbero venuti
6 Present Subjunctive		**13 Past Subjunctive**	
venga	veniamo	sia venuto	siamo venuti
venga	veniate	sia venuto	siate venuti
venga	vengano	sia venuto	siano venuti
7 Imperfect Subjunctive		**14 Past Perfect Subjunctive**	
venissi	venissimo	fossi venuto	fossimo venuti
venissi	veniste	fossi venuto	foste venuti
venisse	venissero	fosse venuto	fossero venuti

Imperative	
—	veniamo
vieni (non venire)	venite
venga	vengano

V

AN ESSENTIAL VERB

Venire

This is a key verb because it is used frequently in conversation and because it occurs in a number of useful expressions.

Samples of basic verb usage

A che ora verrai alla festa? At what time are you coming to the party?

Vengono anche i tuoi amici? Are your friends also coming?

Vieni con me al cinema! Come with me to the movies!

Verrei anch'io se non avessi da fare. I would come too if I didn't have things to do.

Extended uses

Non mi viene in mente. It doesn't come to mind.

Mi è venuta la febbre. I got a fever.

Mi viene un dubbio. A doubt has entered my mind.

Andare in auto mi fa venire sonno. Going in the car makes me sleepy.

C'è un continuo andirivieni venire di persone. There's a constant coming and going of people.

Words and expressions related to this verb

la venuta arrival, coming

Aspetto con ansia la tua venuta. I await anxiously your arrival.

NOTE: Verbs composed with **venire** are conjugated like it. These include **avvenire** (to happen), **convenire** (to be convenient), **divenire** (to become), **intervenire** (to intervene, take part), **prevenire** (to prevent), **sopravvenire** (to happen unexpectedly), and **sovvenire** (to come to someone's aid).

Gerund **verificando** Past Part. **verificato** **verificare**

Regular **-are** verb endings with spelling to verify, to inspect, to examine
change: **c** becomes **ch** before **e** or **i**

The Seven Simple Tenses		The Seven Compound Tenses	
Singular	Plural	Singular	Plural

1 Present Indicative		8 Present Perfect	
verifico	**verifichiamo**	**ho verificato**	**abbiamo verificato**
verifichi	**verificate**	**hai verificato**	**avete verificato**
verifica	**verificano**	**ha verificato**	**hanno verificato**

2 Imperfect		9 Past Perfect	
verificavo	**verificavamo**	**avevo verificato**	**avevamo verificato**
verificavi	**verificavate**	**avevi verificato**	**avevate verificato**
verificava	**verificavano**	**aveva verificato**	**avevano verificato**

3 Past Absolute		10 Past Anterior	
verificai	**verificammo**	**ebbi verificato**	**avemmo verificato**
verificasti	**verificaste**	**avesti verificato**	**aveste verificato**
verificò	**verificarono**	**ebbe verificato**	**ebbero verificato**

4 Future		11 Future Perfect	
verificherò	**verificheremo**	**avrò verificato**	**avremo verificato**
verificherai	**verificherete**	**avrai verificato**	**avrete verificato**
verificherà	**verificheranno**	**avrà verificato**	**avranno verificato**

5 Present Conditional		12 Past Conditional	
verificherei	**verificheremmo**	**avrei verificato**	**avremmo verificato**
verificheresti	**verifichereste**	**avresti verificato**	**avreste verificato**
verificherebbe	**verificherebbero**	**avrebbe verificato**	**avrebbero verificato**

6 Present Subjunctive		13 Past Subjunctive	
verifichi	**verifichiamo**	**abbia verificato**	**abbiamo verificato**
verifichi	**verifichiate**	**abbia verificato**	**abbiate verificato**
verifichi	**verifichino**	**abbia verificato**	**abbiano verificato**

7 Imperfect Subjunctive		14 Past Perfect Subjunctive	
verificassi	**verificassimo**	**avessi verificato**	**avessimo verificato**
verificassi	**verificaste**	**avessi verificato**	**aveste verificato**
verificasse	**verificassero**	**avesse verificato**	**avessero verificato**

Imperative	
—	**verifichiamo**
verifica (non verificare)	**verificate**
verifichi	**verifichino**

Samples of basic verb usage

Ha verificato l'autenticità del documento?
Did you verify the authenticity of the document?

Non hanno ancora verificato quella teoria scientifica. They haven't verified that scientific theory yet.

Extended uses/Related words and expressions
esaminare to examine
convalidare to validate
comprovare to prove
confermare to confirm

V

to pour

The Seven Simple Tenses		The Seven Compound Tenses	
Singular	Plural	Singular	Plural
1 Present Indicative		**8 Present Perfect**	
verso	versiamo	ho versato	abbiamo versato
versi	versate	hai versato	avete versato
versa	versano	ha versato	hanno versato
2 Imperfect		**9 Past Perfect**	
versavo	versavamo	avevo versato	avevamo versato
versavi	versavate	avevi versato	avevate versato
versava	versavano	aveva versato	avevano versato
3 Past Absolute		**10 Past Anterior**	
versai	versammo	ebbi versato	avemmo versato
versasti	versaste	avesti versato	aveste versato
versò	versarono	ebbe versato	ebbero versato
4 Future		**11 Future Perfect**	
verserò	verseremo	avrò versato	avremo versato
verserai	verserete	avrai versato	avrete versato
verserà	verseranno	avrà versato	avranno versato
5 Present Conditional		**12 Past Conditional**	
verserei	verseremmo	avrei versato	avremmo versato
verseresti	versereste	avresti versato	avreste versato
verserebbe	verserebbero	avrebbe versato	avrebbero versato
6 Present Subjunctive		**13 Past Subjunctive**	
versi	versiamo	abbia versato	abbiamo versato
versi	versiate	abbia versato	abbiate versato
versi	versino	abbia versato	abbiano versato
7 Imperfect Subjunctive		**14 Past Perfect Subjunctive**	
versassi	versassimo	avessi versato	avessimo versato
versassi	versaste	avessi versato	aveste versato
versasse	versassero	avesse versato	avessero versato

	Imperative	
—		versiamo
versa (non versare)		versate
versi		versino

Samples of basic verb usage	**Extended uses/Related words and expressions**
Versa l'acqua nel mio bicchiere! Pour the water in my glass!	**versare acqua sul fuoco** to pour water on the fire (to quell something)
Ho già versato i soldi in banca. I have already deposited the money in the bank.	**versare un anticipo** to put down an advance
	versare lacrime to shed tears
	La folla si versò nelle strade. The crowd poured out into the streets.

The Seven Simple Tenses		The Seven Compound Tenses

Singular	Plural	Singular	Plural
1 Present Indicative		**8 Present Perfect**	
mi vesto	ci vestiamo	mi sono vestito	ci siamo vestiti
ti vesti	vi vestite	ti sei vestito	vi siete vestiti
si veste	si vestono	si è vestito	si sono vestiti
2 Imperfect		**9 Past Perfect**	
mi vestivo	ci vestivamo	mi ero vestito	ci eravamo vestiti
ti vestivi	vi vestivate	ti eri vestito	vi eravate vestiti
si vestiva	si vestivano	si era vestito	si erano vestiti
3 Past Absolute		**10 Past Anterior**	
mi vestii	ci vestimmo	mi fui vestito	ci fummo vestiti
ti vestisti	vi vestiste	ti fosti vestito	vi foste vestiti
si vestì	si vestirono	si fu vestito	si furono vestiti
4 Future		**11 Future Perfect**	
mi vestirò	ci vestiremo	mi sarò vestito	ci saremo vestiti
ti vestirai	vi vestirete	ti sarai vestito	vi sarete vestiti
si vestirà	si vestiranno	si sarà vestito	si saranno vestiti
5 Present Conditional		**12 Past Conditional**	
mi vestirei	ci vestiremmo	mi sarei vestito	ci saremmo vestiti
ti vestiresti	vi vestireste	ti saresti vestito	vi sareste vestiti
si vestirebbe	si vestirebbero	si sarebbe vestito	si sarebbero vestiti
6 Present Subjunctive		**13 Past Subjunctive**	
mi vesta	ci vestiamo	mi sia vestito	ci siamo vestiti
ti vesta	vi vestiate	ti sia vestito	vi siate vestiti
si vesta	si vestano	si sia vestito	si siano vestiti
7 Imperfect Subjunctive		**14 Past Perfect Subjunctive**	
mi vestissi	ci vestissimo	mi fossi vestito	ci fossimo vestiti
ti vestissi	vi vestiste	ti fossi vestito	vi foste vestiti
si vestisse	si vestissero	si fosse vestito	si fossero vestiti

V

Imperative	
—	**vestiamoci**
vestiti (non ti vestire/non vestirti)	**vestitevi**
si vesta	**si vestano**

Samples of basic verb usage	**Extended uses/Related words and expressions**
Lei si veste sempre molto elegantemente. She always dresses very elegantly.	**mettersi addosso indumenti** to put on clothes
	prepararsi to get ready
Vestiti! È ora di uscire. Get dressed! It's time to go out.	**vestirsi da sera** to get dressed for evening
Von ti sei ancora vestito? Have you dressed yet?	**vestirsi in divisa** to dress in uniform
	i vestiti clothes
Lei sa vestirsi. She knows how to dress.	**gli abiti** garments

vietare

Gerund **vietando**   Past Part. **vietato**

to forbid, to prohibit

The Seven Simple Tenses		The Seven Compound Tenses	
Singular	Plural	Singular	Plural
1 Present Indicative		**8 Present Perfect**	
vieto	vietiamo	ho vietato	abbiamo vietato
vieti	vietate	hai vietato	avete vietato
vieta	vietano	ha vietato	hanno vietato
2 Imperfect		**9 Past Perfect**	
vietavo	vietavamo	avevo vietato	avevamo vietato
vietavi	vietavate	avevi vietato	avevate vietato
vietava	vietavano	aveva vietato	avevano vietato
3 Past Absolute		**10 Past Anterior**	
vietai	vietammo	ebbi vietato	avemmo vietato
vietasti	vietaste	avesti vietato	aveste vietato
vietò	vietarono	ebbe vietato	ebbero vietato
4 Future		**11 Future Perfect**	
vieterò	vieteremo	avrò vietato	avremo vietato
vieterai	vieterete	avrai vietato	avrete vietato
vieterà	vieteranno	avrà vietato	avranno vietato
5 Present Conditional		**12 Past Conditional**	
vieterei	vieteremmo	avrei vietato	avremmo vietato
vieteresti	vietereste	avresti vietato	avreste vietato
vieterebbe	vieterebbero	avrebbe vietato	avrebbero vietato
6 Present Subjunctive		**13 Past Subjunctive**	
vieti	vietiamo	abbia vietato	abbiamo vietato
vieti	vietiate	abbia vietato	abbiate vietato
vieti	vietino	abbia vietato	abbiano vietato
7 Imperfect Subjunctive		**14 Past Perfect Subjunctive**	
vietassi	vietassimo	avessi vietato	avessimo vietato
vietassi	vietaste	avessi vietato	aveste vietato
vietasse	vietassero	avesse vietato	avessero vietato

Imperative	
—	vietiamo
vieta (non vietare)	vietate
vieti	vietino

Samples of basic verb usage

L'ingresso ai non-membri è vietato.
  Admission to nonmembers is not allowed.
Nessuno può vietarmi di pensarla così.
  Nobody can prevent me from thinking in this way.

Extended uses/Related words and expressions

Vietato fumare! Smoking prohibited!
Vietato entrare! Access prohibited!
Divieto di sosta! Parking prohibited!
Divieto di sorpasso! Passing prohibited!

■ Irregular verb

to win, to conquer

The Seven Simple Tenses		The Seven Compound Tenses	
Singular	Plural	Singular	Plural
1 Present Indicative		**8 Present Perfect**	
vinco	vinciamo	ho vinto	abbiamo vinto
vinci	vincete	hai vinto	avete vinto
vince	vincono	ha vinto	hanno vinto
2 Imperfect		**9 Past Perfect**	
vincevo	vincevamo	avevo vinto	avevamo vinto
vincevi	vincevate	avevi vinto	avevate vinto
vinceva	vincevano	aveva vinto	avevano vinto
3 Past Absolute		**10 Past Anterior**	
vinsi	vincemmo	ebbi vinto	avemmo vinto
vincesti	vinceste	avesti vinto	aveste vinto
vinse	vinsero	ebbe vinto	ebbero vinto
4 Future		**11 Future Perfect**	
vincerò	vinceremo	avrò vinto	avremo vinto
vincerai	vincerete	avrai vinto	avrete vinto
vincerà	vinceranno	avrà vinto	avranno vinto
5 Present Conditional		**12 Past Conditional**	
vincerei	vinceremmo	avrei vinto	avremmo vinto
vinceresti	vincereste	avresti vinto	avreste vinto
vincerebbe	vincerebbero	avrebbe vinto	avrebbero vinto
6 Present Subjunctive		**13 Past Subjunctive**	
vinca	vinciamo	abbia vinto	abbiamo vinto
vinca	vinciate	abbia vinto	abbiate vinto
vinca	vincano	abbia vinto	abbiano vinto
7 Imperfect Subjunctive		**14 Past Perfect Subjunctive**	
vincessi	vincessimo	avessi vinto	avessimo vinto
vincessi	vinceste	avessi vinto	aveste vinto
vincesse	vincessero	avesse vinto	avessero vinto

Imperative	
—	vinciamo
vinci (non vincere)	vincete
vinca	vincano

Samples of basic verb usage	**Extended uses/Related words and expressions**
Chi ha vinto la partita ieri sera? Who won the game last night?	**ottenere ciò che si vuole** to obtain what one wants
Non gioco più con te perché vinci sempre. I'm never going to play with you again because you always win.	**vincere una causa** to win a case **guadagnare** to earn **superare** to beat

NOTE: Verbs composed with **vincere** are conjugated like it. These include **avvincere** (to tie something tightly), **convincere** (to convince), and **rivincere** (to win again).

visitare

Gerund **visitando**　　　Past Part. **visitato**

to visit, to examine (medical)

The Seven Simple Tenses		The Seven Compound Tenses	
Singular	Plural	Singular	Plural

1 Present Indicative		8 Present Perfect	
visito	visitiamo	ho visitato	abbiamo visitato
visiti	visitate	hai visitato	avete visitato
visita	visitano	ha visitato	hanno visitato

2 Imperfect		9 Past Perfect	
visitavo	visitavamo	avevo visitato	avevamo visitato
visitavi	visitavate	avevi visitato	avevate visitato
visitava	visitavano	aveva visitato	avevano visitato

3 Past Absolute		10 Past Anterior	
visitai	visitammo	ebbi visitato	avemmo visitato
visitasti	visitaste	avesti visitato	aveste visitato
visitò	visitarono	ebbe visitato	ebbero visitato

4 Future		11 Future Perfect	
visiterò	visiteremo	avrò visitato	avremo visitato
visiterai	visiterete	avrai visitato	avrete visitato
visiterà	visiteranno	avrà visitato	avranno visitato

5 Present Conditional		12 Past Conditional	
visiterei	visiteremmo	avrei visitato	avremmo visitato
visiteresti	visitereste	avresti visitato	avreste visitato
visiterebbe	visiterebbero	avrebbe visitato	avrebbero visitato

6 Present Subjunctive		13 Past Subjunctive	
visiti	visitiamo	abbia visitato	abbiamo visitato
visiti	visitiate	abbia visitato	abbiate visitato
visiti	visitino	abbia visitato	abbiano visitato

7 Imperfect Subjunctive		14 Past Perfect Subjunctive	
visitassi	visitassimo	avessi visitato	avessimo visitato
visitassi	visitaste	avessi visitato	aveste visitato
visitasse	visitassero	avesse visitato	avessero visitato

Imperative	
—	visitiamo
visita (non visitare)	visitate
visiti	visitino

Samples of basic verb usage	**Extended uses/Related words and expressions**
Li ho visitati la settimana scorsa. I visited them last week.	**Mi ha visitato il medico ieri.** The doctor examined me yesterday.
Quando verrai a visitarmi? When will you come to visit me?	**Il dottore visita dalle 9 alle 12.** The doctor sees patients from 9 to 12.

■ Irregular verb   to live

The Seven Simple Tenses		The Seven Compound Tenses	
Singular	Plural	Singular	Plural
1 Present Indicative		**8 Present Perfect**	
vivo	viviamo	ho vissuto	abbiamo vissuto
vivi	vivete	hai vissuto	avete vissuto
vive	vivono	ha vissuto	hanno vissuto
2 Imperfect		**9 Past Perfect**	
vivevo	vivevamo	avevo vissuto	avevamo vissuto
vivevi	vivevate	avevi vissuto	avevate vissuto
viveva	vivevano	aveva vissuto	avevano vissuto
3 Past Absolute		**10 Past Anterior**	
vissi	vivemmo	ebbi vissuto	avemmo vissuto
vivesti	viveste	avesti vissuto	aveste vissuto
visse	vissero	ebbe vissuto	ebbero vissuto
4 Future		**11 Future Perfect**	
vivrò	vivremo	avrò vissuto	avremo vissuto
vivrai	vivrete	avrai vissuto	avrete vissuto
vivrà	vivranno	avrà vissuto	avranno vissuto
5 Present Conditional		**12 Past Conditional**	
vivrei	vivremmo	avrei vissuto	avremmo vissuto
vivresti	vivreste	avresti vissuto	avreste vissuto
vivrebbe	vivrebbero	avrebbe vissuto	avrebbero vissuto
6 Present Subjunctive		**13 Past Subjunctive**	
viva	viviamo	abbia vissuto	abbiamo vissuto
viva	viviate	abbia vissuto	abbiate vissuto
viva	vivano	abbia vissuto	abbiano vissuto
7 Imperfect Subjunctive		**14 Past Perfect Subjunctive**	
vivessi	vivessimo	avessi vissuto	avessimo vissuto
vivessi	viveste	avessi vissuto	aveste vissuto
vivesse	vivessero	avesse vissuto	avessero vissuto

V

Imperative	
—	viviamo
vivi (non vivere)	vivete
viva	vivano

AN ESSENTIAL VERB

Vivere

This is a key verb because it is used frequently in conversation and because it occurs in a number of useful expressions and idioms.

Samples of basic verb usage

Dove vivi? Where do you live?

Loro sono vissuti in Italia per cinque anni. They lived in Italy for five years.

Lui vivrà a lungo. He will live a long time.

In media le donne vivono più degli uomini. On average, women live longer than men.

Extended uses

Vivi e lascia vivere. Live and let live.

saper vivere to know how to live

Non si vive di solo pane. You cannot live by bread alone.

Il mio stipendio mi basta appena per vivere. I get by barely on my salary (*literally* My salary is just enough for me to live).

l'arte del saper vivere the art of living

abitare to live somewhere, in a place

Dove abiti? Where do you live?

Abito in via Nazionale. I live on National Street.

NOTE: Verbs composed with **vivere** are conjugated like it. These include **convivere** (to live together), **rivivere** (to live again), and **sopravvivere** (to survive).

When the verb is used in an intransitive sentence, the auxiliary verb is **essere**.

The Seven Simple Tenses		The Seven Compound Tenses	
Singular	Plural	Singular	Plural
1 Present Indicative		**8 Present Perfect**	
volo	**voliamo**	**ho volato**	**abbiamo volato**
voli	**volate**	**hai volato**	**avete volato**
vola	**volano**	**ha volato**	**hanno volato**
2 Imperfect		**9 Past Perfect**	
volavo	**volavamo**	**avevo volato**	**avevamo volato**
volavi	**volavate**	**avevi volato**	**avevate volato**
volava	**volavano**	**aveva volato**	**avevano volato**
3 Past Absolute		**10 Past Anterior**	
volai	**volammo**	**ebbi volato**	**avemmo volato**
volasti	**volaste**	**avesti volato**	**aveste volato**
volò	**volarono**	**ebbe volato**	**ebbero volato**
4 Future		**11 Future Perfect**	
volerò	**voleremo**	**avrò volato**	**avremo volato**
volerai	**volerete**	**avrai volato**	**avrete volato**
volerà	**voleranno**	**avrà volato**	**avranno volato**
5 Present Conditional		**12 Past Conditional**	
volerei	**voleremmo**	**avrei volato**	**avremmo volato**
voleresti	**volereste**	**avresti volato**	**avreste volato**
volerebbe	**volerebbero**	**avrebbe volato**	**avrebbero volato**
6 Present Subjunctive		**13 Past Subjunctive**	
voli	**voliamo**	**abbia volato**	**abbiamo volato**
voli	**voliate**	**abbia volato**	**abbiate volato**
voli	**volino**	**abbia volato**	**abbiano volato**
7 Imperfect Subjunctive		**14 Past Perfect Subjunctive**	
volassi	**volassimo**	**avessi volato**	**avessimo volato**
volassi	**volaste**	**avessi volato**	**aveste volato**
volasse	**volassero**	**avesse volato**	**avessero volato**

Imperative	
—	**voliamo**
vola (non volare)	**volate**
voli	**volino**

Samples of basic verb usage

Hai visto volare vicino quegli uccelli? Did you see those birds fly by?

Ho volato con Alitalia. I flew with Alitalia Airlines.

Extended uses/Related words and expressions

Il tempo vola! Time flies!

volare sulle ali della fantasia to fly on the wings of the imagination

il volo flight

l'arrivo arrival

la partenza departure

l'orario time (of arrival, of departure)

NOTE: When the verb is used in an intransitive sentence, the auxiliary verb is **essere**.

volere*   Gerund **volendo**   Past Part. **voluto**

to want   Irregular verb ■

The Seven Simple Tenses		The Seven Compound Tenses	
Singular	Plural	Singular	Plural
1 Present Indicative		**8 Present Perfect**	
voglio	**vogliamo**	**ho voluto**	**abbiamo voluto**
vuoi	**volete**	**hai voluto**	**avete voluto**
vuole	**vogliono**	**ha voluto**	**hanno voluto**
2 Imperfect		**9 Past Perfect**	
volevo	**volevamo**	**avevo voluto**	**avevamo voluto**
volevi	**volevate**	**avevi voluto**	**avevate voluto**
voleva	**volevano**	**aveva voluto**	**avevano voluto**
3 Past Absolute		**10 Past Anterior**	
volli	**volemmo**	**ebbi voluto**	**avemmo voluto**
volesti	**voleste**	**avesti voluto**	**aveste voluto**
volle	**vollero**	**ebbe voluto**	**ebbero voluto**
4 Future		**11 Future Perfect**	
vorrò	**vorremo**	**avrò voluto**	**avremo voluto**
vorrai	**vorrete**	**avrai voluto**	**avrete voluto**
vorrà	**vorranno**	**avrà voluto**	**avranno voluto**
5 Present Conditional		**12 Past Conditional**	
vorrei	**vorremmo**	**avrei voluto**	**avremmo voluto**
vorresti	**vorreste**	**avresti voluto**	**avreste voluto**
vorrebbe	**vorrebbero**	**avrebbe voluto**	**avrebbero voluto**
6 Present Subjunctive		**13 Past Subjunctive**	
voglia	**vogliamo**	**abbia voluto**	**abbiamo voluto**
voglia	**vogliate**	**abbia voluto**	**abbiate voluto**
voglia	**vogliano**	**abbia voluto**	**abbiano voluto**
7 Imperfect Subjunctive		**14 Past Perfect Subjunctive**	
volessi	**volessimo**	**avessi voluto**	**avessimo voluto**
volessi	**voleste**	**avessi voluto**	**aveste voluto**
volesse	**volessero**	**avesse voluto**	**avessero voluto**

Imperative	
—	**vogliamo**
vogli (non volere)	**vogliate**
voglia	**vogliano**

AN ESSENTIAL VERB

Volere

This is a key verb because it is used frequently in conversation and because it occurs in a number of useful expressions.

Samples of basic verb usage

Che cosa vuoi da me? What do you want from me?

È vero che vuoi una macchina nuova? Is it true that you want a new car?

Vorrei che venisse anche lui. I would like him to come too.

Vorrei un espresso, per favore. I would like an espresso, please.

Words and expressions related to this verb

volerci to be necessary

Ci vogliono tre ore per arrivare da te. Three hours are necessary to get to your place.

Ci vuole poco a capire come stanno le cose. You need very little to understand how things stand.

volere bene a qualcuno to love someone

Se Dio vuole! God willing!

V

NOTE: This is a modal verb. It is normally followed by an infinitive without any preposition in between: **Voglio mangiare** (I want to eat); **Vorremmo uscire** (We would like to go out). In compound tenses the auxiliary is determined by the infinitive: **Ho voluto parlare** (I wanted to talk) vs. **Sono voluto andare** (I wanted to go). However, in current Italian the tendency is to use only the auxiliary **avere**.

This verb takes the subjunctive in dependent clauses: **Voglio che venga anche lui** (I want him to come too).

volgere*
to turn, to direct

Gerund volgendo

Past Part. volto

Irregular verb ■

The Seven Simple Tenses		The Seven Compound Tenses	
Singular	Plural	Singular	Plural
1 Present Indicative		**8 Present Perfect**	
volgo	volgiamo	ho volto	abbiamo volto
volgi	volgete	hai volto	avete volto
volge	volgono	ha volto	hanno volto
2 Imperfect		**9 Past Perfect**	
volgevo	volgevamo	avevo volto	avevamo volto
volgevi	volgevate	avevi volto	avevate volto
volgeva	volgevano	aveva volto	avevano volto
3 Past Absolute		**10 Past Anterior**	
volsi	volgemmo	ebbi volto	avemmo volto
volgesti	volgeste	avesti volto	aveste volto
volse	volsero	ebbe volto	ebbero volto
4 Future		**11 Future Perfect**	
volgerò	volgeremo	avrò volto	avremo volto
volgerai	volgerete	avrai volto	avrete volto
volgerà	volgeranno	avrà volto	avranno volto
5 Present Conditional		**12 Past Conditional**	
volgerei	volgeremmo	avrei volto	avremmo volto
volgeresti	volgereste	avresti volto	avreste volto
volgerebbe	volgerebbero	avrebbe volto	avrebbero volto
6 Present Subjunctive		**13 Past Subjunctive**	
volga	volgiamo	abbia volto	abbiamo volto
volga	volgiate	abbia volto	abbiate volto
volga	volgano	abbia volto	abbiano volto
7 Imperfect Subjunctive		**14 Past Perfect Subjunctive**	
volgessi	volgessimo	avessi volto	avessimo volto
volgessi	volgeste	avessi volto	aveste volto
volgesse	volgessero	avesse volto	avessero volto

Imperative

—	volgiamo
volgi (non volgere)	volgete
volga	volgano

Samples of basic verb usage

Volgi a sinistra su Via Dante. Turn left on Dante Street.

Perché gli volgi le spalle? Why do you turn your back on (*literally* shoulders to) him?

Extended uses/Related words and expressions

girare to turn
voltare to turn around

NOTE: Verbs composed with **volgere** are conjugated like it. These include **avvolgere** (to wrap around), **capovolgere** (to overturn), **coinvolgere** (to involve), **ravvolgere** (to wrap several times), **rivolgersi** (to turn to), **sconvolgere** (to upset), and **svolgere** (to unfold).

The Seven Simple Tenses		The Seven Compound Tenses	
Singular	Plural	Singular	Plural

1 Present Indicative		8 Present Perfect	
voto	**votiamo**	**ho votato**	**abbiamo votato**
voti	**votate**	**hai votato**	**avete votato**
vota	**votano**	**ha votato**	**hanno votato**

2 Imperfect		9 Past Perfect	
votavo	**votavamo**	**avevo votato**	**avevamo votato**
votavi	**votavate**	**avevi votato**	**avevate votato**
votava	**votavano**	**aveva votato**	**avevano votato**

3 Past Absolute		10 Past Anterior	
votai	**votammo**	**ebbi votato**	**avemmo votato**
votasti	**votaste**	**avesti votato**	**aveste votato**
votò	**votarono**	**ebbe votato**	**ebbero votato**

4 Future		11 Future Perfect	
voterò	**voteremo**	**avrò votato**	**avremo votato**
voterai	**voterete**	**avrai votato**	**avrete votato**
voterà	**voteranno**	**avrà votato**	**avranno votato**

5 Present Conditional		12 Past Conditional	
voterei	**voteremmo**	**avrei votato**	**avremmo votato**
voteresti	**votereste**	**avresti votato**	**avreste votato**
voterebbe	**voterebbero**	**avrebbe votato**	**avrebbero votato**

6 Present Subjunctive		13 Past Subjunctive	
voti	**votiamo**	**abbia votato**	**abbiamo votato**
voti	**votiate**	**abbia votato**	**abbiate votato**
voti	**votino**	**abbia votato**	**abbiano votato**

7 Imperfect Subjunctive		14 Past Perfect Subjunctive	
votassi	**votassimo**	**avessi votato**	**avessimo votato**
votassi	**votaste**	**avessi votato**	**aveste votato**
votasse	**votassero**	**avesse votato**	**avessero votato**

Imperative	
—	**votiamo**
vota (non votare)	**votate**
voti	**votino**

Samples of basic verb usage
Domani voterò per la prima volta. Tomorrow I will vote for the first time.
Ho già votato per quel partito. I have already voted for that party.

Extended uses/Related words and expressions
appoggiare to support
sostenere to back
eleggere to elect
il partito political party
le elezioni the elections

zoppicare

Gerund **zoppicando**   Past Part. **zoppicato**

to limp

The Seven Simple Tenses		The Seven Compound Tenses	
Singular	Plural	Singular	Plural

1 Present Indicative

Singular	Plural
zoppico	zoppichiamo
zoppichi	zoppicate
zoppica	zoppicano

8 Present Perfect

Singular	Plural
ho zoppicato	abbiamo zoppicato
hai zoppicato	avete zoppicato
ha zoppicato	hanno zoppicato

2 Imperfect

Singular	Plural
zoppicavo	zoppicavamo
zoppicavi	zoppicavate
zoppicava	zoppicavano

9 Past Perfect

Singular	Plural
avevo zoppicato	avevamo zoppicato
avevi zoppicato	avevate zoppicato
aveva zoppicato	avevano zoppicato

3 Past Absolute

Singular	Plural
zoppicai	zoppicammo
zoppicasti	zoppicaste
zoppicò	zoppicarono

10 Past Anterior

Singular	Plural
ebbi zoppicato	avemmo zoppicato
avesti zoppicato	aveste zoppicato
ebbe zoppicato	ebbero zoppicato

4 Future

Singular	Plural
zoppicherò	zoppicheremo
zoppicherai	zoppicherete
zoppicherà	zoppicheranno

11 Future Perfect

Singular	Plural
avrò zoppicato	avremo zoppicato
avrai zoppicato	avrete zoppicato
avrà zoppicato	avranno zoppicato

5 Present Conditional

Singular	Plural
zoppicherei	zoppicheremmo
zoppicheresti	zoppichereste
zoppicherebbe	zoppicherebbero

12 Past Conditional

Singular	Plural
avrei zoppicato	avremmo zoppicato
avresti zoppicato	avreste zoppicato
avrebbe zoppicato	avrebbero zoppicato

6 Present Subjunctive

Singular	Plural
zoppichi	zoppichiamo
zoppichi	zoppichiate
zoppichi	zoppichino

13 Past Subjunctive

Singular	Plural
abbia zoppicato	abbiamo zoppicato
abbia zoppicato	abbiate zoppicato
abbia zoppicato	abbiano zoppicato

7 Imperfect Subjunctive

Singular	Plural
zoppicassi	zoppicassimo
zoppicassi	zoppicaste
zoppicasse	zoppicassero

14 Past Perfect Subjunctive

Singular	Plural
avessi zoppicato	avessimo zoppicato
avessi zoppicato	aveste zoppicato
avesse zoppicato	avessero zoppicato

Imperative

—	zoppichiamo
zoppica (non zoppicare)	zoppicate
zoppichi	zoppichino

Samples of basic verb usage

Mio nonno zoppica un po'. My grandfather limps a bit.

Sto zoppicando perché mi sono fatto male al piede. I am limping because I hurt my foot.

Extended uses/Related words and expressions

Il tuo ragionamento zoppica. Your reasoning is a bit limp.

Io zoppico in matematica. I hobble in math.

Appendixes

1,500 Italian verbs conjugated like the 501 model verbs

The number after each verb is the page number in this book where a model verb is shown fully conjugated. The abbreviation of "transitive" is "tr." and that of "intransitive" is "intr."

aspirare to inhale 8
assaltare to assault 106
assaporare to taste 343
assegnare to assign 12
assentare to absent oneself 380
assentire to assent 463
asserire to affirm 211
assicurare to assure 106
assimilare to assimilate 106
associare to associate 98
assolvere to absolve 431
assomigliare to resemble, look like 449
assorbire to absorb 211
assortire to sort 211
astenere to abstain 503
astrarre to abstract 514
attenere to be pertinent 503
atterrire to frighten 211
attestare to attest 343
attingere to draw off 129
attirare to attract 506
attivare to activate 506
attraversare to cross 544
attrezzare to outfit 106
attristare to sadden 343
augurare to wish 343
aumentare to increase 343
auspicare to look forward to 84
autenticare to authenticate 84
automatizzare to automate 343
avanzare to advance 484
avvedere to notice 538
avvenire to come 546
avvertire to caution 82
avvilire to dishearten 211
avvisare to advise 343
avvolgere to wrap up 557
azionare to put in use 343
azzannare to sink your teeth into 343
azzardare to take a chance 343
azzeccare to be right on, to hit the nail on the
    head 84

B

badare to mind 81
bagnare to wet 12
balbettare to stammer 98
balzare to leap 343
banalizzare to make banal 343
bandire to announce 211
barattare to barter 106
barcamenarsi to tread carefully 343
barcollare to stagger 106
barricare to barricade 84
baruffare to scuffle 343
basare to base 343

bastare to be enough 343
bastonare to thrash 343
battere to beat 319
battezzare to christen 343
bazzicare to frequent, hang out 84
beatificare to beatify 84
beccare to nab 84
belare to bleat, moan 343
bendare to bandage 343
beneficare to benefit 84
bersagliare to target 449
bestemmiare to blaspheme 32
bezzicare to peck 84
biasciare to chomp, munch, chew 98
biasimare to blame 343
biforcare to bifurcate 84
bilanciare to balance 98
bisbigliare to whisper 32
bisognare to need 12
bisticciare to quarrel 98
bloccare to block 84
bocciare to fail 98
bombardare to bomb 135
borbottare to mutter 343
bordare to hem 135
bramare to long for 343
brandire to brandish 211
brevettare to patent 343
brigare to plot 340
bucare to make a hole in 84
buscare to get 84
bussare to knock 343
buttare to throw 343

C

cacciare to hunt 98
cagionare to cause 343
calafatare to caulk 343
calamitare to magnetize 343
calare to lower 343
calcare to press down, to tread 84
calciare to kick 98
calcificare to calcify 84
calcolare to calculate 343
calibrare to calibrate 343
calmare to calm 74
calpestare to trample 343
calunniare to slander 32
campare to keep alive 343
campeggiare to camp 98
canalizzare to channel 343
candeggiare to bleach 343
canonizzare to canonize 343
canterellare to hum 81
canzonare to mock 81
capeggiare to head, lead 49

D

1,500 Italian verbs

daziare to levy a duty on 32
debilitare to debilitate 343
decadere to decline 73
decaffeinizzare to decaffeinate 343
decapitare to decapitate 343
decedere to die 86
decelerare to decelerate (tr. & intr.) 343
decentralizzare to decentralize 343
decifrare to decipher 343
decimare to decimate 343
declinare to decline 343
decodificare to decode 84
decomporre to decompose 104
decorrere to elapse 126
decrescere to decrease 132
decretare to decree 343
duplicare to duplicate 84
dedicare to dedicate 84
dedurre to deduce 386
deferire to defer (intr.), to submit (tr.) 211
definire to define 211
defluire to flow down 211
deformare to deform 343
degenerare to degenerate (intr. with essere & avere) 343
delegare to delegate 340
deificare to deify 84
deliberare to deliberate 343
deliziare to delight (tr. & intr.) 32
deludere to deceive 38
demarcare to demarcate 84
demistificare to demystify 84
demolire to demolish 211
demoralizzare to demoralize 343
denigrare to denigrate 343
denominare to designate 343
denotare to denote 343
dentellare to notch 343
denunziare to denounce 32
deperire to deteriorate 211
deplorare to deplore 343
deportare to deport 343
depositare to deposit 343
deprecare to deprecate 84
depredare to plunder 343
deridere to deride 416
derogare to transgress 340
desalificare to desalinate 84
desinare to dine 343
desistere to desist 51
destare to awaken 343
destituire to demote 211
dettagliare to detail 449
detenere to detain 503
detergere to cleanse 229
detestare to detest 343
detrarre to detract 465
dettare to dictate 343

devastare to devastate 343
deviare to deviate 32
diagnosticare to diagnose 84
dialogare to dialogue with 340
differenziare to differentiate 32
differire to defer 211
diffondere to spread 214
digerire to digest 211
digitare to input, type on a keyboard 343
digredire to digress 211
dilagare to overflow 340
dilaniare to slander 32
diluire to dilute 211
dilungare to carry on at length 340
dimagrire to lose weight 211
dimettere to dismiss 298
dimettersi to resign 298
diminuire to diminish 211
dirugginire to take the rust off 211
disagiare to inconvenience 409
disassociare to disassociate 98
discacciare to chase away 98
disegnare to draw 343
discendere to go down (tr. & intr.) 454
dischiudere to reveal 94
disciogliere to untie 96
disconoscere to ignore 114
disconvenire to disagree 54
discoprire to discover 39
disdire to retract 155
disfare to undo 203
disgiungere to separate (tr. & intr.) 224
disgregare to disintegrate 340
disilludere to deceive 24
disincagliare to set afloat 32
disinibire to free someone from inhibitions 211
disperdere to scatter 356
dispiacere to be sorry 361
disporre to disperse 367
dissentire to dissent 463
dissociare to dissociate 98
distaccare to detach 84
distendere to stretch 502
distogliere to dissuade 505
distribuire to distribute 211
districare to unravel 109
disubbidire to disobey 525
disunire to disunite 530
divagare to amuse 340
divergere to diverge 184
divulgare to divulge 340
domare to tame 340
domesticare to domesticate 109
domiciliare to dwell 32
dragare to dredge 340
drammatizzare to dramatize 343
drizzare to straighten 343

dubitare to doubt 343
duellare to duel 343
duplicare to duplicate 340
durare to last 343

E

eccedere to exceed 86
eccellere to excel 184
eccepire to take exception 211
eccitare to excite 343
echeggiare to echo 343
eclissare to eclipse 343
economizzare to economize 343
edificare to build 84
educare to educate 84
edurre to educe 386
effettuare to put into effect 343
effluire to flow out of 211
eguagliare to equalize, match 449
elargire to donate 211
eleggere to elect 280
elencare to list 84
elettrificare to electrify 84
elogiare to praise 343
elucidare to elucidate 343
eludere to elude 24
emaciarsi to become emaciated 98
emanare to emanate 343
emancipare to emancipate 343
emarginare to marginalize 343
emendare to amend 343
emettere to emit 298
emigrare to emigrate 343
emozionare to move someone 343
emulare to emulate 343
enunciare to enunciate 98
equilibrare to equilibrate 343
equipaggiare to equip 343
equivalere to be equivalent 535
equivocare to mistake 109
ergere to raise 184
erigere to erect 155
erodere to erode 441
erogare to distribute 340
erompere to erupt 442
errare to err 343
errare to wander 340
erudire to educate 211
esaudire to grant 211
esaurire to deplete 211
escludere to exclude 24
escoriare to skin 32
eseguire to carry out 211
esemplificare to exemplify 84
esercire to run 211
esigere to demand 540

esiliare to exile 32
esimere to exempt 540
esordire to make a start 211
espandere to expand (pp. **espaso**) 540
espedire to expedite 211
espiare to expiate 32
esplicare to explain; to carry out 84
esplodere to explode (tr. & intr.) 24
esporre to expose 367
espropriare to expropriate 32
espungere to expunge 229
espurgare to expurgate 341
estendere to extend 502
estinguere to extinguish 166
estrarre to extract 514
estrinsecare to externalize 84
estromettere to expel 298
evidenziare to make evident 32
evocare to evoke 84

F

fabbricare to manufacture 84
facilitare to facilitate 343
falciare to mow 98
falsificare to falsify 84
fantasticare to imagine 84
favorire to favor 211
fendere to split 540
fervere to be fervent 540
festeggiare to celebrate 343
fiaccare to weaken 84
ficcare to stick something somewhere 84
fiancheggiare to flank 343
figgere to drive, to thrust 19
filtrare to filter 343
finanziare to finance 32
fiorire to bloom 211
flettere to flex 540
flirtare to flirt 34
fluire to flow 211
foggiare to shape 49
fondare to found 343
foraggiare to forage 343
forgiare to forge 343
fornire to furnish 211
fortificare to fortify 84
fotocopiare to photocopy 32
frammischiare to mix 32
frangere to crush 365
frapporre to interpose 367
fremere to tremble 86
fruire (di) to take advantage of 211
frusciare to rustle 98
fumigare to fumigate 340
fungere to act as 229
funzionare to work, to function 343

1,500 Italian verbs

G

galleggiare to float 343
galoppare to gallop 343
galvanizzare to galvanize 343
garantire to guarantee 211
garbare (intr.) to be fond of 343
gareggiare to compete 343
garrire to chirp 211
gelare to freeze, ice over 343
gemere to lament 86
generalizzare to generalize 343
germogliare to germinate 402
gesticolare to gesticulate 343
ghermire to grab 211
giostrare to joust 343
girandolare to saunter 343
girellare to wander about 343
giubilare to retire (tr.), to rejoice (intr.) 343
giurare to swear 343
giustiziare to bring to justice 32
giustiziare to execute 343
gocciolare (tr. & intr.) to drip 343
gonfiare to inflate 343
gorgheggiare to warble 343
gradire to like, to welcome 211
graffiare to scratch 343
gratificare to gratify 84
grattugiare to grate 49
grugnire to grunt 211
gualcire to crumple 211
guarnire to garnish 211
guastare to wreck 343

H

(h)andicappare to handicap 343

I

idealizzare to idealize 343
ideare to conceive an idea 343
identificare to identify 84
idoleggiare to idolize 49
ignorare to ignore 343
illanguidire to languish 211
illuminare to illuminate 343
illustrare to illustrate 343
imbacuccare to muffle 84
imbandire to prepare (food) lavishly 211
imbarazzare to embarrass 343
imbarcare to ship, to load 84
imbastire to baste (sewing) 211
imbavagliare to gag 32

imbecillirsi to become foolish 211
imbellire to embellish, to adorn 211
imbestialire to enrage 211
imbiancare to whiten 84
imbibere to imbibe, to drench 211
imbiondirsi to become blond 211
imbonire to lure, to entice 211
imboscare to hide, to ambush 84
imbottigliare to bottle 32
imbottire to pad, to fill 211
imbrogliare to cheat 32
imbronciare to pout, to sulk 98
imbruttirsi to become ugly 211
imitare to imitate 343
immaginare to imagine 343
immalinconire to sadden 211
immatricolare to matriculate 343
immettere to immerse 298
immigrare to immigrate (intr.) 343
immischiare to become involved 32
immobilizzare to immobilize 343
immunizzare to immunize 343
impaccare to package 84
impacchettare to pack 343
impacciare to hamper 98
impadronire to seize, to take possession of 211
impallidire to turn pale 211
impazzire to become crazy about 211
impartire to impart 211
impastare to knead 343
impazzare to be wild with excitement 343
impazientire to get impatient 211
impeciare to tar 98
impedire to impede 211
impegnare to pawn 343
impensierire (tr. & intr.) to worry 211
imperare to rule, to reign 343
imperlare to bead 343
imperversare to storm, to rage 343
impetrare to beg for 343
impiantare to install, to set up 343
impiastrare to plaster 343
impiccare to hang 84
impicciare to hinder, to bother 98
impiccolire to reduce in size 211
impietosire to move to pity 211
impietrire (tr., intr., refl.) to turn to stone 211
impigrire to make lazy 211
impiombare to plumb, to seal with lead 343
implorare to implore 343
impolverare to cover with dust 343
importare to import (tr.) 343
importunare to importune 343
impostare to mail 343
impoverire to impoverish 211

impratichire to train 211
impressionare to impress 343
imprigionare to imprison 343
improntare to imprint 343
improvvisare to improvise 343
imputare to accuse 343
inacerbire to exacerbate 211
inamidare to starch 343
inaridire to dry, to parch 211
inasprire to aggravate 211
inaugurare to inaugurate 343
incalzare to press, to pursue 343
incamiciare to sheathe, enfold 98
incanalare to channel 343
incantare to bewitch 343
incanutire to turn gray 211
incaparbire to be obstinate (intr. & refl.) 211
incapricciare to become infatuated with 98
incarcerare to jail 343
incaricare to charge 84
incartare to wrap up 343
incassare to box up 343
incastonare to set (a gem) 343
incatenare to chain 343
incavare to hollow out 343
incendiare to set on fire 32
incenerire to reduce to ashes 211
inceppare to hinder, to shackle 343
incettare to corner (a market) 343
inchinare to bend, to bow 343
inchiodare to nail 343
inciampare to stumble 343
incidere to engrave 137
incitare to incite 343
incivilire to civilize 211
inclinare to bow, to tilt 343
incogliere to catch in the act 96
incollare to glue 343
incolpare to charge with 343
incombere to be impending, to be incumbent upon (intr.) 540
incominciare to begin (tr. & intr.) 98
incorraggiare to encourage 343
incorare to hearten 483
incorniciare to frame 98
incorporare to incorporate 343
incorrere to incur 124
incretinire to make stupid, to stultify 211
incriminare to incriminate 343
incrociare to cross, to cruise 98
incrudelire to enrage 211
inculcare to inculcate 84
incuriosire to intrigue 211
incurvare to bend 343
incutere to inspire 159
indagare to investigate 340
indebolire to weaken (tr., intr., refl.) 211

indennizzare to indemnify 343
indietreggiare to withdraw 343
indignare to anger, to shock 343
indire to announce publicly 153
indirizzare to address, to direct 343
indispettire to annoy 211
indisporre to indispose 164
individuare to single out, to outline 343
indiziare to cast suspicion on 32
indolcire to sweeten 211
indolenzire to make sore or stiff 211
indorare to gild 343
indossare to wear 343
indottrinare to indoctrinate 343
indovinare to guess 343
indugiare to delay 343
indulgere to indulge 229
indurire to harden 211
indurre to induce 112
industriare to try hard 32
inebetire to dull, to stun 211
inebriare to intoxicate 32
infarcire to cram, to stuff 211
infastidire to annoy 211
inferire to infer 211
infermare to weaken, to get sick 343
inferocire to make fierce, to grow fierce 211
infervorare to excite, to stir up 343
infestare to infest 343
infiacchire to weaken 211
infiammare to inflame 343
infierire to become cruel 211
infievolire to weaken 211
infiggere to thrust, to stick 19
infilare to thread 343
infiltrare to infiltrate 343
infinocchiare to fool 32
infioccare to adorn with tassels 84
infiorare to adorn with flowers 343
infittire to thicken 211
inflettere to inflect 421
influire to have an influence on 211
infondere to infuse, to instill 213
infracidire to rot 211
inframettere to meddle, to interpose 298
infrangere to break (tr. & intr.) 363
infreddolire to get cold 211
infurbirsi to become shrewd 211
infuriare to infuriate 32
ingabbiare to cage 343
ingaggiare to engage, to hire 343
ingagliardire to strengthen 211
ingannare to deceive 343
ingarbugliare to entangle, to become embroiled 32

ingegnare to manage, to scheme 343
ingelosire to make jealous 211
ingerire to ingest, to ingest 211
ingessare to plaster up, to cast 343
inghiottire to swallow 211
ingiallire to lose color 211
inginocchiare to kneel down 32
ingiungere to order, to command 229
ingiuriare to insult 32
ingoiare to gulp down 32
ingolfare to flood 343
ingommare to glue 343
ingorgare to get clogged up 340
ingranare to engage (gear) 343
ingrandire to enlarge 211
ingrassare to fatten, to lubricate 343
ingraziare to ingratiate oneself 32
ingrullire to drive crazy 211
inibire to inhibit 211
iniziare to initiate 32
innestare to graft, to implant 343
inorridire to horrify 211
inserire to insert, to plug in 211
insidiare to ensnare 32
insorgere to rise up 364
insospettire to make suspicious 211
insudiciare to dirty 98
intaccare to impact upon 84
intagliare to chisel 449
intascare to pocket 84
intenerire to soften, to move 211
intercedere to intercede 86
interdire to interdict 153
interferire to interfere 211
intervenire to intervene 541
intervistare to interview 343
intestardire to become obstinate 211
intimare to intimate 343
intimidire to intimidate 343
intimorire to frighten 211
intitolare to dedicate, to title 343
intonare to harmonize 343
intontire to stun 211
intoppare to stumble upon 343
intorbidire to cloud 211
intralciare to intertwine, to hamper 98
intrappolare to entrap 343
intraprendere to undertake 377
intrattenere to keep amused 503
intrecciare to braid, to cross over 98
intrigare to tangle, to intrigue 340
intromettere to insert, to introduce 298
intuire to intuit, to sense 211
inumidire to moisten, dampen 211
invecchiarsi to become old 343
inveire to inveigh 211
inventare to invent 343
invertire to invert 463

investigare to investigate 340
invidiare to envy 32
invigorire to invigorate 211
invocare to invoke 84
invogliare to instill a desire 449
ipnotizzare to hypnotize 343
ipotizzare to hypothesize 343
ipotecare to mortgage 84
irradiare to radiate, to illuminate 32
irrigare to irrigate 340
irrigidire to stiffen, to harden 211
irritare to irritate 343
irrompere to burst 442
irrorare to spray, squirt 343
irruvidire to coarsen 211
iscrivere to inscribe, to register 458
isolare to isolate 343
isterilire to make barren 211
istigare to instigate 340
iterare to iterate 343

L

lacerare to lacerate 343
lacrimare to weep, to tear 343
lagnare to complain, to moan 343
lambire to lap, to graze 343
lamentare to lament 343
laminare to laminate 343
lampeggiare to flash 343
languire to languish 211
largire to bestow liberally 211
lastricare to pave 84
laureare to confer a degree 343
leccare to lick 84
legittimare to legitimize 343
lenire to ease, soften 211
lenire to soothe 211
lesinare to begrudge 343
levare to lift, to raise 343
libare to toast 343
licenziare to dismiss from work, to grant a
  diploma 32
limare to file, to polish 343
lisciare to smooth, to flatter 98
litigare to litigate, to quarrel 340
livellare to level, to equalize 343
localizzare to pinpoint 343
locare to rent, to lease 84
logorare to wear out, to fray 343
lubrificare to lubricate 84
luccicare to sparkle, to shine 84
lucidare to shine, to polish 343
lumeggiare to illuminate 343
lusingare to flatter 340
lussuriare to lust 32
lustrare to polish, to shine 343

M

macchinare to plot 343
macinare to grind 343
magnetizzare to magnetize 343
magnificare to praise, to magnify 84
maledire to curse 153
malmenare to manhandle 343
mancare to miss, to lack 84
maneggiare to handle, 49, 343
mangiucchiare to nibble 32
manifestare to manifest, to demonstrate 343
manovrare to maneuver, to handle 343
marcare to mark 84
marchiare to brand 32
marciare to march 98
marcire (intr.) to rot, decay 211
marinare to marinate, to play truant 343
maritare to marry 343
massacrare to massacre 343
massaggiare to massage 343
masticare to chew 84
maturare to ripen 343
meccanizzare to mechanize 343
mediare to mediate 32
medicare to medicate 84
mendicare to beg 84
meravigliare to amaze 32
mescolare to mix 343
miagolare to meow 343
migrare to migrate 343
militarizzare to militarize 343
minacciare to threaten 98
miniare to paint in miniature 32
mirare to look at, to aim at 343
miscelare to mix, to blend 343
mischiare to mix, to mingle 32
mistificare to mystify 84
mitigare to mitigate 340
modellare to model 343
modernizzare to modernize 343
molestare to molest, to annoy 343
mollificare to mollify 84
moltiplicare to multiply 84
monopolizzare to monopolize 343
montare to mount, climb 343
montare to mount, to go up, to set 343
moralizzare to moralize 343
mormorare to murmur, to whisper 343
mortificare to mortify 84
mozzicare to gnaw 84
muggire to moo, to low 211
mungere to milk 29
munire to fortify 211
murare to put up a wall 343
murare to wall in 343
musicare to put to music 84
mutilare to mutilate 343

N

narrare to narrate 343
naturalizzare to naturalize 343
naufragare to be shipwrecked 340
nauseare to nauseate 343
nazionalizzare to nationalize 343
necessitare to require 343
neutralizzare to neutralize 343
nitrire to neigh 211
nobilitare to ennoble 343
normalizzare to normalize 343
numerare to number 343
nutrire to nourish 463

O

obiettare to object 343
occhieggiare to ogle, make eyes at 49
occludere to block 24
odorare to smell 343
offuscare to obfuscate 84
oggettivare to objectify 343
oltraggiare to insult, to outrage 343
oltrepassare to go beyond 343
ombreggiare to shade 343
omogeneizzare to homogenize 343
ondeggiare to wave, to sway 343
onerare to burden 343
opinare to deem, to opine 343
orbitare to orbit 343
orchestrare to orchestrate, to organize 343
orientare to guide, to orient 343
originare to originate 343
orecchiare to listen in 32
ornare to adorn 343
oscillare to waver, to oscillate 343
ospitare to lodge, to entertain 343
ossequiare to hover, to pay respects to 343
ossigenare to oxygenate, to bleach 343
ostacolare to hinder, to obstruct 343
ostentare to show off 343
ostinarsi to be adamant 343
ostracizzare to ostracize 343
ostruire to obstruct, hinder 211
ottimare to optimize 343
otturare to plug up, to fill 343
ovviare to obviate 32
oziare to hang around, loiter 32

P

pacificare to pacify, to placate 84
padroneggiare to master (something) 49

palesare to make obvious 343
palpeggiare to finger 343
palpitare to palpitate 343
paragonare to compare 343
paralizzare to paralyze 343
parcheggiare to park 343
pareggiare to equal, to match 343
parodiare to parody 32
partorire to give birth, to bear 211
pascere to graze 540
pastorizzare to pasteurize 343
patroncinare to sponsor, to favor 343
patteggiare to negotiate 343
pattinare to skate 343
pattugliare to patrol 449
pavoneggiare to swagger 343
peccare to sin 84
peggiorare to worsen 343
pelare to peel, to pluck 343
penalizzare to penalize 343
pentire to repent 463
percepire to perceive 211
percorrere to go through, to cross 126
perdonare to forgive 343
perdurare to persevere, to last 343
perfezionare to improve 343
perforare to perforate, to pierce 343
perire to perish 211
permanere to remain, to stay 423
pernottare to stay overnight 343
perquisire to body search 211
pigiare to press, squeeze 49
placare to placate 84
plasmare to shape 343
pluralizzare to pluralize 343
polarizzare to polarize 343
polemizzare to render polemical 343
politicizzare to politicize 343
polverizzare to pulverize 343
pompare to fill up with air 343
ponderare to ponder 343
pontificare to pontificate 84
popolarizzare to popularize 343
posare to put down 343
potenziare to empower 32
precedere to precede 86
precludere to preclude 24
predicare to preach 84
pregiare to praise 49
prescrivere to prescribe 458
presentire to presage 463
privilegiare to privilege 449
procedere to proceed 86
profferire to proffer 211
profumare to perfume 343
progettare to plan, to design 343
progredire to progress, to advance 211
proliferare to proliferate 343

prolungare to prolong 340
propagare to propagate, to spread 340
prorogare to delay 340
prosciugare to drain, to reclaim 340
proscrivere to proscribe 458
proseguire to follow, to pursue 462
prosperare to prosper 343
protrarre to protract, to extend 514
provare to try, to taste 343
provenire to originate, to stem 541
provocare to provoke 84
pubblicare to publish 84
pubblicizzare to publicize 343
pungere to sting 229
puntare to point, to aim 343
puntualizzare to spell out 343
purificare to purify 84
puzzare to stink 343

Q

quadrare to square 343
quadruplicare to quadruple 84
qualificare to qualify 84
quagliare to thicken, coagulate 449
quantificare to quantify 84
querelare to sue 343
quotare to give a stock market value 343

R

rabbrividire to shiver, to shudder 211
rabbuffare to rebuke 343
raccapezzare to put together 343
raccogliere to gather, to pick up 81
raccorciare to shorten 98
raddolcire to sweeten 211
raddoppiare to double 32
raddrizzare to straighten 343
radunare to gather, to assemble 343
raffermare to reaffirm 343
raffinare to refine, to polish 343
raffittire to make thick 211
rallegrare to cheer up 308
rallentare to slow down 308
rammentare to remember 308
rampicare to climb 84
rancidire to become rancid 211
rannuvolare to cloud, to darken 343
rasare to shave, to mow, to trim 343
raschiare to scrape, to scratch 32
rassicurare to reassure 343
rassomigliare to resemble 32
ratificare to ratify 84
reagire to react 211
recare to bring about 368

recedere to recede 86
recensire to review 211
recepire to welcome someone 211
recingere to enclose, to pen in 211
reclamare to claim, to demand, to complain 343
regredire (intr.) to regress 211
reinserire to reinsert 211
rettificare to rectify 84
revocare to revoke, to recall 84
riaccendere to rekindle 10
riapparire to reappear 36
ricercare to research 84
richiedere to require, to demand 92
ricorrere to occur 126
ricostruire to rebuild, reconstruct 211
riferire to refer 211
rifiorire to flourish 211
riforbire to refurbish 211
rifornire to supply, to restock 211
rimbambire to become inane 211
rimettere to put back 298
rinfrescare to refresh 84
ringiovanire to become youthful again 211
rintracciare to track down 98
rinunciare to reject 98
riporre to put back 367
ripulire to clean up 211
risalire to go up again 443
risanare to heal 343
riscattare to ransom 343
rischiare to risk 32
rischiarire to become clear 211
riscrivere to rewrite 458
risentire to hear again, to feel 463
risiedere to reside 461
risorgere to rise again 470
risparmiare to save, to spare 32
risvegliare to reawaken 496
rovesciare to overturn 98
ruggire to roar 211

S

sabotare to sabotage 343
saccheggiare to pillage 343
sacrificare to sacrifice 84
saggiare to test (someone or something), try out 49
saldare to solder 343
salivare to salivate 343
salpare to start out 343
salvaguardare to safeguard 343
sanare to make whole 343
sancire to ratify, to sanction 211
sanguinare to bleed 343

santificare to sanctify 84
saporire to spice up 211
satireggiare to satirize 49
saturare to saturate 343
saziarsi to become full 343
sbadigliare to yawn 449
sbagliare to err, make a mistake 449
sbalordire to stun, bewilder 211
sbalzare to leap 343
sbandierare to wave the flag 343
sbaraccare to pack up 84
sbaragliare to trounce, crush 449
sbarazzare to get rid of, throw out 343
sbattere to beat 428
sbiadire to fade 211
sboccare to open up 84
sbocciare to bud 98
sborniarsi to become drunk 343
sbottonarsi to unbutton oneself, to open up 343
sbucciare to peel 98
scacciare to kick out someone 98
scagliare to hurl 449
scagnare to bark 343
scandalizzare to scandalize 343
scansare to steer clear of 343
scappare to run away 343
scartare to discard 343
scassare to smash 343
scattare to set off, turn on 343
scaturire to emanate from, to stem from 211
scavare to excavate 343
sceneggiare to choreograph 49
schedare to file 343
scheggiare to chip, break into fragments 49
schermire to swordfight 211
scherzare to joke around 343
schiacciare to crush 98
schiaffeggiare to slap someone in the face 49
schiarire to clear up 211
schivare to avoid, steer clear of 343
sciabolare to duel, pierce 343
sciacquare to rinse out 343
scintillare to scintillate, sparkle 343
sciogliere to undo, untie, loosen, unknot 508
scioperare to go on strike 343
sciupare to waste 343
scivolare to slide 343
scocciare to hassle, harass 98
scolorire to mute a color 211
scolpire to sculpt, carve 211
scommettere to bet 298
scomporre to take apart, take to pieces 367
sconvolgere to upset 554

scopare to sweep 343
scoppiare to blow up 343
scoraggiare to discourage 49
scordare to forget 343
scorgere to detect 366
scorrere to flow 126
sdraiarsi to lie down 343
sedurre to seduce 386
segnare to mark down 343
selezionare to select 343
sembrare to seem 343
seminare to sow, plant seeds 343
semplificare to simplify 84
sequestrare to confiscate, seize 343
sfacchinare to plug away 343
sfamarsi to satisfy one's hunger 343
sfasciare to take apart 98
sfibbiare to unfasten 32
sfociare to flow into, surge 98
sfogarsi to get something off one's mind,
    make someone hear it 340
sfoggiare to show off, brag 49
sgelare to unfreeze, melt 341
sgobbare to work hard, break one's back
    343
sgocciare to drip 98
sgombrare to get rid of 343
sgranchirsi to stretch 211
sgridare to yell at someone 343
sgualcire to crush 211
sigillare to seal 343
significare to signify, mean 98
silenziare to silence 32
simboleggiare to symbolize 49
simulare to simulate 343
sincronizzare to synchronize 343
singhiozzare to hiccup 343
sintetizzare to synthesize 343
sistemare to arrange, put in order 343
situare to situate 343
slegare to untie 340
smarrire to lose, misplace 211
smascherare to unmask 343
smentire to deny 211
smettere to stop 298
smorzare to lessen, lower 343
snellire to thin out, to become thin 211
snobbare to look down on 343
snodare to unknot 343
soccorrere to help 126
soffermarsi to stop over 343
soffiare to blow 32
sollecitare to solicit 343
sommergere to submerge 184
sommettere to submit, put under 298
sopperire (a) to face up to 211
sopportare to put up with 343
sorbire to sip, to endure 211

sorteggiare to draw, pull out 49
sottoscrivere to subscribe 450
spaccare to smash 84
specificare to specify 84
sperare to hope 343
spogliarsi to undress 343
spuntare to come into sight 343
sputare to spit 343
staccare to detach 84
stampare to print 343
stancare to tire out 343
standardizzare to standardize 343
stangare to sting, hurt someone 340
stanziare to hand over 32
starnutire to sneeze 211
stimare to esteem 343
stirare to iron 343
stizzire to rile 211
stonare to be off key 343
stordire to deafen 211
stracciare to tear, rip 98
stringere to tighten 129
stupire to stupefy 211
subire to withstand, endure 211
succhiare to suck 32
suddividere to subdivide 174
suscitare to cause, bring about 343
svolgere to unfold 554
svoltare to turn around, change direction
    343

T

tabulare to tabulate 343
tamponare to fill up, plug 343
tappare to cap 343
tardare to delay 343
tassare to tax 343
tartagliare to stutter 448
tastare to handle, feel 343
telefonare to phone 343
temperare to allay, temper 343
tempestare to storm 343
tentennare to shake one's head 343
teorizzare to theorize 343
terminare to terminate 343
terrorizzare to terrorize 343
tessere to weave 501
testare to test 343
testimoniare to testify, give evidence 32
timbrare to put a stamp on a document 343
titillare to titillate 343
titolare to title 343
tollerare to tolerate 444
tuonare to thunder 493
tormentare to torment 343
tosare to shear, cut off 343

tossire to cough 211
traballare to move to and fro, waver, sway 343
traboccare to overflow, spill over 84
tracciare to trace, to track 98
tralasciare to abandon 98
tramandare to put off 343
tranquillarsi to settle down, calm down 343
trapanare to drill 343
trascendere to transcend 454
trascrivere to transcribe 458
trascurare to neglect 343
trasformare to transform 343
trasgredire to transgress 211
traslocare to move, relocate 84
trasportare to transport 343
tritare to slice 343
troncare to break off 84
truccarsi to put makeup on 84
tuffare to dive 343
tutelare to take care of, look after 343

U

ubicare to place 83
ubriacare to make drunk 83
ufficiare to officiate 98
uguagliare to make equal 496
ultimare to finish off 343
ululare to howl 343
umanizzare to humanize 343
unificare to unify 84
urbanizzare to urbanize 343
urtare to annoy, to hit, to bump 531
usufruire to have the use of, to enjoy 211
usurpare to usurp 343

V

vaccinare to vaccinate 343
vacillare to vacillate 343
vagabondare to loiter 343
valorizzare to value 343
valutare to estimate, to appraise 343
vangare to shovel, dig 340
vantaggiare to give preference to 49
varcare to go across 84
vegliare to stay awake, to watch over 496
velare to cover, to conceal 343
venerare to venerate, to worship 343
ventilare to air, to ventilate 343
vergognare to be ashamed 343
verniciare to paint 98
vezzeggiare to coddle 343
viaggiare to travel 343
vibrare to vibrate 343
vincolare to tie up 343
violare to violate 343
visionare to look over 343
visualizzare to visualize 343
vittimizzare to victimize 343
vituperare to vituperate 343
viziare to spoil (a person) 32
vomitare to vomit 343
vuotare to empty 343

Z

zampillare to spurt, to gush, to spring 343
zappare to hoe 343
zittire to shut someone up 211
zuccherare to sweeten 343

1,500 Italian verbs

Index of irregular Italian verb forms identified by infinitive

This index will help you identify those verb forms that cannot be readily identified because they are irregular in some way. For example, if you come across the verb form **stato** (which is very common) in your Italian readings, this index will tell you that **stato** is a form of **essere** and **stare**. You can then look up **essere** and **stare** in this book to find that verb form.

Verb forms whose first three or four letters are the same as the infinitive have not been included because they can easily be identified by referring to the alphabetical listing of the 501 verbs in this book.

A

abbi, abbia **avere**
accesi, accese, accesero, acceso **accendere**
accolsi, accolto **accogliere**
afflissi, afflisse, afflissero, afflitto **affligere**
andrei, andrò **andare**
apersi, apèrse, apersero, aperto **aprire**
appaia, appaiano, apparso, apparvi, apparve, apparvero **apparire**
appreso **apprendere**
arsi, arse, arsero **ardere**
assalga, assalgano **assalire**
assunsi, assunse, assunto **assumere**
attesi, atteso **attendere**
avrei **avere**
avvenga, avvenuto **avvenire**

B

berrei, bevendo, bevi, bevuto, bevvi **bere**
bocci, bocci **bocciare**

C

caddi, cadde, caddero **cadere**
ceda, cedi, cedetti **cedere**
chreda, chiesi, chiesto **chiedere**
chiusi **chiudere**
cuocendo, cuocerei, cotto, cuocia, cuociamo **cuocere**
colga, colgano, colsi, colto **cogliere**
compaia, compaiano, comparso, comparvi **comparire**
confusi **confondere**
conobbi, conobbe **conoscere**
copersi, coperse, coperto **coprire**
corressi, corresse, corretto **correggere**
corrotto, corruppi **corrompere**
corsi, corse, corsero, corso **correre**
crebbi **crescere**
cucia **cucire**

D

da', dia, diano, diedi (detti), dessi **dare**
deva, devo, devi, dobbiamo **dovere**
dico, dici **dire**
difesi, difese, difeso **difendere**
diffusi, diffuse **diffondere**
dipesi, dipese **dipendere**
dipinsi, dipinse, dipinto **dipingere**
diressi, diretto **dirigere**
distraendo, distraessi, distragga **distrarre**
divenga, divengano, divenni, divenne, divenuto **divenire**
dolga, dolgano, dorrei, duoli, dolga, dogliamo **dolere**

E

ebbi, ebbe **avere**
emisi, emise, emetta **emettere**
ero **essere**
esca, escano, esci, esco **uscire**
espressi, espresse, espresso **esprimere**
estesi, estese, esteso **estendere**

F

feci **fare**
finsi, finse, finto **fingere**
fissi, fisse, fissero, fitto **figgere**
frissi, frisse, frissero, fritto **friggere**
fusi, fuse, fusero, fuso **fondere**
fui **essere**

G

giaccia, giacciano **giacere**

H

ho, hai, ha, abbiamo, hanno **avere**

I

immersi, immerse **immergere**
inflissi, inflisse, inflitto **infliggere**
inteso **intendere**
invasi, invase, invasero, invaso **invadere**

L

lessi, lesse, letto **leggere**

M

mantieni, mantenga **mantenere**
messo, misi, mise **mettere**
morrei, morrò, morto **morire**
morsi, morse **mordere**
mossi, movendo **muovere**

N

nacqui, nacque, nato **nascere**
nascosi, nascosto **nascondere**
noccia, nocciano, nocete **nuocere**

O

oda, odano **udire**
offersi, offerse, offerto **offrire**
offesi, offese, offeso **offendere**
omisi, omise **omettere**

P

paia, parrei, parso, parvi **parere**
persi, perse, perso **perdere**
piaccia, piacqui **piacere**
piansi, pianto **piangere**
porse, porsero, posto **porre**
posso, puoi, può **potere**
presi, prese **prendere**
prevaisero **prevalere**
preveggo, preveggo, previdi **prevedere**
promosso **promuovere**
provvegga, provvisto **provedere**
punsi, punse, punto **pungere**

R

rasi, rase **radere**
resi, rese **rendere**
ressi, resse **reggere**
ridetto, ridica **ridire**
ridotto, riduco **ridurre**
riesca, riescano **riuscire**
rincrebbi, rincrebbe **rincrescere**
rosi, rose, roso **rodere**
ruppi, ruppe, rotto **rompere**

S

salga, salgano **salire**
sappi, sappia, seppi, seppe **sapere**
scritto **scrivere**
sia **essere**
sieda (segga), siedi **sedere**
scesi, scese **scendere**
scompaia, scompaiano, scomparso **scomparire**
sconfissi, sconfisse, sconfitto **sconfiggere**
scossi, scosso **scuotere**
sono, sarei, sarò **essere**
sorto **sorgere**
spento **spegnere**
speso **spendere**
spinsi, spinse, spinto **spingere**
stato **essere** or **stare**
stesi, stese, steso **stendere**
svolsi, svolse, svolto **svolgere**

T

taccia, tacqui **tacere**
tesi, tese, teso **tendere**
tinto **tingere**
tolga, tolgano, tòlsi, tòlse, tolto **togliere**
tragga, traggo, trai **trarre**

U

uccisi, ucciso **uccidere**

V

va', vada, vadano **andare**
valgo, valsi, valso, varrei, varrò **valere**
vattene **andarsene**
veda **vedere**
vissi, visse, vissuto **vivere**
visto **vedere**
vogli, voglio, volli **volere**

Index of English-Italian verbs

A

abandon **abbandonare**
able, be **potere**
abuse **abusare, maltrattare**
accompany **accompagnare**
ache **dolere**
act **funzionare**
add **aggiungere**
adhere **aderire**
administrate **gestire**
admire **ammirare**
admit **ammettere**
adore **adorare**
advise **suggerire**
affect **commuovere**
affirm **affermare**
aflict **affliggere**
afraid, be **temere**
agree **corrispondere**
aid **aiutare**
allow **permettere**
allude **alludere**
alter **modificare**
amuse oneself **divertirsi**
annoy **annoiare, incomodare**
answer **rispondere**
anticipate **anticipare**
appear **apparire, comparire, parere**
apply (to) **rivolgersi**
arrange **disporre, ordinare**
arrest **arrestare**
arrive **arrivare, giungere**
ask **chiedere, domandare**
ask for **domandare**
assail **assalire**
assault **assalire**
assist **assistere**
assume **assumere, supporre (supponere)**
attempt **tentare**
attend **attendere**
attribute **attribuire**
authenticate **autenticare**
authorize **autorizzare**
avoid **evitare**
award **concedere**

B

be **esistere, essere**
bear **reggere, soffrire**

beat **percuotere**
become **divenire, diventare**
become agitated **turbarsi**
become aware of **accorgersi, avvedersi**
become insane **impazzire**
beg **domandare**
begin **cominciare**
behave oneself **comportarsi**
believe **credere**
belong **appartenere**
bend **piegarsi**
betray **tradire**
better **migliorare**
bite **mordere**
bless **benedire**
block **bloccare**
boast (brag) **vantarsi**
boil **bollire**
bore **annoiare**
bored, be **annoiarsi**
born, be **nascere**
break **rompere**
breathe **respirare**
breed **generare**
bring **portare**
bronze **abbronzare**
build **costruire**
burn **ardere**
burn oneself **bruciarsi**
buy **comprare**

C

calculate **calcolare**
call **chiamare, nominare**
calm oneself down **calmarsi, quietarsi**
can **potere**
cancel **cancellare**
carry **portare**
cast **gettare**
castigate **castigare, punire**
catch **cogliere, contrarre**
catch up to **raggiungere**
cause **causare**
celebrate **celebrare, festeggiare**
change **cambiare, mutare, variare**
charter **noleggiare**
chat **discorrere**
choose **eleggere, scegliere**
claim **pretendere**
clean **lavare, pulire**
close **chiudere**

close off bloccare
comb one's hair pettinarsi
come venire
come back ritornare
come down discendere, scendere
come out uscire
come out again riuscire
come up salire
command ordinare
commit commettere
communicate communicare
compel costringere, obbligare
complain lagnarsi
comply ubbidire
compose comporre
compute calcolare
concede concedere
conclude concludere, inferire
conduct condurre
confide fidarsi
confuse confondere
conquer vincere
consist consistere
construct costruire
consume consumare
contain contenere
contend contendere, pretendere
contract contrarre
contradict contraddire
convert convertire
convey trasmettere
convince convincere
cook cuocere
correct correggere
correspond corrispondere
corrupt corrompere
cover coprire
create formare
cross out cancellare
crush premere
cry gridare, piangere
curb moderare
curse maledire
cut tagliare
cut a fine figure comparire
cut a sorry figure scomparire

D

dance ballare
dare osare
darken oscurare
deal with trattare
deceive illudere
decide decidere
declare affermare
deduce inferire

defeat sconfiggere
defend difendere
define definire
deliberate deliberare
delude illudere
demand domandare, pretendere
demonstrate dimostrare
depend dipendere
depict dipingere
deposit depositare
descend discendere, scendere
describe descrivere
deserve meritare
desire desiderare
despair disperare
destroy distruggere
detain ritenere, trattenere
determine determinare
detest detestare
develop svolgere
dictate dettare
die morire
diffuse diffondere
digest digerire
direct dirigere, volgere
disappear scomparire, svanire
disarm disarmare
discover scoprire
discuss discutere, ragionare
disembark sbarcare
disgust disgustare
displease dispiacere
dispose disporre
dispute contendere
dissolve dissolvere
distinguish distinguere
distract distarre
distress affliggere
divide dividere, separare
do fare
do again rifare
doctor (dress) medicare
drag trascinare
draw tirare, trarre
draw up redigere, stendere
dream sognare
dress oneself vestirsi
drink bere (bevere)
drive guidare
dry asciugare
dye tingere

E

earn guadagnare
eat mangiare
edit redigere

elect eleggere
elevate elevare
eliminate eliminare
embrace abbracciare
emerge emergere
emit emettere
employ impiegare
endure soffrire
enjoy godere, gustare
enjoy oneself divertirsi
enter entrare
entertain trattenere
envelop involgere
establish stabilire
exaggerate esagerare
examine esaminare
examine (medical) visitare
exasperate esasperare
exchange scambiare
exclude escludere
excuse scusare
exhaust esaurire
exhibit esibire
exist esistere
explain spiegare
express esprimere
extend estendere, stendere
extinguish spegnere (spengere)

F

facilitate facilitare
fail bocciare, fallire
faint svenire
fall cadere
fall asleep addormentarsi
fall down cascare
fall in love with innamorarsi
falsify falsificare
fasten figgere
feed nutrire
feel sentire
feel up to sentirsi
feign fingere
find trovare
finish finire
fix figgere
flee fuggire
flight lottare
fling lanciare
fly volare
fold piegare
follow seguire
forbid proibire, vietare
force costringere
foresee prevedere
forget dimenticare

form formare
free liberare
frighten impaurire
fry friggere
function funzionare
fuse fondere

G

gain guadagnare
gather cogliere
gauge misurare
generate generare
get avere, cogliere
get angry arrabbiarsi
get to raggiungere
get up alzarsi
get upset turbarsi
get used to abituarsi
give dare
give back rendere, restituire
give in, give way cedere
give out emettere
glorify glorificare
gnaw rodere
go andare
go away andarsene, partire
go back ritornare
go bankrupt fallire
go down discendere, scendere
go mad impazzire
go out uscire
go out again riuscire
go to sleep addormentarsi
go up salire
govern governare
grant concedere
grasp afferrare
graze radere
grease ungere
greet salutare
grow crescere
guarantee garantire
guess supporre (supponere)
guide guidare

H

hand porgere
hang pendere
hang up sospendere
happen accadere, avvenire, succedere
harm nuocere
hasten affrettarsi
hate odiare
have avere

have a good time divertirsi
have to bisognare, dovere
heal guarire
hear udire
heat riscaldare, scaldare
help aiutare
hide nascondere
hint alludere
hit percuotere
hold ritenere, tenere
hold onto afferrare
hold out porgere, tendere
honor onorare
howl urlare
humble (humiliate) umiliare
humble oneself umiliarsi
hurry affrettarsi
hurt nuocere

I

ill-treat maltrattare
immerse immergere
impersonate impersonare
implicate implicare
imply involgere
impose imporre
impress imprimere
improve migliorare
include includere
inconvenience incomodare
increase crescere
incur contrarre
indicate indicare
infer inferire
inflict infliggere
inform avvisare, informare, notificare
injure nuocere
insert introdurre
insist insistere, ostinarsi
inspect verificare
instruct istruire
interrupt interrompere
intervene intervenire
introduce introdurre, presentare
invade invadere
invite invitare

J

jump saltare

K

keep mantenere, tenere
keep back trattenere
kill uccidere
kindle accendere
kiss baciare
knock bussare
know conoscere, sapere

L

land sbarcare
laugh ridere
laugh at burlarsi
lead condurre
leap saltare
learn apprendere, imparare, sapere
leave lasciare, partire
lend prestare
let lasciare
let down abbassare
let know informare
liberate liberare
lie (down) giacere
lie mentire
lift up elevare
limit limitare
limp zoppicare
liquidate liquidare
live abitare, vivere
lock serrare
look apparire
look at guardare
look for cercare
lose perdere
lower abbassare

M

maintain mantenere
mail (a letter) imbucare, spedire
make fare
make a mistake sbagliarsi
make again rifare
make fun of burlarsi di
manage gestire
marry sposare
mask mascherare
may potere
mean intendere
measure misurare
medicate medicare
meet conoscere, incontrare
melt fondere

mention nominare
merit meritare
mistaken, be sbagliarsi
mistreat maltrattare
moderate moderare
mount salire
move commuovere, muovere
must bisognare, dovere

N

name nominare
navigate navigare
necessary, be bisognare, occorrere
note notare
notice accorgersi, avvedersi
notify informare, notificare

O

obey ubbidire
oblige obbligare
obscure oscurare
observe osservare
obtain ottenere
occupy occupare
occur accadere, avvenire, succedere
offend offendere
offer offrire, porgere
omit omettere
open aprire
operate operare
oppose opporre
oppress opprimere
order comandare, ordinare
organize organizzare
ought dovere
overwhelm opprimere
owe dovere

P

paint dipingere
part separare
participate partecipare
pass trascorrere
pass over in silence tacere
pass (proceed) passare
pass on trasmettere
pay pagare
penetrate penetrare
perceive avvedersi
permit permettere
persist ostinarsi
persuade persuadere

pick cogliere
pinch pungere
place mettere, porre
play giocare, suonare (sonare)
please compiacere, piacere
plunge immergere
point at indicare
pollute inquinare
portray ritrarre
possess possedere
post (a letter) imbucare
pour versare
pour out spandere
praise glorificare, lodare
precede prevenire
predict predire
prefer preferire
prepare apparecchiare, preparare
present presentare
preserve mantenere
press premere, stringere
pretend fingere
prevail prevalere
prick pungere
print imprimere
produce produrre
prohibit proibire, vietare
promise promettere
promote promuovere
pronounce pronunziare
propose proporre
protect proteggere
provide provvedere
pull tirare, trarre
pull down abbassare
punish castigare, punire
push spingere
put mettere, porre
put out spegnere (spengere)
put together riunire

Q

quiet quietare
quiet down quietarsi

R

rain piovere
raise alzare, elevare
raze radere
reach raggiungere
read leggere
reason ragionare
receive accogliere
recite recitare

recognize **riconoscere**
recommend **raccomandare**
recount (relate) **raccontare**
recover **guarire**
reduce **ridurre**
refer **alludere**
reflect **riflettere**
refuse (reject) **rifiutare**
regret **rincrescere**
regulate **regolare**
rehire **riassumere**
reject **bocciare**
relish **gustare**
remain **rimanere**
remove **togliere**
render **rendere**
renew **rinnovare**
repeat **recitare, ridire**
reply **rispondere**
reproach **rimproverare**
resign oneself **rassegnarsi**
resist **resistere**
resolve **risolvere**
respect **rispettare**
restrain **trattenere**
restrict **limitare**
resume **riassumere**
retain **ritenere**
return **ritornare**
return (restore) **restituire**
reunite **riunire**
ring **suonare (sonare)**
rise **alzarsi, sorgere**
rub out **cancellare**
run **correre**

S

sail **navigare**
salute **salutare**
satisfy **soddisfare**
save **salvare**
say **dire**
say again **ridire**
scream **gridare**
see **vedere**
seek **cercare**
seem **apparire, parere**
seize **afferrare**
select **scegliere**
sell **vendere**
send **mandare, spedire**
separate **dissolvere, separare**
serve **servire**
set **apparecchiare, mettere, porre**
set free **liberare**
set out **partire**

settle **liquidare**
sew **cucire**
shake **scuotere, tremare**
share **partecipare**
shave **radere**
shed **spargere**
should **dovere**
shout **gridare, urlare**
shove **spingere**
show **esibire, indicare, mostrare**
shut **chiudere, serrare**
sign **firmare**
silent, be **tacere**
sing **cantare**
sit **sedere**
sleep **dormire**
smear **ungere**
smile **sorridere**
smoke **fumare**
snow **nevicare**
soothe **quietare**
sorry (for), be **dispiacere, rincrescere**
sound **suonare (sonare)**
speak **parlare**
spend **spendere**
spill **spandere**
spot, stain **macchiare**
spread **diffondere, spandere,
   stendere**
squeeze **premere, stringere**
stamp **impremere**
stand **stare**
stand up **alzarsi**
start **cominciare**
stay **rimanere, stare**
sting **pungere**
stir **muovere**
stop **arrestare, fermarsi, ritenere**
stretch out **tendere**
strike **colpire, percuotere**
stroll **passeggiare**
struggle **lottare**
study **studiare**
subdue **sottomettere**
subject **sottomettere**
submit **sottomettere**
subtract **sottrarre**
succeed **riuscire**
succeed (follow) **succedere**
suffer **patire, soffrire**
suffer pain **dolere**
suggest **suggerire**
summarize **riassumere**
support **reggere, sostenere**
suppose **supporre (supponere)**
surprise **sorprendere**
suspend **sospendere**
sustain **sostenere**

giurare
nuotare
svenire

T

take prendere
take a walk passeggiare
take away togliere
take part in partecipare
talk discorrere, parlare
tan abbronzare
taste assaggiare
teach istruire
tell dire
tend tendere
thank ringraziare
think pensare
throw gettare, lanciare
throw oneself into buttarsi
tie up legare
touch commuovere
transfer trasferire
translate tradurre
transmit trasmettere
tremble tremare
trust fidarsi
try tentare
turn girare, volgere
turn around rivolgersi
twist torcere

U

uncover scoprire
understand capire, comprendere, intendere
undo disfare
unfold svolgere
uphold sostenere
unite unire
urgent, be premere
use usare

V

value, be of valere
vanish svanire
vary variare
verify verificare
visit visitare
vote votare

W

wait for aspettare, attendere
walk camminare, passeggiare
want desiderare, volere
warm scaldare
warm up riscaldere
wash lavare
wash oneself lavarsi
waste perdere
watch osservare
wear portare
weep piangere
weigh pesare
weigh down opprimere
welcome accogliere
win vincere
wish desiderare
withdraw ritrarre, sottrarre
work lavorare
worth, be valere
wrap up avvolgere, involgere
wrestle lottare
wring torcere

Verbs used with prepositions

Italian verbs are sometimes preceded by a preposition and sometimes followed by one; sometimes they are used with no preposition at all.

The meanings of a verb often change when used with a preposition; for example:

contare to count *vs.* **contare su** to count on
finire to finish *vs.* **finire di** to be finished doing something, or
finire per to eventually do something
pensare a to think about *vs.* **pensare di** to have an opinion about.

Certain verbs require a preposition before an infinitive:

Lui vuole imparare a nuotare. He wants to learn to swim. Certain verbs do not need a preposition before an infinitive:

Devo arrivare prima delle sette. I must arrive before seven.

Certain verbs such as: **cominciare** or **incominciare** (to begin), **insegnare** (to teach), **imparare** (to learn), **continuare** (to continue), and other verbs of beginning, continuing, inviting, learning, succeeding, etc., require **a** before an infinitive:

Lui continua a seguirmi. He continues to follow me.

Certain verbs do not require a preposition before an infinitive. The most common of these are:

ascoltare	dovere	preferire
amare	fare	sapere
basta (it is sufficient)	guardare	sentire
bisogna (it is necessary)	lasciare	vedere
desiderare		

Some Verbs That Take the Preposition *a* Before an Infinitive

abituarsi	essere pronto	restare
affrettarsi	fermarsi	rimanere
aiutare	giungere	ritornare
andare	imparare	riuscire
cominciare	incoraggiare	salire
condannare	indurre	scendere
condurre	insegnare	seguitare
continuare	invitare	servire
convincere	mandare	stare
correre	menare	stare attento
costringere	mettersi = cominciare	tornare
divertirsi	obbligare	uscire
durare	passare	venire
entrare	portare	volerci
esercitarsi	prepararsi	
esortare	rassegnarsi	

Some Verbs That Take the Preposition *di* Before an Infinitive

accettare	dubitare	pensare
accorgersi	essere certo	permettere
ammettere	essere contento	pregare
ammonire	essere curioso	pretendere
aspettare	essere felice	proibire
aspettarsi	essere fortunato	promettere
aver bisogno	essere impaziente	raccomandare
aver il piacere	essere libero	riconoscere
aver intenzione	essere lieto	ricordare
aver paura	essere ora	ricordarsi
aver ragione	essere orgoglioso	rifiutare
aver torto	essere spiacente	ringraziare
aver voglia	essere stanco	ripetere
cercare	fare il favore	rispondere
cessare	finire	scegliere
chiedere	importare	scordare
comandare	lamentarsi	scordarsi
consigliare	mancare	scrivere
credere	meravigliarsi	smettere
decidere	occorrere	sperare
dimenticare	offrire	stabilire
dimenticarsi	ordinare	suggerire
dimostrare	osare	temere
dire	parere	tentare
domandare	parlare	

Concise general grammar review

Following are the essentials of all areas of Italian grammar, except the verbs of course (whose uses are treated separately in the *Verb Conjugation and Use Guide* in this book). The topics covered here include nouns, adjectives, numbers, articles, partitives, demonstratives, possessives, pronouns, adverbs, prepositions, questions, and basic sentence structure. Needless to say, this is not a complete analysis of these topics, only the essential points. If you wish to have a detailed analysis, refer to Barron's *Complete Italian Grammar Review*.

Nouns

Nouns are words that name persons, objects, places, concepts, etc. In Italian, a noun generally can be recognized by its vowel ending, which indicates its gender and number.

ragazzo	*boy*	ragazzi	*boys*
ragazza	*girl*	ragazze	*girls*
madre	*mother*	madri	*mothers*
padre	*father*	padri	*fathers*

Every noun in Italian has a gender—that is to say, it is either masculine or feminine. With a few exceptions, nouns that refer to males (people or animals) are masculine, and those that refer to females (people or animals) are feminine.

Nouns ending in *-o* are (generally) masculine, those ending in *-a* are (generally) feminine.

Masculine (Males)		Feminine (Females)	
il ragazzo	*the boy*	la ragazza	*the girl*
lo zio	*the uncle*	la zia	*the aunt*
il figlio	*the son*	la figlia	*the daughter*
l'americano	*the male American*	l'americana	*the female American*

Nouns that end in *-e* refer to either males or females as the case may be, and can thus be masculine or feminine. Since the gender of a noun is indicated by the form of the article that precedes it, you should learn nouns of this type along with their articles (*il, lo,* and *l'* with masculine nouns and *la, l'* with feminine nouns). This will help you remember gender.

Masculine (Males)		Feminine (Females)	
il padre	*the father*	la madre	*the mother*
il francese	*the French man*	la francese	*the French woman*

Nouns are marked as masculine or feminine, no matter if they refer to beings or things. The rules remain the same. If the noun ends in *-o* it is (generally) masculine; if it ends in *-a* it is (generally) feminine.

Nouns ending with the vowel *-e* are either masculine or feminine. This is not an option; it is fixed by the grammar of Italian. You will thus have to memorize such nouns. To be sure about the gender of a specific noun ending in *-e*, consult a dictionary, if you cannot infer it from the article form.

Masculine		Feminine	
il libro	*the book*	la porta	*the door*
il nome	*the name*	la chiave	*the key*

There are exceptions to these rules. And these, of course, are found in dictionaries.

...ere are several ways to make most nouns plural.

If it ends in *-o*, change the *-o* to *-i*.

Singular		Plural	
il ragazzo	*the boy*	i ragazzi	*the boys*
il libro	*the book*	i libri	*the books*

- If the noun ends in *-a*, change the *-a* to *-e*.

Singular		Plural	
la ragazza	*the girl*	le ragazze	*the girls*
la porta	*the door*	le porte	*the doors*

- Again, abbreviated nouns do not change.
- If the noun ends in *-e*, change the *-e* to *-i*.

Singular		Plural	
il padre	*the father*	i padri	*the fathers*
la chiave	*the key*	le chiavi	*the keys*

There are two possibilities for changing nouns ending in *-co* and *-go* to the plural.

- If the hard *c* and *g* sounds are to be retained, spell the plural endings *-chi* and *-ghi*, which represent hard sounds.

Singular		Plural	
gioco	*game*	giochi	*games*
luogo	*place*	luoghi	*places*

- If the soft sounds are required instead, spell the plural endings *-ci* and *-gi*, which represent soft sounds.

Singular		Plural	
amico	*friend*	amici	*friends*
greco	*Greek*	greci	*Greeks*
biologo	*biologist*	biologi	*biologists*

In general, if the *-co* is preceded by *e* or *i* (as in *amico* and *greco*), the tendency is to retain the soft sound in the plural (*amici*, *greci*). Otherwise the hard sound is retained. In the case of *-go*, the tendency is the opposite—to retain the hard sound. But there are a number of exceptions to these two rules, which you should consider to be guidelines rather than strict grammatical rules (covering a large number of cases, by the way).

There is only one way to change nouns ending in *-ca* and *-ga* to the plural, namely to *-che* and *-ghe*, which represent hard sounds.

Singular		Plural	
banca	*bank*	banche	*banks*
riga	*ruler*	righe	*rulers*

There is also only one way as well to change nouns ending in *-cio* and *-gio* to the plural, namely to *-ci* and *-gi*, which represent soft sounds.

Singular		Plural	
bacio	*kiss*	baci	*kisses*
orologio	*watch*	orologi	*watches*

Adjectives

Descriptive adjectives are words that modify or describe nouns. With some exceptions, they are placed after the noun they modify.

È un libro nuovo.	*It's a new book.*
È una macchina bella.	*It's a beautiful car.*

Adjectives agree with the nouns they modify. This means, in concrete terms, that their final vowels are changed according to the gender and number of the nouns. There are two types of adjectives: (1) adjectives that end in -o (such as *alto* "tall"), and (2) those that end in -e (such as *intelligente* "intelligent").

• With masculine nouns, adjectives such as *alto* end in -o if the noun they modify is singular and -i if it is plural; adjectives such as *intelligente* end in -e if the noun is singular and -i if it is plural.

Singular		Plural	
il ragazzo alto	*the tall boy*	i ragazzi alti	*the tall boys*
il ragazzo intelligente	*the intelligent boy*	i ragazzi intelligenti	*the intelligent boys*
il padre alto	*the tall father*	i padri alti	*the tall fathers*
il padre intelligente	*the intelligent father*	i padri intelligenti	*the intelligent fathers*

• With feminine nouns, adjectives such as *alto* end in -a if the noun they modify is singular and -e if it is plural; adjectives such as *intelligente* end in -e if the noun they modify is singular and -i if it is plural.

Singular		Plural	
la ragazza alta	*the tall girl*	le ragazze alte	*the tall girls*
la ragazza intelligente	*the intelligent girl*	le ragazze intelligenti	*the intelligent girls*
la madre alta	*the tall mother*	le madri alte	*the tall mothers*
la madre intelligente	*the intelligent mother*	le madri intelligenti	*the intelligent mothers*

When two nouns are modified by an adjective, the adjective must be in the plural. If the two nouns are feminine, then the appropriate feminine plural form is used; if the two nouns are both masculine, or of mixed gender, then the appropriate masculine plural form is used.

Both Feminine
La maglia e la borsa sono rosse.	*The sweater and the purse are red.*

Both Masculine
Il cappotto e l'impermeabile sono rossi.	*The coat and the raincoat are red.*

Mixed Gender
La maglia e il cappotto sono rossi.	*The sweater and the coat are red.*

Some common descriptive adjectives can come before or after a noun. The most common are the following.

bello	*beautiful*
brutto	*ugly*
buono	*good*
cattivo	*bad*
caro	*dear*
giovane	*young*
grande	*big, large*
nuovo	*new*
povero	*poor*
simpatico	*nice, charming*
vecchio	*old*

A few of these adjectives change in meaning according to their position.

È un ragazzo povero.	*He is a poor boy (not wealthy).*
È un povero ragazzo.	*He is a poor boy (deserving of pity).*
È un amico vecchio.	*He is an old friend (in age).*
È un vecchio amico.	*He is an old friend (for many years).*

One final word about the position of descriptive adjectives. When these adjectives are accompanied by an adverb, another adjective, or some other part of speech, they must follow the noun.

È un simpatico ragazzo.   *He is a pleasant boy*

but

È un ragazzo molto simpatico.   *He is a very pleasant boy.*

In addition to possessive, partitive, and interrogative adjectives, which are treated below, there are certain words that have various adjectival functions. Some grammarians classify them as adjectives, others as different types of structures. Here are the most common.

abbastanza	*enough*
altro	*other*
assai	*quite, enough*
certo	*certain*
molto	*much, many, a lot*
ogni	*each, every*
parecchio	*several, quite a few*
poco	*little, few*
qualsiasi	*whichever, any*
qualunque	*whichever, any*
stesso	*the same*
tanto	*much, many, a lot*
troppo	*too much*
tutto	*all*
ultimo	*last*

Adjectives can be used to indicate that someone or something has a relatively equal, greater, or lesser degree of some quality. The three degrees of comparison are: positive, comparative, and superlative.

For the positive degree use either *così . . . come* or *tanto . . . quanto.*

Marco è così felice come sua sorella.	*Mark is as happy as his sister.*
Loro sono tanto noiosi quanto gli altri.	*They are as boring as the others.*

For the comparative degree simply use *più / more* or *meno / less,* as the case may be.

Marco è studioso.	*Mark is studious*	**Maria è più studiosa.**	*Mary is more studious.*
Lui è simpatico.	*He's nice.*	**Lei è meno simpatica.**	*She is less nice.*
Maria è alta.	*Mary is tall.*	**Marco è più alto.**	*Mark is taller.*

For the superlative degree use the definite article (in its proper form, of course!) followed by *più* or *meno,* as the case may be.

Maria è la più studiosa della sua classe.	*Mary is the most studious in her class.*
Quel ragazzo è il più simpatico della famiglia.	*That boy is the nicest in the family.*

In comparative constructions, the word *than* is rendered in two ways.

• If two structures (nouns, substantives, or noun phrases) are compared by one adjective, the preposition *di* is used.

Giovanni è più alto di Pietro.	*John is taller than Peter.*
Maria è meno elegante di sua sorella.	*Mary is less elegant than her sister.*

- If two adjectives are used to compare the same structure (a noun, a substantive, or a noun phrase, the word *che* is used instead.

Giovanni è più simpatico che furbo.   *John is nicer than he is clever.*
Maria è meno elegante che simpatica.   *Mary is less elegant than she is nice.*

Numbers

There are two types of numbers—the cardinal (or counting) numbers and the ordinal (or ordering) numbers.

Cardinal Numbers

0 zero
1 uno
2 due
3 tre
4 quattro
5 cinque
6 sei
7 sette
8 otto
9 nove
10 dieci
11 undici
12 dodici
13 tredici
14 quattordici
15 quindici
16 sedici
17 diciassette
18 diciotto
19 diciannove
20 venti

The number words from twenty on are formed by adding the first nine number words to each number word representing successive higher values, keeping the following adjustments in mind.

- In front of *uno* and *otto* (the two number words that start with a vowel), drop the final vowel of the higher value word to which these are added on.

21 venti + uno = ventuno
38 trenti + otto = trentotto

- When *tre* is added on, it must be written with an accent (to show that the stress is on the final vowel).

23 venti + tre = ventitré
33 trenta + tre = trentatré

Here are the words representing the tens values.

20 venti
30 trenta
40 quaranta
50 cinquanta
60 sessanta
70 settanta
80 ottanta
90 novanta
100 cento

he same method of construction applies to the remaining higher values.

101 centuno
102 centodue
103 centotré
. . .

To form the numbers 200, 300, etc. simply add *cento* on as shown below.

200 duecento
300 trecento
. . .
900 novecento

Continue making number words as before.

201 duecentuno
302 trecentodue
403 quattrocentotré
. . .
1000 mille
1001 milleuno
1002 milledue
. . .
2000 duemila
3000 tremila
. . .
100.000 centomila
200.000 duecentomila
. . .
1.000.000 un milione
2.000.000 due milioni
3.000.000 tre milioni

Ordinal Numbers

1st primo (1^0)
2nd secondo (2^0)
3rd terzo (3^0)
4th quarto (4^0)
5th quinto (5^0)
6th sesto (6^0)
7th settimo (7^0)
8th ottavo (8^0)
9th nono (9^0)
10th decimo (10^0)

The remaining ordinals are easily constructed in the following manner.

- Take the corresponding cardinal number, drop its vowel ending, and then add *-esimo*.

  11th undici   + -esimo = undicesimo
  42nd quaranta + -esimo = quarantesimo

- In the case of numbers ending in *-tré*, remove the accent mark, but keep the *-e*.

  23rd ventitré   + -esimo = ventitreesimo
  33rd trentatré + -esimo = treantatreesimo

- If the number ends in *-sei*, do not drop the vowel.

  26th ventisei   + -esimo = ventiseiesimo

Unlike the cardinal numbers, ordinals are adjectives. Therefore, they agree with the noun they modify in gender and number.

il primo (1^0) giorno	*the first day*
la ventesima (20^a) volta	*the twentieth time*
tutti gli ottavi (8^i) capitoli	*all the eighth units*

Articles

Articles are words used to specify nouns (as specific and nonspecific).

A Specific Noun		A Nonspecific Noun	
il libro	*the book*	un libro	*a book*

There are two types of articles: the indefinite article for nonspecific uses and the definite for specific ones. The indefinite article varies according to the gender, number, and initial sound of the noun or adjective it precedes.

- *uno* is used before a masculine noun or adjective beginning with *z, s + consonant, gn,* or *ps*

uno zio	*an uncle*
uno studente	*a student*
uno gnocco	*a dumpling*
uno psicologo	*a psychologist*

- *un* is used before a masculine noun or adjective beginning with any other sound (consonant or vowel)

un ragazzo	*a boy*
un cane	*a dog*
un gatto	*a cat*
un amico	*a friend*

- *una* is used before a feminine noun or adjective beginning with any consonant

una zia	*an aunt*
una studentessa	*a student*
una ragazza	*a girl*
una psicologa	*a psychologist*

- *un'* is used before a feminine noun or adjective beginning with any vowel

un'amica	*a friend*
un'ora	*an hour*
un'americana	*an American*
un'isola	*an island*

The singular forms of the definite article are as follows.

- *lo* before a masculine singular noun or adjective beginning with *z, s + consonant, gn,* or *ps*

lo zio	*the uncle*
lo studente	*the student*
lo gnocco	*the dumpling*
lo psicologo	*the psychologist*

- *il* before a masculine singular noun or adjective beginning with any other consonant

il ragazzo	*the boy*
il cane	*the dog*
il gatto	*the cat*

- *la* before a feminine singular noun or adjective beginning with any consonant

la zia	*the aunt*
la studentessa	*the student*
la ragazza	*the girl*
la psicologa	*the psychologist*

- *l'* before a masculine or feminine singular noun or adjective beginning with any vowel

l'amico	*the (male) friend*
l'orologio	*the watch*
l'ora	*the hour*
l'isola	*the island*

There are also corresponding plural forms of the definite article. They are as follows.

- *gli* before a masculine plural noun or adjective beginning with *z, s + consonant, gn, ps,* or any vowel

gli zii	*the uncles*
gli studenti	*the students*
gli gnocchi	*the dumplings*
gli psicologi	*the psychologists*
gli amici	*the friends*
gli orologi	*the watches*

- *i* before a masculine plural noun or adjective beginning with any other consonant

i ragazzi	*the boys*
i cani	*the dogs*
i gatti	*the cats*

- *le* before a feminine singular noun or adjective beginning with any sound

le zie	*the aunts*
le ragazze	*the girls*
le ore	*the hours*
le isole	*the islands*

The definite article is used with all nouns in the plural that express generalizations.

Gli italiani sono simpatici.	*Italians are nice.*
Le macchine stanno rovinando l'ambiente.	*Cars are wrecking the environment.*

As a guideline, just remember that you cannot start an Italian sentence with a noun without its article.
   The definite article is used with the days of the week to indicate a habitual action.

Il lunedì gioco sempre a tennis.	*On Mondays I always play tennis.*
La domenica vado regolarmente in chiesa.	*On Sundays I go regularly to church.*

It is used with titles, unless the person is being spoken to.

Il dottor Rossi è italiano.	*Dr. Rossi is Italian.*
La professoressa Bianchi è molto brava.	*Professor Bianchi is very good.*

Partitives

Partitives are structures used in noun phrases that indicate a part of something as distinct from its whole.
   Before count nouns (nouns that have a plural form), the partitive can be considered to function grammatically as the plural of the indefinite article. The most commonly used type of partitive in this case consists of the preposition *di* + the appropriate plural forms of the definite article.

Masculine Contractions

di + i = dei   di + i libri = dei libri   *some books*
di + gli = degli   di + gli studenti = degli studenti   *some students*

Feminine Contraction

di + le = delle   di + le penne = delle penne   *some pens*

Singular		Plural	
uno sbaglio	*a mistake*	degli sbagli	*some mistakes*
un albero	*a tree*	degli alberi	*some trees*
un bicchiere	*a glass*	dei bicchieri	*some glasses*
un coltello	*a knife*	dei coltelli	*some knives*
una forchetta	*a fork*	delle forchette	*some forks*
una sedia	*a chair*	delle sedie	*some chairs*
un'automobile	*an automobile*	delle automobili	*some automobiles*

In place of these forms, the pronouns *alcuni* (*masculine plural*) and *alcune* (*feminine plural*) can be used to render more precisely the idea of "several."

degli zii	*some uncles*	alcuni zii	*several (a few) uncles*
dei bicchieri	*some glasses*	alcuni bicchieri	*several (a few) glasses*
delle forchette	*some forks*	alcune forchette	*several (a few) forks*
delle amiche	*some friends*	alcune amiche	*several (a few) friends*

The invariable pronoun *qualche* can also be used to express the partitive with count nouns. But be careful with this one! It must be followed by a singular noun, even though the meaning is plural.

degli zii	*some uncles*	qualche zio	*some uncles*
dei bicchieri	*some glasses*	qualche bicchiere	*some glasses*
delle forchette	*some forks*	qualche forchetta	*some forks*
delle amiche	*some friends*	qualche amica	*some friends*

In negative sentences, the partitive must be omitted.

Affirmative Sentence		Negative Sentence	
Ho dei biglietti.	*I have some tickets.*	Non ho biglietti.	*I don't have any tickets.*
Ho alcune riviste.	*I have some magazines.*	Non ho riviste.	*I don't have any magazines.*

With mass nouns (nouns that do not, normally, have a plural form), the partitive is rendered by either *di* + the singular forms of the definite article, or by the expression *un po' di* "a bit of."

Masculine Contractions

di + il = del   di + il vino = del vino   *some wine*
di + lo = dello   di + lo zucchero = dello zucchero   *some sugar*
di + l' = dell'   di + l'orzo = dell'orzo   *some barley*

Feminine Contractions

di + la = della   di + la pasta = della pasta   *some pasta*
di + l' = dell'   di + l'acqua = dell'acqua   *some water*

del vino	*some wine*	un po' di vino	*some wine, a little wine*
dello zucchero	*some sugar*	un po' di zucchero	*some sugar, a little sugar*
dell'orzo	*some barley*	un po' di orzo	*some barley, a little barley*
della pasta	*some pasta*	un po' di pasta	*some pasta, a little pasta*
dell'acqua	*some water*	un po' di acqua	*some water, a little water*

Like articles, demonstratives also specify a noun. In this case, they indicate whether the person or thing a noun refers to is relatively near or far.

The demonstrative indicating "nearness" is *questo*. Its forms vary as follows.

- *questo* (plural *questi*) is used before a masculine noun or adjective

Singular		Plural	
questo zio	*this uncle*	questi zii	*these uncles*
questo studente	*this student*	questi studenti	*these students*
questo ragazzo	*this boy*	questi ragazzi	*these boys*
questo cane	*this dog*	questi cani	*these dogs*
questo amico	*this friend*	questi amici	*these friends*

- *questa* (plural *queste*) is used before a feminine noun or adjective

Singular		Plural	
questa zia	*this aunt*	queste zie	*these aunts*
questa studentessa	*this student*	queste studentesse	*these students*
questa ragazza	*this girl*	queste ragazze	*these girls*
questa camicia	*this shirt*	queste camicie	*these shirts*
questa amica	*this friend*	queste amiche	*these friends*

The form *quest'* can be used (optionally) in front of a singular noun or adjective beginning with a vowel.

questo amico *or* quest'amico
questa amica *or* quest'amica

The demonstrative indicating "farness" is *quello*. Its forms vary as follows.

- *quello* (plural *quegli*) is used before a masculine noun or adjective beginning with *z, s +* consonant, *gn*, or *ps*

Singular		Plural	
quello zio	*that uncle*	quegli zii	*those uncles*
quello studente	*that student*	quegli studenti	*those students*
quello gnocco	*that dumpling*	quegli gnocchi	*those dumplings*
quello psicologo	*that psychologist*	quegli psicologi	*those psychologists*

- *quel* (plural *quei*) is used before a masculine noun or adjective beginning with any other consonant

Singular		Plural	
quel ragazzo	*that boy*	quei ragazzi	*those boys*
quel cane	*that dog*	quei cani	*those dogs*

- *quell'* (plural *quegli*) is used before a masculine noun or adjective beginning with a vowel

Singular		Plural	
quell'amico	*that friend*	quegli amici	*those friends*
quell'orologio	*that watch*	quegli orologi	*those watches*

- *quella* (plural *quelle*) is used before a feminine noun or adjective beginning with any consonant

Singular		Plural	
quella zia	*that aunt*	quelle zie	*those aunts*
quella studentessa	*that student*	quelle studentesse	*those students*
quella ragazza	*that girl*	quelle ragazze	*those girls*

- *quell'* (plural *quelle*) is used before a feminine noun or adjective beginning with any vowel

Singular		Plural	
quell'amica	*that friend*	quelle amiche	*those friends*
quell'ora	*that hour*	quelle ore	*those hours*

Possessives

Possessives are adjectives that allow us to indicate ownership of, or relationship to, something (or someone).

Like descriptive adjectives, possessives agree in number and gender with the noun or nouns they modify. Unlike most descriptive adjectives, however, they come before the noun. The only invariable possessive is *loro*. The definite article is part of the possessive adjective. It is not optional. Here are the forms of the possessives.

mio   *my*

	Singular		Plural	
Masculine	il mio amico	*my (male) friend*	i miei amici	*my (male) friends*
Feminine	la mia amica	*my (female) friend*	le mie amiche	*my (female) friends*

tuo   *your (familiar singular)*

	Singular		Plural	
Masculine	il tuo orologio	*your watch*	i tuoi orologi	*your watches*
Feminine	la tua camicia	*your shirt*	le tue camicie	*your shirts*

suo   *his, her, its*
Suo   *your (polite singular)*

	Singular		Plural	
Masculine	il suo orologio	*his, her watch*	i suoi orologi	*his, her watches*
Feminine	la sua camicia	*his, her shirt*	le sue camicie	*his, her shirts*
Masculine	il Suo orologio	*your watch*	i Suoi orologi	*your watches*
Feminine	la Sua camicia	*your shirt*	le Sue camicie	*your shirts*

nostro   *our*

	Singular		Plural	
Masculine	il nostro amico	*our friend*	i nostri amici	*our friends*
Feminine	la nostra amica	*our friend*	le nostre amiche	*our friends*

vostro   *your (familiar plural)*

	Singular		Plural	
Masculine	il vostro orologio	*your watch*	i vostri orologi	*your watches*
Feminine	la vostra camicia	*your shirt*	le vostre camicie	*your shirts*

loro   *their (invariable)*
Loro   *your (polite, plural)*

	Singular		Plural	
Masculine	il loro amico	*their friend*	i loro amici	*their friends*
Feminine	la loro amica	*their friend*	le loro amiche	*their friends*
Masculine	il Loro amico	*your friend*	i Loro amici	*your friends*
Feminine	la Loro amica	*your friend*	le Loro amiche	*your friends*

ne definite article dropped from all forms except *loro* when the noun modified is a singular, unmodified kinship noun (*padre*, *madre*, etc.).

Singular Kinship Noun		Plural Kinship Noun	
tuo cugino	*your cousin*	**i tuoi cugini**	*your cousins*
mia sorella	*my sister*	**le mie sorelle**	*my sisters*
nostro fratello	*our brother*	**i nostri fratelli**	*our brothers*

Singular Kinship Noun		Modified or Altered Kinship Noun	
tuo cugino	*your cousin*	**il tuo cugino americano**	*your American cousin*
mia sorella	*my sister*	**la mia sorellina**	*my little sister*
nostra cugina	*our (female) cousin*	**la nostra cugina italiana**	*our Italian cousin*

The article is always retained with *loro*.

il loro figlio	*their son*
la loro figlia	*their daughter*
il loro fratello	*their brother*

Pronouns

Pronouns are words used in place of nouns, substantives (words taking on the function of nouns), or noun phrases (nouns accompanied by articles, demonstratives, adjectives, etc.). The subject matter here is limited to personal pronouns functioning as subjects and objects and to indefinite pronoun forms.

Subject Pronouns

Personal pronouns are called this because they refer to a person (*I, you, we,* etc.). They are classified as subject, object, or reflexive. They are also classified according to the person(s) speaking (=first person), the person(s) spoken to (=second person), or the person(s) spoken about (=third person). The pronoun can, of course, be in the singular (=referring to one person) or in the plural (=referring to more than one person).

As we have seen throughout this book, subject pronouns are used as the subject of a verb.

Io parlo italiano e lui parla francese. *I speak Italian and he speaks French.*

The Italian subject pronouns are, as you already know, as follows.

io	*I*
tu	*you (familiar)*
lui	*he*
lei	*she*
Lei	*you (polite)*
noi	*we*
voi	*you (familiar plural)*
loro	*they*
Loro	*you (polite plural)*

Subject pronouns are optional in simple affirmative sentences, because it is easy to tell from the verb ending which person is the subject. However, they must be used for emphasis, to avoid ambiguity, or if more than one subject pronoun is required.

The pronoun *you* has both familiar and polite forms.

Maria, anche tu studi l'italiano?	*Mary, are you studying Italian too?*
Signora Binni, anche Lei studia l'italiano?	*Mrs. Binni, are you studying Italian too?*

In writing, the polite forms (Lei, Loro) are capitalized in order to distinguish them from *lei* meaning *she* and *loro* meaning *they*, but this is not obligatory.

In the plural, there is a strong tendency in current Italian to use *voi* as the plural of both *tu* and *Lei*. *Loro* is restricted to very formal situations (when addressing an audience, when a waiter takes an order, etc.).

Object Pronouns

Object pronouns are used as objects of verbs and other structures. Their main use is to replace direct or indirect objects. Italian object pronouns generally come right before the verb.

The direct and indirect object pronouns are as follows.

Direct		Indirect	
mi	*me*	mi	*to me*
ti	*you (familiar)*	ti	*to you (familiar)*
La	*you (polite)*	Le	*to you (polite)*
lo	*him, it*	gli	*to him*
la	*her, it*	le	*to her*
ci	*us*	ci	*to us*
vi	*you (familiar plural)*	vi	*to you (familiar plural)*
li	*them (masculine)*	gli	*to them (masculine)*
le	*them (feminine)*	gli	*to them (feminine)*

The English direct object pronoun *it* (plural *them*) is expressed by the third person direct object pronoun. Be careful! Choose the pronoun according to the gender and number of the noun it replaces.

Masculine Singular
Franco comprerà il libro domani.   *Franco will buy the book tomorrow.*
Franco lo comprerà domani.   *Franco will buy it tomorrow.*

Masculine Plural
Franco comprerà i biglietti domani.   *Franco will buy the tickets tomorrow.*
Franco li comprerà domani.   *Franco will buy them tomorrow.*

Feminine Singular
Franco comprerà la rivista domani.   *Franco will buy the magazine tomorrow.*
Franco la comprerà domani.   *Franco will buy it tomorrow.*

Feminine Plural
Franco comprerà le riviste domani.   *Franco will buy the magazines tomorrow.*
Franco le comprerà domani.   *Franco will buy them tomorrow.*

When the verb is in a compound tense, the past participle agrees in gender and number with these four pronouns (*lo, la, li, le*).

Masculine Singular
Franco ha comprato il libro ieri.   *Franco bought the book yesterday.*
Franco lo ha comprato ieri.   *Franco bought it yesterday.*

Masculine Plural
Franco ha comprato i libri ieri.   *Franco bought the books yesterday.*
Franco li ha comprati ieri.   *Franco bought them yesterday.*

Feminine Singular
Franco ha comprato la rivista ieri.   *Franco bought the magazine yesterday.*
Franco l'ha comprata ieri.   *Franco bought it yesterday.*

Franco ha comprato le riviste ieri.	*Franco bought the magazines yesterday.*
Franco le ha comprate ieri.	*Franco bought them yesterday.*

Double Pronouns

When both direct and indirect object pronouns are required, the following rules apply.

• The indirect object pronoun always precedes the direct object pronoun, and the only possible direct object forms are: *lo, la, li,* and *le.*

Marco mi dà il libro domani.	*Marco will give the book to me tomorrow.*
Marco me lo dà domani.	*Marco will give it to me tomorrow.*

• The indirect pronouns *mi, ti, ci,* and *vi* are changed to *me, te, ce,* and *ve,* respectively.

Maria mi dà il libro domani.	*Mary is giving me the book tomorrow.*
Maria me lo dà domani.	*Mary is giving it to me tomorrow.*
Maria ti ha dato i suoi libri già.	*Mary has already given her books to you.*
Maria te li ha dati già.	*Mary has already given them to you.*

[Note that agreement between the direct object pronoun and the past participle still holds.]

Maria ci ha dato la sua penna ieri.	*Mary gave us her pen yesterday.*
Maria ce l'ha data ieri.	*Mary gave it to us yesterday.*
Maria vi comprerà le scarpe per Natale.	*Mary will buy you shoes for Christmas.*
Maria ve le comprerà per Natale.	*Mary will buy you them for Christmas.*

• The indirect pronouns *gli* and *le* are both changed to *glie,* and combined with *lo, la, li,* or *le* to form one word: *glielo, glieli, gliela, gliele.*

Marco dà il libro a Paolo domani.	*Marco will give the book to Paul tomorrow.*
Marco glielo dà domani.	*Marco will give it to him tomorrow.*
Maria comprerà quella borsa a sua sorella per Natale.	*Mary will buy her sister that purse for Christmas.*
Maria gliela comprerà per Natale.	*Mary will buy it for her for Christmas*
Lui ha dato i suoi libri ad Alessandro due anni fa.	*He gave Alexander his books two years ago.*
Lui glieli ha dati due anni fa.	*He gave them to him two years ago.*
Io ho dato le mie chiavi a Marco poco tempo fa.	*I gave Marco my keys a little while ago.*
Io gliele ho date poco tempo fa.	*I gave them to him a little while ago.*

Attached Pronouns

Object pronouns are attached to various structures. For example, they are attached to the familiar forms of the imperative. They are not attached to the polite *Lei* and *Loro* forms.

Familiar

Marco, mangia la mela!	*Marco, eat the apple!*
Marco, mangiala!	*Marco, eat it!*
Maria, scrivi l'e-mail a tuo fratello!	*Mary, write your brother the e-mail!*
Maria, scrivigliela!	*Mary, write it to him!*
Marco e Maria, date la vostra penna a me!	*Marco and Mary, give your pen to me!*
Marco e Maria, datemela!	*Marco and Maria, give it to me!*

Polite

Signor Binni, mangi la mela!	*Mr. Binni, eat the apple!*
Signor Binni, la mangi!	*Mr. Binni, eat it!*
Signora Binni, scriva l'e-mail a Suo fratello!	*Mrs. Binni, write your brother the e-mail!*
Signora Binni, gliela scriva!	*Mrs. Binni, write it to him!*
Signor Binni e signora Binni, diano la Loro penna a me!	*Mr. Binni and Mrs. Binni, give your pen to me!*
Signor Binni e signor a Binni, me la diano!	*Mr. Binni and Mrs. Binni, give it to me!*

Stressed Pronouns

There is a second type of object pronoun that goes after the verb. It is known as a stressed or tonic pronoun.

Before
Direct

mi	*me*	**me**	*me*
ti	*you (familiar)*	**te**	*you (familiar)*
La	*you (polite)*	**Lei**	*you (polite)*
lo	*him*	**lui**	*him*
la	*her*	**lei**	*her*
ci	*us*	**noi**	*us*
vi	*you (familiar plural)*	**voi**	*you (familiar plural)*
li	*them (masculine)*	**loro**	*them*
le	*them (feminine)*	**loro**	*them*

Indirect

mi	*to me*	**a me**	*to me*
ti	*to you (familiar)*	**a te**	*to you (familiar)*
Le	*to you (polite)*	**a Lei**	*to you (polite)*
gli	*to him*	**a lui**	*to him*
le	*to her*	**a lei**	*to her*
ci	*to us*	**a noi**	*to us*
vi	*to you (familiar plural)*	**a voi**	*to you (familiar plural)*
gli	*to them (masculine)*	**a loro**	*to them*
gli	*to them (feminine)*	**a loro**	*to them*

For most purposes, the two types can be used alternatively. However, the stressed are more appropriate when emphasis is required or in order to avoid ambiguity.

The pronoun *ne* has four main functions. It is used to replace the following structures.

- Partitives

Comprerai anche delle patate?	*Will you also buy some potatoes?*
Sì, ne comprerò.	*Yes, I'll buy some.*

- Numbers and quantitative expressions

Quanti libri hai letto?	*How many books did you read?*
Ne ho letti due.	*I read two (of them).*

[Note the agreement between *ne* and the past participle]

- Indefinite expressions

Hai letto molti libri, non è vero?	*You read a lot of books, didn't you?*
Sì, ne ho letti molti.	*Yes, I read a lot (of them).*

Topic phrases introduced by *di*

Ha parlato di matematica, vero?   *He spoke of mathematics, didn't he?*
Sì, ne ha parlato.   *Yes, he spoke about it.*
[Notice that in this particular case there is no agreement]

Adverbs

Adverbs are words that modify verbs, adjectives, or other adverbs. They convey relations of time, place, degree of intensity, and manner.

Adverbs of manner are formed as described below. Notice that the ending *-mente* corresponds in general to the English ending *-ly*.

- Change the *-o* ending of a descriptive adjective to *-a*.

certo	*certain*	**certa-**
lento	*slow*	**lenta-**

- Add *-mente*.

certa-	certamente	*certainly*
lenta-	lentamente	*slowly*

- If the adjective ends in *-e*, instead of *-o*, then simply add on *-mente*.

elegante	*elegant*	**elegantemente**	*elegantly*
semplice	*simple*	**semplicemente**	*simply*

- However, if the adjective ends in *-le* or *-re* and is preceded by a vowel, then the *-e* is dropped.

facile	*easy*	**facilmente**	*easily*
popolare	*popular*	**popolarmente**	*popularly*

Other Kinds of Adverbs

Adverbs cover a wide range of meanings, from time relations to quantity. Here are some very common adverbs and adverbial phrases.

abbastanza	*enough*
allora	*then*
anche	*also, too*
ancora	*again, still, yet*
anzi	*as a matter of fact*
appena	*just, barely*
di nuovo	*again, anew*
domani	*tomorrow*
finora	*until now*
fra (tra) poco	*in a little while*
già	*already*
in fretta	*in a hurry*
insieme	*together*
invece	*instead*
lì, là	*there*
lontano	*far*
male	*bad(ly)*
nel frattempo	*in the meanwhile*
oggi	*today*
oggigiorno	*nowadays*
ormai	*by now*

per caso	*by chance*
piuttosto	*rather*
poi	*after, then*
presto	*early*
prima	*first*
purtroppo	*unfortunately*
quasi	*almost*
qui	*here*
solo	*only*
stamani	*this morning*
stasera	*this evening*
subito	*right away*
tardi	*late*
vicino	*near(by)*

Comparison of Adverbs

Adverbs are compared in the same manner as adjectives.

lentamente	*slowly*	più lentamente	*more slowly*
facilmente	*easily*	meno facilmente	*less easily*
lontano	*far*	il più lontano	*the farthest*

Prepositions

A preposition is a word (usually small) that comes before some other part of speech, generally a noun, substantive, or noun phrase, to show its relationship to some other part in the sentence.

When the following prepositions immediately precede a definite article form, they contract with it to form one word.

a	*to, at*
di	*of*
da	*from*
in	*in*
su	*on*

Questo è il libro del fratello di Maria.   *This is the book of Maria's brother.*
del fratello = di + il (fratello)

Ci sono due euro nella scatola.   *There are two euros in the box.*
nella = in + la (scatola)

Arrivano dall'Italia domani.   *They are arriving from Italy tomorrow.*
dall' = da + l' (Italia).

The following chart summarizes the contracted forms.

+	il	i	lo	l'	gli	la	le
a	al	ai	allo	all'	agli	alla	alle
da	dal	dai	dallo	dall'	dagli	dalla	dalle
di	del	dei	dello	dell'	degli	della	delle
in	nel	nei	nello	nell'	negli	nella	nelle
su	sul	sui	sullo	sull'	sugli	sulla	sulle

Contraction with the preposition *con* (*with*) is optional. In fact, only the forms *col* = *con* + *il* and *coll'* = *con* + *la* are found in present-day Italian with any degree of frequency.

Lui parlerà col professore domani.   *He will speak with the professor tomorrow.*
Loro ariveranno coll'Alitalia.   *They will arrive with Alitalia.*

Other prepositions do not contract.

The article is dropped in expressions that have a high degree of usage or have become idiomatic.

Sono a casa.   *I am at home.*
Vado in macchina. *I'm going by car.*

However, if the noun in such expressions is modified in any way whatsoever, then the article must be used.

Andremo alla casa nuova di Michele. *We will be going to Michael's new home.*
Vado nella macchina di Marco.   *I'm going in Marco's car.*

Questions

Interrogative sentences allow you to ask questions. In writing, they always have a question mark at the end.

There are three main types of interrogative sentences: those that are designed to elicit a yes or no response; those that seek information of some kind; those that simply seek consent or agreement.

Interrogative Sentences Eliciting a Yes or No Response

The most common method of forming an interrogative sentence designed to get a yes or no response is simply to add a question mark at the end of the corresponding affirmative sentence.

Maria è italiana?   *Is Maria Italian?*
Sì, è italiana.   *Yes, she's Italian.*

Lui parla francese?   *Does he speak French?*
Sì, parla francese.   *Yes, he speaks French.*

Tua sorella va in Italia quest'anno?   *Is your sister going to Italy this year?*
No, lei non ci va.   *No, she's not going.*

I tuoi amici giocano a tennis?   *Do your friends play tennis?*
No, non giocano a tennis, giocano a calcio. *No, they don't play tennis, they play soccer.*

Interrogative Sentences Eliciting Information

Interrogative sentences can also be formed with words such as *what?*, *when?*, *where?*, etc., that allow you to get information from someone.

Such sentences are formed with question words. The main ones in Italian are as follows.

che   *what*
(*also* che cosa *or* cosa)

Che libro leggi?   *What book are you reading?*

chi   *who*

Chi è quella persona?   *Who is that person?*

come   *how*

Maria, come stai?   *Mary, how are you?*

dove   *where*

Dove vivono i tuoi amici? *Where do your friends live?*

perché   *why*

Perché dici questo?   *Why are you saying this?*

quale   *which*

Quale persona parla italiano?   *Which person speaks Italian?*

quando   *when*

Quando vai in Italia?   *When are you going to Italy?*

quanto   *how much, how many*

Note that in this case the endings change according to the required gender and number.

Quanto zucchero prendi?	*How much sugar do you take?*
Quanta carne mangi?	*How much meat do you eat?*
Quanti studenti sono italiani?	*How many students are Italian?*
Quante studentesse conosci?	*How many (female) students do you know?*

However, used as a pronoun, the only form possible is *quanto*.

Quanto sai?   *How much do you know?*

Basic Sentence Structure

A sentence is an organized series of words that constitute statements, questions, etc. Sentences have two basic parts: a subject and a predicate.

A subject is "who" or "what" the sentence is about. It is often the first element in a simple sentence. A predicate is the part of a sentence that expresses what is said about the subject.

A sentence can have more than one subject or predicate. In this case the subject and predicate structures are called clauses. There is a main clause and a subordinate clause. These are united by structures such as relative pronouns, of which *che* is the most common.

Maria dice che l'italiano è una bella lingua.   *Mary says that Italian is a beautiful language.*

Main clause	= Maria dice (qualcosa).
Subordinate clause	= i'i + aliano è una bella lingua
Relative pronoun	= che

Subordinate Clauses

A clause is a group of related words that contain a subject and predicate and is part of the main sentence.

La ragazza che legge il giornale è italiana.   *The girl who is reading the newspaper is Italian.*

There are two main types of subordinate clauses.

- A relative clause is a subordinate clause introduced by a relative pronoun.

  Main clause

La ragazza è italiana.	*The girl is Italian.*

  Relative clause
legge il giornale	*is reading the newspaper.*

  Relative pronoun
che	*who*

- A temporal clause is a subordinate clause introduced by conjunctions that involve time relations.

quando	*when*
dopo che	*after*
appena	*as soon as*
mentre	*while*

Andremo al cinema, dopo che avremo finito di mangiare.	*We will go to the movies, after having finished eating. We will go to the movies, after eating.*
Quando arriveranno, cominceremo a mangiare.	*When they arrive, we'll begin eating.*

Conjoining Structures

The words that allow you to join up clauses, words, etc., are called, generally, conjoining structures.

    To join two sentences, two clauses, two words, etc., the conjunctions *e / and*, *o / or*, and *ma / but* are used often.

Maria studia e suo fratello guarda la TV.	*Mary is studying and her brother is watching TV.*
La ragazza che ha i capelli biondi e che parla italiano molto bene è americana.	*The girl with the blonde hair and who speaks Italian quite well is American.*
Gino e Gina parlano italiano.	*Gino and Gina speak Italian.*
Vengo con la macchina o a piedi.	*I'm coming with the car or on foot.*

As mentioned, a relative clause is introduced into a sentence by means of a relative pronoun. The relative pronouns in Italian are as follows.

che	*that, which, who*

after a preposition

cui	*which, of whom, to whom, etc.*
chi	*he who, she who, they who*
quel che	*that which*
quello che	*that which*
ciò che	*that which*

Here are some examples of their uses.

che

La donna che legge il giornale è mia sorella.	*The woman who is reading the newspaper is my sister.*
Il vestito che hai comprato ieri è molto bello.	*The dress you bought yesterday is very beautiful.*
Mi piace il libro che stai leggendo.	*I like the book you are reading.*

cui

Il ragazzo a cui ho dato il libro è mio cugino.	*The boy to whom I gave the book is my cousin.*
Non trovo lo zaino in cui ho messo il tuo libro.	*I can't find the backpack in which I put your book.*
Ecco la rivista di cui ho parlato.	*Here is the magazine of which I spoke.*

chi

Chi va in Italia si divertirà.	*He, she who goes to Italy will enjoy himself, herself.*
C'è chi dorme e c'è chi lavora.	*Some sleep, some work.*

quel che / quello che / ciò che

Quello che dici è vero.	*What (that which) you are saying is true.*
Non sai quel che dici.	*You don't know what you are saying.*
Ciò che dici non ha senso.	*What you are saying makes no sense.*

Italian–American conversion tables

Currency

Italian	American
.893 Euros	$1.00*

Weights

Italian	American
1 grammo	0.035 ounces**
28 grammi	1 ounce
453.6 grammi	1 pound
1 chilo	2.204 pounds

Measures

Italian	American
1 centimetro	0.3937 inches**
2.54 centimetri	1 inch
30.48 centimetri	1 foot
1 metro	39.37 inches
91.44 centimetri	1 yard
1 chilometro	0.621 miles
1.61 chilometri	1 mile

*Quote as of 2/27/15. Because of fluctuations in exchange rates, you should consult the financial section of your daily newspaper or the foreign currency exchange section of your local bank.
**These are approximations.

Temperature

Knowing temperature equivalents may help you, the traveler, to decide what clothing to wear and what activities to undertake. Some basic facts are:

Fahrenheit		Centigrade
32°	=	0°
98.6°	=	37°
212°	=	100° (boiling point)

To convert Fahrenheit to Centigrade, subtract 32 and divide by 1.8.
To convert Centigrade to Fahrenheit, multiply by 1.8 and add 32.

Clothing measurements

Women's dresses and suits

Italian size:	36	38	40	42	44	46	48
American size:	8	10	12	14	16	18	20

Women's socks and stockings

Italian size:	0	1	2	3	4	5
American size:	8	8½	9	9½	10	10½

Women's shoes

Italian size:	36	38	38½	40
American size:	6	7	8	9

Clothing measurements (continued)

Men's suits and coats

Italian size:	46	48	50	52	54
American size:	36	38	40	42	44

Men's shirts

Italian size:	36	38	41	43	45
American size:	14	15	16	17	18

Men's shoes

Italian size:	38	$39\frac{1}{2}$	$40\frac{1}{2}$	42	$42\frac{1}{2}$	43	$43\frac{1}{2}$	44	45
American size:	5	6	7	8	$8\frac{1}{2}$	9	$9\frac{1}{2}$	10	11

Italian proverbs

The English translations of the following proverbs are not literal; instead, the closest approximatic of the proverb's English counterpart is given. Armed with a dictionary, you may have a bit of fun deciphering them.

- **Passata la festa, gabbato il santo**
  Once on shore, we pray no more

- **Le pigne che non si danno a Pasqua non si danno più**
  Give a gift when it's due or not at all

- **Fare orecchie da mercante**
  To turn a deaf ear

- **Menare il can per l'aia**
  To beat around the bush

- **In bocca al lupo; crepi il lupo**
  Good luck

- **Essere uccel di bosco**
  To be a fugitive (or) runaway

- **Fare il pesce in barile**
  To be a sitting target

- **Alzare il gomito**
  To take a drink

- **Saltar di palo in frasca**
  To ramble; to jump from one subject to another

- **Attaccar bottone**
  To buttonhole someone

- **Prendere fischi per fiaschi**
  To miss the point

- **Scambiar lucciole per lanterne**
  To make a blunder; to mistake one person (or thing) for another

- **Fare l'occhio di triglia**
  To make sheep eyes at someone; to cast amorous glances at someone

- **Tenere due piedi in una staffa**
  To run and hunt with the hounds; to play both ends against the middle

- **Quella persona va presa con le pinze**
  To be easily offended; to be handled with care

- **Trattare con i guanti bianchi**
  To give someone the royal treatment

- **Pestare l'acqua nel mortaio**
  To beat the air; to waste time

- **Andare a canossa**
  To humble oneself; to eat humble pie

- **Reggere il moccolo**
  To accompany two lovers

- **Chi la vuole cotta e chi la vuole cruda**
  To each his own; you cannot please everyone

ante volte va il gatto al lardo che ci lascia lo zampino
To get caught with your hand in the cookie jar

La cera arde e la processione non cammina
Time is wasting

- **Se canto non porto la croce**
  I cannot do two things at once

- **Prendere due piccioni con una fava**
  To kill two birds with one stone

- **Le ore del mattino hanno l'oro in bocca**
  An hour in the morning is worth two in the evening; the early bird catches the worm

- **Essere al verde**
  To be hard up; to be penniless

- **Scrittori in erba**
  To be a budding author

- **Hai capito l'antifona**
  To take a hint ("Can you take a hint?")

- **Acqua in bocca**
  Keep it under your hat; to keep a secret

- **Stare in campana**
  To be undecided

- **L'occhio del padrone ingrassa il cavallo**
  It is wise to take care of one's own affairs

- **Chi va al mulino si infarina**
  He who gets involved gets into trouble

- **Fare anticamera**
  To wait a long time before being received; to cool one's heels

- **Amici per la pelle**
  To be bosom buddies

- **Scoprire gli altarini**
  To uncover one's hidden secrets

- **Nulla è difficile per chi vuole**
  Nothing is difficult when you have a will

- **Bisogna battere il ferro mentre è caldo**
  Strike the iron while it's hot

- **Fare la scarpetta**
  To clean up one's dish; a new broom sweeps clean

- **Avere uno scheletro nell'armadio**
  To have a skeleton in the closet

- **Fare le scarpe a**
  To make believe you are a friend, when in reality you are an enemy; to be a snake in the grass

- **È un altro paio di maniche**
  That's another story

- **Avere grilli per la testa**
  To be angry; to have other things on your mind

- **Essere in gamba**
  To be on the ball; to be sharp

- **Essere una gatta morta**
  To not be fooled by appearances; to make believe one is calm when in reality one is not

- **Dormire tra due guanciali**
  To be indifferent to someone's success

- **Buttarsi a corpo morto in acqua**
  To take a desperate chance; to give it your all

- **Fare muro**
  To be on the defensive

- **Restare in brache**
  To be broke

- **Cercare il pelo nell'uovo**
  To look for a needle in a haystack

- **Essere un furbo di tre cotte**
  To be an arrant rogue

- **Sputare sentenze**
  To speak very authoritatively

- **Sputa l'osso**
  To give back involuntarily

- **Toccare ferro**
  To knock on wood

- **Darla a bere**
  To pull the wool over someone's eyes

- **Dare corda a qualcuno**
  To worm a secret out of someone

- **Passare in cavalleria**
  Used when speaking of something stolen or not returned

- **Fare la carità pelosa**
  Favors done when expecting something in return; there is a catch to everything

- **Avere voce in capitolo**
  To have authority or credit (used jokingly); to have something to say about everything

- **Sudare sette camicie**
  To work very hard

- **Parlare ostrogoto**
  To speak in an incomprehensible manner

- **. . . da morire**
  (Something) to die for; very fine; good; the ultimate

- **Battere il marciapiede**
  To hit the bricks; to get started

- **Tenere uno sulla corda**
  To have someone on a short leash

- **Soffiare sulla brace**
  To pour oil on the fire; to be a troublemaker

erb drills

n this part of the book you will be given ample opportunity to practice, reinforce, and improve your knowledge of Italian verbs. You will find a variety of the type of exercises that will allow you to assess your knowledge, making the learning experience much more interesting and rewarding. All the verbs are found among the 501 verbs or, in a few cases, among the 1,500 extra verbs provided in this book.

To figure out the correct form required by each question, examine the case carefully. Take a look at such things as: the subject of the sentence, the number (singular or plural) involved, the meaning of the sentence, cues that suggest tense (e.g., words such as **ieri**, **domani**, etc.), certain conjunctions that require a specific type of mood (e.g., **benché** takes a verb in the subjunctive), and so on. The answers given will indicate what factor is involved in determining the choice of a verb form.

The best way to learn verbs, regular and irregular, is from study, practice, and experience. These exercises are meant to help you on your way to mastery of the Italian verb system.

Sentence Completions

Instructions: *Each of the following sentences contains a missing verb form. From the choices given, select the correct verb form of the appropriate tense, according to the sense of the sentence. Write your choice (A, B, C, D) on the line. Answers begin on page* 633.

Set 1: Do this set of sentence completions first, before going on to any other type of exercise. These will get you going.

1. Maria vuole _____ una nuova borsa.
   A. comprò   B. compra   C. comprare   D. ha comprato

2. Mio nonno non _____ nuotare.
   A. sapete   B. sappiamo   C. sanno   D. sa

3. Fa brutto tempo. Sta _____.
   A. piovere   B. piovendo   C. piovuto   D. piove

4. Ti _____ domani, Gianni. Ciao!
   A. chiamavo   B. chiamerò   C. ho chiamato   D. chiamai

5. Mi pare che Maria _____ contenta oggi.
   A. sia   B. è   C. era   D. sarà

6. Claudio e Dina _____ stanchi.
   A. sei   B. sono   C. è   D. siamo

7. Vado a _____ presto stasera perché domani devo andare a lavoro molto presto.
   A. dormendo   B. dormito   C. dormire   D. dormo

8. Io non _____ voglia di mangiare perché non sto bene.
   A. ho   B. desidero   C. prendo   D. cerco

9. Devo _____ la casa.
   A. pulire   B. pulisco   C. pulendo   D. pulito

10. Mio fratello ha già _____ i piatti.
    A. lavato   B. lavare   C. lavando   D. lava

11. Mia sorella _____ in Italia molti anni fa.
    A. nasce   B. nacque   C. nascerà   D. nasceva

12. Ecco i soldi che io Le _____.
   A. voglio　　　　B. so　　　　　C. devo　　　　D. posso

13. Domani i negozi _____ tutti chiusi.
   A. erano　　　　B. saranno　　　C. furono　　　D. sono stati

14. Il professore dice agli studenti: « _____ i vostri libri a pagina dieci!»
   A. Apri　　　　B. Aprite　　　　C. Apriamo　　　D. Aprano

15. Noi _____ fare molte cose insieme a Roma.
   A. possono　　　B. posso　　　　C. possiamo　　　D. può

16. Chi ti ha _____ quel regalo?
   A. dà　　　　　B. da'　　　　　C. dato　　　　D. dando

17. «Mario, _____ di scrivere quell'e-mail!»
   A. finisci　　　B. finisca　　　C. finite　　　D. finiamo

18. Sono già sei ore che mio fratello _____ la televisione.
   A. ha guardato　B. guarderà　　C. guarda　　　D. guardò

19. Mentre io mangiavo, mia madre _____ un libro.
   A. leggeva　　　B. ha letto　　　C. lesse　　　D. legge

20. Da bambina mia sorella _____ molto bene.
   A. ha cantato　B. cantò　　　　C. aveva cantato　D. cantava

Set 2: If you want more of this type, here are twenty more. However, you might want to go on to other types of exercises at this point and come back to this set later.

21. Quando eravamo a Napoli, _____ al teatro spesso.
   A. andiamo　　B. andremo　　　C. andremmo　　D. andavamo

22. Quando _____ in Italia, giocavamo spesso a calcio.
   A. vivevamo　　B. viviamo　　　C. siamo vissuti　D. eravamo vissuti

23. Mia madre aveva i capelli biondi quando _____ piccola.
   A. è　　　　　B. fu　　　　　C. è stata　　　D. era

24. Che ora _____ quando mi hai telefonato ieri?
   A. era　　　　B. fu　　　　　C. erano　　　　D. è stata

25. Quando ti ho telefonato, _____ le tre.
   A. era　　　　B. fu　　　　　C. erano　　　　D. è stata

26. Erano già due ore che _____ Internet, quando mi hai chiamato.
   A. navigavo　　B. navigo　　　C. ho navigato　D. navigherò

27. Marco dice che vuole _____ a casa mia anche lui.
   A. venire　　　B. viene　　　　C. verrà　　　　D. verrebbe

28. Maria, hai _____ le mie chiavi?
   A. vedere　　　B. vedendo　　　C. visto　　　　D. vedi

29. Claudia dice che _____ venire alla festa, ma non può perché deve studiare.
   A. vorrebbe　　B. volle　　　　C. vuole　　　　D. voleva

Ieri il mio amico _____ dall'Italia.
A. arriva   B. arrivava   C. è arrivato   D. arriverà

1. Ieri sera Maria _____ a Messa.
A. va   B. è andata   C. andrà   D. vada

32. Che cosa _____ ieri in centro?
A. succede   B. è successo   C. succederà   D. succeda

33. Prima di andare a lavorare ieri, io _____ due tazze di caffellatte.
A. prendo   B. ho preso   C. prenderò   D. abbia preso

34. Questa mattina mi sono alzato alle otto, ho fatto colazione alle nove, e _____ al lavoro alle nove e mezzo.
A. arrivo   B. arrivavo   C. sono arrivato   D. ero arrivato

35. Io _____ Elena la settimana scorsa.
A. conosco   B. ho conosciuto   C. conoscerò   D. conoscerei

36. Quando _____ la verità, Marco?
A. sai   B. sapevi   C. hai saputo   D. sapresti

37. Quel lavoro? Lo _____ la prossima settimana.
A. farò   B. facevo   C. ho fatto   D. avevo fatto

38. La prossima estate noi _____ in montagna.
A. andremo   B. andavamo   C. siamo andati   D. eravamo andati

39. Maria dice che _____ alla festa anche lei domani sera.
A. veniva   B. è venuta   C. verrà   D. sarà venuta

40. Se Michele avesse più soldi, _____ in Italia.
A. andasse   B. andrebbe   C. andrà   D. va

Set 3: *If you want still more of this type, here are thirty more. This set involves more complex sentence structures. You might want to go on to other types of exercises at this point and come back to this set later.*

41. Mi _____ provare un espresso macchiato.
A. piacerebbe   B. è piaciuto   C. piaceva   D. piaccia

42. Se i miei genitori avessero più tempo, _____ in vacanza.
A. andrebbero   B. andassero   C. andavano   D. andranno

43. Maria mi aveva già _____ che sarebbe venuta anche lei alla festa.
A. dire   B. dicendo   C. detto   D. dice

44. Claudia mi assicura che _____ a visitarci questo pomeriggio.
A. verrà   B. veniva   C. venisse   D. venne

45. Non si _____ signor Rossi, per favore!
A. alzi   B. alza   C. alzate   D. alzino

46. Dubito che mio fratello _____ mio fratello quel lavoro.
A. fa   B. ha fatto   C. faccia   D. faceva

47. Preferirei _____ un caffè, invece di un bicchiere di acqua minerale.
A. prendendo   B. prendere   C. prendo   D. prendevo

48. In questo momento, sto _____ i verbi italiani.
    A. studiare   B. studiato   C. studio   D. studiando

49. Il bambino entrò in casa _____.
    A. piangendo   B. piangere   C. pianto   D. piange

50. Spero che domani _____ bel tempo.
    A. fa   B. faceva   C. fare   D. faccia

51. Non credo che Giulia _____ a visitarci oggi.
    A. viene   B. venga   C. veniva   D. venisse

52. È probabile che lei non _____ il pesce.
    A. mangia   B. mangi   C. mangiava   D. mangiasse

53. Quando Marco _____, gli dirò tutto.
    A. veniva   B. venga   C. verrebbe   D. verrà

54. Non è possibile che quello che hai detto _____ vero.
    A. è   B. era   C. sia   D. sarà

55. Dubito che tu _____ ragione questa volta.
    A. abbia   B. avevi   C. hai avuto   D. hai

56. Sebbene Marco _____ questo, ti assicuro che non è vero.
    A. dice   B. ha detto   C. dirà   D. dica

57. Credo che quel libro _____ molto interessante.
    A. è   B. sia   C. era   D. sarà

58. Lui è l'unica persona che _____ parlare inglese.
    A. sappia   B. sa   C. sapeva   D. saprà

59. Non c'è niente da _____.
    A. faccia   B. fa   C. fare   D. facendo

60. Insisto che tu _____ questo cibo.
    A. provavi   B. hai provato   C. provi   D. proverai

61. Penso che le tue amiche _____ nel pomeriggio ieri.
    A. sono venute B. venivano   C. siano venute D. venissero

62. Affinché il mio amico mi _____, gli ho scritto un'e-mail in inglese.
    A. capisce   B. abbia capito C. ha capito   D. capisse

63. Sì, le ho _____ già.
    A. parlare   B. parlato   C. parlando   D. parlo

64. Quel professore mi parla come se io _____ qualcuno che parla italiano perfettamente.
    A. fui   B. fossi   C. ero   D. sia

65. Chi ha _____ lo scudetto (*soccer championship*)?
    A. vinto   B. vincere   C. vince   D. vincendo

66. Non voglio _____, perché sta piovendo.
    A. uscendo   B. ucire   C. uscito   D. esco

67. Maria, hai imparato a _____ inglese molto bene.
    A. parlare   B. parli   C. parlato   D. parlando

Che desideri _____ stasera, Maria?
A. fai   B. fare   C. fatto   D. facendo

59. Che tempo! Sta _____.
A. nevicare   B. nevicando   C. nevica   D. nevicato

70. Quando arrivai a casa, il cane era già _____.
A. uscire   B. uscito   C. esce   D. uscendo

Dialogues

*Dialogue A: You are on the phone talking to a ticket clerk at a famous museum in Florence. You want tickets to go to an exhibition at the museum. **Tu** in the dialogue refers to "you" the user of this book. In the dialogue there are blank lines that you will fill in with the appropriate verb form, among the four choices given (A, B, C, D), according to the sense of what is going on in the dialogue. Select the correct verb form. Write your choice (A, B, C, D) on the line.*

Commessa: Pronto! Museo delle Belle Arti. Come posso esserLe utile?
Tu: Vorrei due biglietti per la mostra. Ce ne _____ ancora?

  1. A. erano   B. essere   C. furono   D. sono

Commessa: Sì. Anzi ne abbiamo di vario tipo.
Tu: Allora, ne _____due delle migliori che sono rimaste.

  2. A. volevo   B. volli   C. vorrò   D. vorrei

Commessa: Va bene.
Tu: Quanto _____ ciascuna?

  3. A. costa   B. costano   C. è costata   D. costava

Commessa: Cinquanta euro.
Tu: A che ora _____ la mostra?

  4. A. cominciava B. cominci   C. comincerà   D. cominciare

Commessa: Alle nove del mattino.
Tu: Mille grazie. Lei _____ una persona molto gentile.

  5. A. è   B. fa   C. dice   D. chiede

Dialogue B: Claudia, an exchange student from Milano, is visiting your class. You have been asked to be her guide. In the dialogue there are blank lines where verb forms should be. Select the appropriate verb form (A, B, C, D) according to the sense. Write your selection on the line.

Claudia: Che scuola moderna! Mi _____ molto.
Tu: Sì, è molto bella.

  6. A. piaceva   B. piace   C. è piaciuta   D. piacerebbe

Claudia: Quando _____ la scuola?
Tu: Solo due anni fa.

  7. A. hanno costruito B. costruiranno   C. costruivano   D. costruirebbero

Claudia: A che ora _____ la scuola qui?
Tu: Alle nove del mattino.

  8. A. comincia   B. ha cominciato   C. comincerà   D. comincerebbe

| Claudia: | Mi piacerebbe molto frequentare una delle lezioni. |
| Tu: | Va bene. Puoi _____ alla mia lezione di matematica che comincia adess⬤ |

9. A. venire   B. vieni   C. venendo   D. venga

| Claudia: | No, preferirei frequentare una lezione di inglese. |
| Tu: | Va bene. Allora, _____ insieme alla mia lezione d'inglese tra un'ora. |

10. A. siamo andati   B. andavamo   C. andiamo   D. andammo

Dialogue C: *You and your sister Sarah are in a vet's waiting room because your dog, Duca, needs a rabies shot. In the dialogue there are blank lines where verb forms should be. Select the appropriate verb form (A, B, C, D) according to the sense. Write your selection on the line.*

| Sarah: | Povero Duca! È sempre nervoso quando lo portiamo qui, non ti pare? |
| Tu: | Sì, pare proprio che _____ paura del veterinario. |

11. A. ha   B. ebbe   C. abbia   D. aveva

| Sarah: | Quel gatto lì, invece, sembra proprio calmo. |
| Tu: | Sì, ma forse il motivo è che _____ male. |

12. A. stare   B. sta   C. stia   D. stando

| Sarah: | E guarda quel cane là come sta dormendo tranquillamente. |
| Tu: | Sì, ma anche quel cane sembra che _____ male. |

13. A. stia   B. sta   C. stare   D. stando

| Sarah: | Duca, sta' fermo! |
| Tu: | _____ stare! È troppo nervoso! |

14. A. Lo lasci   B. Lascialo   C. Lasciatelo   D. Lo lascino

| Sarah: | Ecco il veterinario. |
| Tu: | Dottore, può _____ in fretta, perché Duca sta per scappare via! |

15. A. fare   B. fa'   C. fa   D. facendo

Pattern Responses

Instructions: *Answer each question with a complete sentence in Italian on the line provided. Start each response with* **anche** *(also, too) followed by the appropriate subject pronoun, rather than the complete subject.*

| Question: | Franca capisce molto bene. E i suoi amici? |
| You write: | Anche loro capiscono molto bene (They also understand very well). |

Set 1: *Do this set of pattern responses first.*

1. Paolo studia ogni sera. E gli altri studenti?

_____

2. Giovanni scrive sempre tante e-mail. E le sue sorelle?

_____

3. Maria sta leggendo un libro in questo momento. E tu?

_____

. Claudia va a fare delle spese oggi. E i tuoi amici?

_____

5. Luigi è andato al cinema ieri. E tu?

_____

6. Giovanni ha mangiato bene. E noi?

_____

7. Amelia sta molto bene oggi. E i suoi genitori?

_____

8. Gina si è divertita alla festa. E le altre ragazze?

_____

9. Maria si è lavata la faccia. E tu?

_____

10. Carlo sa nuotare molto bene. E tu?

_____

11. Tu hai cantato bene al concerto la settimana scorsa. E tuo fratello?

_____

12. Il signor Rossi ha comprato una macchina di lusso. E voi?

_____

13. Tu hai finito di studiare la lezione. E gli altri studenti?

_____

14. Mio cugino scrisse un libro da giovane. E Franco?

_____

15. Alessandro deve studiare di più. E tu?

_____

16. Io ho preso quei libri in biblioteca. E noi?

_____

17. Marco ha detto la verità. E voi?

_____

18. Tu vai a dormire alle nove. E i tuoi amici?

_____

19. Gianni ha bevuto un cappuccino. E tu?

_____

20. Andrea vuole andare al mare. E noi?

_____

21. Maria sa giocare a tennis. E noi?

_____

22. Tu lasci il lavoro alle sei. E Claudia?

_____

23. Io sto molto bene. E i tuoi fratelli?

_____

24. Tu sei intelligente. E tuo fratello?

_____

25. Andrea sorride spesso. E Maria e Paolo?

_____

Set 2: _If you want more of this type, here are a few more. However, you might want to go on to other types of exercises at this point and come back to this set later. In this set, answer in the negative. For answer pattern (a) in the model below, use **No**. For answer pattern (b) in the model below, use **neanche** (neither, nor) followed by the appropriate subject pronoun as shown._

Model:	(a)	**Tu lavori?** (Do you work?)	_You write:_	(a)	**No. Io non lavoro.** (No, I do not work.)
	(b)	**E Carlo?** (And Charles?)		(b)	**Non lavora neanche lui.** (He doesn't work either.)

26. (a) Signora Verdi, uscirà questa sera?

_____

(b) E i suoi amici?

_____

27. (a) Marco, vuoi venire a casa mia oggi pomeriggio?

_____

(b) E voi?

_____

28. (a) Marco e Maria, avete cantato al concerto la settimana scorsa?

_____

(b) E Claudia e Pino?

_____

（a) Dici la verità?

（b) E Franca?

30. (a) Signor Rossi, è andato al cinema ieri?

(b) E i Suoi amici?

Tense Changes

Set 1: *The verb forms in the following sentences are in the imperative. Change each sentence by replacing the verb with the corresponding form of the verb given in parentheses. The verb form must, therefore, be in the same person as the one you are replacing.*

Model: **Leggi quella frase! (scrivere)** (Read that sentence!)

You write: **Scrivi quella frase!** (Write that sentence!)

1. Legga la parola! (dire)

2. Prendi il caffè! (bere)

3. Venga subito! (partire)

4. Apri la finestra! (chiudere)

5. Metta le chiavi qui! (buttare)

6. Pronuncia quelle parole bene! (scrivere)

7. Mangiamo il pesce! (assaggiare)

8. Imparino quella poesia! (leggere)

9. Andiamo in centro! (uscire)

10. Divertitevi! (alzarsi)

_____

11. Vendete quella casa! (comprare)

_____

12. Mangialo! (bere)

_____

13. Compri quei guanti! (pagare)

_____

14. Vieni qui! (correre)

_____

15. Lavati! (vestirsi)

_____

Set 2: If you want more of this type, here are a few more. However, you might want to go on to other types of exercises at this point and come back to this set later. In this set, the verbs are all in the future. Change them to the conditional, keeping the same subject.

Model: **Io andrò.**

You write: **Io andrei.**

16. Io comincerò.

_____

17. Noi saremo.

_____

18. Maria vorrà.

_____

19. Loro faranno.

_____

20. Lei avrà.

_____

21. Loro staranno.

_____

22. Tu capirai.

_____

23. Tu ti divertirai.

_____

24. Voi berrete.

_____

25. Io dirò.

_____

26. Tu verrai.

_____

27. Lui potrà.

_____

28. Noi pagheremo.

_____

29. Voi partirete.

_____

30. Loro sapranno.

_____

**Set 3**: If you want still more of this type, here are a few more. However, you might want to go on to other types of exercises at this point and come back to this set later. In this set, the verbs are all in the present perfect. Change them to past absolute, keeping the same subject.

Model:	**Io ho lavorato.**
You write:	**Io lavorai.**

31. Io sono andato al parco.

_____

32. Lei ha visto quel film.

_____

33. Tu sei uscito.

_____

34. Lui ha mangiato tutto.

_____

35. Noi abbiamo comprato quella macchina.

_____

36. Noi siamo andati in Italia.

_____

37. Io ho letto quel libro.

_____

38. Tu hai voluto quella macchina.

_____

39. Voi siete tornati in America.

_____

40. Voi avete capito tutto.

_____

41. Loro hanno cominciato.

_____

42. Loro sono venuti.

_____

43. Loro hanno fatto tutto.

_____

44. Loro sono arrivati tardi.

_____

45. Io ho scritto l'e-mail.

_____

Set 4: _If you want still more of this type, here are a few more. However, you might want to go on to other types of exercises at this point and come back to this set later. In this set, the verbs are all in the present indicative. Change them to present perfect, keeping the same subject._

Model: **Io mangio.**

You write: **Io ho mangiato.**

46. Io voglio una caramella.

_____

47. Io prendo un caffè.

_____

48. Tu bevi il cappuccino.

_____

49. Tu non dici mai la verità.

_____

50. Lui viene alla festa.

_____

51. Lui capisce tutto.

_____

52. Lei esce al cinema.

_____

53. Lei apre la finestra.

_____

54. Noi chiudiamo la porta.

_____

55. Noi paghiamo il conto.

_____

56. Voi capite?

_____

57. Voi partite.

_____

58. I miei amici si divertono.

_____

59. Le mie amiche si alzano tardi.

_____

60. I miei zii tornano in America.

_____

**Set 5:** If you want still more of this type, here are a few more. However, you might want to go on to other types of exercises at this point and come back to this set later. In this set, the verbs are all in the present perfect. Change them to the imperfect, keeping the same subject.

Model: **Io ho bevuto.**

You write: **Io bevevo.**

61. Io ho mangiato.

_____

62. Tu hai chiesto.

_____

63. Lui è venuto.

_____

64. Lei è arrivata.

_____

65. Noi abbiamo fatto.

_____

66. Noi abbiamo detto.

_____

67. Voi avete voluto.

_____

68. Voi avete potuto.

_____

69. Loro hanno dovuto.

_____

70. Loro sono stati.

_____

71. Loro hanno aperto.

_____

72. Loro si sono divertiti.

_____

73. Io mi sono alzato.

_____

74. Tu hai capito.

_____

75. Voi siete rimasti.

_____

Verb Completion

Complete the verb forms in the tenses indicated by writing the appropriate endings in the spaces.

Present Indicative

1. (parlare) io parl _____
2. (bere) tu bev _____
3. (dormire) lui dorm _____
4. (preferire) lei prefer _____
5. (amare) noi am _____
6. (imparare) voi impar _____
7. (capire) voi cap _____
8. (leggere) loro legg _____
9. (entrare) loro entr _____
10. (arrivare) loro arriv _____

Imperfect Indicative

11. (cantare) io cant _____
12. (divertirsi) tu ti divert _____
13. (leggere) lui legg _____
14. (capire) lei cap _____
15. (mangiare) noi mang _____
16. (pagare) voi pag _____
17. (cominciare) voi cominc _____
18. (ripetere) loro ripet _____
19. (preferire) loro prefer _____
20. (sentire) loro sent _____

Past Absolute

21. (parlare) io parl _____
22. (sentirsi) tu ti sent _____
23. (vendere) lui vend _____
24. (capire) lei cap _____
25. (mangiare) noi mang _____
26. (pagare) voi pag _____
27. (baciare) voi bac _____
28. (ripetere) loro ripet _____
29. (preferire) loro prefer _____
30. (sentire) loro sent _____

Simple Future

31. (parlare) io parl _____
32. (vendere) tu vend _____
33. (dormire) lui dorm _____
34. (preferire) lei prefer _____
35. (amare) noi am _____

36. (cominciare) voi cominc _____
37. (capire) voi cap _____
38. (leggere) loro legg _____
39. (entrare) loro entr _____
40. (pagare) loro pag _____

Conditional

41. (parlare) io parl _____
42. (vendere) tu vend _____
43. (dormire) lui dorm _____
44. (preferire) lei prefer _____
45. (amare) noi am _____
46. (cominciare) voi cominc _____
47. (capire) voi cap _____
48. (leggere) loro legg _____
49. (entrare) loro entr _____
50. (pagare) loro pag _____

Present Subjunctive

51. (parlare) io parl _____
52. (bere) tu bev _____
53. (dormire) lui dorm _____
54. (preferire) lei prefer _____
55. (amare) noi am _____
56. (imparare) voi impar _____
57. (capire) voi cap _____
58. (leggere) loro legg _____
59. (entrare) loro entr _____
60. (arrivare) loro arriv _____

Imperfect Subjunctive

61. (cantare) io cant _____
62. (divertirsi) tu ti divert _____
63. (leggere) lui legg _____
64. (capire) lei cap _____
65. (mangiare) noi mang _____
66. (pagare) voi pag _____
67. (cominciare) voi cominc _____
68. (ripetere) loro ripet _____
69. (preferire) loro prefer _____
70. (sentire) loro sent _____

Word Completions

In this acrostic, complete each word by writing the past participle of the given infinitive for each row. You are given the first letter of each past participle. If you read the letters down from 1 to 10, you will find another past participle.

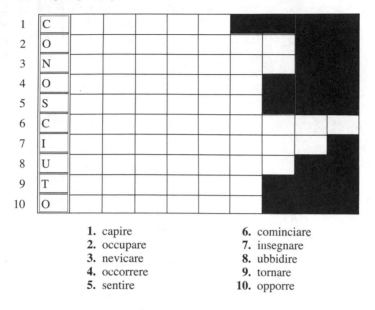

1. capire	**6.** cominciare
2. occupare	**7.** insegnare
3. nevicare	**8.** ubbidire
4. occorrere	**9.** tornare
5. sentire	**10.** opporre

Word Seek

*Puzzle 1: In this puzzle, find the gerund of each of the given verbs listed below. Circle each one. To get you started, the first verb on the list (**mangiare**) is highlighted for you. The gerunds are written horizontally or vertically.*

M	S	R	T	U	I	O	P	O	M
A	N	D	A	N	D	O	E	I	E
N	N	A	F	E	I	F	V	O	V
G	U	N	A	V	C	A	G	P	G
I	I	D	S	G	E	S	T	O	T
A	O	O	R	T	N	R	U	N	U
N	P	A	N	U	D	N	O	E	O
D	D	A	D	S	O	D	P	N	F
O	R	C	D	A	S	C	D	D	A
F	E	E	S	S	E	N	D	O	S
A	V	A	T	A	S	C	D	A	R
S	G	F	A	C	E	N	D	O	N
R	T	S	N	A	S	C	D	A	D
N	U	S	D	A	A	S	C	D	O
D	I	A	O	S	S	A	S	C	D

1. mangiare	**5.** essere
2. andare	**6.** porre
3. dare	**7.** fare
4. dire	**8.** stare

Puzzle 2: *In this next puzzle, find the past participle of each of the same. Circle each one. The participles are written horizontally or vertically.*

M	S	T	A	T	O	O	P	O	M
A	N	D	A	N	D	O	E	I	E
N	M	A	N	G	I	A	T	O	V
G	U	N	A	V	C	A	G	P	G
A	I	F	S	G	E	S	T	O	T
A	O	A	R	T	D	A	T	O	U
N	P	T	N	U	D	N	O	E	O
D	D	T	D	S	O	D	P	N	S
A	R	O	D	A	S	C	D	D	T
T	E	E	D	S	E	N	D	O	A
O	V	A	E	A	S	C	D	A	T
S	G	F	T	C	P	O	S	T	O
R	T	S	T	A	S	C	D	A	D
N	U	S	O	A	A	S	C	D	O
D	I	A	O	S	S	A	S	C	D

1. mangiare
2. andare
3. dare
4. dire

5. essere
6. porre
7. fare
8. stare

Matching Italian Verb Forms With English Verb Forms

1. io ho mangiato   _____ you had to study
2. lei ha messo   _____ they would be
3. lei chiede   _____ it is cold
4. loro fecero   _____ you will earn
5. tu guadagnerai   _____ she put
6. io mi divertivo   _____ I ate
7. piove   _____ she asks
8. fa freddo   _____ we are eating
9. noi diamo   _____ they made
10. sta' fermo   _____ I used to enjoy myself
11. noi stiamo mangiando   _____ you would buy
12. voi doveste studiare   _____ I would say
13. tu compreresti   _____ it is raining
14. io direi   _____ we give
15. loro sarebbero   _____ stay still

Choosing the Correct Verb

Set 1: Choose the appropriate verb form, a or b, according to the sense.

1. Noi … la televisione ogni sera.
   a. guardiamo
   b. giochiamo

2. Mia nonna … la vita!
   a. gode
   b. crede

3. Mio nipote … suonare il pianoforte.
   a. preferisce
   b. capisce

4. Mia nipote … sempre fino a tardi.
   a. dorme
   b. si alza

5. Che ore sono?
   a. Sono le tre e mezzo.
   b. Vengono alle tre e mezzo.

6. Oggi … il quindici settembre.
   a. abbiamo
   b. è

7. Marco … molta fame.
   a. può
   b. ha

8. Quanti anni hai?
   a. Non si vedono da anni.
   b. Ho cinquantadue anni.

9. Anche noi … sciare molto bene.
   a. sappiamo
   b. conosciamo

10. Voi … il mio professore d'italiano, vero?
    a. sapete
    b. conoscete

11. Marco, ti … quel libro?
    a. piace
    b. piacciono

12. Marco, ti … quei libri?
    a. piace
    b. piacciono

13. Bruno, che cosa …?
    a. stai bevendo
    b. stai dando

14. Che tempo ... oggi?
   a. fa
   b. dice

15. ... venire anch'io alla festa?
   a. Posso
   b. Tengo

16. Carla, che cosa ... fare oggi?
   a. scegli
   b. devi

17. Loro ... andare al cinema stasera.
   a. dicono
   b. vogliono

18. Come si chiama, Lei?
   a. Si chiama Laura Mosca.
   b. Mio chiamo Laura Mosca.

19. In questo momento, Marco... la televisione.
   a. vede
   b. sta guardando

20. Maria ... la sua penna.
   a. cerca
   b. deduce

Set 2: Choose the appropriate verb form, a or b, according to grammar and sense.

1. Loro ... Mario qualche anno fa.
   a. hanno conosciuto
   b. hanno incontrato

2. Quante ore ... quel film?
   a. è durato
   b. ha finito

3. Marco, ... quelle mele?
   a. ti sono piaciute
   b. ti è piaciuto

4. Maria, a che ora ... stamani?
   a. ti sei alzata
   b. ti sei alzato

5. A che ora ... lezione d'italiano voi di solito?
   a. avevate
   b. avete avuto

6. Da giovane, io ... poca pazienza (*patience*).
   a. ho avuto
   b. avevo

7. Da bambino non gli … le caramelle.
   a. sono piaciute
   b. piacevano

8. Ero sicuro che loro … già quel film.
   a. hanno visto
   b. avevano visto

9. Quando tu sei venuta, io … già di mangiare.
   a. avevo finito
   b. finivo

10. Che tempo … ieri?
   a. ha fatto
   b. aveva fatto

11. Che cosa … ieri alle due?
   a. succedeva
   b. è successo

12. Sì, è vero, una volta loro … molto ricchi.
   a. erano
   b. erano stati

13. A che ora … ieri i tuoi amici?
   a. arrivavano
   b. sono arrivati

14. Loro … in America nel 1975.
   a. vennero
   b. venivano

15. Io invece … in America nel 2000.
   a. venni
   b. venivo

Set 3: Choose the appropriate verb form, a or b, according to grammar and sense.

1. Che tempo … domani?
   a. farà
   b. dovrà

2. Chi … il campionato di football quest'anno?
   a. vincerà
   b. mangerà

3. Da dove … lui, probabilmente?
   a. sarà
   b. ci sarà

4. Quanti anni … il tuo insegnante?
   a. avrà
   b. saprà

5. Che film … stasera alla televisione?
   a. daranno
   b. staranno

6. Lui … già a quest'ora.
  a. uscirà
  b. sarà uscito

7. Appena lei … il suo programma preferito, uscirà a fare delle spese con sua madre.
  a. guarderà
  b. avrà guardato

8. Quando tu … di lavorare, sono sicura che sarai stanca.
  a. finirai
  b. avrai finito

9. A che ora … domani?
  a. partirete
  b. sarete partiti

10. Secondo lui, lei … francese.
  a. sarà
  b. sarebbe

11. Ha detto che anche loro … probabilmente alla festa.
  a. verranno
  b. verrebbero

12. Mi … aiutare, per favore?
  a. potresti
  b. potrai

13. Anche lui … andare in Italia, ma non ha soldi.
  a. vorrebbe
  b. vorrà

14. Noi … volentieri al cinema, ma non abbiamo tempo.
  a. andremmo
  b. andremo

15. Lui … studiare di più!
  a. dovrebbe
  b. dovrà

16. Lei ha indicato che anche lui … alla festa.
  a. verrebbe
  b. sarebbe venuto

17. Anche tu sapevi che lei non …, vero?
  a. capirebbe
  b. avrebbe capito

18. Secondo me, lui lo … già
  a. farebbe
  b. avrebbe fatto

Set 4: Choose the appropriate verb form, a or b, according to grammar and sense.

1. Spero che domani … bel tempo.
  a. faccia
  b. stia facendo

628   **Verb drills**

2. È necessario che tu … la verità.
   a. dica
   b. dici

3. Benché …, esco lo stesso.
   a. piova
   b. piove

4. Dovunque tu …, io verrò con te.
   a. vada
   b. vai

5. È certo che anche loro … alla festa.
   a. vengano
   b. vengono

6. Sembra che lui … già.
   a. abbia mangiato
   b. mangi

7. Pensavo che lui … già.
   a. avesse mangiato
   b. abbia mangiato

8. Prima che loro …, ci hanno telefonato.
   a. partissero
   b. fossero partiti

9. Se … Maria alla festa, verrei anch'io.
   a. venisse
   b. verrebbe

10. Se … Maria alla festa, sarei venuto anch'io.
   a. fosse venuta
   b. sarebbe venuta

Set 5: *Choose the appropriate imperative verb form, a or b, according to grammar and sense.*

1. Cristofero, … gli spinaci!
   a. mangia
   b. mangi

2. Daniela, non … quel libro!
   a. leggere
   b. leggi

3. Alessandro, non …, lo faccio io!
   a. preoccuparti
   b. preoccupati

4. Sarah, non … a vedere quel film!
   a. andare
   b. va'

5. Signora, … qui, per favore!
   a. venga
   b. vieni

6. Signore, … sempre la verità!
   a. di'
   b. dica

7. Signorina, non … quelle scarpe, sta nevicando!
   a. si metta
   b. metterti

8. Marco e Maria, … anche voi alla festa!
   a. vengano
   b. venite

9. Claudia e Pina, … questa torta!
   a. assaggiate
   b. assaggino

10. Signore e signora Tucci, … anche Loro alla festa!
    a. venite
    b. vengano

Fill in the Missing Verb

Set 1: *Missing from the following sentences are the indicated verbs. Insert them in the spaces in their correct form according to the sense.*

Verbs: pulire, giocare, piacere, andare, conoscere, uscire, avere, essere, leggere, sapere, venire, mangiare, annoiarsi, pagare, vendere

1. Loro _____ a calcio molto bene.

2. Mio nonno _____ la sua macchina domani.

3. Il venerdì noi _____ di solito la casa.

4. Lei _____ sempre i romanzi di fantascienza.

5. Anche loro _____ italiani, non è vero?

6. Io _____ voglia di uscire stasera.

7. Maria, tu _____ dove abito, no?

8. Noi _____ un buon ristorante qui vicino.

9. Io _____ a Maria, ma lei non piace a me.

10. Loro _____ ogni sabato sera insieme.

11. La signora Smith _____ in Italia ogni anno.

12. A che ora _____ i tuoi amici?

13. Generalmente, io _____ quando guardo la televisione.

14. Di solito, _____ io quando siamo a un ristorante.

15. Lui non _____ mai la carne.

Set 2: *Missing from the following sentences are the indicated verbs. Insert them in the spaces in their correct past tense form according to the sense.*

Verbs: costare, fare, valere, andare, avere, alzarsi, comporre, scrivere, essere, mangiare

1. Quanto _____ quei libri che hai comprato ieri?

2. Dove sono le mele? Chi le _____ già.

3. Da bambina, lei _____ i capelli biondi.

4. Che cosa _____tuo fratello ieri, quando ho telefonato?

5. Da bambino io _____ molto timido (*timid, shy*).

6. Maria, dove _____ ieri? Ti ho cercato dappertutto (*everywhere*).

7. Quando tu hai chiamato, io non _____ ancora.

8. Tutti hanno detto che quel film non _____ la pena di vedere.

9. Il grande toscano (*Tuscan*) Dante Alighieri _____ La Divina Commedia nel medioevo (the medieval period).

10. Il grande Mozart _____ l'opera Don Giovanni nel 1787.

Set 3: *Missing from the following sentences are the indicated verbs. Insert them in the spaces in their correct future or conditional form (simple or perfect) according to the sense.*

Verbs: costare, volere, vedere, arrivare, alzarsi, essere, chiamarsi, andare

1. Quanto _____ quei libri probabilmente?

2. Dove _____ loro per le vacanze?

3. Chissà come _____ quella persona?

4. Appena _____ loro due, andremo insieme al cinema.

5. Dopo che io _____, andrò subito al lavoro.

6. Nella sua opinione, l'italiano _____ una lingua facile.

7. Cosa _____ fare, Marco, questo pomeriggio?

8. Secondo me, loro _____ quel film.

Set 4: *Put the indicated verbs in their correct subjunctive form (present, past, imperfect, pluperfect) according to the sense.*

1. Spero che tu (potere) _____ venire.

2. Speravo che tu (potere) _____ venire.

3. Sembra che lui (fare) _____ quello già.

4. Sembrava che lui (fare) _____ quello già.

5. Benché lei (avere) _____ poco tempo, va lo stesso al cinema.

6. Benché (fare) _____ brutto tempo, lui è uscito lo stesso.

7. Se io (potere), _____ andrei in Italia.

8. Se io (potere), _____ sarei andato/a in Italia.

Set 5: Complete the following:

Convert each of the following active sentences into passive sentences.

1. Lui dice quello.

_____

2. Quel ragazzo mangerà la torta.

_____

3. Dante scrisse La Divina Commedia.

_____

4. Maria ha già letto quel libro.

_____

Write the following sentences in Italian.

5. I had Marco write an e-mail yesterday.

_____

6. I will have her read that book for sure.

_____

7. He had me study the verbs yesterday.

_____

8. While walking, I met Alessandro.

_____

9. Before studying, Sarah watched her favorite program.

_____

Answers to verb drills for the text

Sentence Completions

If you have forgotten the forms of a given verb, go to the verb in the **501** list.

1. C — The infinitive is required after the modal verb **vuole**.
2. D — The third person singular of the verb is needed to agree with **mio nonno**.
3. B — The gerund form is needed to complete the present progressive.
4. B — The future of the verb is needed because the action will take place **domani**.
5. A — The subjunctive form is needed in the subordinate after **parere** in the main clause.
6. B — The third person plural form of the verb is required to agree with **Claudio e Dina**.
7. C — The infinitive is required after the preposition **a**.
8. A — The idiomatic expression **avere voglia** "to feel like" is required. The appropriate form of the verb is the first person singular **ho**, agreeing with **io**.
9. A — The infinitive is required after the modal verb **devo**.
10. A — The past participle of the verb completes the present perfect after the auxiliary verb **ha**.
11. B — The past absolute of the verb is required, given the expression **molti anni fa**. The form agrees with **mia sorella**.
12. C — The meaning of the sentence requires the use of **dovere** meaning "to owe." The form agrees with **io**.
13. B — The future form of the auxiliary **essere** is needed, given the meaning of the sentence.
14. B — The second person plural imperative form of the verb is required, according to the cues in the sentence.
15. C — The first person plural form of the verb **potere** is required to agree with **Claudio**.
16. C — The past participle of the verb completes the present perfect after the auxiliary verb **ha**.
17. A — The second person singular imperative form of the verb is required, according to the cues in the sentence.
18. C — The meaning of the sentence requires the present indicative of the verb which corresponds to the English present perfect progressive "has been watching."
19. A — The imperfect is required to render the idea of "my mother *was reading*."
20. D — The imperfect is required to render the idea of "my sister *used to sing*."
21. D — The imperfect of **andare** is required according to the sense of the sentence, since the action took place habitually. The form agrees with **noi**.
22. A — Similarly, the imperfect of **vivere** is required according to the sense of the sentence, since the action took place habitually. The form agrees with **noi**.
23. D — Again, the imperfect of **essere** is required according to the sense of the sentence, since it involves description in the past. The form agrees with **mia madre**.
24. A — Again, the imperfect of **essere** is required according to the sense of the sentence, since it involves asking about time in the past (an inherently imperfect usage). The form agrees with **Lei**.
25. C — As above, the imperfect of **essere** is required according to the sense of the sentence, since it involves asking about time in the past (an inherently imperfect usage). The form agrees with **le tre**.
26. A — The imperfect is required to render the idea of "*I was navigating*."
27. A — The infinitive is required after the modal verb **vuole**.
28. C — The past participle of the verb completes the present perfect after the auxiliary verb **hai**.
29. A — The conditional is needed in reported speech clauses following a main clause verb in the present indicative.
30. C — The adverb **ieri** indicates that a past tense is required. In this case the tense is the present perfect in the third person singular to agree with the subject.
31. B — The adverbial phrase **ieri sera** indicates that a past tense is required. In this case the tense is the present perfect in the third person singular to agree with the subject.
32. B — The adverb **ieri** indicates that a past tense is required. In this case the tense is the present perfect in the third person singular to agree with the subject.
33. B — The meaning of the sentence requires the present perfect of the verb which corresponds to the English "I had."

34. C Two verbs are in the present perfect, so, the third must be in this tense as well.
35. B The phrase **la settimana** indicates that a past tense is required. In this case the tense is the present perfect in the first person singular to agree with the subject.
36. C The meaning of the sentence requires the present perfect of the verb which corresponds to the English "did you know."
37. A The phrase **la prossima settimana** indicates that a future tense is required. In this case the tense is the simple future in the first person singular to agree with the subject.
38. A The phrase **la prossima estate** indicates that a future tense is required. In this case the tense is the simple future in the first person plural to agree with the subject.
39. C The adverb **domani** indicates that a future tense is required. In this case the tense is the simple future in the third person singular to agree with the subject.
40. B If the imperfect subjunctive occurs in counterfactual clauses (*if* . . .), the present conditional is required in the main clause.
41. A The conditional of **piacere** is required to render the idea of *I would like*.
42. A If the imperfect subjunctive occurs in counterfactual clauses (*if* . . .), the present conditional is required in the main clause.
43. C The meaning of the sentence requires the pluperfect of the verb. The past participle is required after the auxiliary form **aveva**.
44. A The meaning of the sentence requires the future of the verb which corresponds to the English "*she will come.*"
45. A The third person singular polite imperative form of the verb is required, according to the cues in the sentence.
46. C The verb in the subordinate clause after the verb **dubitare** in the main clause must be in the subjunctive. The tense required in this case, according to content, is the present subjunctive.
47. B The infinitive is required after the verb **preferirei**.
48. D The gerund of the verb completes the present progressive after the helping verb **sto**.
49. A The meaning of the sentence requires the gerund of the verb which corresponds to the English "*crying.*"
50. D The verb in the subordinate clause after the verb **sperare** in the main clause must be in the subjunctive. The tense required in this case, according to content, is the present subjunctive.
51. B The verb in the subordinate clause after the verb **credere** in the main clause must be in the subjunctive. The tense required in this case, according to content, is the present subjunctive.
52. B The verb in the subordinate clause after the expression **è probabile** in the main clause must be in the subjunctive. The tense required in this case, according to content, is the present subjunctive.
53. D The future is required in a temporal clause starting with **quando** if the main clause verb is in the future.
54. C The verb in the subordinate clause after the expression **non è possibile** in the main clause must be in the subjunctive. The tense required in this case, according to content, is the present subjunctive.
55. A The verb in the subordinate clause after the verb **dubitare** in the main clause must be in the subjunctive. The tense required in this case, according to content, is the present subjunctive.
56. D After **sebbene** (*although*) the subjunctive form of the verb is required. In this case the present tense is implied according to sentence content.
57. B The verb in the subordinate clause after the verb **credere** in the main clause must be in the subjunctive. The tense required in this case, according to content, is the present subjunctive.
58. A After a superlative expression (such as **l'unica persona**) in the main clause the subjunctive form of the verb is required in the subordinate clause. In this case the present tense is implied according to sentence content.
59. C After a preposition only the infinitive form of the verb can be used.
60. C The verb in the subordinate clause after the verb **insistere** in the main clause must be in the subjunctive. The tense required in this case, according to content, is the present subjunctive.

61. **C** The verb in the subordinate clause after the verb **pensare** in the main clause must be in the subjunctive. The tense required in this case, according to content, is the present perfect form of the subjunctive.

62. **D** After **affinché** *(so that)* the subjunctive form of the verb is required. In this case the imperfect tense is implied according to sentence content.

63. **B** The past participle of the verb completes the present perfect after the auxiliary verb **ho**.

64. **B** After **come se** *(as if)* the subjunctive form of the verb is required. In this case the imperfect tense is implied according to sentence content.

65. **A** The past participle of the verb completes the present perfect after the auxiliary verb **ha**.

66. **B** The infinitive is required after the modal verb **voglio**.

67. **A** After a preposition only the infinitive form of the verb can be used.

68. **B** The infinitive is required after the modal verb **desideri**.

69. **B** The gerund of the verb completes the present progressive after the helping verb **sta**.

70. **B** The past participle of the verb completes the pluperfect after the auxiliary verb **era**.

Dialogues

If you have forgotten the forms of a given verb, go to the verb in the **501** list.

1. **D** You are asking the clerk if *there are* any tickets left. Thus, the present indicative of the verb is required.

2. **D** The polite way to say *I would like* is the conditional form of **volere**, namely **vorrei**.

3. **A** You are asking how much each one *costs*. This requires the third person singular present indicative of the verb.

4. **C** You are asking at what time the exhibition *will start*. This implies the third person singular future tense of the verb.

5. **A** You are simply making a polite comment that the clerk *is* a very nice person.

6. **B** Review the tricky verb **piacere** in the list, especially the examples at the bottom of the page.

7. **A** Claudia is asking when "they *built*" the school. This implies the third person plural present perfect tense of the verb.

8. **A** Claudia is asking when "school *starts*." This implies the third person singular present indicative tense of the verb.

9. **A** After the modal verb **puoi** the infinitive of the verb is required.

10. **C** You are suggesting that you and Claudia go together *(let's go)* to the English class. This implies the first person plural imperative tense of the verb.

11. **C** After the verb **parere** the subjunctive is needed. The expression **avere paura** means "to be afraid."

12. **B** You are suggesting that the cat is not well. The appropriate expression is **stare male.**

13. **A** You are again suggesting that the other dog is not well. This time however you are using the verb **sembrare** in the main clause and this, of course, requires the use of the subjunctive in the subordinate clause.

14. **B** You are responding to your sister by saying "*Leave him alone!*" This implies the second person singular (familiar) form of the imperative, onto which you attach object pronouns.

15. **A** You are suggesting to the vet that he hurry things up with the expression **fare in fretta.** After the modal verb **può** the infinitive of **fare** is required.

Pattern Responses

If you have forgotten the forms of a given verb, go to the verb in the **501** list.

1. Anche loro studiano ogni sera. Review the verb **studiare** listed in the **501 verbs** section.

2. Anche loro scrivono tante e-mail. Review the verb **scrivere** listed in the **501 verbs** section.

3. Anch'io sto leggendo un libro in questo momento. Review the verb **leggere** listed in the **501 verbs** section.

4. Anche loro vanno a fare delle spese oggi. Review the verb **andare** listed in the **501 verbs** section.

5. Anch'io sono andato (-a) al cinema ieri. Review the verb **andare** listed in the **501 verbs** section.
6. Anche noi abbiamo mangiato bene. Review the verb **mangiare** listed in the **501 verbs** section.
7. Anche loro stanno molto bene oggi. Review the verb **stare** listed in the **501 verbs** section.
8. Anche loro si sono divertite alla festa. Review the verb **divertirsi** listed in the **501 verbs** section.
9. Anch'io mi sono lavato (-a) la faccia. Review the verb **lavarsi** listed in the **501 verbs** section.
10. Anch'io so nuotare molto bene. Review the verb **sapere** listed in the **501 verbs** section.
11. Anche lui ha cantato bene al concerto la settimana scorsa. Review the verb **cantare** listed in the **501 verbs** section.
12. Anche noi abbiamo comprato una macchina di lusso. Review the verb **comprare** listed in the **501 verbs** section.
13. Anche loro hanno finito di studiare la lezione. Review the verb **finire** listed in the **501 verbs** section.
14. Anche Franco scrisse un libro da giovane. Review the verb **scrivere** listed in the **501 verbs** section.
15. Anch'io devo studiare di più. Review the verb **dovere** listed in the **501 verbs** section.
16. Anche voi avete preso quei libri in biblioteca. Review the verb **prendere** listed in the **501 verbs** section.
17. Anche noi abbiamo detto la verità. Review the verb **dire** listed in the **501 verbs** section.
18. Anche loro vanno a dormire alle nove. Review the verb **andare** listed in the **501 verbs** section.
19. Anch'io ho bevuto un cappuccino. Review the verb **bere** listed in the **501 verbs** section.
20. Anche voi volete andare al mare. Review the verb **volere** listed in the **501 verbs** section.
21. Anche voi sapete giocare a tennis. Review the verb **sapere** listed in the **501 verbs** section.
22. Anche lei lascia il lavoro alle sei. Review the verb **lasciare** listed in the **501 verbs** section.
23. Anche loro stanno molto bene. Review the verb **stare** listed in the **501 verbs** section.
24. Anche lui è intelligente. Review the verb **essere** listed in the **501 verbs** section.
25. Anche loro sorridono spesso. Review the verb **sorridere** listed in the **501 verbs** section.
26. (a) No. Io non uscirò questa sera.
    (b) Non usciranno neanche loro.
    Review the verb **uscire** listed in the **501 verbs** section.
27. (a) No. Io non voglio venire a casa tua oggi pomeriggio.
    (b) Non vogliamo venire neanche noi.
    Review the verb **volere** listed in the **501 verbs** section.
28. (a) No. Noi non abbiamo cantato al concerto la settimana scorsa.
    (b) Non hanno cantato neanche loro.
    Review the verb **cantare** listed in the **501 verbs** section.
29. (a) No. Io non dico la verità.
    (b) Non dice la verità neanche lei.
    Review the verb **dire** listed in the **501 verbs** section.
30. (a) No. Io non sono andato al cinema ieri.
    (b) Non sono andati neanche i miei amici.
    Review the verb **andare** listed in the **501 verbs** section.

Tense Changes

If you have forgotten the forms of a given verb, go to the verb in the **501** list.

1. Dica la parola!
2. Bevi il caffè!
3. Parta subito!
4. Chiudi la finestra!
5. Butti le chiavi qui!
6. Scrivi quelle parole bene!
7. Assaggiamo il pesce!
8. Leggano quella poesia!
9. Usciamo in centro!
10. Alzatevi! (alzarsi)
11. Comprate quella casa!
12. Bevilo!
13. Paghi quei guanti!
14. Corra qui!
15. Vestiti!
16. Io comincerei.
17. Noi saremmo.
18. Maria vorrebbe.
19. Loro farebbero.
20. Lei avrebbe.
21. Loro starebbero.
22. Tu capiresti.
23. Tu ti divertiresti.
24. Voi berreste.
25. Io direi.
26. Tu verresti.
27. Lui potrebbe.
28. Noi pagheremmo.
29. Voi partireste.
30. Loro saprebbero.
31. Io andai al parco.
32. Lei vide quel film.
33. Tu uscisti.
34. Lui mangiò tutto.
35. Noi comprammo quella macchina.
36. Noi andammo in Italia.
37. Io lessi quel libro.
38. Tu volesti quella macchina.
39. Voi tornaste in America.
40. Voi capiste tutto.
41. Loro cominciarono.
42. Loro vennero.
43. Loro fecero tutto.
44. Loro arrivarono tardi.
45. Io scrissi l'e-mail.
46. Io ho voluto una caramella.
47. Io ho preso un caffè.
48. Tu hai bevuto il cappuccino.
49. Tu non hai detto mai la verità.
50. Lui è venuto alla festa.
51. Lui ha capito tutto.
52. Lei è uscita al cinema.
53. Lei ha aperto la finestra.
54. Noi abbiamo chiuso la porta.
55. Noi abbiamo pagato il conto.
56. Voi avete capito?
57. Voi siete partiti (-e).
58. I miei amici si sono divertiti.
59. Le mie amiche si sono alzate tardi.
60. I miei zii sono tornati in America.
61. Io mangiavo.
62. Tu chiedevi.
63. Lui veniva.
64. Lei arrivava.
65. Noi facevamo.
66. Noi dicevamo.
67. Voi volevate.
68. Voi potevate.
69. Loro dovevano.
70. Loro erano.
71. Loro aprivano.
72. Loro si divertivano.
73. Io mi alzavo.
74. Tu capivi.
75. Voi rimanevate.

Verb Completion

If you have forgotten the forms of a given verb, go to the verb in the **501** list.

Present Indicative

1. io parlo
2. tu bevi
3. lui dorme
4. lei preferisce
5. noi amiamo
6. voi imparate
7. voi capite
8. loro leggono
9. loro entrano
10. loro arrivano

Imperfect Indicative

11. io cantavo
12. tu ti divertivi
13. lui leggeva
14. lei capiva
15. noi mangiavamo
16. voi pagavate
17. voi cominciavate
18. loro ripetevano
19. loro preferivano
20. loro sentivano

Past Absolute

21. io parlai
22. tu ti sentisti
23. lui vendé (ette)
24. lei capì
25. noi mangiammo
26. voi pagaste
27. voi baciaste
28. loro ripeterono (ettero)
29. loro preferirono
30. loro sentirono

Simple Future

31. io parlerò
32. tu venderai
33. lui dormirà
34. lei preferirà
35. noi ameremo
36. voi comincerete
37. voi capirete
38. loro leggeranno
39. loro entreranno
40. loro pagheranno

Conditional

41. io parlerei
42. tu venderesti
43. lui dormirebbe
44. lei preferirebbe
45. noi ameremmo

46. voi comincereste
47. voi capireste
48. loro leggerebbero
49. loro entrerebbero
50. loro pagherebbero

Present Subjunctive

51. io parli
52. tu beva
53. lui dorma
54. lei preferisca
55. noi amiamo
56. voi impariate
57. voi capiate
58. loro leggano
59. loro entrino
60. loro arrivino

Imperfect Subjunctive

61. io cantassi
62. tu ti divertissi
63. lui leggesse
64. lei capisse
65. noi mangiassimo
66. voi pagaste
67. voi cominciaste
68. loro ripetessero
69. loro preferissero
70. loro sentissero

Word Completion

1	C	A	P	I	T	O		
2	O	C	C	U	P	A	T	O
3	N	E	V	I	C	A	T	O
4	O	C	C	O	R	S	O	
5	S	E	N	T	I	T	O	
6	C	O	M	I	N	C	I	A	T	O
7	I	N	S	E	G	N	A	T	O
8	U	B	B	I	D	I	T	O
9	T	O	R	N	A	T	O	
10	O	P	P	O	S	T	O	

Word Seek

If you have forgotten the forms of a given verb, go to the verb in the **501** list.

M	S	R	T	U	I	O	P	O	M
A	N	D	A	N	D	O	E	I	E
N	N	A	F	E	I	F	V	O	V
G	U	N	A	V	C	A	G	P	G
I	I	D	S	G	E	S	T	O	T
A	O	O	R	T	N	R	U	N	U
N	P	A	N	U	D	N	O	E	O
D	D	A	D	S	O	D	P	N	F
O	R	C	D	A	S	C	D	D	A
F	E	E	S	S	E	N	D	O	S
A	V	A	T	A	S	C	D	A	R
S	G	F	A	C	E	N	D	O	N
R	T	S	N	A	S	C	D	A	D
N	U	S	D	A	A	S	C	D	O
D	I	A	O	S	S	A	S	C	D

M	S	T	A	T	O	O	P	O	M
A	N	D	A	N	D	O	E	I	E
N	M	A	N	G	I	A	T	O	V
G	U	N	A	V	C	A	G	P	G
A	I	F	S	G	E	S	T	O	T
A	O	A	R	T	D	A	T	O	U
N	P	T	N	U	D	N	O	E	O
D	D	T	D	S	O	D	P	N	S
A	R	O	D	A	S	C	D	D	T
T	E	E	D	S	E	N	D	O	A
O	V	A	E	A	S	C	D	A	T
S	G	F	T	C	P	O	S	T	O
R	T	S	T	A	S	C	D	A	D
N	U	S	O	A	A	S	C	D	O
D	I	A	O	S	S	A	S	C	D

Matching Exercises

If you have forgotten the forms of a given verb, go to the verb in the **501** list.

Here are the matches reading from the top down.

12
15
8
5
2
1
3
11
4
6
13
14
7
9
10

Choosing the Correct Verb

Set 1

1. a	**6.** b	**11.** a	**16.** b
2. a	**7.** b	**12.** b	**17.** b.
3. a	**8.** b	**13.** a	**18.** b
4. a	**9.** a	**14.** a	**19.** b
5. a	**10.** b	**15.** a	**20.** a

Set 2

1. a	**5.** a	**9.** a	**13.** b
2. a	**6.** b	**10.** a	**14.** a
3. a	**7.** b	**11.** b	**15.** a
4. a	**8.** b	**12.** a	

Set 3

1. a	**6.** b	**11.** b	**16.** b
2. a	**7.** b	**12.** a	**17.** b
3. a	**8.** b	**13.** a	**18.** b
4. a	**9.** a	**14.** a	
5. a	**10.** b	**15.** a	

Set 4

1. a	**4.** a	**7.** a	**10.** b
2. a	**5.** b	**8.** a	
3. a	**6.** a	**9.** a	

Set 5

1. a	**4.** a	**7.** a	**10.** b
2. a	**5.** a	**8.** b	
3. a	**6.** b	**9.** a	

Fill in the Missing Verb

Set 1

1. giocano
2. vende
3. puliamo
4. legge
5. sono
6. ho
7. sai
8. conosciamo
9. piaccio
10. escono
11. va
12. vengono
13. mi annoio
14. pago
15. mangia

Set 2

1. sono costati
2. ha mangiate
3. aveva
4. faceva
5. ero
6. sei andata
7. mi ero alzato/a
8. valeva
9. scrisse
10. compose

Set 3

1. costeranno
2. andranno
3. si chiamerà
4. saranno arrivati
5. mi sarò alzato/a
6. sarebbe
7. vorresti
8. avrebbero visto/veduto

Set 4

1. possa
2. potessi
3. abbia fatto
4. avesse fatto
5. abbia
6. avesse fatto
7. potessi
8. avessi potuto

Set 5

1. Quello è detto da lui.
2. La torta sarà mangiata da quel ragazzo.
3. La Divina Commedia fu scritta da Dante.
4. Quel libro è stato già letto da Maria.
5. Ieri (io) ho fatto scrivere un e-mail a Marco.
6. Le farò leggere quel libro di sicuro. / Farò leggere quel libro a lei di sicuro.
7. (Lui) mi ha fatto studiare i verbi ieri.
8. Camminando (Mentre camminavo), ho incontrato Alessandro.
9. Prima di studiare, Sarah ha guardato il suo programma favorito.

NOTES

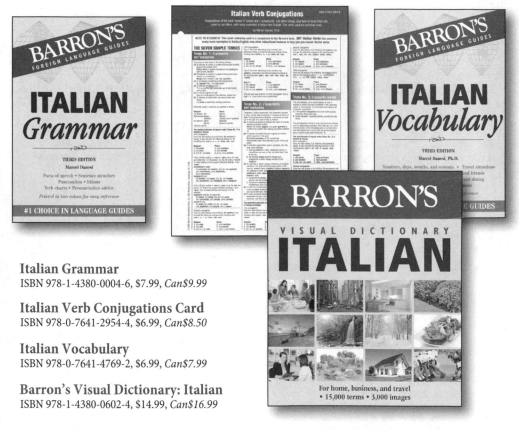

Minimum Systems Requirement for the Flash Standalone Executable

Windows
- 2.33GHz or faster ×86-compatable processor, or Intel® Atom™ 1.6GHz or faster processor for netbooks
- Microsoft® Windows® XP (32-bit), Windows Server® 2003 (32-bit), Windows Server 2008 (32-bit), Windows Vista® (32-bit), Windows 7 (32-bit and 64-bit)
- 512MB of RAM (1GB of RAM recommended for notebooks); 128MB of graphics memory
- CD-ROM drive
- 1024 × 768 color display

Mac OS
- Intel Core™ Duo 1.33GHz or faster processor
- Mac OS X 10.4 or higher
- 128MB recommended
- CD-ROM drive
- 1024 × 768 color display

Launching Instructions for the PC

Windows Users:
Insert the CD-ROM into your CD-ROM drive. The application should start in a few moments. If it doesn't, follow the steps below.

1. Click on the Start button on the Desktop and select Run.
2. Type "D:/501Verbs" (where D is the letter of your CD-ROM drive).
3. Click OK.

Launching Instructions for the Mac

Mac Users:
The CD will open to the desktop automatically when inserted into the CD drive. Double click the 501 Verbs Flash icon to launch the program.
